谨以此书献给奋战在国际工程舞台上的同仁们！

——赵东锋

国际工程法律与合约

INTERNATIONAL CONSTRUCTION LAW AND CONTRACT

FIRST EDITION

赵东锋 著

中国建筑工业出版社

图书在版编目（CIP）数据

国际工程法律与合约/赵东锋著. —北京：中国建筑工业出版社，2019.6
ISBN 978-7-112-23631-2

Ⅰ.①国… Ⅱ.①赵… Ⅲ.①国际承包工程-承包合同-合同法-研究 Ⅳ.①D996.1

中国版本图书馆 CIP 数据核字(2019)第 072652 号

责任编辑：毕凤鸣 封 毅
责任设计：李志立
责任校对：赵 颖

国际工程法律与合约
赵东锋 著

*

中国建筑工业出版社出版、发行（北京海淀三里河路9号）
各地新华书店、建筑书店经销
北京科地亚盟排版公司制版
北京富诚彩色印刷有限公司印刷

*

开本：787×1092毫米 1/16 印张：29 字数：719千字
2019年8月第一版 2019年8月第一次印刷
定价：128.00元
ISBN 978-7-112-23631-2
(33902)

版权所有 翻印必究
如有印装质量问题，可寄本社退换
（邮政编码 100037）

序　言

东锋十几年前以优异学业毕业于北京大学法学院，获硕士学位，继而投身于国际工程法律实务工作。此番其邀请我为本书做序，我欣然应允，因为我认为这是一本极具现实和长远意义的书。

改革开放以来，我国高校在涉外法学方面的通识教育已经取得长足发展，涉外法律学科不断完善，涉外法律人才与日俱增，但在具体行业方面的涉外法学教育，则亟需取得提高，例如国际工程行业的法学教育。

法律的真谛和灵魂在于实践。当今，我国在涉外领域的一个重大实践即众多的中国企业走向境外，参与境外的基础设施建设，因此，国际工程这一行业成为我国走出去的重要行业。《美国工程新闻纪录》(ENR) 自 2000 年发布的全球 225 强国际工程公司排行榜上，我国工程公司的数量一直保持在 45～55 家，无论是合同金额还是企业数量均稳居全球第一。我国于 2013 年提出"一带一路"倡议，相继推出亚洲基础设施投资银行和丝路基金等促进中国企业全方位走出去的举措，这在更大范围和在更大程度上推动了中国企业在国际工程领域的发展。根据中国对外承包工程商会发布的信息，仅仅在国际工程承包方面，2018 年新签合同金额 1.6 万亿元人民币。然而，中国企业虽然在国际工程的硬实力方面（如资金、施工能力等）已经具备很强的国际竞争力，但中国企业在国际工程市场上不时遭受惨重的损失。造成损失的重要原因之一，是中国企业不了解、不熟悉或不重视国际工程法律与合约的游戏规则。

在北京大学法学院攻读硕士研究生学习期间，东锋充分利用他在本科阶段已具备的外语优势，深入扎实地研习了国际商法，打下了坚实的国际商法基础。同时，东锋也参与了我主持的当时前沿性国家级补贴与反补贴的课题研究。在毕业之际，东锋向我请教工作方向，并表达了从事国际工程法工作的意愿。虽然那时北京大学法学院毕业的学生极少到工程公司就业的先例，但我考虑到中国在国际工程领域急缺国际工程法律人才的现状，鼓励东锋投身于国际工程法领域，为中国在国际工程领域的"走出去"尽一份力。

十多年来，东锋致力于国际工程法律、合约与管理实践，参与了我国企业在境内或境外的众多大型或特大型工程项目。同时，东锋受大学、协会和培训机构邀请和安排，不遗余力地讲授国际工程法律、合约和管理方面的课程，以期更好地提高我国从事国际工程企业和人员的管理水平。

东锋这部基于其十几年一线实战经验而悉心著成的书籍的出版，弥补了我国在国际工程法律与合约方面缺乏系统实务书籍的空白，必将有力地促进我国在国际工程法领域向更深和更高层次的发展。作为东锋的导师，我期待东锋能够为我国国际工程法律与实务的发展再接再厉，做出北大法律人的应有贡献。

邵景春
于北京大学
2019 年 3 月 16 日

Foreword

I remember very well the first time I met Zhao Dongfeng. He came to see me in my office in Beijing with a view to joining my law firm. I was immediately impressed not only by his charming personality and his obvious academic ability but also by his dedication to the study and practice of Construction Law. Dongfeng was unique in that he had worked for a prestigious Chinese construction contractor on a major international project and thereby obtained valuable experience at the coal face. Inviting Dongfeng to join me and my colleagues was one of the easiest, and turned out to be one of the best, decisions I made during my ten years living and working in Beijing. I am delighted that he and I have become close personal friends and honoured that he has invited me to write this foreword to his book.

At the time Dongfeng and I met, Chinese construction companies were already starting to dominate the world's construction and engineering markets. But in many cases their experience of international construction law and disputes lagged well behind what was needed for the projects they were taking on. The approaches to and methods of solving disputes with which they were familiar from their home market were not proving successful abroad. To make matters even more difficult, they were typically moving from state funded projects into a new world of competitively tendered EPC contracts and even into limited recourse financed projects where the risks and consequent need for guidance were ever increasing. The market easily recognized Dongfeng as a life belt for them to grab in the stormy seas that they were riding.

I value enormously the years we have worked together. Dongfeng's inquiring mind and willingness to challenge all preconceptions as to the correct solutions to construction problems impressed me and all the people who worked with him and for whom he worked. No issue was too complex. Dongfeng's determination to find the right answer and to explain it to his Chinese clients in terms the client could comprehend as being commercial relevant became a day to day experience for me. His untiring ability to absorb, maintain and then adapt and utilise a knowledge of construction law and practice around the world is truly remarkable.

It has been a source of great pleasure and satisfaction that he has regularly invited me to co-operate work with him even after I retired from my old law firm. I always look forward with great anticipation to the opportunity to work with Dongfeng because it has always proved a stimulating and rewarding experience.

I am sure that Dongfeng's book will be well used and treasured by all who read and rely upon it. I anticipate that it will become an essential source of knowledge and guidance on the shelves of those with responsibility for construction projects whether they have direct decision-making responsibilities or are inhouse or external advisers. The breadth of the issues he is covering will mean that the book will be relevant to all the elements of the construction and engineering market. Writing a book of this magnitude is a massive achievement for which I offer my deepest congratulations.

庄本信

John Bishop
London, U. K.
April 2019

目 录

第一章　国际工程法律体系 1

　　第一节　国际工程法律体系概述 3
　　第二节　国际工程项目适用法律 4
　　第三节　国际工程合同管辖法律 10
　　第四节　国际工程争议解决法律 17

第二章　国际工程项目采购法律与合约 25

　　第一节　国际工程项目招标投标 27
　　第二节　政府采购 36
　　第三节　主要国际组织及地区性组织采购规则 46
　　第四节　国际工程项目采购模式 54

第三章　国际工程联合体法律与合约 59

　　第一节　国际工程联合体概述 61
　　第二节　国际工程联合体协议解析 66
　　第三节　国际工程联合体契约责任承担 74

第四章　国际工程代理法律与合约 79

　　第一节　国际工程代理概述 81
　　第二节　国际工程代理合同主要契约事项解析 84
　　第三节　国际工程代理的法律调查 88

第五章　国际工程承包合约法律实务 93

　　第一节　工程承包合同主体 95
　　第二节　工程承包合同效力 99
　　第三节　合同中的法律变化机制 101
　　第四节　工程保函 105
　　第五节　工程开工 108
　　第六节　工程款支付 112
　　第七节　工程标准和规范 118
　　第八节　设备和材料的权益 120
　　第九节　违约金 122

第十节　合同责任上限和责任例外 …………………………………… 124
　　第十一节　业主提供的工程信息和资料 ………………………………… 128
　　第十二节　工程设计责任 ………………………………………………… 132
　　第十三节　工程暂停 ……………………………………………………… 135
　　第十四节　合同解除 ……………………………………………………… 137
　　第十五节　工程知识产权 ………………………………………………… 143
　　第十六节　工程中性事件 ………………………………………………… 145
　　第十七节　工程税费 ……………………………………………………… 151
　　第十八节　工程许可 ……………………………………………………… 154
　　第十九节　缺陷责任和缺陷责任期 ……………………………………… 155
　　第二十节　工程争议解决 ………………………………………………… 160

第六章　国际工程索赔法律与合约 …………………………………………… 167
　　第一节　国际工程索赔法律与合约实务概述 …………………………… 169
　　第二节　国际工程索赔产生的情形 ……………………………………… 171
　　第三节　国际工程工期索赔 ……………………………………………… 174
　　第四节　国际工程费用索赔 ……………………………………………… 182
　　第五节　国际工程索赔程序 ……………………………………………… 189

第七章　国际工程变更法律与合约 …………………………………………… 191
　　第一节　国际工程变更概述 ……………………………………………… 193
　　第二节　国际工程变更范围和分类 ……………………………………… 196
　　第三节　国际工程变更流程 ……………………………………………… 208

第八章　国际工程保函法律与合约 …………………………………………… 217
　　第一节　国际工程保函概述 ……………………………………………… 219
　　第二节　国际工程独立保函的开立、认定、条款和反担保 …………… 224
　　第三节　国际工程保函的支付机制 ……………………………………… 233
　　第四节　国际工程独立保函的止付理由 ………………………………… 235
　　第五节　国际工程备用信用证 …………………………………………… 240

第九章　国际工程分包法律与合约 …………………………………………… 245
　　第一节　国际工程分包合同管理法律与合约 …………………………… 247
　　第二节　国际工程分包合同中的付款安排法律与合约 ………………… 253

第十章　国际工程承包合同示范文本简析 …………………………………… 261
　　第一节　国际工程承包合同示范文本概述 ……………………………… 263
　　第二节　常见国际工程承包合同文本 …………………………………… 265

第十一章　国际工程货物采购法律与合约　279

- 第一节　国际工程货物采购法律与合约概述　281
- 第二节　国际工程货物采购重点契约与法律事宜　283
- 第三节　国际工程货物运输　291

第十二章　国际工程保险法律与合约　301

- 第一节　国际工程保险概述　303
- 第二节　国际工程保险险种　307
- 第三节　国际工程保险合同　316
- 第四节　国际工程保险核心关注点　324
- 第五节　国际工程保险索赔与理赔　332

第十三章　国际工程项目 PPP 开发模式法律与合约　341

- 第一节　国际工程 PPP 含义及常见模式　343
- 第二节　国际工程 PPP 项目风险概述　347
- 第三节　国际工程 PPP 项目开发阶段法律与合约　351
- 第四节　国际工程 PPP 项目采购阶段法律与合约　356
- 第五节　国际工程 PPP 合同签订阶段法律与合约　361
- 第六节　国际工程 PPP 项目融资阶段法律与合约　367
- 第七节　国际工程 PPP 项目建造阶段法律与合约　373
- 第八节　国际工程 PPP 项目运营阶段法律与合约　378
- 第九节　国际工程 PPP 项目移交阶段法律与合约　384

第十四章　国际工程争端解决法律与合约　389

- 第一节　国际工程争端解决概述　391
- 第二节　国际工程争端解决方式　393
- 第三节　国际工程争端调解　400
- 第四节　国际工程争端委员会　406
- 第五节　国际工程其他替代性争端解决方式　413
- 第六节　国际工程争端仲裁　415
- 第七节　国际工程争议诉讼　434
- 第八节　如何防范与应对国际工程争端　438

参考文献　444

赵东锋简介　449

后记　450

第一章

国际工程法律体系

相比较其他行业，国际工程所涉及的法律众多且纷繁复杂，这是由国际工程的特点所决定。

从国际工程的纵向角度，国际工程项目的前期策划、立项或采购一般受到资金来源国、项目所在国以及国际组织的相关法律的规制或影响；国际工程项目合同的缔结和履行往往受到项目所在国、业主所在国、资金来源国、承包商或供应商所在国或国际组织的法律以及合同管辖法律的规制和影响；国际工程项目的争议解决会涉及国际公约、国际条约或协定，还会涉及争议解决机构所在地相关法律。从国际工程项目实施的横向角度，国际工程项目牵扯到众多的方面：从"人工、机械和材料"的角度，国际工程项目的"人工、机械和材料"会受到来源国、项目所在国以及特定国际组织相关法律的管辖；从牵涉的领域角度，国际工程项目所涉及的领域有投资、金融、公司、税务、运输、劳动、环保、安全等，这些领域的法律均适用于国际工程项目。从国际工程项目涉及的法学门类角度，国际工程项目几乎涉及所有的法律，如民法、商法、刑法、经济法、行政法、国际经济法、国际公法、国际私法、环境资源法、财税金融法、劳动与社会保障法，知识产权法，诉讼法或仲裁法等。

因此，国际工程法律体系集合了不同国家或法域的法律，涵盖了多个法律门类，这些法律从不同角度作用于国际工程项目，使得国际工程项目面临复杂、多样的法律环境。

第一节　国际工程法律体系概述

国际工程跨境、金额大、涉及领域广以及公共性强等特点决定了国际工程所涉法律具有多样、复杂并在一些领域具有较强行政干预的色彩的特征。因此，相较于其他行业涉及的法律，国际工程涵盖的法律门类和学科种类繁多。目前，在全球范围内尚未形成独立的国际工程法学科，国际工程法律体系尚处于未定论阶段。本章旨在根据国际工程实务总结和解析国际工程法律体系。

一、国际工程法律分类

根据不同的分类标准，可以将国际工程法律分为不同的类别，本章仅根据国际工程的特点和实务，将国际工程法律分为三大类：

（1）国际工程项目适用法律（Applicable Law）：该类法律侧重于国际工程项目自身所涉及的法律。

（2）国际工程合同管辖法律（Governing Law）：该类法律主要是指用于管辖和解释国际工程相关合同的法律。

（3）国际工程争议解决类法律：该类法律主要是国际组织、政府特定主体、法院、仲裁或其他机构处理国际工程争议所依据的法律。

二、国际工程项目适用法律

本章将分三部分阐述国际工程项目适用法律，具体为：国际工程项目属地法律、国际工程项目参与主体的相关人员的适用法律以及国际工程项目适用法律渊源。

三、国际工程合同管辖法律

国际工程合同管辖法律通常是国际工程合同的缔约方在国际工程合同中约定的对合同进行解释或管辖的法律。根据法律选择的不同，国际工程合同管辖法律可以分为六种，分别为：缔约方其中一方所在国的法律、缔约方之外的第三国或地区的法律、国际公约❶、国际商事惯例❷、缔约方各自国家或地区的共同法律原则或规则以及约定的混合管辖法律。

---

❶ 指国际间有关政治、经济、文化、技术等方面的多边条约。
❷ 国际商事惯例是在长期的商业或贸易实践基础上发展起来的用于解决国际商事问题的实体法性质的国际惯例。

四、国际工程争议解决[1]类法律

因国际工程争议的性质或选择的争议解决方式不同，国际工程争议解决类法律主要是争议解决机构处理争议时所依据的法律，主要包括：国际多边机构依据的法律、政府特定机构依据的法律、管辖法院依据的法律、仲裁机构依据的法律或其他机构依据的法律。

国际工程法律体系综合性强、体系复杂，所涉及的法律众多，不仅涵盖国际机构、多个国家或地区的法律，而且涉及法律种类繁多，且涉及各类国际公约或惯例。国际工程法律体系中的各类法律相互作用和影响，对整个国际工程的实施提供法律保护和规制。

第二节　国际工程项目适用法律

国际工程项目所涉及的适用法律众多，为了便于叙述，本节从国际工程项目属地法律、国际工程项目参与主体的相关人员的适用法律以及国际工程项目适用法律渊源三个方面进行阐述。

一、国际工程项目属地法律

国际工程项目属地法律主要包括：项目所在国的法律、工程项目参与主体注册地或主要营业地所在国法律和项目所涉第三国法律。

（一）项目所在国的法律

项目所在国家或地区的法律主要包括工程项目开发模式类法律、采购类法律、主体资格类法律、土地管理类法律、规划或立项类法律、许可类法律、标准和规范类法律、财税类法律、环保类法律、劳动和移民法类法律、外商投资类法律、外汇管制类法律、保险类法律、知识产权类法律、中介或代理类法律和宗教或民俗类法律以及争议解决类法律等。以下对各类法律做简要阐述。

1. 项目开发模式类法律

国际工程项目的开发模式因项目所在国国情、项目特点和资金来源不同存在不同的项目开发模式，相应地，不同的项目开发模式则意味着需要遵守相应的法律。以国际工程项目是否采用政府采购为标准，国际工程项目开发模式可以分为具有政府采购性质的项目开发模式和非政府采购性质的项目开发模式。

政府采购性质的项目开发模式可以分为两类：一是政府传统投资和采购开发模式[2]，

---

[1] 注：本章所指的国际工程争议解决主要是指通过多边机构、政府、法院或仲裁机构进行的争议解决。

[2] 政府传统投资和采购模式是指政府及其所属机构直接负责项目设计、投融资、建设和运营维护等工作（含委托他人执行其中部分工作），并承担项目主要风险的采购模式。

二是采用公私合作伙伴方式（PPP）❶ 采购开发模式；非政府采购类项目则主要是私人机构投资的项目，所采用的开发模式往往比较灵活。

无论采用哪类开发模式，为了确保国际工程项目开发阶段的依法合规性，该项目的开发模式应当遵守项目所在国的相关法律。以政府采购性质的项目开发模式为例。如果国际工程项目采用政府传统投资和采购的开发模式，在实施采购之前，该国际工程项目的开发模式应当符合项目所在国的政府采购类法律；如果采用PPP采购开发模式，则应当遵守项目所在国关于PPP开发模式或特许经营开发模式方面的各项法律关于国际工程PPP法律与合约，详见本书第十三章相关内容。

2. 工程采购类法律

根据上文提及对国际工程项目开发模式的分类，国际工程采购类法律也相应地分为政府采购性质的采购类法律和非政府采购类性质的采购法律。对于国际工程参与主体，尤其是政府机构、项目业主或承包商，应当重点需要关注政府采购性质的采购类法律。

政府采购性质的采购类法律涉及项目所在国的政府采购法、国家预算法、招投标法、审计法等法律；非政府采购类性质的采购法律主要是项目所在国的招投标法、合同法等法律。

一般来讲，项目参与方应当注意的这方面法律主要包括：国家级层面上的政府采购或招投标方面的法律、地方级层面上的政府采购或招投标方面的法律以及针对自身项目的采购和招投标方面的法律。

3. 工程参与主体资格类法律

国际工程项目往往属于一国或地区的公共性项目，此类项目一般具有一定的公共性或公益性，因此，各国一般会对国际工程的参与主体设置特定的资格或资质。以下以国际工程的主要参与主体为例对该类法律做简要阐释。

工程中的政府主体：国际工程中的政府主体资格类法律分为两个方面：

（1）国际工程中政府主体管辖范围法律。在很多国家，大型国际工程的项目的发起或开发主体往往是政府。不同类型的项目往往由不同的政府主体主管或作为项目发起或开发主体，如石油类工程项目一般由项目所在国的石油部或能源部作为项目发起人或开发主体；水利类工程项目一般由项目所在国的水利部门作为项目发起人或开发主体；农业类项目一般由项目所在国的农业部门作为发起人或开发主体。赋予政府主体主管的领域或行业一般由项目所在国的法律法规（政府组织法或特定领域的法律）予以规定，因此，参与国际工程的政府主体应当限定在其相应的职权范围内，否则构成越权，最终可能会导致项目面临极大的不确定性风险。实践中，有些国家尤其是发展中国家常常出现特定领域的项目由多个政府主体主管的情况，导致项目开发因主管部门之间的权限不清而受损，例如：对于特定电力类项目，巴基斯坦能源部（Ministry of Petroleum & Natural Resource）和巴基斯坦水利和电力部（Ministry of Water and Power）就存在管辖界面不清之处。

（2）国际工程参与主体职权类法律。除了第一方面提及的政府主体管辖范围类法律之外，政府主体参与国际工程项目还需要符合其职权范围，如哪类项目需要由中央一级的部

---

❶ PPP是一种介于完全采用公共采购（使用政府财政资金）与完全私有化之间的安排，世界银行PPP指南第二版将其定义为：由私人投资方与政府部门之间达成长期合同，提供一项公共资产或服务，并由私人投资方承担主要风险和管理责任及根据绩效获得酬劳。

门实施；哪类项目需要由地方一级的部门实施；或者国际工程政府参与主体需要获得哪类授权后才能作为主体实施，例如：全国性或跨数个省份的项目一般由中央一级政府部门实施，而特定省内的项目则该省的主管部门很可能即有权实施。

工程中的投融资主体：本处所述国际工程投融资主体是指除了业主主体之外为项目提供投资或融资的主体。对于哪类投融资主体有资格参与国际工程项目，项目所在国往往存在法律规定。例如：对于沙特的油气类项目，外资企业只有通过沙美石油公司（Saudi Aramco）的资格预审后，可以投资以沙美石油公司为主的石油开发项目；各国政策性金融机构（如各国的进出口促进银行）一般仅允许向特定国家或特定领域的项目提供融资；特定国际组织或国家实施制裁时，投融资主体的资格也受到限制，如美国对伊朗的经济制裁，会影响到美国或与美国存在经济往来的企业参与伊朗项目的资格，等等。

工程中的业主主体：国际工程中的业主可以分为两类：一是具有公权力或行使公权力的业主主体；二是不具公权力的业主主体。前者主要指上文中国际工程主体中的政府主体或被赋予公权力的企事业主体。对于这类主体，相关的适用法律为上文提及的两方面法律；后者一般为企业或商事主体。对于后者作为国际工程中的参与主体一般受项目所在国关于从事特定领域工程开发主体资格的相关法律的规制，如企业参与核能类工程项目并作为项目业主需要依据项目所在国法律获得开发或运营资格，否则，该企业将无法作为项目的适格业主。

设计和施工承包商：项目所在国的法律一般会对从事工程承包主体做出要求，设计承包商需要取得相关设计资质，施工承包商需要取得相关施工资质，如境外承包商需要根据项目所在国的法律法规取得一定的资格或资质后才可以在项目所在国实施工程项目。

保险机构：保险作为风险管理的重要手段，在国际工程项目中起到至关重要的作用，但各国对保险的规制往往比较严格。国际工程项目中，保险机构的适格类法律主要表现为项目所在国对境外保险机构在境内承保的法律。

法律服务机构：国际工程中，法律服务必不可少，但各国对于法律服务市场在不同程度上均保持限制。国际工程项目中，法律服务机构的适格类法律主要是项目所在国境外法律服务机构在其境内提供法律服务的法律。

4. 项目所在国土地类法律

国际工程尤其是基础设施项目一般会涉及土地，相应地，项目所在国的土地类法律对项目的开发和实施往往起到决定性作用，土地类法律主要包括：公有土地与私有土地的相关法律、土地征收征用类法律以及拆迁类法律等。

5. 项目所在国规划或立项类法律

一般情况下，项目所在国需要通过工程规划类法律，协调空间布局，集约、高效和合理地利用土地，实现经济社会的全面科学可持续发展。项目所在国管理工程类项目的主要方式就是对项目进行立项和规划管理，因此，国际工程项目需要关注项目所在国在项目和规划方面的法律。

6. 许可类法律

工程项目涉及的许可（Permit/License）或批准（Approval）种类比较多，而且有些许可或批准是项目实施或开工的前置性程序。如，在德国，所有工程都应经过政府的许可，每个工程项目的设计审查首先须符合项目所在州的《建筑技术法规》，设计不符合就得不到政府的施工许可，施工不符合就要停工。对于政府投资的项目，政府会对某些标准和规范做出专门的要求,这些标准和规范专用于政府投资项目❶。

7. 标准和规范类法律

标准和规范类法律是指项目所在国要求工程项目必须遵守的标准或规范。在工程领域,标准和规范可以分为两类:强制性标准和规范和非强制性标准和规范。对于前者,国际工程参与主体必须遵守,而对于后者,国际工程参与主体可以选择性使用。世界上绝大多数国家都对工程项目的标准和规范做出规定,并将其作为工程项目审批和验收的依据。

8. 财税类法律

项目所在国的财税类法律主要包括会计法和税法(契税、所得税、关税、增值税、离境税和免税规则等)。项目所在国财税方面的法律在很大程度上决定着项目的开发和运作模式,充分理解和利用项目所在国财税方面的法律对国际工程参与主体至关重要。

9. 环保类法律

建设工程被认为是垃圾产出和环境污染的重要领域。因此,各国都制定了有关建筑工程应遵守的各种环境保护法律。项目可行性研究、项目实施和项目运营各个阶段都会置于项目所在地环境保护方面法律的监督之下。项目所在国的环境保护法在很大程度上决定着工程所采用的标准和规范,项目施工过程中的各种环保措施的采用等。另外,从更广意义上讲,是否遵守项目所在国环境保护方面的法律也决定着能否得到当地民众和政治团体的支持,从而决定着项目的命运。

10. 劳动和移民法类法律

项目所在国的劳动类法律涉及劳动法、社会保障法、移民法(项目所在国的劳动许可)等,这些法律与项目进度和成本息息相关。在世界大多数国家,建设工程一般为劳动密集型行业,建筑工程行业都属于解决就业的重点领域,也属于国内就业市场重点保护的领域。建设工程的特点往往使得各国会出台针对建设劳务的专门法律法规,如劳动者的劳动保护措施、劳动报酬的标准、劳动报酬的发放以及意外伤害保险的投保等。国际工程项目则使得劳务方面的问题更加复杂,例如:工作签证的申请、外国员工和当地员工数量比例、外国员工所属国的法律问题以及外国员工的社保和个人所得税的缴纳等等。

11. 外商投资类法律

国际工程项目有时需要项目所在国之外的投资方参与项目投资和开发,对于该类项目,与项目所在国的外商投资类法律密切项目,这类法律主要是:与外资准入、投资批准、优惠政策、外资保护、特定区域等相关的法律。值得一提的是:即便是工程承包,根据国际投资争端解决中心(ICSID)❷的许多案例认定❸,国际工程承包可以属于国际投资

---

❶ 余明哲,刁波,张智慧. 德国建筑标准体系研究. 世界标准化与质量管理,2006,7:54-56.

❷ 国际投资争端解决中心(International Center for Settlement of Investment Disputes,ICSID)是1966年10月14日根据1965年3月在美国华盛顿签署的,1966年10月14日生效的《解决各国和其他国家国民之间投资争端的公约》而建立的专门处理国际投资争议的常设国际机构,它亦是世界银行五大机构之一。

❸ Salini Costruttori S. p. A. and Italstrade S. p. A. v. Kingdom of Morocco (ICSID Case No. ARB/00/4); Bayindir Insaat Turizm Ticaret Ve Sanayi A. S. v. Islamic Republic of Pakistan (ICSID Case No. ARB/03/29); PSEG Global Inc. and Konya Ilgin Elektrik Üretim ve Ticaret Limited Sirketi v. Republic of Turkey (ICSID Case No. ARB/02/5); Desert Line Projects LLC v. Republic of Yemen (ICSID Case No. ARB/05/17).

的范畴。

12. 外汇管制❶类法律

项目所在国的外汇管制类法律决定国际工程项目的资金能否顺利进出项目所在国，对于国际工程项目的实施和国际工程参与主体的经济利益有着直接影响。外汇管制依照该国法律、政府颁布的方针政策和各种规定和条例进行。外汇管制的执行者一般是政府授权的中央银行、财政部或另设的其他专门机构，如外汇管理局。

13. 保险类法律

保险类法律主要包括两类：一类是项目所在国的一般性保险法律，另一类是专门针对工程项目的保险类法律。前者主要涉及对保险公司尤其是境外保险公司在项目所在国境内从事保险业务或承包其境内的保险业务，如很多国家的保险法明确规定，未在该国注册或批准的保险公司不得在其境内从事保险业务；后者主要涉及工程项目人员伤害的保险❷和工程质量的保险❸等。

14. 知识产权❹类法律

国际工程项目涉及众多知识产权，项目所在国法律对于知识产权的保护在很大程度上影响着项目的实施。工程项目的知识产权法律主要包括以下方面的法律：企业商标、名称，工程类专利或方法（例如工法）、工程文件的著作权或版权（例如设计图纸的著作权）以及工程项目所生产产品的专利等。

15. 中介或代理类

国际工程项目中采用中介或代理比较普遍。为了取得项目或顺利实施项目，往往需要中介或代理的参与，因此，需要关注项目所在国对于中介或代理的相关法律。有些国家对于从事中介或代理专门立法，最常见的是阿拉伯国家关于代理的相关法律，如沙特阿拉伯的《代理法》规定外国公司必须通过代理在沙特境内承揽工程项目和作为工程总包方❺；阿联酋的《代理法》规定外国公司必须通过当地代理销售货物等。

16. 宗教或风俗类法律

国际工程项目的实施需要高度关注项目所在国的宗教或风俗类法律，否则可能导致项目出现重大障碍甚至失败，常见的宗教类法律主要是伊斯兰法❻。

17. 争议解决类法律

国际工程有时会涉及各种争议解决，如劳动类争议解决、商事争议解决、行政类争议

---

❶ 外汇管制（Foreign Exchange Control）是指一国政府为平衡国际收支和维持本国货币汇率而对外汇进出实行的限制性措施。外汇管制有狭义与广义之分。狭义的外汇管制指一国政府对居民在经常项目下的外汇买卖和国际结算进行限制。广义的外汇管制指一国政府对居民和非居民的涉及外汇流入和流出的活动进行限制性管理。

❷ 如我国《建筑法》第48条：建筑施工企业必须为从事危险作业的职工办理意外伤害保险，支付保险费。

❸ 如法国或原法属殖民国家在建设工程领域实施十年责任保险（Decennial Liability Insurance Or Inherent Defect Insurance）。

❹ 知识产权一般是指人们就其智力劳动成果所依法享有的专有权利，通常是国家赋予创造者对其智力成果在一定时期内享有的专有权或独占权（Exclusive Right），通常分为两类：一类是著作权（也称为版权），另一类是工业产权。

❺ 特定情况下，外国承包商可以作为总承包商。

❻ 指公元7～9世纪形成的阿拉伯哈里发国家的法律，包括穆斯林宗教、社会、家庭等各方面的法规。又称穆斯林法、回教法。兼具宗教和道德规范性质。伊斯兰法系法律渊源包括《古兰经》（Qur'an）、《圣训》（Hadith）、教法学（Figh）以及阿拉伯原有习惯。

解决等，因此，项目所在国关于争议解决类法律对于工程项目的实施也具有较大的影响。项目所在国关于争议解决类法律一般包括劳动争议解决类法律、商事争议类法律、行政类争议解决类法律，涉及的主要法律主要是项目所在国的诉讼法、仲裁法以及其他替代性争议解决❶类法律。

（二）国际工程项目参与主体所在国法律

国际工程项目参与主体所在国法律主要是项目所在国政府、项目投资人或贷款人、项目业主、工程承包商或供应商、保险机构和专业咨询机构注册或主要营业地所在国的法律，大体如下：

与项目所在国政府参与国际工程项目有关的法律主要是国际公约，如《联合国反腐败公约》和世界贸易组织的《政府采购协定》，以及项目所在国关于政府采购或投资相关法律。

与项目投资人或贷款人参与国际工程项目有关的法律主要是其注册或主要营业地所在国对跨境投资进行规制的相关法律。

与工程承包商或供应商和专业咨询机构参与国际工程项目有关的法律主要是其所在地、注册或主要营业地所在国对资格或资质、劳务输出、劳资保护、外汇管制、各类担保等方面的法律法规。

（三）国际工程项目所涉第三国法律

国际工程项目所涉第三国法律主要是在实施项目时，国际工程项目参与主体和客体所涉及的除了项目所在国或项目主体注册地、主要营业地之外的第三国的法律，大体包括：工程项目的实施涉及的项目所在国与第三国签订的各类税费优惠类、劳动保障类等协定或协议以及工程项目所需物资、设备等运输所经过的第三国法律。

二、国际工程项目参与主体的相关人员的适用法律

如上文所述，国际工程参与主体会受到各类适用法律的管辖，同样地，这些主体参与到具体国际工程项目中的员工也会受到相应适用法律的影响和调整，如国际工程项目参与公司的法定代表人或主要管理人员的资格或资质、特定专业人员的资格或资质、相关人员的活动范围等等。

三、国际工程项目适用法律的渊源❷

国际工程项目涉及的法律众多，其表现形式不一，其适用法律的渊源主要为以下六类：

---

❶ 替代性争议解决通常是指除诉讼与仲裁以外的各种解决争议的方法的总称，如协商、谈判、斡旋、调解等方式。

❷ 法律的渊源是指法律创制方式和外部表现形式。

(1) 国际公约：国家间有关政治、经济、文化、技术等方面的多边条约，如：WTO协定、东盟自由贸易区协定。
(2) 双边协定：如双边税收协定，双边投资保护协定，双边社会保障协定等。
(3) 立法机构颁布的法律：如各国颁布的成文法律或法规。
(4) 司法机构作出的判例：如普通法系法院作出的各类判例。
(5) 公权力机构做出的法令或政策，如各种行政命令，如总统令等。
(6) 经过授权的特定机构或组织发布的各类规范性和非规范性文件或政策。

第三节　国际工程合同管辖法律

国际工程合同中一般存在"The Contract shall be governed and construed by the law of……"❶的表述或类似表述，该表述是国际工程合同中常见的合同管辖法律（Governing Law）条款。国际工程合同管辖法律在很大程度上影响或决定着缔约方之间的权利、义务、责任和风险的分配，是缔约方进行合同谈判时重点内容。本节主要从三个方面重点阐释和分析国际工程合同管辖法律。

一、国际工程合同管辖法律类型及其选择

国际工程合同是来自不同国家的主体间谈判或协商一致的结果，而作为调整这种合同关系的国际私法❷，要求法律在一定程度上尊重当事人自己的选择。因此，在调整国家间司法关系时，作为意思自治原则的体现，国际私法一般允许当事人自行选择合同的管辖法。基于此，当事人可以预先知晓合同的管辖法，明确其享有的权利和承担的义务，增强法律适用的可预见性、确定性和一致性。

（一）国际工程合同管辖法律类型

从国际工程合同选择的角度分类，国际工程合同管辖法律大体可以分为六种类型，分别为：缔约方其中一方所在国法律、缔约方之外第三国法律、国际公约、国际商事惯例、缔约方各自国家共同法律原则或规则以及约定的混合管辖法律。

1. 缔约方其中一方所在国法律

以国际工程承包合同为例，业主和承包商在谈判国际工程承包合同时可以考虑选择业主所在国的法律或承包商所在国的法律作为国际工程承包合同的管辖法律。

2. 缔约方之外的第三国的法律

国际工程合同因其具有涉外特点，因此，世界上很多国家的法律一般允许国际工程缔

---

❶ 参考译文：本合同受××法的解释和管辖。
❷ 国际私法（Private International Law）在世界各国民法和商法互相歧义的情况下，对含有涉外因素的民法和商法关系，解决应当适用哪国的法律。

约方选择缔约方所在国之外的法律作为国际工程合同的管辖法律，例如：新加坡业主和中国承包商可以选择中国香港法律作为国际工程合同的管辖法律。

3. 国际公约

对于国际工程的特定合同如货物采购合同，缔约方有时因为无法就采用缔约一方所在国的法律无法达成一致，最终约定采用国际公约作为合同管辖法律，如在国际工程货物采购合同中常将《联合国国际货物销售合同公约》（The United Nations Convention on Contracts for the International Sale of Goods（UNCISG））作为合同管辖法律。

4. 国际商事惯例

与上述第三类管辖法律的选择一样，国际工程缔约方为了尽快对管辖法律达成一致，有时选择国际商事惯例而不是各自所在国的法律作为国际工程合同的管辖法律，如国际工程的业主或承包商选择国际统一私法协会❶制定的《国际商事合同通则》❷ 作为合同管辖法律，国际工程项目的独立保函选择国际商会制定的《国际商会见索即付保函统一规则》❸ 以及国际商会发布的《跟单信用证统一惯例》（Uniform Customs and Practice for Documentary Credits，简称UCP）等等。

国际商事惯例的法律效力取决于国内法和国际条约的规定。一般来说，国内法和国际条约都赋予国际商事惯例以契约上的效力，即当事人同意适用时，国际商事惯例才对当事人产生约束力，例如前文所提的《联合国国际货物销售合同公约》。

5. 缔约方各自国家的共同法律原则或规则

对于特定项目，如跨境类项目，参与主体来自跨境的国家，来自这些国家的参与主体都不想单独采用对方国家的法律，此时，缔约方可能选择缔约方各自国家的共同法律原则或规则作为合同的管辖法律。据悉，英法海底隧道的相关工程合同采用了该类管辖法律，即管辖法律为英格兰法与法国法的共同法律原则或规则。

6. 混合使用的法律

此类管辖法律一般是指缔约方选择特定国家的法律作为管辖法律并以国际公约或国际商事惯例作为补充。

另一类混合使用的情况是缔约方选择一国的法律作为合同某部分的管辖法律，选择另一国法律作为合同其他部分的管辖法律。

（二）国际工程合同管辖法律选择

对于上述六种类型管辖法律，在国际工程合同实践中，缔约方选择第一种和第二种类型管辖法律的情况较为常见，选择第六种类型管辖法律的情形偶尔也会存在，而选择第三种、第四种和第五种类型管辖法律情况则很少。

在具体的国际工程合同管辖法律选择实践中，缔约方应当注意项目所在国的适用法律

---

❶ 国际统一私法协会（International Institute for the Unification of Private Laws "UNIDROIT"）是一个专门从事私法统一的政府间国际组织，成立于1926年，总部设在意大利的罗马，宗旨是统一和协调不同国家和国际区域之间的私法规则，并促进这些私法规则的逐渐采用。

❷ Principles of International Commercial Contracts。截至目前，该通则已经存在四个版本，分别是1994版、2004版和2010版。

❸ Uniform Rules for Demand Guarantees（ICC Publication No. 758 或 No. 458）

是否允许缔约方在国际工程合同约定第三方法律作为管辖法律,如对于特定领域,有些国家的法律采用专属适用法律,只能将该国法律作为合同管辖法律,不允许选择第三国法律,如《最高人民法院关于审理涉外民事或商事合同纠纷案件法律适用若干问题的规定》第 8 条❶和中东阿拉伯国家的代理类法律等。

此外,根据笔者的经验,国际工程合同也偶尔会出现没有选择合同管辖法律的情况。对于这种情况,在出现合同争议时,一般需要确定具体的合同管辖法律。根据国际私法理论,确定合同管辖法律的主要原则为"最密切联系原则"❷。

二、国际工程合同管辖法律实体法与程序法

国际工程合同管辖法律需要注意实体法❸与程序法❹之间的区别,并根据具体情况在合同中做出相应约定。根据国际私法的一般原则,合同管辖法律一般指实体法,而非指程序法、冲突法或国际私法,否则,可能会面临以下国际私法中偶尔出现的反致❺法律问题。

广义的反致主要包括以五种类型,即直接反致、转致、间接反致、包含直接反致的转致和完全反致。

直接反致指法院审理某一涉外民事案件时,按照本国冲突规范应适用某一外国法,而该外国法中的冲突规范又规定此案件应适用法院地国的实体法,法院据此适用了本国的实体法。例如:假设英国法院在审理一个案件时,需要解决一个注册地址在意大利的英国公司的行为能力问题。依英国的冲突法规范应适用注册所在地的意大利法,但意大利的冲突规范则规定应适用该英国公司的本国法,即英国法。如果英国法院依照此规定适用了英国的实体法,则是接受反致。

转致是指对于某一涉外民事案件,依法院地国冲突的规定,应当适用某外国法,而依该外国冲突规范的规定,须适用第三国法。例如:如果法院地国最终适用了该第三国的实体法,这种适用法律的过程就叫作转致。如 A 国法院依据本国的冲突法援引并适用了 B 国法,而 B 国法的冲突法规范规定应适用 C 国法。此时,如果 A 国法院适用了 C 国的实体

---

❶ 第八条 在中华人民共和国领域内履行的下列合同,适用中华人民共和国法律:(一)中外合资经营企业合同;(二)中外合作经营企业合同;(三)中外合作勘探、开发自然资源合同;(四)中外合资经营企业、中外合作经营企业、外商独资企业股份转让合同;(五)外国自然人、法人或者其他组织承包经营在中华人民共和国领域内设立的中外合资经营企业、中外合作经营企业的合同;(六)外国自然人、法人或者其他组织购买中华人民共和国领域内的非外商投资企业股东的股权的合同;(七)外国自然人、法人或者其他组织认购中华人民共和国领域内的非外商投资有限责任公司或者股份有限公司增资的合同;(八)外国自然人、法人或者其他组织购买中华人民共和国领域内的非外商投资企业资产的合同;
(九)中华人民共和国法律、行政法规规定应适用中华人民共和国法律的其他合同。
❷ 最密切联系原则是指在确定某一涉外民事关系的准据法时,不按单一、机械的连接因素决定应适用的法律,而应综合分析与该涉外民事关系有关的各种因素,从中找出最本质的联系,并以此为标志去适用法律。
❸ 实体法(Substantive Law)是指规定具体权利义务内容或者法律保护的具体情况的法律,如民法、合同法、婚姻法、公司法等。
❹ 程序法是规定以保证权利和职权得以实现或行使,义务和责任得以履行的有关程序为主要内容的法律,如行政诉讼法、行政程序法、民事诉讼法、刑事诉讼法、立法程序法等。
❺ 反致(renvoi, remission)是指法院地国在根据本国冲突规范适用外国法的过程中,接受了该外国的冲突规范的指定,适用本国实体法或第三国实体法的制度。

法，就构成转致。

间接反致指对于某涉外民事案件，依法院地国冲突规范的规定，应当适用某外国冲突规范的规定，而根据该外国的冲突规范，则应适用第三国法律，但是，依第三国冲突规范规定，却又应适用法院地法。最后，法院地国适用了其内国实体法，这种法律适用过程叫间接反致。

包含直接反致的转致，这种情形是指对某一案件，甲国或甲地区法院根据本国或本地区的冲突规范指定应适用乙国或乙地区的法律，而乙国或乙地区的冲突规范指定应适用丙国或丙地区的法律，但丙国或丙地区的冲突规范反向指定应适用乙国或乙地区的法律，最后，甲国或甲地区法院适用乙国或乙地区的实体法律处理了案件。这种情形是转致的一种特殊情形。

完全反致（Total Renvoi）是英国冲突法中的一种独特作法，故又叫作"英国反致学说"。完全反致是指英国法院的法官在处理某一案件时，如果依英国法而应适用某外国法（包括苏格兰法和北爱尔兰法等），应假定将自己置身于该外国法律体系，像该外国法官依据自己的法律来裁断案件一样，再依该外国对反致所持态度，决定最后应适用的法律。

除了对特定领域或特定案件，世界各国法院或仲裁机构在认定国际商事合同管辖法律时一般不将程序法作为合同中约定的管辖法律，例如，根据中国最高人民法院在原《关于贯彻中华人民共和国涉外经济合同法若干问题的解答》中的规定，合同领域不采纳反致制度❶和《最高人民法院关于审理涉外民事或商事合同纠纷案件法律适用若干问题的规定》（法释〔2007〕14号）❷的规定。

三、国际工程合同管辖法律的适用

本部分主要从四个方面阐述国际工程合同管辖法律的适用，即：国际工程合同管辖法律管辖❸范围、国际工程合同管辖法律中的具体适用法律、国际工程合同管辖法律与项目所在国或缔约方所在国法律不一致、国际工程合同常用管辖法律介绍。

（一）国际工程合同管辖法律管辖范围

在世界范围内，国际法学界至今尚未对合同管辖法律管辖事项范围形成统一的观点，也不存在统一的适用管辖范围，因此，国际工程合同管辖法律管辖事项范围尚不具确定性。尽管如此，笔者认为，国际工程合同管辖法律管辖事项范围可以借鉴以下公约或实务性做法：

例一：《联合国国际货物销售合同适用法律公约》❹ 第12条：

(a) interpretation of the contract;
(b) the rights and obligations of the parties and performance of the contract;

---

❶ （五）当事人协议选择的或者人民法院按照最密切联系原则确定的处理合同争议所适用的法律，是指现行的实体法，而不包括冲突法规范和程序法。

❷ 第一条：涉外民事或商事合同应适用的法律，是指有关国家或地区的实体法，不包括冲突法和程序法。

❸ 本书提及的国际工程合同管辖法律管辖范围是指国际工程合同管辖法律管辖和适用于合同的那些方面。

❹ Convention of 22 December 1986 on the Law Applicable to Contracts for the International Sale of Goods, 该公约目前仅有五个国家签字，分别是阿根廷、捷克、荷兰、摩尔多瓦和斯洛文尼亚。

(c) the time at which the buyer becomes entitled to the products, fruits and income deriving from the goods;

(d) the time from which the buyer bears the risk with respect to the goods;

(e) the validity and effect as between the parties of clauses reserving title to the goods;

(f) the consequences of non-performance of the contract, including the categories of loss for which compensation may be recovered, but without prejudice to the procedural law of the forum;

(g) the various ways of extinguishing obligations, as well as prescription and limitation of actions;

(h) the consequences of nullity or invalidity of the contract. ❶

例二：欧盟《罗马条例Ⅰ》(No 593/2008)❷ 第12条第1款

The law applicable to a contract by virtue of this Regulation shall govern in particular:

(a) interpretation;

(b) performance;

(c) within the limits of the powers conferred on the court by its procedural law, the consequences of a total or partial breach of obligations, including the assessment of damages in so far as it is governed by rules of law;

(d) the various ways of extinguishing obligations, and prescription and limitation of actions;

(e) the consequences of nullity of the contract. ❸

例三：《Redfern and Hunter on International Arbitration (fifth edition)》一书提及合同管辖法律的管辖范围为：

"It is supported by a system of law which is generally known as" the substantive law, the applicable law, or the governing law of the contract. These terms all denote the particular system of law that governs the interpretation and validity of the contract, the rights and obligations of the parties, the mode of performance, and the consequences of breaches of the contract. ❹

---

❶ 参考译文：根据第七条、第八条或第九条，销售合同适用的法律管辖：a) 合同的解释；b) 当事人的权利和义务以及合同的履行；c) 买方有权从货物中取得产品、产物和收入的时间；d) 买方对货物承担风险的时间；e) 当事人之间保留对货物所有权条款的合法性和效力；f) 不履行合同的后果，包括可取得损害赔偿金的损失类别，但不得影响法院地程序法；g) 债务及时效的各种消灭方法；h) 合同无效的后果。

❷ REGULATION (EC) No 593/2008 OF THE EUROPEAN PARLIAMENT AND OF THE COUNCIL of 17 June 2008 on the law applicable to contractual obligations (Rome Ⅰ).

❸ 参考译文：依本条例适用于合同的管辖法律特别管辖以下事项：(a) 合同解释；(b) 合同履行；(c) 在其程序法所赋予的法院权限范围内，管辖违约或部分违约的后果包括根据法律对损害的评估；(d) 债务消灭的各种方式，诉讼时效或诉讼限制；(e) 合同无效后果。

❹ 参考译文：一般而言，合同的管辖法律被称为"实体法"、适用法和管辖法律，这些术语均指那些管辖合同解释、合同有效性、缔约方的权利义务、履约方式以及违约后果的法律。

(二) 国际工程合同管辖法律的具体适用法律

国际工程合同在约定管辖法律时一般仅仅约定某个国家或地区的法律作为管辖法律，因此，在实务中，需要解决缔约方选择的国际工程合同管辖法律中的哪些法律可以作为具体适用的法律。例如，如果业主和承包商在位于印度尼西亚某国际工程项目的承包合同中约定我国法律作为合同管辖法律，那么，我国那些法律可以作为合同管辖法律。我国的《建筑法》可以吗？答案很可能是否定的，因为根据我国《建筑法》第2条的规定❶和《建筑法》的主要条款内容，《建筑法》应当适用于我国境内的建筑工程项目。

国际工程合同所约定管辖法律中哪些作为具体适用法律基本取决于该法域的法律中所规定的适用范围，例如，如果该国的法律明确规定，该法的适用范围为法域内的事项，则该法可能无法作为管辖法律中的适用法律，而对于那些已经明确约定可以适用于域外事宜的法律，则当然可以作为管辖法律中的适用法律。需要注意的是，对于没有明确法域内或法域外适用的法律，则需要根据国际工程合同的具体事宜来判断哪些法律可以作为管辖法律中的适用法律，例如，我国合同法的部分规定应当可以适用于境外工程项目的合同，而有些规定则很可能无法适用于境外工程项目的合同。

(三) 国际工程合同管辖法律与项目所在国或缔约方所在国法律不一致

世界各国的国情不同，各国对于同一种法律现象或法律问题的法律规定不同，导致国际工程合同管辖法律与项目所在国、缔约方所在国法律存在不一致。这种不一致导致管辖法律的适用存在一定的不确定性。实践中，这种不一致可以分为两种：一是合同管辖法律与项目所在国或缔约方所在国的强制性或禁止性法律规定不一致；二是合同管辖法律与项目所在国或缔约方所在国的任意性法律规定不一致。对于前者，如果合同管辖法律与项目所在国的强制性法律不一致，如果该合同的争议机构为项目所在国的法院或仲裁机构，则合同管辖法律与项目所在国法律的强制性规定不一致之处，则合同管辖法律面临无法适用的问题，如《中华人民共和国涉外民事关系法律适用法》第4条❷和最高人民法院关于适用《中华人民共和国涉外民事关系法律适用法》若干问题的解释（一）第10条的规定❸；对于后者，由于项目所在国法律的相关法律规定并不是强制性规定，缔约各方可以通过选择管辖法律不予适用该不一致的法律规定。

(四) 国际工程合同常用管辖法律

选择哪国的法律作为国际工程合同管辖法律，笔者认为，应当满足以下条件：
（1）立法层面：该国工程法律尤其是涉外工程法律比较完善，具有完善的法律法规和

---

❶ 第二条：在中华人民共和国境内从事建筑活动，实施对建筑活动的监督管理，应当遵守本法。

❷ 第四条：中华人民共和国法律对涉外民事关系有强制性规定的，直接适用该强制性规定。

❸ 第十条 有下列情形之一，涉及中华人民共和国社会公共利益、当事人不能通过约定排除适用、无需通过冲突规范指引而直接适用于涉外民事关系的法律、行政法规的规定，人民法院应当认定为涉外民事关系法律适用法第四条规定的强制性规定：（一）涉及劳动者权益保护的；（二）涉及食品或公共卫生安全的；（三）涉及环境安全的；（四）涉及外汇管制等金融安全的；（五）涉及反垄断、反倾销的；（六）应当认定为强制性规定的其他情形。

大量的案例。

（2）司法层面：该国法院、仲裁机构等司法机构比较完善，法官、仲裁员或司法人员谙熟工程法律，尤其是涉外工程法律实务。

（3）律师层面：该国在国际工程领域提供法律服务的律师资源较多，具备较高的律师法律服务质量。

（4）司法环境层面：该国的司法环境国际化程度高、司法独立性和公正性强。

（5）法律自身层面：该国的法律在国际上被接受的程度较高，具有一定的代表性。

基于以上条件，笔者认为以下国家或地区的法律可以作为国际工程合同的管辖法律。

1. 英格兰法或英格兰和威尔士法

英格兰法或英格兰威尔士法（Laws of England or Laws of England & Wales）属于英国法❶（English Law）。英国法为英美法律体系的主要代表。英格兰法或英格兰和威尔士法是目前国际工程合同管辖法律中最为常见的管辖法律，这得益于英国的历史、该法的完善、英语语言的全球性以及英国在工程法律实践方面的丰富经验和积累。

2. 瑞士法

瑞士法属于大陆法系。由于瑞士在国际金融和国际经济交往中的重要地位，瑞士法在国际商事合同中经常被选为管辖法律，尤其是中东欧国家的涉外工程合同中，选择瑞士法作为合同管辖法律的情况比较多。

3. 中华人民共和国法律

根据 Global Economic Observe and Oxford Economy 的统计，我国于 2010 年超过美国成为世界上最大的工程市场，同时，我国走出去、参与境外工程项目的企业和主体越来越多，这使得我国在工程法律立法、司法和法律服务领域在世界范围内处于前列，相应的，我国的法律也逐渐成为众多国际工程合同的管辖法律，尤其是工程项目位于我国的境内的国际工程项目。

4. 新加坡法

新加坡法属于普通法系，与英国法存在密切的关系。新加坡独特的地理位置、较为成熟的国内和国际司法环境以及国际交通的便利使得新加坡法成为国商事合同中常选的法律。目前，我国企业参与的国际工程合同中，很多选择新加坡法作为合同管辖法律。

5. 中华人民共和国香港特别行政区法

与新加坡法类似，中国香港法属于普通法系，也与英国法存在密切的关系，可为一脉相承。香港法能够在国际工程合同中经常被选为管辖法律得益于中国的企业在走出去过程中多数以香港作为跳板的事实，香港与英国的特殊关系，香港在南亚和东南亚的地理位置，香港完善的立法、司法环境以及丰富的法律资源等。

6. 美国纽约州法律和德克萨斯州法律

美国纽约州作为美国经济最发达的州，是美国的神经中枢和经济心脏，是世界金融中心之一，其立法完善、司法公正性很高，律师资源极其丰富，因此，美国纽约州法律自然成为国际商事类合同缔约方选择的管辖法律。

---

❶ English law is the common law legal system governing England and Wales，https：//en.wikipedia.org/wiki/English_law

美国德克萨斯州因其在石油领域的领先地位，很多北美和南美的能源类工程项目的合同选择德克萨斯州法作为管辖法律。

7. 阿联酋迪拜酋长国法

迪拜是新兴的国际大都市，阿联酋人口最多的城市，中东最富裕的城市，中东地区的经济和金融中心，被称为中东北非地区的"贸易之都"。相比较于中东北非地区浓烈的伊斯兰法环境，迪拜的世俗化程度很高，对世界先进法律理念的接受度很高。多年来，海湾地区的工程项目数量很多，再加上其优越的地理环境和便利的交通，这使得迪拜法律越来越得到在中东地区参与国际工程的主体的青睐，众多中东地区国际工程项目的国际工程合同选择迪拜法作为管辖法律。

8. 埃及法

相比较于迪拜法律，埃及法则具有历史悠久、伊斯兰法和世俗法综合性强的特点，埃及民法典对阿拉伯世界的立法产生了重大影响，很多阿拉伯国家的民商事立法均不同程度地受到了埃及法律的影响。因此，在阿拉伯国家实施的国际工程项目，其相关工程合同的管辖法律有时选择埃及法作为管辖法律。

第四节　国际工程争议解决法律

国际工程争议因其性质和争议解决机构不同，国际工程适用的争议解决法律不同。本节通过对不同争议解决法律的阐释，简要解析国际工程争议解决法律的具体适用。以争议解决机构为依据，国际工程争议解决法律主要包括：国际双边或多边争议机构依据的法律、政府机构依据的法律、法院依据的法律、仲裁机构依据的法律或其他机构依据的法律；以国际工程争议性质为依据，国际工程争议解决法律主要为国际投资类法律、国际民商事法律、行政类法律或劳动类法律等等；以争议解决机构解决争议的法律类型依据，国际工程争议解决法律主要为实体法律和程序法律。本节综合以上三种分类阐释国际工程争议解决法律。

一、国际双边或多边争议解决机构解决国际工程争议适用的法律

目前，世界上尚不存在专门解决国际工程争议的国际双边或多边机构，也不存在专门用于解决国际工程争议的法律，但国际双边机构或多边机构每年都会处理较大数量的国际工程争议。国际双边或多边争议解决机构主要基于两国或多国之间在特定领域的国际协定或国际公约成立的、旨在解决两国或多国以及其主体之间在该领域争议的国际机构。我国已经与众多国家签署了大量国际协定，如投资保护协定、自贸区协定等。这些协定一般均会约定如何处理两国国民之间产生的争议以及适用的法律。

国际多边争议解决机构中处理国际工程最多的机构应当是国际投资争端解决中心（简称 ICSID）。ICSID 依据《关于解决国家和他国国民之间投资争端公约》（又称《华盛顿公约》）设立。以下是 ICSID 近年来受理案件的大体类型（图 1-1）：

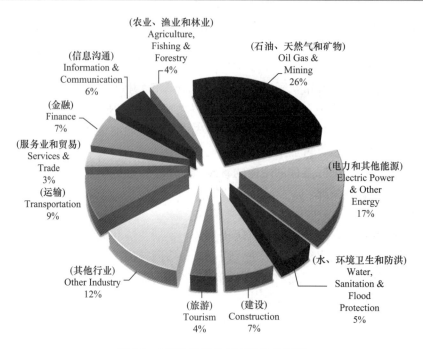

图 1-1　ICSID 近年来受理案件的类型

ICSID 处理国际工程类争议法律依据为：第一，《华盛顿公约》。ICSID 基于《华盛顿公约》设立，其解决争议的程序法律和实体法律应当按照《华盛顿公约》进行；第二，《华盛顿公约》第四十二条第一款❶约定的适用法律；第三，约定由 ICSID 作为争议解决机构的各类双边协定或多边公约。值得注意的是，根据 ICSID 的数起案例，国际工程承包也属于《华盛顿公约》中约定的"投资"。

二、政府机构解决国际工程类争议适用的法律

政府机构解决国际工程类争议主要分为两类，相应地其所适用的法律也可以分为两类：

第一类：行政机关与行政相对人之间行政争议的适用法律。这类争议一般属于行政争议，其解决适用的法律为行政类法律，如政府机构对破坏环境、违反劳动法、质量安全等行政处罚类争议。为此，这类争议适用的法律主要是所涉国家的行政法或行政诉讼法以及行政管理类的法律。

第二类：政府机构参与解决工程当事人之间的民商事争议适用的法律。为了解决国际类纠纷，有些国家允许当事人双方选择政府的特定机构作为争议解决机构，尤其是政府作为争议当事人一方时，如政府机构对当事人之间的争议予以调解。政府机构参与解决此类争议时，其所适用的主要法律一般为项目所在国的适用法律与合同管辖法律。

---

❶ 第四十二条：一、仲裁庭应依照双方可能同意的法律规则对争端作出裁决。如无此种协议，仲裁庭应适用作为争端一方的缔约国的法律（包括其冲突法规则）以及可能适用的国际法规则。

三、法院解决国际工程类争议适用的法律

法院是解决争议的主要机构。国际工程的大部分争议由法院解决。法院解决国际工程争议的适用法律分为两类:

(1) 实体法。这类法律主要是国际工程项目适用法律中的实体法和国际工程合同管辖法律中的实体法。

(2) 程序法。这类法律主要是法院裁判案件应当遵守程序法,如民事诉讼类法律、行政诉讼类法律等。

四、仲裁机构解决国际工程争议适用的法律

仲裁是国际工程争议解决的常用方式,尤其是大型国际工程项目,争议解决方式往往采用国际仲裁。仲裁机构解决国际工程争议适用的法律分为三类:

(1) 国际工程项目适用法律和国际工程合同管辖法律。由于在第二节和第三节中已经对国际工程项目适用法律做了阐释,在此不予赘述。

(2) 仲裁条款或仲裁协议管辖法律(Lex Arbitri)。与国际工程合同管辖法律不同,国际工程合同中仲裁条款具有独立性特点,例如:联合国国际贸易法委员会仲裁规则(UNCITRAL Arbitration Rules)第21条中有明确约定:一个仲裁条款,其成为一个合同一部分且根据本规则规定仲裁的,应当被视为一个独立于合同其他条款的协议。仲裁庭做出的合同无效的规定不应依法引起仲裁条款的无效❶。因此,国际工程合同约定的管辖法律一般不是国际工程合同仲裁协议的管辖法律。目前国际仲裁界的主流观点认为,除非双方另行约定或仲裁地法另有约定,仲裁条款或仲裁协议的管辖法律为仲裁地(seat or place of arbitration)的仲裁法律。

(3) 仲裁机构进行仲裁适用的仲裁程序法律(Curial Law)。仲裁机构进行仲裁适用的仲裁程序法一般为仲裁地所在国的仲裁程序法。当然,在仲裁地的仲裁法或程序法允许在其境内的仲裁适用外国仲裁程序法时,仲裁可以采用仲裁地所在国之外的仲裁程序法。

五、与国际工程争议解决相关的国际公约和协定

与国际工程争议解决有关的国际公约和协定分为两类:一是与国际工程诉讼有关的国际公约和协定,二是与国际工程仲裁有关的国际公约和协定。

(一) 与国际工程诉讼有关的国际公约和协定

与国际工程诉讼有关的公约或协定主要涉及管辖法院的选择、诉讼文书的送达、取

---

❶ an arbitration clause which forms part of a contract and which provides for arbitration under these. Rules shall be treated as an agreement independent of the other terms of the contract. A decision by the arbitral tribunal that the contract is null and void shall not entail ipso jure the invalidity of the arbitration clause.

证、法院判决或裁决的承认与执行等。

1. 海牙送达公约

送达在国际民事诉讼中具有重要的意义，对一国法院而言，只有依法完成了有关文书的送达，才能行使司法管辖权。一般情况下，不允许对没有见到或知悉传票和其他司法文书的当事人进行缺席判决。就当事人而言，只有在收到司法文书并知悉其内容的情况下，才能确定如何行使诉讼权利和承担诉讼义务，如果送达不合法，当事人可以就此提出异议或主张权利。而且，如果一国法院的判决在送达上存在纰漏，则很可能得不到其他国家法院的承认与执行。为了确保司法文书送达的顺利完成以及诉讼的顺利进行，国际上以条约的形式开展了广泛的合作，这其中以1965年海牙国际私法会议制定的《民商事司法文书与司法外文书域外送达公约》（简称"海牙送达公约"）最为典型。

海牙送达公约于1969年生效，中国1991年批准加入，1992年1月1日该公约在中国生效。海牙送达公约的目的是：第一，建立一个能够确保当事人知悉被送达文书和准备辩护的制度；第二，简化送达程序；第三，以统一规格的证明书方式便利对已完成送达的证明程序。

海牙送达公约适用于民事或商事中司法文书或司法外文书应转递以便送达到国外的情况。根据海牙送达公约，每个成员国应指定一个中央机关，负责接收来自其他缔约国的送达请求书，并自行送达该文书或安排经由某一机构负责送达。每个成员国在交存批准书或加入书时或在此之后，将其所指定的中央机关通知荷兰外交部。实践中，大多数成员国均指定本国的司法部作为中央机关，如中国、美国、比利时、法国、西班牙、土耳其等；也有一些成员国指定法院系统为中央机关，如意大利、荷兰、以色列等；还有一些成员国指定外交部为中央机关，如英国、日本、希腊和瑞典等。

关于送达，海牙送达公约规定了三种方式：第一、被请求的成员国中央机关可以按照其国内法的规定，在国内诉讼中对在其境内的人员送达文书❶；第二、送达请求人可以要求被请求的成员国的中央机关采用特定方式送达，如将文书亲手地送给指定的个人，以书面回执确认文书的递送，送达人证实对照片所示之人进行送达等；第三、被请求的成员国的中央机关可以通过将文书交付自愿接受的收件人的方式进行送达。

除了上述三种中央机关送达程序外，海牙送达公约还规定了几种替代送达方式，包括：领事或外交途径送达、邮递送达、主管人员送达、按照接收文书的成员国的国内法规定进行送达。根据海牙送达公约，成员国只能从中选择一种替代送达方式进行送达，而且前提条件是接收文书的成员国不反对这种替代送达方式。

海牙送达公约建立了比较完备的域外送达司法协助机制，较好的平衡了成员国的不同需求。将送达事项视为行使司法权行为的国家，可以通过海牙送达公约规定的排他性适用，使其司法主权得到切实的保护；对于将送达视为私人行为的国家则可以通过海牙送达公约规定的简便且灵活的程序，使本国民事诉讼中的文书能在外国顺利送达。

2. 海牙取证公约

随着涉外民商事案件的增多，许多案件需要跨境调取证据才能推进诉讼程序或保证诉讼的公正公平。由于各国法律制度的不同，尤其是英美法系和大陆法系在证据制度上的差

---

❶ 海牙送达公约第5条第1款第1项。

异,各国民商事领域的跨境取证的合作并不理想。为此,1970年3月18日海牙国际私法会议订立了《关于从国外调取民事或商事证据的公约》(简称"海牙取证公约")。

海牙取证公约兼顾了大陆法系国家和普通法系国家的做法❶,并且从提高公约普遍有效性的角度出发,允许成员国对其中的一些规定提出保留并允许成员国之间修改公约的部分规定,具有较大的灵活性,得到了各国广泛的接受。❷ 中国于1997年加入海牙取证公约,1998年对中国生效。

海牙取证公约适用于民事或商事证据的域外调取。海牙取证公约规定了三种域外取证的方式:嘱托书方式、外交领事取证方式及特派员取证方式。第一,嘱托书取证方式也称为代为取证或请求书方式,是指是指一国的司法机关根据该国法律规定,通过请求书的方式,委托另一国的主管机关代为调取证据的司法协助行为。代为取证的请求应以请求书(Letter of Request)的形式提出,请求书可以要求调取证据,以及请求其他成员国的主管机关采取其他司法行为。请求书应由提出请求的国家的中央机关直接提交至被请求的国家的中央机关,不得受到其他机关的干预,即对于被请求的国家而言,其中央机关必须是第一个接到请求的机关;第二,领事和特派员取证制度。领事取证制度是指一国司法机关通过该国派驻他国的领事或外交官员在其驻在国直接调取证据的一种做法;特派员取证制度是英美国家诉讼中的一种独特制度,是指受理诉讼的法院如需从外国获取证据,可委派官员直接在外国领土上调取证据。这些官员通常是法院法官、书记员及律师等。领事和特派员取证制度的前提条件是获得取证地所在国家指定的适当机关的许可后,方能调查取证;第三,除了上述规定外,海牙取证公约还扩大了有关外交领事代表取证的权力,在有限的基础上引进了特派员取证制度,并保证各国现有的国内立法和双边协定中更为优越和限制更少的做法不受影响。海牙公约在方便域外取证的同时,对证人拒绝作证的权利也加以保护,即证人可依据被请求的国家的法律拒绝作证。

3. 选择法院公约(2005年6月30日)

《选择法院协议公约》是关于民商事管辖权和判决承认与执行的国际公约,由海牙国际私法会议(the Hague Conference on Private International Law),起草,历经十多年艰苦谈判和实践,于2005年6月通过,于2015年10月1日生效。公约主要包括六方面核心内容,即:公约的适用范围、统一管辖权的规定、外国判决承认与执行的规定、先决问题、损害赔偿和声明。公约对于推动国际民商事判决与执行规则的统一,改善国际民商事诉讼环境、促进国际贸易和投资产生积极影响。我国政府于2017年9月12日签署了该公约。

4. 双边民商事司法协助条约

民商事司法协助是指有关国家或地区间的民商事诉讼领域开展的司法协助活动❸。国际民商事司法协助的实施一般基于各国的双边条约和国际条约而存在,截至目前,中国政

---

❶ 在民商事取证方式上,大陆法系国家主要规定了代为取证的制度。而英美法系国家调查取证主要是当事人的责任,因而其法律制度中还规定了当事人及其代理人自行取证制度。此外,英美法系国家还存在特派员取证制度。海牙取证公约并未回避普通法系国家的特派员取证制度,对审判前调查取证也做了规定,并且不允许特派员取证、审判前证据开示制度的成员国或地区提出保留,从而使公约具有极大的包容性。

❷ 丁小军. 海牙取证公约述评. 证据学论坛,2002,2:534.

❸ 李继. 中国区际民商事司法协助法律问题研究 [D]. 中国政法大学,2006:5.

府共与 35 个国家订立了双边民商事司法协助条约❶。根据中国加入的海牙送达公约、海牙取证公约、双边民商事司法协助条约，中国司法部被指定为中央机关，具体由司法部下属的司法协助交流中心行使民商事司法协助的中央机关职能。

两个国家的法院可以在双边民商事司法协助条约的基础上，相互提供司法协助，包括送达司法文书、调查取证、外国法院民事判决和仲裁机构裁决的承认与执行、相互提供缔约双方有关民商事法律和诉讼方面司法实践的资料。

（二）与国际工程仲裁有关的国际公约和协定

与国际工程仲裁有关的国际公约或协定主要涉及仲裁裁决的承认与执行，目前，世界上比较有影响力的国际公约有《纽约公约》、《巴拿马公约》和《阿拉伯商事仲裁公约》。

1. 纽约公约

二战后，由于各个国家在仲裁裁决承认和执行制度方面的巨大差异给国际经济交往带来不便，国际社会开始酝酿订立新的统一国际条约。1951 年，国际商会在葡萄牙首都里斯本举行大会，决定在 1927 年《关于执行外国仲裁裁决的日内瓦公约》❷ 的基础上草拟新的公约。1958 年 6 月 10 日，联合国国际商事仲裁大会通过了《纽约公约》，当时有 45 个缔约国，截至 2016 年年底，已发展至 156 个缔约国。❸ 目前，几乎所有涉及国际贸易的国家和地区的立法或司法均认可《纽约公约》的效力，该公约是迄今为止国际商事仲裁方面最重要的多边国际条约。

《纽约公约》对承认与执行外国仲裁裁决的贡献有：

第一，规定了仲裁裁决的执行程序和基本条件。根据《纽约公约》第 3 条，缔约国应承认外国仲裁裁决的效力，依照裁决地的程序规则及《纽约公约》的规定执行裁决，并且执行外国仲裁裁决的条件不得比承认或执行内国仲裁裁决更苛刻，费用不应高于承认或执行内国仲裁裁决的费用。

第二，扩展了外国仲裁裁决的范畴。《纽约公约》明确了外国仲裁裁决的范畴，包括在一国领土内做出的，而在另一国领土内请求承认和执行的，自然人或法人之间争议而产生的仲裁裁决；以及在另一个国领土内请求承认和执行的，且该国不认为是内国裁决的仲裁裁决。

第三，避免双重许可（Double Exequatur）制度和为执行仲裁裁决而获得仲裁地所在国对裁决的司法确认的要求。《纽约公约》明确规定当事人申请承认和执行的仲裁裁决仅

---

❶ 根据中国司法部司法协助交流中心的数据，与中国政府订立《双边民商事司法协助条约》的国家包括：法国、意大利、西班牙、保加利亚、泰国、匈牙利、摩洛哥、新加坡、突尼斯、阿根廷、韩国、阿联酋、科威特、秘鲁、阿尔及利亚、巴西、波兰、蒙古、罗马尼亚、俄罗斯、土耳其、乌克兰、古巴、白俄罗斯、哈萨克斯坦、埃及、希腊、塞浦路斯、吉尔吉斯斯坦、塔吉克斯坦、乌兹别克斯坦、越南、老挝、立陶宛、朝鲜。资料来源：http://www.moj.gov.cn/sfxzjlzx/content/2014-12/17/content_5890548.htm。

❷ 第一次世界大战后，国际商事仲裁伴随着国际经济恢复而迅速发展，对统一商事仲裁法律制度的需求也随之增长，在国际联盟主持下，16 个欧洲国家于 1923 年参与签订了《日内瓦仲裁条款议定书》，该议定书被誉为国际商事仲裁之国际立法踏出的第一步。因为《日内瓦仲裁条款议定书》未规定在一个国家领土内做出的仲裁裁决能否在另一个国家执行，而且其他相关规定过于原则化，导致该议定书在实践中的指导意义不大。为了弥补议定书的不足，国际联盟和国际商会于 1927 年签订了《关于执行外国仲裁裁决的日内瓦公约》。

❸ 资料来源：http://www.newyorkconvention.org/countries。

需要接受执行地所在国的审查即可。

第四，免除申请人的举证责任。 根据《纽约公约》，申请人只要依照执行地所在国家的程序法规定，向法院提交符合公约第4条的法律文件即可，❶ 而法院此时就应裁定承认和执行仲裁裁决。另外，《纽约公约》的这个要求是弹性的，若执行地所在国家对申请执行仲裁裁决的要求更简单，则不用严格适用《纽约公约》第4条的文件要求。

2. 巴拿马公约

为了简化国际商事争议解决程序，加强区域内的经济合作，1975年美洲国家组织成员国在巴拿马城召开国际私法特别会议，通过了《美洲国家商事仲裁公约》（简称《巴拿马公约》）❷。《巴拿马公约》于1976年6月16日生效，该公约规定了适用范围、仲裁协议的效力、仲裁庭的组成、仲裁规则的适用、仲裁裁决的效力及其承认与执行。

《巴拿马公约》适用于任何有关商业交易引起的争议，双方当事人的仲裁协议可以是签字的文件、往来书信、电报或直通电报。双方当事人可以约定的方式指定仲裁员，或者委托第三方（个人或法人）指定仲裁员。《巴拿马公约》对仲裁员的人数和国籍没有强制性要求。如果双方当事人未约定仲裁规则，则自动适用美洲国家间商事仲裁委员会的程序规则❸。根据管辖法或程序规则不得上诉的仲裁裁决具有终局的效力，其承认和执行可根据执行地所在国家的程序法以及国际条约的约定。如果出现下列情况，则执行地所在国家可以拒绝承认和执行仲裁裁决：第一，根据选择的管辖法双方当事人处于无行为能力的状态或者仲裁协议无效；第二，被请求执行的一方当事人未曾接到指定仲裁员的通知、仲裁程序的适当通知或者未能对案件提出意见；第三，裁决涉及的争议不属于双方当事人约定仲裁的争议事项；第四，仲裁庭的组成或仲裁程序不符合仲裁协议的约定，或者未按照仲裁地所在国的法律进行；第五，裁决地所在国家的主管机关宣告仲裁裁决无效或命令停止执行；第六，根据仲裁裁决执行地所在国家的法律，双方当事人不能用仲裁的方式解决争议；第七，承认和执行仲裁裁决与执行地所在国家的公共政策（公共秩序）相抵触。

3. 阿拉伯商事仲裁公约

1987年，14个阿拉伯国家签署了《阿拉伯商事仲裁公约》（简称《阿拉伯公约》"）❹，目的是统一阿拉伯地区商业仲裁规则，为国际商业争端提供一个公平有效的争议解决平台。

《阿拉伯公约》适用于涉及成员国境内个人或总部位于成员国境内的法人的商事纠纷。❺《阿拉伯公约》对仲裁协议的格式要求较为严格，即合同中的仲裁条款或单独的仲裁协议中应选择阿拉伯商事仲裁中心（the Arab Centre for Commercial Arbitration）❻，该中心是常设仲裁机构，具有独立的法人资格。

---

❶ 《纽约公约》第4条规定文件：一、仲裁裁决的正本或部分；二、仲裁协议的整部或副本；三、如果仲裁裁决所适用的文字与执行地所在国的官方文字不一致，当事人应在申请承认及执行裁决时提供该文件的翻译件。

❷ 截至目前，巴拿马公约的缔约国包括：阿根廷、智利、哥伦比亚、哥斯达黎加、多米尼加、厄瓜多尔、危地马拉、洪都拉斯、墨西哥、巴拿马、巴拉圭、秘鲁、美国、乌拉圭和委内瑞拉。

❸ 巴拿马公约第1条指第3条。

❹ 阿拉伯公约的成员国包括：约旦、突尼斯、阿尔及利亚、吉布提、苏丹、叙利亚、伊拉克、巴勒斯坦、黎巴嫩、利比亚、摩洛哥、毛里塔尼亚、也门阿拉伯共和国和也门人民民主共和国（注：后合并为也门共和国）。

❺ 阿拉伯公约第2条。

❻ 阿拉伯公约第3条。

阿拉伯商事仲裁中心的最高机构是董事会，每个成员国可指派一位董事，任期3年，可以连任。董事会每年公布仲裁员名册，这些仲裁员均为律师、法学家，以及工商界和金融行业的专家❶。阿拉伯商事仲裁中心的仲裁庭一般由3位仲裁员组成，双方当事人可选择一人仲裁庭。❷

总之，国际工程争议解决所涉法律庞杂且专业性强，其具体适用的难度很大，需要国际工程参与方根据国际工程争议的实际情况仔细分析和论证，适用正确的法律，确定适当的争议解决法律依据和方法。

---

❶ 阿拉伯公约第14条。
❷ 阿拉伯公约第15条。

第二章

国际工程项目采购法律与合约

本章所述国际工程项目采购是指项目开发人就项目实施采购相关服务主体或工程特定要素的行为，如采购工程承包方、工程设计方或供应方。国际工程项目采购因采购主体的性质不同、资金来源不同或开发模式不同而受到不同法律的管制或影响。

如果采购主体为公权力机构，则该项目的采购很可能需要遵守该权力机构所在国的政府采购类法律；如果采购主体为私人机构，则很可能无需按照政府采购法的方式实施采购。如果项目的资金来源为财政资金，则政府采购类法律很可能适用于本项目的采购；项目资金来源为私人自有资金的话，则一般允许私人机构自行选择采购方式；如果项目的资金来自多边金融机构，则项目采购时需要遵守相应多边金融机构的采购规定。项目的开发模式也会对采购阶段的法律适用带来影响，如果项目采用PPP方式或特许经营权的方式开发，即使项目的资金来源不属于财政资金，也往往会受到政府采购类法律的管制。此外，有些国际组织对于国际工程项目的采购往往也制定了特定的要求，例如欧盟对于成员内的政府采购项目设置了特定的采购要求。

国际工程项目采购阶段是否符合法律要求在很大程度上决定了项目从"根"上是否依法合规，对项目的整个实施具有决定性作用。如果国际工程项目在采购阶段不合法，则该项目可能面临被撤销、重新采购的境地，该项目所签订的所有合同可能因此无效、被解除或终止，基于该项目其他合同也会面临终止的境地，给项目参与方带来重大损失或极大的法律不确定性。

相反，如果国际工程的采购主体充分重视和利用国际工程项目采购阶段所涉及的法律，则可以在依法合规的前提下设计出国际工程项目最优化的采购路径或模式，实现经济效益的最大化。

第一节 国际工程项目招标投标

一、概述

国际工程项目具有政府干预性强、技术复杂、金额大、规模大、与人身安全及公共利益息息相关等特点,为避免暗箱操作,保证质量,国际工程项目的采购多采用招标投标模式。近现代招标投标制度起源于欧洲。1782年英国政府成立办公用品局,负责采购政府所需的货物和投资建设项目,并规定了一套政府采购所特有的采购程序及规章制度,其中包括:超过一定金额的政府采购合同必须使用公开、透明、竞争的程序完成,这是最早的近现代公开招标投标。1861年,美国也通过了一项联邦政府采购法,规定了采购机构、采购官员应遵循的程序和方式。根据史料记载,我国最早采用招标投标方式承包工程的,是1902年张之洞创办的湖北制革厂。

二、国际工程招标投标实务

国际工程招标投标涉及政府采购类法律、招标投标类法律、建设工程类法律、配套的实施规则等。世界各国的建设工程招标投标法律制度尽管在体系、内容和程序上有所不同,但从总体上看仍然有以下共同特点。

(一) 招标投标基本原则

国际工程招标投标是一种竞争性的缔约方式,这种方式让竞争机制引入工程合同的签订过程更加公平。在国际工程招标投标中,招标人发出招标公告的行为在法律上被称为要约邀请。投标人根据招标文件的各种要求,按照规定的方式、地点、期限向招标人递交投标书的行为在法律上被称为要约。在招标投标的评标、定标阶段,如果招标人经过一系列评审工作,最终选中满意的投标人,决定由其中标,并对投标人投标书上的实质内容完全接受,这在法律上被称为承诺。招标投标的竞争机制决定了国际工程招标投标必须遵循公开、公平、公正及诚实信用的合同法基本原则。

1. 公开原则

国际工程招标投标的公开原则是指国际工程招标投标的整个过程要完全公开,具有较高的透明度,这种透明既包括投标信息透明公开、招标过程公开、中标结果公开,也包括每个投标者都能公平地获得相同的信息,禁止幕后交易和暗箱操作。公开原则是国际工程招标投标制度的根本原则。目前,很多国家都陆续立法以确保国际工程招标投标的公开原则。

2. 公平原则

国际工程招标投标的公平原则是指整个招标投标过程中,所有投标人权利均等,都有平等的机会享有相应的权利并履行相应的义务，禁止歧视任何投标人。例如，在投标过程中，尤其是在进行资格预审或评标阶段，招标人应该对所有的投标人提供的信息范围和内容完全一致，不能区别对待，否则就构成歧视待遇。

3. 公正原则

国际工程招标投标的公正原则是要求整个招标投标过程客观、公正、合法。对招标方而言，必须严格按照招标条件和程序，招标方应对所有的投标人提供平等一致的招标信息，对所有投标人的资格审查都要采用相同的标准和程序。对投标方而言，公正原则是指应当以正当的手段参加投标竞争，自觉遵守招标投标的各项法律法规，不进行串标等不正当竞争。

4. 诚实信用原则

国际工程招标投标是以签订承包合同为目的的民事活动，因此一般情况下，投标人必须遵守"诚实信用（good faith）"这一民事活动的基本法律原则。诚实信用原则是要求招标投标当事人应当以诚实守信的态度行使权利和履行义务，不欺诈、不失信，以维持双方的利益平衡，实现自身利益和社会利益的平衡。

（二）招标投标合规要求

由于招标投标是合同的订立方式，招标投标行为是一种法律行为，所以，招标投标必然要受到法律的规范和约束。

大多数国家都为建设工程项目的采购制定了法律、法规和具体的实施规则，这些形成了各国的建设工程招标投标法律体系。例如，中国的《中华人民共和国招标投标法》和实施条例，英国的《公共工程合同规则》、《公共供应合同规则》和《公共服务合约法规》，美国的《联邦财产与行政服务法》和《联邦采购规则》，欧盟的《关于协调授予公共服务合同的程序的指令》、《关于协调公共工程合同的程序的指令》以及《关于协调有关水、能源、交通运输和电信部门的采购程序执行共同规则的法律、规则和行政条款的指令》等。

鉴于工程项目与公共利益和社会安全息息相关，很多国家对公共建设工程的采购实行强制性招标，凡是政府部门、国有企业以及对公共利益影响重大的私人企业的采购项目，达到一定金额时都应招标投标，否则采购程序不合法，订立的合同可能无效。

案例：

东南亚某国为了改善国内的道路基础设施，该国政府决定利用我国的优惠贷款。为了促成该项目，我国某承包商与该国公共机构一起向中国某政策性银行申请优惠贷款。根据我国该承包商与该国政府的协定，如果贷款获批，我国该承包商将直接作为该项目的 EPC 承包商。项目开工后，项目沿线居民对该项目的采购提出异议，并诉诸当地法院，理由为该项目未依照该国的政府采购法律法规实施采购。

该案件从州地区法院一直诉讼至该国最高法院，最高法院最终判定该项目的采购过程违反该国的政府采购法，因此该项目的有关合同无效，项目被迫停工。之后，我国承包商与业主就款项返还和其他损失问题诉诸国际仲裁。

国际工程招标投标的合规要求主要包括相关主体资格合规、文件合规、程序合规、代理合规等。招标投标过程中任何不合规行为都可能导致招标投标结果因违反法律而被认定为无效。

1. 招标投标主体资格合规

招标投标主体资格合规是指招标投标过程中,招标和投标双方的主体资格应符合法律的要求。例如,根据中国法律的相关规定,招标人和投标人应当是法人或其他组织,❶但特殊情况外,❷ 投标人必须具备承担招标项目的能力,以及国家或者招标文件规定的资格条件。❸ 例如,马来西亚油气行业招标项目的投标方必须是马来西亚本地企业(本地企业获得项目后转包给外国承包商)或者其控股的合资企业。

各国对建设工程项目投标人的资格条件均有要求,主要可以分为资质等级制度、许可证制度和登记注册制度:

资质等级制度:中国的《建筑业企业资质标准》将施工总承包分为4个等级(特级、一级、二级、三级),将专业承包分为36类,每个类别又分为3个等级(一级、二级、三级),不具备相应等级的投标人不得参加招标投标。香港的政府工程牌照分为A、B、C三个等级,每一等级的牌照又分为建筑工程、港口工程、道路与排水工程、底盘开拓工程、给水工程五类,拥有相应等级牌照的承包商才能参与招标投标。在马来西亚,如果外国公司成立外资独资公司,则需要向马来西亚有关部门申请建设工程承包等级证书后方可参加当地工程项目的投标活动,或者外国公司与马来西亚当地的建设工程公司成立合资公司,由马来西亚当地股东控股(持股比例不低于51%),以此使用马来西亚当地公司的建设工程资质。❹

许可证制度:有些国家对工程承包商采用许可证制度,例如美国、新加坡。美国大多数州将承包商分为总承包、电气工程、管道工程等,承包商只能在许可证允许的业务范围内开展建筑活动,拥有一个州的许可证并不意味着承包商可以在其他州开展建筑活动。新加坡于2007年推出了承包商许可制度,分为总承包许可证和专业承包许可证两类,而总承包又分为一级和二级,专业承包则分为打桩工程、地面支撑与加固、工地勘测、钢结构、预制混凝土作业、现场预应力作业。

登记注册制度:有些国家对工程承包商进行登记注册,例如英国对建筑企业的管理主要通过承包商注册体系来完成,该体系下登记注册的承包商被认为在资质上达到了一定的标准,从而使业主可以简化承包商的资格审查手续。

2. 招标投标文件合规

招标投标的文件合规是指招标文件中的合同和文件内容必须遵守法律规定,不得损害国家安全和公共利益,内容表达应当真实、准确,主要条款应当完备。投标人的文件应符合法律规定❺和招标文件的要求,否则会被认定为废标。例如,我国法律规定招标文件应

---

❶ 《中华人民共和国招标投标法》第八条:"招标人是依照本法规定提出招标项目、进行招标的法人或者其他组织。";第二十五条第一段:"投标人是相应招标、参加投标竞争的法人或者其他组织。"

❷ 《中华人民共和国招标投标法》第二十五条第二段:"依法招标的科研项目允许个人参加投标的,投标的个人适用本法有关投标人的规定。"

❸ 《中华人民共和国招标投标法》第二十六条:"投标人应当具本承担招标项目的能力;国家有关规定对投标人资格条件或者招标文件对投标人资格条件有规定的,投标人应当具备规定的资格条件。"

❹ 《马来西亚承包工程市场发展潜力预测》,资料来源:http://www.sohu.com/a/137778699_750649。

❺ 例如,根据《中华人民共和国招标投标法》第二十七条第二段的规定,如果招标项目属于建设施工项目,则投标人的投标文件应包括拟派出的项目负责人与主要技术人员的简历、业绩和拟用于完成招标项目的机械设备等文件和资料。

当包括项目技术要求、投标人资格审查标准、报价要求、评标标准和合同主要条款等信息，❶ 世界银行要求其提供贷款项目的公开招标文件中必须附有合同条件。❷

3. 招标投标程序合规

招标投标的程序合规是指组织招标投标活动时，应符合法定的程序和要求。在中国法下，招标投标项目应符合《中华人民共和国合同法》《中华人民共和国招标投标法》《中华人民共和国反不正当竞争法》等相关法律、法规的要求，例如招标人采用公开招标方式的，应当通过国家指定的报刊、信息网络或者其他媒介发布招标公告，招标公告应当载明招标人的名称和地址、招标项目的性质、数量、实施地点和时间以及获取招标文件的办法等事项。❸

国际工程项目涉及金额大，牵涉到国家和不同行业的利益，因此大型国际工程项目的招标投标程序尤其严格。以欧盟为例，根据相关法律的规定，为了保障欧盟所有成员国的承包商和供应商拥有平等机会参与投标，对于使用欧盟援助资金的项目，欧盟一般都要求业主采用公开招标的方式完成采购。除非业主能提供充分的依据和理由，欧盟通常不允许业主采用邀请招标、竞争性谈判等限制投标人的采购方式。❹

4. 投标代理合规

国际工程项目招标投标中的代理合规主要是指代理投标人的企业或其代表拥有投标代理人的合法资格，按照项目所在国法律的要求获得了投标人的授权委托，以及遵守项目所在国法律中有关投标代理制度的各项规定。

需要注意的是，有些国家的法律规定投标人必须通过代理人投标，例如中东地区的一些国家，为了保障本国国民的收入和就业，在法律中规定外国承包商必须聘请该国居民作为代理，否则，不得参与工程项目的投标。

（三）投标担保

投标担保是指招标人为了确保招标投标的顺利完成，保障合同能够最终订立而在招标文件中要求投标人、中标人缴纳的投标保证金、履约保证金或其他形式的担保。投标担保制度是国际工程采购的惯例，联合国贸易法委员会的《货物、工程和服务示范法》❺、世

---

❶ 《中华人民共和国招标投标法》第十九条："招标人应当根据招标项目的特点和需要编制招标文件。招标文件应当包括招标项目的技术要求、对投标人资格审查的标准、投标报价要求和评标标准等所有实质性要求和条件以及拟签订合同的主要条款。"

❷ The International Bank for Reconstruction and Development, "Guidelines: Procurement under IBRD Loans and IDA Credits, May 2004, p. 11.

❸ 《中华人民共和国招标投标法》第十六条："招标人采用公开招标方式的，应当发布招标公告。依法必须进行招标的项目的招标公告，应当通过国家指定的报刊、信息网络或者其他媒介发布。招标公告应当载明招标人的名称和地址、招标项目的性质、数量、实施地点和时间以及获取招标文件的办法等事项。"

❹ Keating on Construction Contracts, Ninth Edition, p. 539-540. As the use of negotiated and competitive dialogue procedures does not guarantee the same elements of competitiveness or transparency as the other procedures, the ECJ (European Court of Justice) has interpreted the provisions strictly and a contracting authority must be able to justify use of such procedures. Commission v. Italy (C-385/02) [2004] E. C. R. I-8121.

❺ 联合国贸易法委员会《货物、工程和服务示范法》第32条规定：除非投标人提供投标担保会违反本国法律，采购实体（招标人）可以要求提交投标人（供应商或承包商）提供投标担保，并可以在招标文件中规定投标担保的出具人、保兑人以及投标担保的形式和条件；投标担保期满时，投标人提供履约担保、投标过程因招标人原因终止而未订立合同或者投标截止日前投标人撤回投标的，招标人不得索要投标担保并应退还担保文件。

界银行的《国际复兴开发银行贷款和国际开发协会信贷采购指南》❶、亚洲开发银行的《贷款采购准则》❷ 均对投标担保的相关安排有所要求：

1. 投标保证金

投标保证金是招标投标担保的一种常见形式，是指为了保护招标人免于因投标人的行为而带来的损失，要求投标人在提交投标书时提交的一种资金担保，一般均为银行或其他金融机构开具的投保保函。在招标投标程序中，如果投标人投标后擅自撤回投标或者中标后拒绝缔结合同，那么招标人可以用投标保证金来弥补可能遭受的损失，如重新招标的费用、招标推迟造成的损失等。

投标保证金可以是采用招标文件提供的格式或招标人接受的其他格式，如银行出具的银行保函、信用证、现金、本票、保付支票或汇票等。以世界银行的工程采购标准招标文件为例：（1）投标人应根据招标文件中要求的格式、金额和币种，❸ 选择有信誉的机构（reputable institution）❹ 开具投保保函（bid security）；（2）投标保证应为见索即付保函，可以是保付支票、不可撤销信用证、无条件银行保函或招标文件中指定的其他格式。

投标保证金的金额大体为投标总价的 0.1%～3% 不等。实务中，业主为了避免投标人通过竞争对手的投标保证金额间接获知竞争对手的投标报价，也会规定一个固定金额作为所有投标人的投标保证金额。中标人签订合同并满足招标人的其他条件后（如提交履约担保等），招标人向中标人退还投标保证金。

投标保证金一般应在投标有效期截止日后一段时间内保持有效。如果招标文件中要求提交投标保证金，而投标文件中没有附投标保证金，那么投标会被视为非响应性投标而被拒绝。对于未中标人的投标保证金，招标人应该在规定的投标有效期满后一定期限内退还。中标人与招标人签订合同并按照约定交纳履约保证金后，招标人向中标人退还投标保证金。

2. 履约保证金

履约保证金是招标人要求中标人在接到中标通知书后的一定时间内提交的，保证完全

---

❶ The International Bank for Reconstruction and Development, "Guidelines: Procurement under IBRD Loans and IDA Credits", May 2014, Section 2.14: "Borrowers have the option of requiring a bid security. When used, the bid security shall be in the amount and form specified in the bidding documents and shall remain valid for a period of four weeks beyond the validity period for the bids, in order to provide reasonable time for the Borrower to act if the security is to be called…"

❷ Asia Development Bank, "User's Guide to Procurement of Work", 2016, ITB 19.1: "Unless otherwise specified in the BDS, the Bidder shall furnish as part of its Bid, in original form, either a Bid-Securing Declaration or a bid security as specified in the BDS. In the case of a bid security, the amount and currency shall be as specified in the BDS."

❸ 根据世界银行的相关要求，投标保证金可以采用业主所在国家的货币、招标采用的货币或者任何其他可自由兑换的货币（in the currency of the Employer's country or the currency of the Bid or in another freely convertible currency…）。参见 WorldBank, Standard Bidding Documents for Procurement of Works: Smaller Contracts, May 2004, p.15.

❹ 根据世界银行的相关要求，如果开具投标保证的机构的总部不在业主所在国，则应通过业主所在国内的机构使该投标保证生效（If the institution issuing the bond or surety is located outside the Employer's Country, it shall have a correspondent financial institution located in the Employer's Country to make it enforceable）。参见 WorldBank, Standard Bidding Documents for Procurement of Works: Smaller Contracts, May 2004, p.15-16.

地履行合同义务的一项重要担保,其目的在于防止低价中标后不履行合同,从而给招标人造成不必要的损失。国际工程采购中,履约保证金的形式通常是银行保函或者其他金融机构提供的担保。如果招标文件中要求招标人中标后提交履约保证金作为履约担保,中标人必须提交,否则视为其放弃中标的项目。

(四) 中标通知书效力

招标投标的目的在于选择中标人,经过招标、投标、开标、评标、定标后,招标人向投标人发出中标通知书(letter of acceptance),并与之签订合同。对于中标通知书的法律效力,即中标通知书的发出是否导致招标采购合同成立,存在不同的观点。

一种观点认为,中标通知书的发出具有使得招标采购合同成立的法律效力,理由是作为要约的投标文件是对招标文件做出的实质性响应,一旦招标人发出作为承诺的中标通知书,招标人与中标人已经对合同的实质性内容达成一致,而订立书面合同不过是双方认可的招标文件与投标文件在形式上予以规范,合同的实质性内容不能突破招标文件和投标文件中的约定。中标通知书发出后,招标人改变中标结果的,或者中标人放弃中标项目,不与招标人签订招标采购合同的,实质上是一种单方面解除合同的行为,在性质上属于违约行为。例如,根据 FIDIC 合同条件,中标通知书具有合同成立的法律效力。另根据英国建筑工程实践,如果招标文件内容比较齐备,且合同条款基本齐全,则中标通知书的发出可导致合同成立。❶

FIDIC 2017 版红皮书第 1.1.50 款:

"Letter of Acceptance" means the letter of formal acceptance, signed by the Employer, of the letter of Tender, including any annexed memoranda comprising agreements between and signed by both Parties. If there is no such letter of acceptance, the expression "Letter of Acceptance" means the Contact Agreement and the date of issuing or receiving the Letter of Acceptance means the date of signing the Contract Agreement. ❷

另一种观点认为,中标通知书的效力是指该通知书发出后,即中标通知书生效后在招标人和中标人之间产生的法律后果或法律约束力,但双方订立合同前,招标人和投标人之间尚不存在合同关系。❸

上述两种观点产生的法律后果迥异。如果中标通知书发出后至双方订立书面合同前,招标人和投标人之间尚不存在合同关系,则一方拒绝订立合同的行为需要承担相应的法律责任,而该责任往往以信赖利益作为赔偿的基本范围。如果中标通知书发出后双方之间就存在合同关系,则一方拒绝订立合同属于违约责任,此时违约方要承担完全赔偿责任,即继续履行、支付违约金、误期损害赔偿。鉴于此,国际工程采购中,作为投标方的中国承包商应识别合同管辖法和项目所在国法律及司法实践对中标通知书效力的相关规定。

---

❶ 程洋. 中标通知书的法律效力及毁标责任分析. 研究探讨,2017,12:61.

❷ 参考译文:"中标通知书"是指业主就投标函签发的正式接受函,包括双方之间签字的且构成协议的任何附带的备忘录。如果没有中标通知书,则"中标通知书"是指合同协议书,而中标通知书发出或收到之日即为合同协议书签订之日。

❸ 曹国富. 中国招标投标法原理与适用. 北京:机械工业出版社,2002:269-270.

三、国际工程项目招标投标方式

自第二次世界大战以来,联合国、世界贸易组织、世界银行和欧盟等国际组织及地区组织也在工程采购中推行招标投标制度,随着招标投标制度在公共工程采购中的广泛应用,私人工程项目也普遍采用招标投标的方式选择承包商。目前,国际工程招标投标中主要采用无标底报价❶的公开招标投标或邀请招标投标,以及特殊情况下的单一来源采购。

(一) 公开招标

公开招标(Public Bidding)是指招标人通过公告的形式,定向或不定向邀请投标人参与招标投标。公开招标投标以其公平、公正、公开的特点,成为国际工程采购的首选形式。除非存在项目技术复杂、有特殊要求、可选择潜在投标人少、自然地域环境限制较多、涉及国家安全、涉及国家机密、抢险救灾、法律特别规定等情况,否则均采用公开招标。

由于公开招标在国际工程采购中被广泛采用,这种采购方式已经形成了一整套较为完善的程序和方法。国际工程项目的公开招标程序通常包括:组织招标机构、发出招标公告、投标人资格预审、带领投标人勘查现场、编制和审定招标文件、制定标底、接收投标文件、评标、开标、发出中标通知书等环节。

国际工程项目的投标工作主要包括:第一步是投标准备,这个过程包括了准备招标信息、项目跟踪、办理注册手续、取得法定资格、物色合作伙伴、选定代理人、组织投标团队;第二步是制作投标报价,这是国际工程投标的核心部分,是招标人和投标人就工程承包权进行磋商并达成协议的基础,包括算标、预测报价的竞争力、选择报价中的价格表现形式、编制报价书等;第三步是投标,广义的投标是指投标的整个过程,而狭义的投标是指投标人在投标截止日前,将编制好的投标文件密封,上交给招标人,从递交投标书到开标之日前,投标人可以随时撤回、更正或修改投标书。

国际工程公开招标程序中,招标人可以要求投标人对投标文件中含义不明的内容作出必要的澄清或者说明,但是这些澄清或说明不得超出投标文件的范围或者改变投标文件的实质性内容。此外,为了保证公平公正,招标人不得与投标人就投标价格、投标方案等实质性内容进行谈判。

(二) 邀请招标

国际工程邀请招标投标(invitation to bid)中,招标人根据自己掌握的信息,向具备资质和条件的潜在投标人发出投标邀请函,并最终由招标人组织评标后选定中标人。因为

---

❶ 按照是否设置标底,招标投标可以分为有标底招标、复合标底招标和无标底招标:有标底招标是对工程项目进行计算,得出总造价作为工程招标的标底,投标报价越接近标底,中标可能性越大。有标底招标的缺点是标的容易被泄露,因此目前实践中应用的不多;复合标底招标是指在确定评标标底时,将业主标底和各投标单位的投标报价的平均值按比例权重相复合,组成一个复合标底。越接近复合标底的投标报价,商务标得分越高,加上技术标的得分,构成投标方的最终得分;无标底招标是目前国际工程招标投标的最常见方式,即由招标方提供工程量清单,投标方自行填报工程量清单进行报价。实践中,无标底报价极大的消除了权力和关系对招标投标活动的影响,是最能体现体现公平竞争的方式。

有别于公开招标的完全竞争模式，国际上一般也将邀请招标投标称为有限竞争性招标（Limited Competitive Bidding）。

邀请招标这种采购形式通常适用于以下四种情况：（1）招标后没有人投标或者缺少合格投标人；（2）因技术复杂而无法确定采购标的具体规格或要求；（3）采购需求紧迫；（4）总价不确定。

邀请招标的优势在于招标人可以根据过往经验、市场信息以及项目需求，对符合要求的投标人发出投标邀请，这样可以排除潜在的不合格投标人，降低工程项目在质量、进度、安全等方面的风险。邀请招标投标的过程中，招标人可以与投标人就投标价格、投标方案等实质性内容进行谈判，从而实现最优的投标人选择。鉴于此，邀请招标投标在大型和复杂的国际工程项目采购中有着较为广泛的应用。

（三）单一来源采购

单一来源采购（Single Source Procurement）也称直接采购，是指采购人向唯一供应商进行采购的方式，特点是没有竞争性。单一来源采购适用于达到限额标准和公开招标数额标准，但所购商品的来源渠道单一，或具有专利权、首次制造、合同追加、原有采购项目的后续补充和发生了不可预见的紧急情况下不能从其他供应商处采购等情况。❶

单一来源采购由于其自身采购方式的特殊性和必需性，已经被各国和主要国际组织所广泛采纳。例如，《国际复兴开发银行贷款和国际开发协会信贷采购指南》在"招标以外的采购方式"一章中规定的直接签订合同方法即为单一来源采购；联合国国际贸易法委员会《货物、工程和服务采购示范法》第51条规定了单一来源采购；世界贸易组织《政府采购协议》第7条规定了与单一来源采购类似的限制性招标；欧盟《政府采购指令》规定了谈判程序，其中不带竞争邀请的谈判程序可以被视为单一来源采购。

一般而言，单一来源采购都是出于紧急采购的时效性或者只能从唯一供应商或承包商处获得货物、工程或服务的客观性，但这种采购方式中采购方只与唯一的供应商、承包商或服务提供商签订合同，由双方直接商定最终的成交价格。因此，单一来源采购可能导致采购方处于不利地位，以及可能增加采购成本。实践中，单一来源采购具有如下特征：

1. 采购标的来源单一

由于存在某些特殊的采购情形，例如，为保证原有采购项目一致性和服务配套性而不得不从原采购中标人处继续采购的，或者由于对某一供应商或承包商的专利技术保护等原因，使得没有其他合适的替代供应商或承包商等原因，必须从某一特定的供应商处采购的。

2. 为满足紧急采购需要

不可预见事件（如不可抗力）导致出现异常紧急情况，使公开招标和邀请招标的时间要求难以得到满足，而且该紧急情况的出现并不归咎于投标人。如，发生自然灾害时的抢

---

❶ 以我国为例，《中华人民共和国政府采购法》第三十一条规定："符合下列情形之一的货物或服务，可以依照本法采用单一来源方式采购：（一）只能从唯一供应商处采购的；（二）发生了不可预见的紧急情况不能从其他供应商处采购的；（三）必须保证原有采购项目一致性或者服务配套的要求，需要继续从原供应商处添购，且添购资金总额不超过原合同采购金额百分之十的。"；第三十九条规定："采取单一来源方式采购的，采购人与供应商应当遵循本法规定的原则，在保证采购项目质量和双方商定合理价格的基础上进行采购。"

险救灾、急救物资的采购等兼具不可预见和异常紧急的情形。

3. 基于主合同的附加合同

以工程合同为例，现有合同的完成需要额外工程，但该额外工程因经济或技术原因既不能同主合同进行分离，又非常重要和迫切，但这类额外工程的价格不能超过主合同的一定比例。根据欧盟的《政府采购指令》，这个比例是 50%，而根据我国《政府采购法》的相关规定，这个比例是 10%。[1]

（四）竞争性谈判

竞争性谈判（Competitive Negotiation）是指采购人或者采购代理机构直接邀请一家以上供应商就采购事宜进行谈判的方式，适用于"特别复杂的采购"、"采购的商务及技术条件不明确"或者"采购方客观上不具备招标采购能力"的情况。[2] 竞争性谈判的采购形式发挥的作用突出表现在"谈判"上，这是其与邀请招标的主要区别之一。

竞争性谈判的出发点是为了让采购主体与供应商就双方共同关注的诸多实质性条款达成共识，其中价格、采购标的物的要求、质量标准、技术构成、指标参数、交付期限、售后服务等是竞争性谈判的核心内容。

竞争性谈判没有招标投标中"确定中标人之前，招标人不得与投标人就投标价格、方案等实质性内容进行谈判"的约束干扰，经过多次谈判，采购主体可以快速明确供应商的价格、规格、质量等情况，从而达到优中选优、量价匹配，并最终实现采购目的。因为上述优势，竞争性谈判在国际工程项目采购中获得了越来越广泛的应用。

（五）询价采购

询价采购是指至少比较三家供应商的报价进行的采购，以确保采购价格具有竞争性，其主要特点是：邀请报价的数量至少为三家供应商、每个供应商只能提供一个报价、适用于合同价值较低且价格弹性不大的标准化物资采购。实践中，询价采购以简便、快捷、效率高等特点被采购人所使用。

进行询价采购前，采购人需要核实采购需求，预测采购风险，确定被询价的供应商名单（至少三家）。如果情况允许，采购人可以成立询价小组，小组成员不仅要有采购人的代表，还要有专家，而且专家人数不得少于小组成员人数的三分之二，询价小组对采购项目的价格构成和评审标准等事项做出规定。询价采购程序启动后，采购人或询价小组向被询价的供应商发出询价文件让其报价，然后根据这些报价文件选定最终的供应商。国际工程采购中采用询价采购形式的，采购方应当综合考虑采购需求、质量、服务、报价、价格构成、货币、汇率、运输成本、包装、交货方式、质保期等多方面的因素，不能片面地以价格低者为最优选择。

四、结语

国际工程项目自身特点决定了其项目采购程序一般会收到严格的法律限制，无论采用

---

[1] 《中华人民共和国政府采购法》第三十一条第（三）项。
[2] 李以所. 竞争性谈判的适用：基于德国经验的分析. 领导科学，2013，32：16.

何种项目采购方式，国际工程参与主体应当严格遵守相关的采购法律，只有这样才能确保基于该采购方式签订的合同具有法律约束力。

第二节 政 府 采 购

一、概述

政府采购（government/public procurement）是指中央或地方政府为了开展日常政务活动或为公共服务的需要，以法定形式、方法和程序，从市场上为政府机关或所属公共部门购买商品、服务或工程的行为。政府采购制度随着国家管理制度的逐步规范而产生，至20世纪末逐步走向常熟，从而成为一种国际性制度。❶目前，各国政府每年的采购总额约占全球GDP的10%～20%。❷

很多国际工程项目多为以政府采购为主。政府采购使用的是国家财政资金，源于纳税人，因此对项目的预算和工期要求非常严格，一般不允许作为业主的公共机构与中标方更改合同条件，❸否则很可能导致中标结果无效以及合同被认定为无效。

对于承包商而言，政府采购的主要风险之一是项目所在国的相关法律严格限制承包商变更价格的机会。这其中的原因在于，价格变更一般被认为是对合同条件的实质性变更，而合同条件的实质性变更则构成重新招标的法律依据。为了避免价格无法变更的风险，承包商首先应当在公共采购项目的投标阶段就充分评估价格风险，并尽量在合同条件中约定具体的变更调价公式和调价依据（例如明确约定调价时采用的费率）。

案例：

中国海外工程总公司（"中海外"）及其合作伙伴组成的联合体在波兰公路管理局（"业主"）的A2高速公路项目的招标中，中标A、C两个标段，总里程49公里，总报价约合4.72亿美元，这一报价不足波兰政府预算的一半。中海外的投标策略是先拿下项目，然后通过中国公司的低成本优势，以及通过变更将价格慢慢抬上去而获利。中海外与业主签订的合同参考了FIDIC合同条件，但删除了很多对承包商有利的条款，导致实际发生的很多工程量无法被界定为工程变更。

中海外开始实施工程后，因为原材料价格大幅上涨，中海外向业主提出调整中标价格的要求，但业主以双方签署的合同以及波兰《公共采购法》不允许变更公共采购项目价格为由，拒绝了中海外的这一要求。由于调整中标价格的要求被业主拒绝，中海外不得不垫付资金继续施工，并最终因为亏损严重而被迫放弃该工程。❹

---

❶ 田旭，姚艳霞. 欧洲国际组织对政府采购的规制及其启示. 生产力研究，2005，11：183.

❷ 资料来源：https：//en.wikipedia.org/wiki/Government_procurement，访问时间：2018年8月10日。

❸ 某些情况下，中标承包商更换分包商也可能导致公共采购项目重新招标。参见 Keating on Construction Contracts, Ninth Edition, Sweet & Maxwell, p.546.

❹ 资料来源：https：//wenku.baidu.com/view/6f50924c81c758f5f71f6729.html。

二、部分国家政府采购立法

(一) 英国政府采购

英国是世界上最早实行政府采购制度的国家之一。在英国，政府采购制度的目标被界定为：通过公平、公开、竞争的招标投标程序购买所需物品，有效防止腐败的滋生，并最大限度地发挥公共资金的使用效益。英国没有单独的政府采购立法，相关规则散见于各类法律法规中。英国中央政府内阁办公室下属政府商务办公室（Office of Government Commerce—OGC）及执行机构采购服务局（Buying Solutions）负责政府采购的国际谈判，制定英国政府采购政策与标准，指导和监督政府采购。英国的政府采购受到政府职能部门和独立第三方的监督，比较严格的监督形式是聘请独立的第三方财务分析公司和专家进行抽查，被抽查的采购项目从采购计划制定到合同履约的全过程都要受到非常严格和仔细的审查。

考虑到大型公司在政府采购中往往比较容易竞得合同，为确保中小企业的参与，英国政府可以要求中标企业对当地的中小企业进行分包，以使政府采购与当地供应链发展相兼容，例如，总承包商将采购金额高的基础设施建设工程合同拆分成多份小额合同后分包给当地中小企业。

公开招标是英国政府采购的主要方式。公开招标必须在英国及欧盟的官方杂志上发布招标公告，其程序比较复杂，采购周期比较长。限制性招标（邀请招标）也是英国政府可以采用的采购方式，由具体的采购主体本着公平公正的原则，挑选部分投标人参与竞标，但投标人不得少于5个。

如果通过公开招标或限制性招标都无法产生足够且合格的投标人，采购主体可与有资格的投标人进行磋商。如果实现采购目标的技术手段难以明确，或者所需资金难以明确，采购主体可以选择竞争性谈判的方式选择供应商或承包商。

(二) 法国政府采购

政府采购在法国的经济中占有较大比例，主要包括：公共工程、物资和公共服务。法国早在20世纪60年代就颁布了《公共采购法》，对政府采购的方式、程序、授权人的权限以及监督机制等进行了详尽的规定。

法国财政部下属的司法事务部是管理政府采购的最高机构，负责制定有关政策，监督政府采购市场，检查采购主体合规情况，对采购主体提供信息并进行培训和技术性指导，受理政府采购纠纷。

法国政府每年提前编制政府采购计划，与议会就政府采购的重要项目的主要内容达成一致并获得议会批准，尤其是公共工程和公共服务。

政府采购计划确定后，政府采购部门按计划定期发布采购公告进行招标。招标是法国境内政府采购中采用的主要形式，可以分为公开招标、有限招标和根据业绩招标。法国政府采购的招标公告中发布采购项目的技术标准、时间要求、公共目的等信息。公告要根据采购的规模大小和技术要求高低，在不同范围内进行，甚至在全欧盟或全球范围内招标。整个招标投标工作由一个专门委员会进行，委员会成员包括技术专家、政府官员、议会议员、法律专家和市民代表等。委员会负责投标方标书的收集、评估，直到确定中标的公司。

如果参加竞标但未中标的公司认为招标投标委员会偏袒其他投标方或者有不当行为，损害了自己的利益，可以向法院起诉。如果法官确认存在不公正和不正当行为，可推翻投标结果并责令重新组成委员会进行招标投标。

法国审计法院是监督政府采购的主要职能机构，帮助议会和政府检查国家财政工作中的合规情况，已确定政府是否合法、有效地使用了公共资金。此外，审计法院根据议会或政府的要求，可以调查政府采购工作。

（三）俄罗斯政府采购

俄罗斯 2005 年通过的《国家采购货物、工程和服务订货法》（第 94 号联邦法）是俄罗斯联邦规范政府采购的主要法律依据。根据第 94 号联邦法的要求，俄罗斯政府在全国范围内建立统一的采购体系。

根据俄罗斯第 94 号联邦法的规定，俄罗斯政府采购标的涉及货物、工程、服务等，而政府采购方式主要包括公开招标、竞争性招标、邀请招标、秘密竞标、单一渠道采购。俄罗斯政府采购中的公开招标和竞争性招标的区别是，公开招标中综合评分最高且通过资格审查的投标者被授予合同，而竞争性招标中往往是报价最低且通过资格审查的投标者被授予合同。对于建筑工程合同，投标者需要通过特别的资格审查程序，例如，投标前的 5 年内必须拥有同类工程领域的从业经验，以及外国公司作为总承包商的政府工程项目中俄罗斯当地分包商的工程份额不得低于合同额的 30% 等要求。

竞争性招标和邀请招标程序必须对外公开，但如果采购标的涉密，则允许进行秘密竞标。邀请招标采用最低价中标的原则，但合同金额不得超过相关法律规定的最高金额。如果政府采购标的属于自然垄断行业、投标者对政府采购标的拥有排他性经营权或者政府采购的建设工程与军事动员活动有关，则允许使用单一渠道采购的方式。对于紧急情况下的政府采购，例如灾害救援、紧急医疗救助等，为避免采购程序耗时过长而产生消极影响，第 94 号联邦法允许相关政府机构绕过上述方式直接采购。

（四）沙特阿拉伯政府采购

沙特阿拉伯的政府采购适用《沙特阿拉伯政府采购条例》（Saudi Arbaian Government Procurement Regulations-GPR）及相关实施条例（以下统称为"沙特政府采购条例"），但并非所有的沙特公共部门的采购行为受上述条例的规制。

沙特政府采购条例要求沙特的公共部门通过公开招标的方式采购产品和服务。对于采购金额不超过 50 万沙特里亚尔（Saudi Riyal）的项目，招标信息应至少公告 30 天。如果项目采购金额达到或超过 50 万沙特里亚尔，则公告期限至少为 60 天。

除公开招标外，对于紧急情况下的政府采购，且采购金额不超过 100 万沙特里亚尔的，公共部门可以通过直接采购的方式采购工程、服务或货物，但投标方至少要有 3 个，由部长或公共部门领导决定最终的中标方。特定军事物资、咨询服务、特种设备的备品备件、唯一供应商的工程或产品、流行疾病紧急医疗服务采用直接采购方式，且不适用上述 100 万沙特里亚尔的限制。根据沙特法律的规定，投标人必须拥有在沙特从事商业活动的许可证，如果是公共工程、维护或运营合同的招标，则投标人还应具备相应的资质许可。

招标人与投标人根据沙特财政部制定的示范文本签订合同。沙特政府的工程项目采购对工期要求非常严格，一旦承包商未能在合同约定的工期内完工，将面临处罚。如果招标人和沙特财政部认为导致工期延误的原因非承包商所能控制，则可以免除承包商的上述处罚。政府采购合同的争议解决机构强制性要求为沙特财政部组建的三人委员会进行审理和做出决定，合同任何一方可就该决定上诉至沙特申诉委员会（Saudi Arabian Grievance Board）。

政府采购合同的主导语言必须是阿拉伯语，允许双语合同，但出现歧义时应以阿拉伯语版本为准。如果承包商将外文合同翻译至阿拉伯语，则需要政府机构审查和批准阿拉伯语翻译文本。合同管辖法只能选择沙特法律。根据沙特法律，承包商不能在合同中免除或限制自身责任，合同一方应承担违约行为给另一方造成的实际损失（actual losses），但这个实际损失一般不包括间接损失，如利润损失、商誉损失等，且不能带有惩罚性。

如果政府采购的合同期限超过1年且合同价格达到或超过500万沙特里亚尔，则合同生效前招标人应获得沙特财政部的审核和批准。这意味着，符合上述条件的项目招标人对合同并无最终决定权。如果沙特财政部在两周内未就招标人提交的合同做出回应，则视为其批准该合同。

政府采购合同的支付货币一般是沙特里亚尔，但合同也可以约定采用外币或多种货币作为支付货币，前提条件是沙特财政部给予批准。

沙特法律允许政府采购合同约定预付款，通常是合同价格的10%，但预付款金额不能超过500万沙特里亚尔且承包商应提交等额的预付款保函。剩余的合同价款采用分期支付的方式，每一次付款均以已完成工程量作为依据。如果是公共工程合同，最后一次付款的金额不得低于合同价格的10%，其他合同的最后一次付款金额不得低于合同价格的5%。

承包商可以分包，但应事先获得政府批准，并对分包商承担连带责任。如果承包商是外国公司或者沙特本地企业或个人占股低于51%，则承包商应至少将合同的30%分包给沙特当地企业。

（五）阿联酋政府采购

阿联酋政府采购分为联邦（federal）采购和酋长国（emirate）采购两个层级。联邦层面的政府采购立法是《联邦采购、招标及合同条款条例》（公共招标法）（Federal Regulation of Conditions of Purchases, Tenders and Contracts-Public Tenders Law），规定了阿联酋境内政府采购的最低标准。每个酋长国都有自己的政府采购规则，如阿布扎比酋长国和迪拜酋长国分别颁布有政府采购法。值得注意的是，公共防务合同的采购不适用阿联酋的公共招标法。

阿联酋境内的政府采购通常采用招标方式，外国公司参与投标前，首先要通过资格预审，❶ 然后才能参加投标。采购主体通常要求投标人必须是在阿联酋境内注册成立的公

---

❶ 外国公司通过资格预审所需提交的文件通常包括：（1）阿联酋商务部证书；（2）经审计的过往3年银行对账单；（3）ISO或其他资质证书；（4）安全和HSE手册；（5）阿联酋政府要求的其他文件，例如企业文件调查表等。

司，外国公司需要通过阿联酋本地分销商或代理参加投标。

阿联酋大部分政府采购会倾向于选择在本国注册或者特定酋长国注册的公司。目前，阿联酋政府逐步限制直接采购，要求外国承包商提供产品、服务或工程的同时承担培养当地供应商的义务。

（六）印度尼西亚政府采购

根据统计，印度尼西亚的政府采购约占该国政府预算的30%（2014年数据），但是该国政府采购系统效率低下，透明度低。为提高采购效率，印度尼西亚政府于2007年成立了国家采购局（National Procurement Agency-LKPP）和采购服务办公室（Procurement Service Units-ULP），2012年，采购服务办公室启用电子采购系统。

截止到2018年3月22日，印度尼西亚政府采购适用2010年第54号《物资与服务公共采购总统条例》（Presidential Regulation No.54 of 2010 on Public Procurement of Goods/Services）及实施细则。2018年3月22日，印度尼西亚政府颁布第16号《物资与服务公共采购总统条例》，但已经根据第54号《物资与服务公共采购总统条例》授予合同的项目不适用第16号《物资与服务公共采购总统条例》。

第16号《物资与服务公共采购总统条例》没有明确规定印度尼西亚国有及地方政府企业必须遵守该条例，但非政府机构（institute）使用国家预算资金以执行特定目标时应遵守该条例，包括使用国家预算机构（Pengguna Anggaran-PA）及其代理人（Kuasa Pengguna Anggaran-KPA）、执行机构（Pejabat Pembuatan Komitmen-PPK）、采购机构、采购服务机构工作组（Kelompok Kerja ULP）、采购代理、承包商。

印尼政府采购的方式主要有电子采购（e-purchasing）、招标（tender）、简易招标❶（quick tender）、直接采购❷（direct procurement）和直接邀请❸（direct appointment）。

印尼政府采购分为两类：一类是货物、工程、其他服务的采购，另一类是咨询服务采购。如果政府采购的合同期限超过18个月（含18个月），则允许约定价格调整条款。对于建设工程项目的政府采购，如果采购金额超过一千亿卢比，则投标人必须提交投标保证金。

（七）越南政府采购

越南政府、省一级政府、市政府和国有企业是该国境内最大的采购主体，其中基础设施项目的采购量很大，其他诸如交通、电信、能源、环保、水利、民用航空、教育、金融等领域也主要依赖政府采购。越南政府采购类法律主要有2013年颁布的《公共采购法》（Law on Public Procurement）和2014年实施的第63/2014/ND-CP法令（Decree）。

越南政府采购的资金由该国财政部统一调配。政府各个机构在一定金额范围内可以自

---

❶ 根据第16号《物资与服务公共采购总统条例》第38条（1）和（6）项的规定，简易招标主要适用于采购标的技术规格和数量明确，而且承包商是履约信息系统中在册的合格承包商。

❷ 根据第16号《物资与服务公共采购总统条例》第45条（1）项的规定，直接采购适用于一亿印尼卢比以内的咨询服务采购。

❸ 第16号《物资与服务公共采购总统条例》第41条（3）项的规定，直接邀请主要适用于紧急的国防、国家安全咨询服务的重复采购，即指定原承包商继续提供服务。

行招标采购，但基础设施类高价值且重要的项目，需要通过总理办公室或其授权的其他政府机构进行招标采购。越南政府采购的信息通常发布在全国主要的报纸和政府网站上。

根据越南的政府采购类法律，该国政府采购的主要形式包括：公开招标、❶限制性招标、❷邀请招标、❸直接采购、❹竞争性报价、❺自行采购、❻特别选定招标人。❼越南政府采购建设工程主要通过公开招标或限制性招标的方式，而招标程序主要包括：招标人起草招标计划；政府批准招标计划；根据项目技术和资金要求确定投标人短名单（项目金额超过法定标准的）；发布招标信息；招标人评标并确定中标人；政府审查和批准招标结果；采购合同谈判（谈判未果的，由排名第二的投标人替补）。

（八）马来西亚政府采购

马来西亚政府采购主体包括联邦政府、州政府、地方机构和其他公共机构。马来西亚财政部负责联邦政府的采购工作，州财政官员负责本州的采购工作，地方和法定机构的委员会负责本机构的采购工作。

马来西亚政府采购标的可以是工程、物资或服务。政府采购方式主要有：

直接采购：适用于金额不超过5万吉林特（RM）的物资或服务采购，以及金额不超过2万吉林特（RM）的工程采购（承包商应为马来西亚承包商服务中心（Contractors Services Centre）和建筑行业发展委员会（Construction Industry Development Board）的注册会员❽）。

报价采购：适用于金额介于5万～50万吉林特（RM）之间的物资或服务采购，以及金额介于2万～50万吉林特（RM）之间的工程采购。报价采购应至少邀请5个政府注册供应商报价。

招标采购：如果金额超过50万吉林特（RM），则政府采购必须采用招标的方式。本地招标采购中的投标人应在政府注册，❾对于特定的工程项目，如果本地缺少有经验和实力的投标人，则要求本地企业与外国企业组成联合体投标，以鼓励技术转让。如果本地缺少合格的投标人且无法与外国投标人组成联合体，则进行国际招标。

马来西亚政府采购招标中，采购主体组建技术委员会以起草招标要求。招标要求应当

---

❶ 除非存在法律规定的例外情形，否则所有政府采购均应采用公开招标方式。公开招标信息必须在报纸和互联网上发布。

❷ 如果出资人特别要求，而且项目所涉技术复杂，对投标人有特殊要求，则政府采购可以采用限制性招标方式，但只要要有五个符合资格要求的投标人参加。

❸ 如果因紧急情况（自然灾害、重大火灾等）、出资人要求、国家安全需要、特殊物资和设备采购（缺少可替代的供应商）、采购金额低于法定标准（如采购金额不超过10亿越南盾的建设工程项目），政府采购可以通过邀请招标的方式进行。

❹ 政府采购后6个月内可以通过直接采购的方式从同一供应商处继续采购。

❺ 如果采购金额低于法定标准且采购标的是市场上的常见产品。

❻ 如果项目业主或投资人可以担任总承包商，则在指派项目独立第三方监督人的情况下，政府采购主体可以选择自行采购。

❼ 如果项目特征导致上述采购方式均不可行，则政府采购主体可准备特别招标方案，经总理批准后实施。

❽ 承包商注册是指马来西亚承包商服务中心和建筑行业发展委员会审查承包商的财务状况、资质和履约能力。

❾ 政府注册是指马来西亚财政部所属政府采购部门审查供应商和服务商的财务状况、资质和履约能力。

具体且明确，让投标人清楚了解投标要求。招标要求不能指向某一具体品牌或国家，否则潜在投标人收到招标文件后 14 天（本地招标）或 28 天（国际招标）内可以提出异议。

招标信息发布后开始出售招标文件，本地招标的投标人必须是注册的承包商，否则无权购买招标文件，国际招标不适用这一限制，但任何工程项目的外国投标人必须在马来西亚建筑行业发展委员会注册后才能购买招标文件。❶ 招标文件应收费且不得低于法定标准，包括通用条款、专用条款、技术要求、合同文本、价格表、交付期限、异议期限和工作范围等内容。本地招标的投标期限不得少于 21 天，国际招标的投标期限不得少于 56 天。马来西亚政府采购招标中，马来西亚本地的注册供应商和承包商不需要缴纳投标保证金（tender deposits），国际投标人需要根据法律规定和具体采购金额缴纳相应投标保证金。

投标人在规定期限内提交投标文件后，采购主体的采购委员会将投标文件分别交给技术评估委员会和财务评估委员会，由这两个机构进行评估。采购委员会根据两个评估委员会的结论选定最终的中标人。如果采购金额超过 1 亿吉林特（工程项目）或 5000 万吉林特（物资或服务项目），则采购委员会应向马来西亚财政部提交最终投标结果，而后者有最终决策权。采购委员会向中标人发出中标通知书，然后双方开始合同谈判，中标通知书将作为合同的组成部分，对采购主体和中标人均有法律约束力。中标人需要提交一份由马来西亚当地银行、保险公司或金融机构出具的履约保函。❷

（九）肯尼亚政府采购

肯尼亚政府于 2005 年颁布了第一部政府采购类法律，即《2005 公共采购与资产处置法》（Public Procurement and Asset Disposal Act 2005）。2016 年 1 月 7 日，肯尼亚《2015 公共采购与资产处置法》（Public Procurement and Asset Disposal Act 2015）正式生效，以替代《2005 公共采购与资产处置法》。《2015 公共采购与资产处置法》涉及政府采购规划、库存管理、资产处置和合同管理等方面的规则，但不适用于肯尼亚境内的 PPP 项目，以及肯尼亚政府与外国政府或多边机构签订的采购协议。

《2015 公共采购与资产处置法》规定了政府采购新标准，要求政府采购必须遵循公平、公正、透明、竞争和节约的原则，要求承包商按合同履行义务，不得贿赂、逃税或违反劳动法规。肯尼亚公共采购监督局（Public Procurement Oversight Authority）和政府采购顾问委员会（Public Procurement Advisory Board）监督政府采购，受理申诉和上诉。

2012 年，肯尼亚政府颁布《政府采购准入机会法》（Access to Government Procurement Opportunities Law），要求 10% 的政府采购合同必须直接授予弱势群体（如年轻人、妇女或残疾人创建的企业），2013 年，这一比例上升至 30%。与此同时，《政府采购准入机会法》对中小企业、地方企业、个体经营户及其联合体参与政府采购也做出了一些特殊规定。

根据肯尼亚《公私合营法》的相关规定，PPP 项目协议内容应符合该法的要求，而且

---

❶ 根据马来西亚议会法案的相关规定，如果外国承包商希望在马来西亚境内从事工程承包业务，则其必须在马来西亚建筑行业发展委员会注册后才能参与该国的工程项目。

❷ 根据马来西亚法律的相关规定，如果是工程合同，履约保函金额应当是合同金额的 5%；如果是物资采购或服务合同，履约保函金额应当是合同金额的 2.5%~5%。

管辖法律应为肯尼亚法律，否则可能导致 PPP 项目协议无效。PPP 项目协议的修改或变更应获得公私合营委员会的批准。❶

（十）尼日利亚政府采购

尼日利亚政府于 2007 年颁布了《2007 公共采购法》（Public Procurement Act 2007）、《2007 政府咨询服务采购条例》（Public Procurement (Consultancy Services) Regulations 2007）和《2007 政府物资与工程采购条例》（Public Procurement (Goods and Works) Regulations 2007）。

为了鼓励竞争，引入优质的供应商，尼日利亚政府采购类法律规定公共机构应通过公开招标的方式完成采购，整个采购程序必须严格遵守法律规定，例如，招标信息必须发布在当地最大的两份报纸和尼日利亚公共采购局（Bureau of Public Procurement）的网站上，以及刊登在采购杂志（Procurement Journal）上，发布期限不得少于 6 周（截至最终投标日）。

为简化招标人审查投标人的程序，避免重复审查，尼日利亚政府采购类法律摈弃了早先的投标人登记程序，仅保留资格预审环节，这样可以简化各公共机构在每次招标时重复审查投标人资格。同时，为避免资格预审损害竞争，尼日利亚政府采购类法律规定资格预审标准必须透明。

尼日利亚政府采购类法律未规定投标人必须提交投标担保，但对于采购金额超过特定金额时，投标人必须提交银行担保，担保金额不应超过投标金额的 2%。尼日利亚政府采购主体拥有较大的自由裁量权，例如，公共机构在接受投标前有权随时拒绝全部投标，而且不需要说明合理的理由。

尼日利亚的政府采购程序中，公共机构确定投标人后，应立即通知对方并发出中标通知书。此后，公共机构才可以向未中标的投标人发出通知，但并没有义务说明未中标的原因，这可能导致未中标的投标人无法对投标结果提出复议或诉至法院。❷

（十一）巴西政府采购

根据巴西宪法的规定，除法律规定的特殊情况外，公共工程、服务、货物的采购必须通过公共招标程序订立合同，以保证对所有投标人一视同仁。投标程序和环境要合法合规，对投标人的资格要求只能限于为确保履约的必要技术和经济标准。

巴西政府 1993 年颁布的第 8666 号法令是规范政府采购的重要法律规范，该法确定了巴西联邦、各州、联邦区和直辖市的公共工程、服务采购的公共招标和行政合同的普遍规则。第 8666 号法令适用于巴西境内的所有政府机构、特别基金、公共基金会、公共公司、混合所有制公司，以及各级政府直接或间接控制的其他实体。

巴西政府采购的投标方式主要有公开招标、询价、邀请招标、竞争性谈判以及拍卖，

---

❶ Public Private Partnerships Act, No. 15 of 2013, Article 63, 64.

❷ Scope Williams-Elegbe, "A Comparative Analysis of the Nigerian Public Procurement Act Against International Best Practice". 资料来源：http://www.ippa.org/IPPC5/Proceedings/Part3/PAPER3-9.pdf，访问时间：2018 年 9 月 18 日。

而公共招标是政府采购的主要形式。根据第 8666 号法令，公共招标信息必须在官方公报（州或地方联邦公报）以及发行量较大的报纸上进行公布，必须写明潜在投标人获取招标公告副本的地点和投标期限。招标程序和结果必须严格遵守法律法规，以及公平、公正、透明原则。公共机构的招标公告中不得包含限制或阻碍竞争的条款或条件，不得歧视投标人。但是，巴西法律允许政府采购给予本国投标人一定的优先权，尤其是在巴西投资研究和进行技术研发的公司生产或提供的产品及服务。

外国公司参与巴西政府采购招标的，必须在巴西有合法的代理机构，该代理机构获得外国公司的正式授权以合法地代表该外国公司。

三、本地成分要求

国际工程项目具有资本密集型、劳动密集型和技术复杂的特点，为此，很多国家针对本国境内实施的工程项目均有保护本国产品、企业和就业的强制性法律法规，即本地成分（local content）要求，这是国际工程项目业主和承包商必须重点关注的事宜。

值得注意的是，国际工程中的本地成分要求并非政府采购类项目和 PPP 项目所独有的特征，很多私人投资的项目也需要遵守项目所在国的强制性本地化要求。因此，中国承包商参与和实施私人投资的国际工程项目时应对此问题给予必要的关注，充分评估本地成分要求对项目实施和成本的影响。

（一）物资采购本地化要求

建设工程项目会需要大量的原材料和机械设备，为了促进本国工业的发展，很多国家会强调物资采购的本地化。例如，根据印度尼西亚的有关法律，该国境内建设工程项目至少 30% 的物资和服务供应商应为印度尼西亚本国企业或个人。

（二）服务采购本地化要求

建设工程项目实施的过程中，需要很多不同的服务，例如金融服务、保险服务、运输服务等，为了促进本国服务行业的发展，很多国家会强调服务采购的本地化。例如，根据尼日利亚相关法律的规定，尼日利亚境内的油气类项目所涉及的保险，应由在尼日利亚注册的保险经纪办理；[1] 油气类项目所需的金融服务一般均应选择尼日利亚当地金融机构。[2]

---

[1] Article 49 (1) of Nigerian Oil and Gas Industry Content Development Act (2010 Act No. 2): All operators, project promoters, alliance partners and Nigerian indigenous companies engaged in any form of business, operations or contract in the Nigerian oil and gas industry, shall insure all insurable risks related to its oil and gas business, operations or contracts with an insurance company, through an insurance broker registered in Nigeria under the provisions of Insurance Act as amended.

[2] Article 52 (1) of Nigerian Oil and Gas Industry Content Development Act (2010 Act No. 2): All operators, contractors and any other entity engaged in any operation, business or transaction in the Nigerian oil and gas industry requiring financial services shall retain only the services of Nigerian financial institutions or organizations, except where, to the satisfaction of the Board, this is impracticable.

（三）投标人资格本地化要求

基于公共利益和国家强制性标准的考虑，很多国家通过投标资质和建设工程资质的方式要求增加外国承包商的市场准入门槛。例如，根据印度尼西亚建筑法❶的相关规定，外国公司在印尼境内从事建设工程项目（包括设计工作）的，应当通过在该国成立的外资公司（PMA Company）来实施项目；如果外国公司只在印尼设立办事处（Representative Office BUJKA），则应当与印尼当地的建设工程公司组成联合体后才能从事建设工程项目（包括设计工作）。另外，如果是设计工作，那么所有的相关技术工作必须在印尼境内完成，而且印尼当地的建设工程公司所完成的工作至少应占到合同总价的50%。❷

在马来西亚，外国承包商需要先注册成立建设工程公司，获得马来西亚建筑发展局（CIDB）的批准后，才能从事建筑工程项目和参与投标。❸

根据尼日利亚相关法律的规定，国际承包商在尼日利亚境内承揽油气类项目时，至少50%的施工设备的所有权应登记在国际承包商驻尼日利亚子公司的名下。❹

（四）人员本地化要求

一个大型国际工程项目需要庞大的劳动力量，但因为各种原因，例如劳动力成本或劳动力质量，外国承包商不一定愿意选择项目所在国的建设工程从业人员。为了促进就业和培养技术人才，很多落后国家和发展中国家通过各种形式促进外国承包商适用项目所在国的劳工。例如，在马来西亚，外国劳工获得工作许可及签证的要求严，难度大，因为用人单位录用外国劳工前，需要向马来西亚政府证明该国国内没有符合要求的人才。❺

四、结语

国际工程项目，尤其是大型基础设施项目多通过政府采购。与此同时，建设工程的政府采购金额高，对项目所在国的经济发展和社会民生有不可估量的影响，因此，各国法律对政府采购的前期评估、采购方式、承包商选择、本土企业份额等事宜均有不同程度的干预。

---

❶ Indonesian Construction Law No. 2/2017.
❷ Minister of Public Works Regulation No. 10/PRT/M/2014 of Indonesia, Article 3.
❸ 商务部国际贸易经济合作研究院、中国驻马来西亚大使馆经济商务参赞处、商务部对外投资和经济合作司：《对外投资合作国别指南（地区）指南——马来西亚》，2017年版，第54页。
❹ Article 41（2）of Nigerian Oil and Gas Industry Content Development Act (2010 Act No. 2): International or multinational companies working through their Nigerian subsidiaries shall demonstrate that a minimum of 50% of the equipment deployed for execution of work are owned by the Nigerian subsidiaries.
❺ U. S. Department of State, Bureau of Economic, Energy and Business Affairs, Report of 2011 Investment Climate Statement-Malaysia, March 2011.

第三节 主要国际组织及地区性组织采购规则

一、概述

目前,国际上对各国的政府采购类法律和招标投标类法律影响较大的主要有世界银行的《国际复兴开发银行和国际开发协会信贷采购指南》(以下简称《采购指南》)、❶ 世界贸易组织的《政府采购协议》(以下简称 GPA)、❷ 联合国国际贸易法委员会的《货物、工程和服务采购示范法》(以下简称《示范法》)❸ 和欧盟的《采购指令》。❹

二、世界银行《采购指南》

1985 年,世界银行修订《国际复兴开发银行贷款协定和担保协定通则》后,开始向成员方政府或经政府担保的私人企业发放贷款,提供融资担保。对于世界银行提供贷款或融资担保的采购项目,世界银行要求采购程序高度透明、严格,而且要兼顾经济、效率。通常,世界银行的贷款期限短,最长期限不超过 20 年(含 3 年宽限期),借什么货币就还什么货币,借款方一般只能是成员方政府,私人企业向世界银行贷款的,必须有政府担保。

因为世界银行的贷款目标及其贷款来源决定了其必须排除贷款不能收回的任何风险,所以世界银行贷款的使用受到严格监督。世界银行可用于贷款的资金来源于成员方认购股本中的实缴资金,以及通过在国际金融市场发行债券等方式筹措的资金。目前,世界银行贷款资金基本上全都来自国际金融市场,由于世界银行的经营情况一贯良好,它才能在国际金融市场上以低廉的成本筹措到资金。为了保证筹资及还款能力,世界银行建立了严格、详细的采购规则。

(一)《采购指南》效力

1995 年,世界银行执行董事会通过了《采购指南》,并经过了 1996 年、1997 年和 1999 年三次修订,它是世界银行贷款项下货物及工程采购的具体规则。从法律性质上讲,《采购指南》并非具有多边条约性质的法律文件。但是,世界银行执行委员会是代表全体成员方负责执行世界银行的贷款政策、批准贷款的领导机构,因此,所有成员方应遵守执行董事会通过的《采购指南》。并且,世界银行与各成员方签订的贷款协定是具有双边条

---

❶ The World Bank, "Guidelines: Procurement under IBRD Loans and IDA Credits".
❷ WTO, "Government Procurement Agreement".
❸ UNCITRAL, "Model Law on Procurement of Goods, Construction and Services".
❹ European Union, "Procurement Directives".

约性质的法律文件,而这些贷款协定中无一例外地规定借款人使用世界银行贷款时,要遵循《采购指南》的规定。为此,世界银行成员方通常相应地在其国内法律中规定世界银行贷款项目的采购规则。例如,《中华人民共和国招标投标法》第67条规定:"使用国际组织或者外国政府贷款、援助资金的项目进行招标,贷款方、资金提供方对招标投标的具体条件和程序有不同规定的,可以适用其规定,但违背中华人民共和国的社会公共利益的除外。"鉴于此,《采购指南》的法律性质可以说是一种由世界银行各成员方普遍承认的国际惯例。

(二)《采购指南》主要内容

《采购指南》包括了概述、国际竞争性招标、其他采购方式三个章节共计94个条款,以及银行对采购决定的审查、国内优惠、支付和投标商指南等4个附录,与其配套的规则是《货物采购国际竞争性招标文件范本》。在《采购指南》的概述中,世界银行认为国际竞争性招标是采购的最佳方式。因此,在大多数情况下,世界银行要求借款人采用竞争性招标方式邀请合格的供货商或承包商参加投标来采购货物或承包工程。

世界银行为了确保投标方机会均等,在《采购指南》要求招标人有责任在招标文件中完整说明合同类型及项目规模,并以《采购指南》规定的公告和广告方式及时发布投标机会。

《采购指南》强调在大型或复杂的工程招标中,高昂的投标成本不利于竞争,因此必须有效使用资格预审,从投标人的经验、业绩、人员、设备、设计水平、施工能力、财务状况等方面进行审查。

《采购指南》规定了招标文件应包含的内容,包括招标文件样本、投标期限要求、投标保证金、货物及服务标准、商标使用、报价、调价、运输、保险、支付货币、付款条件、合同条款、履约保证金、不可抗力等。世界银行旨在通过这种具体的规定确保投标方能够全面了解和评估所参与的招标项目。

《采购指南》规定公开开标的方式,即招标人应允许所有投标方或其代表参与开标,并且开标时间应与招标公告中规定的截至投标时间一致或者随后马上宣布。招标人开标后直到宣布授予合同前,相关检查、澄清、评标和授标等情况不得向投标方或与招标无关的其他人员透露。

《采购指南》规定评标时借款人应审查投标书是否符合要求、是否提交了投标保证金、是否相应了招标文件的要求。如果投标文件与招标文件中所列的条款、条件、规格等有着实质性偏离,则应排除该投标。合同应当授予评标价最低的投标而不是报价最低的投标。如果招标未进行资格预审,某些情况下招标人应对投标方进行资格后审,只有最低评标价且通过资格后审的投标方才是合格的中标方。

(三)《采购指南》本地成分要求

世界银行基于贷款项目的可持续发展或者实现特定目的的理由,可以在贷款协议(Loan Agreement)中对本地成分❶提出要求,例如,借款人将项目的特定部分交由项目所

---

❶ 对于本地成分,《采购指南》采用"Community Participation"的表述。参见《采购指南》第3.17条。

在国的主体和非政府性组织完成，提高项目所在国技术和原材料在项目中的应用比例，项目实施过程中雇佣项目所在国的人员和技术力量。

贷款方在招标程序、技术规范和合同条款中应充分反应世界银行的这些要求。如果贷款协议中对本地成分有具体规定，则借款人应将采购计划或项目实施方案交提交世界银行审查并批准。

(四)《采购指南》招标加分规则

根据借款人的申请、贷款协议的规定和招标文件的要求，《采购指南》允许借款人在评标时对项目所在国和特定国家的产品和供应商给予一定比例的加分（margin of preferences），包括：

（1）项目所在国境内制造的产品可以获得加分；

（2）项目所在国的国内生产总值低于世界银行规定标准的，该国境内承包商在本国境内的世界银行贷款项目公开招标中可以获得加分。

1. 本地产品

《采购指南》允许借款人在公开招标中给项目所在国制造的特定产品加分，但前提是借款人在招标文件中应清楚地注明加分规则。借款人应当将投标产品划分为 A、B、C 三类：A 类是产品价格中至少 30% 的人力、原材料和部件来自项目所在国，且投标前用于制造产品的项目所在国境内的制造或组装厂已经投入运营；B 类是不满足第一类标准但在项目所在国制造的产品；C 类是项目所在国境外制造的产品，但已经进口至项目所在国或者将直接进口至项目所在国。❶

如果是多个设备的交钥匙合同，或者安装或建设服务的交钥匙合同，则借款人评标时不应采用上述比价机制。但是，如果世界银行不反对（no objection），则贷款方可以采用上述比价机制。❷

2. 本地承包商

如果项目所在国的国内生产总值低于世界银行规定的标准，则《采购指南》允许借款人在公开招标中给项目所在国承包商一定的加分，对此招标文件中应做出清楚的说明。对于本地承包商的加分，承包商应首先申请并提交资料，证明其股权结构等情况符合借款人和世界银行对本地承包商的认定标准。

借款人评标时应当将投标人分为 A、B 两组，A 组是本地承包商，B 组是除此之外的其他承包商。在此基础上，借款人从 A 组和 B 组中分别选出最低投标价格，然后将 B 组最低投标价格上浮 7.5% 后与 A 组最低投标价格进行对比，投标价格最低的承包商中标。❸

---

❶ A 类和 B 类产品的投标价格应计入项目所在国境内采购的原材料或部件的所有税费，但不包括终端产品的税费；C 类产品的投标价格应为 CIP（成本＋保险＋至最终目的地运费）价格，但不包括项目所在国已征收或要征收的进口关税或类似税费。参见 The World Bank, "Guidelines: Procurement under IBRD Loans and IDA Credits", Appendix 2, para. 3.

❷ 此处的比价机制中，C 类产品投标价格应为 DDP 价格（完税后交货价格）。参见 The World Bank, "Guidelines: Procurement under IBRD Loans and IDA Credits", Appendix Ⅱ, para. 6.

❸ The World Bank, "Guidelines: Procurement under IBRD Loans and IDA Credits", Appendix 2, para. 7.

(五)《采购指南》影响力

《采购指南》属于国际惯例性的国际采购规则,世界银行成员方利用世界银行贷款进行采购的法律法规应与《采购指南》保持一致。因此,世界银行成员方的招标采购类法律都受到《采购指南》的影响。例如,招标人不得妨碍公平竞争,不得以不合理的条件限制或排斥潜在的投标人,不得对潜在投标人实行歧视性待遇,投标人应当按照招标文件的要求编制投标文件等招标投标程序中的基本原则及规定。

很多政府间国际金融机构的采购规则均借鉴或者直接采用了世界银行的《采购指南》。例如《亚洲开发银行贷款采购指南》❶ 不仅在整个框架上模仿了《采购指南》,并且内容也与《采购指南》基本相同。

三、世界贸易组织《政府采购协议》

1979年4月12日关贸总协定成员国在日内瓦签订了《政府采购协议》(Government Procurement Agreement-GPA),并于1996年1月1日起实施。GPA要求成员国放弃对本国供应商及产品的价格优惠,并对政府采购合同的投标和评标程序作出详细规定,以避免政府对外国供应商及其产品实行差别待遇,但国家安全、公共秩序、卫生防疫等情形属于例外。GPA作为世贸组织法律框架的一部分,其宗旨在于促使政府采购国际化和法制化,打破贸易保护主义,要求各国政府采购主体超过国界选择供应商,以价格和质量而非其他商业标准作为政府采购的核心标准。

(一) GPA 效力

GPA是WTO协议框架内的特殊协议,属于诸边协议(plurilateral agreement),此类协议仅对签约方适用,并不自动对所有WTO成员有约束力。❷ 因此,WTO成员可自愿参加GPA,未参加的成员不适用该协议。根据WTO的数据,目前已经加入GPA的国家有47个,10个国家正在进行批准GPA的程序,另有32个国家以观察员身份加入GPA委员会。❸

GPA适用于缔约方承诺的直接或基本上受政府控制的实体或其他由政府指定的实体采购工程、产品和服务的活动。例如,美国承诺的政府采购主体包括联邦政府机构、37个州政府机构和11个受政府管理的实体;欧盟承诺的政府采购主体包括成员国的中央政府机构、地方政府机构,以及电力、港口、机场等公共机构。

(二) GPA 结构

GPA由两部分组成:第一部分是序言和正文。序言表明各缔约方缔结GPA的原因及

---

❶ Asian Development Bank Procurement Guidelines.

❷ WTO多边协议框架下的诸边协议相对的是多边协议(multilateral agreement)。如果WTO将GPA纳入多边协议的规则框架内,则GPA将成为所有WTO成员国必须遵守的义务。

❸ 资料来源:https://www.wto.org/english/tratop_e/gproc_e/gp_gpa_e.htm

目标；正文部分由 24 个条款组成，分别从 GPA 的适用范围、国民待遇和非歧视待遇、限制竞争的方式、招标和授予合同程序、防止歧视的其他措施等方面做了规定。第二部分是各缔约方承诺开放的政府采购市场的清单、发布政府采购信息渠道的清单等 5 个附件。

(三) GPA 下政府采购方式

为了保证各缔约方在实施政府采购时恪守公开和非歧视原则，GPA 第 7 至第 15 条规定了三种采购方式，即公开招标（open tendering）、选择性招标（selective tendering）和限制性采购（limited tendering）。❶

1. 公开招标

公开招标是指"一切有兴趣的供应商均可进行投标"，❷ 对于 GPA 的缔约方而言，公开招标方式即当一个缔约方的政府采购合同金额达到 GPA 规定的额度以上，就应向其他缔约方的供应商或承包商公开采购信息，并允许他们参与投标。按照 GPA 的规定，缔约方政府采购实行公开招标时，所有采购程序必须符合 GPA 第 7 条至第 16 条的规定，即缔约方要进行规定的供应商或承包商资格审查程序，要发出政府采购公告和招标公告，招标文件要符合 GPA 标准，按照 GPA 规定的程序进行投标、洽谈、开标和授予合同。

对于资格审查，GPA 提出两项要求：首先，资格审查不得基于供应商的全球商业活动和其在采购主体所在国的商业活动而给予差别待遇；其次，不应在外国供应商之间或本国与外国供应商之间实行差别待遇。在此基础上，GPA 规定采购主体不得以供应商资格审查过程和所需时间为由组织外国供应商进入供应商名单，或者组织外国供应商作为某一特定意向采购的考虑对象；对要求参加某一特定意向采购活动的供应商，在特定意向采购活动招标前，即使未通过资格审查，但只要有足够的时间完成资格审查程序，采购主体仍然有义务对该供应商进行资格审查，而不能以时间不足为由对其不予考虑。对于通过资格审查成为合格供应商的供应商，采购实体应及时发出通知。

对于招标文件，GPA 规定，招标文件应使用 WTO 官方语言，其内容应至少包括：寄送投标书的地址、获得补充材料的地址、提交投标书和投标文件的语言；投标截止日期；开标人员和日期、时间、地点；对供应商的财务和技术要求；采购标的的技术规格说明；授予合同的标准；付款条件。

对于投标时限，GPA 针对不同情况规定了相应的最低投标时限：公开招标的投标时限从采购通知发布之日起不得少于 40 天；如果采购实体有充分证据证明出现了紧急情况且 40 天的时限不可行，则允许缩短投标时限，但仍然不能少于 10 天。

---

❶ 政府采购方式较多，而 GPA 只选择公开招标、选择性招标和限制性招标，这与理论上的经济理性轮、实践上的商业标准考虑有关。经济理性轮的基本观点是：在市场上激烈的竞争能降低成本，获得最大的经济效益。就政府采购而言，激烈的竞争能为各国国库节约资金，使操作效率得到最大化，保证纳税人的金钱得到公平、公正的使用。这就要求在招标中实施强制性竞争投标。因此，诸如单一来源采购、顺价采购等竞争性不强的采购方式必然得不到 GPA 的重视。从实践上来看，制定 GPA 的根本目的在于要求缔约方保证其政府采购以"商业考量"为合同授予标准，必然特别强调非歧视、公开、公平竞争，这就使得 GPA 只考虑和选择上述三种招标方式。参见陈金池：《论 WTO 诸边协定中之政府采购协定》，第 27 页。

❷ 英文原文：open tendering means a procurement method whereby all interested suppliers may submit a tender.

政府采购公开招标中的谈判在 GPA 并非必经程序，但符合条件时则需要谈判。一个条件是采购通知书中规定了谈判程序，另一个条件是政府采购主体评标时无法根据采购通知书和招标文件的要求挑选出明显具有竞争优势的投标方。谈判程序中，政府采购主体对投标方提交的材料和信息负有保密义务，而且不得对投标方实行差别待遇。

2. 选择性招标

选择性招标是指"投标人仅限于采购主体邀请的合格供应商"。❶ 根据 GPA 的规定，政府采购主体以选择性招标进行招标时，应确保选择性招标是最有效的国际竞标，最大限度地邀请国内外供应商参与招标，坚持公正和非歧视原则。如果政府采购主体从合格供应商清单中选择拟邀请的投标方，则应尽量保证清单上的供应商机会均等。例如，政府采购主体应在任意合格供应商请求下及时提供招标文件，并对有关解释招标文件的合理要求给予迅速答复。

相比于公开招标，选择性招标在程序上较为简单。根据 GPA 的要求，如果进行选择性招标且不使用合格供应商清单，则提交投标申请书的时限自采购通知发布之日起不得少于 25 天，提交投标文件的时限自发出邀请投标之日起不得少于 40 天；对于地方性政府采购，采购主体可与被选择的供应商协商确定提交投标文件的时限，但这一时限自采购通知书发出之日起不得少于 10 天。

3. 限制性招标

限制性招标是指"采购主体与其选择的一个或多个供应商进行联系的采购方式"。❷ 限制性招标在 GPA 规定的特定情形下才能被采用，例如：公开招标或选择性招标发布公告后无人投标；提供的投标存在串标情况或不符合投标的基本要求；参与招标的供应商不符合投标条件；因技术原因只有唯一的供应商可以提供采购标的且没有合理的替代者；紧急情况下的政府采购；要求原供应商补充交货以替换现有供应或装置的部件。首次招标的建设工程实施过程中产生的额外建筑服务，但因为技术或经济原因无法将该额外建筑服务从原合同中分离出来，而且重新公开招标或选择性招标会给政府采购主体带来极大的不便，但此额外建筑服务的招标金额不得超过原建筑合同金额的 50%；根据公开债表和限制性招标规定而授予的合同中的主体项目所要求反复提供的类似建筑服务所构成的新建筑服务，并且采购主体已在关于首批建筑服务的采购通知书中表明，在授予有关此类新建筑服务合同时可能采用限制性招标程序。

（四）GPA 下政府采购技术规格

为充分贯彻 WTO 的非歧视原则，限制政府采购利用质量和技术规格歧视外国供应商，GPA 详细规定了技术规格的说明方法以及缔约方政府在制定技术规格时应注意的问题。

根据 GPA 第 6 条的规定，技术规格旨在说明拟采购产品或服务的特征，诸如质量、性能、安全性、体积、符号、术语、包装、标志、标签、生产工艺与方法、采购及评标程

---

❶ 英文原文：selective tendering means a procurement method whereby only qualified suppliers are invited by the procuring entity to submit a tender.

❷ 英文原文：limited tendering means a procurement method whereby the procuring entity contracts a supplier or suppliers of its choice.

序的有关要求。

对于技术规范应涵盖的内容，GPA 规定："技术规范是对采购标的性能的说明，而不应该是对标的设计或外观形态的描述。"为防止主观因素的影响，GPA 规定，技术规格应基于存在的国际标准或其他国家技术规章、公认的国家标准或建筑规范，政府采购主体不得利用产品商标、名称、专利权、型号、设计特点、制造商或原产地等故意或实际上对国际贸易造成障碍。例如，1997 年 3 月，欧盟向 WTO 诉日本违反 GPA，依据是日本在其海事通信系统项目的国际性招标中规定必须使用美国技术。❶

为了防止政府采购存在歧视性措施，GPA 规定，每个缔约方应提供一套非歧视、及时、透明而且有效的异议程序，以确保供应商对政府采购过程中产生的违反 GPA 的情形提出质疑。缔约方有义务将采购有关的文件保留 3 年，供应商知道或应当知道申诉依据后应至少有 10 天时间提起异议程序。

（五）GPA 下政府采购合同

鉴于政府采购具体规定和方法对市场开放和公平待遇的影响，GPA 对合同签订做了具体规定，即招标文件中要求的交付期限要考虑到合同分包程度、生产所需时间、仓储和物流等因素。GPA 限制政府采购中涉及歧视性待遇，例如，政府采购主体向外国供应商提出融资、返销、技术专利转让、购买本国原材料或配件等要求。

四、联合国《货物、工程和服务采购示范法》

《采购示范法》及其立法指南于 1994 年 5 月 31 日讨论通过，分序言、总则、采购方法、采购条件、招标程序、服务采购的主要方法、招标方法以外的采购程序、审查等 6 个章节共 57 个条款。《采购示范法》体现的原则和程序是从全球最佳的采购实践中提炼出来的，对所有国家都适用，其目的是指导国家通过立法的形式建立一个经济的、有效的采购体系。《采购示范法》规定的"招标"相当于 WTO《政府采购协议》的公开招标，而"邀请招标"不是《采购示范法》中的招标程序，而属于"其他采购方法"。根据《采购示范法》的规定，公开招标程序一般由征求投标、资格预审、提交投标书、评标和比较等环节构成。

《采购示范法》要求采购主体在官方公报、报纸或其他出版物上刊登投标邀请书或资格预审邀请书。此外，采购主体还应以国际贸易惯用的一种语言在一份国际广泛发行的报纸或行业刊物上刊登投标或资格预审信息。采购主体对投标方的遴选应从后者的设备、技术能力、商业信誉、财务会计制度、纳税记录、过往业绩等方面进行评估。

根据《采购示范法》的要求，招标文件应包括 26 类资料，主要是：编写投标书的声明、评标标准和程序、拟采购标的物的性质、技术要求、质量要求、投标截止日期、开标地点、日期、投标方在采购合同之外应做出的承诺。投标方可以要求采购主体澄清招标文件，而后者应当在投标截止日期前的合理时间内作出答复，并且将该答复告知所有投标方。《采购示范法》允许采购主体要求投标方提交投标担保，但这种要求必须无歧

---

❶ 陈金池：《论 WTO 诸边协定中之政府采购协定》，第 17 页。

视的适用于所有投标方,而且采购主体不得限制外国主体作为投标担保的出具人或保兑人。

采购主体应严格按照招标文件中规定的时间、地点、程序开标,开标应公开进行,所有已提交投标文件的投标方或其代表均可以出席开标。《采购示范法》允许采购主体使用投标价最低的评标原则,但要求采购主体评标时兼顾采购标的物的操作费用、保养成本、维修成本、交货期、工期、付款条件、对本国收支及外汇储备的影响、本地化程度、对本国就业或技术转让的影响、国家安全等其他因素。

五、欧盟《采购指令》

欧盟《采购指令》的目的是促进欧盟成员国之间的内部市场开放,并不替代成员国的国内法律,其实施需要通过成员国的国内法律来完成。欧盟《采购指令》包括:《公共货物采购指令》、《公共工程采购指令》、《公共服务采购指令》、《公共部门采购救济指令》、《公共事业采购指令》、《公共事业采购救济指令》。这里的《公共事业采购指令》和《公共事业采购救济指令》是两部程序性法律文件,分别适用于货物、服务、工程采购和公共部门采购。根据《公共事业采购救济指令》,认为自身权益受到侵害的供应商、承包商或服务商可以在成员国的法院对采购方提起诉讼,以谋求"有效的救济办法"。

欧盟的《公共工程采购指令》要求成员国政府部门的公共工程采购须符合国民待遇原则。该指令适用的公共工程范围很广,涉及欧盟境内与各类建筑或土木工程相关的设计与施工,包括特许工程项目。欧盟在《公共工程采购指令》中明确了公共工程的发包人、采购方式和程序,提高了公共工程采购的透明度。例如,根据《公共工程采购指令》,发包人是指受公法管辖的所有机构以及接受政府补助超过50%的私营机构。

欧盟《采购指令》是欧盟成员国公共采购的法律框架,对成员国有约束力,成员国需要在此框架下制定或修改本国的公共采购法律。欧盟通过《采购指令》在欧盟境内建立了最低限度的政府采购规则体系,以此来协调成员国的公共采购程序,达到货物、人员、服务和资本自由流通的目的。由于欧盟《采购指令》与成员国利用政府采购手段实现政策目标之间存在冲突,在实施中面临强大阻力,各成员都采取了一些逃避措施。因此,欧盟《采购指令》的实施效果距离预期的效果还有很大差距。

六、结语

国际组织及地区性组织采购规则对全球范围内或地区内建设工程项目采购提出了指导性建议、意见或强制性规范,而且由于这些采购规则具有示范效应,很多国家甚至将之引入本国的采购类和招标投标类法律中。与此同时,很多国家都或多或少的存在适用国际组织及地区性组织采购规则的建设工程项目。综合上述客观情况,中国承包商值得深入学习、充分理解和有效使用这些"游戏规则",这有助于增强企业在国际建设工程市场的竞争力。

第四节　国际工程项目采购模式

一、概述

对于业主和承包商而言，国际工程项目的采购是对工程建设项目的合同结构、职能范围、责任权利、风险进行确定和分配的方式，其本质是工程项目的组织、管理或实施8方式。❶

二、国际工程项目采购模式类型

根据模式的不同，国际工程项目的主要采购模式包括：施工总承包、平行发包模式、设计加施工模式、工程总承包模式、总承包加指定分包模式、管理承包模式、建设管理模式和建造·运营·转让（BOT）模式等。由于国际工程项目的特殊性，现实中并不存在一个或数个通用的国际工程项目采购模式，业主和承包商通常会根据项目的具体需要和风险选择对双方最合适的采购模式。

（一）施工总承包模式

国际工程项目中，施工总承包（Traditional General Contracting）是传统的工程项目采购模式之一，如FIDIC1999版红皮书。在此模式下，业主将工程的设计和施工分别发包给建筑师（工程师）和承包商，建筑师（工程师）对设计负责，承包商对施工负责。业主委托咨询工程师对工程的建设进行监督和管理。

（二）平行发包模式

平行发包（Separate Contracting）模式中，业主将工程项目的勘察、设计、施工、设备材料供应等任务分别发包给不同的承包商，并分别与这些承包商签订合同，各个承包商之间是独立和平行的，不存在从属关系或者管理与被管理的关系。

平行发包模式有利于业主扩大承包商的选择范围，对不同的承包商进行单独考评后再择优确定。业主还可以根据设计和施工进度，将整个工程划分为若干个可独立发包的单元，并结合工程实际需要逐步确定承包商。这种模式下，每个合同的工作内容相对单一，合同价值小，业主在每个合同中的风险随之降低。

平行发包模式的不足体现在业主招标工作量大、签约成本高、合同管理难度大等方面。业主作为平行发包模式下的多个合同的履约主体和责任主体，承担了对整个工程的工期、质量、安全和造价进行管理的责任，一旦业主管理能力不够，无法解决各个承包商之

---

❶ 常陆军. 论工程采购模式与标准合同条件的发展变化 [J]. 建设监理，2004（3）：45.

间的工作衔接与协调,就可能出现承包商窝工甚至工期延误。因此,平行发包模式更适用于管理能力较强的业主。

目前的国际工程多由总承包商承担起所有专业建造商、分包商工作的计划、组织和控制。

(三) 工程总承包 (EPC) 模式

随着国际工程市场的发展,工程项目日趋大型化、复杂化、多元化,总承包交钥匙模式(EPC模式)得到了较大的发展空间。由于在资源配置、综合效益、实务性等方面的优势,EPC模式越来越受到业主和承包商的推崇,尤其适用于专业性强、技术含量高、结构和工艺较为复杂并包括大量非标设备的工程业务。EPC模式下,由一个总承包商或者承包商联合体与业主签订承揽合同,按合同约定承担整个工程项目的设计、采购、施工、试运行等工作,并对工程质量、安全、工期、造价全面负责。

EPC模式主要适用于设备、技术集成度高、系统复杂庞大、合同金额大、采购工作量大、建设周期长、管理难度大的工业项目,如机械、电力、化工等。此外,如果业主希望总承包商承担工程的大部分风险,则EPC模式也适用于民用建筑工程。

EPC模式下,业主将整个项目都发包给了总承包商,由总承包商组织实施或者对工程另行分包,总承包商承担总包责任。业主取代工程师这样的独立第三方,直接负责项目的监督管理工作。虽然EPC模式下业主的设计、采购、施工责任小、风险小,但由于EPC合同一般为固定总价合同,总承包商承担了绝大部分风险,因此业主要面临总承包商更高的报价,而且业主对工程项目的管控能力较低。

(四) BOT模式

BOT是工程采购捆绑项目融资的一种新型工程项目采购模式,是解决基础设施建设资金缺乏的有效方法,如轨道交通、高速公路等。在BOT模式中,业主(通常是政府等公共部门)给予BOT承包商(通常是项目公司)一定时间的特许经营权,由项目公司负责融资、设计、建设和运营,并在运营期结束后将项目移交给业主。国际工程实践中,BOT模式的基础上发展出建设-持有-运营(BOO)、建设-持有-运营-转让(BOOT)等模式。

(五) 设计加施工 (Design+Build) 模式

设计加施工模式下,工程的设计和施工由总承包商完成,采购则属于业主的工作。总承包商可以是一个专门承担设计加施工的企业(本身同时拥有设计能力和施工能力)、设计企业和施工企业的联合体、单纯的设计企业(将施工分包)或者施工企业(将设计分包)。总承包商的设计只包括详细设计,不包括概念设计和初步设计。设计加施工模式主要适用于土建工程为主的项目,包括公共建筑、高科技建筑、桥梁、机场、公共交通设施和污水处理。目前主要应用于石化、电力等生产运营的工业建筑项目。

根据FIDIC合同条件,设计加施工模式采用由业主、总承包商、工程师组成的三元管理体制。其中,业主与总承包商、业主与工程师之间是合同关系,而工程师与总承包商是监督与被监督关系。

设计加施工模式中,由工程师代表业主对总承包商进行全过程监督管理,业主对项目的设计、方案、过程等有一定的控制权,总承包合同采用可调总价合同。这种模式的优点是工程建设的责任单一且明确(single point responsibility),承包商可以采用"快速轨道"(fast track)的方法对设计和施工进行有效的搭接以缩短建设周期。

(六)设计、采购、施工管理总承包

EPCM模式(设计、采购、施工、管理总承包)下,业主与EPCM承包商直接签订合同,由后者全面负责工程的设计、材料设备供应、施工管理。EPCM承包商根据业主提出的投资意图和要求,通过招标投标方式为业主选择最合适的设计、采购、施工分包商。设计、采购分包商对EPCM总承包商负责,施工分包商则直接与业主签订合同,但其仍然接受EPCM承包方的管理。这种模式下,EPCM承包方无须承担施工合同风险,其获利较为稳定。设计采购与施工管理总承包是国际建筑市场较为通行的项目管理模式之一。

(七)总包加指定分包模式

总包加指定分包模式是指总承包商根据业主的指令,将所承包工程中主体结构以外的某些专业工程交由业主指定的分包商完成,而总承包商对包括指定分包商工作在内的整个工程的质量、安全、工期、造价承担责任的一种工程承包形式。这种发包模式实际上是"平行发包模式"与"工程总承包模式"相结合的产物。

对业主而言,总包加指定分包模式的优势在于:业主对部分重要专业工程及重要设备、材料的采购保留了自主选择分包商的权利,有利于业主控制项目的进度、质量、安全、造价。

对于总承包商而言,总包加指定分包模式下,总承包商与业主的指定分包商签订合同,而业主与指定分包之间并无合同关系,这很容易导致总承包商夹在业主和指定分包商之间的被动情形,例如,总包合同中约定总承包商向业主的指定分包商付款,而总承包商与指定分包商的分包合同中又约定分包商未获得付款时有权暂停工作,这种情况下,一旦业主不付款,总承包商就要垫资向指定分包商付款,否则后者就会暂停工作。另外,总包加指定分包模式下,业主过多干涉分包内容和造价,导致总承包商的价格透明且利润有限。

(八)管理承包模式

管理承包模式在英国境内较为常见。这种模式下,管理承包商(Management Contractor)与业主签订承包合同,然后管理承包商把所有的工程合理分解后全部分包给分包商,实际施工是由分包商承担的,管理分包商只承担施工管理工作,但其对施工承担所有责任。管理承包模式采用成本加酬金(cost plus fee)的形式,并往往使用最高价格保证(guaranteed maximum price)。

(九)建设管理模式

建设管理模式在美国境内有着广泛的应用。这种模式分为代理型建设管理(Professional Construction Management)和非代理型建设管理(Construction Management at Risk)。

代理型建设管理模式下,业主与建设管理承包商(construction manager)签订管理合同,然后业主再与多个承包商(trade contractor)分别签订设计、采购、施工、竣工试运行等合同。建设管理承包商只承担管理任务,只收取代理费(咨询费),并不具体施工,也不对施工任务负责。非代理型施工管理模式则与英国的管理承包模式基本相同。

三、结语

国际工程项目属于特殊的产品,诸如项目所在国政治环境、项目所在地地质条件、项目资金来源、项目业主的预期使用目的、项目技术规格和标准等因素让每个国际工程项目具有独特性和专属性。基于这一特点,国际工程项目无法像普通产品那样大批量生产,每个具体项目从最初的构想到最终竣工交付使用都无法完全复制相同或类似项目的采购模式。鉴于此,国际工程参与主体识别和评估国际工程项目的采购模式时,一方面要参考常见采购模式的固有特点和风险,另一方面还要结合具体项目的客观情况,然后在此基础上评估具体项目的采购模式中的实际风险点,并最终通过谈判、合同条款等各种灵活多样的方式降低履约风险。

第三章

国际工程联合体法律与合约

联合体是国际工程项目中常见的一种主体，如项目开发人之间组建的投资联合体，项目承包人之间组建的承包商联合体以及为实施项目的特定内容或工作而组建的各种联合体。一方面，联合体对于国际工程项目的实施能够起到促进作用，有利于项目的开发和实施，但另一方面，联合体实施项目会增加项目实施的复杂程度。

国际工程项目的不同阶段存在不同类型的联合体。国际工程项目的参与主体选择并采用符合国际工程项目实际情况的联合体类型对于项目的开发和建造具有重要的现实意义，不仅可以顺利推进项目的进展，也可以防止或降低联合体成员之间纠纷的发生。

联合体协议是联合体成员之间最重要的契约。联合体成员之间签订一份符合项目实际情况的联合体协议是防范联合体成员之间发生争议的重要保障。

从法律角度讲，联合体是一个法律概念。在不同法域，联合体的法律特征、承担法律责任的方式往往不同。联合体是一个统称，联合体的归类需要根据联合体所在法域的相关法律进行定性，从而确定其具体的法律形式和法律责任。联合体的法律责任主要分为两个方面，即联合体成员之间的责任和联合体成员与第三方之间的责任。

第一节 国际工程联合体概述

一、联合体的概念

联合体的英文常见表述为 Joint Venture，Consortium，Joint Operation 等，联合体是国际工程领域经常出现的一种主体（Entity）。在我国工程界，对于联合体的英文表述倾向于采用 Consortium，而 Joint Venture 的英文表述往往是指合资公司或合作公司。由于世界各国的法律不同，联合体并没有国际通用的定义。

《英美元照大辞典》将联合体定义为"两个或者两个以上为某一项独立的、确定的项目而从事商业活动，亦即，两人以上通过明示或默示的合同而组成的联合，意图实施某一特定的商业投资而共同获利，并为此而将其实物、金钱、技能、知识等进行组合。"[1]；Wikipedia 将 Consortium 定义："A consortium is an association of two or more individuals, companies, organizations or governments (or any combination of these entities) with the objective of participating in a common activity or pooling their resources for achieving a common goal."[2] 2017 年版 FIDIC 合同条件将 Joint Venture 定义为："'Joint Venture or JV' means a joint venture, association, consortium or other unincorporated grouping of two or more persons, whether in the form of a partnership or otherwise."

在我国工程领域，联合体这一称谓主要出现在我国《建筑法》《招标投标法》《招标投标法实施条例》《政府采购法》等法律法规中，具体为：

我国《建筑法》第二十七条规定："大型建筑工程或者结构复杂的建筑工程，可以由两个以上的承包单位联合共同承包。共同承包的各方对承包合同的履行承担连带责任。两个以上不同资质等级的单位实行联合共同承包的，应当按照资质等级低的单位的业务许可范围承揽工程"。

我国《招投标法》第三十一条规定："……联合体各方应当签订共同投标协议，明确约定各方拟承担的工作和责任，并将共同投标协议连同投标文件一并提交招标人。联合体中标的，联合体各方应当共同与招标人签订合同，就中标项目向招标人承担连带责任……"。

我国《招投标法实施条例》第三十七条规定："招标人应当在资格预审公告、招标公告或者投标邀请书中载明是否接受联合体投标。招标人接受联合体投标并进行资格预审的，联合体应当在提交资格预审申请文件前组成。资格预审后联合体增减、更换成员的，其投标无效。联合体各方在同一招标项目中以自己名义单独投标或者参加其他联合体投标的，相关投标均无效。"

---

[1] 英美元照大辞典 743。

[2] https://en.wikipedia.org/wiki/Consortium。

《政府采购法》第二十四条规定："两个以上的自然人、法人或者其他组织可以组成一个联合体，以一个供应商的身份共同参加政府采购。以联合体形式进行政府采购的，参加联合体的供应商均应当具备本法第二十二条规定的条件，并应当向采购人提交联合协议，载明联合体各方承担的工作和义务。联合体各方应当共同与采购人签订采购合同，就采购合同约定的事项对采购人承担连带责任。"

与联合体的概念相似，我国存在一个"联营体"的概念。联营体的概念出现在我国的《民法通则》之中，具体规定在第五十一条、五十二条和五十三条❶中。在我国法律界，对于两者的区别目前尚未有明确的界定，笔者认为两者主要的存在如下区别：

第一，两者适用的行业领域不同：联合体主要适用于工程行业领域，而联营体的适用行业领域非常广泛。

第二，两者适用的范围不同：联合体一般适用于特定工程项目，而联营体通常适用于超出特定项目范围的某种商业目的。

第三，两者的责任承担方式不同：联合体成员一般仅对特定主体承担连带责任，而联营体成员一般对外承担连带责任。

二、国际工程联合体的必要性

如前所述，在国际工程领域，以联合体形式参与国际工程项目的现象非常普遍。随着国际化和专业化程度越来越高，联合体在国际工程领域出现的频率也越来越高。笔者认为，在国际工程领域，国际工程参与主体以联合体形式参与国际工程项目越来越具有必要性，大体原因如下：

第一，国际工程项目规模越来越大，单个主体不具备承接此类项目的能力。国际工程项目的规模大主要表现为所需资金数额大和实体工程量大。就国际工程项目的投资来说，很多国际工程项目动辄数亿、数十亿或数百亿美元，如此巨额的投资，往往需要多个投资人组成联合体共同投资；就国际工程项目的实体工程量来说，随着工程技术的进步，越来越多的工程项目成为"巨无霸"工程，而完成这些"巨无霸"工程，单个工程承包商已经无法满足工程建造的需要。

第二，国际工程项目的开发模式往往需要以联合体形式参与。从资金来源角度看，国际工程项目的开发模式主要存在两种，一种是建设单位或政府机构采用自有资金开发项目，另一种是建设单位或政府机构采用项目融资的方式开发项目。对于第二种项目开发模式，由于国际工程项目所需的资金数额巨大，一家企业或主体一般无法提供足额的资金，同时也往往不具备贷款方要求的实力，为此，对于采用此类开发模式的工程项目，工程项目的投资参与主体往往是数家投资主体组建联合体参与该项目的投资。

第三，国际工程参与主体规避或分散风险的需要。国际工程项目一般规模大、周期

---

❶ 《民法通则》第52条："企业之间或者企业、事业单位之间联营，共同经营、不具备法人条件的，由联营各方按照出资比例或者协议的约定，以各自所有的或者经营管理的财产承担民事责任。依照法律的规定或者协议的约定负连带责任的，承担连带责任。"第53条："企业之间或者企业、事业单位之间联营，按照合同的约定各自独立经营，它的权利和义务由合同约定，各自承担民事责任。"

长、风险面广或风险点多的特点。对单个国际工程参与主体来讲，组建合适的联合体可以起到转移、共担或分散自身风险的作用。

第四，国际工程项目发包模式往往需要以联合体形式参与。目前，越来越多来的国际工程项目采用设计、采购和施工或交钥匙的方式进行发包，这种发包模式对于业主或项目的实施具有优点，但这种发包模式往往使得一家承包主体无法具备实施该项目的能力，而通过联合体方式作为承包主体则可以满足该类发包模式。

第五，满足融资或法律要求的需要。对于国际工程项目，项目所在国为了保护和促进当地产业的发展，有时会在法律层面规定当地成分要求，强制性要求当地主体参与到项目之中，例如印度尼西亚的法律强制要求，如外国工程公司拟在印度尼西亚境内承包工程，需要与当地工程公司组建联合体。

第六，享受优惠政策的需要。对于特定的项目，如果国际工程参与主体组建联合体参与项目，有时可以享受到特定的优惠，如：有些国际多边金融机提供贷款的项目明确规定，如果项目所在国的主体参与项目，其在同等报价条件下享有优先中标的权利。

三、国际工程联合体类型

在国际工程领域，从不同角度可以将联合体分为不同类型，本节将联合体类型大体划分如下：

（1）从联合体存在的形式角度，联合体可以分为法人型联合体、合伙型联合体和合同型联合体。

法人型联合体需要根据特定国家的公司法或企业法予以设立；合伙型联合体一般需要根据特定国家的公司法或合伙法予以设立，但有时虽然没有明确按照相关法律设立，但其存在形式，也可能构成合伙型联合体；合同型联合体是两家或以上主体通过签订合同的形式组建联合体，该联合体无须像企业或合伙一样进行注册。在国际工程承包领域，合同型联合体最受欢迎，数量也最多，因此，本章重点介绍合同型联合体。

（2）从合同型联合体成员之间紧密程度的角度，合同型联合体可以分为松散型联合体、紧密型联合体和混合型联合体。

紧密型联合体（Integrated JV）的特点是联合体是一个利润中心：在联合体内部，联合体各成员会根据联合体协议的约定来共担风险和分享利润。在一些国家的法律下，紧密型联合体可能构成法律意义上的"合伙"。

松散型联合体（Non-integrated JV）通常联合体本身并不是一个盈利实体，而是由各成员各自从其分配的工作中获利。联合体的各成员负责其各自分配的工作。在这种模式下，项目被划分成不同的区段（或者"工作包"），联合体各成员承担与各自区段相关的履约费用以及责任。这类联合体的各成员可能出现非常不同的利润或者损失水平。

混合型联合体介于紧密型联合体和松散型联合体之间，其特点是联合体成员各自负责可以明确区分的区段或工作包，但对于无法明确区分的部分，联合体成员就这部分工作采用共同实施、共担风险和共享利润的紧密型合作方式。

（3）从联合体形式是否对外示明角度，联合体可以分为外部联合体和内部联合体。

外部联合体是指联合体成员对外明示实施特定项目或行为以联合体名义，如承包商联合体将联合体协议出示给业主,明确告知该项目采用联合体形式且各方对业主承担何种责任。

内部联合体又称封闭型联合体(Closed Consortium),这种联合体的大体安排是:牵头方与业主签约,其他成员与业主之间没有直接的关系或者责任,而是向牵头方和其他成员承诺履行联合体合同下自己的工作,这种安排也可能体现在分包合同中,但在各成员之间,相互关系被视为联合体关系,这种模式的"联合体"经常为中国、欧盟和日本承包商所采用。

四、不同类型联合体的优劣和选择

国际工程领域之所以存在不同类型的联合体,在于不同类型的联合体具有其各自的优点和劣势。本节针对合同型联合体和法人型联合体的优点和劣势做简要分析和比较。

(一)合同型联合体的优点和劣势

1. 合同型联合体的优点

合同型联合体的组建或存续仅仅依据联合体协议,不属于公司法或合伙法规制的对象,因此,合同型联合体主要具备以下优点:

(1)组建程序非常简单。合同型联合体不需要按照公司法或合伙法的要求予以设立,其组建的方式主要为联合体协议,联合体协议的内容基本由联合体成员方共同确定即可,且该协议一般不需要到公司或企业管理机构予以注册或登记。

(2)联合体组建、存续和维护成本低:合同型联合体不属于公司或合伙企业的范畴,公司法或合伙企业法所强制要求满足的条件,如办公地址、登记注册等日常支付并不存在;合同型联合体自身不雇佣员工,不设置像公司或企业那样具有雇佣关系的管理团队。

(3)联合体不是税费承担主体:合同型联合体不成立实体也未注册,故一般不是纳税主体,联合体成员按照各自的收益承担相应的税费。

(4)联合体成员容易管控各自的员工和资源:合同型联合体不会以联合体名义聘请人员。在联合体服务的人员或资源由联合体各成员共同委派或提供,这些人员不与联合体存在劳动关系,联合体也不具有对这些资源的所有权。联合体成员仍然是各自所派人员的雇主和各自所提供资源的所有权方,因此,联合体成员对自己所派到联合体工作的员工具有管控力,可以保持对自己的人员和资源的控制。

(5)联合体易于解散或终止。合同型联合体不是独立法人,不属于公司或合伙企业,其解散完全按照联合体协议的约定进行,无须按照公司法或合伙企业法要求的繁琐程序实施解散或终止。

2. 合同型联合体的劣势

合同型联合体的主要劣势包括:

(1)无法自行承担法律责任。和法人型联合体相比,合同型联合体不是独立的法律实体,不具备独立承担法律责任的法律身份,联合体对外责任均由联合体成员承担。

(2)很难以联合体名义进行融资。合同型联合体不具有独立承担责任的法律地位,因此,金融机构一般不会向合同型联合体提供融资。在国际工程项目融资中,即便初始阶段,数家发起人组建合同型联合体参与项目,但最终与金融机构签订融资合同的主体往往都是由该合同型联合体转换成的项目公司（Project Company）或特殊目的公司（Special Purpose Vehicle）。

（二）法人型联合体的优点和劣势

1. 法人型联合体的优点

顾名思义，法人型联合体属于公司法上的公司，因此，法人型联合体具备公司法上的相应优点，大体包括：

（1）自主经营、自负盈亏的独立法律实体。

（2）法人型联合体成员对外承担有限责任。法人型联合体以对其自有资金和财产作为对外承担责任的界限，法人型联合体成员以其在联合体的投资或财产对外承担责任。

（3）易于获得融资。在国际工程领域，尤其是对于采用项目融资模式开发的项目，银行等金融机构提供融资的对象一般只是有限责任公司，而法人型联合体满足该要求。

2. 法人型联合体的劣势

（1）设立程序复杂，周期长。法人型联合体实质为合资公司，其设立需要满足设立地关于公司设立的工商、税务等各方面的要求。

（2）设立法人型联合体属于投资的范畴，受制于联合体成员所在国的法律要求。

（3）联合体管理方面灵活性差。法人型联合体设立后，联合体的决策机制由联合体的公司章程或股东协议所确定，相比较于合同型联合体，其灵活性比较差。

（4）设立地的法律限制。如果涉及外资，可能就会受到当地法律对外资控股的限制。若为我国公司，对外投资成立法人型联合体，会受到对外投资相关法律法规的管辖，审批程序多。

（5）解散或终止程序复杂。法人型联合体的终止会涉及公司清算等问题，程序复杂、耗时长且成本较高。

通过以上比较，可以看出，在国际工程领域，合同型联合体比较适用于参与或实施单个项目，而法人型联合体则适用于在某一市场长期发展或者持续经营的情况。

五、国际工程领域常见阶段的联合体

联合体在国际工程领域比较常见，但在国际工程的不同阶段，联合体的组建主体或形式存在不同，大体可以分为以下三个阶段的联合体：

（一）国际工程项目开发或投资阶段的联合体

国际工程项目的开发阶段，常见的联合体分为三类：

（1）国际工程项目市场开发联合体。市场开发联合体的目的是两家或两家以上的主体联合开发某领域或某特定区域的工程项目，如两家有意投资某特定领域项目的投资主体组建联合体来物色合适的不特定工程项目，或两家工程承包公司组建联合体准备承揽特定领域的不特定项目。

（2）国际工程项目的投资联合体。这类联合体更多出现在采用项目融资模式开发的工程项目，在这类项目中，两家或以两家以上公司组建联合体，对特定项目共同出资。但在项目中标后，这类联合体会转换为项目公司或特殊目的公司（Special Purpose Vehicle）。

（3）国际工程项目的投资咨询联合体。国际工程项目的投资涉及面非常广，因此，所需的各类咨询也很多，而一家咨询机构有时无法满足咨询的需要，此时，成立咨询联合体成为一种解决之道。常见的国际工程项目投资咨询联合体有法律咨询联合体、保险咨询联合体、融资顾问联合体和技术顾问联合体等等。

（二）国际工程项目建造阶段的联合体

国际工程项目建造阶段参与主体往往非常多，因此，采用联合体参与项目的做法在该阶段的很多环节都存在，常见的联合体如下：

（1）国际工程 EPC 承包商联合体。国际工程 EPC 发包模式逐渐被很多业主所采用。对于这种发包模式，单独一家承包商往往很难胜任 EPC 承包商的角色，因此，在国际工程领域，对于采用 EPC 开发模式的项目，承包商经常组建联合体以承接项目，如设计公司与施工公司组建联合体，设计公司、大型设计供应商和施工单位组建联合体等。

（2）国际工程设计承包商联合体。国际工程项目的设计经常会涉及不同国家的标准和规范，项目所在国的当地成分要求等情况，同时，国际工程的设计任务一般很重，单靠一家设计公司有时无法完成整个项目的设计工作。组建设计承包商联合体可以解决项目对设计的各种要求，如不同专业、不同标准或规范或不同国家或地区设计风格或特点等一家设计公司无法完成的设计工作。

（3）国际工程施工承包商联合体。与国际工程设计承包商联合体的组建相似，大型国际工程项目的施工经常组建施工承包商联合体以满足施工进度、施工难度、风险承担、当地成分等实际需求。

（4）国际工程保险承保联合体。国际工程项目规模大、周期长、风险高的特点使得保险成为国际工程项目的必备品，但正是由于这些特点，也使得单独一家保险公司一般无法承保大型工程项目。实践中，对于大型国际工程项目，往往有数家保险公司组建保险承保联合体来承保建造阶段的核心险种，如工程一切险。

（三）国际工程项目运营阶段联合体

国际工程项目运营阶段的联合体大体分为以下两种：

（1）PPP 或 BOT 或项目融资开发模式下的项目公司。项目开发或投资阶段设立的项目公司（Project Company）或特殊目的公司（Special Purpose Vehicle）往往为法人型联合体。相对于授予项目公司特许经营权的政府主体来讲，该类联合体在项目运营阶段承担运营维护的责任。

（2）建设单位或项目公司聘请的运营和维护联合体。国际工程项目运营阶段的联合体主要适用于运营维护高度复杂、单独一家运营维护商无法完成的项目。

第二节　国际工程联合体协议解析

国际工程联合体协议是国际工程联合体成员之间最重要的法律文件，决定着联合体成员之间各自的权利、义务和责任，因此，如果国际工程参与主体拟采用联合体方式实施国际工程项目，应当关注国际工程联合体协议的种类和核心机制并根据自身实际情况作出最优的安排。

一、联合体协议的种类

国际工程项目中的联合体协议根据不同的分类标准可以分为多个种类。根据笔者的经验，常见的联合体协议可以分为以下种类：

（一）根据联合体类型不同进行分类

根据这个分类标准，联合体协议可以分为法人型联合体协议、合伙型联合体协议和合同型联合体协议。

法人型联合体协议在国际工程项目中有时可以分为两个阶段：第一阶段是设立法人之前的法人型联合体协议，此处的联合体协议往往是股东协议的前身或基础；第二阶段是法人型联合体设立后的股东协议。

合伙型联合体协议存在两种类型：一种是联合体成员通过联合体协议明确设立合伙型联合体并在相关机构注册为合伙；另一种是联合体成员本意不是设立合伙型联合体，但由于联合体协议的约定具备了相关国家或地区法律规定的合伙特征而被认定为合伙。

合同型联合体协议：目前，在我国国际工程界提及的联合体，一般是指合同型联合体，同样，联合体协议也相应地是指合同型联合体协议。根据合同型联合体的分类，合同型联合体协议也相应地分为松散型联合体协议、紧密型联合体协议和混合型联合体协议。

（二）按联合体协议所处的阶段进行分类

根据这个分类标准并结合工程项目的实施阶段，联合体协议可以分为针对项目采购阶段的联合体协议和针对项目建造阶段的联合体协议。

如果工程项目采用招标方式进行采购，那么联合体协议可以分为标前联合体协议和标后联合体协议。标前联合体协议可以分为两种：第一种是联合体协议不仅约定了联合体成员在投标阶段的各自权利、义务和责任，也约定了中标后联合体成员各自的权利、义务和责任；第二种是联合体协议主要约定了联合体成员在投标阶段各自的权利、义务和责任。标前联合体协议会在投标前由联合体各成员予以签订，标后联合体协议是联合体各成员在项目中标后签订的用于项目建造阶段的联合体协议。目前，国际工程界常用的联合体协议为标前联合体协议的第二种和标后联合体协议。

（三）按照联合体协议是否披露给对方分类

联合体协议是联合体成员之间就共同参与工程项目而签订的协议，旨在厘清联合体各成员在参与特定工程项目时的权责，因此，根据联合体成员在特定项目上是否披露给第三方，联合体协议可以分为披露给第三方的联合体协议和未披露给第三方的联合体协议。

披露给第三方的联合体协议往往是根据第三方的要求，联合体成员需要披露的联合体协议。如国际工程项目中，项目的建设方要求承包方联合体必须向其提交联合体协议，同时，对联合体协议的内容提出强制性要求。对于这类联合体协议，其内容以满足建设方的要求为前提条件，联合体内容可能并不完全反应联合体成员之间的真实契约安排。

未披露给第三方的联合体协议一般是联合体成员之间的真实契约安排，但对于该真实契约安排，联合体各成员不愿意让第三方知悉。此种联合体协议的表现形式很多，常见的有：项目建造阶段的总承包商联合体成员之间的真实契约安排、总承包商与分包商之间签订的联合体协议等。相比较于披露给第三方的联合体协议，未披露给第三方的联合体协议的内容一般更丰富、更充分。

二、合同型联合体协议的核心契约事项

国际工程项目法人型联合体协议与合伙型联合体协议基本属于受公司法或合伙法规制的协议，本节对此不予讨论。由于我国工程公司在参与国际工程时采用最多的是合同型联合体协议，而最经常使用合同型联合体协议的阶段为项目采购和建造阶段，因此，本节将重点讨论项目采购阶段和建造阶段用于工程承包的合同型联合体协议的核心契约事项。

（一）项目采购阶段的合同型联合体协议

正如本节上文所述，如果项目采用招标的方式进行采购，那么，项目采购阶段的合同型联合体协议可以称之为标前合同型联合体协议。本节以项目采购阶段用于工程承包的标前合同型联合体协议为例，阐释该阶段的联合体协议应注意的核心契约事项，具体如下：

1. 联合体成员是否满足法律和业主对承包主体的要求

承包商组建联合体参与国际工程项目的投标，从主体资格来说，至少应当满足两方面的要求：

（1）联合体的组建需要满足相关法律对主体资格要求，尤其是项目所在国法律对联合体成员的主体资格要求。相比较于国际货物买卖交易，各国对工程项目的参与主体一般都有资格或资质方面的要求。如果联合体或其某成员不具备法律要求的资质或资格，标前联合体协议不仅面临无效的法律风险，还可能直接导致无法投标。

（2）联合体的组建需要满足业主对以联合体投标的具体要求。在很多国际工程项目中，业主允许承包商以组建联合体的方式参与投标，但也同时会对联合体或联合体成员提出具体要求，如联合体成员应当具备特定业绩、资金实力、是否为当地企业等。当然，联合体或联合体成员必须满足上述要求，否则，联合体所提交的标书面临被废标的风险。

2. 标前联合体协议的约定内容是否符合业主的招标要求

业主除了会对联合体或联合体成员的主体类事宜提出要求外，业主对联合体投标的另一核心要求为联合体成员对业主的责任承担，即联合体成员对业主是否承担连带责任。为此，在适用于投标阶段的法律没有明确规定联合体成员对业主必须承担连带责任的情况下，如果标前联合体协议没有明确规定联合体成员对业主承担连带责任，那么，业主很可能以不响应招标要求为由废掉联合体提交的标书。

3. 标前联合体协议应当体现联合体成员同意采用的联合体类型

如上文所述，合同型联合体协议也相应地分为松散型联合体协议、紧密型联合体协议

和混合型联合体协议。不同的联合体类型对联合体成员之间的权利、义务和责任的安排存在极大的影响，因此，需要联合体成员在投标阶段，通过标前联合体协议明确反映出联合体成员之间的所组建的联合体类型，是松散型联合体、还是紧密型联合体抑或混合型联合体。

4. 联合体牵头方的确定

采用联合体方式参与国际工程项目均需要明确联合体的牵头方，这是业主甚至适用法律的正常要求，为此，标前联合体协议需要确定联合体的牵头方。对于确定联合体牵头方，需要注意法律的要求和业主的要求：法律是否要求牵头方必须由项目所在国的公司担任、业主是否对联合体牵头方提出了特定的要求等，例如：FIDIC 2017 版合同条件第 1.14 款中对联合体牵头方的要求："the JV leader shall have authority to bind the Contractor and each member of the JV;"❶ 只有满足上述要求的牵头方才能作为适格的牵头方。

5. 联合体牵头方对外实施投标行为前的内部决策机制

在业主和投标联合体之间，联合体牵头方的行为一般代表联合体各成员的行为，其行为对联合体各成员具有约束力。正是因为这种对外行为对联合体各成员具有约束力的法律事实，在联合体成员之间，需要明确约定联合体牵头方在对外实施投标行为前内部决策机制，以最大程度防止联合体牵头方擅自行为，损害联合体其他成员的利益，例如：标前联合体协议对于联合体牵头方就项目投标，在对外签署或提交任何书面文件之前，是否需要取得联合体其他成员的书面同意。

6. 联合体层面上的管理或协调机制

国际工程项目投标时间短、投标工作繁杂，这就需要联合体成员在投标阶段应当设立高效的管理或协调机制，以满足投标阶段的各种要求，如在标前联合体协议中约定联合体如何组建投标协调小组，如何协商确定对外的投标行为等机制。

7. 联合体成员的各自工作范围

联合体成员的各自工作范围是标前联合体协议的必备约定内容。联合体成员的各自工作范围分为两类：第一类是联合体成员实施投标行为各自的分工，如谁负责去购买标书、谁负责就投标前段的事情与招标人进行沟通、谁负责报价、谁负责技术方案的准备等；第二类是联合体成员在实施投标项目上的具体分工，如谁负责设计、谁负责采购、谁负责施工等。需要强调是，第二类各自工作范围应当在标前联合体协议中明确约定，否则，在中标后，联合体成员之间可能因分工不清而产生争议。

8. 联合体成员对投标担保的安排

国际工程项目的投标，建设单位或招标人往往要求投标人提供投标担保，常见的投标担保有两种，一种是投标保证金，一种是投标保函。如果承包方以联合体方式参与投标，需要在标前联合体协议中明确联合体如何向建设单位或招标人提供投标保函，如果是由牵头方提供，联合体其他成员如何向牵头方提供相应的反担保。

9. 联合体对参与项目的报价机制

报价是决定是否中标项目的关键事项，但所报价格是否反映各方的期望则决定了联合体成员是否盈利。因此，在标前协议中应当明确约定联合体成员如何实施报价，需要注意

---

❶ 联合体牵头方有权力约束承包商和联合体各方。

的事项大体包括：联合体成员在编制报价方面的分工安排、联合体成员如何汇总各自的报价、联合体成员之间如何就各自报价存在的问题承担责任、联合体成员如何处理不平衡报价、业主或招标人要求降低某项工作的价格时联合体成员之间如何分担该降价以及联合体成员在对报价存在不一致时的解决机制等。

10. 联合体成员在投标阶段的实际支出费用承担

国际工程项目的投标阶段涉及标书的准备、现场的考察、外部咨询等事宜，该阶段需要承包方投入大量的支出，因此，如果采用联合体投标，就需要在标前联合体协议中明确上述支出在联合体成员之间如何分担，常见的做法有两种：一种是联合体成员各自承担自己工作范围内的支出，这种安排一般适用于联合体成员之间工作范围非常清晰的情况；二种是联合体成员按照各自在中标后项目中的份额承担相应的支出，这种情况往往需要前期联合体成员先预存一部分资金用于共同投标的支出。

11. 联合体成员在投标阶段的排他性安排

承包商以联合体方式参与投标，自然需要明确任何联合体成员不得采取不利于联合体投标或中标的行为。排除这种不利行为的常规做法就是明确联合体成员不得直接或间接就拟投标项目与联合体进行竞争，这种排他性安排具体约定包括两部分：第一部分是联合体成员不得再自行或与其他投标人组建联合体投标该项目；第二部分是联合体成员需要确保自己的关联企业不得自行或与其他投标人组建联合体投标该项目。

12. 标前联合体协议的解除机制

与一般合同或协议的解除机制不同，国际工程项目中的标前联合体协议所设置的解除条件有其自身的特征。标前联合体协议常见的解除理由包括：联合体各方无法在特定期限内就投标报价达成一致；联合体提交的标书未能被建设单位或招标人接受；投保的项目已经授标给其他投标人；建设单位或业主在特定期限内未能对项目进行授标；联合体所有成员与建设单位或招标人就承包合同的条件达成一致；联合体一方违约导致无法继续投标或无法签订承包合同；不可抗力发生等。

（二）项目建造阶段工程承包的合同型联合体协议

本节以项目建造阶段用于工程承包的标后合同型联合体协议为例阐释该类联合体协议应注意的核心契约事项。相比较于项目采购阶段工程承包的标前联合体协议，项目建造阶段工程承包的合同型联合体协议内容更丰富、更复杂，需要注意的事项也更多。笔者总结和归纳了项目建造阶段工程承包的合同型联合体协议的核心事项❶，主要包括：

1. 联合体成员各自工作范围的确定

联合体成员如何确定各自的工作范围在很大程度上取决于以下三种因素：

（1）项目建造的工作内容是否容易划分。例如，项目的工作范围比较容易切割，如高速公路项目，则联合体成员可以考虑将高速公路分成数个标段，各自负责相应的标段。此类项目的划分方式使得联合体成员的各自工作范围界面很清晰。

（2）项目的发包模式。如果采用EPC方式承包的项目，联合体成员可以将设计、采购和施工三项工作分别划分给联合体成员中的设计承包商、供货承包商和施工承包商。

---

❶ 对于项目采购阶段的联合体协议与建造阶段联合体协议存在相同部分的事项，在此不予赘述。

(3) 项目建造单位管理承包商联合体的方式。如果项目建设单位愿意与联合体各成员而不是仅仅和牵头方保持沟通，则会对联合体成员之间的工作范围产生影响，如建设单位允许联合体各成员就其工作范围内的工作单独向其申请工程款、允许联合体各成员就其工作范围对应的价款单独提供履约保函等，那么联合体各成员之间的工作范围确定则会比较简单。

联合体成员之间如何确定各自的工作范围在很大程度上可以确定联合体的类型或联合体协议的类型。对于项目建造的工作内容容易划分的情况，联合体成员往往采用松散型联合体，体现在联合体协议上即是松散型联合体协议，反之，则往往采用紧密型联合体，体现在联合体协议上也就是紧密型联合体协议。

2. 联合体管理架构的设置

国际工程建造阶段往往周期比较长，建造规模比较大，采用联合体方式承揽项目需要设置合理的联合体管理架构才能尽量避免联合体内部的争议，推进项目的顺利实施。联合体的管理机制属于联合体各成员在实施工程项目上的决策机制。国际工程项目中的联合体管理机制经常分为两个层级：第一层级是项目级别的层级，该层级主要由联合体成员派出各自的长驻项目现场的项目经理级人员组成，主要负责项目日常实施过程中的管理和决策；第二层级是公司级别的管理机构，该机构由联合体各成员的高层管理人员组成，主要负责第一层级无法解决的重大问题。

联合体协议需要明确如何设置联合体的管理机制，以及不同层级管理机制的代表或人员安排、决策权限、决策机制以及决策僵局时的打破机制。

3. 联合体牵头方的权限安排

项目业主均会要求联合体成员明确联合体的牵头方。对于联合体牵头方的权限设置主要分为三种：(1) 对业主来说，联合体牵头方有权代表联合体各成员实施行为，且牵头方的行为对联合体成员具有约束力。(2) 联合体牵头方在对业主实施特定行为之前需要提前取得全体联合体成员的同意。(3) 对业主之外的第三方来说，联合体协议往往均约定：没有联合体全体成员书面提前同意，联合体牵头方不得以联合体名义对业主之外的第三方实施任何行为。

联合体协议中应当对上述三种权限安排作出明确约定，防止联合体牵头方因其权限过大或不受约束而损失联合体其他成员的权益。

4. 联合体的财务和费用承担安排

国际工程项目的实施周期比较长且所涉金额巨大，因此，在联合体协议中应当明确联合体成员在财务和费用方面的安排，常见的主要事宜为以下四点：

(1) 是否设置共管账户和如何管理共管账户。共管账户是否设置一般由联合体成员进行决定。如果设置共管账户，则应当明确联合体成员如何管理该共管账户，确保共管账户的款项能够及时提取并确保共管账户的款项安全。

(2) 如何向业主申请款项。实践中存在两种做法，一种是联合体各成员单独向业主提交款项申请，业主针对单个成员的申请支付款项；第二种是联合体牵头方负责汇总联合体各成员的款项申请，统一由牵头方向业主申请。

(3) 联合体各成员如何承担共同办公场所、办公费用以及其他各项无法分割的费用。国际工程项目的建造周期往往比较长，联合体各成员在此期间会存在各种密不可分的行为，因此，对于这类行为所产生的费用如何分担需要在联合体协议中约定清楚。

(4) 联合体其他成员是否需要向联合体牵头方就其担任牵头方支付报酬。相比较于联合体其他成员，联合体牵头方确实承担了较多的管理和沟通工作，因此，联合体协议中应当明确联合体牵头方是否有报酬以及报酬的数额。

5. 联合体对建设单位所应提供的各种担保的安排

国际工程项中的业主往往要求承包商提供担保以确保款项安全和承包商履约，常见的担保包括：预付款担保、履约担保、质保期担保这三种担保。对于联合体作为承包商的情况，就需要在联合体协议中明确如何对上述担保做出对外安排和内部安排。对外安排是在联合体如何向业主提供担保，由联合体牵头方进行提供，还是各联合体成员按照各自工作范围所占比例提供；对内安排是在联合体牵头方自己对业主提供担保的情况下，联合体其他成员是否向联合体牵头方提供反担保以及如何提供。

6. 项目保险安排

项目保险安排与上述的担保安排类似，联合体协议中应当明确联合体如何购买保险，谁是投保人、谁是收益人、谁负责保险合同的履行和谁应配合保险合同的履行。

7. 联合体对工程实施过程中变更的处理

变更是工程项目中几乎必然出现的现象，因此，如何在联合体承包的情况下处理变更则显得尤为重要。对于变更，联合体协议中需要注意的常见事项如下：

(1) 变更增加工程范围时，该增加部分应当由谁负责实施，增加部分工程的收益如何分配。

(2) 变更减少工作范围时，如果联合体成员在报价时存在不平衡报价，则如何在联合体成员之间分摊该变更所带来的不利影响。

(3) 就未能从建设单位收回变更费用的变更，联合体成员之间如何分担。

8. 联合体对工程实施过程中的索赔的处理

与变更类似，索赔也是工程项目中几乎必然出现的现象，而且索赔处理是否得当在很大程度上决定着项目的盈利与否。相比较于单一工程公司作为承包商，联合体方式作为承包商在处理索赔时则变得复杂，笔者认为联合体协议中应当特别注意以下两项：

(1) 如何进行索赔或应对索赔。索赔事件的发生往往对整个项目产生不利影响，而不是仅仅对某个联合体成员的工作范围，因此，一旦索赔事件发生，需要联合体各成员共同参与，并决定是否由牵头方代表联合体各成员向业主索赔或针对业主对联合体的索赔提出反驳或交涉。

(2) 对索赔收益的分配机制。由于索赔往往由联合体各成员共同努力才取得收益，因此，需要明确对于索赔收益如何在联合体成员之间进行分配。

9. 联合体成员退出或介入机制

国际工程项目的执行周期往往较长，在此期间发生联合体成员主动退出或被动退出的情况也时有发生，因此，联合体协议中应当对这种情况作出详细规定，以尽量降低联合体成员退出时对项目实施的不利影响，需要注意事项大体包括：

(1) 联合体成员在什么情况下退出联合体。常见的约定为联合体成员严重违反联合体协议、联合体成员严重违反联合体与建设单位签订的承包合同、联合体成员出现内部问题，如破产、清算等事宜。

（2）联合体成员退出时，联合体其他成员是否可以替代已退出的联合体成员，介入其实施的工作。常见的约定为在联合体成员退出联合体时，联合体其他成员可以代替该退出成员继续实施其未完成的工程。

（3）联合体成员退出或介入的补偿机制。如果联合体某成员退出，联合体其他成员介入，但如果该介入使得该介入的联合体成员面临损失，该损失应当由退出的联合体成员进行补偿。

10. 联合体成员对承包合同中所约定的责任上限的分配机制

项目建造阶段的工程承包合同中一般都会约定承包商的责任限制，具体包括：一是工期延误的责任上限，如因承包商原因导致工期延误一日，承包商向业主支付特定金额的款项，但工期延误补偿一般存在上限，如合同金额的特定比例；二是项目性能违约金也会设置类似的责任上限；三是整个合同的责任上限，如承包商在整个合同中的责任上限为合同金额的特定比例。

对于上述责任限制，如果承包商只是一家，则不存在对上述责任限制的分配问题，但在联合体承包商中，则需要对责任上限做出合理的分配机制，否则，可能会出现先违约的联合体某成员用尽了承包合同中的责任上限，而后违约的联合体成员则无须就其违约承担责任，导致联合成员之间的不公平发生。

11. 联合体成员之间的相互保障机制

在履行承包合同过程中，联合体各成员难免会因自己的行为给联合体其他成员造成损失或不利影响，因此，联合体协议中需要明确此种情况时的互相保证机制。在国际工程项目中，联合体成员之间的相互保障机制存在以下两种安排：

（1）联合体成员相互保障对方免受因自己的行为而遭受损失。此处的损失包括两种，一种是联合体一成员违反承包合同导致另一成员遭受的损失，也包括联合体一成员对联合体另一方的人员或财产造成的损失。这种安排是联合体协议中最常见的安排，而且多用于松散型联合体类型之中。

（2）联合体成员互不追究另一方对自己的行为造成的人员或财产损失。这种安排主要表现为：联合体成员互相免除联合体其他成员对自己的人员或财产造成的损失，这种安排多用于紧密型联合体之中。

12. 明确排除合伙或相互代理或代表

联合体成员为了防止联合体某成员的行为除了对建设单位根据联合体协议承担连带责任之外，也对其他方承担连带责任，在合同型联合体协议中往往明确约定：联合体并不是合伙，联合体各成员之间不构成代理或代表关系；在未经联合体其他成员书面提前同意的情况下，联合体成员不得以联合体名义或联合体其他成员的名义与第三方产生任何法律行为。

13. 联合体协议的解除机制

与标前联合体协议类似，项目建造阶段的联合体协议也应当明确联合体协议的解除机制。联合体协议中约定的解除理由一般包括：联合体一方严重违约导致联合体其他成员无法继续履行承包合同；联合体与建设单位的承包合同已经解除或履行，联合成员之间的事情已经处理完毕；联合体各成员一致同意解除联合体协议等。

14. 联合体协议的管辖法律

与其他合同一样，国际工程项目中联合体协议应当明确其管辖法律，以弥补协议本身可能存在的不足以及防止出现争议无法尽快确定联合体协议管辖法律的情况发生。对于国际工程中的合同型联合体协议常见的管辖法律主要为英格兰威尔士法、新加坡法或者中国香港法、中国大陆法等。

15. 联合体协议的争议解决机制

国际工程项目建造阶段的联合体协议在争议解决机制方面应当遵守的原则是尽量避免争议、快速解决争议和防止争议升级，因此，联合体协议在争议解决机制的安排方面，笔者认为需要注意以下事项：

（1）通过设置合理的联合体管理架构和该管理架构的决策机制尽量将争议或分歧在该层面上解决。

（2）设置独立技术或管理专家来快速解决与技术或管理决策有关的争议。此类争议一般无法通过仲裁或法院来解决，通过独立专家往往可以快速解决。

（3）明确联合体某成员与业主就承包合同产生争议时，联合体其他成员的权利和义务。

第三节 国际工程联合体契约责任承担

国际工程项目中联合体的类型不同，其承担责任的方式和后果会大相径庭。如果属于法人型联合体，则由该法人型联合体承担对外责任，联合体成员一般情况下无须对联合体的对外行为承担责任；如果属于合伙型联合体，则在合伙型联合体没有财力承担其对外责任时，联合体成员一般需要对联合体的对外契约责任承担连带责任；合同型联合体对外承担责任则基于联合体协议或法律规定。由于法人型联合体与合伙型联合体对外承担责任的方式比较单一且明确，本节仅阐释项目建造阶段承包商联合体在合同型联合体类型中的契约责任承担事宜。合同型联合体或联合体成员之间的法律关系分为：联合体或联合体成员与业主之间的法律关系、联合体成员之间法律关系以及联合体或成员与第三方之间的法律关系。基于上述法律关系，合同型联合体的契约责任承担可以分为：联合体或联合体成员与业主之间的契约责任承担、联合体或成员与第三方之间的契约责任承担和联合体成员之间契约责任的相互承担。

一、联合体或联合体成员与业主之间的契约责任承担

承包联合体或承包联合体成员与项目业主之间的契约责任承担分为两部分：联合体成员如何向业主承担责任和业主如何向联合体成员承担责任。

（一）联合体成员如何向业主承担责任

就承包联合体成员向业主如何承担责任，我国法律明确规定：联合体成员对项目业主承担连带责任。连带责任通常是指"根据法律规定或者当事人约定的、有牵连关系的两个

以上的当事人均须对全部债务承担清偿的民事责任。"❶ 我国《建筑法》第二十七条❷和《招投标法》第三十一条❸的规定，联合体各方成员要向业主承担连带责任。根据笔者的经验，其他国家或地区的法律也基本上做出了类似的规定。例如，《波兰政府采购法》第 141 条规定："The economic operators, referred to in Article 23 para. 1, shall be jointly responsible for the execution of the public contract and provision of security on due performance of the contract."❹《德国民法典》第 427 条规定："If more than one person jointly binds himself by contract to render divisible performance then, in case of doubt, they are liable as joint and several debtors."❺

即使存在特定国家或地区的法律对联合体成员是否需要向项目业主承担连带责任没有专门规定的情况，但国际工程实践中，项目业主也几乎均会在合同中明确约定该连带责任，如 2017 年版 FIDIC 合同条件第 1.13 条❻明确约定：联合体的各方成员就合同下承包商的责任向业主承担连带责任。布莱克法律词典将"Joint and several liability"定义为："Liability that may be apportioned either among two or more parties or to only one or a few select members of the group, at the adversary's direction. Thus, each liable party is individually responsible for the entire obligation, but a paying party may have a right of contribution or indemnity from nonpaying parties."❼

（二）业主如何向联合体成员承担责任

相比较于联合体成员向业主一般承担连带责任的法律规定或实践做法，业主如何向联合体成员承担责任则缺乏较为统一的实践做法。笔者常见的契约责任承担方式大体有两种：

（1）承包合同和联合体协议中明确约定：联合体任何成员均可以向业主提起契约责任承担主张。这种情况下，业主应当就该联合体成员提起的主张依据承包合同和联合体协议确定是否向该联合体成员承担责任。笔者认为这种情况又可以细分出两种情形：第一种情

---

❶ 杨盛. 浅论连带责任. 法制与社会，2011.

❷ 《建筑法》第 27 条："大型建筑工程或者结构复杂的建筑工程，可以由两个以上的承包单位联合共同承包。共同承包的各方对承包合同的履行承担连带责任。两个以上不同资质等级的单位实行联合共同承包的，应当按照资质等级低的单位的业务许可范围承揽工程。"

❸ 《招投标法》第三十一条："…联合体各方应当签订共同投标协议，明确约定各方拟承担的工作和责任，并将共同投标协议连同投标文件一并提交招标人。联合体中标的，联合体各方应当共同与招标人签订合同，就中标项目向招标人承担连带责任…"

❹ 参考译文：《波兰政府采购法》第 141 条规定："第 23 条第一段规定的经营者应当就公共合同的履行和合同应当履行的保证条款负连带责任。"

❺ 参考译文：《德国民法典》第 427 条规定："数人因合同而对同一可给付负有共同义务的，在发生疑问时，应作为连带债务人负责。"

❻ 1.13 Joint and Several Liability："If the Contractor is a Joint Venture：
(a) the members of the JV shall be jointly and severally liable to the Employer for the performance of Contractor's obligations under the Contract…."

❼ 参考译文：连带责任是指责任可以在两个或者更多合同方之间分配或者只由合同一方承担责任或者由债权人选择的成员承担责任，任何一个责任方可单独承担全部合同义务，但是承担责任一方有权利从未承担一方处得到补偿。

形是：联合体成员向业主提出契约责任承担主张的事由源于自己在联合体协议中的工作范围；第二种情形是：联合体成员向业主提出契约责任承担主张的事由无法确定是否源于自己在联合体协议中的工作范围，但合同型联合体属于紧密型联合体。

（2）承包合同或联合体协议中明确约定：联合体牵头方或联合体全体成员有权向业主提起契约责任承担主张，联合体牵头方之外的成员无权单独向业主提出契约责任承担主张，后者需要通过联合体牵头方才能对业主提出契约责任承担主张。

笔者倾向于认为：除非在承包合同与联合体合同中明确约定第二种情况且得到适用法律或管辖法律的认可，否则第一种情况应当适用，即业主可以单独向联合体成员承担相关责任。

二、联合体或联合体成员与业主之外的第三方之间的契约责任承担

与上文类似，承包联合体或承包联合体成员与业主之外的第三方之间的契约责任承担分为两部分：联合体成员如何向业主之外的第三方承担责任和业主之外的第三方如何向联合体成员承担责任。此处的第三方一般多为联合体各方的分包商或供货商。

（一）联合体成员如何向业主之外的第三方承担责任

如上文所述，联合体成员向业主承担契约连带责任一般具有明确法律规定和统一的观点，但联合体成员如何向业主之外的第三方承担责任则会因不同情形而产生不同的契约责任承担后果：

第一种后果：联合体其他成员就联合体一成员的行为向业主之外的第三方承担连带责任。这种契约责任承担的法律后果往往不是联合体成员在成立联合体时的初衷。笔者认为，之所以出现这种法律后果，一般因以下情形引起：

（1）联合体协议的适用法律或管辖法律规定了联合体各成员之间对某成员对第三方的行为承担连带责任，如表见代理❶。

（2）联合体协议对这种契约责任承担的约定不明。

（3）联合体协议的类型导致联合体成员对第三方承担连带责任，如紧密型联合体可能导致第三方据此要求联合体各成员向其承担连带责任。

（4）联合体或联合体成员履约的过程让第三方相信其不是与联合体某一成员交易而是与全体联合体成员交易。

第二种后果：联合体成员就其自己行为向业主之外的第三方责任，联合体其他成员无须承担连带责任。这种契约责任承担的法律后果一般是联合体成员在成立联合体时的初衷。为了实现该初衷，联合体成员应当考虑以下措施：

（1）明确知悉联合体协议的管辖法律或适用法律是否强制性规定联合体成员应当对包括业主在内的第三方承担连带责任。

（2）在联合体协议中明确联合体成员的连带责任仅限于针对特定方，如业主，而对于

---

❶ 如我国《合同法》第49条规定的："行为人没有代理权、超越代理权或者代理权终止后以被代理人名义订立合同，相对人有理由相信行为人有代理权的，该代理行为有效。"

其他方，联合体成员之间不承担连带责任。

（3）根据项目的实际情况，尽量不设立紧密型合同联合体。

（4）联合体协议中明确约定联合体各方之间不是任何的相互代理或相互代表关系，并要求联合体成员与第三方合作时向其明示该法律关系。

（5）联合体各成员之间相互监督各自的行为，防止其自己的行为导致被第三方认为是联合体的行为，如联合体成员在与业主之外的第三方交易时的对外发文不得使用联合体信头纸、不得使用联合体的标志（Logo）等。

（二）业主之外的第三方如何向联合体成员承担契约责任

业主之外的第三方向联合体成员承担责任可以分为两种情况：第一，该第三方仅仅对与其有契约关系的联合体成员承担责任，联合体其他成员无权要求该第三方承担责任；第二，该第三方不仅对与其有契约关系的联合体成员承担契约责任，还需要向联合体其他成员承担契约责任，联合体其他成员方有权直接要求该第三方向其承担责任。这两种情况，第一种情况较为常见，第二种情况一般可能出现在合同型联合体的紧密型联合体和法律存在规定的情形之中。

三、联合体成员之间契约责任的相互承担

联合体成员之间的契约责任承担是指联合体各成员之间就联合体成员在履约过程中对其造成的不利后果如何进行承担。该责任承担分为两种：一是联合体成员之间对第三方因联合体某成员的行为而对联合体各成员所主张的责任如何承担；二是联合体成员就各自的行为对另一方的造成的不利后果的责任承担。

（一）联合体成员之间对第三方因联合体某成员的行为而对联合体各成员所主张的责任如何承担

此处的第三方可以分为项目业主或业主之外的第三方。联合体成员对于业主因联合体某成员的行为而对联合体各成员所主张的契约责任承担一般在联合体协议中做出明确约定，常见的契约承担分为两种：

（1）如果联合体为紧密型联合体，联合体成员之间的责任承担可以分为两类：一类是在联合体成员对责任可以明确厘清是哪个联合体成员造成的情况下，则该责任由责任联合体成员全部承担；二类是联合体成员对责任无法明确厘清是哪个联合体成员造成的情况下，按照联合体成员在联合体协议中所约定的利益比例分成承担。

（2）如果联合体不是紧密型联合体，联合体成员之间的责任承担一般为承担责任的联合体成员应当保障联合体其他成员免受损失。

（二）联合体成员就各自的行为对另一方造成的不利后果的责任承担

从不利后果的具体形式来分，联合体成员就各自的行为对另一方造成的不利后果的责任承担可以分为两类：一类是联合体成员就各自的行为对另一方履行承包合同或其他合同造成的不利后果的责任承担，如联合体设计成员实施的设计存在缺陷导致联合体施工成员

遭受损失；另一类是联合体成员就各自的行为对另一方的人员或财产造成损失时的不利后果的责任承担，如联合体一成员的行为导致联合体另一方的施工设备受损或人员伤亡。

对于第一类责任承担，常见的做法是：如果可以明确厘清是联合体某成员的责任，则该责任由责任联合体成员承担，否则，由联合体各方各自承担或根据联合体协议（如紧密型联合体协议）约定的份额予以承担。

对于第二类责任承担，联合体实践中存在两种方法：一种是承担责任联合体成员保障其他联合体免受任何损失；第二种是联合体各方相互豁免对方对其人员或财产造成的损失，但排除一方存在故意或重大过失的情况。

第四章

国际工程代理法律与合约

"代理"是国际工程界一个普遍存在的现象。在我国的国际工程界,"代理"是一般法律意义上的"代理"、中介或提供特定咨询服务机构的统称,与我国法律上的"代理"存在实质上的差异。

"代理"对于国际工程参与主体起着重要的作用,并伴随项目实施的全过程。国际工程承包商因为缺乏对项目所在国法律、文化或风俗的了解,一般会聘请"代理"协助其参与项目前期采购(如招标和投标)和项目执行。

世界各国的法律对于聘请"代理"的态度各异。例如,中东阿拉伯国家一般通过法律的形式明确"代理"的法律地位,如只有满足条件的当地自然人或机构才可以作为货物的销售代理或工程的总承包主体,而有些国际金融组织或政府机构则会禁止项目投标人使用"代理"。国际工程参与主体应当根据相关法律或适用规则决定是否聘请"代理"或聘请哪类"代理"。

从一般法律意义上讲,"代理"存在不同的类型。每种"代理"类型会适用于不同的情形,且每种类型的"代理"在契约方之间会产生不同的法律后果,因此,代理协议的契约方应当根据自身的情况采用合适的"代理"类型。

"代理"协议是国际工程代理中的最重要契约。代理协议的契约方应当将确定的"代理"类型清晰明了地约定于代理协议之中,同时,明确约定"代理"协议的其他核心内容,如"代理"费用和支付方式,"代理"的工作范围,"代理"协议的管辖法律和争议解决方式等等。一份完善的"代理"协议不仅有利于防止契约方之间的争议,而且可以有力地促进项目的实施,同时,对于聘请"代理"的一方来说,也会有利于其在特定区域或特定领域相关业务的长远发展。

第一节 国际工程代理概述

一、国际工程代理的含义

（一）代理的一般性定义、特征和类型

代理是一个法律术语，其在法律界的通说大意为：代理人以被代理人的名义，在代理权限内与第三人实施民事行为，其法律后果直接由被代理人承受的民事法律制度。

代理的主要特征为：

(1) 代理行为是能够引起民事法律后果的民事法律行为；
(2) 代理人一般应以被代理人的名义从事代理行为；
(3) 代理人在代理权限范围内独立为意思表示；
(4) 代理行为的法律后果直接归属于被代理人。

根据不同的分类标准，代理可以分为不同的类别，如代理权产生根据的不同，代理分为委托代理❶和法定代理❷；如以代理是否转托他人，代理分为本代理和再代理❸；如是否以被代理人名义从事代理，代理分为显名代理❹和隐名代理❺。

此外，代理可以分为直接代理和间接代理。大陆法系采用的是直接代理和间接代理的概念，而英美法系与之相对应的概念是公开本人身份的代理（Disclosed Agent）和不公开本人身份的代理（Undisclosed Agent）。❻ 大陆法系国家法律上的代理主要采用狭义的代理，即直接代理的概念，如德国法第 164 条第（1）款规定："无论是明确表示以被代理人的名义所作的意思表示，还是根据情况可以断定是以被代理人的名义所作的意思表示，均无区别。"❼ 英美法系则采用广义代理的概念，例如美国的《代理法重述》认为："代理人

---

❶ 一般是指代理人依照被代理人授权进行的代理。

❷ 根据法律的规定而直接产生的代理关系，主要是为保护无民事行为能力人和限制行为能力人的合法权益而设定，如父母对未成年子女的代理。

❸ 再代理一般是指代理人为了被代理人的利益，转托他人实施代理的行为。与此相对，由代理人亲自进行的代理则为本代理。

❹ 一般是指代理人所进行的代理行为，必须以被代理人本人的名义进行。

❺ 一般是指代理人虽未以本人名义为法律行为，但实际上有代理的意思，且相对人明知或应当知道，从而在法律上亦发生代理的效果。

❻ 由于英美法中公开本人身份的代理和不公开本人身份的代理的概念与大陆法系中的直接代理和间接代理相似，因此下文统一使用直接代理和间接代理的概念。

❼ A declaration of intent which a person makes within the scope of his own power of agency in the name of a principal takes effect directly in favour of and against the principal. It is irrelevant whether the declaration is made explicitly in the name of the principal, or whether it may be gathered from the circumstances that it is to be made in his name.

以自己的名义行动，但事实上享有该行动利益的是不公开身份的本人，不公开身份的本人是契约的一方当事人。"❶我国《民法总则》第162条的规定："代理人在代理权限内，以被代理人名义实施的民事法律行为，对被代理人发生效力"；我国《合同法》第402条的规定："受托人以自己的名义，在委托人的授权范围内与第三人订立的合同，第三人在订立合同时知道受托人与委托人之间的代理关系的，该合同直接约束委托人和第三人，但有确切证据证明该合同只约束受托人和第三人的除外"，我国《合同法》承认了间接代理的概念，因此，我国法律突破了大陆法系对于狭义代理的规定，采用了广义代理的概念。

(二) 我国国际工程界的"代理"含义

在我国国际工程界，国际工程"代理"属于耳熟能详的一种角色。我国工程公司在海外承揽的很多工程项目都或多或少存在"代理"的影子。我国国际工程界常说的"代理"与上文提及的代理存在本质上的区别，但由于我国国际工程界已经习惯于这样称呼，笔者也就尊重这种约定俗成的"代理"称谓，在本章中采用了"代理"一词。我国国际工程界经常提及的工程代理一般分为以下三类：

(1) 项目所在国法律对外国公司在其境内承揽工程项目强制性要求的代理。这类代理往往充当工程总承包的角色而外国公司是该代理的分包商。对于外国公司来讲，这类代理的出现是由于项目所在国不允许外国公司在该国以总承包商的身份承揽工程，只能成为符合项目所在国承包主体的分包商。这类充当"代理"角色的总承包商现象在中东地区的阿拉伯国家非常普遍，如科威特、沙特、阿联酋、巴林等国家，详见本章第三节内容。

(2) 项目所在国法律对外国工程公司在境外采购货物或设备进口到项目所在国强制性要求的货物代理。这类代理常见的为两种：一是项目所在国对进口货物的主体实行许可证制度，外国工程公司在没有进口许可资格的情况下，只能聘请具有进口许可资格的当地公司进行代理货物的进口；二是项目所在国法律明确规定不允许外国公司作为销售方在其境内直接销售货物，如中东地区的一些阿拉伯国家。

(3) 外国公司为了更好地在项目所在国承揽或实施工程项目而聘请的所谓"代理"。这类代理的角色主要是向外国公司就特定领域的工程项目提供顾问服务、充当中间人、提供居间服务或提供项目招投标信息等，并不是法律意义上的"代理"。

二、国际工程代理的必要性

国际工程代理是国际工程界的一个常见角色或现象。国际工程代理的出现具有现实意义和必要性，笔者对此作了如下简要总结：

(1) 国际工程自身的特点，使得外国工程公司在前期开发阶段对国际工程代理具有较强的实际需求。国际工程的跨国、规模大、涉及面广等特点使得外国工程公司很难在短时间内掌握国际工程项目前期开发需要的信息、知识和资源，因此，借助熟悉项目所在国的代理可以弥补上述短板，尽快熟悉项目和促进项目的开发和落地。

(2) 国际工程项目实施阶段，外国工程公司有时需要熟悉项目所在国工程实践、文

---

❶ Stoljar SJ. The Law of Agency. London: Sweet & Maxwell Publisher, 1961: 204.

化、社交的代理，协助处理各种社会关系或业主与承包商之间的关系。国际工程项目实施阶段会涉及项目所在国的方方面面、各种关系的协调和处理或争议解决，外国工程公司一般缺乏处理上述各方面和各种关系的经验和资源，因此，外国工程公司往往需要聘请项目所在国的代理提供协助。

（3）国际工程项目所在国的法律要求，使得外国工程公司必须拥有项目所在国的代理才能承揽项目。有些国家处于保护本国的利益或公民就业的考虑，通过立法的方式明确规定外国工程公司无法以总承包商身份承揽项目，为此，外国工程公司只能通过具有"代理"角色的总承包商来承揽项目，如上文提及的中东地区的某些阿拉伯国家的法律要求。

三、国际工程代理的主要工作

如上文所述，我国国际工程界所称的"国际工程代理"并不是一个严格意义上的法律概念，因此，国际工程代理从事的工作也就不限于法律上关于代理定义的范围。实践中，国际工程代理从事的所谓"代理"工作往往非常广泛。结合上文提及的三类代理，笔者将国际工程代理的主要"代理"工作总结如下：

（1）在项目所在国的法律对外国公司在其境内作为总承包商存在法律障碍的情况下，充当符合项目所在国法律要求的"代理"总承包商。

（2）在项目所在国法律对外国公司就其承揽的项目进口货物或设备存在法律障碍时，作为外国公司的进口或销售代理商。

（3）向外国工程公司提供一般咨询信息的服务，包括提供项目采购信息、项目具体信息，协助参加资格预审和获取招标文件、提供当地法律、规章制度和风俗习惯等方面的咨询服务、提供一般商业信息，如当地物价、场地、材料、劳动力市场行情等。

（4）协助外国工程公司办理相关服务，包括协助办理出入境签证、劳动许可、居留证、驾驶执照等证件手续；协助办理机械、设备和材料的进出口许可证和海关手续；协助承包商租用当地土地、房屋和机械设备等。

（5）协助外国工程公司与各方进行沟通协调，包括与业主、政府及公众等关系的协调和沟通，在项目前期开发、采购、合同履行、索赔和争议处理中提供有价值的信息和协助等。

四、国际工程代理的常见类型

本节上文提及根据不同的标准，代理可以分为不同类型。在国际工程代理的实践中，笔者认为最常见也是最重要的分类是：一般代理、独家代理和排他性代理，具体如下：

国际工程项目一般代理（Common Agent）：该类型代理是指代理人按代理协议的约定就国际工程项目的某些事项进行代理，但该种代理并不限制被代理人自己从事该代理事项以及再委托第三人从事该代理事项。

国际工程项目独家代理（Sole Agent）：该类型代理是指代理人对代理协议项下的代理事项具有独家代理权。一般情况下，被代理人不得再委托第三人从事该代理事项，但不排除被代理人自己从事该事项。

国际工程项目的排他性代理（Exclusive Agent）：该类型代理是指代理人对国际工程项目代理协议项下的代理事项具有排他性的代理权。一般情况下，被代理人不仅不能再委托第三人从事代理事项，自己也不能从事该代理事项。

需要注意的是，尽管上文陈述了国际工程项目独家代理（Sole Agent）和国际工程项目排他性代理（Exclusive Agent）的大体含义，但两者有时存在不同的理解，两者的含义存在混淆或不确定性，例如：West's Encyclopedia of American Law，Edition 2 对排他性代理（Exclusive Agency）的定义如下：

"Grant to an agent of exclusive right to sell within a particular market or area. A contract to give an exclusive agency to deal with property is ordinarily interpreted as not precluding competition by the principal generally, but only as precluding him or her from appointing another agent to accomplish the result. The grant of an exclusive agency to sell, that is, the exclusive right to sell the products of a wholesaler in a specified territory, ordinarily is interpreted as precluding competition in any form within the designated area."❶

因此，考虑到对何为独家代理和排他性代理在理解上存在不同，笔者建议在具体的代理合同中详细约定代理的类型，防止代理合同契约方因对独家代理和排他性代理的不同理解而产生争议。

第二节　国际工程代理合同主要契约事项解析

国际工程代理合同是国际工程代理人与被代理人之间最重要的法律或契约文件，该协议直接决定着代理人与被代理人之间的权利、义务和责任。因此，对于国际工程代理合同的契约方来说，如何签订一份反映契约方真实意思表示的代理协议至关重要。笔者基于处理国际工程代理的争议和非争议的经验，从被代理人角度，总结和归纳了国际工程代理合同中的主要契约事项并对此进行解析。

一、代理人资格和业绩

被代理人之所以选择特定主体做代理人，是因为看重了该主体具备做代理人的资格，并拥有做代理的经验和资源，为此，在国际工程代理合同中需要特别明确代理人所拥有的这些资格、经验和资源，常见的做法是在国际工程代理合同的背景条款（Whereas）或陈述条款（Representation 或 Statement）对以下事项作出明确表述：

（1）代理人拥有项目所在国法律对从事"代理"所具有的资格或资质。如本章上文所述，有些国家尤其是中东地区的阿拉伯国家往往对作为代理的资格作出了明确的法律规

---

❶ 参考译文：排他性代理是指授予代理人在特定市场或区域排他性销售的权利。对于处理资产（property）的排他性代理合同一般被解读为并不排除委托然自己的销售行为，只是排除委托人另行指定其他代理。对于在特定区域批发销售（wholesale）的独家代理权一般被解读为排除在该指定区域所采取的任何竞争方式。

定,如自然人作为代理应当拥有的国籍、公司作为代理的注册地要求,股东国籍要求等。尤其是国际工程代理合同中若出现某代理人的代理范围涉及了多个国家或地区的情况下,更应当注意其代理的资格或资质。

(2) 代理人对于拟代理事项所具有的经验和资源。拥有与拟代理事项有关的丰富经验(如之前的代理先例、对拟代理事项的熟悉程度)、广泛资源(如社会关系)和社会地位是代理能否成功实施代理行为的重要因素,也是被代理人选择其作为代理人最看重的因素,因此,国际工程代理合同中应当对此做详细和重点约定。

二、代理类型

代理类型是国际工程代理合同的核心事项,是代理契约双方均重点关注的契约事宜。从被代理人的角度来说,除非他对特定主体的综合实力极其信任,否则一般不会给予特定主体"独家"代理或"排他性"代理;从代理人角度来说,为了防止其他代理主体与自己竞争,代理人一般尽力要求对代理事项拥有独家代理的权利。本章第一节对代理类别或类型已经做了阐释,在此不予赘述。

三、代理区域

国际工程代理中的代理区域一般是指代理人对工程项目从事代理行为的区域。国际工程代理采用区域代理方式的代理协议需要清楚明了地约定代理人的代理区域,防止代理人主张有权代理该特定区域外的工程项目。国际工程代理中常见的区域代理一般对区域的划分为:以某个或数个省为代理区域、以某国为代理区域或以地区为区域如海湾地区、北非地区、拉丁美洲地区等。

四、代理权限

国际工程代理合同中的代理权限与代理类型存在紧密的关系,但两者也存在很大的不同。国际工程代理合同的代理权限主要处理代理人有权以被代理人名义承担法律后果而实施的行为和无权实施的行为,如代理人是否有权以被代理人的名义与特定主体进行沟通。因此,国际工程代理合同最好从两方面明确约定代理人的代理权限:一方面是从正面明确代理人应当实施的行为;另一方面是从反面明确代理人禁止实施的行为。

五、代理的阶段

国际工程项目的实施分为数个阶段,常见的阶段为:项目前期开发阶段、项目采购阶段、工程合同谈判阶段、工程合同签订到竣工阶段以及工程合同结算阶段等。相应地,完善的国际工程代理合同也应当充分考虑不同阶段的代理以及相应阶段的代理工作安排。

六、代理的期限

代理期限是国际工程代理合同中的必备条款，尤其是针对国际工程项目前期开发阶段的代理。被代理人应当根据对代理人的认知和代理的阶段确定合理的代理期限。例如项目前期开发阶段的代理，常见的设置代理期限的做法为：约定特定时限内代理人协助被代理人取得工程项目，否则被代理人有权解除代理协议。

七、代理的竞业禁止

为避免代理人与其他主体签订类似或相同的协议而损害被代理人的利益，代理协议中需要明确约定竞业禁止安排：代理人不得向与被代理人存在竞争或潜在竞争关系的任何第三方提供代理协议项下的全部或部分服务并明确约定违反竞业禁止条款时的违约金安排，例如，约定每违反一次违约金的数额以及解除代理合同等法律后果。

八、代理费计算和支付

国际工程的代理费的确定取决于多种因素，如拟代理的工程项目的规模、代理的社会地位和经验、代理需要利用的社会资源等等，常见的代理费数额确定存在以下三种做法：

（1）按照拟代理的工程合同金额的比例确定代理费，如工程合同签约金额的某个百分比。

（2）按照固定的数额作为代理费，如拟代理项目中标后，被代理人支付特定数额的代理费。

（3）按照固定代理费和工程合同金额比例相结合的方式确定代理费。

在国际工程代理实践中，第一种和第二种代理费确定方式比较常见。

与国际工程代理费的确定方式类似，国际工程代理费的支付存在以下三种常见的方式：

（1）工程合同签订后被代理人支付固定金额的代理费。这类支付方式一般用于金额较小的工程项目。

（2）工程合同签订后被代理人先支付一定比例的代理费，剩余部分随工程进度款进行支付。

（3）被代理人每收到一笔工程款，向代理人支付特定比例或金额的代理人。

目前国际工程代理实践中，对于规模大的工程项目，第二种和第三种代理费支付方式较为常见。对于代理费的支付条件，最常见的方式为"Pay-if-Paid"或"Pay-when-Paid"方式。这种方式对于被代理人较为有利，可以很大程度上提高代理人实施代理行为的积极性，更好地为代理人提供代理服务。

九、代理过程中的费用支出承担

对于代理人在实施代理行为过程中的实际支出的承担，需要在国际工程代理合同中做出明确约定。对该部分费用，国际工程代理实践中常见的方式有三种：

（1）代理人自行承担实施代理行为所实际支出的费用。这种费用承担方式最常见于项目前期开发阶段，代理人的所有实际支出均已经包含在代理费中，被代理人不负责这些实际支出。

（2）被代理人实报实销代理人在实施代理行为过程中的合理费用。这种费用承担方式的适用前提是被代理人对代理人存在充分的信任，同时对何为"合理费用"在代理协议中做出了明确和详细的约定。

（3）被代理人仅仅承担特定数额范围内的实际支出费用，如在国际工程代理合同中明确安排：被代理人仅仅负责承担不超过特定数额的合理实际支出，超出部分由代理人自行承担。

十、转代理

由于国际工程代理存在极强的"属人"特性，因此，从被代理人角度来说，在国际工程代理合同中应当明确约定代理人在未经被代理人提前书面同意的情况下，不得实施转代理。

十一、禁止贿赂

国际工程代理实践中，代理人为了获得代理费有时采取非正常手段（如贿赂或腐败行为）收集信息或促使被代理人获得项目的方式，但这些手段一旦被发现，则会使得被代理人面临工程合同被解除或无效的风险，因此，国际工程代理合同中应当明确约定：禁止代理人采用贿赂等不正当手段实施代理行为。

十二、代理合同的解除和终止

国际工程代理合同的解除可以分为两类：一类是被代理人可以不以任何理由解除合同（Optional Termination 或 Termination for Convenience）；一类是被代理人或代理人因另一方违反代理协议而解除合同。国际工程协议中应当做出明确约定解除后的补偿或赔偿机制。

除了因解除而终止的情况之外，国际工程代理合同的终止一般包括拟代理的项目已经授予其他方、代理期限已经届满、代理工作已经结束或双方一致同意解除代理协议等。

需要注意的是，有些国家如中东地区的阿拉伯国家对于已经解除或终止的代理协议，需要到代理协议的注册或备案机构进行注销。对于这类代理协议，需要被代理人和代理人明确代理人实施注销的契约义务。

十三、管辖法律和争端解决

被代理人和代理人在确定国际工程代理的合同管辖法律时存在以下两种情况：

(1) 选择被代理人和代理人之外的第三国或地区的法律作为管辖法律，例如选择中立且法律体系较为成熟国家和地区的法律，如英格兰及威尔士法律、新加坡法律或中国香港法律。

(2) 适用代理人所在地的法律。从国际工程代理实践来看，该种情况一般仅适用于代理人所在国对国际工程代理合同的管辖法律存在强制性规定时，如本章第三节提及的一些国家或地区。

就国际工程代理合同的争端解决来说，一般的做法是选择代理人所在国或地区之外的国际争端解决机构作为争端解决机构，而且争端解决的方式采用国际仲裁的为多。我国的国际工程承包商与其代理的代理合同中常见的争端解决倾向性选择的机构为国际商会国际仲裁院（International Arbitration Court of International Chamber of Commerce）、伦敦国际仲裁院（London Court of International Arbitration）、新加坡国际仲裁中心（Singapore International Arbitration Center，SIAC）、迪拜国际仲裁中心（Dubai International Arbitration Centre）、中国香港国际仲裁中心（Hong Kong International Arbitration Center，HKIAC）以及中国国际经济贸易仲裁委员会（CIETAC）等。

第三节 国际工程代理的法律调查

国际工程代理的实践证明，良好的代理能够给被代理人带来事半功倍的效果，相反，如果遇到不好的代理，不仅无法起到代理的作用，还会导致被代理人遭受重大损失。因此，在确定具体的代理人之前，对拟选聘的代理进行充分的法律调查非常必要，本节介绍对国际工程代理进行法律调查的重点内容，尤其是对特定地区的代理。

一、国际工程代理法律调查的重点内容

根据笔者处理国际工程代理的经验，笔者认为国际工程代理法律调查的重点内容主要包括以下六点：

(1) 代理商的资格。虽然世界上很多国家的法律并没有规定从事代理需要具备法律上的资格，但也存在有些国家或地区的法律对从事代理设置了资格或条件，如中东的某些国家。因此，被代理人对代理人做法律调查时，应当首先调查拟选代理人是否具备项目所在国法律规定的资格。

(2) 适用法律对代理合同的形式的要求。这类要求往往存在于那些对代理资格或条件作出法律规定的国家或地区。为了防止签订的代理合同因违反适用法律而无效，被代理人和代理人在确定代理合同时应遵守适用法律的要求。

(3) 代理合同是否需要到相关机构进行注册。这类要求往往也存在于那些对代理资格或条件作出法律规定的国家或地区。这些国家或地区为了维护代理的秩序，一般通过法律的形式明确规定，代理合同需要在签订后特定时限内到相关机构进行注册或备案。

（4）代理合同的解除或终止是否存在特殊法律规定。有些国家为了保护本国的代理人利益，通过立法的方式限制被代理人解除代理合同，或者即使可以解除，但需要向代理人支付较高的补偿费。

（5）代理合同管辖法律的特殊法律规定。如拟代理的项目所在国是否要求代理合同的管辖法律必须为项目所在国法律。

（6）代理合同对于争议解决的特殊法律规定。如拟代理的项目所在国是否要求代理合同的争议必须由项目所在国的主管机构、项目所在国的法院或仲裁机构进行解决。

二、特定国家对国际工程代理的特殊法律规定

中东地区的一些阿拉伯国家对代理做出了很多特殊的法律规定，笔者在此做简要例举和解析。

（一）代理人资格法律规定

就代理人的资格，要重点关注项目所在国家的法律是否对代理人的国籍、代理人是否存在犯罪、代理人是否被认定破产等这些方面有要求。

根据《阿联酋代理法》第 2 条❶的规定，代理人必须为阿联酋国籍称或者阿联酋人全部控股的阿联酋公司。

根据《巴林商业代理法》第 14 条❷的规定，若代理人为自然人，那么需要满足的前提条件是：首先，其应当具有巴林国籍；其次，其不存在任何限制其自由的任何重罪的前科或者不存在任何经济类的犯罪，除非被撤销；最后其不应被判令为破产，除非已经恢复情况。如果代理人为公司，需要满足以下条件：首先，其应当根据适用的法律法规有效的成立；其次，其进行的商业活动应当是此法第一条中规定的活动；最后，巴林人在此公司拥有的资本比例不得少于 51% 且其总部应当在巴林。

《阿曼商业代理法》第 3 条规定，如果代理人为个人，那么应当满足以下条件：首先，其应具有阿曼国籍且住所位于阿曼；其次，其应满 18 岁；再次，其应当在商业注册处进行注册且为阿曼工商会的成员；最后，不能被判定破产或者存在欺诈或者投机或者任何其他犯罪，除非被撤销此种判定。若代理人为公司，则需要满足以下条件：首先，应当在商业注册处进行注册且总部位于阿曼；其次，阿曼人在公司拥有的资本不得少于 51%；最

---

❶ Practice of trade agency functions inside the State shall be limited to national individuals or national companies totally owned by nationals.

❷ (a) An individual applicant shall, where he is a natural person, comply with the following:
1. He shall be a Bahraini national;
2. He shall not have been convicted for any felony limiting his freedom for a crime affecting his honour or integrity or for any crime against the economy unless he has been reinstated;
3. He shall not have been adjudicated bankrupt unless he has been reinstated.
(b) if the applicant is a company, the following conditions shall be fulfilled:
1. It should have been validly incorporated in accordance with the applicable rules and regulations.
2. Its activities shall include carrying on all or some of the business activities stated in article 1 of this law.
3. The percentage of capital owned by Bahrainis shall not be less then 51% and its head office shall be in Bahrain.

后，公司从事进口贸易和商业代理的业务。

(二) 代理协议的形式

代理协议是约定代理人和被代理人之间权利义务的最重要的文件，通常情况下，代理人与被代理人会就代理事项进行约定，从而形成代理协议。为了保护双方的权利，很多国家法律就代理协议进行了一系列的规制。就代理协议的形式，要明确项目所在国的法律是否要求代理协议需要书面的形式。《阿联酋代理法》第4条❶明确约定，代理协议需要以书面的形式。

(三) 代理协议的注册

代理协议的注册也是需要重点关注的问题，一些国家的法律强制性的要求代理协议进行注册，如果不注册可能会导致代理协议的无效等问题。

根据《巴林商业代理法》第13条❷的规定，商业代理协议或者对他的任何修订都应在商业代理注册处进行注册。若未进行注册，此份协议将不会被认可也不会被审理。第16条❸规定，代理协议应当从代理协议第一次注册或者最新更新之日满两年后的2个月内进行更新。

根据《阿曼商业代理法》的规定，代理协议必须在工商部进行注册才能生效。注册人必须为在 MOCI 注册过的代理人。代理协议只有在根据 CAL 条款的规定，从注册之日起才能被认为有效。未注册的代理协议在阿曼法下将不会被认可，且代理人和被代理人在代理协议未被注册的情况下从事代理业务时，都有可能面临罚款。

(四) 代理的范围

有些国家的法律直接对代理的范围进行了规定，例如阿联酋代理法第5条❹规定，被代理人在阿联酋的一个酋长国里，只被允许有一个代理人。

(五) 代理的终止

对于代理的终止，尽管不同国家对代理的终止有不同的规定，但是目的都是为了保护代理行为，防止随意终止代理协议。

---

❶ For valid agency at the time of registration, the agent shall be directly bound with the principal by a written and notarized contract.

❷ (a) A commercial agency or any amendment thereof shall be registered in the Commercial Agencies Register maintained for this purpose at the Directorate of Commerce and Companies Affairs, Ministry of Commerce.
(b) Any unregistered agency shall not be recognized nor shall any action be heard in respect thereof.

❸ Renewal of an agency's registration shall take place within two months after the lapse of two years from the date of registering the agency for the first time or from the most recent renewal thereof.

❹ The Principal shall be allowed to have one agent in the state as a one territory one agent in each emirate, or in a number of emirates, provided that distribution of the relevant goods and services shall be restricted to the agency area.

根据《巴林商业代理法》第 8 条❶的规定,代理的终止是基于代理协议规定的固定期限的截止之日,除非有延续。如果任何一方希望在代理协议规定的固定代理期限前终止,那么除非双方同意,否则,代理不会被终止或者以其他人的名义再注册。被代理人在在约定的代理期限届满前终止代理的,代理人有权向被代理人要求赔偿。

根据《阿联酋代理法》第 8 条❷的规定,被代理人不能在没有适当的原因下终止代理协议或者暂停对代理协议的续签。

根据《阿曼商业代理法》的规定,代理协议的终止应当具有合理正当的理由,包括:代理人未能提高被代理人的产品的销售;代理人违反代理协议的规定,提高了被代理人竞争对手的产品;代理人未能达到约定的销售目标;代理人违法了代理协议的基本条款;款项未得到支付;分销商的破产或者所有权发生实质性的变更。

(六)争议解决的特殊规定

一般情况下,很多国家的法律都不会对就代理协议履行的争议解决做出限制,但是,有些国家会对代理协议的争议解决做出特殊规定。例如:根据阿联酋法律的规定❸,阿联酋的法院对代理协议有管辖权,且任何与此相反的规定都不会被认可。同时阿联酋的法律❹还规定了在法院解决争议之前,商业代理委员会先对争议进行解决。

---

❶ (a) An agency shall be terminated upon the expiry of its fixed term unless the two parties agree upon the renewal thereof. In case of disagreement, the Directorate of Commerce and Companies Affairs shall be empowered to strike off the agency or register it in the name of another trader who concludes an agreement with the principal.

(b) If either party wishes to terminate the agency contract prior to the expiry of its fixed term, the agency shall not be cancelled or registered in the name of another trader except with the mutual consent of the two parties.

(c) An agent shall, in case of the principal withdrawing a fixed term agency before the expiry of its term, be entitled to claim a compensation from the principal.

(d) Further, an agent shall, in case an agency is terminated due to the expiry of its term and in spite of any agreement to the contrary, have the right to claim a compensation from the principal if his business activities have resulted in an obvious success in promoting the principal's products or increasing the number of his customers but the latter has prevented him from gaining profit from such success owing to principals opposition to renew the agency contract.

❷ The principal shall not be entitled to terminate the agency contract, unless there is a valid reason for termination, regardless that the period of agency contract is fixed.

❸ MarinaFox, 2011 "COMMERCIAL AGENCY UNDER UAE COMMERCIAL AGENCY LAW", "the courts of the UAE shall be competent to consider any dispute arising from the performance of the contract between the principal and the agent, and any agreement to the contrary shall not be recognized". 资料来源:http://marinafox.com/articles/commercial_agency_under_uae_commercial_agency_law

❹ Pinsent Masons LLP, "2010 Amendments To The Commercial Agency Law", "the Committee shall be responsible for settling any dispute that may arise from or regarding any commercial agency registered with the Ministry. The litigants may not file any suit before the courts prior to presenting such dispute to the Commercial Agencies Committee which shall consider such dispute within no later than 60 days from the application to hear such dispute provided that such application contains all required documents. In order to execute its tasks, the Committee may seek help as it may consider fit."

第五章

国际工程承包合约法律实务

建造是国际工程项目呈现于世的基础环节。本章提及的国际工程建造是指国际工程项目的可行性研究、设计、采购、施工和缺陷修补阶段的建造过程。国际工程建造过程涉及各方面的法律与合约关系，其中最主要的法律与合约关系则为业主与承包人之间的承包契约关系。该契约关系具体表现为业主与承包人签订的国际工程建造承包合同。

国际工程建造承包合同的常见合同主要包括：项目前期咨询合同、设计合同、施工合同、劳务合同、设计供货合同（EP）、设计＋施工合同（DB）、设计＋采购＋施工合同（Engineering＋Procurement＋Construction）、EPC/Turnkey 合同（EPC/交钥匙合同）、设计＋建造＋运营合同（DBO）以及 EPCM 等等。

国际工程建造承包合同的特点使之成为国际商事类合同中最为复杂的契约类型之一。国际工程建造承包合同的合同金额大，这使得在小额合同中无需关注的事项，因该类事项在国际工程建造承包合同所涉及的金额绝对值高而需要缔约方予以关注；国际工程建造承包合同的履约周期长，这使得缔约方之间合作不顺或履约受外部环境变化影响的概率增加；国际工程建造承包合同所涉界面复杂，这使得合同缔约和履行会受到方方面面的影响或牵制，处理不当，则会对缔约方产生影响；国际工程建造承包合同所关联的主体众多，如不同国家的政府机构、融资方、投资方、业主、承包方、个人等，这使得国际工程承包合同的实施会影响到多个主体的利益。

长期以来，如何更好地起草、谈判、履行和管理国际工程承包合同一直是国际工程项目参与主体高度关注的事宜。鉴于本书其他章节已经涵盖国际工程承包合同中的一些事宜，对这些事宜，本章不予赘述。因此，本章仅针对国际工程总承包合同中的 20 个重大事项，并从法律、合约和管理的实务角度予以阐释。

第一节　工程承包合同主体

任何国际商事活动中，只要涉及订立合约，缔约方应当首先重点关注的即是合同当事人。在国际工程承包领域，参与主体存在特殊性和多样性，需要对国际工程合同当事人的相关事宜给予高度关注。本节主要围绕国际工程合同当事人需要特别注意的数个方面进行阐述。

一、合同当事人类型

与一般的国际商事合同不同，国际工程合同的参与主体往往比较多，具有主体多样性特点，常见的国际工程合同主体如下：

（一）国际工程项目开发人

项目的开发人往往又被称为"业主"（Owner）、"雇主"（Employer）、"发包人"等，一般具有项目的所有权或运营权，经常以公司（或特殊目的公司）的身份出现在国际工程承包合同之中。

（二）国际工程项目投资人

国际工程项目的投资人（Sponsor）一般是指对拟实施的国际工程项目提供资金的主体，经常是作为业主的股东出现。早期国际工程项目投资人一般与项目开发人为同一主体，但随着国际工程项目的开发和运作通过项目融资（如 PPP、PFI 或 BOT 等）等方式实施，这类国际工程项目中投资人与开发人一般为不同的主体。

（三）国际工程项目承包人

承包人主要是指提供工程用设施、设备、材料和服务的法人或自然人。在国际工程领域，承包人主要是由工程公司组成。根据不同的分类标准，承包人可以分为不同的类型。常见的分类是将承包人分为：设备或材料供应商、施工承包商或分包商、设计＋建造（DB）承包商、设计＋采购＋施工（EPC）承包商和设计＋建造＋运营（DBO）承包商等。

（四）国际工程项目设计人

工程项目设计人一般是指设计师（Architect/Designer），其主要功能是为工程项目提供设计，如可研设计（Feasibility Study Design）、概念或方案设计（Conceptual Design）、FEED（Front End Engineering Design）、初步设计或基础设计（Preliminary Design）、详细设计（Detailed Design）或施工图设计（Construction Drawing）。国际工程项目设计人一般以设计院、设计公司或设计事务所身份参与项目设计。

（五）国际工程项目工程师或监理或项目管理公司

国际工程项目中的工程师（Engineer）或监理（Supervisor）或项目管理公司（Project Management Company）由业主聘请，在授权范围内代表业主或协助业主管理工程项目。国际工程项目工程师或监理一般为工程咨询公司或监理公司。

二、合同当事人的资格

合同当事人的资格或资质（Qualification）是指作为合同当事人的各方是否有权作为适格的主体签订和履行国际工程合同。世界上几乎任何国家都对工程参与方的资格做出法律或政策上规定。相应地，作为国际工程合同当事人只有在满足法律或政策上的规定后才能成为适格的主体。

国际工程项目的开发人作为适格主体是指其具备作为开发人的资格。根据开发人的性质不同，可以分为两种情况：作为具有公权力性质的业主，有权或已经获得授权作为开发人实施该项目，有权与缔约另一方签订工程合同；作为非公权力性质的业主，开发人在特定国家开发该特定领域的工程项目符合项目所在国的法律要求，已经获得了项目所在国对于开发特定领域工程项目的批准或许可。

国际工程项目投资人作为适格主体主要在于其投资的特定领域工程项目满足项目所在国的法律要求，满足投资人属人国关于其对外投资的法律要求。

国际工程项目承包人、设计人、工程师及监理作为适格主体主要涉及两方面内容：一方面是此类主体在项目所在国承包工程满足项目所在国关于资格或资质的相应法律要求；另一方面是来自项目所在国境外的此类主体满足其注册地国家或地区关于其资格或资质的相应要求。

此外，国际制裁（如联合国的制裁）或国家间的抵制也会涉及合同当事人是否适格的问题产生，如联合国制裁的国家，再如在阿拉伯世界从事工程项目，工程所涉设备、设施、材料或劳务的原产地不得为以色列。

国际工程项目的合同当事方是否为适格主体具有重大的法律意义，因为合同当事方的不适格可能导致国际工程合同无效、被撤销或面临不利的法律责任。有鉴于此，国际工程项目的合同当事方在缔约之前，应当谨慎调查缔约另一方的相关资格或资质，以免遭受不利法律后果，造成重大经济损失。

三、项目合同当事人签约主体的一致性

国际工程项目的开发和谈判周期一般较长，这使得项目前期的参与主体经常与后期的签约主体不一致。以国际工程项目开发人为例，在项目前期开发阶段，开发主体可能是国际工程项目的投资人，而非国际工程项目的开发人，但在项目开发阶段，国际工程承包人可能就已经与国际工程投资人保持接触。国际工程承包人的目的是与国际工程项目投资人签订国际工程承包合同，因为国际工程承包人认可国际工程投资人，但到项目开发后期甚至在签订国际工程承包合同时，才意识到签约主体不是前期的国际工程项目投资人而是国

际工程项目的开发人，而后者是国际工程投资人为了开发和实施该项目而专门成立的特殊目的公司（Special Purpose Vehicle）。如笔者经历的一个项目，就出现了上述签约主体事宜：中国一家公司在巴基斯坦承揽一个 LNG 项目，该公司就该项目前期和谈判阶段接触的"业主"是巴基斯坦当地一家实力雄厚的公司，中国的这家承包商也一致认为业主是这家公司，但合同内容确定后，当第二天签约时，承包商发现合同中署名的业主并不是该当地公司，而是该当地公司为实施该项目刚刚设立的特殊目的公司。

国际工程项目合同当事人签约主体不一致的情况经常发生在国际工程融资类项目中。国际工程融资类项目的前期往往是国际工程投资人负责启动或推动项目。当项目成熟时，则会设立特殊目的项目公司，以项目公司的名义与国际工程承包人、设计人、工程师或监理签订各种工程类合同。

从国际工程承包人的角度出发，其应当考虑特殊目的公司作为业主或开发人是否具有相应的履约能力或支付能力。如果不具有上述能力，应当要求相应的担保安排。同样，在国际工程中，前期参与的国际工程承包人有时也可能不是后期签订国际工程合同的承包人，如前期承包人的子公司作为最终的签约主体。同理，从国际工程开发人角度出发，其应当考虑该子公司的履约能力和责任承担能力。如果需要的话，应当要求该子公司提供相应的担保安排。

四、合同缔约主体的合同转让权

合同转让一般是指合同当事人一方将其合同项下的权利义务，全部或者部分转让给第三人，即在不改变合同内容的前提下，使合同的权利主体或者义务主体发生变动。合同转让的相关法律问题在很多法律类文献中比比皆是，此处不再赘述。

对于国际工程合同当事人来讲，特别需要注意的是合同转让的重要法律后果：除非在转让合同中做出例外约定，一旦合同转让，合同原缔约主体将退出原合同，原合同缔约主体的责任和义务将由受让人承担。

在国际工程实践中，国际工程承包合同中往往存在合同转让条款，英文名称多冠以"Assignment"、"Transferring"或"Novation"等措辞，常见的条款如下：

某伊朗项目 EPC 合同中的合同转让条款：

OWNER may assign the CONTRACT in whole or in part to any of its AFFILIATES or any subsidiary of the foregoing and/or to any other organization provided that the assignee shall accept the obligations of OWNER under the CONTRACT. ❶

从国际工程承包人的立场出发，如果国际工程承包合同中存在国际工程开发人不经承包人同意即可以将合同项下的责任和义务转让给第三人的权利的约定，这对国际工程承包人是一种潜在的重大法律风险，因为在出现特定情形时，业主可以利用此条款实现"金蝉脱壳"，不再继续承担其对承包人的义务和责任，而当承包人去追究受让人时，可能发现受让人根本没有责任承担能力。

---

❶ 参考译文："业主可以将本合同的全部或部分转让给其附属的公司、子公司或任何其他组织，前提是受让人接受本合同项下的业主义务。"

虽然合同转让存在风险，在某些国际工程项目中，为了满足融资的需要，合同转让条款必须兼顾到银行或其他金融机构，例如 FIDIC 合同条件的相关约定：

FIDIC 2017 版黄皮书第 1.7 款：

Neither Party shall assign the whole or any part of the Contract or any benefit or interest in or under the Contract. However, either Party:

(a) may assign the whole or any part with the prior agreement of the other Party, at the sole discretion of such other Party; and

(b) may, as security in favour of a bank or financial institution, assign its right to any moneys due, or to become due, under the Contract without the prior agreement of the other Party. ❶

五、合同当事人的国家主权豁免

国际工程多为大型基础设施，参与主体尤其是国际工程开发人或投资人多为具有公权力的政府机构或带有公权力性质的企事业组织，往往会涉及国家主权豁免法律问题。

国家主权豁免（Sovereign Immunity）源于罗马法的"平等者之间无管辖权"原则，每个国家都是平等的国际法主体，平等的主体之间没有管辖的关系，除非国家自己排除豁免。国家主权豁免通常是指国家的行为及其财产免受他国的管辖，包括他国的立法、行政及司法管辖的豁免。

实践中，国家主权豁免主要表现在司法豁免方面，其中包括：一国不对外国的国家行为和财产进行管辖；一国的国内法院非经外国同意，不受理以外国国家作为被告或外国国家行为作为诉由的诉讼，也不对外国国家的代表或国家财产采取司法执行措施。因此，在这个意义上，主权豁免又经常被称为国家的司法豁免权。❷

司法管辖豁免是指未经他国同意，不得在他国将国家作为被告，不得将国家的财产作为诉讼标的在外国法院起诉。国家通过明示或默示的方式放弃司法管辖豁免，并不意味着同时放弃诉讼程序豁免和执行豁免，后者是指对国家所有的财产不能在另一国法院采取诉讼保全措施和强制执行措施。❸ 简言之，即使诉讼或者仲裁胜诉，在执行阶段因为享有国家主权豁免权也将无法得到执行。

主权豁免可分为绝对豁免和相对（限制）豁免：绝对豁免是指国家所有的行为都享有豁免权，属于公共职权的实施；相对限制豁免或限制豁免则区分为管理行为和商业行为，后者属于商业性行为，不享受豁免。❹ 19 世纪前国际贸易并不发达，多数国家坚持主权国

---

❶ 参考译文："任何一方都不得转让全部或部分合同，或者转让合同项下的权益或利益，但一方：（a）经另一方的事先同意可以转让全部或部分合同，但另一方对此拥有完全的裁量权，以及；（b）未经另一方的事先同意，以银行或者金融机构为受益人作担保，可以将依据合同享有的任何到期或将要到期的金钱权益进行转让。"

❷ 《联合国国家及其财产管辖豁免公约》（2004）

❸ 段洁龙. 中国国际法实践与案例. 北京：法律出版社，2011：1.

❹ 何志鹏. 主权豁免的中国立场. 政法论坛，2015，3

家享有不受别国法院管辖的绝对豁免权。随着国际经济合作的日渐频繁，包括美国在内的一些西方国家的立场由绝对豁免逐渐转变为限制豁免。

从国际工程承包商的角度出发，为了防止国际工程投资人或开发人利用国家主权豁免作为免责盾牌，国际工程承包人在缔约时，应当清楚了解国际工程投资人或开发人是否享有国家主权豁免权。如果投资人或开发人享有国家主权豁免权，则承包商需要进一步确定是否可以通过签订合同的方式放弃其国家主权豁免权，以及放弃国家主权豁免权是否需要特定的程序。

作为一般性做法，如果国际工程开发人或投资人为具有公权力的政府机构或带有公权力性质的企业主体，对于国际工程承包人来说，应当要求国际工程投资人或开发人在国际工程合同中明确约定放弃国家主权豁免，如以下例子：

例一：

To the extent that any Party hereto (including assignees of any Party's rights or obligations under this Agreement) may be entitled, in any jurisdiction, to claim sovereign immunity from any liability or from service of process, from suit, from the jurisdiction of any court, from attachment prior to judgment, from attachment in aid of execution of an arbitral award or judgment (interlocutory or final), or from any other legal process, and to the extent that, in any such jurisdiction there may be attributed such a sovereign immunity (whether claimed or not), each Party hereto hereby irrevocably agrees not to claim, and hereby irrevocably waives, such sovereign immunity with respect to any claim or suit by a Party against any other Party or other exercise of remedies by a Party against any other Party arising pursuant to this Agreement or the agreements contemplated hereby. ❶

例二：

本合同双方在本合同项下的权利和义务是商业性质的，不具有任何政府性质。任何一方对自身或其财产享有主权豁免权的，应在所有司法管辖下最大限度且无条件地放弃该豁免权，包括但不限于：

（1）根据本合同及其相关的任何文件所发起的专家决定、调解、仲裁程序或诉讼程序；

（2）为推动根据本合同及其相关的任何文件所发起的专家决定、调解、仲裁程序或诉讼程序而进行的司法程序、行政程序或其他程序，以及；

（3）为确定、实施或执行根据本合同及其相关的任何文件所发起的专家决定、调解、仲裁程序、司法程序或行政程序而产生的任何决定、和解、裁决、判决、送达、执行令。

第二节 工程承包合同效力

国际工程承包合同的效力问题是至关重要的法律问题。除非存在特殊情况，国际工程

---

❶ 参考译文："如果本合同任何一方（包括根据本合同受让任何一方权利或义务的受让人）有权在任何司法管辖下就任何责任、传票送达、诉讼、任何法院的管辖、判决前的扣押、执行仲裁裁决或判决（中间的或最终的）的扣押、任何其他法律程序主张主权豁免，以及如果在任何司法管辖下拥有主权豁免（无论是否主张），则一方根据本合同或者本合同基础上达成的协议，无条件的同意不主张并放弃针对另一方的救济时采用主权豁免。"

承包合同的缔约方均希望所签订的承包合同为一份具有法律约束力的契约。如果合同的法律效力存在瑕疵或处理不当，则不管是对业主还是对承包商来说，都可能会面临严重的损失或无法实现其缔约预期。

一、合同是否为有效合同

国际工程承包实践中，导致承包合同出现效力问题的常见情形如下：

第一，缔约主体不适格。如本章第一节所述，法律对工程合同的缔约主体往往会存在强制性要求。如果工程承包合同的缔约主体不满足法律对其资格或资质的要求，那么该承包合同即面临无效的风险。

第二，承包合同缔约过程违反适用法律的强制性规定。工程项目一般会涉及到公众利益或其资金来源来自财政资金，因此，工程项目所在国往往对工程承包合同的缔结存在法律上的强制性要求，其中最常见的要求是工程承包合同的缔结是否遵守了项目所在国法律对该工程项目所规定的采购方式，如是否遵守了国际公开招标的法律要求以及招标的过程是否符合法律要求。

二、合同的生效是否附条件

国际工程承包合同的生效可以分为两种：一种是合同签字即生效；另一种是合同的生效需要满足生效条件，只有生效条件成就时，合同才生效。第一种生效的情况比较简单也比较普遍，例如：

"The Contract shall come into full force on the date of signature by both Parties"❶。

第二种生效的情况在国际工程领域也比较常见，又可以分为两种情形：第一种情形是，业主和承包人在承包合同中明确约定承包合同生效的条件，例如：

"The Contract shall come into full force upon all the following conditions （"Conditions Precedent"） have been fulfilled：——"❷

另一种情形是，项目所在国的法律明确规定承包合同需要满足特定法定条件才能生效或付诸实施，如需要经过特定机构的批准或在特定机构完成注册，例如：在一些中亚国家，合同签订并不意味着合同当然可以付诸实施或生效，还需要得到项目所在国的相关国家部门进行注册。

对于附生效条件的承包合同，承包人尤其是我国的承包商应当予以高度关注，在承包合同签订后要适当把控项目前期的准备工作的实施进度，以防止承包合同最终未生效导致前期投入的人力和物力缺乏合同依据。

三、合同的特定约定是否有效

国际工程承包合同的缔结一般也遵循商事契约领域的"缔约自由（Freedom of Con-

---

❶ 参考译文："本合同自签字之日起生效。"
❷ 中文翻译："本合同在满足以下全部条件（前提条件）时才生效。"

tract")❶，但如果承包合同约定的内容违反法律，该内容很可能不具有约束力。因此，国际工程承包合同的缔约方在签订合同时应当注意法律上不予支持的约定内容，防止合同期望无法实现。笔者举三个国际工程承包合同中常见的例子供参考：

例一：《中华人民共和国合同法》第五十三条规定：合同中的下列免责条款无效：（一）造成对方人身伤害的；（二）因故意或者重大过失造成对方财产损失的。如果承包合同中所约定的免责内容属于此处无效的情况，则承包合同主体的合同预期将会落空。

例二：国际工程承包合同中常见的索赔时限的约定在特定国家法下往往不予支持或认可。如 FIDIC 合同条件（2017）第 20.1 款❷约定的"28 天的索赔通知发出时限"。对于合同中约定的这类索赔时限，英美法一般认可其法律效力，但在有些国家则对此不予认可，如中东地区的某些阿拉伯国家的法律对此不予认可。

例三：承包合同中约定的款项延期支付利息或罚息不具有法律约束力。在伊斯兰法下，利息或基于款项延迟支付而产生的罚息约定无效❸。

第三节　合同中的法律变化机制

大型工程项目具有金额大、工期长、涉及领域广泛的特点，尤其是我国工程公司开展业务的国家或地区集中在发展中国家地区，这些国家或地区在法律方面也处于发展变化之中，这就决定了参与工程承包的各方易于受社会各种可变因素的影响。为了减少工程参与各方无法控制或预期的风险，平衡工程参与各方的利益，确保工程按期保质完工，因此，在大型工程的承包合同中约定合理的法律变化机制非常重要。法律变化机制主要体现在国际工程承包合同的"法律变化"条款（Change in Law 或者 Change in Legislation）。本书第一章第一节对国际工程适用法律做了较为详细的阐释，本节在上述章节基础上详细阐释国

---

❶ 契约自由原则（Freedom of Contract），是近代民法的一项基本原则。近代意义上的"契约自由原则"，可以追溯到 1804 年颁布的《法国民法典》。

❷ 英文原文："l——, The claiming Party shall give a Notice to the other Party, describing the event or circumstance giving rise to the cost, loss, delay or extension of DNP for which the Claim is made as soon as practicable, and no later than 28 days after the claiming Party became aware, or should have become aware, of the event or circumstance. If the claiming Party fails to give a Notice of Claim within this period of 28 days, the claiming Party shall not be entitled to any additional payment, the Contract Price shall not be reduced (in the case of the Employer as the claiming Party), the Time for Completion (in the case of the Contractor as the claiming Party) shall not be extended, and the other Party shall be discharged from any liability in connection with the event or circumstance giving rise to the clam"

❸ 《古兰经》第 30 章第 39 节经文说："你们为吃利而放的债，欲在他人的财产中增加的，在真主那里，不会增加；你们所施的财物，欲得真主的喜悦，必得加倍的报酬。"《古兰经》第 2 章第 278 节经文说："信道的人们啊！如果你们真是信士，那么，你们当敬畏真主，当放弃赊欠的利息。"第 2 章第 275 至 276 节经文说："吃利息的人，要像中了魔的人一样，疯疯癫癫地站起来，这是因为他们说：'买卖恰象利息。'真主准许买卖，而禁止利息。奉到主的教训后，就遵守禁令的，得已往不咎，他的事归真主判决，再犯的人，是火狱的居民，他们将永居其中。真主褫夺利息，增加赈物，真主不喜爱一切孤恩的罪人。"《古兰经》第 3 章第 130 节经文说："信道的人们啊！你们不要吃重复加倍的利息，你们当敬畏真主，以便你们成功。"

际工程承包合同中所涉适用法律的主要事宜。

一、法律变化机制中的法律变化的情形

国际工程承包合同中约定的法律变化的情形存在各种不同。为了更好地阐释，笔者选择 FIDIC 银皮书《设计采购施工（EPC）/交钥匙工程合同条件》（1999 年第 1 版）第 13.7 款与中华人民共和国住房和城乡建设部 2011 年发布的《建设项目工程总承包合同示范文本（试行）》第 13.7 款为例予以说明。

例一：FIDIC 1999 版合同条件银皮书第 13.7 款 13.7 Adjustments for Changes in Legislation

The Contract Price shall be adjusted to take account of any increase or decrease in Cost resulting from a change in the Laws of the Country (including the introduction of new Laws and the repeal or modification of existing Laws) or in the judicial or official governmental interpretation of such Laws, made after the Base Date, which affect the Contractor in the performance of obligations under the Contract.

If the Contractor suffers (or will suffer) delay and/or incurs (or will incur) additional Cost as a result of these changes in the Laws or in such interpretations, made after the Base Date, the Contractor shall give notice to the Employer and shall be entitled subject to Sub-Clause 20.1 [Contractor's Claims] to:

(a) an extension of time for any such delay, if completion is or will be delayed, under Sub-Clause 8.4 [Extension of Time for Completion], and

(b) payment of any such Cost, which shall be added to the Contract Price.

After receiving this notice, he Employer shall proceed in accordance with Sub-Clause 3.5 [Determinations] to agree or determine these matters. ❶

例二：中华人民共和国住房和城乡建设部 2011 年发布的《建设项目工程总承包合同示范文本（试行）》第 13.7 款

在下述情况发生后 30 日内，合同双方均有权将调整合同价格的原因及调整金额，以书面形式通知对方或监理人。经发包人确认的合理金额，作为合同价格的调整金额，并在支付当期工程进度款时支付或扣减调整的金额。一方收到另一方通知后 15 日内不予确认，也未能提出修改意见的，视为已经同意该项价格的调整。合同价格调整包括以下情况：

---

❶ 参考译文："对于基准日期后工程所在国的法律有变化（包括颁布新的法律，废除或修改现有法律），或对此类法律的司法或政府解释有变化，影响承包商履行合同规定的义务的，合同价格应考虑由上述改变导致的任何费用的增加或减少进行调整。

如果由于基准日期后法律或此类法律的解释发生变化，使承包商已（或将）遭受延误和（或）已（或将）导致增加费用，承包商应向业主发出通知，并应有权根据第 20.1 款［承包商的索赔］的规定要求：

(a) 根据第 8.4 款［竣工时间的延长］的规定，如果竣工已（或）将受到延误，对任何此类延误给予延长期；

(b) 任何此类费用应记入合同价格，给予支付。

业主收到此类通知后，应按照第 3.5 款［确定］的要求，对这些事项进行确定或商定。"

(1) 合同签订后，因法律、国家政策和需遵守的行业规定发生变化，影响到合同价格增减的；

(2) 合同执行过程中，工程造价管理部门公布的价格调整，涉及承包人投入成本增减的；

基于以上两个例子，笔者认为国际工程承包合同中的法律变化机制需要注意以下两点：

1. 法律变化机制中的"法律"的范围

国际工程承包合同约定的法律变化机制的"法律"范围包括两个层面：

第一层面是："法律"是指哪个国家的法律。如本书第一章第一节所述，国际工程项目的适用法律涉及多个国家，因此，法律变化机制中约定的"法律"是指哪个国家或地区的法律。从FIDIC 1999版合同条件银皮书第13.7款可以看出，该条款中的"法律"是指工程所在国的法律。如果不对"法律"的国别进行界定，在执行该条款时，容易引起争议。在国际工程承包市场上，承包商往往会组成联合体，而且联合体往往由来自不同国家的承包商组成，在这种情况下，"法律"的国别会更多，从而也更复杂。

第二层面是："法律"的范围是什么，即哪些属于双方同意为"法律变化机制"中的"法律"。该层面又可以分为两点：第一点是颁布法律的机构层级；第二点是"法律"包括这些机构颁布的那些"法律"。为了避免争议，国家工程承包合同的缔约主体有必要明确双方共同认可的法律范畴。例如：FIDIC 2017版合同条件对"法律"的定义：

"Laws means all national (or state or provincial) legislation, statutes, acts, decrees, rules, ordinances, orders, treaties, international law and other laws, and regulations and by-laws of any legally constituted public authority."❶

从该定义可以看出，本定义中的"法律"是指全国或省或州一级机构颁布的法律，且属于"法律"的内容非常宽泛。与FIDIC银皮书相比，《工程总承包合同示范文本》没有对"法律"予以定义，但其13.7款对这类问题给予了约定，如"(1) 合同签订后，因法律、国家政策和需遵守的行业规定，影响合同价格；——"(2) "工程造价管理部门公布的价格调整——"。

2. 工程承包合同中"法律变化"的形式

与《工程总承包合同示范文本》13.7款相比，FIDIC银皮书2017版合同条件第13.7款在对"法律变化"的阐述方面更加具体。从上述两个条款可以看出"法律变化"的形式大体如下：新法的实施；原法律的废除；现有法律的修改；对现有法律的解释发生变化。需要注意的是：在大陆法系国家，由于大陆法系成文法的特点，"法律变化"的形式往往比较容易确定和知悉，而在普通法系国家，除了其成文法方面发生变化外，还可能存在与工程项目有关的案例解释发生变化，这种变化无论对业主还是对承包商来说，往往很难察觉，这就需要专业的法律机构提供协助。

二、法律变化机制中构成法律变化的条件

法律变化是一种普遍存在的法律现象。国际工程法律实践中，从工程承包角度，构成

---

❶ 参考译文："'法律'是指所有的国家性（或州或地方）的立法、条例、法令、法规、规则、规范、条约、国际法和其他法律，以及任何合法的公共机构的条例和细则。"

工程承包合同意义上的"法律变化"需要满足一定的条件，其主要条件有三个。

(1) 时间条件。在工程合同中引入"法律变化"条款的目的是减少工程各方无法控制或预见的风险，从而平衡工程参与各方的利益。因此，在约定该类条款时应该确定"法律变化"的时间界面。在实践中，通常有两种时间界面，一种是 FIDIC 系列合同范本中的"基准日期"，另一种是 2011 年发布的《建设项目工程总承包合同示范文本（试行）》第13.7 款中的"合同签订后"。上述两种情况适用于不同的工程发包方式，如果工程采取招标的方式，"基准日期"界定比较合理，因为这种界定考虑了承包商准备标书和提交标书后等待授标的时间；"合同签订时"界定适合于非招标项目，因为在合同签订之前，合同双方均有机会就合同谈判期间发生的法律变化与对方交涉。

(2) 因果关系。对于工程参与各方来说，要充分利用"法律变化"条款，证明"法律变化"与"后果"的关系是关键。不同的法律，其变化带来的影响不同。对于工程项目来讲，如果是单纯的项目强制性建筑标准，环保标准等与项目直接相关的法律发生变化，确定因果关系相对比较简单。但对于那些与工程项目实施没有非常明确关系的法律发生变化，而且该变化在一定程度上也影响工程的实施，这种情况下是否构成这里的"因果关系"，法律界和工程承包界都没有明确的定论。笔者所在的律师事务所曾代理过一起这样的案子。该案子是一家西欧国际承包商在东欧的一个国家承包了一项大型工程，工程实施期间，该东欧国家为了加入欧盟，对本国的法律进行改革。这种改革影响到该承包商的工程实施，致使其实施工程的成本增加，遂与业主就合同价格问题产生争议。在该案"因果关系"认定上，仲裁员采用西方国家认定因果关系的标准"remoteness"进行了裁定，最后裁定该国的法律改革与承包商实施工程成本的增加不存在"因果关系"。

(3) "法律变化"产生的结果。法律变化的结果往往导致合同价格的变化，导致合同价格变化的法律变化往往是项目所在国税或费等包括关税方面的法律、最低工资标准、工资标准，强制性建筑标准，环保标准等方面的法律发生变化。这类法律的变化将直接影响合同价格的增加或减少。在实践中，承包商往往对该变化会给予较大的注意，一旦法律变化导致合同实施成本的增加，承包商将根据合同约定就增加的成本向业主提出合同价格的调整。与承包商相比，业主往往对该条款注意不够，具体表现在即使法律发生变化，致使合同实施的成本降低，业主一般也不会向承包商提出降低合同价格的要求。

法律变化在一定情况下也会导致工程项目工期的延长或缩短。导致工期发生变化的法律往往是强制适用的工程建筑标准、环保标准发生变化、各种行政审批手续所用的期限缩短或延长。一般情况下，工程实施过程中，各种行政审批手续会较合同签订时简化，而强制适用的工程建筑标准和环保标准则往往会比合同签订时严格。对于后一种情况，承包商和业主都应该给予高度重视，因为若工程建筑标准和环保标准较合同签订时严格，不仅会增加合同价格，而且也往往会导致工期延长或承包商的巨额赶工费。

三、法律变化机制中的"法律变化"与"调价条款"的关系

在工程承包合同中，与"法律变化"导致合同价格上涨或下降容易产生交叉影响的另一个条款是"调价条款"。调价条款旨在就物价上涨或降低的情况在业主和承包商之间进

行风险的分担。

导致物价上涨或下降的原因很多，如自然条件的变化，项目所在国政治经济环境的变化，国际环境的变化等等，但有时也不乏是因为工程合同中约定的"法律"发生变化。为此，工程合同各方应注意以下两点：

（1）厘清物价上涨的原因。在确定物价上涨是，应分清导致物价上涨的原因，从而确定应该根据"法律变化条款"还是"调价条款"。

（2）避免重复索赔主张的发生。无论是"法律变化条款"还是"调价条款"，其存在的目的都是为了防止和同各方无法控制或与预期的损失，平衡各方的利益。因此，在发生物价上涨或下降时，承包商或业主应根据合同约定选择其相应的条款提出索赔，不可以在基于"法律变更"条款获得赔偿后，再根据"调价条款"提出索赔。实践中，有些工程承包合同对这种情况作出了明确约定以防止重复索赔的发生。

第四节 工 程 保 函

本书第八章将对国际工程中的保函实务从相对宏观的角度做了叙述，因此，本节结合国际工程承包合同的具体实务，从微观角度并以承包商提交独立保函为视角，阐释国际工程承包合同的独立保函实务。

一、国际工程承包合同中的保函类型

国际工程中契约实践中存在多种保函类型，因此，国际工程承包合同的缔约方首先应当明确：承包方提交的保函为从属性保函还是独立保函。目前，在国际工程承包实践中，承包商向业主提供的各类保函中，主流保函类型为独立保函或备用信用证（Standby L/C）。

二、国际工程承包合同中的保函出具机构

在国际工程承包合同中，缔约方应当考虑以下两个方面：

（1）保函出具机构的主体类型。基于保函的担保功能，保函出具机构的主体可以为银行、保险公司或企业或政府设立的特定担保机构等。国际工程承包实践中，保函出具机构的确定由承包合同的业主和承包商协商确定。目前，在国际工程承包实践中，承包商向业主提供的各类保函中，最常见的是银行保函。

（2）保函出具机构所在国家或地区。从国际工程承包合同的业主角度来看，业主倾向于出具保函的机构为位于业主所在地的机构，这样有利于业主行使保函项下的权利，而从国际工程承包合同的承包商角度来后，承包商倾向于采用与其由业务来往的位于其所在地的机构。因此，当业主和承包商出在不同国家或地区时，则双方可能会对保函出具机构产生分歧。

保函出具机构在很大程度上决定着保函的出具难易度、保函申请人为出具保函所付出的成本以及保函的安全等，因此，国际工程承包合同缔约方在谈判和确定保函出具机构

时，往往需要进行较长时间的讨价还价。

三、国际工程承包合同中的保函兑现条件

国际工程承包合同中保函的兑现条件可以分为两类：第一类是保函自身所约定的保函受益人（例如承包合同中的业主）兑现保函的条件；第二类是承包合同自身所约定的保函接受一方（例如承包合同中的业主）兑现保函的条件。

第一类兑现保函的条件将在本书第八章第三节做详细阐释，在此不予赘述。第二类保函兑现条件往往约定了业主在何种情形下才可以启动兑现保函的行为，且一般明确约定业主兑现保函的数额应当为其有权获得的数额，如 FIDIC 合同条件（2017 版）第 4.2.2 款第一段。

FIDIC 2017 版黄皮书第 4.2.2 款第一段：

The Employer shall not make a claim under the Performance Security, except for amounts to which the Employer is entitled under the Contractin the event of:

(a) failure by the Contractor to extend the validity of the Performance Security as described in the preceding paragraph, in which event the Employer may claim the full amount (or, in the case of previous reduction (s), the full remaining amount) of the Performance Security;

(b) failure by the Contractor to pay the Employer an amount due, as agreed or determined under Sub-Clause 3.7 [Agreement or Determination] or agreed or decided under Clause 21 [Disputes and Arbitration], within 42 days after the date of the agreement or determination or decision or arbitral award (as the case may be);

(c) failure by the Contractor to remedy a default stated in a Notice given under Sub-Clause 15.1 [Notice to Correct] within 42 days or other time (if any) stated in the Notice;

(d) circumstances which entitle the Employer to terminate the Contract under Sub-Clause 15.2 [Termination for Contractor's Default], irrespective of whether a Notice of termination has been given; or

(e) if under Sub-Clause 11.5 [Remedying of Defective Work off Site] the Contractor removes any defective or damaged Plant from the Site, failure by the Contractor to repair such Plant, return it to the Site, reinstall it and retest it by the date of expiry of the relevant duration stated in the Contractor's Notice (or other date agreed by the Employ-er). ❶

---

❶ 参考译文："除出现下述情况业主根据合同有权索赔保函外，业主不得根据履约保函提出索赔：(a) 承包商未能按前一段所述延长履约保函的有效期，此时业主可以索赔履约保函的全部金额（或者，如果之前有减额，则全部剩余金额）；(b) 承包商未能在同意、决定、判决或仲裁裁决（视情况而定）后 42 天内向业主支付根据第 3.7 条【同意或决定】同意或决定的金额、根据第 21 条【争议和仲裁】同意或决定的金额；(c) 承包商未能在 42 天内或通知的其他时限内补救根据第 15.1 条【通知改正】发出的通知中列出的问题；(d) 无论是否已经发出解除合同的通知，业主可以根据第 15.2 条【承包商违约时的合同解除】解除合同；或者 (e) 如果承包商根据第 11.5 条【在现场外补救有缺陷的工程】承包商将任何有缺陷或损坏的设备移出现场，但承包商未能在通知的时限（或者业主同意的其他日期）结束前修好该设备、运回现场、重新安装和重新调试设备。"

站在承包商的立场，在谈判上述两类保函兑现条件时，如果承包商拥有较强谈判地位的话，承包商还可以考虑在保函兑现条件时，可以将业主取得工程师的决定（determination）、争议委员会（Disputes Board）做出的决定或推荐（decision or recommendation）或合同约定的其他争议解决机构做出的判决或裁决作为业主兑现保函的条件，这些方法可以加大业主兑现保函的难度，防止业主滥用独立保函的独立性恶意兑现保函。

四、国际工程承包合同保函担保金额的变动

国际工程承包合同中约定的保函金额一般均基于合同签订时的合同价格，而此时的合同价格往往是暂定的价格，因此，保函在签订合同时所确定的具体担保金额在承包合同履行过程中会发生变化。国际工程承包合同保函所担保的金额发生变化的常见情形如下：

（一）预付款保函中的担保金额的变动

国际工程承包合同中，业主向承包商支付预付款的前提条件一般是承包商已经提供了相应数额的预付款保函。该预付款保函的担保金额一般可以递减，递减的惯例性做法是随着业主在工程进度款中扣回预付款的数额相应地递减预付款保函担保额度，例如：

"The Advance Payment Bond shall be in an amount equal to, at any particular time, ten per cent. (10%) of the Contract Price and shall be reduced in proportional reductions every month by the amount deducted by the Owner in the corresponding Interim Payment Certificate in respect of the advance payments."❶

（二）履约保函担保金额的变动

国际工程承包实践中，履约保函担保金额的变动主要体现在以下三点：

（1）履约保函的担保金额因工程项目存在单位工程而发生变动。

工程项目中的"单位工程"一般是指竣工后可以独立发挥生产能力的建设工程，它是工程项目的组成部分。对于工程项目中存在"单位工程"的情况，履约保函的担保金额应当随着单位工程的竣工和移交而相应地递减。

The Bond Amount shall be reduced by _____ % upon the issue of the taking over certificate for each Section of the Works under Clause _____ of the conditions of the Contract.❷

（2）履约保函的担保金额因变更而发生变动。

变更是工程项目中常见的情形，变更发生时往往会导致承包合同中工程价款发生变化。为了确保履约保函的功能，履约保函的担保数额也应当随着工程价款的变化而变化。

---

❶ 参考译文："在任何时间，预付款保函应当是合同价格的10%，业主在每月的期中付款证书中扣除相应比例的预付款后，预付款保函的金额相应减少。"

❷ 参考译文："根据本合同条件第_____条的约定每签发一个里程碑接收证书，保函金额应减少_____%。"

在工程实践中，缔约方一般在承包合同中约定，履约保函的担保金额发生变化的前提是变更导致合同价款发生特定金额的情况下才进行，这样可以避免频繁对履约保函的担保金额进行调整。

（3）在缺陷通知期阶段，履约保函的担保金额因大额设备离场维修而发生变动。

国际工程项目的缺陷通知期阶段，对于特定的缺陷，承包商需要将相应的设备移出业主所能控制的区域进行维修。此时，为了确保承包商及时归还相应的设备，业主可以要求承包商就移出该设备提供相应额度的保函。如果该阶段履约保函还在有效期，承包合同中可能约定由承包商提高履约保函的额度。

（三）在缺陷通知期阶段，质保保函的担保金额发生变动

国际工程项目中，缺陷通知期阶段质保保函发生变动的常见情形有两种：一种是由于工程项目中的单位工程的缺陷责任期到期而相应地降低质保保函额度；另一种是缺陷责任期内需要将特定设备移出业主控制的范围进行维修时，需要相应地增加质保保函的额度。

第五节 工 程 开 工

国际工程项目的"开工（Commencement）"是项目推进过程中的一个关键里程碑。对国际工程承包合同的所有参与方来说，开工具有极其重要的法律与合约意义。

一、国际工程项目中"开工"的不同情形

不同国家的法律或惯例对"开工"的认定存在不同，不同的合同类型对"开工"的设置各异。

（一）法律规定的"开工"

鉴于工程涉及公共安全或公共利益，各国法律对工程项目的开工往往设置审批要求，只有在取得批准时，项目才可以"开工"建造，否则构成违法。根据笔者的经验，各国法律上规定的"开工"一般是指在工程现场开始实施实质性物理施工行为，如开始基坑开挖或桩基施工等。例如：根据美国能源部（U.S Department of Energy）对"开工（Commence of Construction）"的定义为："…has completed all preconstruction engineering and design, has received all necessary licenses, permits and local and national environmental clearances, has engaged all contractors and ordered all essential equipment and supplies as, in each case, can reasonably be considered necessary so that physical construction of the eligible project may begin (or, if previously interrupted or suspended, resume) and proceed to completion without foreseeable interruption of material duration, and physical construction (including, at a minimum, excavation for foundations or the installation or erection of improvements) at the primary site of the eligible project has begun (or resumed)."❶。

我国的工程法对"开工"的认定也基本是指施工的开工,如办理开工许可证或施工许可证均需要建设单位或业主有满足施工需要的施工图纸及技术资料。

(二)国际工程承包合同中约定的"开工"

国际工程承包合同中约定的"开工"有时与法律规定的"开工"存在不同。承包合同的缔约方约定"开工"时,注重的是工期起算。一旦开工就意味着合同约定的工期开始起算。根据不同的承包合同类型,承包合同中关于"开工"的设置往往不同。如果承包合同类型为施工合同,则该合同中约定的"开工"可以与上述法律规定的"开工"保持一致,而如果承包合同为 EPC 合同或 DB(Design+Build)合同,则该合同中的"开工"将把工程设计的启动也包括在合同约定的工期内,此时的"开工"也包括设计工期的起算。

二、国际工程承包合同中"开工日期"的设置

因工程承包合同的类型不同、工程项目特征或缔约方之间的谈判地位不同,国际工程承包合同中设置的"开工日期"往往不同,常见的"开工日期"设置如下:

(一)国际工程承包合同中明确约定"开工日期"的具体日期

在国际工程承包合同中明确约定"开工日期"的具体日期有利于缔约方尽早安排开工工作,使得工程项目的参与各方均有确定的预期,例如:

例一:东南亚某国油气管道 EPC 合同中关于"开工日期"的约定

"The commencement date shall be the Effective Date of this Contract. The Effective Date shall be date when this Contract is duly signed by both Parties."❷

例二:FIDIC 2017 版银皮书第 8.1 款对于"开工日期"的表述

Unless the Commencement Date is stated in the Contract Agreement, the Employer shall give a Notice to the Contractor stating the Commencement Date not less than 14 days before the Commencement Date.

Unless otherwise stated in the Particular Conditions, the Commencement Date shall be within 42 days after the date on which the Contract comes into full force and effect under Sub-Clause 1.6 [Contract Agreement].

The Contractor shall commence the execution of the Works on, or as soon as is reasonably practicable after, the Commencement Date and shall then proceed with the Works with

---

❶ 参考译文:"已完成建设前的工程和设计,已收到了所有必须的许可、批准和地方及国家的环保许可,已雇用全部承包商,已订购全部实质性设备,以及适当项目开始(或者中断或暂停后的恢复施工)物理施工和正常情况下完工所需的必要供应,以及合适项目已开始(或恢复施工)现场的物理施工(至少包括地基开挖、安装或建造)。"

❷ 参考译文:"开工日为本合同的生效日。生效日为双方签订合同之日。"

due expedition and without delay. ❶

(二) 国际工程承包合同中约定开工的前提条件

国际工程承包合同中约定开工的前提条件满足之时，则项目开工，同时承包合同中约定的工期开始起算。国际工程承包合同中对开工所设置的前提条件因项目具体情况而不同，笔者举例如下：

例一：多边开发银行协调版施工合同条件 (Conditions of Contract for Construction Multilateral Development Bank Harmonised Edition-MDB 合同条件)❷ 第 8.1 款【工程开工】第二段对于"开工"设置的前提条件为：

Except otherwise specified in the Particular Conditions of Contract, the Commencement Date shall be the date at which the following precedent conditions have all been fulfilled and the Engineer's instruction recording the agreement of both Parties on such fulfilment and instructing to commence the Work is received by the Contractor:

(a) signature of the Contract Agreement by both Parties, and if required, approval of the Contract by relevant authorities of the Country;

(b) delivery to the Contractor of reasonable evidence of the Employer's Financial arrangements (under Sub-Clause 2.4 [Employer's Financial Arrangement]);

(c) except if otherwise specified in the Contract Data, and possession of the Site given to the Contractor together with such permission (s) under (a) of Sub-Clause 1.13 [Compliance with Laws] as required for the commencement of the Works;

(d) receipt by the Contractor of the Advance Payment under Sub-Clause 14.2 [Advance Payment] provided that the corresponding bank guarantee has been delivered by the Contractor. ❸

例二：某俄语区国家的分包合同中对"开工"设置的前提条件

"Commencement Date" means the date, when the following conditions are met, and from which the Sub-contractor shall commence the Works under the Contract:

(a) the Subcontract has come into effectiveness;

(b) the Loan Agreement has come into effectiveness;

(c) the Sub-contractor has received the Advanced Payment from General Contractor provided that the corresponding bank guarantee has been delivered by the Sub-contractor;

---

❶ 参考译文："除非合同协议书另有说明，业主应不少于 14 天前向承包商发出开工日期的通知。除非专用条款中另有约定，开工日期应在第 1.6 款【合同协议书】约定的合同全面实施和生效日期后 42 天内。承包商应在开工日期后，在合理可能的情况下尽早开始工程的设计和施工，并应以正当速度，不拖延地进行工程。"

❷ Conditions of Contract for Construction for Building and Engineering Works Designed by the Employer, Multilateral Development Bank Harmonised Edition, June 2010.

❸ 参考译文："除非合同专用条件中另有约定，开工日期应为具备下述先决条件且工程师通知双方条件具备，以及承包商收到开工指示之日：(a) 双方签订合同协议书，需要时，获得国家机关对合同的批准；(b) 向承包商提交业主的资金安排的合理证明（根据第 2.4 条【业主的资金安排】）；(c) 除非合同资料中另有约定，承包商获得现场的占有权，并且已经根据第 1.13 条【法律合规】取得了开工所需的许可；(d) 承包商已经根据第 14.2 条【预付款】获得了预付款，并且承包商已经提供了相应的银行担保。"

(d) the Project has obtained the right-of-way and other approvals required from governing Authority for commencement of the Works. ❶

国际工程承包合同中无论是采用上述（一）中的方式确定"开工日期"还是采用上述（二）中的方式确定开工日期，缔约方都应当注意开工日期的时限安排，即合同签订后到具体开工日期的时限，因为缔约方在承包合同中已经确定的合同价格或工期或各种条件往往基于在签订合同后合理的时间内工程开工，因此，缔约方在承包工程合同中应当明确约定，如果工程项目在特定时限内无法满足开工的前提条件或无法开工，缔约方存在哪些救济措施，例如：多边开发银行协调版施工合同条件第 8.1 款【工程开工】第二段：

If the said Engineer's instruction is not received by the Contractor within 180 days from his receipt of the Letter of Acceptance, the Contractor shall be entitled to terminate the Contract under Sub-Clause 16.2 [Termination by Contractor]. ❷

三、国际工程项目"开工"的法律与合约意义

国际工程承包合同的缔约方必须遵守法律规定的"开工"或开工条件，从而取得相关政府机构的批准，取得开工许可证或施工许可证（Construction Permit 或 Commencement Permit），否则实施的项目可能为违法建造的项目，承包合同参与方可能面临行政处罚或承包合同无效的风险。此外，工程项目的特定权利，如承包商根据相关法律所享有的 Lien 权利也有时与"开工"有关，例如：根据美国 Oklahoma Lien laws，在工程建造项目中，享有 Lien 的时间和条件是：

"Any person who shall, under oral or written contract with the owner of any tract or piece of land, perform labor, furnish material or lease or rent equipment used on said land for the erection, alteration or repair of any building, improvement or structure thereon or perform labor in putting up any fixtures, machinery in, or attachment to, any such building, structure or improvements; or who shall plant any tree, vines, plants or hedge in or upon such land; or who shall build, alter, repair or furnish labor, material or lease or rent equipment used on said land for buildings, altering, or repairing any fence or footwalk in or upon said land, or any sidewalk in any street abutting such land, shall have a lien upon the whole of said tract or piece of land, the buildings and appurtenances."❸

国际工程承包合同中设置的"开工日期"对缔约方的核心契约意义在于：工程项目一旦"开工"，则承包合同中约定的工期开始起算，缔约方则开始面临工期的考核压力，因为一旦出现工期延误，导致工期延误的一方需要向另一方承担赔偿或补偿的责任，例如，

---

❶ 参考译文："开工日期"指满足以下条件时的日期，分包商自此开始本合同下工程：(a) 分包合同已经生效；(b) 贷款协议已经生效；(c) 以分包商提供相应银行保函为前提，分包商已经从总包商处收到预付款；(d) 本项目已经取得相关主管机构要求的可以开工的批准。

❷ 参考译文："如果承包商自收到中标通知书后 180 天内未收到上述工程师指令，则承包商应有权根据第 16.2 条【承包商的解除】解除合同。"

❸ 资料来源：https://constructionliens.uslegal.com/state-laws/oklahoma-construction-lien-law/，访问时间 2018 年 10 月 7 日。

如果承包商原因导致工程无法按期完工,则承包商将面临误期赔偿的责任。此外,"开工"还会触发工程项目的很多方面,如保险责任期限的开始,法律或合同对工程实施的各种规定或约定。

第六节 工程款支付

工程款支付机制是工程项目的核心机制,是国际工程承包合同缔约方最为关注的事项,承包合同的缔约各方会从不同维度和角度在合同中体现各自的关注点。工程款支付涉及的事项方方面面,本节侧重于从合约与法律角度对常见的事项进行阐释。

一、资金安排机制

工程项目具有资金密集型和劳动密集型的特点,充足和稳定的资金是确保工程项目顺利实施的关键。在国际工程项目中,承包商更关注业主对于项目的资金安排,以确保自己能够及时获得工程款。因此,国际工程承包合同中应当设置合理的资金安排机制。本节所述"资金安排机制"是指除预付款之外的业主向承包商支付进度款的相关安排。

由于国际工程项目的开发模式或项目的资金来源不同,国际工程承包合同中所设置的资金安排机制也大不相同,常见的资金安排机制大体有两种:

(一)业主在承包商不予垫资情况下的资金安排

这种资金安排是国际工程承包合同中的主流,承包商之所以愿意承揽该国际工程项目,最核心的是认同业主的工程款支付能力。这种资金安排情形可以分为两种具体情况:

(1)业主在项目开工前向承包商提供资金安排证明,并在项目执行过程中维持令承包商满意的资金安排证明。这种情况体现在承包合同中一般是赋予承包商可以随时要求业主提供资金安排证明的权利,例如:

例一:多边开发银行协调版施工合同条件(MDB)第 8.1 款 (b):"delivery to the Contractor of reasonable evidence of the Employer's Financial arrangements (under Sub-Clause 2.4 [Employer's Financial Arrangement])" ❶

例二:FIDIC 合同条件银皮书(1999)第 2.4 款【业主的资金安排】:The Employer shall submit, within 28 days after receiving any request from the Contractor, reasonable evidence that financial arrangements have been made and are being maintained which will enable the Employer to pay the Contract Price (as estimated at that time) in accordance with Clause 14 [Contract Price and Payment]. If the Employer intends to make any material

---

❶ 参考译文:"向承包商提供第 2.4 款项规定的业主资金安排的合理证明。"

change to his financial arrangements, the Employer shall give notice to the Contractor with detailed particulars. ❶

(2) 业主向承包商提供工程款支付担保。

在国际工程领域，业主向承包商提供工程款支付担保也是业主提供资金安排的一种方式，虽然这种情况比较少见，这类担保的常见形式主要是第三方提供的支付担保，如银行向承包商出具的银行支付保函。

需要注意的是，上述两种资金安排并不是单纯的提供相关证明，资金安排机制的另一个要点在于，如果业主未能按照承包合同的约定提供资金安排证明时的救济手段。资金安排机制中承包商的救济手段一般为承包商可以暂停工程甚至以业主违约为由解除合同。

(二) 承包商垫资实施工程项目下的业主资金安排

这种情况下的业主资金安排包括两部分：一是业主对于自筹资金的安排；二是业主支付承包商所垫资金的安排。第一部分业主自筹资金的安排因业主资金实际情况和承包商垫资额度和条件的不同而不同；第二部分主要是业主何时向承包商支付所垫的资金，如工程项目竣工后多长时限内予以支付。对于第二部分，承包合同中均会约定业主支付承包商所垫资金的担保安排和相应救济措施。

二、工程进度款计量和支付类型

在国际工程项目中，工程进度款计量和支付的类型因承包合同的类型不同而不同，最常见的工程进度款计量和支付分为以下两类：

(一) 工程量定期计量，工程款定期支付

这类工程进度款计量和支付类型一般存在于单价工程合同类型之中。单价工程合同的核心特征是业主和承包商基于承包合同中约定的单价，并根据特定期间内完成的工程量进行计量，然后根据计量的结果支付相应的工程进度款。单价合同中均存在工程量清单 (Bill of Quantities)，但工程量清单中的"工程量"为暂估数量，最终数量是缔约方确认的数量，不过，工程量清单中的"单价"常为固定单价。

国际工程承包实践中，单价合同中的计量汇总期间一般为当月汇总，承包商汇总提交业主或工程师或监理的时间一般为当月的下半段的某个日期。业主或工程师或监理审核确认后由承包商向业主申请本月工程量对应的工程进度款。这类工程进度款计量和支付类型使得计量工作非常复杂，需要业主、工程师或监理和承包商在日常工程管理中紧密合作，及时对当天或较短时间内完成的工作进行计量。同时，由于各国对于计量的方式和方法也存在不同，为了防止争议发生，国际工程承包合同中应当明确约定所应采用的计量方法尤其是不同工种的计量方法。

---

❶ 参考译文："业主应在收到承包商的任何要求28天内，提交其已做并将维持的资金安排的合理证明，说明业主能够按照第14条 [合同价格和付款] 的规定，支付合同价格（按当时估算）。如果业主拟对其资金安排做任何重要变更，应将其变更的详细情节通知承包商。"

（二）工程款按照里程碑支付（Stage Payment/Milestone Payment）

这类工程进度款计量和支付类型存在于总价工程合同类型之中。总价工程合同的计量方式与单价工程合同的计量不同，总价工程合同的计量一般按照里程碑支付工程进度款。工程进度款里程碑支付的要点是在总价工程合同中按照工程进度明确约定付款的工程节点，实现该节点时，承包商可以就该里程碑节点对应的款项申请支付，业主予以支付。相比较于第一种类型的计量和支付类型，里程碑支付方式一般可以减少总价工程合同参与方之间平时的计量工作，因为在里程碑支付方式下各方关注的是里程碑是否达到，具体工程量并不是关注的重点。

里程碑支付方式虽然可以减少总价工程合同参与方的日常计量工作，但总价工程合同的参与方也常常就是否达到里程碑事宜产生争议。对于采用里程碑支付方式的总价工程合同，笔者的建议是：业主和承包商应当在国际工程承包合同中，从技术、商务、进度和管理等角度"水晶般"地清晰界定支付里程碑，防止在是否到达支付里程碑方面产生争议。此外，考虑到合同履行完毕之前存在合同解除的可能性，而此时可能存在合同中约定的里程碑已经处于实施阶段但尚未完成，因此，国际工程承包合同中应当明确此种情况下的计量方法。目前，此种情况下，常见的计量原则是按照完成比例（Proportion）进行计量。

三、工程款支付货币种类及汇率安排

工程款支付货币和汇率安排是国际工程项目业主和承包商必然考虑的事项。对于业主和承包商来说，由于双方的立场不同，双方对于工程款支付货币往往存在不同的主张。从业主角度来说，采用何种货币，业主往往考虑的主要因素有：业主为该项目所准备工程款的货币种类，项目所在国的外汇管制程度，项目所在国本币或外币比值的升降趋势，项目投入使用后收取的货币种类等；从承包商角度来说，采用何种货币，承包商往往考虑的主要因素有：实施该项目支付给相关主体（如分包商、供应商和员工等）所采用的货币，项目所在国的外汇管制程度，项目所在国对该项目当地成分的要求以及项目所在国本币或外币比值的升降趋势等。

从上述可知，国际工程承包合同的履行一般会涉及两种或多种货币支付，因此，在国际工程承包合同中体现并反映这种客观事实极其重要，需要注意的主要事项如下：

（1）明确约定业主和承包商之间所支付款项的货币类型。例如在承包合同中约定采用单一货币还是两种或两种以上货币作为支付货币，并同时明确不同货币的支付比例。

（2）明确约定国际工程承包合同履行所涉及货币之间的汇率波动安排。本处的汇率波动安排包括以下两种情形：

情形一：国际工程承包合同中业主采用单一货币支付工程款（简称"业主单一支付货币"）的情形。承包商为履行国际工程承包合同用于实际支付的主要货币（如支付给分包商、供应商和员工等的款项所采用的货币）（简称"承包商支出货币"）与业主支付货币不相同时，国际工程承包合同中应当考虑业主单一支付货币与承包商支出货币之间的汇率波动安排。

情形二：国际工程承包合同中业主采用两种或两种以上货币支付工程款（简称"业主多种支付货币"）的情形。这种情形中，国际工程承包合同中除了考虑情形一中的汇率波动安排之外，还应当考虑业主多种支付货币之间汇率波动的情况。例如：合同中约定工程款支付的货币比例为美元和当地币为70：30，如果美元和当地币在项目实施过程中发生汇率波动时，如何对该汇率波动做出调整。

国际工程承包实践中，对于汇率变动，存在常见的三种处理方式：业主完全不承担汇率变动的风险、业主承担部分汇率变动的风险及业主承担全部汇率变动的风险。实务中多为业主承担部分汇率变动的风险，例如：美元与当地币之间汇率波动不超过一定范围时，由承包商承担汇率变动的风险，一旦超过这个范围，业主承担超出部分的汇率变动风险。如果情况允许，承包商可与业主就汇率变动约定多个范围，例如，汇率变动在2%以内的，承包商承担全部风险；汇率变动超过2%，但低于5%时，由业主与承包商分担风险；汇率变动超过5%的，业主承担全部风险。

（3）是否存在规避汇率波动风险的机制。在国际工程实施周期长，承包商可能在合同签订后几个月甚至一两年内才能陆续收到全部款项，这个过程中汇率可能发生变动。这种情况下，承包商可以通过银行买断的方式来减少汇率的风险，例如，承包商与银行锁定汇率，而工程实施期间的汇率变动风险由银行来承担，常见的金融工具"套期保值（Hedging）"。

案例：某中国企业海外工程项目

项目合同金额为21280万当地币，签约时1美元兑换21.70当地币，1美元兑换3.60人民币，因此，合同金额折合美元980.65万。项目实施18个月后，发生了意外的燃油危机，经反复交涉，业主同意向承包商支付索赔金额9300万当地币，其中的3600万当地币按照合同约定的35.1%直接支付当地币，另有64.9%用美元支付。剩余的5500万当地币用人民币支付。

在支付的汇率折算上，涉及当地币兑换美元、美元兑换人民币的交叉汇率取值问题，索赔时的实际汇率已经变为1美元兑换32.40当地币，1美元兑换5.22人民币。经双方协商，美元对当地币的汇率采用签约时的汇率，美元对人民币的汇率采用索赔时的实际汇率，承包商因此产生了700多万人民币的额外汇率收益。❶

四、工程进度款延期或不予支付时的救济措施

工程进度款支付是国际工程承包合同的核心契约事项。在约定工程进度款正常支付的相关情形之外，对于承包商来说，最重要的是明确约定，在业主延期支付或不予支付工程款时的救济措施。对于此种情况下的救济措施，笔者认为应当注意以下五点：

（一）承包商根据国际工程承包合同要求业主出示资金安排证明的权利

本节第一点叙述了"资金安排机制"，在此不予赘述。当业主未按照承包合同支付工

---

❶ 田威. FIDIC合同条件应用实务：第二版[M]. 北京：中国建筑工业出版社，2008：235-236.

程进度款时，业主之所以这样做，原因可能是：业主资金安排出了问题，无法按照承包合同中约定的时限支付款项或者是业主在资金安排不存在问题的情况下，不履行付款义务。上述两种原因相比较，承包商最值得关注的是第一种原因。那么，承包商如何才能通过合约的路径知悉业主的资金状况呢？最合适的方式即是通过合同中约定的"资金安排机制"，使业主在收到承包商的通知要求提供资金安排证明时，有义务出示。如果业主能出示，则排除了上述不予付款的第一种原因。如果业主拒绝出示，承包商可以根据承包合同约定实施停工或解除合同以避免进一步的投入，减少可能的损失。因此，国际工程承包合同中约定的"资金安排机制"可以称之为"业主付款能力的试金石"。

（二）承包商根据国际工程承包合同要求业主支付融资或垫资所产生的费用（Financial Charges）的权利

不言而喻，只要业主未能按照国际工程承包合同及时支付工程进度款，则意味着承包商垫资实施工程或构成对项目融资，因此，国际工程承包合同应当明确这种情况下承包商应得的费用。为确定该费用，业主和承包商可以考虑的大体因素有：业主从第三方贷款或融资应当支付的成本；业主将应付款项存在第三方的收益；承包商从第三方应当支付的成本；承包商将应收款项存在第三方的收益。

（三）承包商根据国际工程承包合同实施停工的权利

在业主不及时或不予支付工程款的情况下，承包商最重要的救济措施是停工以避免更多的人财物的投入，降低风险和损失。因此，国际工程承包合同中应当明确约定业主不及时付款或不予支付工程款是的停工权利。值得注意的时，很多人认为在业主不予及时或不予付款时，承包商当然享有停工的权利，但这种想法有时并不成立，例如：对于英国境外的工程项目，如果国际工程承包合同的管辖法律为英国法，且在国际工程承包合同中未约定业主不予付款或不及时付款时，承包商有权暂停工程，则承包商此种情况下暂停工程很可能构成违约解除合同（Repudiatory Breach❶）。

另外，即使法律上赋予承包商在业主不及时或不予支付工程进度款时的暂停权利，承包商在暂停时也应当予以注意，例如：

《中华人民共和国合同法》：

第六十六条：当事人互负债务，没有先后履行顺序的，应当同时履行。一方在对方履行之前有权拒绝其履行要求。一方在对方履行债务不符合约定时，有权拒绝其相应的履行要求。

第六十七条：当事人互负债务，有先后履行顺序，先履行一方未履行的，后履行一方有权拒绝其履行要求。先履行一方履行债务不符合约定的，后履行一方有权拒绝其相应的履行要求。"

《阿联酋民法典》第 247 条：

---

❶ Repudiatory breaches are serious breaches in a contractual relationship. A repudiatory breach of contract is one that is so serious that it entitles the innocent party to the contract to terminate it.

"In contracts binding upon both parties, if the mutual obligations are due for performance, each of the parties may refuse to perform his obligation if the other contracting party does not perform that which he is obliged to do". ❶

《卡塔尔民法典》第 191 条规定：

"…if the corresponding obligations are outstanding, either party may decline to perform its own obligation unless the other party performs its own obligation, unless the parties agree otherwise or unless the practice provides otherwise". ❷

上述法律规定旨在确保合同一方在另一方不予履行其合同义务时，另一方无需继续履行自己的合同义务，但一方暂停自己的义务应当是相应的履行义务，而不能是不成比例的暂停自己的合同义务。

（四）承包商根据国际工程承包合同实施合同解除的权利

国际工程承包合同的解除是缔约方之间一件极其严肃的法律与合约行为。与工程进度款支付是国际工程承包合同的核心契约事项相对应，在业主无正当理由延长付款或拒绝付款的情况下，承包商除了拥有上文提及的救济措施之外，承包商还应当拥有解除合同的权利。例如：

FIDIC 2017 版黄皮书第 16.2.1 项【通知】（c）项

The Contractor shall be entitled to give a Notice (which shall state that it is given under this Sub-Clause 16.2.1) to the Employer of the Contractor's intention to terminate the Contract or, in the case of sub-paragraph (g) (ii), (h), (i) or (j) below, a Notice of termination, if:…

(c) the Contractor does not receive the amount due under any Payment Certificate within 42 days after the expiry of the time stated in Sub-Clause 14.7 [Payment];… ❸

FIDIC 2017 版黄皮书第 16.2.2 项【解除】第一段：

Unless the Employer remedies the matter described in a Notice given under Sub-Clause 16.2.1 [Notice] within 14 days of receiving the Notice, the Contractor may by giving a second Notice to the Employer immediately terminate the Contract. The date of termination shall then be the date the Employer receives this second Notice.… ❹

（五）工程进度款是否为相关法律所规定的优先支付款项

对于工程款的优先支付，我国法律作出了比较明确的规定，如：我国《合同法》二百

---

❶ 参考译文：在对双方有约束力的合同中，如果双方互负义务且应该履行，则一方不履行其应当履行的义务时，另一方可以拒绝履行自己的义务。

❷ 参考译文：如果未完成相应的义务，任何一方可以拒绝履行其义务，除非另一方履行了他的义务或者双方另外达成了一致或者惯例规定了例外情形。

❸ 参考译文："如果出现下述情况，承包商应有权向业主发出准备解除合同的通知（注明发出通知的依据是本第 16.2.1 项），或者出现以下第（g）（ii）目、第（h）目、第（i）目或第（j）目情况时，向业主发出解除通知：(c) 第 14.7 款【支付】列明的付款期限到期后 42 天内承包商未能根据支付证书收到足额款项时；"

❹ 参考译文："除非业主收到承包商根据第 16.2.1 项【通知】发出的通知后 14 天内付款，承包商可以向业主发出第二份通知并立即解除合同。业主收到第二份通知之日即为合同解除之日。"

八十六条:发包人未按照约定支付价款的,承包人可以催告发包人在合理期限内支付价款。发包人逾期不支付的,除按照建设工程的性质不宜折价、拍卖的以外,承包人可以与发包人协议将该工程折价,也可以申请人民法院将该工程依法拍卖。建设工程的价款就该工程折价或者拍卖的价款优先受偿。与我国法律规定的上述工程款优先受偿权相似,很多国家的法律规定工程项目的总包商、分包商或供应商等参与主体享有"Construction Lien"❶的权利。因此,国际工程承包商在确保工程款支付时应当注意相关法律是否赋予其优先受偿的权利或其他法定救济权利。

第七节 工程标准和规范

世界各国一般都会对在其境内实施的工程项目制定符合自身国情(如文化风俗、安全理念、社会发展阶段等等)的标准和规范,这使得国际工程项目在标准和规范适用上存在多样性和复杂化。如果国际工程承包合同的缔约方对适用的标准和规范处理不当,则势必会带来重大风险。我国工程公司在"走出去"过程中面临的最大障碍之一即是标准和规范。本节从法律与合约角度阐释国际工程项目在标准和规范方面应注意的两个重要事项。

一、项目实施过程中不同国别的工程标准和规范的适用

国际工程项目的参与方来自不同国家或地区,因此,在项目实施过程中自觉或不自觉地会受到自己所在国家或地区工程标准和规范的影响。国际工程实践中,该种影响贯穿整个项目,常见的情形如下:

(一)报价所基于的标准和规范与合同中约定适用的标准和规范不一致

国际工程项目的承包商往往来自项目所在国之外的国家或地区,承包商一般熟悉自己国家或地区的标准和规范,而国际工程承包合同中要求适用的标准和规范有时并不是承包商所在国或地区的标准和规范。然而,在工程前期报价阶段,由于报价时间较短,且承包商往往没有时间也不愿意投入大量人财物来研究承包合同中要求的标准和规范,承包商则基于自己熟悉的标准和规范适当添加一定的风险系数提出报价。这种做法是我国工程公司最常用的方法。

基于上述报价方法的报价存在重大风险,尤其是给我国承包商带来较大的风险,因为我国承包商为了取得项目,往往将报价做的较低。另外,我国有些承包商在国内执行工程项目时也不一定严格按照我国标准和规范实施。这种现实情况往往使得我国承包商的报价低于满足承包合同所要求标准和规范所需的合同价格,遭受亏损。因此,承包商尤其是我

---

❶ A construction lien is a claim made against a property by a contractor or other professional who has supplied labor or materials for work on that property. Construction liens are designed to protect professionals from the risk of not being paid for services rendered.

国承包商,在前期报价时应当尽量花时间和费用对承包合同所要求的标准和规范进行研究,并在此基础上进行合理的、有针对性的报价。

中国与巴西混凝土强度标准和钢筋适用规范:❶

1. 混凝土强度合格标准

中国的建筑规范规定,混凝土的 28 天强度数据若未达到标准值,即为不合格,必须立即采取相应的处理措施;巴西的件数规范规定,混凝土的 28 天强度数据若不合格,可继续等待 42 天、60 天甚至 90 天的强度数值,一旦这些数值达到标准,混凝土质量即视为合格。

2. 钢筋的采用

巴西属于无地震国家,在土建设计图纸中,钢筋的设计和埋放不考虑抗震因素,这导致同等结构中,钢筋数量比中国少;在钢筋的形式上,巴西与中国不同的是,巴西设计的钢筋在结构中是一插到底,而且没有弯钩。此外,巴西钢筋的强度高,同等级的钢筋,巴西钢筋强度比中国钢筋强度高 15%。

(二) 合同约定的标准和规范与项目所在国的标准和规范不一致

国际工程承包合同的缔约方有时明确约定采用第三国的工程标准和规范,对于这种约定,缔约方应当注意以下两点:

(1) 项目所在国相关审批机构是否熟悉第三国的标准和规范。世界各国一般都会对工程项目的设计、施工和竣工进行审查,只有审查通过的图纸才能用于施工,只有审查通过的完工项目才能投入使用等,因此,当业主和承包商在承包合同中约定采用第三国工程标准和规范时,应当考虑项目所在国审批机构对该第三国标准和规范的熟悉程度,是否通过审批以及审批的速度。

(2) 项目所在国强制性标准和规范和合同约定的标准和规范的冲突。很多国家在制定自己的工程标准和规范时,往往将工程标准和规范分为强制性标准和规范与推荐性标准和规范。对于后者,业主和承包商可以自由决定是否采用,当承包合同中约定的标准和规范与推荐性标准和规范相冲突或不一致时,在业主和承包商之间以合同中约定的标准和规范为准,但对于前者,则需要以强制性标准和规范为准。因此,业主和承包商在确定适用的工程标准和规范时,应当重点关注项目所在国的强制性标准和规范,并在合同中对此作出相应的安排。

案例:非洲某国电厂项目

某中国承包商赴非洲某国承揽电厂项目,合同约定采用中国标准与规范。中国承包商按期完工,业主验收合格,但无法通过项目所在国政府部门的国家验收,原因是中国承包商采用的电线电缆的色标(Color Code)不符合该国的强制性色标。为了完成验收投产,中国承包商又耗时半年多对所使用的电缆做了更换。

当合同中约定的标准和规范为项目所在国之外的标准和规范时,为了应对以上两点,业主和承包商需要在承包合同中明确如何承担由此带来的风险,如设计转化应当由谁负责。

(三) 不同工程部分所使用标准的兼容问题

不同工程部分所使用标准的兼容问题最常出现于土建标准和设备装置标准的不兼容,

---

❶ 薄海,肖艳. 巴西电厂建设 EPC 总承包项目的设计转化. 国际经济合作,2011,3:73.

例如：工程项目的土建采用项目所在国的标准，而工程项目的设备或装置则采用其他国的标准，这两种标准的不兼容往往表现为：土建的预留孔、预留洞或预埋件等等无法满足采用其他国标准制造的设备或装置，造成工程返工或设备整改。如果工程项目的土建和设备供货均由一家主体来实施，则业主和承包商之间的分歧不会太大，但如果土建和设备供货不是同一主体，则很可能会出现分歧或争议。

二、合同履行过程中所使用标准和规范的变化

与本章第三节所述的法律变化一样，国际工程承包合同履行过程中往往也会遇到所约定使用的标准和规范发生变化的情形。由于工程使用标准和规范的变化很可能会给项目和项目参与方带来重大影响，因此，国际工程承包合同中应当对这种情况作出明确安排，如合同中所约定的标准和规范的基准日期、标准和规范变化时的审批机制、标准和规范变化时对工期和费用所带来影响的承担机制等。

第八节 设备和材料的权益

人、机和料是工程项目的必备三要素，所谓"机"可以是机器和设备，所为"料"则可以理解为"材料"，本节中笼统的称为"设备"和"材料"。国际工程承包合同一般履约周期长、所用设备和材料数量大以及参与主体多，因此，明确设备和材料的权益对于厘清各方的关系和合同的履行具有重大的实际意义。本节所述的"设备和材料的权益"限于设备和材料的所有权和使用权。

一、设备和材料所有权的转移

本节所述的"设备和材料所有权转移"是指设备和材料的所有权根据承包合同和相关法律由承包商向业主转移。在国际工程承包合同中，设备和材料所有权的转移所涉事项很多，需要特别注意的事项如下：

（一）工程项目中所有权转移的设备和材料范围

工程本身可以分为"临时工程"[1] 和"永久工程"[2]，相应地，工程中的设备和材料也分为用于临时工程的设备和材料和用于永久工程的设备和材料。由于临时工程和永久工程最终处理方式不同，用于两者的设备和材料在所有权转移上也不同。一般来说，用于临时

---

[1] 临时工程又称为临时设施是为保证施工和管理的正常进行而临时搭建的各种建筑物、构筑物和其他设施，一般包括：临时搭建的职工宿舍、食堂、浴室、休息室、厕所等临时福利设施；现场临时办公室、作业棚、材料库、临时铁路专用线、临时道路、临时给水、排水、供电等管线、现场预制构件、加工材料所需的临时建筑物以及化灰池、储水池、沥青锅灶等。临时工程一般在基本建设工程完成后予以拆除。

[2] 永久工程一般是指按合同约定建造并移交给发包人的包括工程设备在内的工程。

工程的设备和材料的所有权不发生转移,而发生所有权转移的仅限于用于永久工程的设备和材料。

对于设备的所有权转移,需要注意区分构成永久工程的设备和用于施工的设备,前者所有权应当根据合同约定或法律规定转移,而后者一般不发生所有权转移。

(二) 构成永久工程的设备和材料所有权转移时间

构成永久工程的设备和材料的所有权转移时间因项目开发模式、缔约方谈判地位、进度款支付安排不同而不同,常见的转移时间为:第一,设备和材料交付承运人之时;第二,设备和材料在项目所在国清关之时;第三,设备和材料交付到项目现场之时;第四,设备和材料构成永久工程之时;第五,设备和材料的款项全部支付完毕之时。一般来说,在风险仍然由承包商承担的前提下,业主倾向于所有权转移的时间越早越好,而承包商则存在相反的倾向。笔者认为从工程性质来说,设备和材料构成永久工程之时所有权发生转移的做法比较合理。

(三) 构成永久工程的设备和材料风险转移时间

构成永久工程的设备和材料风险转移时间与其所有权转移存在紧密的关联。在工程项目中,设备和材料所有权转移时间和风险转移时间并不同步。设备和材料风险主要是设备和材料毁损灭失的风险。在工程项目中,该类风险的常见转移时间项目完工并交付业主,也就是说,即使构成永久工程的设备和材料的所有权较早地已经转给了业主,但风险仍然由承包商承担。需要注意的是,承包商所承担的风险往往是照看(Care and Custody)的风险,因此,设备和材料因不可抗力导致毁损灭失的风险因为所有权已经转移给业主,此时业主应当自担毁损灭失的风险,当然业主会通过保险的方式来转移该风险,将这类风险发生时保险的受益人设定为自己。

二、设备和材料使用权的限制

国际工程项目中所用的设备和材料一般情况下只能用于合同约定的项目,而不得用于他途,也就是说国际工程项目所涉及的设备和材料在使用权方面存在一定的限制,如:根据项目所在国的法律,一般情况下设备和材料只能用于该项目,尤其是那些享受了项目所在国优惠税收待遇的设备和材料;根据国际工程承包合同的常见约定,承包商对于用于施工的机械设备,在未经业主同意的情况下,不得将该设备移出工地,也不得将施工设备用于实施项目之外的目的。

三、多余设备和材料的处理

国际工程项目中,承包商为了确保设备和材料足够项目实施的需要,往往在采购设备和材料时留下一定的富余量。由于国际工程项目一般规模大,所用设备和材料数量很大,因此,项目实施过程中可能会存在大量多余的设备和材料。如果对该部分多余设备和材料的归属和处置没有做出明确的安排,可能会导致争议的发生,因此,对于项目实施过程中多余的用于或拟用于永久工程的设备和材料，承包合同中应当做出明确约定。

第九节 违 约 金

违约金（Liquidated Damages/Ascertained Damages）一般是指按照当事人的约定或者法律直接规定，一方当事人违约的，应向另一方支付的一定数量的金钱。国际工程承包合同中几乎都设置了违约金的相关约定。国际工程承包中的违约金可以根据缔约方的约定设置多种违约金，本节主要阐释工期延迟违约金（Delay Damages/Delay Liquidated Damages）和性能未达标违约金（Performance Damages/Performance Liquidated Damages）这两种最重要也是最常见的违约金。

一、违约金条款的设置

国际工程承包合同中约定工期延迟违约金和性能未达标违约金可以起到多重作用，如：促使承包商按期完工、弥补业主遭受的损失以及明确工期延迟或性能未达标时的违约金数额等。

例一：FIDIC 2017 版黄皮书第 8.8 款对工期延迟违约金的约定

If the Contractor fails to comply with Sub-Clause 8.2 [Time for Completion], the Employer shall be entitled subject to Sub-Clause 20.2 [Claims For Payment and/or EOT] to payment of Delay Damages by the Contractor for this default. Delay Damages shall be the amount stated in the Contract Data, which shall be paid for every day which shall elapse between the relevant Time for Completion and the relevant Date of Completion of the Works or Section. ❶

例二：某国际工程承包合同对性能未达标违约金的约定

If, on the other hand, the Subproject has achieved the Minimum Acceptance Criteria and Substantial Completion during the Minimum Acceptance Criteria Period (or during the second ten (10) month period, should Owner elect that option), then Contractor shall be liable to Owner for applicable Delay Liquidated Damages up to the date of Substantial Completion of the applicable Subproject (subject to Section 20.2A) and all Performance Liquidated Damages owed (subject to Section 20.2B). ❷

国际工程承包合同中的违约金条款一般应当包括如下要点：

---

❶ 参考译文："承包商未遵守第 8.2 款【竣工时间】的规定，业主应有权根据第 20.2 款【索赔费用和（或）工期延长】要求承包商为该违约支付延误赔偿。延误赔偿的金额应为合同资料中规定的金额，应根据工程或单项工程实际竣工日期与竣工时间的相差的天数计算。"

❷ 参考译文："相反的，如果子项目在最低接收标准期间（或者在第二个 10 个月期间，基于业主的选择）达到最低接收标准和实质竣工，则承包商应有责任向业主支付直至子项目实质竣工日期的延误违约金（根据第 20.2A 部分）和全部性能违约金（根据第 20.2B 部分）。"

(一) 违约金计算基准

违约金计算基准是国际工程合同中需要明确的首要事项。性能未达标违约金的基准与工期延迟违约金的基准设置的内用类似,在此仅以工期延迟违约金为例进行阐释。工期延迟违约金的基准包括两部分内容:

(1) 工期延迟违约金收取的时间基准,如工期延迟违约金是按照每延迟一天收取还是按照每延迟一周或其他时段进行收取。目前常见的工期延迟违约金收取的时间基准是每日计取,但也有项目采用按周计取的情况。

(2) 工期延迟违约金收取的数额基准,如工期每延误一天,业主可以向承包商收取多少金额违约金。目前常见的工期延迟违约金收取的数额基准有两种做法:按照合同价格的百分比收取或按照固定的数额收取。

对于工期延迟违约金收取的数额基准,国际工程承包合同中应当注意以下两点:

(1) 采用合同价格百分比收取的工期延迟违约金的做法需要注意合同价格的确定,即:采用合同签订时的合同价格,还是工期延迟发生时的合同价格或其他时间段的价格。

(2) 国际工程承包合同中存在单位工程情况下,需要在该单位工程交工时将原工期延迟违约金收取的数额基准降低。

(二) 违约金总额上限

国际工程承包合同在明确违约金计算基准的基础上,缔约方应当考虑是否设置违约金总额上限。国际工程的惯例性做法是合同中应当设置违约金总额上限,具体上限数额由缔约方协商确定。国际工程承包合同中的违约金总额上限一般包括以下两部分:

(1) 工期延迟违约金和性能不达标违约金各自的总额上限。国际工程承包合同中常见的工期延迟违约金总额上限在合同金额 5%~10%;性能不达标违约金总额上限一般为 5%~20%。

(2) 工期延误违约和性能不达标违约金两者相加后的总额上限。此处的总额上限根据工期违约金和性能不达标违约金各自上限总额进行确定,例如:如果工期延迟违约金总额上限在合同金额 10%,性能不达标违约金总额上限为 20%,则工期延误违约和性能不达标违约金两者相加后的总额上限为 25%。

二、违约金的唯一救济性

违约金的唯一救济性是指合同中约定的违约金是守约方就违约方违约唯一可获得救济,同时也是违约方就其违约仅仅需要向守约方支付的赔偿金额。违约金的唯一救济性旨在给缔约方设置一种确定性的责任承担方式和救济手段,赋予缔约方在签订合同时一个明确的责任预期。国际工程项目延迟和性能不达标可能会造成各种各样的损失且实际损失数额往往很难确定,因此,在国际工程承包合同中明确违约金的唯一救济性可以给国际工程承包合同的参与主体一个确定的预期责任。

FIDIC 2017 版黄皮书第 8.8 款【延误损失】第二段:
These Delay Damages shall be the **only damages** due from the Contractor for the Contrac-

tor's failure to comply with Sub-Clause 8.2 [Time for Completion], ——. These Delay Damages shall not relieve the Contractor from the obligation to complete the Works, or from any other duties, obligations or responsibilities which the Contractor may have under or in connection with the Contract. ❶

三、违约金设置的法律考量

虽然在国际商事领域提倡"缔约自由"（Freedom of Contract），但国际工程承包合同并不在法律的真空下运行。正如本书第一章所述，国际工程合同受制于适用法律和管辖法律，因此，国际工程承包合同中对违约金的设置需要考虑相关法律，接受相关法律的考量，主要事项如下：

(1) 违约金与实际损失不一致时的法律考量。国际工程承包合同中的违约金是缔约方在签订合同时对工期延迟或性能不达标时所遭受损失的一种预估，因此，合同中约定的违约金不可能与实际损失相同。对于违约金数额与实际损失数额相差较大时，有些国家的法律进行一定的干预，如我国的合同法的相关规定❷，此外，很多成文法的国家也对此作了相关的规定。英美国家的法律则强调尊重双方约定的违约金数额，在不存在特定情况时，法律支持缔约方约定的违约金数额，无论该违约金数额与实际损失相比是否存在较大差异。

(2) 违约金数额是否超出法律规定的范围。如根据德国法律，每日违约金不能超过合同价格的0.2%～0.3%，违约金总额不能超过合同价格的5%。❸

(3) 违约金数额是否为法律所认可。在英格兰法下，违约金只能是补偿性质，不能带有惩罚性质（compensate rather than punish），如果违约金高于实际损失，法官为避免违约方或被违约方不当得利，可以依据衡平原则（principle of equity）认定合同中的违约金条款无效，然后要求当事人就实际损失（actual loss）进行举证。❹ 需要注意的是，违约金条款无效的依据是其带有惩罚性质，这意味着只有违约方可以违约金数额过高并带有惩罚性质为由，要求法院认定违约金条款无效并计算实际损失。相反的，如果守约方认为违约金数额过低，则根据英美法的司法实践，法院可能不会调高违约金数额。

第十节　合同责任上限和责任例外

国际工程承包合同往往金额大、工期长并且影响面广，缔约方一旦存在违约或导致责

---

❶ 参考译文："——，此处的工期延迟违约金应是承包商就其违反第8.2款【竣工时间】所承担的**唯一赔偿**。支付工期延迟违约金不免除承包商继续完成工程的义务，或者承包商基于合同或与合同有关的任何其他职责、义务或责任。"

❷ 《中华人民共和国合同法》第一百一十四条。

❸ Lukas Klee, "International Construction Contract Law", Wiley Blackwell.

❹ Jobson v. Johnson [1989] 1 WLR 1026 for the possibility to sue under the penalty, but only up to the value of the actual loss.

任事件发生，其应当承担的责任或应当负责的损失可能巨大，例如，海上钻井平台项目中，如果因施工质量缺陷或操作不当导致原油泄漏，承包商面临的业主索赔和政府处罚可能是天文数字，任何有经验的承包商都无法合理预见及无力承担这样的潜在赔偿责任。因此，为了平衡缔约方之间的责任承担，促进项目的成功，国际工程承包合同中一般需要对缔约方在整个合同项下的责任设置上限安排（Limitation of Liability）。

一、合同责任上限设置

国际工程承包合同中责任上限条款的具体内容因项目不同而异，常见的内容包括：合同责任上限的单向安排、合同责任上限的双向安排、合同责任上限涵盖范围或例外范围。

合同责任上限的单向安排是指合同仅仅约定一方向另一方所承担的合同责任上限，而不是相互承担合同责任的上限。这种单项安排中多数是承包商向业主承担合同责任上限，而业主并不存在对承包商的合同责任上限，例如：

FIDIC 2017 版银皮书第 1.14 款【责任上限】第二段：

"The total liability of the Contractor to the Employer, under or in connection with the Contract, ——, shall not exceed the sum stated in the Contract Data or (if a sum is not so stated) the Contract Price stated in the Contract Agreement. ❶"

合同责任上限的双向安排是指合同中明确约定双方相互之间的责任上限，业主和承包商之间均约定向对方承担责任的上限，例如：

"Notwithstanding anything to the contrary contained in this Agreement, the Parties agree that either Parties' total liability to the other Party for all claims of any kind as a result of breach of contract, delays, warranty, tort, strict liability or otherwise, for any loss or damage arising out of, connected with, or resulting from the Works, including any liquidated damages payable under the Agreement shall in no case exceed fifty percent (50%) of the Agreement Price."❷

合同责任上限涵盖范围或例外范围是合同责任上限条款的重要组成部分。尽管国际工程承包合同中约定了合同责任上限，但缔约方往往将特定情形下的责任承担排除在合同责任上限涵盖的范围之外，例如：

"Exclusions to Limitation of Lability：

Limitation of Liability in preceding clauses shall not apply in relation to, or otherwise limit or affect：

(a) liability arising from abandonment of the Contract；

(b) cost to comply with clause [ ]；

---

❶ 参考译文："——，承包商根据或有关合同对业主的全部责任不应超过合同资料约定的金额或（如果没有约定该总额）合同协议书中约定的合同价款。"

❷ 参考译文："无论本协议中任何相反的规定，双方同意任何一方向另一方就工程索赔的违约责任、延误、担保、侵权、严格责任或其他情况导致的包括违约金在内的任何损失或损害不应超过本协议价格的50%。"

(c) liability to indemnify under clauses [　];;

(d) liability under clauses [　];

(e) liability related to claims against the Contractor for the Sub-Contractor's failure to comply with clause [　];

(f) liability for the Contractor's failure to comply with clause [　];

(g) liability which the relevant party cannot by Law contract out of."❶

二、合同责任上限适用的例外情形

国际工程承包合同在设置一般合同责任上限之外时也会对其作出例外情形的约定。国际工程承包合同中对于合同责任例外条款适用的例外情形一般为：如果缔约方的行为构成欺诈（fraud）、重大过失（gross negligence）、故意违约（deliberate default）和严重不当行为（reckless misconduct）等，则合同责任上限不予适用，例如：

FIDIC 2017 版银皮书第 1.14 条【责任上限】第三段：

This Sub-Clause shall not limit liability in any case of fraud, gross negligence, deliberate default or reckless misconduct by the defaulting Party.❷

三、合同责任的例外安排

本节所述合同责任例外是指缔约方在国际工程承包合同约定各方之间对特定损失不予赔偿。国际工程承包合同约定的例外合同责任一般为间接损失（Indirect Loss 或 Consequential Loss）。

根据大陆法系国家的民法理论和实践，间接损失是指民事主体因不法行为遭受的可得财产利益的损失，而构成间接损失的可得利益须符合以下条件：（1）必须是当事人已经预见或应当合理预见的预期利益；（2）必须是未来必然能够得到的利益；（3）必须是直接与违法行为相关联并因之而丧失的利益。对于间接损失的赔偿，各国的法律法规和司法实践不尽相同。

英格兰法下对"间接损失"并没有确定的认定标准和定义，但一般来说，英格兰法下对"间接损失"的大意为：

"Consequential losses are losses that are not the natural result of the breach in the usual course of things, but are likely to arise from a special circumstance of the case. These are only recoverable as damages for breach of contract if the paying party knew or should have known of the special circumstance when it made the contract (the second limb of the rule in

---

❶ 参考译文："前述条款的责任上限不应适用于、限制或影响：（a）放弃合同的责任；（b）遵守第【　】条的费用；（c）根据第【　】条的保障责任；（d）第【　】条约定的责任；（e）因分包商违反第【　】条而要求承包商承担的责任；（f）承包商违反第【　】条的责任；（g）相关方基于法律无法单独约定的责任。"

❷ 参考译文："本条不限制违约方欺诈、重大过失、故意违约或不当行为的责任。"

Hadley v Baxendale［1854］EWHC Exch J70）。"❶

虽然我国法律界也时常提及"间接损失",但我国法律上并没有对"间接损失"做出规定,但我国法律对损失的赔偿范围作了"可预见性"限制,例如:

《中华人民共和国合同法》第一百一十三条第一款:

"当事人一方不履行合同义务或者履行合同义务不符合约定,给对方造成损失的,损失赔偿额应当相当于因违约所造成的损失,包括合同履行后可以获得的利益,<u>但不得超过违反合同一方订立合同时预见到或者应当预见到的因违反合同可能造成的损失</u>。"

四、合同责任上限的法律考量

责任上限条款的有效性与合同约定的管辖法律或适用法律有关。目前,绝大多数国家的法律法规都不同程度地允许责任上限条款,但特定情形除外。例如,在英美法下,基于契约自由原则,法院或仲裁机构通常会认可和执行合同双方约定的责任上限,但法院经常拒绝认可存在以下情形的责任限制条款:

(a) The provision was ambiguous or unconscionable；

(b) The parties' intentions were not clearly expressed；

(c) One party had unequal bargaining powers or a higher level of sophistication；

(d) There was a public policy or statute prohibiting the enforcement of the provision. ❷

在大陆法系国家,相关法律法规也会干预缔约方在合同中约定的责任限制条款,例如,根据法国法律的规定,限制和排除合约责任的条款通常是有效的,但有四个例外:

(1) Where the breach was caused by a faute dolosive (i. e. typically fraud or a particularly serious willful misconduct) or faute lourde (i. e. a serious breach, which often corresponds to the common law concepts of recklessness or gross negligence), both defined on a case-by-case basis by the courts；

(2) Where the contractual liability provided for is considered derisory or insignificant； Courts will consider the economic rationale for the clause.

(3) Where the contractor is liable by reason of a law that is a matter of a public policy (such as decennial liability)；

---

❶ Hadley v Baxendale［1854］EWHC Exch J70. 参考译文:"间接损失并非违约发生时的自然结果,而是产生于特殊情形下。赔偿方订立合同时知道或应当知道违约会造成间接损失时,才应赔偿该类损失。"资料来源:https://uk. practicallaw. thomsonreuters. com/7-202-1808? transitionType＝Default&contextData＝(sc. Default)&firstPage＝true&comp＝pluk&bhcp=1,访问时间:2018年10月4日。

❷ 参考译文:"(a) 条款不清楚或不公正;(b) 双方意图表述不清晰;(c) 一方拥有不平等的谈判地位或更高的谈判技巧;(d) 公共政策或法律规定禁止条款的效力。"资料来源:https://www.bakerdonelson.com/The-Sky-is-Not-the-Limit-Limitation-of-Liability-Clauses-May-Be-the-Solution-to-Cap-Your-Contractual-Liability-05-10-2007,访问时间:2018年10月4日。

(4) To exclude or limit liability in tort. ❶

另外，我国法律对于责任限制条款也做了禁止性规定，例如，我国合同法第第五十三条规定：下列免责条款无效：（一）造成对方人身伤害的；（二）因故意或者重大过失造成对方财产损失的。

第十一节　业主提供的工程信息和资料

工程信息和资料是反映工程情况的重要载体，是国际工程承包合同的缔约方在确定合同价格、工程进度、技术方案和组织方案以及各种工程项目实施措施时的主要参考依据。国际工程项目的前期，在业主和承包商之间，业主往往掌握了较为全面的工程信息和资料，因为业主为了工程项目的立项和开发，已经对项目作了各种准备和调查工作，如项目的可行性研究（项目的可实施性）和项目现场的地下（地表以下、河底以下和海底以下）、水文和环境条件（包括环境条件和污染物质）等现场信息和资料。因此，对于业主提供的工程信息和资料的相关事宜，需要缔约方在国际工程承包合同中做出明确约定。

一、业主提供工程信息和资料的范围

如上所述，工程信息和资料是项目实施的主要参考依据，而在国际工程承包合同签订之时或之前，工程信息和资料基本掌握在业主手里。为了确保合同签订之时和履行过程中的信息对称，并基于该对称信息提供报价，国际工程承包合同需要明确业主提供工程信息和资料的范围。笔者认为业主提供工程信息和资料的范围包括以下两层内容：

（1）业主需要提供哪些工程信息和资料。众所周知，工程项目的工程信息和资料非常多，涉及工程项目的方方面面，如地质信息和资料、环境信息和资料、地材信息等。国际工程项目的承包方往往来自项目所在国之外，对工程项目的各种信息缺乏充分了解，而且获取的难度大，成本高，因此，在国际工程承包合同中约定由业主提供具体工程信息和资料则显得尤为重要。

（2）业主提供工程信息和资料的时间。业主提供工程信息和资料的时间对于承包商确定报价极其重要。国际工程实践中，业主提供工程信息和资料的时间分为两个阶段：第一阶段是承包商在确定报价之前：业主在该阶段应当将所有可能影响承包商报价的已经掌握的工程信息和资料提供给承包商，使承包商的报价尽可能具有充分的依据；第二阶段是承包商报价完毕到合同履行完毕：业主应当持续并及时向承包商提供该阶段新掌握的工程信

---

❶ 参考译文："(1) 违约是由于欺诈性过错（即典型的欺诈或者严重故意不当行为）或者重大过失（即严重的违约，相当于普通法下轻率的行为或者重大过失的概念）引起的，这两种行为由法院基于个案情况来定义；(2) 合同约定的责任不合理、不准确；法院根据实际情况确定责任上限条款的经济合理性。(3) 被免除或限制的责任违反公共政策（如承包商对工程质量的十年法定责任期限）；(4) 免除或限制侵权责任。"参见 Lukas Klee，"International Construction Contract Law"，Wiley Blackwell，p. 92.

息和资料。

二、工程信息和资料的准确性、充分性和完整性责任承担机制

业主提供的工程信息和资料是承包商报价的基础。如果这些信息和资料不准确（inaccuracy）、不充分（insufficiency）和不完整（incompleteness）势必对承包商的报价产生重大影响。考虑到国际工程实践中前期报价的时间短且工程公司具有持乐观态度的业界倾向，工程信息和资料不准确、不充分和不完整一般会导致报价偏低。为了解决工程信息和资料不准确、不充分和不完整所带来的不确定，平衡业主和承包商的责任或风险，国际工程承包合同中应当对上述不准确、不充分和不完整做出合理的安排。根据笔者的经验，目前存在以下常见的两种安排方式：

（一）业主对工程信息和资料准确性、充分性和完整性风险不负责

这种方式意味着业主向承包商提供的工程信息和资料仅仅作为其报价的考虑因素，而不是要求承包商作为报价的基础依据，工程信息和资料不准确、不充分和不完整的风险完全由承包商承担。在国际工程领域，这种方式适用的前提条件是：在承包商报价前，业主给予承包商充足的时间对业主提供的工程信息和资料进行核实。例如：

FIDIC 1999 版银皮书第 4.10 款【现场数据】：

The Employer shall have made available to the Contractor for his information, prior to the Base Date, all relevant data in the Employer's possession on subsurface and hydrological conditions at the Site, including environmental aspects. The Employer shall similarly make available to the Contractor all such data which come into the Employer's possession after the Base Date.

The contractor shall be responsible for verifying and interpreting all such data. The Employer shall have no responsibility for the accuracy or completeness of such data, except as stated in Sub-Clause 5.1 [General Design Responsibilities]. ❶

（二）业主有条件的承担工程信息和资料准确性、充分性和完整性风险

国际工程项目的报价周期往往较短，采用第一种安排方式不利于尽早完成合同签订和项目开工，因此，理性的缔约方一般在合同中约定业主提供的工程信息和资料准确性、充分性和完整性风险的合理分担机制。目前，常见的分担机制有以下四种：

（1）承包商在合同签订后有义务对业主提供的工程信息和资料进行核实，核实后的工程信息和资料存在不准确、不充分和不完整时，根据"有经验承包商"是否能够在报价前应当意识到不准确、不充分和不完整为依据，判断风险由业主还是承包商承担，例如：

---

❶ 参考译文："业主应在基准日期前，将其取得的现场地下和水文条件及环境方面的所有有关数据提交给承包商。同样地，业主在基准日期后得到的所有此类数据，也应提交给承包商。
承包商应负责核实和解释所有此类数据。除第 5.1 条【设计义务一般要求】约定的情况外，业主对这些资料的准确性、充分性和完整性不承担责任。"

FIDIC 多边开发银行协调版施工合同条件（MDB）第 4.7 款：

"The Contractor shall set out the Works in relation to original points, lines and levels of reference specified in the Contract or notified by the Engineer. The Contractor shall be responsible for the correct positioning of all parts of the Works, and shall rectify any error in the positions, levels, dimensions or alignment of the Works. The Employer shall be responsible for any errors in these specified or notified items of reference, but the Contractor shall use reasonable efforts to verify their accuracy before they are used. If the Contractor suffers delay and/or incurs Cost from executing work which was necessitated by an error in these items of reference, and an experienced contractor could not reasonably have discovered such error and avoided this delay and/or Cost, the Contractor shall give notice to the Engineer and shall be entitled subject to Sub-Clause 20.1 [Contractor's Claims] to:

(a) an extension of time for any such delay, if completion is or will be delayed, under Sub-Clause 8.4 [Extension of Time for Completion], and

(b) payment of any such Cost plus profit, which shall be included in the Contract Price.

After receiving this notice, the Engineer shall proceed in accordance with Sub-Clause 3.5 [Determinations] to agree or determine (i) whether and (if so) to what extent the error could not reasonably have been discovered, and (ii) the matters described in sub-paragraphs (a) and (b) above related to this extent."❶

（2）承包商在合同签订后特定期限内对业主提供的工程信息和资料进行核实，提出工程信息和资料不准确、不充分和不完整之处并提出工期和费用补偿，超过该期限后，业主对工程信息和资料所存在的不准确、不充分和不完整不再负责，这种方式的核心是根据项目的实际情况，确定合理的"核实期限"，例如某国际工程承包合同中的以下条款：

"The Contractor must (at its own cost), exercising Good Industry Practice, verify and fully satisfy itself as to the soil, ground and other geological and topographical Site conditions and the accuracy, correctness, completeness, consistency and adequacy of the Verifiable Information (forming part of the General Contractor Information) in respect thereof within ninety (90) days of the Contract Date (the "Verification Period"), including by carrying out any soil, ground and other geological and topographical investigations and surveys on the Site.

---

❶ 参考译文："承包商应根据合同中规定的或工程师通知的原始基准点、基准线和参照标高对工程进行放线。承包商应对工程各部分的正确定位负责，并且矫正工程的位置、标高或尺寸或准线中出现的任何差错。业主应当规定的或者通知的基准的任何错误负责，但是承包商在使用前应当做出合理的努力去核实它们的正确性。如果承包商在实施工程中由于这些基准中的某项错误遭受了延误和（或）费用增加，且有经验的承包商不能合理发现此类错误，并且避免延误和（或）费用增加，那么承包商应当通知工程师且有权根据第 20.1【承包商的索赔】的规定索赔：

(a) 根据第 8.4 款【竣工时间的延长】的规定，如果竣工延误或者将要延误时，此延误的工期延长；
(b) 任何费用加利润的款项，包含在合同价格中。

收到此通知后，工程师应当按照第 3.5 款【决定】的规定，来商定或者决定：(i) 服务是否不能被合理发现，(如果是) 不能合理发现的程度；(ii) 与该程度相关的上述 (a) 和 (b) 项所述事项。"

第十一节　业主提供的工程信息和资料

"Within the Verification Period, the Contractor shall by written notice to the General Contractor either confirm that the Contractor's findings as a result of the verification under clause [ ] are consistent with the Verifiable Information or proceed in accordance with clause [ ]. Upon the expiry of the Verification Period, the Contractor shall be fully responsible for and take all risk in such Verifiable Information and the Site conditions in accordance with clauses [ ], [ ] and [ ] which clauses shall thereafter apply as if they were not subject to this clause [ ], including addressing, subject to clause [ ], any obstacles or other issues with the Verifiable Information identified during the Verification Period."❶

第三，业主和承包商在合同中约定：因业主提供的工程信息和资料不准确、不充分和不完整导致特定数额发生时，合同价格发生相应的调整。这种方式的核心是根据项目的实际情况，确定合理的"数额"，例如某国际工程承包合同中的以下条款：

"The Owner has made available to the Contractor prior to the Effective Date, the data and studies ("Owner Documents") which have been obtained by or on behalf of the Owner. Except as provided below, the Contractor shall be solely responsible for interpreting all data and for conducting its own independent analyses and making conclusions in respect thereof.

The Contractor would undertake the studies set out Owner Documents in accordance with the Project Schedule ("Contractor Studies"). Where the Contractor Studies materially differs from the corresponding studies set out in Owner Documents and would result in an increase in the Agreement Price, it shall submit a proposal ("Proposal") for such increase in the Agreement Price to the Independent Expert.

The Independent Expert would then review the Proposal and give its decision: (i) whether there is a material deviation between the relevant Owner Document and the corresponding Contractor Study; (ii) the verification of the Additional Cost and its determination of the same which would be considered the final Additional Cost; and (iii) review and determine whether an extension in the Time for Completion is required or not.

In case the cumulative Additional Cost (as determined by the Independent Expert) for all the Proposal determined by the Independent Expert or the Owner's Representative, as the case may be, is less than or equal to US$ [ ], then such cost would be borne by the Contractor. Where the cumulative Additional Costs as determined by the Independent Expert under all the Proposals exceeds [ ], the Contractor would be entitled to a Change Order in

---

❶　参考译文："承包商必须（自费），运用良好工程实践，在合同日期的90天内（"核实期限"），核实和完全满足自己关于土壤、土地和其他地理和地质现场条件以及核实信息的正确性、准确性、完整性、一致性和适当性（构成总包商信息的一部分），包括开展任何土壤、土地和其他地质和地理的现场调查。
在核实期限内，承包商应当给总包商书面的通知来确认承包商基于第[　]款核实的发现与核实信息一致或者根据[　]款的规定着手进行。在核实期限终止前，承包商应当根据第[　]、[　]、[　]款规定对此核实信息和现场条件全权负责且承担风险，第[　]、[　]、[　]款应当如未根据第[　]款约定下适用，包括根据第7.4.6款的约定在核实期限期间解决任何核实信息识别出的障碍或者其他问题。"

relation to such Additional Cost beyond [　　]❶."

第四,有时也存在将上述第二种和第三种方式结合使用的情况,在此不予赘述。

第十二节　工程设计责任

设计是工程项目的核心工作之一,贯穿工程项目的始终,因此与设计有关的责任涉及方方面面。本节阐释的国际工程项目的设计责任仅限于两部分内容:一是设计义务(Design Responsibility),二是设计缺陷责任(Design Defect Liability)。前者是指承包商或设计方应当提供的设计范围,后者是承包商或设计方对设计出现缺陷时的责任承担。上述两部分内容是国际工程承包合同中的重要内容,对国际工程承包合同缔约方的权利、义务和责任具有重大影响。

一、工程设计工作的范围

国际工程项目中,设计工作的范围直接决定了合同价格和工期,因此,在合同中应当清晰界定工程设计的范围。笔者认为业主和承包商或设计方在国际工程承包合同中应当考虑以下两点:

(1) 合同中的工程设计工作所处工程设计的阶段。工程项目的设计阶段大体有以下阶段:概念设计(Conceptual Design)、方案设计(Schematic Design)、初步设计(Preliminary Design)、详细设计(Detailed Design)、施工图设计(Construction Design)和现场工艺类设计(如加工图设计(Shop Drawing))❷。工程设计所处的阶段决定了业主和承包商或设计方在设计工作上的设计工作的界面和分工。

(2) 合同中的工程设计工作满足合同要求的考量依据。承包商或设计方是否完成了合同中约定的设计工作责任一般以合同中约定的设计要求为考量依据。国际工程承包合同中约定的对工程设计工作的考量依据为:法律的强制性要求、合同中明确约定的设计要求(如FIDIC合同条件中的"业主要求 Employer's Requirements")以及合同约定的标准和规范。对工程设计工作的考量依据在很大程度上决定了承包商或设计方的设计工作量,同时

---

❶ 参考译文:"业主在生效日之前提供给承包商已经由业主或者业主的代表获得的数据和研究文件("业主文件")。除了以下规定外,承包商应当单独负责就解释所有数据和进行独立分析和做出相应结论。

承包商应对根据项目计划所做出的业主文件进行研究("承包商研究")。当承包商研究如果与业主文件中的相应研究存在重大不同时且会引起协议价格的增加,那么他应当就此协议价格增加向独立提交一份建议书("建议书")。

独立专家随后就此建议书进行审核且做出决定:(i)业主文件和相应的承包商研究中是否存在重大的偏离。(ii)对额外费用的核实和将被认为是最终额外费的决定。(iii)审核和决定竣工工期延长是否必要。

经独立专家或者业主代表确定的全部建议书的累计额外费用不少于或者等于【　】的情况下,此费用应当由承包商承担。当由独立专家就所有建议书确定的累计额外费用超过【　】,承包商有权利就此超过【　】的额外费用主张变更指令。"

❷ 请注意:由于世界各国的设计实践或设计类法律法规不同,工程项目的设计阶段可能存在很大不同。

也决定了业主审批和审核设计文件的边界和标准。

二、设计自由选择权

工程项目的一个突出特点是在工程设计最终定稿之前，工程设计往往一直处于变动之中，变动的原因来自两方面，一是因业主提出的要求而变动，二是设计方因未能满足合同的考虑依据而修改。后者不涉及设计自由选择权问题。设计自由选择权（Freedom of Choice of Design）一般是指缔约方可以选择设计方案的权利。设计自由选择权在国际工程 EPC 承包合同中的影响极大，因为 EPC 合同中的合同价格往往为固定价格，在满足合同要求的考量标准前提下，为了实现利益最大化，承包商在设计方案选择方面往往选择工程造价最低的方案。相反，业主为了实现项目质量最优或最大效益，一般在合同中设置批准机制，只有当承包商提交的设计图纸经过业主的审批通过后才能用于施工。

虽然承包商设计和业主审批的依据均为满足合同要求的考量依据，但满足合同要求的考量依据可以有多种途径或多种设计方案，而每种设计方案对应的工程造价不同，例如：在满足合同要求的考量依据前提下，设计方案可能存在三个：其中：第一个方案的设计和施工需要 1000 万美元，第二个方案则需要 1500 万美元，而第三个方案需要 2000 万美元。对于承包商来说，由于 EPC 合同的价格已经固定，当然会选择第一个方案，这意味着利润最大化，而对于业主来说，和可能会选择第三个方案，这意味着项目质量最优化。

如果承包商拥有设计自由选择权，在满足合同要求的考量标准前提下，承包商在设计方案选择方面往往选择工程造价最低的方案，以实现利润或利益的最大化；如果业主拥有设计自由选择权，则可能通过审批过程提出要求采用使得工程项目质量最优的方案。因此，国际工程承包合同中对设计自由选择权做出明确规定可以避免业主和承包商就此产生争议。

三、设计缺陷责任承担标准

工程设计存在缺陷在工程项目中并不少见。如何确定设计缺陷责任的承担体现在法律与合约方面即是确定设计缺陷责任的承担标准。国际工程中的设计缺陷责任承担标准受项目所在国法律、合同管辖法律与合同中的相关约定的影响。目前，设计缺陷责任的承担存在两个标准：设计主体是否尽了合理的技能和注意义务（Reasonable Skill and Care）和设计主体的设计是否满足目的（Fitness for Purpose）。

国际工程实践中，如果合同中明确约定设计责任承担标准，则根据缔约自由原则（Freedom of Contract），合同约定的标准优先；如果合同中没有约定设计责任承担标准，常见的法律态度有：如果设计方仅仅是根据设计合同提供设计服务，设计缺陷责任的承担标准通常为合理的技能和注意义务（Reasonable Skill and Care），而如果设计主体既是设计方又是承包商（Contractor），设计缺陷责任的承担标准一般为满足目的（Fitness for Purpose），例如在 EPC 合同中，承包商的设计缺陷责任承担标准一般是满足目的（Fitness for Purpose）。

第五章 国际工程承包合约法律实务

另外，合同对设计的不同要求和表述也会使得设计缺陷责任的承担标准不同，如以下案例：

Mt Hojgaard A/S v E. ON Climate and Renewable UK Robin Rigg East Ltd. 案中，❶ 承包商为业主设计和建设一个风电站，合同约定："承包商应根据本协议设计、制造、试验、交付、安装和完成工程，设备和工程的每个部分作为一个整体应当…符合采用良好行业实践所确定的技术要求中规定的目的。"❷ 以及"在不需要更换的前提下，地基的设计应确保20年的使用寿命。"❸ 该风电站的灌浆链接在建成未满20年即出现重大问题，该灌浆链接在设计时参照的是海上风机设计的国际标准DNV-OS-J101，但当时任何人都没有发现该国际标准存在重大缺陷。

案件一审期间，英国技术与工程法院（Technology & Construction Court）认为承包商已经进了合理的注意义务，没有违约，而且工程符合DNV-OS-J101标准，但是，考虑到合同和技术要求中保证地基可以使用20年，一审法院认为业主可以获得补偿。

案件二审期间，英国上诉法院（Court of Appeal）认为：

1. "the Court of Appeal held that on a proper construction the Contract did not include a warranty for 20 years of service life. If a structure had a design life of 20 years, then that did not mean inevitably it would function for 20 years, although it probably should."❹

2. "With regard to the wording in the Technical Requirements that "The design of the foundations shall ensure a lifetime of 20 years", the Court of Appeal said that, at first sight, such a provision, if incorporated into the Contract, would be a warranty requiring the foundations to function for 20 years. However, the Technical Requirements contained many references to the requirement for the foundations to have a "design life" of 20 years. In addition, the DNV-OS-J101 standard was intended to be used for offshore structures with a design life of 20 years."❺

3. "The Court of Appeal also held that the provisions of the Contract did not contain any free standing warranty or guarantee. As defined in the Contract "Good Industry Practice" required the exercise of reasonable skill and care as well as compliance with the DNV-OS-J101

---

❶ Lyndon Smith, "Fitness for Purpose: MT Hojgaard A/S vs Eon Climate and Renewables UK Robin Rigg East Limited and another", 17 July 2015. 资料来源：https://www.fenwickelliott.com/research-insight/newsletters/legal-briefing/2015/07，访问时间：2018年6月25日。

❷ 英文原文："The Contractor shall, accordance with this Agreement, design, manufacture, test, deliver and install and complete the Works so that each item of Plant and the Works as a whole shall be … fit for its purpose as determined in accordance with the Specification using Good Industry Practice."

❸ 英文原文："The design of the foundation shall ensure a lifetime of 20 years in every respect without planned replacement."

❹ 参考译文：上诉法院认为合同中并未包含20年服务周期的保证。如果结构的设计寿命为20年，则虽然应当如此，并不意味着该结构必须运行20年。

❺ 参考译文：对于技术要求中提到'地基的设计应保障20年的使用寿命'，上诉法院认为该约定乍看下是保证地基使用20年，但是，上诉法院强调技术要求中多处提到地基的设计寿命为20年，此外，项目采用的DNV-OS-J101标准也是指设计寿命20年。

standard but did not impose a warranty as to the length of the operational life."[1]

第十三节 工程暂停

工程暂停是国际工程项目实施过程中的重大事件之一。工程暂停可以由业主发起,也可以由承包商发起。无论谁是工程暂停发起人,其对国际工程承包合同的参与主体会产生重大影响。国际工程项目中的暂停(Suspension)包括两种情形,一是本节所述的"工程暂停(Suspension of Proceeding with Works)",又称为"工程暂时停工";二是缔约方履行合同的暂停,即缔约方暂停合同的履行(Suspension of Performance of Contract)。本节针对国际工程承包合同中的工程暂停机制进行简要阐释。

一、工程暂停发起和原因

如上所述,在国际工程承包合同的缔约主体之间,工程暂停的发起人可以为业主,也可以为承包商。由于业主和承包商在合同中的角色不同,两者发起工程暂停的原因往往存在很大差异。

(一) 业主发起暂停工程及其原因

国际工程承包合同中,经常见到两种业主发起暂停工程的情况:一种是合同中约定业主拥有随时指示承包商暂停工程的权利;二是业主因承包商原因暂停工程。

第一种情况中,业主发起暂停工程的情形赋予了业主很大的自由权利,使得业主可以不以任何理由要求承包商暂停工程,而第二种业主暂停工程的情况则往往是业主行使自己救济权利的行为。

第二种情况中,暂停工程中的常见的"承包商原因"大体包括:承包商实施的工程质量、安全防护措施、环保措施等不符合合同约定,需要停工整改;承包商的行为导致第三方阻止工程的继续实施;承包商的行为导致业主将面临重大损失等等。

(二) 承包商发起暂停及其原因

与业主发起暂停工程的原因不同,国际工程承包合同中往往不会赋予承包商随时暂停工程的权利,常见的承包商暂停工程的原因一般包括:业主未按合同的约定履行付款义务、业主未向承包商提供有能力继续实施项目的资金安排、业主实施了令承包商无法继续实施工程的阻碍行为(如未能取得应当由业主申请批准的特定许可)等等。需要注意的是,在不同的法域下,业主未按合同约定履行付款义务并不必然给予承包商暂停的权利。例如,新西兰上诉法院(the Court of Appeal of New Zealand)认为:"即使业主错误地未

---

[1] 参考译文:上诉法院还认为合同中没有包含无限的保证或担保。合同中的"良好行业惯例"仅要求承包商尽勤勉的义务以及符合DNV-OS-J101标准,但并没有要求承包商保证使用寿命。

按照进度证书履行付款义务,承包商也无默示的暂停施工权。"❶

此外,当出现上述情况时,承包商应当注意合同中约定的救济措施是否仅仅为暂停工程,还是另有其他可选择的措施,如放慢工程进度(Reduce the Rate of Work)。众所周知,暂停工程行为本身及其后续影响会非常严重,因此,如果存在上述选择,承包商应当根据具体原因,选择符合合同约定的救济措施。

二、工程暂停的后果

因工程暂停原因不同,工程暂停的后果也不同。

(一)业主随时指示承包商暂停工程的后果

如果合同中赋予业主随时指示承包商暂停工程的权利,合理和公平的国际工程承包合同应当赋予承包商就该暂停要求业主承担由此造成的不利影响,例如:业主承担工程暂停期间承包商照管(Care and Custody)发生的费用、承包商有权获得因工程暂停而产生的工期延长以及相应的额外费用。

(二)业主因承包商原因暂停工程的后果

在这种工程暂停情况下,由于工程暂停归咎于承包商,业主对工程暂停一般有权要求承包商承担不利后果。常见的承包商向业主承担的责任主要是:承包商自行承担工程暂停期间对工程的照管责任,工期延误对应的工期延迟违约金或承包商因业主要求赶工而发生的赶工费等。

(三)承包商因业主原因而暂停工程的后果

对承包商的来说,承包商因业主原因而暂停工程与上文业主随时指示承包商暂停工程的后果类似,但在具体承包合同中可能会对承包商可以索赔的费用做出不同的约定,如在承包商因业主原因而暂停工程的情形下,承包商不仅可以索赔由此遭受的成本损失(Loss of Cost),也可以索赔合理的利润(Profit),而在业主随时指示承包商暂停工程的情形下,承包商可能仅仅可以索赔遭受的成本损失(Loss of Cost)。

三、工程暂停和复工

因工程暂停的原因不同,对于工程复工(Resumption of Works)的安排也存在不同,国际工程承包合同中对于复工的常见安排大体如下:

(一)因业主随时指示承包商暂停工程的复工

此种情形下的复工主要包括两方面内容:一是业主暂停工程的时限。虽然合同中赋予

---

❶ Canterbury Pipe Lines v Christchurch Drainage(1979)16 B. L. R. 76. 参见"Keating on Construction Contracts", Ninth Edition, p. 152.

业主随时指示承包商暂停工程的权利，但该权利应当受到暂停时限的限制。惯例性的限制是：如果该暂停超过一定时限（例如60天），承包商可以要求复工，此时，业主还不允许复工的话，如果暂停的工程不影响整个工程，则承包商可以视为该部分暂停的工程已经删除，业主不再需要该部分工程，承包商可以根据变更或索赔的程序行使自己的救济权利，但如果暂停的工程影响整个工程，则承包商可以据此解除合同，按照合同中约定的合同解除行使自己的救济措施；二是暂停期间工程实体遭受损失的承担责任。对于此种情形下的工程暂停，根据承包合同，承包商往往具有照管现场的责任，但业主应当支付承包商因照管现场而支出的费用。不过，现实中，由于工程实体本身在项目暂停期间可能会因受到损失，对于这些损失，即使承包商履行照管责任，有时也在所难免。对于这种情况，缔约方应当在合同中予以考虑并作出明确约定。

（二）暂停工程因对方原因所造成情况下的复工

此种情况下的复工机制一般包括两方面内容：一是复工的前提条件。复工的前提条件应当是工程暂停的原因已经消除。为了确定工程暂停原因是否消除，业主和承包商应当在合同中约定具体的程序，如业主指示复工的程序、承包商申请复工的程序以及业主批准复工的程序等。二是特定期限内不予复工的后续安排。如果工程暂停超过特定期限而无法复工，则可能会对工程的缔约方到来巨大的损失，因此，为了降低该损失并防止工程成为烂尾工程，国际工程承包合同中应当根据项目的特点约定工程暂停的时限以及超过该时限时还未复工的后果，例如：一方可以解除合同。

第十四节 合 同 解 除

国际工程承包合同的解除是国际工程项目实施过程中极其重大的法律事件，其影响不亚于国际工程承包合同的缔结，因此，在国际工程承包合同中设置合理的合同解除机制至关重要。本节就国际工程承包合同解除机制中的核心事宜进行阐述。

一、合同解除的理由

国际工程承包合同解除的后果一般会非常严重，尤其是在项目未竣工之前的合同解除，很可能会导致工程停工、甚至烂尾，同时很可能给缔约双方带来巨额的争端。为此，在国际工程承包合同中应当设置合理的合同解除理由。笔者认为"合理的合同解除理由"应当是符合国际工程项目实际情况的合同解除理由。一般来说，合理的合同解除理由应当为缔约方出现了重大的违约行为，而重大违约行为的认定应当基于具体的项目情况，例如：

FIDIC 1999版合同条件银皮书第15.2款【业主终止】第一段：

The Employer shall be entitled to terminate the Contract if the Contractor：

(a) fails to comply with Sub-Clause 4.2 [Performance Security] or with a notice under

Sub-Clause 15.1 [Notice to Correct],

(b) abandons the Works or otherwise plainly demonstrates the intention not to continue performance of his obligations under the Contract,

(c) without reasonable excuse fails to proceed with the Works in accordance with Clause 8 [Commencement, Delays and Suspension],

(d) subcontracts the whole of the Works or assigns the Contract without the required agreement,

(e) becomes bankrupt or insolvent, goes into liquidation, has a receiving or administration order made against him, compounds with his creditors, or carries on business under a receiver, trustee or manager for the benefit of his creditors, or if any act is done or event occurs which (under applicable Laws) has a similar effect to any of these acts or events, or

(f) gives or offers to give (directly or indirectly) to any person any bribe, gift, gratuity, commission or other thing of value, as an inducement or reward:

(i) for doing or forbearing to do any action in relation to the Contract, or

(ii) for showing or forbearing to show favour or disfavour to any person in relation to the Contract,

or if any of the Contractor's Personnel, agents or Subcontractors gives or offers to give (directly or indirectly) to any person any such inducement or reward as is described in this sub-paragraph (f). However, lawful inducements and rewards to Contractor's Personnel shall not entitle termination. ❶

二、合同解除的程序

如上所述,合同解除是非常重大的法律事件,因此,除了约定合理的合同解除理由之外,通过合理的程序规范合同解除的行为成为必要。合同解除程序分为两种,即约定程序和法定程序。

(一) 合同解除的约定程序

合同解除的约定程序是指缔约方在合同中约定的用于合同解除的程序。合理地约定解除程序不仅有利于规范合同解除行为,更有利于防范争议发生。国际工程承包合同中常见

---

❶ 参考译文:"如果承包商有下列行为,业主应有权终止合同:(a) 未遵守第4.2条【履约担保】的约定,或根据第15.1条【通知改正】的约定发出通知;(b) 放弃工程或者明确表现出不继续按照合同约定履行其义务的意向;(c) 无合理解释的情况下未按照第8条【开工、延误和暂停】的约定实施工程;(d) 未获得必要许可的情况下分包整个工程或将合同转让给他人;(e) 破产或无力偿债、停业清理、已对其财产的接管令或管理令、与债权人达成和解,或为其债权人的利益在财产接管人、受托人或管理人的监督下营业,或采取了任何行动或发生任何事件(根据相关适用法律)具有与前述行动或事件相似的效果;或 (f)(直接地或间接地)向任何人给予或企图给予任何贿赂、礼品、赏金、回扣或其他贵重物品,以引诱或报偿他人:(i) 采取或不采取与合同有关的任何行动;或 (ii) 对与合同有关的任何人做出或不做出有利或不利的表示;或任何承包商人员、代理人或分包商(直接地或间接地)向任何人给予或企图给予本条第 (f) 项所述的任何此类引诱或报偿。但对给予承包商人员的合法鼓励或奖赏除外。

第十四节 合同解除

的合同解除程序包括：预警（Early Warning）、补救（Cure）和解除（Termination）。

合同解除的预警一般指在合同中约定守约方在意识到对方存在违约行为时，应当向违约方发出预警，告知对方已经发生了违约行为；补救一般是守约方在发出预警的同时，给予违约方一定的时限来补救其违约行为；而解除行为一般发生违约方的违约行为无法补救或违约方拒绝采取补救措施时才予以实施。例如：

东南亚某工程项目合同的解除条款：

The Contractor may terminate the Agreement in the following circumstances by giving a Notice of termination to the Owner which refers to this Section 15.1.2（Termination for Owner's Default）and its reason for termination：

(a) If the Owner assigns or transfers the Agreement or any right or interest therein in violation of the provisions of Section 20.1（Assignment）and **fails to remedy such violation within 30 days of the Contractor's Notice to the Owner stating such violation**；

(b) If the Owner abandons or repudiates the Agreement and fails to remedy the same within 30 days of the Contractor's Notice to the Owner stating such violation；

(c) any material breach or material default by the Owner of its obligations under this Agreement that is not remedied within twenty-one（21）days after Notice from the Contractor to the Owner stating such material default or material breach. ❶

需要注意的是，国际工程实践中，合同解除的时间点一般分为两种：一种是解除通知到达对方时解除，另一种是解除通知达并在一定期限后解除。例如：

FIDIC 1999 版合同条件银皮书第 15.2 款【业主终止】第一段和第二段：

The Employer shall be entitled to terminate the Contract if the Contractor：

(a) fails to comply with Sub-Clause 4.2［Performance Security］or with a notice under Sub-Clause 15.1［Notice to Correct］，

(b) abandons the Works or otherwise plainly demonstrates the intention not to continue performance of his obligations under the Contract，

(c) without reasonable excuse fails to proceed with the Works in accordance with Clause 8［Commencement，Delays and Suspension］，

(d) subcontracts the whole of the Works or assigns the Contract without the required agreement，

(e) becomes bankrupt or insolvent，goes into liquidation，has a receiving or administration order made against him，compounds with his creditors，or carries on business under a receiver，trustee or manager for the benefit of his creditors，or if any act is done or event occurs which（under applicable Laws）has a similar effect to any of these acts or events，or

---

❶ 参考译文：承包商可以在下列情况下通过给业主发出终止通知来终止协议，提及第 15.1.2 条（因业主违约的终止）和终止的原因：(a) 如果业主违反第 20.1 条（转让）的约定，转让协议或者任何权利或者权利和未能在载明业主此项违约的承包商通知的 30 天内进行补救；(b) 如果业主放弃或者否定协议且未能在载明业主违约的承包商通知的 30 天内进行补救；(c) 任何业主此协议项下的重大违约未能在载明业主此重大违约的承包商通知后的 21 天内被补救。"

(f) gives or offers to give (directly or indirectly) to any person any bribe, gift, gratuity, commission or other thing of value, as an inducement or reward:

(i) for doing or forbearing to do any action in relation to the Contract, or

(ii) for showing or forbearing to show favor or disfavor to any person in relation to the Contract,

or if any of the Contractor's Personnel, agents or Subcontractors gives or offers to give (directly or indirectly) to any person any such inducement or reward as is described in this sub-paragraph (f). However, lawful inducements and rewards to Contractor's Personnel shall not entitle termination.

In any of these events or circumstances, the Employer may, upon giving 14 days' notice to the Contractor, terminate the Contract and expel the Contractor from the Site. However, in the case of sub-paragraph (e) or (f), the Employer may by notice terminate the Contract immediately..❶

从以上例子可以看出，对于该款第（a）、（b）、（c）和（d）项的违约行为，业主解除合同的时点是解除合同的通知发出后 14 天，而对于（e）和（f）项的违约行为，业主则可以立即解除合同。

（二）法律规定的合同解除程序

缔约自由（Freedom of Contract）是国际商事契约的原则，因此，国际商事合同的很多事项由缔约各方谈判确定，法律往往不予干预，但对于合同解除这样的重大法律事件，很多国家的法律往往对此作出规定。例如：

例一：印度尼西亚民法典第 1266 条规定：

"The termination requirement always deemed that is stipulated in the reciprocal agreement, if one party does not fulfill its obligation. In such case, the agreement is not null and void, but termination must be requested to the Court. The said request shall be conducted, although the termination requirement on non-performance obligations stipulated in the agreement.

---

❶ 参考译文：雇主有权终止合同，如果承包商：（a）未能遵守第 4.2 款【履约保证】或根据第 15.1 款【通知改正】发出的通知，（b）放弃工程或证明他不愿继续按照合同履行义务，（c）无正当理由而未能：（i）按第 8 条【开工、延误和暂停】实施工程，或（ii）在接到通知后 28 天内，遵守根据第 7.5 款【拒收】或第 7.6 款【补救工作】颁发的通知，（d）未按要求经过许可便擅自将整个工程分包出去或转让合同，（e）破产或无力偿还债务，或停业清理，或已由法院委派其破产案财产管理人或遗产管理人，或为其债权人的利益与债权人达成有关协议，或在财产管理人，财产委托人或财务管理人的监督下营业，或承包商所采取的任何行动或发生的任何事件（根据有关适用的法律）具有与前述行动或事件相似的效果，或（f）给予或提出给予（直接或间接）任何人以任何贿赂、礼品、小费、佣金或其他有价值的物品，作为引诱或报酬：（i）使该人员采取或不采取与该合同有关的任何行动，或（ii）使该人员对与该合同有关的任何人员表示赞同或不赞同，或者，如果任何承包商的人员、代理商或分包商如（f）段所述的那样给予或提出给予（直接或间接）任何人以任何此类引诱或报酬。但是，给予承包商的人员的合法奖励和报酬应不会导致合同终止。

如果发生上述事件或情况，则雇主可在向承包商发出通知 14 天后，终止本合同，并将承包商逐出现场。另外，如果发生（e）段或（f）段的情况，雇主可通知承包商立即终止合同。

If the termination requirement is not stipulated in the agreement, then the Judge reviews the conditions, based on the request of the defendant; freely provide a certain period to fulfill obligations, but that certain period cannot be longer than a month.❶"

例二：卡塔尔民法典第 184 条第 1 款

"The parties may agree that, in the case of a failure to perform the obligations arising from the contract, such contract shall be deemed to have been rescinded ipso facto without a court order.❷"

从以上两个例子可以看出，有些国家的法律对于合同解除设定了法定程序，除非合同中另有约定，否则，守约方解除合同需要取得法院的确认或指令（order）。

三、合同解除后的处理机制

与一般国际货物买卖合同解除相比，国际工程承包合同的解除所需要解决的后续事宜非常复杂，其相应的机制一般应当包括：

（1）合同解除后的计量计价。无论是因业主原因还是承包商原因解除合同，只要合同解除发生在竣工之前，业主和承包商就需要对已完成的工程和未完成的工程依据合同约定进行计量计价，进行结算。为了更好地完成这种特殊情形下的结算，国际工程承包合同中应当明确约定此种情形下的计量计价依据以减少进一步的争议发生。

（2）违约方的赔偿约定。不言而喻，如果合同因违约解除，守约方自然有权要求违约方支付赔偿，但对于赔偿范围和数额往往产生争议。因此，在合同签订阶段，缔约方应当明确约定合同解除后的赔偿范围。

（3）违约方的行为限制。对违约方的行为限制主要适用于业主因承包商原因而导致合同解除的情形。在这种情况下，业主为了继续实施项目，可能在特定时间段内需要使用承包商的施工机具和材料，因此，很多国际工程承包合同中会约定：合同解除后，业主有权继续使用承包商在现场的施工机具和原材料。

（4）守约方的减损措施。减损义务一般是法定的义务，但由于国际工程项目的复杂性，是否构成法律上认可的减损措施往往存在争议。因此，在合同签订阶段，缔约方最好明确约定合同解除时守约方的减损措施。

四、自主解除合同

如果将上文提及的合同解除称为"有因型合同解除"，那么"自主解除合同"则可以

---

❶ 参考译文："如果一方未能履行其义务，解除条件通常被认为是规定在双务合同中。在这种情况下，合同不是无效的，但必须经法院要求后方可解除合同。即使合同规定了未履行义务时解除的条件，但上述要求仍然应予执行。

如果合同未规定解除的条件，则法官将基于被告的要求审查合同条件；自由地给予一定的履行义务时限，但该时限不能长于 1 个月。"

❷ 参考译文："合同缔约方可同意在未履行合同义务的情况下，该合同应当被认为事实上未经法院指令就已经被终止。"

被称之为"无因型合同解除",因为该解除合同的方式赋予缔约方不需要任何原因就可以解除合同的权利。对该类解除合同的方式往往以不同的英文名称出现,如"Termination for Convenience","Termination at will","Optional Termination"。国际工程承包合同中存在的此类合同解除方式一般仅仅是业主拥有这种权利,笔者尚未见承包商也拥有这种权利的案例。因此,在国际工程承包合同中,此种类型的合同解除类型又称为"Termination for Employer's Convenience","Termination at Employer's Will"以及"Employer's Entitlement to Termination"等等。需要说明的是,该类合同解除方式不仅出现在业主和总承包商之间的总承包合同中,很多时候,也会出现在工程咨询合同以及总承包商和分包商的分包合同中。本节仅限于对"业主自主解除合同"的阐释。

(一)国际工程承包合同中设置"业主自主解除合同"机制的原因

据笔者不完全调查,"业主自主解除合同"机制可能最早出现于美国的南北战争末期。当时美国联邦政府主要出于解决因战争结束导致军购项目终止问题的问题而设置了该类条款。之后,该机制在美国的公共采购以及私人工程采购合同中被广泛采用,并扩展应用到英美法系国家。目前,一般来讲,该机制通常会出现四种类型的工程项目合同中:第一种为政府自身或具有政府背景的公司作为业主的项目;第二种为大型或较大型的基础设施融资项目;第三种为规模和金额较大的项目;第四种为可能涉及广泛或较广泛公共利益的项目。业主之所以会在上述类型的项目中约定该机制,笔者认为主要基于以下原因:

(1)政府政策的变化。这是第一种项目的业主在起草工程合同时设置"业主自主解除"机制的主要原因。政策变化有时不得不终止正在进行的项目,这一条款可以使业主相对比较简单地就可以解除合同,这样为业主应对政策变化问题提供了很大的自由度。尤其是对于那些涉及国家战略或国家机密的项目,这一机制在很大程度上避免了解除合同原因的披露。

(2)项目复杂程度的考虑。基础设施融资项目的业主一般更强烈要求设置该条款。众所周知,融资项目的结构和过程都很复杂,有些项目有时因为各种原因无法按期实施或不得不放弃。在无法按期实施或放弃项目的情况下,该机制给业主解除工程承包合同提供了很大的便利。

(3)资金方面的考虑。国际工程项目一般具有项目规模大、金额高的特点。这种特点有时会导致业主无法获得充足的项目资金而不能继续项目。业主出于保护自己的考虑,在合同中设置该机制。

(4)公共利益的考虑。有些项目可能会涉及公共利益,但如何认定公共利益很多时候存在模糊性,容易引起争议。为避免这种模糊性或争议,第四类项目的业主往往会在合同中设置该机制,从而减少解除合同的复杂程度和难度。

(5)解除合同方便性的考虑。该条款的典型特点就是业主无须原因就可以解除合同,这在很大程度上为业主解除合同提供了很大便利,尤其是对解除合同的原因存在或可能存在较大争议的时候。国际工程合同在执行过程中会出现各种问题,而问题有时往往又不仅仅是合同一方造成的,这就为责任或违约认定带来困难。这种情况下,为了避免就合同解除原因产生争议或在最大程度上保护自己的利益,业主有时利用该条款解除与承包商的合同。

(二)"业主自主解除合同"方式的法律考量

笔者认为该合同解除机制存在的根本法律基础在于合同法上的"缔约自由"原则。该原则赋予合同各方在不违反法律的前提下,自由约定合同各方的权利和义务。英美法系国家的许多案例中涉及该机制的应用。如:美国的 Torncello 诉 United States 案,澳大利亚的 Kellogg Brown & Root 公司诉 Australian Aerospce 公司案以及英国 Abbey Development 公司诉 PP Brickwork 案等等。根据笔者的初步调查,我国官方公布的建筑工程合同范本中还没有这类条款,但这并不意味着该类条款在我国法律环境中不具有效性。笔者认为该类条款在我国并不存在法律上的障碍。

但缔约方在设置该合同解除机制时,应当注意影响该机制有效性的法律问题。该法律问题包括两个层次:第一,合同的准据法是否允许该无因型合同解除机制的存在;其二,在合同准据法允许该类合同解除机制存在的情况下,该机制应如何约定或措辞在法律上才有效。正如笔者在上文中所述,基于"缔约自由"原则,很多国家的法律或司法实践中允许或不禁止该类型条款的存在,所以一般情况下,不存在第一层次上的法律障碍问题。相对于第一层次的考虑,在实践中,双方如何约定该合同解除类型则显得尤为重要,因为如果该机制的约定或措辞在法律上属于无效条款,其存在就没有现实意义。对此,英美法系的很多案例作了相关裁定。如在英国 Abbey Development 公司诉 PP Brickwork 案中,法官认为:如果这类条款没有约定补偿机制,该类条款就会面临被认定为"不可执行和不公正(unenforceable and unconscionable)"的风险。同样,在我国,如果合同中约定该类条款而排除其赔偿责任,根据我国合同法的"公平原则",该类型条款很可能会被认定为无效。正是基于上述法律上有效性的考虑,国际工程界熟悉的 1999 年版 FIDIC 合同条件(见红皮书第 15.5 款,银皮书第 15.5 款以及黄皮书第 15.5 款)以及美国的 AIA(American Institute of Architects)合同条件(见第 14 条)均约定了业主的责任机制。

第十五节　工程知识产权

工程知识产权是非常复杂的法律问题。国际工程项目中常见的知识产权主要包括专利权、版权、工业设计权、商标权、外观设计权和工法和技术秘密等。本节仅对业主和承包商之间在国际工程承包合同中的知识产权相关约定进行阐释。

一、工程知识产权的权属

国际工程承包合同中对工程知识产权的权属问题往往是业主和承包商谈判的重点,尤其是工程项目涉及重要专利技术或专利工艺包的合同。对于工程知识产权权属,笔者认为以下三点值得业主和承包商予以重视:

第一,工程知识产权的所有权归属。以合同生效的时间为界,工程知识产权所有权的归属可以分为两个时间点,一是承包商在合同生效前拟用于项目的知识产权,二是合同生效后履行合同期间承包商因履行合同而产生的知识产权。笔者遇到的常见做法是：对于第一种知识产权的所有权，业主不应当拥有；而对于第二种知识产权的所有权，业主往往倾向于拥有。对于业主在合同生效前或合同履行期间自己拥有或开发的知识产权的所有权，则基本上为业主所有。

第二，工程知识产权的使用权。工程项目的知识产权的使用权包括两种，一是业主拥有所有权的知识产权供承包商使用的情况；二是承包商拥有的所有权的知识产权供业主使用的情况。国际工程实践中，对于知识产权使用权的一般做法是：业主和承包商都可以使用对方拥有所有权的知识产权，但该使用权仅限于履行工程合同之目的。

二、工程知识产权的侵权

国际工程实践中，工程知识产权侵权包括业主和承包商之间的知识产权侵权行为和业主或承包商与第三方之间的知识产权侵权行为两种情形。第一种情形的知识产权侵权与违约相竞合，在此不予展开，第二种知识产权侵权情形为国际工程承包合同中重点关注的事项，其包括的内容如下：

（1）工程知识产权侵权的范畴。由于国际工程项目涉及的国家或地区比较多，而不同国家或地区往往存在不同的知识产权类法律，在工程知识产权侵权的认定上往往面临诸多法域的不同规定问题，因此，缔约方有必要在合同中约定知识产权侵权的范畴。

（2）工程知识产权侵权时的及时通知义务。国际工程项目的参与主体往往来自不同的国家，而在工程实施的不同阶段，有些参与主体很可能不会在侵权行为发生地，因此，一旦一方收到第三方发起的知识产权侵权索赔时，该方应当尽快告知造成知识产权侵权的一方，由该侵权方尽早参与到解决知识产权侵权的纠纷中来，避免更大的损失发生。为了强化该类通知的重要性，笔者认为缔约方应当在合同中明确约定该类通知发出的时限，一旦错过该时限，应当发出通知的一方丧失合同中约定的救济措施。

（3）知识产权侵权行为的责任承担。一般情况下，谁的行为导致侵权，相应的不利侵权后果应当由谁承担，并保障另一方免受损失。但由于国际工程项目的复杂性，知识产权的侵权也会出现特殊的情况，例如：承包商根据业主的要求，为实现合同目的的行为发生了侵权或者承包商和业主的行为结合在一起发生了侵权。这种知识产权侵权行为比较复杂，如果不在合同中做出明确的责任承担约定，则可能导致侵权结果承担的不确定性。

对于以上三点内容，笔者认为多边开发银行协调版施工合同条件第17.5款［知识和工业产权］可以作为参考的例子：

Sub-Clause 17.5: Intellectual and Industrial Property Rights

In this Sub-Clause, "infringement" means an infringement (or alleged infringement) of any patent, registered design, copyright, trade mark, trade name, trade secret or other intellectual or industrial property right relating to the Works; and "claim" means a claim (or proceedings pursuing a claim) alleging an infringement. Whenever a Party does not give notice to the other Party of any claim within 28 days of receiving the claim, the first Party shall be deemed to have waived any right to indemnity under this Sub-Clause.

The Employer shall indemnify and hold the Contractor harmless again stand from any claim alleging an infringement which is or was:

(a) an unavoidable result of the Contractor's compliance with the Contract, or

(b) a result of any Works being used by the Employer:

(i) for a purpose other than that indicated by, or reasonably to be inferred from, the Contract, or

(ii) in conjunction with anything not supplied by the Contractor, unless such use was disclosed to the Contractor prior to the Base Date or is stated in the Contract.

The Contractor shall indemnify and hold the Employer harmless against and from any other claim which arises out of or in relation to (i) the manufacture, use, sale or import of any Goods, or (ii) any design for which the Contractor is responsible.

If a Party is entitled to be indemnified under this Sub-Clause, the indemnifying Party may (at its cost) conduct negotiations for the settlement of the claim, and any litigation or arbitration which may arise from it. The other Party shall, at the request and cost of the indemnifying Party, assist in contesting the claim. This other Party (and its Personnel) shall not make any admission which might be prejudicial to the indemnifying Party, unless the indemnifying Party failed to take over the conduct of any negotiations, litigation or arbitration upon being requested to do so by such other Party. ❶

第十六节 工程中性事件

国际工程承包合同中的中性事件（Neutral Event）核心特点是该事件的发生不归咎于缔约方，如自然灾害。国际工程项目的特点意味着发生中性事件的概率比较高，而一旦发生可能会对项目的实施带来重大影响。因此，国际工程承包合同中应当考虑中性事件的范

---

❶ 参考译文："在本款中，"侵权"是指侵犯（或被指称侵犯）与工程有关的任何专利权、注册过的设计、版权、商标、商号、商业机密合作和其他知识或者工业产权；"索赔"是指对侵权的索赔（或者就索赔进行的诉讼）。

当一方未能在收到任何索赔的28天内向另一方发出关于该索赔的通知时，该方应被认为已经放弃根据本款规定的任何受保障的权利。

业主应当保障承包商免受因以下情况提出的侵权的任何索赔引起的损害：
(a) 承包商遵守合同的约定而造成的不可避免的结果；
(b) 业主因为以下原因使用任何工程而造成的结果：
(i) 为了并非合同指示的或者可以合理推断的目的
(ii) 与非承包商提供的任何物品联合使用，除非此项使用在基准日前向承包商透露或者规定在合同中。

承包商应当保障业主免受由以下事项产生或者与之相关的任何其他索赔引起的损害：(i) 任何货物的制造、使用、销售或者进口；或 (ii) 承包商负责的任何设计。

如果一方有权在本条下受到保障，保障方可以（自费）为索赔的解决组织谈判或者由此引起任何诉讼或者仲裁。另一方应当在保障方要求并承担费用的前提下，协助因索赔而进行的辩论。此另一方（及其人员）不应做出任何损害保障方的准许，除非保障方未能在另一方请求下完成组织此谈判、诉讼或者仲裁事宜。"

畴、风险承担和法律后果等事宜。

一、中性事件的范畴

中性事件非归咎于缔约某一方，因此，中性事件发生导致的损失或无法履行合同的责任不能采用违约责任的承担方式。正是由于中性事件的这种特殊性，缔约方在国际工程承包合同中需要明确中性事件的范畴。国际工程承包合同的中性事件具体表现为：不可抗力事件（Force Majeure Event）、异常事件（Exceptional Event）、特殊风险（Special Risks）或缔约方某一方应当负责的事件（如业主风险事件）。

不可抗力（Force Majeure）源于罗马法，根据罗马法的规定，不是由于债务人故意或过失，而是由于某种不可预见或不可预防的事件造成的损失，债务人可以免除责任。不可抗力在西方国家称作"上帝的行为"（act of god），这一概念与英美法系中的"履约落空"（frustration）和"履约不能"（impossibility of performance）接近。在成文法系国家的法律规定中经常出现：如我国的合同法第一百一十七条第二款❶和阿根廷民法典第512条和513条❷；在英美法系，尤其是英国法中并不存在对不可抗力的定义规定。在适用英国法的情况下，如果缔约方拟采用不可抗力，需要在合同中做出明确约定：例如：

The term "Force Majeure" means an event occurring after the Contract Date which is beyond the reasonable control, directly or indirectly, of the Affected Party, but only if, and to the extent:

(a) such event, despite the exercise of reasonable diligence and efforts, cannot be prevented, avoided or removed by the Affected Party;

(b) such event materially and adversely affects the ability of the Affected Party to fulfil its obligations under the Contract;

(c) the Affected Party has taken all reasonable precautions, due care and reasonable alternative measures in order to avoid the effect of such event on the Affected Party's ability to fulfil its obligations under the Contract and to mitigate the consequences there of;

(d) such event is not the result of any failure of the Affected Party to comply with any of its obligations under the Contract or any negligence of the Affected Party;

(e) such event was not reasonably foreseeable.

Force Majeure includes:

(a) epidemics, plagues, landslides, earthquakes, cyclones, typhoon, tornado, flood, washouts and other natural disasters;

(b) any act of war (whether declared or undeclared), invasion, armed conflict or act

---

❶ 本法所称不可抗力，是指不能预见、不能避免并不能克服的客观情况。

❷ Force Majeure is defined by the following characteristics: (a) an event that could not have been foreseen or if it could, an event that could not be resisted; (b) externality: the victim was not related directly or indirectly to the causes of the event; (c) unpredictability: the event must had been originated after the cause of the obligation, and (d) irresistibility: the victim cannot by any means overcome the effects.

of foreign enemy, blockade, embargo or revolution;

(c) any riot, insurrection, civil commotion, act or campaign of terrorism or sabotage that is a part of religious, ethnic, political or other civil unrest or commotion, sabotage or terrorism;

(d) Sanction or, Law outside the Russian Federation or which prevents a party's performance under the Contract; and

(e) unavoidable accident, fire, explosion, radioactive contamination, ionising radiation, chemical contamination,❶

国际工程承包合同中有时采用异常事件（Exceptional Event）或特殊风险（Special Risks）的表述代替"不可抗力"，例如：

FIDIC 2017 版银皮书第 18.1 条【异常事件】：

"Exceptional Event" means an event or circumstance which:

(i) is beyond a Party's control;

(ii) the Party could not reasonably have provided against before entering into the Contract;

(iii) having arisen, such Party could not reasonably have avoided or overcome; and

(iv) which is not substantially attributable to the other Party.

An Exceptional Event may comprise but is not limited to any of the following events or circumstances provided that conditions (i) to (iv) above are satisfied:

(i) war, hostilities (whether war be declared or not), invasion, act of foreign enemies;

(ii) rebellion, terrorism, revolution, insurrection, military or usurped power, or civil war;

(iii) riot, commotion or disorder by persons other than the Contractor's Personnel and other employees of the Contractor and Subcontractors;

(iv) strike or lockout not solely involving the Contractor's Personnel and other employees of the Contractor and Subcontractors;

---

❶ 参考译文："'不可抗力'是指发生在合同日期之后直接或者间接地超出受影响一方合理控制事件，但如果且仅限于：

(a) 即使尽了合理的勤勉和努力，仍不能由受影响一方阻止、避免或者免除此类事件；

(b) 此类事件重大且相反地影响了受影响一方履行合同义务的能力；

(c) 受影响一方为了避免此类事件的影响会波及受影响一方履行合同项下义务的能力和减轻其后果已经采取了所有合理的预防措施、应有的注意和合理的替换措施；

(d) 此类事件非受影响一方未能履行合同项下的义务或者受影响一方的任何过失造成的结果；

(e) 此类事件不能被合理预见。

不可抗力包括：

(a) 传染病、瘟疫、滑坡、地震、飓风、台风、龙卷风、洪水、冲蚀和其他自然灾害；

(b) 战争行为（不论宣战与否）、入侵、武装冲突或者外国敌意行为、阻碍、禁止或者革命；

(c) 任何暴乱、暴动、民众骚乱、恐怖主义运动或者作为宗教、种族、政治或者其他内乱、破坏或者恐怖主义的一部分；

(d) 制裁或者俄罗斯联邦外法律或者组织一方履行合同义务；以及

(e) 不可避免的意外、火灾、爆炸、放射性污染、电力辐射、化学污染。"

(v) munitions of war, explosive materials, ionising radiation or contamination by radio-activity, except as may be attributable to the Contractor's use of such munitions, explosives, radiation or radio-activity, or

(vi) natural catastrophes such as earthquake, tsunami, volcanic activity, hurricane or typhoon. ❶

Hong Kong General Conditions of Contract for Civil Engineering Works 1999, Article 84 (1):

If during the currency of the Contract, there shall be:

(a) an outbreak of war (whether war be declared or not) in any part of the world which, whether financially or otherwise materially affects the execution of the Works, or

(b) an invasion of Hong Kong, or

(c) civil war, rebellion, revolution or military or usurped power in Hong Kong, or

(d) riot, commotion or disorder in Hong Kong otherwise than amongst the employees of the Contractor, any sub-contractor or Specialist Contractor currently or formerly engaged on the Works or Specialist Works, or

(e) act of foreign terrorists in Hong Kong;

hereinafter comprehensively referred to as "the special risks", … ❷

有的合同中明确将某些中性事件直接称之为"业主风险"以明示此类风险由业主承担，例如：

FIDIC 1999 版合同条件黄皮书第 17.3【业主风险】：

The risks referred to in Sub-Clause 17.4 below are:

(a) war, hostilities (whether war be declared or not), invasion, act of foreign enemies;

(b) rebellion, terrorism, revolution, insurrection, military or usurped power, or civil war, within the Country;

(c) riot, commotion or disorder within the Country by persons other than the Contractor's Personnel and other employees of the Contractor and Sub-Contractors;

(d) munitions of war, explosive materials, ionising radiation or contamination by radio-activity, within the Country, except as may be attributable to the Contractor's use of such munitions, explosives, radiation or radio-activity;

---

❶ 参考译文："异常事件"是指事件或情况：(i) 超出一方当事人的控制；(ii) 一方当事人订立合同前无法合理地应对；(iii) 发生后该一方当事人无法合理地避免或克服；以及 (iv) 并非实质性归咎于另一方。

异常事件包括但不限于满足上述 (i) 至 (iv) 项的下述事件或情况：(i) 战争、敌对行动（无论是否宣战）、入侵、外地行为；(ii) 叛乱、恐怖行为、革命、暴动、军事政变或篡夺政权或者内战；(iii) 非承包商人员及承包商和分包商其他雇员的骚动、暴乱或骚乱；(iv) 承包商人员及承包商和分包商其他雇员未参与的罢工或停工；(v) 军事物资、爆炸材料、电离辐射或放射性污染，但因承包商使用此类军事物资、爆炸物、辐射或放射性所引起的除外；(vi) 诸如地震、飓风、台风、火山活动、飓风、台风的自然灾害。

❷ 参考译文："如果合同期间发生：(a) 对实施工程有经济或其他实质性影响的世界上的任何地方爆发战争（无论宣战与否），或者 (b) 香港被入侵，或者 (c) 香港发生内战、叛乱、革命、军事行动或篡权，或者 (d) 香港发生暴乱、骚乱或动乱，但参与工程或专业工程的承包商、分包商或专业承包商的雇员参与的除外，或者 (e) 境外恐怖分子在香港的行动；以下统称为"特殊风险"……"

(e) pressure waves caused by aircraft or other aerial devices travelling at sonic or supersonic speeds;

(f) use or occupation by the Employer of any part of the Permanent Works, except as may be specified in the Contract;

(g) design of any part of the Works by the Employer's Personnel or by others for whom the Employer is responsible, if any; and

(h) any operation of the forces of nature which is Unforeseeable or against which an experienced contractor could not reasonably have been expected to have taken adequate preventative precautions. ❶

二、中性事件的风险承担

中性事件的风险承担是业主和承包商在缔结国际工程承包合同中谈判的重点。根据笔者的经验，中性事件的风险承担在业主和承包商之间经常出现的合同安排存在以下两种情形：

非此即彼的承担方式，即中性事件的风险要么由业主承担，要么由承包商承担。在这种承担方式下，因中性事件导致的工程工期延误和增加的费用根据合同由业主或承包商承担。除非缔约方在谈判合同时处于绝对优势地位，否则，缔约方很难采用这种风险承担方式。

双方区别性分担的方式。所谓区别性分担是指业主和承包商根据各方实际情况与合同特点等各自承担相应风险的安排，大体存在以下不同安排：

（1）根据业主的性质确定特定中性事件的风险分担。如果业主存在影响或导致特定中性事件发生的能力，则该类中性事件的风险应当由业主承担，例如：政府机构作为业主时，法律或政策的变化导致的工期延误和费用增加，此时，将该类中性事件导致的不利后果由业主承担比较合适。

（2）根据中性事件发生的地域确定风险承担。由于国际工程承包合同的履行涉及多个国家或地区，中性事件可能发生在项目所在国之外的地域。国际工程承包合同中有时也中性事件发生地作为业主和承包商分担风险的划分依据，例如：如果中性事件发生在项目所在国，则业主承担相应风险；如果中性事件（除不可抗力事件之外）发生在项目所在国之外，则承包商承当相应风险。

（3）按照中性事件产生的不利后果进行分担。中性事件产生的后果一般是工期延误和费用增加。国际工程承包合同中有时会在业主和承包商之间对该不利后果进行分担，例如：承包商有权获得中性事件导致的工期延长，业主不能因该延误而向承包商收取工期延迟违约金，但承包商自行承担因中性事件造成的额外费用。

---

❶ 参考译文："下述第17.4条引用的风险是指：(a) 战争、敌对行动（无论是否宣战）、入侵、外地行动；(b) 工程所在国内的叛乱、恐怖主义、革命、暴动、军事政变、篡夺政权或内战；(c) 承包商人员、其他雇员和分包商其他雇员以外的人员在工程所在国内的骚动、喧闹或混乱；(d) 工程所在国内的军事物资、爆炸物资、电离辐射或放射性引起的污染，但可能由承包商适用此类军事物资、炸药、辐射或放射引起的除外；(e) 因音速或超音速飞行的飞机或飞机装置所产生的压力波；(f) 除合同规定意外业主使用或者占用的永久工程的任何部分；(g) 由业主人员或者业主对其负责的其他人员所做的工程任何部分的设计以及 (h) 不可预见的或者不能合理预期一个有经验的承包商已经采取适宜预防措施的任何自然力的作用。"

三、中性事件导致合同终止的法律后果

当中性事件的影响达到一定的严重程度，导致项目工程无法继续时，国际工程承包合同就面临终止的境地。对于合同终止这种法律后果，国际工程承包合同中应当注意两点：

（1）中性事件对合同履行"严重程度"的界定。国际工程承包合同中常年的界定"严重程度"的方式之一是中性事件导致工程暂停的时间，如FIDIC 2017版合同条件银皮书第18.5款第1段约定：某一异常事件导致工程暂停持续超过84天或因同一异常事件导致工程暂停累计超过140天。❶

（2）合同终止时的结算安排。国际工程承包合同的终止后，业主和承包商会面临复杂的结算问题。对于那些工作需要结算，双方往往产生争议。为此，需要在国际工程承包合同中明确此种合同终止时的结算项目和计量方法。请注意，对于中性事件导致的合同终止，在结算时，一般不包括承包商因此损失的利润，例如：

FIDIC 2017版银皮书第18.5条第三段：

After the date of termination the Contractor shall, as soon as practicable, submit detailed supporting particulars (as reasonably required by the Employer's Representative) of the value of the work done, which shall include:

(a) the amounts payable for any work carried out for which a price is stated in the Contract;

(b) the Cost of Plant and Materials ordered for the Works which have been delivered to the Contractor, or of which the Contractor is liable to accept delivery. This Plant and Materials shall become the property of (and be at the risk of) the Employer when paid for by the Employer, and the Contractor shall place the same at the Employer's disposal;

(c) any other Cost or liability which in the circumstances was reasonably incurred by the Contractor in the expectation of completing the Works;

(d) the Cost of removal of Temporary Works and Contractor's Equipment from the Site and the return of these items to the Contractor's works in his country (or to any other destination at no greater cost); and

(e) the Cost of repatriation of the Contractor's staff and labour employed wholly in connection with the Works at the date of termination.❷

---

❶ 英文原文："If the execution of substantially all the Works in progress is prevented for a continuous period of 84 days by reason of an Exceptional Event of which Notice has been given under Sub-Clause 18.2 [Notice of an Exceptional Event], or for multiple periods which total more than 140 days due to the same Exceptional Event, then either Party may give to the other Party a Notice of termination of the Contract."

❷ 参考译文："终止之日后，承包商应尽快提交已完成工程价值的具体资料（根据业主代表的合理要求），应包括：(a) 已完成的、合同中有价格约定的任何工作的应付金额；(b) 为工程订购的、已交付给承包商或承包商有责任接受交付的生产设备和材料的费用；当业主支付上述费用后，此项生产设备与材料应成为业主的财产（风险也由其承担），承包商应将其交由业主处理；(c) 在承包商原预期要完成工程的情况下，合理的任何其他费用或债务；(d) 将临时工程和承包商设备撤离现场、并运回承包商本国工作地点的费用（或运往任何其他目的地，但费用不得超过运回承包商本国的费用）；(e) 将终止之日承包商为工程所雇用的员工遣返回国的费用。"

Hong Kong General Condition of Contract for Civil Engineering Works, Article 84 (3):

In the event of termination in accordance with the proviso to sub-clause (1) of this Clause, the Contractor shall be paid by the Employer, in so far as such items have not already been covered by payment on account made to the Contractor, for all work executed prior to the date of termination at the rates provided in the Contract and in addition:

(a) the sums payable in respect of preliminary items in so far as the work or service comprised therein has been carried out or performed and a proper proportion as certified by the Engineer of all such items the work or service comprised in which has been partially carried out or performed;

(b) the Cost of materials reasonably ordered for the Works which shall have been delivered to the Contractor or of which the Contractor is legally liable to accept delivery, such materials becoming the property of the Employer upon such payment being made by the Employer;

(c) a sum to be certified by the Engineer being any Cost reasonably incurred by the Contractor in the expectation of completing the Works in so far as such Cost shall not have been paid in accordance with any other sub-clause of this Clause. ❶

第十七节 工 程 税 费

国际工程中的"税费"一般包括合同订立时及订立后,因实施合同或与合同有关的税、费、关税(包括设备和材料的进口关税)、减税、预扣义务、增值税,以及包括项目所在国在内的政府机构收取的其他费用、罚款、罚金、附加费、利息等。税费承担直接决定了国际工程承包合同的合同价格,同时也会对合同的履行带来影响。笔者认为,对于税费,国际工程承包合同中应当注意三点:明确税费种类和税费的缴纳主体、明确优惠税费的申请和分享机制以及工程承包合同的拆分。

一、税费种类和缴纳主体

国际工程项目的金额大,相应地,税费缴纳的数额一般也会很大。为了明确税费的承担,首先需要尽量将项目实施所涉及的全部税费种类并明示在合同之中,例如:在印度尼西亚和巴西承揽工程项目,所涉及的主要税费如下:

印度尼西亚的主要税种:

---

❶ 参考译文:"发生本条第(1)款规定的终止情形的,业主应按照合同规定的费率向承包商支付终止之日前已完成工程但未付的款项,以及:(a)构成工程或服务的已履行的预先项目且工程师已经承认构成工程或服务的这些项目已经部分实施或履行的费用;(b)为实施工程所合理订购的且已经交付给承包商或者承包商依法应予接受的材料的费用,而且业主付款后这些材料将成为业主的财产;(c)本款未包含但经工程师认可的应归属于承包商完成工程的合理款项。"

1. 增值税（VAT，印尼文为 PPN，消费型增值税）
2. 企业所得税；
3. 个人所得税；
4. 印花税等。❶

巴西境内的主要税负：
1. 联邦税：所得税、工业产品税、进口税、出口税、金融操作税等。
2. 州级税：州增值税。
3. 市级税：市级社会服务税等。❷

在确定所涉税费类型的基础，缔约方应当在合同中明确各种类税费的缴纳主体，税费缴纳主体的安排不仅关系到合同价格，也会决定与税费有关的责任承担。例如，俄罗斯某工程承包合同关于税费承担的部分约定：

"Applicable Tax" means any tax, charge, duty, levy, fee, royalty or impost in the nature of tax that is levied by any jurisdiction or any agency or instrumentality thereof in respect of the Works under this Contract or otherwise in connection with the performance of the Contract. Subject to paragraph [ ], the Contractor shall be liable for all existing and future Applicable Taxes imposed by any jurisdiction other than Russia. The Contractor shall be liable to remit Applicable Taxes to the Russian Authority to the extent required by applicable Law. ❸

在确定税费缴纳主体时，缔约方应当注意合同中约定的税费分担条款的有效性问题。一般情况下，税费承担的责任由法律强制性规定，因此，税费缴纳主体应当根据法律进行确定。缔约方通过合约的方式改变税费缴纳主体与法律规定不符时，可能会导致合同约定的税费分担不具有法律约束力。

二、优惠税费的申请和享有机制

工程项目往往具有公共产品的属性，因此，项目所在国一般会对工程项目给予一定的税费优惠，而这种优惠有时会适用到项目建造阶段，具体可能表现为对于参与该项目的主体，如工程承包商因参与本项目所得的收益减免特定的税费。

对于特定资金来源的项目（例如世界银行提供贷款的项目或外国政府优惠贷款项目），工程项目的参与方也会享有一定的税费优惠（例如：可项目所在国免征所得税）。对于来源于特定原产地的物品，项目所在国也会因参与特定国际公约或国际协定而给予项目所需的物品税收优惠（例如：优惠的关税税率）。此外，因东道国与其母国之间存在避免双重征税协定，国际工程项目的参与主体在项目所在国缴纳的税费可以在其母国取得税收

---

❶ 商务部《对外投资合作国别（地区）指南（印度尼西亚）》（2017 年版），第 37~38 页。
❷ 商务部《对外投资合作国别（地区）指南（巴西）》（2017 年版），第 76 页。
❸ 参考译文："'适用税'是指任何税、费用、关税、征款、开支或者此合同下与工程相关的或者与履行合同有关的任何司法管辖或者任何代理或者机构征收的具有税的性质的税款。根据第 4.8 款的约定，承包商应负责非俄罗斯联邦外的任何司法管辖权下所有存在的和将要存在的适用税。承包商应当按照适用法律的要求负责免除俄罗斯联邦权力机构的适用税。"

减免。

因此，在国际工程承包合同中应当明确两点：一是对于上述税费优惠待遇，在业主和承包商之间，应当如何申请，谁负责申请，谁负责协助；二是如果申请到上述优惠税费待遇，业主和承包商之间如何分享。

三、工程承包合同的拆分

国际工程实践中，业主和承包商为了更好地开发和实施项目，将工程承包合同进行工程承包合同的拆分是常见的行为。业主和承包商拆分工程承包合同存在多重目的，但最主要的目的是实现税负的最优化。国际工程承包合同的拆分的典型做法就是将工程承包合同拆分为在岸合同（Onshore Contract）和离岸合同（Offshore Contract）。

国际工程承包合同比较常见的拆分为 EPC 合同的拆分。通过将 EPC 合同拆分为施工合同（Onshore Contract）、采购合同和设计合同（两份合同统称为 Offshore Contract）达到减免缴纳 Offshore 合同相应税费的目的。例如：

EPC 合同拆分前，承包商履行 EPC 合同的大体税负如下：

（1）设计工作。虽然中国承包商在中国境内完成设计工作，但因为包含在整个 EPC 合同里，该设计工作所对应的收入可能需要在项目所在国缴纳所得税和增值税，另外还可能需要缴纳中国所得税。

（2）采购工作。中国承包商采购材料和设备出口给业主，但因为采购工作包含在整个 EPC 合同里，该采购工作对应的利润可能需要计入合同的总金额，在项目所在国缴纳所得税，另外还可能需要缴纳中国所得税。

（3）施工工作。中国承包商在项目所在国完成施工工作，通常需要在项目所在国缴纳所得税，另外还可能需要缴纳中国所得税。

而 EPC 合同拆分后，承包商履行 EPC 合同的大体税负如下：

（1）设计合同。中国承包商在中国境内承担设计工作，所对应的收入有可能不需要在项目所在国缴纳所得税和增值税，或者可以适用较低的所得税税率。

（2）采购合同。由于采购合同在境外签订，可能视为业主直接进口材料和设备，中国承包商在采购环节的利润通常不需要在项目所在国缴纳所得税，也不涉及中国增值税。

（3）施工合同。如果符合"海外建筑业劳务"的条件，则中国承包商可能免缴中国增值税。❶

安哥拉 EPC 项目合同拆分案例❷：

合同拆分前——中国承包商直接与业主签订 EPC 总包合同：

1. 企业所得税。承包商就总包合同利润缴纳 25% 的企业所得税，安哥拉境内已缴税款可用于抵免上述所得税。

---

❶ 财政部、国家税务总局《关于个人金融商品买卖等营业税若干免税政策的通知》（财税【2009】111 号）第三条："对中华人民共和国境内（以下简称境内）单位或者个人在中华人民共和国境外（以下简称境外）提供建筑业、文化体育业（除播映）劳务暂免征收营业税。"

❷ 请注意，本案例仅供说明 EPC 合同拆分，不可以作为税务意见和法律意见使用。

2. 流转税。合同设计部分的增值税可能无法出口退税。

3. 印花税。承包商与业主的总包合同如在中国境内执行则需要缴纳印花税，与中国分包商签订分包合同时还需要再次缴纳印花税。

合同拆分后——中国承包商与业主分别签订采购、设计和施工三份合同：

1. 企业所得税。承包商就总包合同的利润缴纳25%企业所得税，境外已缴税款可用于抵免上述所得税。

2. 流转税。设计合同的增值税通常可以取得出口退税。

第十八节 工程许可

本节所述的工程许可是指实施国际工程承包合同所需第三方给予的许可（Permit/Permission）、批准和批复（Approval）、授权（Authorization）、证照（Licence）以及同意（Consent）等公权力行为。工程许可从始至终影响着项目的实施，也关系着国际工程承包合同的履行。因此，业主和承包商需要在国际工程承包合同中对于工程许可的重要事项作出明确约定。

一、合同中明确工程项目所需的所有许可

国际工程项目从立项到实施均伴随着各类许可的申请和签发，很多许可都可能会影响项目的进展。对于国际工程承包合同的缔约方来说，首先需要明确的是业主开发该项目需要哪些许可，承包商承揽该项目需要哪些许可。

以国际工程承包合同的签约主体即业主和承包商为例，国际工程所涉及的许可主要包括：

业主需要取得的许可。这类许可主要与工程项目的立项、工程用地（永久用地和临时用地）、工程设计的批准、施工许可等有关。

承包商需要取得许可。这类许可一般是指承包商根据适用法律有权实施该项目的许可（例如：承包商母国颁发的允许承包商到境外实施工程的许可和项目所在国对承包商在其境内承揽工程项目的准入方面的许可）、项目所在国的货物通关许可、管理人员和劳务人员的工作许可、工程施工中所需的各类许可，如安全、环保等。

二、合同中明确申请许可的实施主体和各方之间的配合

在知悉国际工程承包合同履行所需的各类许可基础上，业主和承包商应当明确谁是许可的责任方、谁是许可申请的具体实施方以及双方之间的配合条件。例如：根据项目所在国法律，施工许可需要业主申请，但由于业主不专业或不熟悉申请流程，此时可以通过合同约定将具体申请的工作交由承包商实施，但申请时以业主的名义。这种情况下，需要根据承包商参与申请的深度来明确许可延迟的责任承担事宜。

国际工程许可一般会牵扯的很多方面，因此，无论谁是特定许可的申请责任方，都应当在合同中明确另一方的配合义务并明确该配合是否收取费用。例如FIDIC 2017版黄皮书第1.12条：

The Employer shall have obtained（or shall obtain）the planning, zoning or building permit or similar permits, permissions, licenses and/or approvals for the Permanent Works, and any other permits, permissions, licenses and/or approvals described in the Employer's Requirements as having been（or being）obtained by the Employer.

The Contractor shall give all notice, pay all taxes, duties and fees, and obtain all other permits, permissions, licences and/or approvals, as required by the Laws in relation to the execution of the Works.

Within the time（s）stated in the Employer's Requirements the Contractor shall provide such assistance and all documentation, as described in the Employer's Requirements or otherwise reasonably required by the Employer, so as to allow the Employer to obtain any permit, permission, licence or approval under sub-paragraph（a）above. ❶

三、许可责任矩阵表

如上文所述，国际工程项目中的许可往往非常多，为了更好地管理许可，笔者认为采用许可责任矩阵表的方式可以比较清晰地管理许可，笔者总结的许可责任矩阵表如下：

序号	许可名称	许可签发机构	许可申请条件	许可申请责任方	许可申请实施方	各方配合义务	许可申请时长	许可费用承担

在工程许可申请方面，缔约方需要特别注意是：尽管合同约定了不同许可的申请方，但相关国家的法律规定的相应许可的申请方可能与合同约定的有所不同，这就需要缔约方在合同中做出相应的处理机制。

第十九节　缺陷责任和缺陷责任期

工程缺陷（Defect/Deficiency）是工程项目中的常见问题。相比交于国内工程，国际

---

❶ 参考译文："业主应已经获得（或应获得）永久工程的规划、区域规划、建设许可、相关许可、批准、执照和（或）批准，以及业主要求中说明的应有业主事先取得（或正在办理）的任何其他许可、允许、执照和（或）批准。

承包商应发出所有通知、支付所有税费，以及获得法律要求的为实施工程所需的所有其他许可、批准、执照和（或）批准。

在业主要求中载明的时限内，承包商应根据业主要求的说明或者业主的其他合理要求，提供相应的协助和文件，以允许业主获得上述（a）项中的任何许可、允许、执照或批准。"

工程项目中的工程缺陷处理机制会更复杂。根据时间划分，工程缺陷分为竣工前工程缺陷和竣工后工程缺陷。竣工前工程缺陷是指工程建造过程中存在的缺陷，该类缺陷一般在竣工前由责任方完成修复；竣工后工程缺陷是指工程竣工后存在或出现的缺陷，具体分为两种：第一种是竣工前已经存在但在竣工时尚未修复并明示在尾项清单（Punch List）中的需要在竣工后修复的缺陷，第二种是竣工后缺陷责任期内出现或发现的缺陷。本节仅阐释第二种缺陷。

一、缺陷责任期种类

国际工程项目中，对于缺陷责任的期限存在各种表述，有时不同的表述代表不同的法律或合约意义。本节中的缺陷责任期是各种缺陷责任期限的统称，包括国际工程承包合同中的"缺陷责任期（Defects Liability Period）"、"缺陷通知期（Defects Notification Period）"[1]、"延长的缺陷责任期（Extended Defects Liability Period）"、"潜在缺陷责任期（Latent Defects Liability）"以及"保证期或质保期（Warranty Period）"。为了更好地表述，笔者将本节中的缺陷责任期的称谓限定为缺陷通知期、延长的缺陷通知期、潜在缺陷责任期和质保期。

不同工程项目的缺陷责任期因项目性质不同而各异。国际工程承包合同中常见的缺陷通知期时长有12个月、18个月、24个月或36个月不等；潜在缺陷责任期或质保期则会因缔约方约定和项目所在国的法律规定而进行约定设置或法定设置。另外，工程项目的不同部位，国际工程承包合同或适用法律中也会对工程缺陷做出不同的约定或规定，例如，有的国际工程承包合同中约定：工程设备的潜在缺陷责任期或质保期为48个月、工程土建的潜在缺陷责任期或质保期为10年以及工程设计的质保期为20年等。

二、缺陷责任期的起算和结束

缺陷责任期的起算对国际工程承包合同的缔约方的权利、义务和责任存在重大影响。以国际工程施工合同为例，缺陷责任期的起算大体包括以下情形：缺陷通知期的起算日为项目竣工之日或视为竣工之日，延长的缺陷通知期则自缺陷通知期结束之日起算；潜在缺陷责任期的起算日可分为两种：一种是项目竣工之日或视为竣工之日，一种是自缺陷通知期或延长的缺陷通知期结束之日；如果质保期不与潜在缺陷责任期相同的话，质保期往往与缺陷通知期的起算之间相一致。

需要注意的是，如果工程项目存在单项工程，缺陷责任期的起算时间则不仅包括整个项目的缺陷责任期，还应当包括单项工程对应的缺陷责任期，这种情况下的缺陷责任期起算时间和结束则变得非常复杂。这种情况，对于承包商来说，应当尽量避免整个项目仅设置一个统一的缺陷责任期，例如：高速公路这样的线性工程中，承包商每完成一段道路（单位工程）的施工并由业主验收合格后，就起算该段道路的缺陷期，而不是等到高速公

---

[1] 有些国际工程承包示范合同文本中的 Defects Liability Period 的含义与 Defects Notification Period 的含义相同。

路全线贯通后才起算整个项目的缺陷期。

另外,在设置缺陷责任期的时长时,需要注意国际工程承包合同与项目所在国法律的冲突。工程项目事关公共利益和社会安全,因此,很多国家的法律对工程项目的缺陷责任期的时长设置强制性最短规定。例如,我国法律对建设工程的主体工程和结构工程、屋面防水工程、供热与供冷系统、电气管线和给排水管道等均由最低保修期限的规定,❶ 而根据印度尼西亚法律的规定,服务提供者(承包商)对建筑的责任期为竣工交付后 10 年。❷ 鉴于此,承包商应核查相关法律,以评估合同约定的缺陷期结束后的质量责任风险。

三、缺陷责任期内承包商的权利和义务

顾名思义,缺陷责任期内的核心工作是处理工程项目的缺陷。承包商在缺陷责任期内需要修复的缺陷包括业主应当负责的缺陷和承包商应当负责的缺陷。对于业主应当负责的缺陷,国际工程承包合同中一般会约定由承包商负责修复,但业主承担修复的费用;对于承包商应当负责的缺陷,则自然由承包负责修复并承担相应的费用,同时承包商往往还要承担因缺陷给业主造成的损失。

为了更好地实施缺陷修复工作并更好地厘清缺陷发生的原因,在承担缺陷修复责任的同时,承包商还应当拥有以下必要的权利:

1. 进入工程各个部位的权利

一般情况下,工程项目竣工或视为竣工后,缺陷责任期起算,此时承包商已将工程项目移交业主控制和使用,但承包商在缺陷期内仍要完成未完的工作以及修补缺陷,因此,承包商只有拥有进入工程项目各个部位的权利并有权查看项目的运行维护数据和记录,才能实施修复工作。此外,承包商的上述权利也在很大程度上保证承包商能够证明缺陷发生的责任承担主体。无数的案例表明,在缺陷责任期内发生的缺陷,尽管一开始业主主张应当由承包商负责,但经过对缺陷责任期内的项目运行维护记录的查证,发现该缺陷应当由业主负责。

2. 承包商拥有优先修复缺陷的权利

缺陷修复不仅意味着修复自身行为的费用支出,还会影响到缺陷对项目所带来的损失的承担,因此,缺陷修复的主体应当合理安排。工程项目的建造由承包商完成,承包商会更熟悉缺陷发生的根源,修复工作的完成也会相对比较快,因此,承包商应当拥有优先修复缺陷的权利。因此,国际工程承包合同中应当明确承包商的上述优先权。

---

❶ 《中华人民共和国建设工程质量管理条例》第四十条:在正常使用条件下,建设工程的最低保修期限为:(1)基础设施工程、房屋建筑的地基基础工程和主体结构工程,为设计文件规定的该工程的合理使用年限;(2)屋面防水工程、有防水要求的卫生间、房间和外墙面的防渗漏,为 5 年;(3)供热与供冷系统,为两个采暖期、供冷期;(4)电气管线、给水排水管道、设备安装和装修工程,为 2 年。其他项目的保修期限由发包人与承包方约定。建设工程的保修期,自竣工验收合格之日起计算。在不违反法定最低期限的前提下,发包人与施工企业可以在施工合同或保修书中对保修期限进行约定。

❷ Law of the Republic of Indonesia on Construction Service,No. 18,1999,Article 25(2):"The Building failure being the service provider's responsibility as referred to in paragraph (1) shall be effective upon final delivery of the construction work for a maximum of 10(ten)year."

为了使得承包商拥有上述优先修复权利,国际工程承包合同中应当做出相应的约定,该类约定大体包括五个方面:

(1) 承包商在缺陷责任期内的驻场义务。承包商的驻场义务一般仅限于缺陷通知期或延长的缺陷通知期内。承包商驻场有利于快速修复缺陷,最大限度地降低损失。

(2) 业主意识到缺陷时的通知义务。项目交给业主后,如果业主在运营项目过程中发现缺陷,业主应当及时通知承包商。为了强化业主的通知义务,国际工程承包合同中应当明确约定业主意识到缺陷发生后的特定期限内通知承包商,否则,承包商将免除修复的义务或免除因超过通知时限而额外遭受的损失。

(3) 承包商对业主缺陷通知的反应时限。一旦收到业主的缺陷通知,承包商应当及时反应,回应业主的缺陷通知。为此,国际工程承包合同中应当明确承包商对业主缺陷通知的反应时限,如收到业主缺陷通知后,24小时内通过电子邮件或书面文件确认已经收到业主的通知,并确定未能在时限内反应的法律后果。

(4) 承包商对应当自己负责的缺陷的修复时限。缺陷发生后,在多长时间内修复缺陷对于业主来说至关重要。因此,国际工程承包合同中应当根据项目的具体情况明确约定缺陷的修复时限。如果在该时限内,承包商未能完成修复的法律后果。

(5) 承包商未能遵守时限的法律后果。上述第三点和第四点提及了承包商应当遵守的时限,现实中也经常存在承包商不存在时限的情况。为了明确承包商的责任,国际工程承包合同中应当明确承包商不遵守时限的法律后果。常见的法律后果是:业主可以自行聘请第三方实施修复行为,由此产生的所有费用均由承包商承担。

四、缺陷责任期内的缺陷担保和保险

缺陷责任期内的担保是在缺陷通知期或延长的缺陷通知期内,承包商向业主提供的担保,以保证承包商在缺陷通知期或延长缺陷通知期内履行缺陷修复责任。国际工程承包合同中,此类担保一般包括八种安排:

(1) 承包商根据合同提交的履约保函的有效期至缺陷通知期或延长的缺陷通知期内的缺陷修复完毕,同时,业主拥有根据工程进度款扣留的全部保留金(Retention Money)或质保金直至承包商在缺陷通知期或延长缺陷通知期内履行缺陷修复责任。

(2) 承包商根据合同提交的履约保函的有效期至缺陷通知期或延长的缺陷通知期内的缺陷修复完毕。

(3) 承包商将履约保函的额度减半并确保履约保函的有效期至缺陷通知期或延长的缺陷通知期内的缺陷修复完毕,同时,业主拥有根据工程进度款扣留的全部保留金(Retention Money)或质保金直至承包商在缺陷通知期或延长缺陷通知期内履行缺陷修复责任。

(4) 承包商将履约保函的额度减半并确保履约保函的有效期至缺陷通知期或延长的缺陷通知期内的缺陷修复完毕,同时,业主向承包商释放全部保留金(Retention Money)或质保金直至承包商在缺陷通知期或延长缺陷通知期内履行缺陷修复责任。

(5) 承包商将履约保函的额度减半并确保履约保函的有效期至缺陷通知期或延长的缺陷通知期内的缺陷修复完毕,同时,业主向承包商释放50%的保留金(Retention Money)

或质保金直至承包商在缺陷通知期或延长缺陷通知期内履行缺陷修复责任。

（6）承包商将履约保函的额度减半并确保履约保函的有效期至缺陷通知期或延长的缺陷通知期内的缺陷修复完毕。

（7）业主在竣工证书签发或视为签发之时将履约保函释放给承包商，业主拥有全部保留金（Retention Money）或质保金直至承包商在缺陷通知期或延长缺陷通知期内履行缺陷修复责任。

（8）业主在竣工证书签发或视为签发之时将履约保函和全部保留金（Retention Money）或质保金释放给承包商，承包商采用保留金保函或质保金保函的方式担保承包商在缺陷通知期或延长缺陷通知期内履行缺陷修复责任。

除了以上常见的八种担保类安排之外，对于缺陷通知期或延长的缺陷通知期内出现的特定缺陷，如承包商无法在项目现场完成修复，而需要移出现场修复的大型设备，国际工程承包合同中有时也会要求承包商根据该设备的价值提供相应的担保，以防止承包商拒绝将设备运回项目场地。

缺陷责任期内的保险一般分为合同约定的保险和法定的保险。国际工程承包合同中可以约定双方在缺陷责任期内的保险，如承包商应当对缺陷责任期内出现的缺陷提供保险安排以确保在出现缺陷时，业主可以就缺陷修复或修复费用直接联系保险公司，这样既可以确保承包商破产时仍然有责任承担主体，也在一定程度上保证修复费用的支付，这种保险安排比较适合国际工程项目中的缺陷责任。另一种是项目所在国的法律明确规定承包商在竣工时需要购买缺陷责任险，如在一些国家存在的十年责任保险（Decennial Liability Insurance）❶。

五、缺陷责任期的延长

本处所述的缺陷责任期延长是指缺陷通知期的延长，延长的那段缺陷通知期有时称之为"延长的缺陷通知期（Extended Defects Notification Period）"。缺陷通知期内，工程发生缺陷的，承包商应当根据合同约定进行修复。如果缺陷导致工程、单项工程或某项主要设备因缺陷而无法使用，则业主可能有权延长缺陷通知期，这意味着承包商需要在更长一段时间内承担实施缺陷修复工作，而且该延长可能影响保函的释放或保留金或质保金的返还。因此，对承包商来说，需要早在合同中约定缺陷通知期延长做出一定的限制。该限制一般包括两方面内容：

（1）缺陷通知期延长的前提是缺陷应当归咎于承包商，对于归咎于业主的缺陷，不应当延长缺陷通知期。

（2）缺陷通知期延长应当存在上限。所谓上限是指承包商可以接受的最长的延长后的缺陷通知期。一旦延长后的缺陷通知期超过上限，承包商将不再承担与延长的缺陷通知期

---

❶ Decennial liability insurance or "Inherent Defect Insurance" is insurance that is taken out (by the contractor or the Employer) to cover costs associated with the potential collapse of the building after completion. The name derives from the fact that it covers the 10 year period after completion of the project. It is compulsory to insure in a few countries such as France, and Egypt.

相应的缺陷责任。例如：

FIDIC 2017 版黄皮书第 11.3 款【缺陷通知期的延长】第一段和第二段：

The Employer shall be entitled to an extension of the DNP❶ for the Works, or a Section or a Part:

(a) If and to the extent that the Works, Section, Part or a major item of Plant (as the case may be, and after taking over) cannot be used for the intended purpose (s) by reason of a defect or damage which is attributable to any of the matters under sub-paragraphs (a) to (d) of Sub-Clause 11.2 [Cost of Remedying Defects]; and

(b) subject to Sub-Clause 20.2 [Claims For Payment and/or EOT].

However, a DNP shall not be extended by more than a period of two years after the expiry of the DNP stated in the Contract Data. ❷

第二十节 工程争议解决

本书第十四章将对国际工程争端解决做了较为详尽的介绍，本节仅限于简要阐述国际工程承包合同中的工程争议解决机制及其注意事项。

一、国际工程承包合同中的多级争端解决机制

多级争端解决机制（Multi-Tier Dispute Resolution Mechanism）是国际工程承包合同中争议解决的特色。通过多级争端解决机制，争议各方可以快速处理争议，并尽量防止争议升级，确保工程项目出现停工或烂尾。常见的多级争端解决机制例示如下：

例一：FIDIC 合同条件（2017 版）中的四层级争解决机制，即：

1. 工程师/业主决定（Engineer's/Employer's Determination）
2. 争端预防/评判委员会（Dispute Avoidance/Adjudication Board）
3. 友好解决（Amicable Settlement）
4. 仲裁（Arbitration）

例二：世界银行 ENAA 2008 版争端解决机制，即：

1. 项目经理评估（Project Management to Estimate）
2. 争议委员会（Dispute Board）
3. 友好解决（Amicable Settlement）
4. 仲裁（Arbitration）

---

❶ DNP 是指缺陷通知期（Defects Notification Period）。

❷ 参考译文："业主应有权延长工程、单位工程或部分工程的缺陷通知期：(a) 如果工程、单位工程、部分工程或设备的主要部分（接收后视情况而定）因第 11.2 条【修补缺陷的费用】第（a）至（d）约定的事由导致的缺陷或损坏而无法按照使用目的使用；以及 (b) 根据第 20.2 条【费用和（或）工期延长的索赔】。然而，从缺陷通知期期满之日起，缺陷通知期的延长不得超过 2 年。"

例三：美国 AIA 2007 版建设工程合同争端解决机制，即：
1. 业主代表与承包商代表谈判
2. 业主与承包商管理层谈判
3. 调解（Mediation）
4. 仲裁（Arbitration）

例四：英国 NEC 4（2017 版）设计和施工合同（Engineering and Construction Contract）争端解决机制，即：
1. 缔约方高级代表协商或谈判
2. 争端评判机构（Adjudicator 或 Adjudication）
3. 仲裁或法院（Tribunal）

上述多级争端解决机制中的层级一般具有如下两个特征：一是除了最后一个层级之外，其他层级得出的结论往往为具有临时约束力，直到该层级得出的结论被最后一个层级的机制得出的结论所推翻；二是最后一个层级之前的某个层级往往具有前置性作用，即所有争议只有经过该前置性层级之后才能启动最后一个层级，如上述例一、例二和例三中的第 2 个层级均为前置性层级。

二、争议解决机构的选择

本处所述"争议解决机构的选择"仅限于缔约方对法院或仲裁机构的选择。无论是法院诉讼还是仲裁，对争议解决机构的核心关注是公正。公平、公正是人类社会追求的至高无上的正义法则，但由于国际工程争议往往所涉金额巨大且涉及面非常广，如果不谨慎选择争议机构，则有时难免导致不公正判决或裁决发生。从尽量确保公正角度出发，缔约方在选择争议解决机构时，应当尽量选择缔约方都无法对其产生影响的争议机构。基于此，国际工程承包合同中的约定的争议解决机构应当尽量避免选择缔约一方所在地的法院或仲裁机构。

但对于选择第三国法院作为争议解决机构，缔约方应当注意第三国法院是否拥有管辖权或是否遵循国际私法上"不方便法院"原则❶，防止当初选择该第三国法院的期望落空。

三、仲裁条款的注意事项

国际仲裁（International Arbitration）是国际工程承包合同中多级争议解决机制最后一个层级的最常见方式。由于本书第十四章第六节已经对国际工程仲裁协议做了较为充分的阐释，本处仅仅就上述章节未提及的事项进行阐述。

（1）选择临时仲裁（Ad Hoc Arbitration）还是机构仲裁（Institutional Arbitration）。即

---

❶ 不方便法院"Forum Non Conveniens"一般是指在国际私法案件中，有几个国家的法院都有管辖权，原告选择起诉的管辖法院对被告应诉有诸多困难，而且如在其他法院诉讼比在原告选择的法院中处理更为合理时的原告选择管辖法院，该法院可能驳回原告之诉。

使选择临时仲裁，笔者仍然建议在仲裁条款中约定仲裁的管理机构以防止仲裁进程的拖延，如约定仲裁员的指定机构。

（2）如果采用机构仲裁，则在合同中明确仲裁机构的名称。目前国际上比较有名的仲裁机构有国际商会国际仲裁院（The International Arbitration Court of International Chamber of Commerce）、美国仲裁协会（American Arbitration Association）、伦敦国际仲裁院（The London Court of International Arbitration）、斯德哥尔摩商会仲裁院（The Arbitration Institute of the Stockholm Chamber of Commerce）、苏黎世商会仲裁院（Court of Arbitration of the Zurich Chamber of Commerce）、新加坡国际仲裁中心（Singapore International Arbitration Centre）日本商事仲裁协会（Japan Commercial Arbitration Association）、中国香港国际仲裁中心（Hong Kong International Arbitration Center，）迪拜国际仲裁中心（Dubai International Arbitration Centre）。

（3）明确采用的仲裁规则。仲裁规则是指进行仲裁程序所应遵循的规范，通常包括：仲裁管辖，仲裁组织；仲裁的申请、答辩和反请求程序；仲裁庭的组成；仲裁的审理和裁决程序；仲裁委员会、仲裁庭和当事人的权利义务；仲裁语文、翻译、送达、仲裁费用等。仲裁规则对仲裁程序的进行至关重要。在机构仲裁的情况下，除非当事人各方另有约定，❶ 各方选择将争议提交特定的仲裁机构仲裁，通常就意味着适用该机构的仲裁规则。在临时仲裁情况下，仲裁规则主要取决于当事人在仲裁协议中的约定，笔者建议缔约方参考《联合国国际贸易法委员会仲裁规则》（UNCITRAL Arbitration Rules）来起草具体国际工程合同项下的仲裁规则。

（4）明确仲裁地（Seat of Arbitration）。仲裁地具有非常重要的法律意义。首先，仲裁地一般决定仲裁程序的法律适用；其次，如果仲裁地是《纽约公约》或其他国际仲裁类公约的成员国，则在该仲裁地作出的仲裁裁决将受到《纽约公约》或这些公约的承认与执行；再次，在当事人没有约定的情况下，仲裁地所在国的法律一般为确定仲裁协议法律效力的准据法。在仲裁地的选择上，首先，从双方利益平衡的原则出发，宜选择业主或承包商所在国以外的第三方中立国或地区。其次，仲裁地点应位于具有现代、开放的仲裁法的国家和地区，如中国香港、新加坡、巴黎、伦敦等。这些国家或地区的仲裁法相对比较成熟和公正，既有利于仲裁程序的进行，也有利于仲裁裁决得到承认和执行。

（5）仲裁员数量。根据绝大多数的仲裁规则，仲裁庭可以由1名或3名仲裁员组成。但是，考虑到国际工程所涉争端的复杂性，笔者建议，对于数额较大的国际工程承包合同，应当约定三人仲裁庭，以保证仲裁庭中既有法律人士，也有工程或争议所涉相关领域的专家，这样的仲裁庭组成有利于争议的公平公正解决。

（6）仲裁语言。仲裁语言是指仲裁过程中采用的语言，包括仲裁过程中庭审的语言、仲裁中各种文件或证据所使用的语言等等。国际工程仲裁一般会涉及巨量的文件，因此，仲裁语言选择应当与国际工程承包合同中约定的交流语言保持一致，从而避免巨量翻译和因翻译不准确带来的不确定性。

---

❶ 实务中，如果选择机构仲裁，则应尽量选择适用仲裁机构自己的仲裁规则，避免混合型（hybrids）仲裁条款。例如，约定的仲裁机构为新加坡国际仲裁中心，但选择国际商会的仲裁规则。

四、常见国际仲裁机构的示范仲裁条款

国际主要仲裁机构的仲裁示范条款:

(一) 国际商会 (ICC) 国际仲裁院仲裁示范条款

All disputes arising out of or in connection with the present contract shall be finally settled under the Rules of Arbitration of the International Chamber of Commerce by [one/three] arbitrators appointed in accordance with the said Rules of Arbitration. The seat, or legal place, of arbitration shall be [City and/or Country]. The language to be used in the arbitral proceedings shall be [ ].❶

(二) 美国仲裁协会 (AAA) 仲裁示范条款

(1) 工程仲裁示范条款:Any controversy or claim arising out of or relating to this contract, or the breach thereof, shall be settled by arbitration administered by the American Arbitration Association under its Construction Industry Arbitration Rules, and judgement on the award rendered by the arbitrator (s) may be entered in any court having jurisdiction thereof.❷

(2) 国际合同仲裁示范条款:Any controversy or claim arising out of or relating to this contract, or the breach thereof, shall be determined by arbitration administered by the international Centre for Dispute Resolution in accordance with its International Arbitration Rules.❸

(三) 伦敦国际仲裁院 (LCIA) 示范仲裁条款

Any dispute arising out of or in connection with this contract, including any question regarding its existence, validity or termination, shall be referred to and finally resolved by arbitration under the LCIA Rules, which Rules are deemed to be incorporated by reference into this clause. The number of arbitrators shall be [one/three]. The seat, or legal place, of arbitration shall be [City and/or Country]. The language to be used in the arbitral proceedings shall be [ ].❹

---

❶ 参考译文:"由现有合同产生的或者与之相关的所有争议应当在国际商会仲裁规则下根据此规则以【1/3】名仲裁员最终解决。仲裁地为【城市和/或国家】。仲裁程序使用的语言为【 】。"

❷ 参考译文:"由此合同产生或者与之相关的任何争议、索赔或者违约应当由美国仲裁协会在工程领域仲裁规则下通过仲裁解决,并且仲裁员裁决中的判断可被任何有管辖权的法院所采纳。"

❸ 参考译文:"由此合同产生或者与之相关的任何争议或者索赔或者违约应当由国际争议解决中心在国际仲裁规则下通过仲裁解决。"

❹ 参考译文:"由此合同产生或与之相关的任何争议,包括涉及合同存在、有效性或者终止的任何问题应当在伦敦国际仲裁院规则下通过仲裁最终解决,此规则被认为构成此条款。仲裁员的人数为【1/3】名。仲裁地为【城市和/或国家】。仲裁使用的语言为【 】。"

(四) 斯德哥尔摩商会仲裁院示范仲裁条款

Any dispute, controversy or claim arising out of or in connection with this contract, or the breach, termination or invalidity thereof, shall be finally settled by arbitration in accordance with the Arbitration Rules of the Arbitration Institute of the Stockholm Chamber of Commerce. The arbitral tribunal shall be composed of [three] arbitrators/a sole arbitrator. The seat of arbitration shall be [　]. The language to be used in the arbitral proceedings shall be [　]. ❶

(五) 苏黎世商会仲裁院示范仲裁条款

All disputes arising out of connection or in connection with the present agreement, including disputes on its conclusion, binding effect, amendment and termination, shall be resolved, to the exclusion of the ordinary courts by an Arbitral Tribunal [Optional: "by a three-person Arbitral Tribunal" or "by a sole arbitrator"] in accordance with the International Arbitration Rules of the Zurich Chamber of Commerce. ❷

(六) 新加坡国际仲裁中心 (SIAC) 示范仲裁条款

Any dispute arising out of or in connection with this contract, including any question regarding its existence, validity or termination, shall be referred to and finally resolved by arbitration in Singapore in accordance with the Arbitration Rules of the Singapore International Arbitration Centre ("SIAC Rules") for the time being in force, which rules are deemed to be incorporated by reference in this clause. The number of arbitrators shall be [one/three]. The language to be used in the arbitral proceedings shall be [　]. ❸

(七) 日本商事仲裁协会 (JCAA) 示范仲裁条款

All disputes, controversies or differences which may arise between the parties hereto, out of or in relation to or in connection with this Agreement shall be finally settled by arbitration in (name of city) in accordance with the Commercial Arbitration Rules of the Japan Commercial Arbitration Association. ❹

---

❶ 参考译文："由此合同产生的或者与之相关的任何争议、争论或者索赔或者违约、终止或者效力应当最终根据斯德哥尔摩商会仲裁规则通过仲裁解决。仲裁庭应由【3】/【1】人组成。仲裁地为【　】。仲裁程序使用的语言是【　】。"

❷ 参考译文"所有由此协议产生或者与之相关的争议,包括涉及合同成立、合同效力、修订和终止的争议,应当排除普通法庭并由仲裁庭根据苏黎世商会根据仲裁规则解决【选择:三名仲裁员或者一名仲裁员】。"

❸ 参考译文:"任何由此合同产生或者与之相关的争议,包括涉及合同存在、效力或者终止的任何问题,应当在新加坡根据现行的新加坡国际仲裁规则通过仲裁最终解决,此规则被认为是组成条款的部分。仲裁员应为【1/3】人。仲裁程序使用的语言为【　】。"

❹ 参考译文:"合同缔约方之间产生的或者与此合同相关的所有争议、争论或者分歧应当根据日本商事仲裁规则通过仲裁最终解决。"

(八) 中国香港国际仲裁中心 (HKIAC) 示范仲裁条款

Any dispute, controversy, difference or claim arising out of or relating to this contract, including the existence, validity, interpretation, performance, breach or termination thereof or any dispute regarding non-contractual obligations arising out of or relating to it shall be referred to and finally resolved by arbitration administered by the Hong Kong International Arbitration Centre (HKIAC) under the HKIAC Administered Arbitration Rules in force when the Notice of Arbitration is submitted. The seat of arbitration shall be [　　]. The number of arbitrators shall be [one or three]. The arbitration proceedings shall be conducted in [　　]. ❶

(九) 迪拜国际仲裁中心 (DIAC) 示范仲裁条款

Any dispute arising out of the formation, performance, interpretation, nullification, termination or invalidation of this contract or arising therefrom or related thereto in any manner whatsoever, shall be settled by arbitration in accordance with the provisions set forth under the DIAC Arbitration Rules ("the Rules"), by one or more arbitrators appointed in compliance with the Rules❷.

---

❶ 参考译文:"由此合同产生或者与之相关的任何争议、争论、分歧或者索赔,包括关于合同存在、有效性、解释、履行、履约或者终止,或者关于此或者由此产生的任何非合同义务的争议应当交由香港国际仲裁中心根据仲裁通知提交时现行有效的仲裁规则下通过仲裁最终解决。仲裁地为【　】。仲裁员人数为【　】名。仲裁使用的语言为【　】。"

❷ 参考译文:"任何因合同形式、履行、解释、效力、终止或者无效产生的争议或者由此相关或者产生的任何问题都应根据迪拜国际仲裁规则('规则')由根据规则指定的一名或者多名仲裁员通过仲裁解决。"

第六章
国际工程索赔法律与合约

索赔是工程建设领域几乎不可避免的现象，在国际工程领域，索赔更是如此。索赔是合同相关方之间为了确保各自的法律权益或合同权益的平衡或权益的实现而向合同另一方主张经济、时间或其他有形或无形利益的行为。根据不同的分类标准，索赔可以分为不同的类型。国际工程领域的索赔主要表现在国际工程承包领域，比较常见的索赔是项目业主与总承包商之间的索赔和总承包商与分供商之间的索赔。

索赔产生的权利依据是缔约方之间签订的合同以及适用的相关法律，因此，国际工程项目周期长、涉及面广、参与主体多、复杂程度高的特点决定了相关合同一般比较复杂，适用的法律众多，因此，索赔产生的具体情形也会体现在工程的方方面面。

国际工程索赔类型中最常见的索赔为费用索赔和时间索赔。费用索赔一般较为简单，而时间索赔则相对比较复杂。在业主和承包商之间，时间索赔包括承包商向业主进行的工期延长的时间索赔和业主向承包商进行的缺陷责任期延长的时间索赔，同时，由于工程不同工序之间的相互衔接或制约，工期索赔在不同法域发展出来不同的游戏规则。

索赔虽然是国际工程中存在的普遍现象，但索赔出现后会在一定程度上影响缔约方之间的合作或项目的进展。因此，缔约方之间尽早发现并告知对方已经发生或可能发生的索赔可以防止索赔发生或避免争议发生，为此，"提前预警（Early Warning）"程序机制的设置成为国际工程索赔中的良好实践，具体表现为一方意识到或应当意识到索赔事件或情形时，应当在合理的时限内告知对方，或在告知对方后在特定合理时限内提供相关证明，因此，缔约方之间实施索赔应当遵守索赔的程序。

第一节　国际工程索赔法律与合约实务概述

工程建造本身的特点决定了工程参与方之间在工程建造过程中无法避免相互之间的索赔，尤其在国际工程项目中，更是如此。中国工程界曾经流传一句话"中标靠低价，盈利靠索赔"。虽然笔者对此不敢苟同，但这句话确实说明了在国际工程项目中索赔的重要性。本章主要阐释国际工程索赔的法律与合约实务。

一、工程索赔的法律性定义

中文"索赔"所对应的常见的英文表述为"Claim"。对于何为"索赔"，理论和实务界存在不同的定义，如《元照英美法律词典》将索赔定义为："对一项权利、财产、救济等提出的权利要求。"[1] 有学者将"索赔"定义为"索赔（Claim）就是受到损失的一方当事人向违约的一方当事人提出损害赔偿的要求，相对而言，违约的一方受理另一方的索赔要求，即称为理赔。索赔和理赔是一个问题的两个方面，在受害方是索赔，在违约方是理赔。"[2] 在国际工程领域，我国有学者将索赔定义为："国际工程承包中的索赔是指合同一方当事人违反合同义务及有关法律规定，通过法定程序，要求对方赔偿自己的损失。"[3]

以法律为视角，笔者认为，国际工程索赔是国际工程合同的缔约方之间基于法律规定与合同约定就特定工程事宜按照特定程序向对方主张权利的行为，具有如下五个特征：
（1）国际工程合同缔约方之间进行索赔是权利主张行为；
（2）权利主张存在两个来源，一是合同约定，二是法律规定；
（3）国际工程合同缔约方行使权利一般需要遵守特定的程序；
（4）国际工程索赔并不以另一方违约为前提条件；
（5）国际工程索赔往往不属于工程争端解决的范畴。

二、国际工程索赔的法律权利来源

如上文所述，国际工程合同缔约方之间进行索赔的法律权利来源是缔约方之间的合同约定和法律规定。

国际工程合同缔约方之间的索赔权利源自合同约定的做法非常普遍，如在国际工程承包合同中，缔约各方一般都在明确约定缔约方之间在什么情况下可以索赔或不可以索赔，从而明确各方在合同上所享有的索赔权利，例如：国际工程领域常见的FIDIC合同条件对国际工程缔约方之间的索赔做了较为全面的约定，如FIDIC合同条件2017版第20条

---

[1] 元照英美法律词典. 北京：北京大学出版社，2013年缩印版：231.
[2] 申艳玲. 国际贸易理论与实务. 北京：清华大学出版社，2008.
[3] 麦秀闲. 国际工程承包的有关法律与实务. 北京：中国政法大学出版社，1992：264.

【Employer's and Contractor's Claim】。

相比较于索赔权利来源于合同约定，索赔权利来源于法律规定的实践则相对复杂。国际工程索赔权利的法律规定来源可以分为以下两种：

（1）国际工程合同本身没有约定缔约方之间的索赔权利，但法律上赋予缔约方之间的索赔权利。国际工程合同缔约方之间可能因种种原因没有约定或全面约定各方之间索赔的权利，但这并不意味着缔约方之间不存在索赔权利。此时，如果出现特定情况，缔约方之间的索赔需要基于法律的规定。在国际工程项目中，赋予缔约方索赔的法律规定一般来自于两类法律，一是项目的适用法律，二是合同的管辖法律。对于前者，请参阅第一章《国际工程法律体系》；对于后者，简单以我国合同法的规定为例：《合同法》第283条规定："发包人未按照约定的时间和要求提供原材料、设备、场地、资金、技术资料的，承包人可以顺延工程日期，并有权要求赔偿停工、窝工等损失。"根据该条约定，即使国际工程合同中不存在承包人可以索赔发包人的约定，承包人仍然可以依据该法律的规定进行索赔。

（2）国际工程合同本身约定一方不可以向另一方索赔，但法律规定该类约定无效，从而使得缔约一方虽然在合同层面无法进行索赔，但根据法律仍然可以索赔。虽然世界各国在商事合同领域秉承契约自由（Freedom of Contract）❶ 的原则，但为了防止契约自由被拥有强势契约一方所滥用，各国的法律往往对契约自由做出一定的限制，例如：

例一：埃及民法典第147条规定："合同即是双方当事人之间的法律。然而，若发生一般性的意外或者不可预见的事件，虽然履行合同义务是可能的，但是履行义务对于债务人而言过于繁重，并会对债务人造成严重损失，法官可以根据情况，衡量各方利益，将过于繁重的义务降低到合理水平。任何与本条款相反的约定无效。"❷

例二：我国合同法第五十三条规定：合同中的下列免责条款无效：（一）造成对方人身伤害的；（二）因故意或者重大过失造成对方财产损失的。

从上述两个例子可知，即使国际工程合同明确约定其中一方不得就特定事项索赔，但只要法律上规定的情形出现，即使合同层面禁止一方向另一方索赔，也会因该合同约定无效而使得受不利影响的一方根据法律规定取得索赔的权利。

三、国际工程索赔的分类

国际工程索赔可以从不同角度对其进行分类，不同的业界学者也提出了很多分类的标准，鉴于本书从法律与合约实务角度阐释索赔，笔者仅仅提及与法律与合约实务紧密相关

---

❶ 契约自由原则的内容大体包括：是否缔结契约的自由（缔约的自由），与谁缔结契约的自由（对象选择的自由），订立什么内容的契约的自由（内容的自由），以何种方式订立契约的自由（方式的自由）。

❷ Article 147 of the Egyptian Civil Code (promulgated by Law No. 131 of 1948 in force since the 15 October 1949): The contract makes the law of the parties. It can be revoked or altered only by mutual consent of the parties or for reasons provided for by the law. When, however, as a result of exceptional and unpredictable events of a general character, the performance of contractual obligations, without becoming impossible, becomes excessively onerous in such a way as to threaten the debtor with exorbitant loss, the judge may, according to the circumstances, and after taking into consideration the interests of both parties, reduce to reasonable limits, the obligation that has become excessive. Any agreement to the contrary is void.

的两种索赔分类,具体如下:

(1)按照索赔目的分类,索赔可以分为工期索赔(Time Claim)和费用索赔(Payment Claim)。工期索赔是指工程合同缔约方对工程合同所约定工期起算至工程竣工日期之间的期限进行延长的索赔,包括对整个工程项目竣工时间的索赔和对工程项目中特定部分(如单位工程或 Section)竣工日期的索赔;费用索赔是指工程合同缔约方之间根据合同与法律进行费用索赔的行为。

(2)按照索赔方法和索赔时间,索赔可以分为单项索赔(Individual Claim)与一揽子索赔(Global Claim 或 Total Claim)。单项索赔是指工程合同的缔约方就单个索赔事项向另一方进行索赔,索赔事件与索赔的费用和工期存在清晰的因果关系(Causation)。一揽子索赔主要是指索赔方将两个或两个以上的索赔事项混合在一起进行索赔,该类索赔在证明因果关系(Causation)方面往往很难将各个索赔事项与对应工期或费用索赔清晰区别开来。在国际工程领域,单项索赔与一揽子索赔可能因不同法律的适用而产生截然不同的法律后果。

第二节 国际工程索赔产生的情形

国际工程一般具有规模大、周期长、复杂程度高和涉及面广的特点,这些特点以及"索赔"本身的含义在很大程度上决定了国际工程项目中产生索赔的情形众多。本节主要对国际工程项目中导致索赔产生的常见情形进行阐述。

索赔产生的情形可以按照不同的类型进行分类,如按照索赔的权利来源,索赔可以分为基于合同约定的索赔和基于法律规定的索赔;如按照责任划分,索赔可以分为归咎于业主责任的索赔、归咎于承包商责任的索赔以及不归咎于任何一方的索赔等。本节按照索赔主体进行分类,具体分为承包商向业主索赔的情形、业主向承包商索赔的情形、业主与工程师之间的索赔以及承包商向工程师索赔的情形。

一、承包商向业主索赔的情形

在国际工程索赔中,最常见的索赔是承包商向业主进行索赔,导致承包商向业主提出索赔的主要情形可以分为两类,具体如下:

(一)不以业主违约为前提条件的索赔事项

对于此类索赔,其特点是承包商进行索赔的依据是合同中已经约定承包商可以索赔的情形。在国际工程项目中,这类索赔的情形占主导。国际工程合同中常见的此类索赔情形如下:

(1)业主提供的项目基础资料和信息(简称"业主资料")不准确、不充分或不完整。国际工程项目中,业主资料是承包商就工程项目提供费用和工期报价的直接依据、也是承包商实施项目设计、采购或施工的重要依据。如果业主资料存在不准确、不充分或不完整的情形,势必会导致承包商遭受工期或费用方面的损失。

(2) 业主未能按照合同约定提供项目场地(Site)或确保承包商的进出场权利(Right of Access to the Site)。在国际工程项目中,提供项目场地或进出场权利是工程实施的必备条件,该条件的提供方往往由业主负责。因此,如果业主未能依约提供项目场地或进出场权利,承包商往往会遭受费用和工期损失。

(3) 业主未能取得合同中约定的许可或批准。国际工程项目所涉及的各类许可或批准数量较大,种类较多,而一旦未能按照合同取得相关许可,工程项目将会受到不利影响。在国际工程合同中,在业主与承包商之间,往往需要就许可或批准的申请或取得做出相关责任划分。对于业主负责的许可或批准,承包商因此遭受费用或工期损失时可以向业主提出索赔。

(4) 业主未能及时支付合同中约定的款项。国际工程合同中,业主的核心义务是依约向承包商支付工程款或其他款项,因此,在业主未能及时支付到期款项时,承包商可以按照合同约定向业主提出索赔,如款项本身、款项对应的融资费用或罚息或违约金以及可能存在的工期损失。

(5) 业主未能依约实施变更。变更是国际工程项目必然出现的事项,因此,正常的国际工程合同中均会对变更的情形做出约定。为此,笔者认为正常的变更行为并不属于索赔的范畴,业主实施的变更只有在业主未能按照遵守合同中关于变更的约定时才会出现基于变更的索赔,如业主要求承包商实施变更,但业主并不按照合同约定支付款项或顺延工期。

(6) 业主承担风险的特定情形发生。众所周知,国际工程项目所涉风险类型多,因此,在完善的国际工程合同中,业主和承包商往往对特定风险的责任承担进行分配。当按照合同约定,业主应当承担的风险发生时,承包商可以提出索赔,例如:

FIDIC 红皮书(2017 版)第 13.6 条第二段:"If the Contractor suffers delay and/or incurs an increase in Cost as a result of any change in Laws, the Contractor shall be entitled subject to Sub-Clause 20.2 [*Claims For Payment and/or EOT*] to EOT and/or payment of such Cost."❶

FIDIC 红皮书(2017 版)第 18.4 条:"If the Contractor is the affected Party and suffers delay and/or incurs Cost by reason of the Exceptional Event of which he/she gave a Notice under Sub-Clause 18.2 [*Notice of an Exceptional Event*], the Contractor shall be entitled subject to Sub-Clause 20.2 [*Claims For Payment and/or EOT*] to: (a) EOT; and/or (b) if the Exceptional Event is of the kind described in sub-paragraphs (a) to (e) of that Sub-Clause, occurs in the Country, payment of such Cost."❷

(7) 业主非因归咎于承包商的原因暂停工程。在很多国际工程合同中,业主往往保留工程暂停的权利,该权利一般分为两种:一种是业主自主暂停工程,该暂停不归咎于承包商;一种是业主因承包商原因而暂停工程。对于后者,承包商无权获取索赔,但对于前者,承包商往往拥有索赔的权利。

---

❶ 参考译文:如果承包商由于任何法律的变化遭受延迟或者费用增加,承包商有权利根据第 20.2 款【费用和/或工期索赔】获得工期和/或者此笔费用。

❷ 参考译文:如果承包商是受影响方且由于例外事件且就此事件已根据第 20.2 款【例外事件通知】发出通知而遭受延迟或者费用增加,那么承包商有权利根据第 20.2 款【费用和/或工期索赔】:(a) 获得工期和/或;(b) 获得额外费用,如果发生在项目所在国的例外事件是此款中(a)到(e)的情形。

(8) 业主便宜解除合同（Termination for Employer's Convenience，Employer's Optional Termination）❶。在国际工程合同中，业主解除合同的权利往往存在两种：一种是因承包商违约而解除合同；一种是业主便宜解除合同。对于前者，承包商当然无权要求索赔，但对于后者，由于业主解除合同非因承包商原因所致，承包商一般可以基于合同或法律进行索赔。

（二）业主违约或违法导致的索赔

相比较于第一类索赔发生的情形，业主违约或违法导致的索赔情形发生时，承包商一般不是基于合同进行索赔，而是基于法律进行索赔，因为根据法律的一般性原则，除非法律允许，任何一方在因另一方违约或违法行为遭受损失时，均可以向另一方进行索赔并获得相应的赔偿。

二、业主向承包商索赔的情形

相比较于承包商向业主索赔的情形，在国际工程项目中，业主向承包商索赔的情形则较少，常见的情形可以分为如下两类：

（一）不以承包商违约为前提条件的索赔事项

与承包商向业主索赔情形的第一类相似，对于此类索赔，其特点是业主向承包商索赔的依据是合同中已经约定业主可以索赔的情形，国际工程合同中常见的此类索赔情形如下：

(1) 承包商未能在合同约定的工期竣工。在工程合同中，承包商能否在合同约定的工期内竣工会对业主产生重大的影响，因此，在国际工程合同中，业主一般会明确约定承包商未能按期竣工时的责任承担，最常见的责任承担方式为：承包商就工程竣工的延迟向业主支付工期延迟赔偿金。

(2) 承包商未能实现合同约定的性能指标。在消耗性或产品产出类型的工程项目中，国际工程合同中一般会特别约定项目的各种性能指标，如原材料的消耗值、热量产出值，排放值，功率等性能指标，而且合同中一般也会明确约定不能实现此类指标时的赔偿安排。如果因承包商原因未能实现此类指标，业主可以根据合同约定向承包商索赔该性能不达标赔偿金。

(3) 承包商交付的工程质量存在缺陷。确保工程质量是工程合同的核心要素。除了上述性能质保赔偿之外，如果承包商交付的工程项目存在质量问题或者缺陷，工程合同或法律一般均会赋予业主向承包商进行索赔的权利。

（二）承包商的违约或违法行为

此类索赔与承包商向业主索赔情形的第二类相似，在此不予赘述。

三、业主与工程师之间索赔的情形

业主与工程师之间的索赔主要基于两种合同：一是业主与工程师之间签订的工程咨询

---

❶ 赵东锋. 国际工程与劳务，2011，6：34-35.

类合同；二是业主与承包商之间签订的工程合同。为便于叙述，我们将此类索赔分为两部分：业主索赔工程师的情形和工程师索赔业主的情形。

业主索赔工程师的主要情形为：一是工程师向业主提供咨询或项目管理的行为违反双方签订的咨询合同，业主据此向工程师索赔；二是工程师未能按照业主与承包商之间签订合同中赋予工程师的职权履行项目管理行为。

工程师索赔业主的主要情形为：一是业主未能按照咨询合同约定向工程支付报酬；二是业主未能按照咨询合同约定向工程师提供履行合同管理或工程师履行职责的条件；三是工程师因业主行为受到来自第三方（包括承包商）的索赔。

四、承包商与工程师之间索赔的情形

在工程合同中，承包商和工程师之间不存在合同关系，工程师只是基于业主和承包商签订的工程合同管理项目，因此，在工程项目实践中，承包商和工程师之间往往不会发生相互索赔的情形，但由于工程师作为业主的代表或受托人参与工程项目的管理，承包商向工程师实施索赔的情况还是偶尔发生，常见的情况大体是：工程师未按照工程合同中约定履行工程师职权，导致承包商受损失，如恶意或故意不履行工程合同中约定的签发付款证书的职责；工程师超出工程合同约定的职权对承包商发出指示等。

第三节 国际工程工期索赔

工期是工程项目的核心要素之一，对工程项目的所有参与方都具有极其重要的意义。在国际工程合同中，业主往往将工期设置为合同的关键（Time is of the Essence），因此，对于业主来说，在合同中应当设置相应的工期延长条款，以确保业主拥有与工期相关的权利；对于承包商来说，为了防止自己承担与工期有关的责任，工期索赔是其项目管理的重要部分。在国际工程项目中，工期索赔（Claim of Extension of Time）的难度和复杂程度极高，本节要从法律与合约角度阐释国际工程工期索赔的重点内容。

一、国际工程承包合同中设置工期延长条款的意义

工期延长条款是国际工程承包合同中常见的合同约定。从法律与合约的角度理解，笔者认为工期延长条款具有如下重要的意义：

（1）工期延长条款为合同缔约方之间处理工期延长事宜提供了明确的合约机制。

正如上文所述，工期是工程项目的核心要素之一，而工期延长往往是国际工程项目中无法避免的事实，为此，业主与承包商在合同中明确工期延长的相关合意有利于双方处理出现工期延长时的相关情形，如 FIDIC 2017 版红皮书第 8.5 款第 1 段：

"The Contractor shall be entitled subject to Sub-Clause 20.2 [*Claims For Payment and/or EOT*] to Extension of Time if and to the extent that completion for the purposes of Sub-

Clause 10. 1 [*Taking Over the Works and Sections*] is or will be delayed by any of the following causes:

(a) a Variation except that there shall be no requirement to comply with Sub-Clause 20. 2 [*Claims For Payment and/or EOT*];

(b) a cause of delay giving an entitlement to EOT under a Sub-Clause of these Conditions;

(c) exceptionally adverse climatic, which for the purpose of these Conditions shall mean adverse climatic conditions at the Site which are Unforeseeable having regarded to climatic data made available by the Employer under Sub-Clause 2. 5 [*Site Data and Items of Reference*] and/or climatic data published in the Country for the geographical location of the Site;

(d) Unforeseeable shortages in the availability of personnel or Goods (or Employer-Supplied Material, if any) caused by epidemic or governmental actions; or

(e) any delay, impediment or prevention caused by or attributable to the Employer, the Employer's Personnel, or the Employer's other contractors on the Site."❶

（2）工期延长条款为项目竣工日期的再次确定提供了合约依据。

国际工程合同中都会约定工程竣工日期，但该竣工日期只是业主与承包商计划实现竣工的日期，是双方认为在不出现工期延长情况下，工程项目应当竣工的日期，但在国际工程实践中，工程项目在合同签订时的计划竣工日期完工的情况较少，工程项目因各种原因需要延长工期或赶工的情况极其普遍，因此，在国际工程合同中，通过工期延长条款提供工期延长的情形、需要延长时的处理方法，继而能够再次明确项目在工期延长后的竣工日期，有利于双方按照新的竣工日期实施项目。

（3）工期延长条款对业主或承包商均具有重要的法律意义。

在国际工程项目中，对于业主而言，在因业主原因导致竣工日期需要延长的情况下，工程合同中的工期延长条款在合同层面上对项目的竣工日期可以进行再次进行明确，从而确定了国际工程合同中所约定的工期延误赔偿金的起算日期，使得该赔偿金条款具有可操作性，否则，在因业主原因导致工期延长的情况下，若没有工期延长机制，则业主不具有合同上的工期延长权利，从而导致合同中约定的工期延误赔偿金条款无法实施❷；对于承

---

❶ "如果由于下列任何原因，导致第10.1款【工程和单项工程的接收】要求的受到或者将要受到延误，承包商有权利根据第20.1款【承包商的索赔】的规定提出延长竣工时间：

(a) 变更（除非第20.2款【费用和/或者工期索赔】没有要求）；

(b) 根据本条件的条款，延误的理由可以获得工期延长；

(c) 异常不利的气候条件，这些条件的目的应为现场不利的气候条件是已经被视为是不可预见的根据业主提供的第2.5款【现场数据和参考事项】下的气候数据和/或由现场所在地国家发布的气候数据；

(d) 由于流行病或者政府行为造成可用的人员或者货物（业主提供的材料，如有）不可预见的短缺；或者

(e) 由业主、业主人员或者在现场的业主其他承包商造成或者引起的任何延误、妨碍或者阻碍。"

❷ Keating On Construction Contracts. "Extension of time clauses are regarded as primarily for the benefit of the employer because they enable the original completion date to be re-fixed where delay to the completion of the work has been caused by matters which are the employer's responsibility, thereby retaining the benefit of a clearly identified completion date and any related entitlement on the employer's part to liquidated and ascertained damages."

包商而言，在因其自己应当负责的原因导致未能在合同规定的原竣工日期内竣工的情况下，工期延长条款可以使承包商免受一般性赔偿，从而为承包商的赔偿责任提供确定性。❶

二、国际工程工期延误的计算方法

工期索赔有很多种计算方法，比较常用的有：计划与实际进度对比法、实际进度But-for法、影响计划法和时间影响分析法。以下对这些索赔方法进行简要介绍。

1. 计划与实际进度对比法（As-planned vs As-built Method）

计划与实际进度对比法是实际进度中的竣工日期减去计划进度的竣工日期得出的结果是承包商应索赔的工期。此种方法很难解决延误事件的责任归属问题。

2. 实际进度But-for法（As-built But-for Method）

实际进度But-for法可以分为三步：第一步以实际进度作为基准进度计划，并将延误事件按照从后往前的顺序加载到基准进度计划中；第二步计算出除去由于承包商原因引起的工期延误的工期；第三步计算出实际工期与第二步计算出的工期之差。此种方法也因不能很好地反应关键路径的变化且具有较强的主观性而受到争议。

3. 计划影响分析法（Impact As-planned Method）

计划影响分析法分为两步：第一步将延误事件载入到进度计划中，在考虑延误事件对计划进度的影响程度上对进度计划进入修订，得到修正的进度计划；第二步计算进度计划与修正的进度计划之差。计划影响分析法使用的前提是此延误事件为可原谅的延误时事件。此方法由于未考虑到共同延误的问题和工程的实际进度问题而备受争议。❷

4. 时间影响分析法（Time Impact Analysis）

时间影响分析法与计划影响分析法类似，也是将延误事件对竣工日期的影响进行分析，但是与计划影响分析法不同的是，此方法考虑了实际进度，而不仅是只考虑基准进度计划。具体来说，时间影响分析法具体分为三步：第一步将基准进度计划更新到当前进度；第二步将延误事件载入更新的计划中，并对更新的计划再进行重新修订，得出新的竣工日期；第三步计算新的竣工日期与原计划竣工日期之差。时间影响分析法因为考虑了项目的实际进度而受到肯定，虽然它存在耗时长、成本高的问题，但是仍然是工程领域应用最为广泛的方法。

三、自由工期（Time at Large）

在国际工程项目中，"自由工期"是普通法（Common Law）下的一个术语，其主要是描述工程项目没有竣工日期或合同中约定的竣工日期不再具有约束力，承包商不再受特定

---

❶ Keating On Construction Contracts. "—. Extension of time provisions should also, however, be viewed as benefitting the contractor in that they protect the contractor from a claim for general damages in respect of its failure to complete by the original contractual date for completion and provides certainty in the event of its culpable delay. —"

❷ 崔军. 工期延误分析技术：计划影响分析法.

日期实现竣工的约束的情况。自由工期一般起源于归咎于业主原因的延迟没有按照合同约定进行处理或业主处理该类延迟的做法不符合合同的约定。

自由工期在工程项目中被适用基于普通法下的一个重要原则，即阻碍原则（Prevention Principle）。阻碍原则是基于"在一方已经妨碍另一方履行特定合同义务的情况下，该方不能坚持让另一方继续履行受其妨碍的义务"的理念❶。阻碍原则是英国普通法下已经长期确定的原则，源于两个英国早期的案例，即 Holme v Guppy (1838) 3 M & W 387 案和 Wells v Amy & Navy Co-operative Society Ltd (1902) 86 LT 764 案。在国际工程项目中，如果阻碍原则可以适用，则意味着，在业主妨碍承包商导致其无法合同原定竣工日期之内竣工之时，业主不能继续坚持要求承包商在原定的竣工日期之内竣工，此时，承包商在工程合同约定的工期之内竣工的工期义务已经不再具有约束力，取而代之的是：承包商在合理的时间内竣工即履行了合同中的工期义务。

案例：Case no. 310/2002 Ad Hoc (Cairo Regional Centre for International Commercial Arbitration)：

Where a contract provides for a date for completion of the works, but the employer through its acts or omissions prevents the contractor from achieving that date and there is no entitlement to extension of time under the contract in such event, the time for completion in the contract is nullified. This in turn means that the employer loses his right to levy liquidated damages and, whilst the contractor's obligation to complete the works remains, he must do so only within a reasonably time. ❷

国际工程项目中，产生自由工期的情形一般包括：

(1) 业主与承包商之间不存在工程合同。这种情况下，由于业主与承包商之间没有合同依据，自然不存在确定的竣工日期也不存在工期延长条款。

(2) 业主与承包商存在工程合同，但合同中没有明确约定竣工日期。

(3) 业主与承包商存在工程合同，且合同中约定了竣工日期，但业主导致了工期延误，而业主在合同中没有权利给予承包商工期延长。

(4) 业主与承包商存在工程合同，且合同中约定了竣工日期，存在延迟导致工期延长的情形，但业主未能按照合同的约定给予承包商工期延长。

在国际工程工期争议实践中，法官和仲裁员对于适用自由工期往往持谨慎态度，一般的做法是尽量裁判给予承包商应当获得的工期延长时间，而不是一味裁判适用自由工期，例如：H. H. Humphrey Lloyd QC in Rugby Landscapes Ltd (Bernhard's) v Stockley Park Consotium Ltd (1997) 82 BLR 39, 14 Const LJ329 案：

"The mere fact that the contract administrator's decision is to issue an extension of time which is less than the contractor wishes, or indeed to grant no extension of time at all, will

---

❶ Multiplex Constructions (UK) Ltd v Honeywell Control Systems Ltd [2007]," The prevention principle is based on the notion that a promisee cannot insist upon the performance of an obligation which it has prevented the promisor from performing."

❷ Lukas Klee, "International Construction Law", p.294. 参考译文：合同约定竣工日期，但业主以其行为或不作为的方式阻碍承包商在竣工之日前完工，而且合同未约定工期延长的，合同中的竣工日期无效。这种情况下，业主无权再索赔武器损害赔偿，与此同时，承包商仅有义务在合理时限内完成工程。

not render time at large. If the true position can be restored by the operation of other contractual machinery, for example reference to an adjudicator, arbitrator or the court to open up and review the decision, or absence of a decision, the failure of the contract administrator during the course of the contract will not set time at large simply because such tribunal can resort the parties' rights under the contract."❶

四、共同延误（Concurrent Delay）

共同延误是国际工程索赔中存在的常见事宜，但如何认定和处理共同延误却非常复杂，共同延误下的处理方法在理论上和实践中都颇具争议。本节从以下两个方面做简要阐释。

（一）共同延误的定义

目前，在国际工程界尚没有对"共同延误"的统一定义，一些案例和学术资料对共同延误的定义，举例如下：

"Concurrent delay can be defined as a period of project overrun which is caused by two or more effective causes of delay which are of approximately equal causative potency"——Adyard Abu Dhabi v S. D. Marine Services [2011]❷

"The term 'concurrent delay'" is often used to describe the situation where two or more delay events arise at different times, but the effects of them are felt (in whole or in part) at the same time. To avoid confusion, this is more correctly termed the 'concurrent effect' of sequential events"—— SCL Delay and Disruption Protocol ❸

"True concurrency is the occurrence of two or more delay events at the same time, one an Employer Risk Event, the other a Contractor Risk Event and the effects of which are felt at the same time."—— SCL Delay and Disruption Protocol。❹

基于对上述定义的理解和经验，笔者认为共同延误应当是指工程竣工时间的延误由两个或两个以上的事件造成，上述事件有的为承包商应当承担的风险，有的为业主应当承担的风险，这些事件在同一期间发生，共同导致工程项目的竣工日期延长。共同延误具有如下特征：

（1）共同延误是导致工程竣工时间的延长。

---

❶ 参考译文："事实是合同管理人员决定给予少于承包商期望的工期延长或者确实不赋予工期延长，将不会造成自由工期。如果真实情况可以通过其他合同机制得到修复，例如诉至裁决人、仲裁员或者法院来审核决定，或者在缺少决定的情况下，在合同期间合同管理人员的失败将不会设置自由工期仅因为这种法庭可以解决合同下双方的权利和义务。"

❷ 参考译文："共同延误可被定义为项目的工期超期是由两个或者更多的有效延迟因素造成的，且这些因素具有几乎相同的原因力"——Adyard Abu Dhabi v S. D. Marine Services [2011]

❸ 参考译文："共同延误"经常被用于描述两个或者更多延迟事件在不同时间内发生但导致的结果（部分或者全部）是在同一时间产生的。为了避免混淆，对于连续事件的定义，"共同结果"的表述更加准确。—— SCL Delay and Disruption Protocol

❹ "真正的共同延误是指两个或者两个以上延迟事件在同一时间发生。一个为业主风险事件、另一个为承包商的风险事件，且他们造成的结果在同一时间产生。"——SCL Delay and Disruption Protocol

(2) 共同延误事件是各自独立存在的事件，各个延误事件之间不存在因果关系。

(3) 共同延误事件的发生时间大体在同一时间段且其影响同期发生。

(二) 共同延误在法律上的处理原则

不同的国家或者法域处理共同延误的方法不尽相同。本节主要列举在国际工程合同中具有较强影响力的几个法域在共同延误方面的处理方法❶。

(1) 美国法

在美国法下，美国法院或者仲裁机构在处理共同延误时，主要采用以下三种方法：

① 工期延长但无费用法（Time-but-No-Money）。该方法的使用可以追溯到20世纪早期，其大意为：如果业主的原因也导致了延迟，业主将无法获得误期违约赔偿同时误期违约赔偿条款将会无效。但是随着误期违约条款的频繁使用、合同关系的复杂以及对Time-but-No-Money原则的质疑，此原则随后被弃之。

② 责任分摊法。在Time-but-No-Money原则受到质疑的情况下，责任分摊原则逐渐被美国的法院适用。当有证据可以将双方的责任分离时，美国法院将会分摊误期违约赔偿。

③ 关键路径延迟分析法。这个方法为责任分摊法提供给了一种选择，它提供了对事件影响最好的因果关系分析。

(2) 英格兰法

英格兰法目前国际工程合同中最常见的管辖法律。英格兰法在处理共同延误方面前后存在三种方法，即：But-for 法（But-for Test）、主因法（Dominant Cause）和康乃馨法（*Malmaison Approach*）。

① But-for 验证法。在工程领域，But-for 法的大意是：如果排除业主风险事件，该延误事实上也不会消失，则业主无须对该延迟负责。该方法没有考虑共同延误发生在业主与承包商对延误具有同等作用的情况，同时，该方法被认为不精确且容易产生误导，因此，But-for 法没有得到在工程领域得到广泛的支持。

② 主因法。主因法在解决共同延误问题时的做法大体是：当共同延误发生时，一方面是业主的风险事件导致，另一方面是承包商的风险事件所致，那么只有其中之一的延误事件，胜过另一事件，是导致延误的主要因素。但是这种方法会使案件事实的审理者很难做出关于哪个延误事件是延迟的主要因素的决定。另外，一些法官在判例中指出主因法的适用主要是在费用和损失索赔时，不应适在工期索赔中。

③ 康乃馨法。该方法为 Henry Boot Construction（UK）Ltd v Malmaison Hotel 1999 所创设，它主要是强调："被认同如果有两个共同延误的原因，一个是相关事件，另一个非相关事件，那么承包商有权利获得因为相关事件导致的延长的工期，尽管它与另外事件产生共同影响。"❷ 这里的相关事件是指："一个引起竣工日期延迟的事件，由业主导致或者是一个中立不由任何一方引起的事件。"相关事件包括但不限于：变更、例外的不利的天

---

❶ Richard J. Long, P. E. Analysis of Concurrent Delay on Construction Claims.

❷ "If there are two concurrent causes of delay, one of which is a Relevant Event [an employer risk event], and the other is not, then the contractor is entitled to an extension of time for the period of delay caused by the Relevant Event notwithstanding the concurrent effect of the other event."

气、人民骚乱或者恐怖行动、没有提供信息、指明的分包商的延误、法律规定的工作、延迟给承包商进入现场的权利、不可抗力（例如战争或者传染病）、特定危险造成的损失，例如洪涝、业主材料和物资的供应、国家性的罢工、法律条件的变化。❶

英国法下处理共同延误的一般规则是康乃馨法，也被认为是比较先进的方法。但是由于责任分摊法的出现，造成了一定的混乱局面，但是 2012 年，Walter Lilly v Giles Patrick Cyril Mackay 一案中，法官再次否定了分摊法在英国的适用，重新确认了康乃馨法在英国的适用。该案法官对 City Inn 案例作出了回应，指出"对合同只应限于狭义的解读，'公正合理'的表述本身并不直接导致分摊法，也不意味着建造师（Architect）的延期意见一定要对合同双方公正合理，相反，仅仅是要求建造师（Architect）在评估索赔时应采取客观的态度和方式而已。"❷康乃馨法在英国建筑法学会《延误和干扰评估准则》的第 1.4.1 款项中得到了支持，其规定"在同时发生了承包商和业主导致的竣工延误时，承包商的共同延误不应减少任何其应获得的工期延长的时间。"❸ 作为康乃馨法的延伸，在 *De Beers UK Ltd v Atos Origin IT Services UK Ltd* 一案中，该案法官做了如下陈述："在建筑工程案例中通用的规则是，业主和承包商都需要对竣工的共同延误负责，那么承包商有权获得工期延长但是他不能获得延迟造成的损失。"❹

（3）苏格兰法

相比较于英格兰法，苏格兰法在处理共同延误方面则采用了责任分摊法（Apportion Approach）。责任分摊法在 City Inn Ltd v Shepherd Construction Ltd 案中得到了具体适用。法官 Young 在此案中明确："如果有一个真正的共同延误发生在相关事件和承包商错误之间，且两者同时存在，不管哪个事件发生，对责任的分摊是合适的，显然，这种分摊必须是基于公平合理原则。"❺另外，法官 Young 还指出，在进行分摊时，过错程度和每个方面对引起延误的重要性是两个需要考虑的重要因素。

（4）澳大利亚法

在澳大利亚的一些标准合同文本中，接受了共同延误发生时责任分摊的方法。例如，

---

❶ "The phrase relevant event apparently bears the definition of "an event that causes a delay to the completion date, which is caused by the client, or a neutral event not caused by either party." It is further mentioned that relevant events can include the following: Variations; exceptionally adverse weather; civil commotion or terrorism; failure to provide information; delay on the part of a nominated sub-contractor; statutory undertaker's work; delay in giving the contractor possession of the site; force majeure (such as a war or an epidemic); loss from a specified peril such as flood; the supply of materials and goods by the client; national strikes; changes in statutory requirements."

❷ "The fact that the Architect has to award a 'fair and reasonable' extension does not imply that there should be some apportionment in the case of concurrent delays. The test is primarily a causation one. It therefore follows that, although of persuasive weight, the City Inn case is inapplicable within this jurisdiction."

❸ "Where Contractor Delay to Completion occurs concurrently with Employer [Owner] Delay to Completion, the Contractor's concurrent delay should not reduce any EOT [Extension of Time] due."

❹ "The general rule in construction and engineering cases is that where there is concurrent delay to completion caused by matters for which both employer and contractor are responsible, the contractor is entitled to an extension of time but he cannot recover in respect of the loss caused by the delay."

❺ "Where there is true concurrency between a relevant event and a contractor default, in the sense that both existed simultaneously, regardless of which started first, it may be appropriate to apportion responsibility for the delay between the two causes; obviously, however, the basis for such apportionment must be fair and reasonable."

澳大利亚标准合同文本 AS4000 第 34.4 条规定:"当导致延误的原因重叠,那么负责人应当根据各自导致延误的程度给承包商分配延迟责任"。❶

(三) 共同延误在合约上的处理原则

从上文所述可以看出,共同延误在法律上的处理方法存在较大的不确定性,作为国际工程合同的缔约方,笔者建议在合同中明确约定共同延误发生时责任分担机制,例如 FIDIC 合同条件 2017 版第 8.5 款第四段:"如果业主原因引起的延误与承包商原因引起的延误共同发生,承包商索赔工期的权利应当根据特别条款中的规则和程序进行评估(如果没有约定,适当地对所有的相关情况尽到应有的考虑。)"❷

五、时差 (Float 或 Slack) 所有权的归属

时差是工程进度计划中常见的一段时间,该时间所对应的工作可以被延迟,但该延迟不会导致后续工作延迟或整个项目竣工时间的延迟。由此可见,时差分为两种:一种是可以在不推迟任何后续活动 (Activity) 的时间情况下,本活动可以推迟的时间,这类时差称之为"自由时差 (Free Float)";另一种是一项活动在不影响总工期的情况下可以延误的时间,这类时差称之为"总时差 (Total Float)"。

在出现以下两种情况时,时差的所有权归属非常重要:(1) 在决定是业主还是承包商对某项延误负责或 (2) 计算延误的时长以及承包商是否应当就完成工程获得工期延长。对于时差的归属,存在三种观点:①时差属于承包商。②时差属于业主。③时差属于项目本身,即"谁先用,就归谁 (First Come, First Served)"。

AACEI (the Association for the Advancement of Cost Engineering International) 在其 AACE International Recommended Practice No. 29R-03: FORENSIC SCHEDULE ANALYSIS-TCM Framework: 6.4-Forensic Performance Assessment 主张如下:

(1) 在合同中没有做出相反约定的情况下,自由时差 (Free Float) 应当由业主和承包商分享,而可以分享的自由时差,其所有权归属原则为"谁先用,就归谁 (First Come, First Served)";

(2) 在合同中没有做出相反约定的情况下,总时差 (Total Float) 的所有权应当归属承包商所有。

与 AACEI 的上述主张不同,英国建筑法协会 (Society of Construction Law) 则主张时差应当属于项目本身,其所有权采用"谁先用,就归谁 (First Come, First Served)"原则,见出版的 SCL 2004 版第 1.3.6 段:

"……It believe it to be consistent with current judicial thinking, which is that an Employ-

---

❶ "When both non-qualifying and qualifying causes of delay overlap, the Superintendent shall apportion the resulting delay to WUC according to the respective cause's contribution."

❷ "If a delay caused by a matter which is the Employer's responsibility is concurrent with a delay caused by a matter which is the Contractor's responsibility, the Contractor's entitlement to EOT shall be assessed in accordance with the rules and procedures stated in the Special Provisions (if not stated, as appropriate taking due regard of all relevant circumstances)."

er Delay has to be critical (to meeting the contract completion date) before an EOT will be due. It has the effect that float is not time for the exclusive use or benefit of either the Employer or the Contractor. ❶"

第四节　国际工程费用索赔

在国际工程项目中，费用索赔是工程索赔中的重点，上文阐释的工期索赔在很大程度上也与费用索赔相关。费用索赔是工程合同的一方向另一方要求补偿不应该由自己承担的经济损失或额外开支的行为，既包括业主向承包商进行的索赔，也包括承包商向业主进行的索赔，还包括业主或承包商与第三方之间的索赔。由于国际工程项目中，最常见的费用索赔为承包商向业主提出的索赔费用，因此，本节仅阐述承包商向业主索赔的情形。费用索赔从索赔的内容上可以分为直接费用索赔、间接费用索赔和利润索赔；从索赔发生的原因上主要可以变更费用索赔、拖期费用索赔、干扰费用索赔和赶工费用索赔。

一、国际工程索赔费用组成

国际工程索赔费用的组成与合同中所约定的合同价款所对应的组价费用相一致。在国际工程项目中，由于各国对于工程造价的组价方式不同，因此，在国际工程费用索赔方面，会出现对索赔费用组成的各种称谓。为了便于叙述，笔者借鉴我国工程界对工程项目造价的分类方式，将国际工程费用索赔的常见费用组成分为直接费用索赔、间接费用索赔和利润索赔。

（一）国际工程费用索赔之直接费用索赔

直接费用索赔主要是索赔直接工程费和措施费。直接工程费包括人工费、材料费和施工机械使用费；措施费可以分为通用措施项目费和专用措施项目费两部分。

1. 直接工程费索赔

国际工程费用索赔中的直接工程费索赔的内容主要包括人工费、材料费、施工机械设备费。

人工费的索赔主要是索赔各类人员的工资以及各项福利待遇、人员闲置费用、人员的加班费用损失、额外增加人员的费用以及非承包商原因引起的劳动生产率降低造成的人工费用损失。

材料费的索赔主要是索赔由于索赔事件导致材料用量大于合同约定的量、材料价格上涨以及存储的费用。

---

❶ 参考译文"相信其符合现在的裁判思路，也即一项业主延误必须受到批判（为了满足合同竣工期）在工期延长到期之前。其影响是时差不是承包商或者业主任何一方可以唯一使用的时间或者单独享有的时间利益"。

施工机械设备费的索赔主要是索赔施工机械设备工作时间增加的费用、自由机械台班费率上涨费、租赁他人的机械设备的费用以及机械设备闲置时的损失费用等。

2. 措施费索赔

正如笔者上文所述,国际工程费用索赔中,各类费用的表述并没有统一名称,对于措施费的组成,笔者仍借鉴国内工程界的常用分类,将索赔措施费的内容分为:通用措施项目费和专业措施项目费:

通用措施项目费索赔主要索赔费用为:环境保护费、文明施工费、安全施工费、临时设施费,夜间施工增加费,二次搬运费,冬雨季施工增加费,大型机械设备进出场及安拆费,施工排水费,施工降水费,地上、地下设施、建筑物的临时保护设施费,已完工程及设备保护费等。

专业措施项目费索赔主要索赔的费用为:混凝土、钢筋混凝土模板及支架费,脚手架费等。

(二)国际工程费用索赔之间接费用索赔

笔者将间接管理费索赔的内容分为现场管理费索赔、总部管理费索赔、保险费和保函费索赔等。

1. 现场管理费索赔

现场管理费索赔一般是指索赔事件发生致使工期延误,从而造成现场管理费用的增加,包括临时设施、办公费、现场管理人员工资等费用的索赔。现场管理费的计算方法可以依据直接费索赔额进行计算,可以索赔的现场管理费为合同约定的现场管理费率乘以承包商可以索赔的直接费。

2. 总部管理费(Headquarter Overhead)索赔

在工程项目中,承包商因工期延误使其资源使用时间比预期时间更长,如果这些资源不能为公司收益带来相应的增长,则会导致总部管理费用的损失。因此,除非合同中另有约定,承包商一般可以索赔归咎于业主原因所遭受的总部管理费损失。总部管理费可以分为直接总部管理费(Dedicated Overhead)和间接总部管理费(Unabsorbed overheads)。

直接总部管理费一般是承包商通过项目执行过程中的各种详细记录可以直接证明归咎于业主责任的总部管理费。除非合同另有约定,承包商一般可以向业主索赔直接总部管理费,而且计算直接总部管理费相对比较容易。

间接总部管理费主要是指那些与项目规模没有直接关系但承包商需要支付的费用,例如总部人员工资、租金、物业费等等。除非合同中明确约定间接总部管理费不能索赔,否则,承包商可以对该费用进行索赔。然而,相比较于索赔直接总部管理费,承包商索赔间接总部管理的难度很大,因为承包商无法提供证明该类损失的直接证据。为了实现这类费用的索赔,国际工程界存在三个比较常用的计算公式,即:Hudson Formula(Hudson 公式)、Emden Formula(Emden 公式)和 Eichleay Formula(Eichleay 公式)。

Hudson Formula(Hudson 公式):Hudson 公式是在计算总部管理费中常用的公式,具体公式如下:

$$\text{Planned Home Office Overhead \& Profit\%（计划总部管理费和利润）} \times \frac{\text{Original Contract Sum 原合同价格}}{\text{Original Contract Period 原合同有效期}} = \text{Allocable Overhead Per Day 每天可分配的管理费}$$

$$\text{Allocable Overhead Per Day 每天可分配的管理费} \times \text{Period of Owner-caused Delay 业主引起的延迟的时间} = \text{Home Office Overhead Owed 总部管理费}$$

此处的总部管理费和利润计算的基础是合同中约定的费率。此公式在司法实践中被广泛应用，例如在 *J F Finnegan v. Sheffield City Council* 一案中指出："原则上，承包商因为业主的原因延迟履行合同，有权利索赔延迟期间的总部管理费。因为若不是延迟，则劳动力在此延迟期间可能用于其他的合同从而获得管理费。"❶ 但是 Hudson Formula 不适合用于利润损失的索赔，除非有明确指向若非超期承包商能够从其他合同中获得利润，同时投标时的费率不能真实地反映出承包商现场管理费用和利润。❷

Emden 公式：Emden 公式出现在 Emden 建设合同和实践一书中，在 Whittall Builders Company Ltd v. Chester-le-Street District Council 一案中被认可。此公式可用于合同中没有约定利润和管理费的情况，具体公式如下：

$$\frac{\text{Total Overhead \& Profit/Total Company Turnover 总部费用总计和利润/公司总营业额}}{100} \times \frac{\text{Gross Contract Sum 总合同价格}}{\text{Planned Contract Period 计划合同有效期}}$$

$$\times \text{Owner-caused Delay Period 业主引起的延迟的时间} = \text{Home Office Overhead Owed 总部管理费}$$

Eichleay 公式：Eichleay 公式产生于 20 世纪 60 年代左右，在美国，相较于 Hudson 公式，它获得了更多的司法关注。此公式的具体内容如下：

$$\frac{\text{Contract Billings 合同额}}{\text{Total Billings for Actual Contract Period 实际合同期的总合同额}} \times \text{Total Company Overhead During Actual Contract Period 实际合同期总管理费} = \text{Overhead Allocable to Contract 合同可分配的管理费}$$

$$\frac{\text{Allocable Overhead 可分配的管理费}}{\text{Actual Days of Contract Performance 合同实际履行期间}} = \text{Overhead Allocable to Contract/Day 可分配的日管理费}$$

---

❶ Lukas Klee, "International Construction Law" p 417, "It is generally accepted that, on principle, a contractor who is delayed in completing a contract due to the default of his employer, may properly have a claim for head office or offsite overheads during the period of delay, on the basis that the work-force, but for the delay, might have had the opportunity of being employed on another contract which would have had the effect of funding the overheads during the overrun period".

❷ （美）罗杰·吉布森（Roger Gibson）. 工期索赔. 崔军译. 北京：机械工业出版社，2011：229.

$$\frac{\text{Daily Overhead}}{\text{日管理费}} \times \frac{\text{Days of Owner Caused Delay}}{\text{业主引起延迟的天数}} = \frac{\text{Home Office Overhead Owed}}{\text{总部管理费}}$$

在最初使用 Eichleay 公式后，美国联邦法院通过两个主要的条件来限制此公式的应用。首先是准备条件（standby requirement），此条件是指承包商的履行在延迟期间被暂停。其次是替代工作条件，此要求承包商在此暂停期间不能实施任何替代工作。美国联邦法院已经明确，承包商必须直接或者推理证明延误是政府引起且具有实质性、承包商在延迟期间准备好且能够修复工作以及被暂停的工作是合同中的主要部分。❶

对于上述三个公式的适用取决于延迟的性质。如果延迟的唯一原因是合同规定的变更条款中的额外工作，可能 Hudson 公式比较合适。如果延迟的原因是违约或者是由于变更引起的延误不能从违约引起的延误中分离出来，那么此种损害的补偿，Emden 公式比较合适。❷ 但是 SCL Protocol 中不推荐使用 Hudson 公式，因为"它是基于尚在考虑中的招标的整体准确性或者其他问题，且因为计算是来源于一个包含总部管理费和利润的数字，所以存在质疑。"❸ SCL Protocol 比较推荐 Emden 和 Eichleay 公式。

3. 保险费和保函费索赔

国际工程费用索赔中的保险费和保函类相关费用的索赔主要与工期延长、工作范围扩大、赶工等事宜有关，这部分费用索赔相对比较容易，笔者不予赘述。

4. 利润索赔

虽然国际工程费用索赔的实践中，承包商往往能够索赔的费用一般为实际成本，对于利润损失的费用索赔非常困难，但是这种实践无法天然地剥夺承包商因业主原因所遭受的利润损失的索赔权利，因此，除非合同中存在相反约定，承包商可以就利润损失向业主提出索赔，这种公平和良好的实践为众多国际工程示范性文本所采纳，如 FIDIC 合同条件、AIA 合同条件等，以 AIA 合同文本第 14.1.3 条为例：

"If one of the reasons described in Section 14.1.1 or 14.1.2 exists, the Contractor may, upon seven days' notice to the Owner and Architect, terminate the Contract and recover from the Owner payment for Work executed, as well as reasonable overhead and profit on the Work not executed, and costs incurred by reason of such termination.❹"

---

❶ "these requirements are difficult to satisfy, and although total suspension is not necessary, the Federal Courts have clarified that in order to satisfy the stand by requirement the Contractor must show either directly or inferentially that the government caused delay and that it was substantial." Hudson building P802

❷ "A great deal will depend on the nature of the delay. If the sole reason for a particular delay is extra, or additional work, contemplated by the variation clause in the contract, it may be appropriate to use Hudson's formula (see Variations, infra). If the reason for delay is breach of contract, or if periods of delay caused by variations cannot be disentangled from periods of delay caused by breaches of contract, it is suggested that the remedy" Construction Contract Claims p 153

❸ "The use of the Hudson formula is not supported. This is because it is dependent on the adequacy or otherwise of the tender in question, and because the calculation is derived from a number which in itself contains an element of head office overheads and profit, so there is double counting."

❹ 参考译文："如果规定在第 14.1.1 或者 14.1.2 部定的一项原因存在，承包商可以，基于向业主和建筑师发出 7 天的通知来终止合同，并从业主处得到已经实施的工程的款项，以及未实施的工程的合理管理费和利润和此原因终止合同所引起的费用。"

二、国际工程索赔费用的类型

根据费用索赔发生的原因，国际工程索赔费用的类型可以分为：变更费用索赔、拖期费用索赔、干扰费用索赔和赶工费用索赔。本书第七章将对变更索赔做详细阐释，在此不予赘述。

（一）拖期费用索赔（Claim of Prolongation Compensation）

拖期费用一般发生在承包商有权获得工期延长的情况下。顾名思义，承包商索赔的拖期费用与承包商用于工程的资源占用延长有关。拖期费用主要产生于工程变更、业主违约、不可预见的客观条件以及合同中约定的其他归咎于业主责任的情况。一般情况下，承包商索赔的拖期费用补偿仅限于承包商因拖期所实际实施的工作、实际被占用的时间或实际遭受的损失。

对于拖期费用的评估时段，国际工程界存在不同的声音，大体分为三种：

（1）拖期费用的评估时段为造成拖期事件发生之时；

（2）拖期费用的评估时段为工期延长的那个时段；

（3）拖期费用的评估时段为工程受到拖期事件影响的那个时段。

虽然第一种和第二种观点比较容易确定拖期费用的数额，但其所确定的数额往往不能反映真实的拖期费用，因此，国际工程界倾向于采用第三种观点。第三种观点为英国建筑法协会（Society of Construction Law）所采纳，其在 SCL Delay and Disruption Protocol (2002) 第 1.11.1 段：

"*Liability for compensation must first be established by showing that the Prolongation has been caused by an Employer's Risk Event. Once it is established that the compensation is due, the evaluation of the sum due is made by reference to the period when the effect that the Employer's Risk Event was felt, not by reference to the extended period at the end of the contract.* ❶"

在拖期费用索赔实践中，业主或承包商往往对拖期费用的索赔数额很难达成，导致争议发生。因此，如果业主和承包商在合同中对拖期费用的计算方法或数额做出明确约定，则可以避免上述情况的发生，但笔者很少看到国际工程合同中存在这样的约定。

（二）干扰费用索赔（Claim of Compensation of Disruption）

干扰是指对承包商正常工作的干扰、阻碍或者中断，从而导致承包商工效的降低。导致干扰发生的常见原因主要包括工作节奏被打乱，例如没有按照工作的正常顺序、重复的学习周期；工作区域的阻碍等等。❷ 绝大多数的示范类合同文本都没有明确约定干扰费用

---

❶ 参考译文："补偿责任必须首先建立在通过表明拖期是已经由业主风险事件引起。一旦其产生补偿就应当支付，此笔应付款项的评估是参考当业主风险事件造成影响之时，而非至合同终止的延长期间。"

❷ SCL Delay and Disruption Protocol (2002) 1.19. The most common causes of disruption are loss of job rhythm (caused by, for example, premature moves between activities, out of sequence working and repeated learning cycles), work area congestion caused by stacking of trades, increase in size of gangs and increase in length or number of shifts.

索赔的机制,该费用的索赔基于法律上的规定,如普通法上的阻碍原则(Prevention Principle)。

在国际工程费用索赔中,干扰费用索赔被认为是最复杂和难度最大的索赔,业主和承包商往往对干扰费用的数额产生争议。根据笔者的理解,目前还不存在一个准确计算干扰费用的方法,但是在国际工程界,对于干扰费用的计算存在以下五种方法,分别是:

Measured Mile 法。该方法的大体做法为:比较同一项目合同中相同或类似工作实施的两个期间(注:一个期间是受到干扰的期间,一个是未受到干扰的期间)的生产效率,从而得出承包商遭受的生产效率的损失。

不同项目生产效率比较法。该方法主要适用于在受干扰影响的项目中找不到两个可以比较的期间,无法适用 Measured Mile 法,因此,承包商考虑采用其他项目之中与受影响工作相同或类似的工作进行比较,从而得出承包商遭受的生产效率的损失。

采用示范性生产效率。该方法主要是将受干扰影响的工作与一些工程界比较权威的机构❶发布的相同或类似工作的示范性生产效率相比较,从而得出承包商遭受的生产效率的损失。

与报价时的生产效率相比较法。有时承包商为了证明遭受了干扰损失,也会做出这样的比较:遭受干扰的工作的实际生产效率与承包商报价时的生产效率,从而得出承包商遭受的生产效率的损失。

采用专家意见。该类方法非常简单,主要是利用专家来判断承包商所遭受的损失,该类方法主要依靠相关专家的专业经验。除非双方达成一致,该类方法一般较少采用。

对于上述五种方法,在合同没有对干扰费用如何计算的情况下,Measured Mile 法被国际工程界认为是计算干扰费用较为合适的方法,也被一些法院所采纳,如澳大利亚的法院对 Santos Ltd v Fluor Australia Pty Ltd 案的判决。❷ 鉴于干扰费用索赔的难度大、复杂程度高,业主和承包商可以根据项目的实际情况,明确工程合同中可以采用的干扰费用计算方法,从而降低争议。

(三) 赶工费用索赔 (Claim of Compensation of Acceleration)

在工程项目中,业主或承包商有时需要采取赶工的方式以实现在特定日期竣工或将项目投入运营。赶工可以分为以下三种❸:指示赶工(Directed Acceleration)、推定赶工(Constructive Acceleration)和自愿赶工(Voluntary Acceleration)。由于三种赶工发生的动因不同,承包商索赔赶工费用需要满足的条件不同,下面对三种赶工情形的法律与合约事宜做简要阐释。

1. 指示赶工

指示赶工一般是指在业主或工程师根据合同约定或法律规定,要求承包商加快工程进度,指示赶工的核心要件是:业主或工程师根据合同或法律规定要求承包商实施赶工,如

---

❶ 如 US Army Corps of Engineers, International Labour Organization, Mechanical Contractor's Association of America Inc., Chartered Institute of Building.

❷ https://www.whitecase.com/publications/alert/judicial-acceptance-scl-delay-and-disruption-protocol-2nd-edition

❸ Lukas Klee, "International Construction Law" p330.

下例：

NEC 第 36 条："为了提前竣工，项目经理可以给承包商发出指令，使其提交赶工报价。"❶ 指示赶工有时作为变更处理。对于指示赶工，如果合同对指示赶工的费用支付做了约定，承包商依照该约定要求业主支付该赶工费用，否则，承包商需要根据变更或索赔程序要求业主支付指示赶工的费用。

2. 推定赶工

推定赶工一般是指由业主负责的事由发生导致工程需要加快工程进度，但业主或工程师拒绝或延迟给予承包商工期延长，承包商在满足特定条件后实施加快工程进度的行为。不同法域对推定赶工做出了不同的处理方法，举例如下：

英国建筑法协会（Society of Construction Law）在其 SCL Delay and Disruption Protocol（2002）中提及：

"If the Contractor accelerates as a result of not receiving an EOT that it considers is due to it, it is not recommended that a claim for so-called constructive acceleration be made."❷ 和 "Prior to any acceleration measures, steps should be taken by either party to have the dispute or difference about entitlement to EOT revolved in accordance with the dispute resolution procedures applicable to the contract."❸

而在美国建筑工程案例中，则认可推定赶工，但由于推定赶工容易产生争议，美国法院在认可推定赶工时，一般要求满足特定的条件，大体如下❹：

① 存在承包商可以要求工期延长的可原谅事由（Excusable Delay）；
② 承包商根据合同约定要求业主或工程师给予工期延长；
③ 业主或工程师签发拒绝给予该工期延长的指令；
④ 业主或工程师的明确指示或默示行为要求承包商克服该延误，并在原定工期内完工；
⑤ 承包商实施了赶工并产生了相应费用。

在满足上述条件后，承包商可以就该类赶工向业主提出费用索赔。

3. 自愿赶工

自愿赶工一般是指在合同没有约定的情况下，承包商自己单方面主动实施加快工程进度的行为。根据自愿赶工发生的原因，一般情况下，承包商能否就自愿赶工索赔费用存在以下两种情形：

（1）承包商因自身原因需要赶工。这种情况下，承包商实施赶工无法获得任何费用索赔。

（2）承包商赶工是为了减少因业主原因导致工期延长所遭受的费用损失。这种情况下自愿赶工的目的是减少业主的损失。如果该自愿赶工构成法律上的减损（Mitigation）行为，笔者认为，承包商应当能够向业主索赔合理的费用。这一点在英国建筑法协会（Soci-

---

❶ "Acceleration 36.1 The Project Manager may instruct the Contractor to submit a quotation for an acceleration to achieve Completion before the Completion Date"

❷ 参考译文："如果承包商未收到工期延长赶工，它认为应当被赋予，那么不推荐此索赔是所谓的推定赶工。"

❸ 参考译文："在任何赶工措施执行之前，由任何一方应当采取措施使关于工期延长权利的争议或者分歧至合同适用的争议解决机制中。"

❹ M. S. I. Corp., GSBCA 2429, 68-2 BCA 7377.

ety of Construction Law) 颁布的 SCL Delay and Disruption Protocol (2002) 中也有体现。SCL Protocal 指出承包商有义务来减少业主风险事件对工程的影响。❶ 除非合同中有明确说明，此项义务不会延长要求承包商增加额外的资源或者计划外的工作。承包商的此项义务有两个方面：首先，承包商必须采取合理的措施使损失最小化；其次承包商不能采取不合理的步骤来增加上述损失。❷

第五节　国际工程索赔程序

在国际工程索赔中，国际工程合同的缔约方一般非常重视合同中的实体索赔权利，但对于国际工程索赔中的程序要求往往缺乏足够的关注程度。笔者认为，虽然不同法域对程序性要求的法律重视程度不同，但在合同中约定合理的索赔程序并在合同执行过程中遵守程序要求属于良好工程管理的应有之义。本节仅就与国际索赔程序有关的法律与合约事宜做重点阐释，即：索赔权利存续的前提条件和索赔通知注意事项。

一、索赔权利存续的前提条件（Conditions Precedent）

索赔权利存续的前提条件一般是指国际工程合同缔约方为了确保索赔权利而必须遵守的合同约定或法律规定，通常以时间型前提条件（Time Bar）的形式出现，常见的形式如下：

FIDIC 合同条件（2017）：第 20 条：

"If either Party considers that he/she is entitled to any additional payment by the other Party (or, in the case of the Employer, a reduction in the Contract Price) and/or to EOT (in the case of the Contractor) or an extension of the DNP (in the case of the Employer) under any Clause of these Conditions or otherwise in connection with the Contract, the following Claim procedure shall apply:

20.1.1 Notice of Claim

The claiming Party shall give a Notice to the other Party, describing the event or circumstance giving rise to the cost, loss, delay or extension of DNP for which the Claim is made as soon as practicable, and no later than 28 days after the claiming Party became aware, or should have become aware, of the event or circumstance (the "Notice of Claim" in these conditions).

IF the claiming Party fails to give a Notice of Claim within this period of 28 days, the claiming Party shall not be entitled to any additional payment, the Contract Price shall not be

---

❶ "The Contractor has a general duty to mitigate the effect on its works of Employer Risk Events."

❷ Lukas Klee, "International Construction Law" p330, "The contractor's duty to mitigate its loss has two aspects: first, the contractor must take reasonable steps to minimize their loss; and, second, the contractor must not take unreasonable steps that increase their loss."

reduced (in the case of the Employer as the claiming Party), the Time for Completion (in the case of the Contractor as the claiming Party) shall not be extended, and the other Party shall be discharged from any liability in connection with the event or circumstance giving rise to the claim…"❶

值得国际工程合同缔约方注意的是，上述例子非常明确地约定：如果业主或承包商未能遵守发出通知的时限（28天），则一方丧失获得额外费用或工期延长的权利。但在很多工程合同文本中可能不会对前提条件做出如此明确的约定，因此，需要国际工程合同的缔约方根据相关法律对于何为前提条件进行识别。在英文工程合同中，国际工程合同缔约方需要注意此类单词后面所提及的条件，如："Subject to"、"upon receipt of"、"If"、"Provided"等，因为这里单词后面提及的条件可能构成法律上认可的前提条件。

这类前提条件在法律上能否得到认可因不同法系而异。一般来说，在普通法系，该类前提条件被承认并严格执行的程度很高，在大陆法系中，由于受公平原则的影响，该类前提条件被认可的程度则较低，而在伊斯兰法系，该类前提条件往往不被认可。

二、索赔通知的注意事项

上文提及的索赔权利存在的前提条件，在具体的工程合同中，最为常见的表现形式为索赔通知（见上文举例）。索赔通知作为索赔程序中关键的一步，其目的是促使各方尽早发现问题，防止争议升级和不利事件的累积。对于索赔通知，国际工程合同的缔约方需要注意以下四个事项：

（1）索赔通知是否构成索赔权利存续的前提条件。

（2）索赔通知发出的期限以及此期限的起算时间：索赔通知的起算时间可以分为三种情况，即：自索赔事件发生之日起算、自索赔方意识到之日起算、自索赔方意识到或应当意识到之日起算。

（3）索赔通知的接收主体是谁。以承包商向业主索赔为例，承包商需要向业主签发索赔通知，还是向业主的工程师签发索赔通知。

（4）索赔通知的内容：在起草索赔通知时，索赔方应当确保索赔通知中含有合同对索赔通知的所要求的内容。

---

❶ 参考译文："如果根据合同条件中的任何条款或者另与合同有关联下，合同任何一方认为他/她有权利获得另一方额外的费用（或者，业主方，扣减合同价格情况下）和/或工期延长（承包商方）或者DNP的延长（业主方），以下的索赔程序应当适用：

20.1.1 索赔通知

索赔一方应当在不晚于索赔方并当意识到，或者应当意识到此事件或者情况之日起的28天内，尽快向另一方发出通知，并描述索赔的费用、损失、延误或者DNP延长的事件或者情况。

如果索赔方未能在此28天的期间内发出通知，索赔方没有权利获得任何额外费用，合同价格不应被扣减（业主方为索赔方的情况下），竣工期不会被延长（承包商为索赔方的情况下）以及另一方应免除与此事件或者情况相关而产生的索赔的任何责任。"

第七章
国际工程变更法律与合约

国际工程的特点决定了变更在国际工程项目实施过程中无法避免。项目推进的过程是项目相关方对项目认识或需求逐步清晰的过程。随着项目相关方尤其是项目业主对项目的认识或需求越来越清晰，项目相关方会在不同程度上改变项目的初衷，产生工程变更的需求。

工程变更发生的必然性需要项目相关方明确工程变更的处理机制，因此，在国际工程合同尤其是国际工程承包合同中明确约定变更的处理机制成为不可或缺的一部分。

工程变更会有形或者无形地对项目产生影响，使得最终交付物与业主的前期预想产生差异。因此，在业主和承包商之间，业主应当拥有变更的决定权或主动权，而承包商仅仅拥有变更的建议权或执行权。

工程变更势必会影响缔约方之间经济利益的平衡，因此，在变更处理机制中约定合理的限制情形、计价方式、支付安排对于变更的顺利实施，防止缔约方之间产生争议具有重要的法律与合约意义。

第一节 国际工程变更概述

工程变更是国际工程项目中几乎不可避免的现象。根据美国西雅图市的城市建设审计师办公室的评估，市政工程的变更费用会占到初始合同价格的 10%～25%❶，而根据加拿大相关部门的统计：1994 年该国境内的 24 个工程项目中，造成预算和工期超出预定目标的主要原因是工程变更❷。工程变更会影响到工程的进度、性能、质量和造价，进而影响到工程合同各方在相应合同项下的权益。根据笔者的经验，工程变更是国际工程索赔中最常见的事项，是导致国际工程索赔发生的重要渊源。鉴于此，了解、分析国际工程变更背后的法律问题和实务问题，加强工程变更的管理和控制，对国际工程项目的实施和管理具有极为重要的现实意义。

一、何为工程变更

从工程变更的法律性质来看，工程变更属于合同变更的范畴，但由于工程变更具有其特殊性，又不同于一般的合同变更。

（一）合同变更概述

合同订立后对双方具有法律约束力。除非双方在原合同的基础上就修改或补充达成一致，否则任何一方不得擅自变更合同。合同变更有广义和狭义两种含义。广义的合同变更是指合同的内容和主体发生变化。

所谓主体的变更，是指以新的主体取代原合同关系的主体，即新的债权人、债务人代替原来的债权人、债务人，但合同的内容并未发生变化。合同内容的变更是狭义的合同变更，是指在合同成立以后，尚未履行或尚未完全履行以前，当事人经协商一致，就合同的内容达成修改和补充的协议，例如，建设工程合同的原定工期为 24 个月，合同生效后，业主要求将工期缩短至 18 个月，这种情况下，除非合同约定业主有权单方面变更合同条款，否则属于合同条款（内容）的变更，需要业主与承包商协商一致后订立补充协议方能生效。

例一：合同主体的变更（债权债务转让）条款：

Subject to Clause [ ], neither Party shall assign, transfer or otherwise deal with its rights, duties and obligations under this Contract (or any interest herein) to any other person without the prior written consent of the other Party. ❸

例二：合同内容的变更条款：

---

❶ 刘建一，工程变更管理，2007：3.

❷ Semple C. and Hartman F. T. ,"Construction Claims and Disputes: Cause and Costs/Time Overrun", Journal or Construction Engineering and Management, ASCE.

❸ 参考译文："以【　】条为前提，任何一方未经另一方的书面同意，不得向任何人转让、转移或以其他方式协商转让其在本合同项下的权利、义务和责任（或者利益）。"

Except as expressly provided otherwise in this Agreement, this Agreement shall not be amended by any Party without the written consent of other Party. ❶

（二）工程变更是特殊的合同变更

国际工程项目参与方众多，技术复杂，实施周期长，容易导致业主、工程师、承包商、分包商、供应商等参与方签订合同后经常主动或被动调整、增加、删减原定的设计、采购或施工计划及内容，或者在原定的设计、采购或施工计划及内容之外提出额外的要求，从而发生工程变更。

工程变更产生的原因多种多样，如相关国家新的强制性法规或标准的颁布实施、中性事件、无法预见的现场条件、考古发现、公权力机关的干预等或工程项目实施过程中的工程变更，例如，工作范围的增减、工期的调整等等。工程变更的范围主要是针对工程外观、设计、标准、功能、实施顺序及实施方法所做出的改变。由于发包模式不同或合同缔约方之间谈判地位的不同，使得工程变更在不同具体合同中的定义或范畴不同。

例一：SIA Articles & Conditions of Building Contract Article 12. (2)：

The term "variation" in these Conditions shall mean any change in the original contract descriptions to be deduced from the Contract Documents as a whole describing or defining the Works to be carried out, and in particular shall include：

(a) the addition of further work, materials or good；

(b) the omission of work, materials or goods；

(c) the demolition of or removal of work, materials or goods no longer desired by the Employer or the Architect；

(d) the substitution of different work, materials or goods；

(e) changes in the type, standard or quality of work, materials or goods；

(f) changes in the plans, elevations, layout, or dimensions of the Works；

(g) changes ordered in the Contractor's temporary works or methods of working under Clauses 1.(3), 1.(4) and 2.(2) of these Conditions；

(h) changes or additions or omissions ordered in the work, goods or materials of any Designated or Nominated Sub-Contractor or Supplier；

(i) the postponement of any part of the Works, desired by the Employer.

For the avoidance of doubt the term "variation" shall include any changes as aforesaid which may be designed to alter the ultimate use to which the Works will be put. ❷

---

❶ 参考译文："除非本协议另有明确约定，任何一方未经另一方书面同意，不得更改本协议。"

❷ 参考译文："本合同条件中的"变更"是指对由合同文件推定的对原合同的任何更改，尤其包括：(a) 增加的工程、原材料或货物；(b) 删除的工程、原材料或货物；(c) 拆除或移除业主或工程师不需要的工程、原材料或货物；(d) 替换工程、原材料或货物；(e) 更改工程、原材料或货物的类型、标准或质量；(f) 更改工程的规划、标高、布局或尺寸；(g) 根据本合同条件第1.(3)、第1.(4) 和第2.(2) 条更改承包商的临设或工法；(h) 更改、增加或删除指定分包商或供应商的工程、货物或原材料；(i) 业主要求延缓工程的任何部分。为避免歧义，"变更"应包含改变工程最终使用的任何改变。"参见 Singapore Institute of Architects, Articles and Conditions of Building Contract, Lump Sum Contract 9th Edition。

第一节 国际工程变更概述

例二：建设工程施工合同（示范文本）(GF-2017-0201) 第 10.1 款：

除专用合同条款另有约定外，合同履行过程中发生以下情形的，应按照本条约定进行变更：

(1) 增加或减少合同中任何工作，或追加额外的工作；

(2) 取消合同中任何工作，但转由他人实施的工作除外；

(3) 改变合同中任何工作的质量标准或其他特征；

(4) 改变工程的基线、标高、位置和尺寸；

(5) 改变工程的时间安排或实施顺序。

完善的工程合同中均会明确约定工程变更的程序，因此，无须业主和承包商在出现变更时再按照一般合同变更的要求，另行签订协议或补充协议或达成一致❶。从这个意义上说，工程变更属于一种特殊的合同变更。工程变更的这种特殊性是为了满足工程行业的自身特点。对业主而言，如果工程变更按照一般合同变更的方式处理，则除非承包商同意，否则，业主无法依据自身使用的需要和实际情况对工程进行调整，这意味着业主失去对工程的控制权。

为此，国际工程实践中对工程变更做出了常见的安排：在合同约定的范围内，业主或工程师有权单方面指示变更，承包商有权因此获得费用和（或）工期的补偿，与此同时，业主有义务补偿承包商的费用和（或）工期，而承包商有义务继续施工和完成业主的变更要求。

例一、"Hudson's Building and Engineering Contracts"关于变更的定义：

The term "variation" as normally used in the present chapter denotes an alteration which has been duly authorized or instructed by the Owner or their consultant, and for the cost of which the Owner will prima facie be responsible to the Contractor.❷

例二、美国 AIA 2007 General Conditions of the Contract for Construction, Section 1.1.1, the second sentence

"A Modification is (1) a written amendment to the Contract signed by both parties, (2) a Change Order, (3) a Construction Change Directive or (4) a written order for a minor change in the Work issued by the Architect."❸

二、工程变更参与主体

工程变更一般会对整个项目产生影响，工程变更的参与主体较多，如业主、工程师、设计单位、承包商、分包商、供货商等等。本处仅以业主、工程师和承包商这三个国际工程项目的核心参与方为例，阐述国际工程变更的参与主体。

---

❶ 例如，《中华人民共和国合同法》第七十七条："当事人协商一致，可以变更合同。"

❷ 参考译文："本章提到的'变更'一词是指业主或其顾问授权或指示的改变，对此业主有义务补偿承包商的相应费用。"

❸ 参考译文："一个变更是(1)合同双方签署的书面变更，(2)一个变更命令，(3)一个建筑变更指令或者(4)工程师就工程中的小变更所签发的书面命令。"

（一）业主

业主作为工程项目的所有权人，在工程变更中具有主导地位。常见的国际工程合同中一般赋予业主工程变更的权利：指示变更的权利、批准变更建议的权利和要求承包商提供变更建议的权利，例如 FIDIC 2017 版银皮书的相关约定❶。为了更好地行使上述权利，业主也会根据实际需要，授权工程师（如有）行使上述权利，例如 FIDIC 2017 版红皮书的相关约定。❷ 此外，为了适当控制工程师的权限范围，有的国际工程合同中在授予工程师特定变更权限的同时，也会明确哪些事项需要取得业主批准后，工程师才可以行使特定的变更权利。

（二）工程师

国际工程中，工程师的变更权主要来源于合同中的约定。一般情况下，工程师只能在工程合同约定的变更权利内实施变更权。如果根据工程合同，工程师行使变更权之前应当取得业主的批准，则工程师应当严格按照合同约定执行一般情况下，承包商没有义务去核实工程师发出变更的指令是否已经取得了业主的批准。此外，工程师超出其授权范围发出的变更指示，则一般也会被视为工程师已经获得了业主的同意。❸

（三）承包商

国际工程中，承包商在变更方面主要包括三部分：一是主动提出变更建议的权利；二是根据业主或工程师的要求，提供变更建议；三是对于实施的变更获得工期和费用的补偿的权利。对于第一部分，承包商可以根据项目的实际情况，积极提出有利于项目的变更建议书，例如：加快施工进度、降低施工成本、降低工程维护成本、提供工效等建议；对于后两部分，承包商应当在收到业主或工程师的要求或变更指示之后立即按照合同中关于变更的约定，向业主或工程师提交变更工作内容的描述和实施计划、变更对施工计划和竣工日期的影响及建议、变更计价的建议等文件。

第二节 国际工程变更范围和分类

工程变更范围直接决定了业主、承包商和工程师在工程项目上的工作范围，也直接影响着各方履行相关合同的权利、义务和责任；工程变更参与主体在变更中的角色和权限直接决定着变更实施的程序。因此，在国际工程合同中明确工程变更范围和处理机制对于顺利实施变更至关重要。

---

❶ FIDIC 2017 版银皮书第 13.1 款【变更权】。
❷ FIDIC 2017 版红皮书第 13.1 款【变更权】。
❸ Lukas Klee, "International Construction Contract Law", Wiley Blackwell, 2015, p.324.

一、工程变更范围

(一) 合同工作范围内变更

合同工作范围内工程变更是指业主和承包商在合同中约定范围内的工程变更。对于此类变更，业主和承包商可基于合同约定的机制实施工程变更，而无须双方另行协商一致。国际工程合同中通常都明确约定合同工作范围内工程变更的范围，例如：

例一：FIDIC 2017 版红皮书第 13.1 条【变更权】第五段：

Each Variation may include：

(i) changes to the quantities of any item of work included in the Contract (however, such changes do not necessarily constitute a Variation);

(ii) changes to the quality and other characteristics of any item of work;

(iii) changes to the levels, positions and/or dimensions of any part of the Works;

(iv) the omission of any work, unless it is to be carried out by others without the agreement of the Parties;

(v) any additional work, Plant, Materials or services necessary for the Permanent Works, including any associated Tests on Completion, boreholes and other testing and exploratory work; or

(vi) changes to the sequence or timing of the execution of the Works. ❶

例二：Hong Kong General Conditions of Contract for Building Works 1999，Article 60 (1)，paragraph 1

"The Architect shall order any variation to any part of the Work that is necessary for the completion of the Works and shall have the power to order any variation that for any other reason shall in his opinion be desirable for or to achieve the satisfactory completion and functioning of the Works. Such variations may include：

(a) additions, omissions, substitutions, alterations, changes in quality, form, character, kind, position, dimension, level or line;

(b) changes to any sequence, method or timing of construction specified in the Contract;

(c) changes to the Site or entrance to and exit from the Site. ❷"

---

❶ 参考译文："变更可以包括（i）、合同已包括的工作内容的数量上的改变（但此类变化不一定构成变更）；(ii)、任何工作内容的质量或其他特征的改变；(iii)、工程任何部分的标高、位置和（或）尺寸的改变；(iv)、任何工作的删减（交由他人实施的工作除外）；(v)、永久工程所需的一切附加工作、生产设备、材料或服务，包括任何有关的竣工试验、钻孔或其他试验及勘探工作；(vi)、施工顺序或时间安排的改变。"

❷ 参考译文："如果工程完工所需要，工程应命令工程任何部分进行任何变更，并且其认为有必要时或者为了满足工程完工和运行需要时有权命令任何变更。这类变更可以包括：(a) 增加、删减、替换、改变，以及质量、形状、属性、类型、位置、尺寸、高度或路线的改变；(b) 合同中规定的施工顺序、方法或速度的改变；(c) 项目现场、进出入路线的改变。"

为了防止业主对合同约定的承包商工作内容做出重大变更，从而导致变更后的工作内容或工作量与原合同的工作范围相差很大，承包商需要注意工程变更范围的程度。例如，当工程变更的数量超过合同价款的特定比例时，业主和承包商应重新确定合同价格或工期，以及此种情形下承包商解除合同的权利。

(二) 合同工作范围外变更

工程实施过程中，除合同约定的工程变更范围内的工作外，业主可能要求承包商完成一些工程之外的工作（change outside the contract 或 change outside the scope of the contract），这事实上增加了承包商在合同项下的工作内容，属于合同工作范围外变更。由于合同工作范围外变更的内容超出了原合同约定，故理论上这类变更不属于工程变更，也不应适用原合同约定的变更机制，此时双方可能需要就变更所涉工作和费用另行协商并就此达成一份单独的合同。但是，建设工程项目实施期间，承包商由于种种原因可能无法识别业主的指令超出合同约定的变更范围，此时，如果承包商根据业主指令实施变更，则可能面临无法根据合同约定获得补偿的风险。实践中，承包商可以根据如下标准来确定工程变更是否超出原合同约定的工作范围：

（1）在签订合同之时，业主和承包商是否能公平合理地预见到该变更。如果答案是肯定的，则该等变更可能未超出原合同约定的工作范围。

（2）工程变更所涉工作是否是承包商完成合同工程所必需的，而无论这些工作是否包含在最初的项目规划中？如果答案是肯定的，则该等变更在原合同工程范围内。❶

（3）工程变更所涉工作是否与原工程具有基本相同的功用。如果比较后最终发现两者本质上是相同的，则工程变更可能未超出原合同工程范围。

案例：A. McAlpine & Son v Transvaal Provincial Administration

某承包商承建南非境内高速公路，竣工后，承包商提出的最终结算金额远超合同价款。对此，承包商的理由是施工过程中业主对工程做出了大量变更，其中一些变更干扰了承包商的正常施工。与此同时，承包商承认每个单独的变更都未超出合同的工作范围，但所有变更累积起来后导致承包商实际完成的工程远远偏离了原合同的约定，由此可判定双方之间就构成一份新合同。因此，承包商认为原合同失效，双方应根据实际完工工程重新计算价款。

南非法院认为：如果业主一方指示的变更超出原合同约定的工作范围，则承包商应有权根据新协议获得相应费用补偿，但是，本案中，尽管业主工程师发出了大量的变更指令，但承包商从未就此提出异议，而且没有证据显示承包商最终完成的工程与原合同约定的工程存在实质差异（no real evidence existed that the road as constructed was not substantially the same as the road contracted for），故承包商的上述理由及主张缺乏依据。❷

对于合同工作范围外的变更，如果构成对原合同工程性质的重大变更，则很多国家的法律规定双方应就此另行达成协议。此时，对原合同工程做出重大变更的业主

---

❶ 英国土木是工程师协会的 ICE 合同条件中的变更条款体现了这一观点："为了满意地完成并运行工程而授予工程师额外指示变更的权力。"

❷ A. McAlpine & Son v Transvaal Provincial Administration [1974] 3. S. A. L. R. 506.

作为违约方可能有义务向承包商支付赔偿，而承包商在达成新协议前可以拒绝执行。例如，根据美国的司法实践，对于合同范围之外的变更，承包商可以获得合理的补偿。❶

美国法下，法院判断承包商能否就合同工作范围外工程变更获得付款时，美国法院对"工程变更"的认定标准包括❷：

（1）变更所涉工作超出了合同约定的工作范围，即超出了承包商在原合同中就约定的工程所承担的明示或默示义务；

（2）变更应由业主一方提出；

（3）业主通过语言或行为表示其同意就变更向承包商付款；

（4）变更所涉任何额外工作并非承包商自愿完成的；

（5）变更所涉工作不能是因为承包商原因导致的额外工作。如果承包商未按照合同约定导致额外工作，但如果业主免除承包商的这一责任，则此类额外工作属于变更。

对于合同工作范围外变更，承包商可以拒绝，也可以接受，具体可分为以下四种情况：❸

（1）业主一方要求承包商完成的变更超出合同范围的，承包商可以拒绝且不构成违约。

（2）业主一方依照原合同变更条款的要求和程序向承包商发出变更指令或要求的，如果承包商未提出异议就实施了这些变更指令或要求，则根据禁反言原则（Estoppel），承包商只能依照合同变更条款的相关约定要求业主一方支付变更款。

（3）业主一方要求删减的工作内容（omission）对合同金额产生重大实质（significant and substantial）影响的，可能构成合同范围之外的变更，并构成业主违约，承包商可以拒绝、要求业主赔偿损失以及终止合同。

（4）工程项目竣工后业主一方要求承包商实施的变更属于合同范围之外的工作的，双方应就这类变更订立单独的合同，因为一旦工程项目竣工，业主一方根据合同已经无权再要求承包商实施任何变更。

---

❶ Smith v. Salt Lake City 104 Fed. Rep. 457（1900）："…is limited by the subject-matter and intention of the parties when it was made, to such modifications of the work contemplated at the time of making the contract as to not radically change the nature or cost of the work or materials required. For all other work and materials required by the alterations, the contractors may recover the reasonable value, notwithstanding the agreement."参见 Hudson's Building and Engineering Contracts，13ᵗʰ Edition，p. 645.

❷ Watson Lumber Co v Guennewig 226 N. E.（2d）270（1967）（Appellate Court of Illinois）. 参见"Hudson's Building and Engineering Contracts"，13ᵗʰ Edition，Sweet & Maxwell，p. 633. 英文原文：(1) That the work should be outside the narrower "agreed scope" of the contract, that is, outside the Contractor's express or implied obligations in regard to the work described in the original contract; (2) That it should have been ordered by or on behalf of the Employer; (3) That the Employer should, either by words or conduct, have agreed to pay for it; (4) That any extra work has not been furnished voluntarily by the Contractor; (5) That the work should not have been rendered necessary be the fault of the Contractor; and Where applicable, that any failure of the Contractor to comply with contract requirements as to procedure or form should have been waived by the Employer.

❸ Hudson's Building and Engineering Contracts，13ᵗʰ Edition，p. 645-648.

二、工程变更分类

(一) 指示变更

指示变更（Directed Variation）是业主一方❶发出的变更指示，它可以是业主一方的书面变更通知，如变更令（Variation/Change Order/Instruction），也可以是业主一方的口头指示或默示的行为，但必须符合合同的相关约定。指示变更中，承包商可以获得工期和（或）费用的补偿。例如：

FIDIC 2017 版黄皮书第 13.3.1 条【指示变更】第一段：

The Engineer may instruct a Variation by giving a Notice (describing the required change and stating any requirements for the recording of Costs) to the Contractor in accordance with Sub-Clause 3.5 [Engineer's Instructions]. ❷

通常情况下，如果时间充裕，业主一方会要求承包商提交一份变更建议书（Variation Proposal）。承包商从技术、成本和工期等方面综合考虑后，向业主提交变更建议书，评估变更对设计、施工、造价和工期的影响。如果业主认可承包商的变更建议书，则会以合同约定的形式向承包商发出变更指示，此时，该变更指示作为业主和承包商之间合同的组成部分。例如：

FIDIC 2017 版黄皮书第 13.3.2 条【要求变更建议书】第一段：

The Engineer may request a proposal, before instructing a Variation, by giving a Notice (describing the proposed change) to the Contractor. ❸

很多国际工程合同约定，业主或其授权代表发出变更指示后，无论承包商是否同意该变更指示或是对变更赔偿的金额是否满意，承包商有义务执行该变更指示但存在特殊情况时除外，例如：

FIDIC 2017 版黄皮书第 13.1 条【变更权】第三段：

The Contractor shall be bound by each Variation instructed under Sub-Clause 13.3.1 [Variation by Instruction], and shall execute the Variation with due expedition and without delay, unless the Contractor promptly gives a Notice to the Engineer stating (with detailed supporting particulars) that:

(a) the varied work was Unforeseeable having regard to the scope and nature of the Works described in the Employer's Requirements;

(b) the Contractor cannot readily obtain the Goods required for the Variation;

(c) it will adversely affect the Contractor's ability to comply with Sub-Clause 4.8 [Health and Safety Obligations] and/or Sub-Clause 4.18 [Protection of the Environment];

---

❶ 参考译文："业主一方可以是业主、业主代表、项目经理、业主工程师或者业主授权的其他可以发出变更令的人。"

❷ 参考译文："工程师可根据第3.5条【工程师的指示】通过通知的形式（说明要求的变更和注明费用记录的任何要求）向承包商变更的指示。"

❸ 参考译文："工程师指示变更前，可通过通知的形式（说明拟进行的变更）要求承包商提交建议书。"

(d) it will have an adverse impact on the achievement of the Schedule of Performance Guarantees; or

(e) it may adversely affect the Contractor's obligation to complete the Works so that they shall be fit for the purpose (s) for which they are intended under Sub-Clause 4.1 [Contractor's General Obligations]. ❶

(二) 推定变更

推定变更 (Constructive Variation) 是指业主指示的工程变更与合同的约定不符但确实导致承包商实施的工程与合同约定不一致, 从导致承包商费用增加的业主口头指示或因业主引发的事件发展而来, 例如, 业主导致的错误的合同解释、有瑕疵的规划和规范、要求赶工、不披露技术信息、重新安排现有工作、不按顺序施工、不适当验收并拒收、施工方法的变更等事项。

推定变更中, 承包商可以获取工期和 (或) 费用的补偿。例如, 根据英国化学工程师协会 (Institute of Chemical Engineers-IchemE 4) 2001 年第四版合同❷的相关条款, 推定变更的前提条件是承包商发出通知。

英国化学工程师协会2001年第四版合同红皮书第16.1款:

A Variation shall mean any alteration to the Plant, method of working, programme of work or to the type or extent of the Works, which is an amendment, omission or addition other than any amendment, omission, or addition which is necessary for the Plant to comply with the Contract. The Contractor shall make no Variation except as ordered by the Project Manager. If no Variation has been ordered by the Project Manager in respect of an amendment, omission or addition which the Contractor considers is significant by itself or when taken together with such previous changes not themselves covered by any Variation Order, the Contractor may give notice to the Project Manager that before complying with such amendment, omission or addition the Contractor requires a Variation Order to be issued❸

国际工程项目规模越大, 推定变更出现的频率就越高。为了应对业主一方不按合同要求口头发出工程变更指令, 承包商需要尽量将之以书面形式确定下来, 例如, FIDIC 合同

---

❶ 参考译文: "除非承包商立刻通知工程师 (以及具体原因) 一下情况, 根据第13.3.1条【指示变更】发出的变更指示应对承包商有约束力, 承包商应立即且不拖延的执行该变更: (a) 该等变更工作时根据业主要求描述的工程范围和特性所无法预见的; (b) 承包商无法立刻获得该等变更所需的物资; (c) 该等变更将对承包商遵守第4.8条【健康与安全义务】和/或第4.18条【环境保护】产生相反的影响; (d) 该等变更将对实现性能担保产生相反的影响; (e) 该等变更将对承包商履行的工程符合第4.1条【承包商一般义务】的使用目的产生相反的影响。"

❷ IChemE, the Red Book, Lump Sum Contract, 4th Edition, 2001.

❸ 参考译文: 变更应指对工厂、施工方法、工程进度计划表或工程种类或范围的所有变更, 该等变更时除未建成满足【 】规范的工厂所必须的各项变更、删减或增项之外的任何其他变更、删减或增项。除非项目经理书面要求, 承包商不得作出任何变更。如果项目经理就任何一项变更、删减或增项未签发书面变更指示, 而承包商认为该等变更、删减或增项本身或与之前的未包含在变更指示中的变更事项一起构成重大变更, 则承包商可以在履行该等变更、删减或增项之前向项目经理发出通知要求其签发书面变更指示。

条件要求业主的工程师必须采用书面形式发出工程变更指令。工程师以口头形式要求承包商实施工程变更的，承包商应发出书面确认书，此时，只要工程师没有提出书面异议或作出进一步指示，承包商的书面确认书将被视为工程变更指令。

FIDIC 2017 版红皮书第 3.5 款【工程师的指示】

The Engineer may issue to the Contractor (at any time) instructions which may be necessary for the execution of the Works, all in accordance with the Contract. The Contractor shall only take instructions from the Engineer, or from the Engineer's Representative (if appointed) or an assistant to whom the appropriate authority to give instruction has been delegated under Sub-Clause 3.4 [Delegation by the Engineer].

Subject to the following provisions of this Sub-Clause, the Contractor shall comply with the instructions given by the Engineer or the Engineer's Representative (if appointed) or delegated assistant, on any matter related to the Contract.

If an instruction stated that it constitute a Variation, Sub-Clause 13.3.1 [Variation by Instruction] shall apply.

If not so stated, and the Contractor considers that the instruction:

(a) Constitute a Variation (or involves work that is already part of an existing Variation); or

(b) does not comply with applicable Laws or will reduce the safety of the Works or is technically impossible.

the Contractor shall immediately, and before commencing any work related to the instruction, give a Notice to the Engineer with reasons. If the Engineer does not respond within 7 days after receiving this Notice, by giving a Notice confirming, reversing or varying the instruction, the Engineer shall be deemed to have revoked the instruction. Otherwise the Contractor shall comply with and be bound by the terms of the Engineer's response. ❶

承包商就推定变更向业主一方提出费用和工期的补偿要求时，后者需要核实是否存在推定变更：首先，检查合同约定的工作范围和要求；其次，承包商实施的变更项目是否是在业主一方的要求下发生的。此时，业主一方可以要求承包商提供证据，包括业主一方何时、何地、如何指示的和谁指示的该项变更，以及承包商实施该项变更时业主一方是否在现场进行检查和指导。

对于推定变更，承包商应妥善保存和准备索赔费用和工期所需的相应证据。如果承包

---

❶ 参考译文："工程师按照合同约定向承包商（随时）发出实施工程可能需要的指示。承包商应只接受工程师、工程师代表（如果指派）或工程师根据第 3.4 条【工程师的委派】委派发出指示的助理的指示。

根据本条的系列规定，承包商应遵守工程师、工程师代表（如果指派）或委派的助手对合同有关的任何事项发出的指示。只要切实可行，他们的指示应采用书面形式。

如果指示中说明构成一项变更，则应适用第 13.3.1 款【指示变更】。

如果指示中没有说明，且承包商考虑该指示：(a) 构成一项变更（或者所涉及的工作是已存在的变更的一部分）；或者 (b) 不符合适用法律、降低工程的安全性或者技术上不可行，则承包商应立即并且在开始指示的工作前将原因通知工程师。如果工程师收到该通知后 7 天内没有以确认指示、暂留指示或更改指示的方式给予回复，则视为工程师取消了指示。其他情况下，承包商应遵守工程师的指示。"

商在实施推定变更的过程中未能做好记录,并且不遵守合同的相关要求,则可能导致推定变更被认定为自愿变更(Voluntary Variation)。

与指示变更的确定性不同,推定变更可能造成承包商事后才要求业主补偿变更费用和工期。这种情况下,如果业主不能清楚和充分地认识到推定变更对工程造价和工期的影响,则业主通常会拒绝承包商提出的补偿要求,这就加大了索赔和争议的风险。

(三) 自愿变更

自愿变更是指承包商根据自身情况对工程作出的无偿及自发的工程变更。承包商进行自愿变更的原因和动力可以是调整资源的分配、给业主留下好印象、解决承包商延误等原因。自愿变更中,承包商通常无法获得工期和(或)费用的补偿。

(四) 赶工

国际工程实践中,赶工往往属于变更的范畴,属于较为特殊的变更。国际工程项目能否按期竣工是各参与方的核心关注点。一旦工期延误就可能造成无法预计的损失,例如高速公路类 PPP 项目中,工期延误意味着运营方无法如期获得收益,进而影响到项目的总体收益。因此,国际工程项目实施过程中经常会因为各种原因而需要加快施工进度,这就是所谓的赶工(Acceleration 或 Expedition)。赶工通常表现为改变施工的顺序或速度、加大人力投入(如更多的轮换班组、加班等)、增加设备和机械使用、缩短原材料、产品或设备的供货周期等。

赶工意味着承包商需要增加原材料、机械设备、人员等资源的投入,这就会产生额外的成本,例如赶工导致承包商工作效率的降低、加班费、培训费、现场人员增加带来的风险费、原材料和设备使用量增加而导致使用寿命的缩短、压缩交货周期而导致价格的上涨、承包商的额外管理费用等。鉴于此,承包商应对赶工给予足够的关注。

1. 业主要求的赶工

业主要求的赶工是指业主直接或间接要求承包商加快施工进度,通常情况下,承包商实施业主要求的赶工前,双方应就相应费用达成一致。如果承包商事后要求业主补偿赶工费用,则承包商有义务证明其实施了赶工工作并因此产生了额外的费用。

国际商会国际仲裁院的仲裁案例显示:承包商要求业主补偿赶工费用时,不仅要证明其为实施赶工投入了额外的资源,还要证明这些额外的资源被用来加快工程进度,并且提供相应的证据文件,如会议纪要、与业主一方的往来信函、付款单据、发票、赶工指令、赶工导致的设计方案变更、现场记录、影像资料、进度报告、施工组织计划、承包商人员与设备记录、施工计划等。❶

2. 推定的赶工

根据英国建筑法协会(Society of Construction Law-SCL)的定义,推定的赶工(Constructive Acceleration)是指因业主原因(风险)导致工期延误且业主拒绝承包商索赔工期

---

❶ ICC case no. 10847 (2003). 参见 Lukas Klee, International Construction Contract Law, Wiley Blackwell, 2015, p. 341.

的请求或未按期补偿工期，并要求承包商按期完工时，承包商实施的赶工。❶

各国的法律和司法实践对待推定赶工的态度和规则各有不同，为了防范相应风险，避免争议，业主和承包商都应重视推定赶工和费用的问题，例如：❷

巴西：如果承包商应获得额外的工期，但业主仍然要求按时竣工，则业主应承担由此增加的赶工费用。但是，承包商索赔赶工费用时，不需要证明业主造成工期延误的原因是否存在合理之处，但必须证明工期延误并非承包商原因造成，同时赶工是避免工期延误的必要之举。

英国：承包商可以索赔推定赶工费用，业主拒绝则构成违约。但是，业主不批准工期索赔的事实并不足以让承包商获得赶工费用，后者还要证明业主明知承包商应获得工期补偿却故意拒绝批准以迫使后者赶工。

爱尔兰：根据该国法律，如果业主违约导致承包商被迫赶工，则承包商可以索赔赶工费用，例如，合同约定的干扰施工导致的损失和费用，以及业主未按照合同约定延长工期时承包商采取补救措施的费用。另外，根据爱尔兰法律，承包商可依据妨碍原则（prevention principle）认定合同原工期不合理并无效，此时承包商在合理时限内完工即可（time at large）。

法国：法国的法律中没有赶工的概念，因此，如果承包商索赔赶工费用，则需要证明合同约定的原定工期不合理，为了避免误期损害赔偿，承包商被迫赶工。

德国：德国法下，如果承包商以赶工为由向业主索赔，则其根据德国法律应负有举证责任（如证明非承包商原因导致工期延误），这对承包商而言存在一定的难度。但是，如果法院或仲裁机构认为业主的行为存在不合理之处，则可以完全或部分免除承包商的举证责任，以及要求业主承担一定的举证责任。

南非：承包商面临延误时可以在索赔工期和加快施工之间二选一，如果承包商放弃索赔工期，选择赶工，则承包商自行承担赶工费用。

美国：美国法律承认推定赶工，但要求这类费用的索赔必须具备相应要素：首先，承包商遭遇的延误或被要求实施的额外工作将对关键路径造成影响，而且业主对此知情；其次，业主未能按照承包商的要求延长工期或者业主拒绝延长工期；再次，承包商通过通知指出，业主的行为或声明可以被认为是命令承包商赶工（例如，业主要求误期损害赔偿或终止合同）；最后，承包商实际履行了赶工并且因此产生了额外费用。❸

案例一：

两个来自欧洲的建筑公司组成的承包商联合体向位于非洲某国的业主索赔推定赶工的

---

❶ Constructive Acceleration: Acceleration following failure by the Employer to recognize that the Contractor has encountered Employer Delay for which it is entitled to an EOT and which failure required the Contractor to accelerate its progress in order to complete the works by the prevailing contract completion date. This situation may be brought about by the Employer's denial of a valid request for an EOT or by the Employer's late granting of an EOT. Not (currently) a recognized concept under English law. 参见 The Society of Construction Law Delay and Disruption Protocol, October 2002, p. 53.

❷ L. Klee, "International Construction Contract Law", p. 332-335.

❸ Robert A. Rubin and Sarah Biser, "The US approach to constructive acceleration". 参见 L. Klee, "International Construction Contract Law", p. 336-340.

费用。国际商会国际仲裁院的仲裁庭承认推定赶工的事实,但由于承包商事先未使用合同约定的索赔工期的权利,而是选择了赶工,并由此产生了费用。鉴于此,仲裁庭拒绝了承包商联合体索赔赶工费用的请求。❶

案例二:

Alliant 公司拟在美国的弗吉尼亚州兴建一座化工厂,随后该公司与 SNC 公司签订了价值数亿美元的设计-施工合同,由后者负责化工厂的设计、采购和施工。

化工厂项目建设过程中,由于受到延误、争议和方案变化等因素的影响,实际竣工日期被严重拖后,最终,SNC 公司未能在合同约定的竣工日期前完工。Alliant 公司与 SNC 公司就导致工期延误的原因相互推诿责任。SNC 认为冬季异常的严寒天气导致工程延误,而根据合同的相关约定,异常天气属于可延长工期的情形,但 Alliant 公司拒绝了 SNC 延长工期 30 天的请求,而且 Alliant 公司表示如果 SNC 不能按期完工就索赔误期损害赔偿金,为此,SNC 被迫采取赶工措施,并因此产生了额外费用。Alliant 公司的抗辩理由是 SNC 公司错误地把 Alliant 公司拒绝延长工期的通知理解为要求 SNC 公司赶工,实际上 Alliant 公司只想向 SNC 公司提出索赔。

受理该案的美国法院认为 Alliant 公司拒绝延长工期的通知缺乏合同依据和法律依据,因此,SNC 公司应获得赶工费用。❷

3. 自愿赶工

自愿赶工是指承包商未经业主指示就加快施工,或者承包商加快施工的同时并未向业主索赔工期和费用(即使是业主原因导致的延误)。自愿赶工的情况下,承包商很难再索赔赶工费用。

(五)价值工程(Value Engineering)

价值工程又称为价值分析(Value Analysis),在我国的建设工程合同中被称为"承包人的合理化建议"。❸ 价值工程是一种把功能与成本、技术与经济结合起来进行技术经济评价的方法,并以功能分析为核心,以最低寿命周期成本可靠地实现必要功能,追求功能和成本的双赢,以及追求匹配为目的所进行的一系列分析研究活动,有时也属于变更的范畴。

例一:FIDIC 2017 版银皮书第 13.2 款【价值工程】第一段:

The Contractor may, at any time, submit to the Employer a written proposal which (in the Contractor's opinion) will, if adopted:

(a) accelerate completion;

(b) reduce the cost to the Employer of executing, maintaining or operating the Works;

---

❶ ICC case no. 10847 (2003).

❷ SNC-Savalin America, Inc. v. Alliant Techsystems, Inc., 858 F. Supp. 620 (U.S.D.C., Va. 2012).

❸ 住房和城乡建设部:《建设工程施工合同(示范文本)》(GF-2017-0201)第 10.5 款。价值工程起源于 20 世纪 40 年代的美国,当时正值二战结束,由于原材料供应短缺,采购工作经常遭遇问题,为了解决这类问题,美国的专家通过探索,发现有一些相对不太短缺的材料可以很好地取代短缺材料的功能,并在这一过程中逐渐总结出一套解决采购问题的方法,并把这种方法推广到了其他领域,例如,将技术与经济价值结合起来研究生产和管理问题。资料来源:baike.sogou.com/v599532.htm?fromTitle=价值工程法。

(c) improve the efficiency or value to the Employer of the completed Works; or

(d) otherwise be of benefit to the Employer. ❶

例二：建设工程施工合同（示范文本）（GF-2017-0201）第 10.5 款：

承包人提出合理化建议的，应向监理人提交合理化建议说明，说明建议的内容和理由，以及实施该建议对合同价格和工期的影响。

除专用合同条款另有约定外，监理人应在收到承包人提交的合理化建议后 7 天内审查完毕并报送发包人，发现其中存在技术上的缺陷，应通知承包人修改。发包人应在收到监理人报送的合理化建议后 7 天内审批完毕。合理化建议经发包人批准的，监理人应及时发出变更指示，由此引起的合同价格调整按照第 10.4 款【变更估价】约定执行。发包人不同意变更的，监理人应书面通知承包人。

合理化建议降低了合同价格或者提高了工程经济效益的，发包人可对承包人给予奖励，奖励的方法和金额在专用合同条款中约定。

价值工程应用在建设工程中的路径主要体现在设计阶段、施工阶段和工程材料的遴选阶段。对于承包商而言，价值工程在应用过程中存在两方面问题：

首先，承包商发现和提出价值工程建议的过程会产生额外成本，某些情况下甚至需要邀请第三方专家进行分析论证，但业主可能以价值工程建议缺乏可行性或不符合工程使用目的为由予以拒绝，而且在合同项下不负有默示的补偿义务。

其次，如果合同中缺少价值工程利益分配的安排，则业主很可能并无默示的义务与承包商分享这些利益。

因此，如果合同中有价值工程条款，则应当明确约定承包商与业主如何分享价值工程所产生的费用和收益。

FIDIC 2017 版红皮书第 13.2 款【价值工程】第四段：

If the Engineer gives his/her consent to the proposal, with or without comments, the Engineer shall then instruct a Variation. Thereafter, the Contractor shall submit any further particulars that the Engineer may reasonably require, and the last paragraph of Sub-Clause 13.3.1 [Variation by Instruction] shall apply which shall include consideration by the Engineer of **the sharing (if any) of the benefit**, costs and/or delay between the Parties stated in the Particular Conditions. ❷

（六）工程变更的其他分类

1. 根据工程变更的内容进行

根据工程变更的内容，工程变更可以包括以下几种具体情况：

---

❶ 参考译文："承包商可随时向业主提交书面建议，提出（他认为）若采纳后将：(a) 加快竣工；(b) 降低业主的工程施工、维护或运行的费用，(c) 提高业主的竣工工程的效率或价值，或 (d) 给业主带来其他利益的建议。"

❷ 参考译文："如果工程师表示他/她同意建议，无论是否进行评论，工程师应指示变更。此后，承包商应根据工程师的合理要求提供任何进一步的情况，第 13.3.1 条【指示变更】的最后一段应适用，即工程师应根据专用条款的约定考虑双方如何分配（如有）利益、费用和/或延误。"

(1) 工作范围变更

工作范围变更是指业主一方指令承包商完成超出后者在投标时所估计的工作或合同工作范围以外的工作，通常体现为承包商工作量的增加或减少。国际工程项目实施过程中，工作范围变更是最常见的工程变更之一。

工作范围变更主要表现为两种形式：首先，附加工作，即那些完成合同标的所必不可少的工作，这些工作有可能已经包含在合同约定的工作范围以内，也可能超出了合同约定的工作范围，如果缺少这些工作则整个项目可能无法达到合同预期的功能，因此，无论这些工作是否被列入合同的工作范围，承包商都必须按业主的变更要求予以完成；其次，额外工程，即合同约定的工作范围以外的工作，属于新增工作内容，但承包商是否完成这些工作不影响项目实现合同预期的功能。

(2) 设计变更

国际工程施工前或施工过程中，对设计图纸任何部分的修改或补充属于设计变更，是设计单位应业主的要求对原设计方案内容进行修改、完善、优化的过程，例如：勘察或设计深度不够、提高或降低工程的设计标准、改变施工材料质量或类型、设计图纸矛盾、设计方案不合理、设计图纸错误、设计规范的修改等。

业主、工程师、设计方、承包商根据需要或实际情况，均可以提出设计变更，包括业主对项目功能的局部改变、设计方对原设计图纸进行的修改和完善、工程师和承包商的建议。根据相关统计，与设计相关的工程变更在所有工程变更中占比最高，极端案例中高达90%的工程变更均可归为设计变更。设计变更紧紧围绕工程本身而展开，体现了业主对工程要求的变化。但需要注意的是，某些情况下，设计变更可能会受到规划、审批等因素的限制。

(3) 施工方案变更

施工方案是为了完成工程项目而制定的实施方案，是承包商在投标文件中编制的、为保证工程顺利实施而采取的各项措施。施工过程中，如果因非承包商原因致使总工期拖延，则承包商就必须调整施工方案或工期，而这类调整即属于施工方案的变更。

(4) 施工条件变更

施工条件的变更是指由于实际的现场条件与招标文件中、施工合同中约定的现场条件不符而发生的工程变更，例如项目现场的地质情况和气象条件等。

(5) 追加工作

追加的工作是为了完成工程而出现的新增工作，是对工程主体功能的必要补充，是设计方案中没有表达出来而实施工程中必然会发生的工作。如果不完成追加工作就不能实现合同标的。

(6) 工作删除

此类变更主要是指在不影响合同标的的情况下，业主删除合同约定工作范围内的某些工作。

2. 根据工程变更的影响

根据工程变更对工程的影响，可以将工程变更分为重大变更、重要变更和一般变更。

重大变更是指一定限额以上的涉及设计方案、施工方案、技术标准、建设规模或标准等内容的变动，例如项目基础的变更、项目主体结构的变更、装修标准的变更等。

重要变更是指一定限额区间内的不属于重大变更的较大变更，例如建筑物局部标高的调整、施工顺序的变化等。

一般变更是指一定限额以下的设计差错、设计遗漏或现场做出的局部修改等，例如材料替换等。

3. 根据工程变更的紧急程度

根据工程变更的紧急程度，可以将工程变更分为紧急变更和非紧急变更。

紧急变更是指导致工程变更的事件发生后，如果不立即进行工程变更，会带来严重的后果，包括给业主带来重大经济损失，给承包商带来重大经济损失，危机现场工作人员安全等。例如，承包商在施工过程中发现图纸错误时，必须立刻进行的工程变更。

非紧急变更是指导致工程变更的事件发生后，即使不立刻进行工程变更，也不会带来严重后果，例如图纸会审过程中发现图纸错误而需要进行的工程变更。

第三节　国际工程变更流程

一、工程变更的条件

（一）业主支付能力

工程变更意味着合同签订时确定的合同价格发生变化。对于工程变更导致合同价格增加的情况，从承包商角度来说，业主对于该增加部分的合同价格是否具有支付能力是工程变更启动时的第一个问题。对此，国际工程的一些示范类文本中往往会设置相应条款以便于承包商保护自己的利益。

例子：FIDIC 2017 版红皮书第 2.4 款【业主的资金安排】：

The Employer's arrangements for financing the Employer's obligations under the Contract shall be detailed in the Contract Data.

If the Employer intends to make any material change (affecting the Employer's ability to pay the part of the Contract Price remaining to be paid at that time as estimated by the Engineer) to these financial arrangements, or has to do so because of changes in the Employer's financial situation, the Employer shall immediately give a Notice to the Contractor with detailed supporting particulars.

If the Contractor：

(a) Receives an instruction to execute a Variation with a price greater than ten percent (10%) of the Accepted Contract Amount, or the accumulated total of Variations exceeds thirty percent (30%) of the Accepted Contract Amount；

(b) Does not receive payment in accordance with Sub-Clause 14.7 [Payment]；or

(c) Becomes aware of a material change in the Employer's financial arrangements of which the Contractor has not received a Notice under this Sub-Clause, the Contractor may request and the Employer shall, within 28 days after receiving this request, provide reasonable evidence that financial arrangements have been made and are being maintained which will enable the Employer to pay the part of the Contract Price remaining to be paid at that time (as estimated by the Engineer). ❶

(二) 时间限制

国际工程项目中,业主或工程师有权启动工程变更程序的时间往往存在时间的限制。根据相关司法实践,业主的变更权在工程完工(completion)时终止,除非合同另有明确约定,否则,工程完工后业主再要求承包商完成任何工作的,双方应就此类工作协商订立一份新合同或新的一致。❷ 此处的工程完工时间节点一般是指业主接收工程之日或者工程缺陷责任期/质保期起算之日。❸

案例:Russell v Viscount Sa da Bandeira

承包商受业主委托建造军舰,合同约定承包商应采用劳埃德规范(Lloyd's regulations)和英国海军的相关标准。合同价款为包干价,除非业主以书面形式提出额外要求,否则承包商无权获得合同价款外的任何款项。承包商完成军舰的建造工作后,业主以口头形式提出了一些超出劳埃德规范和英国海军标准的要求,承包商也实施了这些要求。

英国法院认为业主提出额外要求时承包商已经完成合同约定的工作,因此这些额外要求构成一个独立的合同(…the articles supplied after the work was finished, they were entirely separate from the contract and must be paid for…),承包商应获得相应的款项(…must pay for those articles so much as they are worth.)。❹

以 FIDIC 合同条件为例,业主和(或)工程师在签发整个工程接收证书前可以随时发起变更或者要求承包商提交变更建议书。换句话说,在 FIDIC 合同框架下,一旦业主或工程师就整个工程签发接收证书,就不再享有合同赋予的变更权。

FIDIC 2017 版黄皮书第 13.1 款【变更权】第一段:

Variations may be initiated by the Engineer under Sub-Clause 13.3 [Variation Procedure] at any time before the issue of the Taking-Over Certificate for the Works. ❺

国际工程实践中,对于包含多个单位工程(section)的工程项目,例如高速公路项目,承包商可以考虑调整合同的相关约定,将业主或工程师有权启动变更的权利限制在相

---

❶ 参考译文:"合同资料中应具体说明业主履行合同义务的相应资金安排。

如果业主想对资金安排作出任何实质性改变(影响业主支付工程师已估价的剩余合同价款的能力),或者因为业主资金情况出现变化而实质性改变业主资金安排,则业主应立刻将相关具体情况通知承包商。

如果承包商:(a)收到的单项变更指示的价格超过已接受合同金额的 10%,或者变更累计超过已接受合同金额的 30%;(b)没有收到第 14.7 条【支付】约定的付款;或者(c)得知业主的资金安排出现实质性变化但业主并未通知承包商,则承包商可以要求且业主必须在收到要求后 29 天内提交合理的证据,以证明资金安排已经做出并且没有变化,以及业主有能力支付剩余的合同价款(工程师已估价)"

❷ TFW Printers Ltd v Interserve Project Services Ltd [2006] EWCA Civ 875;[34].

❸ Hudson's Building and Engineering Contracts, 13th Edition, p. 646.

❹ Russell v Viscount Sa da Bandeira (1862) 13 C. B. (N. S.) 149. 参见 Hudson's Building and Engineering Contracts, p. 653.

❺ 参考译文:"签发工程接收证书前的任何时间,工程师可根据第 13.3 条【变更程序】提出变更。"

应单位工程的完工证书或接收证书之前。

(三) 条件限制

对业主或工程师有权要求承包商实施工程变更的另一个限制是：客观条件无法实施变更，即如果工程变更缺乏实施所需的前提条件，承包商可以不予执行，例如，根据 FIDIC 合同条件的相关条款，如果承包商证明存在任何下述情况，则可以不执行变更指令，而业主或工程师应取消、确认或调整变更指令：一，缺少变更所需的物资；二，降低工程的安全性或可靠性；三，对实现工程的性能保证有不利影响。因此，承包商在合同订立阶段应重点关注可限制工程变更的条件。

FIDIC 2017 版银皮书第 13.1 款【变更权】第三段：

The Contractor shall be bound by each Variation instructed under Sub-Clause 13.3.1 [Variation by Instruction], and shall execute the Variation with due expedition and without delay, unless the Contractor promptly gives notice to the Employer stating (with supporting particulars) that:

(a) the varied work was Unforeseeable having regard to the scope and nature of the Works described in the Employer's Requirements;

(b) the Contractor cannot readily obtain the Goods required for the Variation;

(c) it will adversely affect the Contractor's ability to comply with Sub-Clause 4.8 [Health and Safety Obligations] and/or Sub-Clause 4.18 [Protection of the Environment];

(d) it will have an adverse impact on the achievement of the Schedule of Performance Guarantees; or

(e) it may adversely affect the Contractor's obligation to complete the Works so that they shall be fit for the purpose (s) for which they are intended under Sub-Clause 4.1 [Contractor's General Obligations]. ❶

国际工程实践中，虽然业主支付变更款是承包商在合同项下的一项默示权利，但如果合同中未明确约定业主支付工程款的情形，则承包商可能有义务先完成变更指示，然后再与业主确定变更款并申请付款和索赔工期，这意味着承包商不但面临垫资的风险，而且何时能收到变更款以及能否相应地延长工期都存在极大的不确定性。

鉴于此，从承包商的角度出发，为避免陷入垫资施工的不利情形之中，应当尽量在合同中将变更款的确定、变更款的支付和工期的确定作为实施相应变更的前提条件，例如：

某伊朗高速公路项目 EPC 合同：

"The Contractor shall be entitled not to execute the Variation unless both Parties agree in writing the time and Cost-plus reasonable profit for the Variation. If both Parties cannot agree

---

❶ 参考译文："承包商应服从根据第 13.3.1 款【指示变更】所指示的每个变更，并且应立即无延误的执行变更，除非承包商立刻通知业主并说明（提供具体情况）：(a) 被变更的工作是业主要求中描述的工程范围和特征中不能预见的；(b) 承包商无法立即获得变更所要求的物资；(c) 将对承包商遵守第 4.8 条【健康与安全责任】和（或）第 4.18 条【环境保护】产生不利影响；(d) 将对实现性能保证产生不利影响；或者 (e) 将对承包商完成的工程符合第 4.1 条【承包商的一般义务】中规定的使用目的产生不利影响。"

the time and Cost-plus reasonable profit, which causes the delay of the Time of Completion and additional cost, the Contractor shall be entitled subject to Sub-Clause [×××] to:

(a) an extension of time for any such delay, if completion is or will be delayed, under Sub-Clause [×××];

(b) payment of any such Cost-plus reasonable profit, which shall be paid by Employer."❶

(四) 业主删除工程的限制

国际工程项目实施过程中，业主出于某种目的，可能不再希望承包商继续实施工程，如将部分工作从承包商工作范围内切除，将其发包给报价更低的第三方。如果承包商在国际工程合同中处理不当，则业主可能有机会通过工程变更中的删除（omission）机制，实现业主的上述目的。为了避免业主故意删减承包商的工作内容，需要就国际工程合同中的删除（omission）做出特别约定，即业主不能以自行施工或转包给他人为目的删除承包商的工作。

在英美法下，如果业主一方删除工程对合同价格产生了重大实施影响，则承包商可以拒绝实施变更、要求业主赔偿损失并解除合同。❷

Gallagher v. Hirsch NY App Division 467 (1899):

美国境内的一个工程项目中，施工合同约定业主有权删除（omission）工作内容，并且应基于公平合理的原则对删除的工作进行估价和扣减。对此，纽约州的法院认为该合同中的"删除"是指合同约定的工作内容的减少，而不是将某项工作从合同中剔除然后交由另一个承包商实施，否则不但属于无效的变更指令，还构成违约。❸

二、工程变更程序

变更意味着改变原合同的部分内容，相应地会对缔约方原合同下的权利和义务产生影响，因此，为了确保工程变更的顺利进行，完善的国际工程合同中均会对变更的程序作出明确约定。

(一) 工程变更的一般程序

工程变更程序因变更启动方式不同而各异，以下是国际工程合同中常见的三种工程变

---

❶ 参考译文："除非双方以书面形式就工期和成本加合理利润达成一致，承包商应有权不实施变更。如果双方无法就工期和成本加合理利润达成一致，并因此造成工期延误和额外费用，则承包商应有权根据第【×××】条：(a) 如果第【×××】条规定的完工被延误或将被延误，则就该延误相应延长工期；(b) 从业主处获得成本加合理利润。"

❷ Hudson's Building and Engineering Contracts, 13th Edition, p.648.

❸ Firstly, where the works have been omitted and given to others to carry out it is clearly established that this is breach of contract and not a valid variation order. ——where the American court held that the word "omission" meant only work not to be done at all, not work to be taken from the contractor and given to another to do. 参见 John B Molloy, James R Knowles, "Can a Contractor Claim for Loss of Profit on Omitted Works?", HKIS Newsletter 8 (10) October/November 1999.

更启动方式，相应的程序也存在一定的不同。

1. 指令变更

指令变更是指业主或工程师指令承包商实施变更的行为。这种变更的核心特点在于：即使业主和承包商对变更的款项或工期没有达成一致，除非存在不实施变更的理由，承包商应当遵守业主或承包商关于变更的指令。指令变更的大体程序如下：

第一步：业主或工程师发出变更指令；

第二步：承包商通知业主或工程师无法实施变更（如果有正当理由）；

第三步：承包商实施变更，或者业主或工程师取消、确认或变更原变更指令；

第四步：业主或工程师对变更估价；

第五步：业主支付变更价款

2. 变更建议

本处的变更建议是指业主或工程师要求承包商提交更好地实施工程的方式或方法的行为，具体变现为要求承包商就特定变更提交"变更建议书"。变更建议的大体程序如下：

第一步：业主或工程师要求承包商提供变更建议书；

第二步：承包商提供变更建议书，包括价格、工期和其他条件；

第三步：业主或工程师接受承包商的变更建议书；

第四步：承包商实施变更；

第五步：业主或工程师对变更估价；

第六步：业主支付变更价款。

3. 价值工程

国际工程项目中"价值工程"一般是指承包商提出的、对项目实施能够带来时间或费用方面更多价值的变更事项，其大体程序如下：

第一步：承包商提供价值工程建议书；

第二步：业主或工程师批准价值工程；

第三步：如果业主或工程师批准，承包商则实施价值工程；

第四步：业主按照与承包商确定的价值工程节省费用的分成支付承包商。

（二）工程变更程序注意事项

基于国际工程变更实践，笔者认为，对于国际工程变更程序，从承包商角度来说，承包商应注意以下三点：

（1）工程变更程序应清晰、无歧义，包括变更的申请时限、所需文件、批准程序等。某些合同会在附件中约定变更管理的详细程序，对此，承包商应审查合同的变更条款与附件中的变更程序是否一致。

（2）工程变更程序不能过于繁琐，并且要避免业主有权在对工程变更计价和工期顺延未确定时要求承包商执行变更，否则繁琐的工程变更程序可能会造成承包商实施大量变更却无法获得相应的变更款项，从而对工期和现金流造成压力。

（3）工程变更程序中尽量不要包含除权条款（Barring Clause），即承包商不遵守工程变更程序就会丧失获得变更款的权利。

三、工程变更计价

业主与承包商能否就工程变更的价格和工期达成一致是成功实施工程变更的关键因素。工程变更发生时,业主与承包商之间的合同文件是最基本的计价依据,如工程量单或变更计价条款。如果合同没有相关约定,那么类似项目的历史数据、项目所在国家或地区同一行业普遍适用的费率或价格也可以作为工程变更的计价依据。

FIDIC 2017 版红皮书第 12.2 款【计量方法】:

The method of measurement shall be as stated in the Contract Data or, if not so stated, that which shall be in accordance with the Bill of Quantities or other applicable Schedule (s).

Except as otherwise stated in the Contract, measurement shall be made of the net actual quantity of each item of the Permanent Works and no allowance shall be made for bulking, shrinkage or waste. ❶

有些情况下,业主与承包商因各种原因无法就工程变更的价格达成一致,此时可以考虑聘请第三方专家,由其依据合同管辖法律、同行业常用费率、按 Quantum Meruit 等原则或标准来确定。如果双方还无法达成一致,则需要根据合同的争议解决条款来确定工程变更的计价问题,如友好协商、争议委员会、仲裁等。

(一)工程变更的价格构成

承包商为实施工程变更所产生的费用主要包括人工费、材料费、机械设备使用费、现场管理费、总部管理费、利润、保函、保险等。

人工费是工程变更耗费的人工时乘以合同约定的相应级别的人工小时费率计算得出的结果,如基本工资、加班工资、津贴、补贴、福利费、劳动保护费、特殊工种的安全保险费等。需要注意的是,人工费中的人工时是现场实施变更的工人所消耗的时间,而现场管理人员的人工费应计入现场管理费。

材料费是按工程变更实际消耗的材料量加上一定的浪费率乘以材料单价计算得出的结果。如果合同中缺少相应材料的单价,可以参照材料的实际购买价、运输费、保管费、损耗和税率等计算出材料费。

机械设备使用费指示用于工程变更的主要机械设备的使用费和消耗的燃料费。在中国,机械设备使用费可依据定额计算,但在国际工程项目中并无相应的计算标准,因此承包商需要根据自身情况确定这类费用。

现场管理费和总部管理费。这类费用属于间接费,是承包商为实施工程变更所付出的管理成本。与人工、材料和机械设备的费用相比,管理费用不够直观和清楚,往往成为工程变更计价中容易发生争议的环节。实务中,业主在招标投标环节会确定承包商的间接费内容和费率。这些管理费主要有项目现场承包商管理人员的工资、总部对项目进行指导和管理的费用及人员工资、临时设施费用、办公通信费用、财务费用和交通费用等。例如,

---

❶ 参考译文:"计量方法应在合同资料中说明,或者如果没有说明,则应当参照工程量清单或其他可适用的清单。除合同另有约定外,计量应测量永久工程各项内容的实际净数量,不应包括膨胀、收缩或损耗。"

合同中约定的总部管理费为 5000 万美元，工期为 2 年（730 天），每天的总部管理费为 5.8493 万美元，变更导致工期延长 10 天，由此产生的额外总部管理费金额是 58.4930 万美元。

承包商实施工程变更应获得一定的利润。如果工程变更的内容属于合同工作范围以内，则可以参照相应或类似工作的利润率作为工程变更利润的计算依据。当工程变更的内容超出合同的原定工作范围时可能构成合同变更，此时业主和承包商需要协商一致并达成补充协议。例如：

SIA Articles and Conditions of Building Contract Article 12.（4）（e）：

If, and only if, work cannot be valued on any of the foregoing bases in paragraphs (a) to (d) hereof, the Contractor shall be allowed day-work rates or the prices prevailing when such work is carried out (unless otherwise provided in the Contract Documents):

(i) at the rate, if any, inserted for this purpose by the Contractor in the Schedule of Rates or in any other Contract Documents; or

(ii) when no such rates have been inserted, at the actual prime cost to the Contractor of his material, transport and labour for the work concerned, plus 15%, which percentage shall include for the use of all ordinary plant, tools and existing scaffolding, and for preliminaries, supervision, overheads and profit.

Provided that as a condition precedent to payment in either case under this paragraph vouchers specifying the time daily spent upon the work (and, if required by the Architect, the workmen's names) and any plant, equipment or materials employed shall be delivered for verification to the Architect or his authorized representative not later than the end of the week following that in which the work has been executed. ❶

除了上述费用外，工程变更可能导致工期延长及现场施工和管理风险增加等情况，此时，承包商可能面临延长履约保函期限的额外费用，以及延长保险期限和保险公司调整保险费率的要求。

案例：

中国某公司作为 EPC 总承包商，与土耳其当地企业一起以联合体形式承建土耳其境内的高速铁路项目，合同金额高，工程保险委托中国承包商进行购买。该项目施工过程中进行了改线，导致工程金额增加，工期延长，并且需要对原工程保险进行批改。由于工程设计大幅变更，相当于整个高速铁路项目风险发生了重大变化，原保险公司的承保能力有限，需要寻求国际保险市场，导致对原工程保险批改存在困难。

另外，中国承包商在工程变更后，未及时将信息反馈给保险顾问和保险人，而是经过较长时间一并通知，导致保险市场对项目的接受度差，工程存在脱保的风险。最终，中国

---

❶ 参考译文："无法根据第（a）至（d）向对工作进行估价的，承包商应被允许根据日费率或已经被实施的类似工作的价格进行估价（除非合同文件另有约定）：（i）费率表或合同的其他文件中约定的费率；（ii）如果未约定相应的费率，则按照承包商实际的材料成本、运输成本和人工成本并附加 15% 来取费，包括使用现有设备、工具和脚手架的费用，以及该工作的筹备费用、管理费用、总部管理费用和利润。承包商完成该工作后，应在一周内向工程师或其授权的代表提交该工作的人员费用、设备费用和原材料费用的付款证明并进行确认。"参见 Singapore Institute of Architects, Articles and Conditions of Building Contract, Lump Sum Contract 9th Edition.

承包商的保险经纪人启动国际保险市场，保证了后续项目的顺利进行。

（二）工程变更的计价方法

工程变更的计价主要采用总价形式、单价形式、计日工形式或成本加酬金形式。总价形式适用于工程变更规模小、数量少、价值低、容易估价的工程变更。

如果合同约定了工程变更单价，或者合同订立后的会议纪要等文件中有补充的单价，则工程变更的计价应采用已有的单价。但是实践中，工程变更实施的过程中，由于时间、经济形势、汇率和施工环境等可能与当初确定单价时有所不同，如果继续按照该单价进行工程变更的计价，可能对业主或承包商不公平不合理，因此双方可能需要根据实际情况调整相应的单价。

对于规模小、施工分散和不宜规范计算的工程变更，业主和承包商可以采用计日工形式，即现场记录工程变更所投入的人工数和工作时间，根据现场施工记录计算工程变更的人工费，然后加入相应的管理费和利润。

成本加酬金形式是指双方在合同中提前协商工程变更的管理费和利润的取费费率，一旦发生工程变更，双方可在成本中加入相应的管理费和利润。

（三）工程变更的计价依据

工程变更计价的关键是确定工程变更时确定的单价。无论是单价合同、总价合同还是成本加利润合同，变更采用的单价决定了工程变更的价格，因此工程变更时确定的单价是工程变更计价的主要依据。

工程变更发生的结果是承包商增加或减少合同范围内工作或增加合同范围外工作，由于这两类工作在计价上有本质差别，因此工程变更单价或价格的计算过程中可依据工程变更的最终结果表现形式分为：可完全按原合同约定的费率和价格计算的工程变更、可套用原合同中类似费率和价格计算的工程变更和原合同没有费率的价格的变更工程。

（1）可完全按原合同约定的费率和价格计算的工程变更。这类工程变更是指施工图上的工作、技术规范规定的工作或工程量清单中的工作，通常表现为工作量的增加。这类工程变更在所有变更中所占比重较大，但变更处理相对简单，业主和承包商在变更前容易对变更价格达成一致意见。

（2）可套用原合同中类似费率和价格计算的工程变更。业主和承包商可以根据变更性质，结合变更的具体要求，参考原合同中类似费率或价格确定变更的单价或价格，或者本着公平合理原则按计日工计算。

（3）原合同没有费率的价格的变更工程。这类工程变更指性质发生根本性变化的工作或工程变更的工作量和金额超过了合同约定的范围。此时，承包商、业主及工程师需要重新评估这类工程变更，并且考虑对工期的影响。这种情况下，各方应从工程全局出发，既要保证对承包商的合理补偿以确保工程的顺利实施，又要兼顾业主利益，让业主合理承担工程变更的风险。

（四）工程变更价款的支付

工程变更价款的支付对承包商非常重要，通常情况下，业主是根据合同的相关约定向承包商支付工程变更价款。工程变更价款的支付可以是一次性支付或者按比例支付或随工程进度支付，也可以在合同中约定工程变更价款的预付款等内容。

国际工程实践中工程变更价款的支付时间一般采用随工程进度支付、固定期限内一并支付或者整个工程结算时支付，这其中，随工程进度支付是比较常见的安排，例如在期中付款证书（interim payment certificate）中支付工程变更价款。实务中，鉴于如果选择整个工程结算时再一并支付工程变更价款，则结算时工程变更价款的总金额可能很高，而且距离实施工程变更已经过去了很长时间，这就可能导致业主不愿支付或不愿意足额支付，并与承包商产生纠纷，因此，承包商应避免工程结算时一并支付工程变更价款的安排，尽早收回工程变更价款。

SIA Articles and Conditions of Building Contract Article 12.（5）：

The value of all variations ascertained in accordance with the foregoing rules shall be added to or deduced from the Contract Sum and shall be payable to the Contractor on interim certificates in accordance with Clause 31 of these Conditions provided：—❶

FIDIC 2017 版红皮书第 14.3 款【期中付款证书的申请】第二段（i）项：

The estimated contract value of the Works executed, and the Contractor's Documents produced, up to the end of the period of payment (including Variation but excluding items descried in sub-paragraphs (ii) to (x) below).❷

---

❶ 参考译文："根据以下规则确定的变更价款应在合同总价中增加或扣减，并根据合同条件第 31 条的约定在中期付款证书中支付给承包商。"参见 Singapore Institute of Architects, Articles and Conditions of Building Contract, Lump Sum Contract 9th Edition.

❷ 参考译文："截至支付周期末已实施的工程和已制作的承包商文件的估算合同价格（包括变更，但不包括以下（ii）至（x）项所列项目）。"

第八章
国际工程保函法律与合约

国际工程项目的参与方来自不同国家或地区，各方之间在项目初期往往缺乏充分的信任，尤其是履约能力和责任承担能力的信任。为此，国际工程项目的参与方需要借助第三方的资信来弥补上述信任的不足。第三方对特定责任提供担保成为国际工程项目参与方之间弥补信任不足的方式。

国际工程中第三方提供担保的方式和形式多样，而且担保人主体各异。具体国际工程项目的参与主体应当根据实际情况确定最合适的担保方式、形式和担保人主体。目前，国际工程项目中最常见的担保类型是见索即付的担保，具体表现形式为见索即付的保函或独立保函。该类保函的担保人一般为金融机构或资信良好的大型公司。

见索即付保函属于信用保证，在担保成立时，无需担保人向受益人提供具体的担保款项或实物，而且信用保证一般独立于基础交易合同，因此，见索即付保函一般被称之为独立保函。相比较于从属性担保，独立保函担保具有一套不同于从属性担保的法律与合约游戏规则。国际工程参与主体掌握和熟练应用这套法律与合约游戏规则，不仅可以受益于独立保函所带来的便利，而且能够防止或降低独立保函自身所具有的风险。

第一节　国际工程保函概述

保函（Bond，Guarantee 或 Surety）是指银行、保险公司、担保公司、其他法律实体、机构或个人应申请人的请求，向第三方开立的一种书面信用担保凭证，保证在申请人未能按双方协议履行责任或义务时，由担保人代其履行一定金额、一定期限范围内的某种支付责任或经济赔偿责任。国际工程项目具有规模大、金额高、工期长、参与方众多的特点，因此，如何防范国际工程项目的履约风险是国际工程参与主体特别关注的事项。传统的保证担保模式可以解决付款风险，如信用证和汇票，但对项目执行过程中的履约风险则无法适用或很难适用。保函因其具有担保性强、出具手续简易和易于兑现等优点，能够满足工程项目履约担保的需要，在工程领域逐步得到推广，成为国际工程领域的最重要的一项担保方式。

一、国际工程保函的分类

从不同的角度或分类标准可以对国际工程的保函做出各种分类。笔者认为，在国际工程领域，最具实践意义的分类标准为受益人兑现保函是否需要证明保函开具的委托人已经违反了基础交易合同，为此，国际工程保函可以分为以下两类：

（一）从属性工程保函

从属性工程保函是作为一项附属性契约而依附于工程基础交易合同的保函。这类保函的法律效力随工程基础合同的存在而存在，随工程基础合同的变化、灭失而发生变化或灭失。在从属性工程保函项下，保函出具人承担的付款责任是否成立，只能根据工程基础交易合同的条款及背景交易的实际情况来加以确定。只有在保函的委托人存在违约并承担责任时，保函受益人才可以要求保函出具机构承担担保责任。该类保函属于传统意义上的保证担保或保证保函。

一般认为，基于我国担保法出具的工程保函属于从属性工程保函[1]。目前，常见的从属性保函的国际惯例性规则是 1993 年国际商会发布并于次年 1 月 1 日生效的《合同保函统一规则》（Uniform Rules for Contract Bonds，URCB524）。URCB524 共 8 个条款及 3 个附录，主要内容包括适用范围、定义、保证人与受益人的责任、保证人的履行与终止、保函文本的归还、变更与延长期限、请求与索赔程序、争议解决。URCB524 由国际商会中代表保险委员会以及建筑业、工程技术行业的成员所组成的国际商会工作组，就合同保函在世界范围内的广泛适用而起草的。合同保函设定的债务具有从属性，被担保人违反作为保函客体的合同是产生担保人责任的前提条件。因此，只有各方当事人一致同意，担保人的债务依赖于主债务人，根据有关合同所附责任或义务时，URCB524 才能适用。

---

[1]《中华人民共和国担保法》第五条第 1 段：担保合同是主合同的从合同，主合同无效，担保合同无效。

（二）独立工程保函

与从属性工程保函相比，独立工程保函的核心特点是受益人兑现保函无须证明保函开具的委托人已经违反了工程基础交易合同。独立保函又称"见索即付保函（Demand Guarantee）"。国际商会《见索即付担保统一规则》（Uniform Rules for Demand Guarantees-URDG458）第2条将独立保函定义为："见索即付保证，不管其如何命名，是指由银行、保险公司或其他组织或个人以书面形式出具的，表示只要凭付款要求声明或符合担保文件规定就可以从他那里获得付款的保证、担保或其他付款承诺。"❶ 国际商会《见索即付担保统一规则》（Uniform Rules for Demand Guarantees-URDG758）第2条将独立保函定义为"系指任何已签署的承诺，无论其名称或者描述如何，该承诺保证根据相符索偿要求的交单提供付款。"❷

在我国，独立保证在对外经济交往中被广泛使用。尽管就立法层面而言，尚缺乏对独立保函全面系统的规定，但司法实践中，已经出现了不少有关独立保函的案件。其做法可以归纳为：独立保函不仅适用于涉外商事海事活动，也可以适用于国内保证。我国2016年12月1日施行的《最高人民法院关于审理独立保函纠纷案件若干问题的规定》法释〔2016〕24号第一条第一款规定："独立保函，是指银行或非银行金融机构作为开立人，以书面形式向受益人出具的，同意在受益人请求付款并提交符合保函要求的单据时，向其支付特定款项或在保函最高金额内付款的承诺。"

独立保函最初产生于二战后，当时主要在德国、法国、英国和美国等国家使用，但这种担保形式的真正兴起和快速发展却与二十世纪六七十年代的中东石油开发密切相关。❸ 20世纪60年代，中东石油输出国通过石油获取大量财富后，逐步开始在一些公共工程项目、基础设施建设项目、国防设施建设等领域与西方国家的企业签订了数额巨大、履行周期较长的承包合同。由于这类合同的标的金额大，合同内容复杂，有时甚至是合同群，所涉及的当事人数量众多，而且来自不同的国家。因此，一份合同的不履行很可能导致连锁违约的情况。这种情况一旦出现，因为受益人很难取得违约的证据，所以传统的从属性保函无法保证受益人的权益，并且，从属性保函还可能涉及对基础合同中债务人财产的转移、权利证书的质押或资金的冻结等问题，这对债务人继续履行合同也会产生不利影响。

在这一背景下，独立保函因见索即付、独立性和单据化的特征开始受到合同各方的普遍欢迎。通过独立保函，受益人只要提供符合保函要求的单据，即可得到保函中约定的金额，而不管基础合同履行的实际情况如何，也不用提供债务人实际违约的证据。独立保函的这种

---

❶ 英文原文："For the purpose of these Rules, a demand guarantee (hereinafter referred to as "Guarantee") means any guarantee, bond or other payment undertaking, however named or described, by a bank, insurance company or other body or person (hereinafter called "the Guarantor") given in writing for the payment of money on presentation in conformity with the terms of the undertaking of a written demand for payment and such other document (s) (for example, a certificate by an architect or engineer, a judgement or an arbitral award) as may be specified in the Guarantee, such undertaking being given…."

❷ 英文原文："Demand guarantee or Guarantee means any signed undertaking, however named or described, providing for payment on presentation of a complying demand;"

❸ Pierce Anthony. Demand Guarantees in International Trade. London: Sweet & Maxwell, 1992: 62.

安排保证了保函受益人可以快速实现其合法权益,加速了国际商事交易的顺利进行。

二、国际工程独立保函的特点

独立保函是顺应现代市场经济条件的金融创新,它替代了效率低下的保证金,降低了商业交易成本,提高了商业效率,与信用证一起,被誉为"国际商业社会的生命血液"。目前,独立保函业务已经成为银行的一项重要国际业务,也是国际工程领域履约担保的最常见保证方式之一。

与从属性保函相比,独立保函主要具有独立性、单据化和不可撤销这三大特点,这些特点不但符合国际工程项目的风险担保和融资需求,而且便利了担保机构,尤其是银行在担保实务中的可操作性,降低了担保机构的风险。根据URDG758对独立保函的定义,只要受益人提交了符合保函规定的单据和书面的索款声明,担保人就有义务向受益人支付保函中规定的款项。

(一)独立性

从字面上就可以发现,独立性特征是独立保函与从属性保函的根本区别。从属性保函虽然是一份独立的合同,但其生效和存续完全取决于基础合同的生效和存续。与之相反,独立保函则独立于基础合同,其效力一般不受基础合同生效和有效存续的影响,只要独立保函尚在有效期内,则受益人的担保权益一般就有保障,而且,一般情况下,独立保函的担保人无须了解和确认受益人在基础合同中的是否存在损失,就可以根据独立保函的约定进行支付独立保函项下的款项。

案例:

英国上诉法院(Court of Appeal)丹宁大法官(Lord Denning MR)在某见索即付保函案中表示:"All this leads to the conclusion that the performance guarantee stands on a similar footing to a letter of credit. A bank which gives a performance guarantee must honour that guarantee according to its terms. It is not concerned in the least with the relations between the supplier and the customer; nor with the question whether the supplier has performed his contracted obligation or not; nor with the question whether the supplier is in default or not. The bank must pay according to its guarantee, on demand, if so stipulated, without proof of conditions. The only exception is when there is a clear fraud of which the bank has notice."[1]

根据国际商会对保函的独立性的规定:"保函就其性质而言,独立于基础关系和申请,担保人完全不受上述关系的影响;保函中为了指明所对应的基础关系而予以引述,并不改变保函的独立性;担保人在保函项下的付款义务,不受任何关系项下产生的请求或抗辩的

---

[1] 参考译文:可以认为履约担保与信用证类似。履约担保的开立银行应根据条款承兑保函。履约担保与供应商和消费者之间的关系无关,不受供应商是否履行合同义务的影响,也不受供应商是否违约的影响。如果履约担保有相关规定,则银行应根据担保的规定见索即付地付款。唯一的例外是银行发现存在欺诈。参见 Edward Owen Engineering Ltd v. Barclays Bank International Ltd. and UMMA Bank [1978] 1 Lloyd's Rep. 166.

影响,但担保人与受益人之间的关系除外。"❶

(二)单据化

国际工程行业广泛使用的URDG458和URDG758确定了"单据相符索赔"的原则,即受益人在独立保函有效期内按照约定提交了所有单据并且满足了独立保函约定的其他要求(如果有)时,担保人就应向受益人履行独立保函中约定的付款义务。由此可见,独立保函的单据化特征使得担保人是否付款完全基于独立保函自身的约定,这种安排极大地增加了受益人兑现保函的确定性。

举例:法国某银行出具的独立保函的单据要求

单据要求一:…, upon our receipt of a duly signed first payment demand in the form attached hereto as attachment 1 (form of payment demand) whereby the signatures must be verified and confirmed by Beneficiary's bank,×××,…❷

单据要求二:… and stating in which respect of the Contract the Contractor has failed to perform its obligations.❸

独立保函的单据表面一致原则,免除了担保人的相关责任,包括:第一,担保人不对向其提交的签字和单据的形式、充分性、准确性、真实性、是否伪造及法律效力负责;第二,担保人不对其接收到的单据中所做或添加的一般或特别声明负责;第三,担保人不对向其提交的任何单据所代表的或引述的货物、服务或其他履约行为或信息的描述、数量、重量、质量等负责;第四,担保人不对向其提交的任何单据的出具人或所引述的其他任何身份的人的诚信、作为与否、清偿能力、履约或资信状况负责。

对担保人而言,独立保函的单据化特征可以让其避免卷入基础合同纠纷,降低了担保人的风险,提高了担保人的工作效率,因此受到了银行及其他金融机构的欢迎。但是,独立保函的单据化特征使得受益人易于恶意索赔或者通过伪造单据的方式进行欺诈,因而增加了担保人和申请人应对不当索赔的风险和难度。国际工程实践中,业主故意扣留保函、恶意兑付保函或伪造单据骗取担保人付款的情况屡见不鲜,就独立保函在实践中存在的问题,本章将在下面的内容中进一步讨论,此处不再赘述。

(三)不可撤销

为了保护受益人的权益,除非独立保函明确说明,独立保函一般都是不可撤销的(irrevocable),这意味着独立保函一经开立并生效后,未经受益人同意,申请人或担保人不得单方面对其修改或将其撤销。目前,在国际工程保函实践方面,几乎不存在可撤销的独立保函。

三、国际工程独立保函的分类

根据不同的分类标准和基于不同角度,国际工程独立保函可以存在多个分类。本节主

---

❶ ICC, The Uniform Rules for Demand Guarantees, 758, Article 5 (a).

❷ 参考译文:…,只要收到按照附件格式填写的兑付保函的文件,并且该文件中的受益人签字应由受益人的银行确认,则予以付款——。

❸ 参考译文:…,声明承包商未能履行合同的那方面义务。

根据国际工程实践中常见的分类标准对独立保函做如下两种分类：

（一）根据保函开立或出具机构进行分类

根据本分类标准，国际工程独立保函可以大体分为以下两种：

1. 银行开立或出具的国际工程独立保函

在国际工程保函实践中，由银行开立或出具独立保函的做法最为普遍。银行出具的独立保函也被称为银行保证书，属于银行信用，是指银行应申请人或委托人的要求向受益人开具，担保申请人履约，并在申请人未能按规定履行其责任和义务时，由银行代其支付一定金额或作出一定经济补偿的书面文件。

国际工程的参与主体一般都会接受实力雄厚、声誉良好的银行开具的独立保函。此外，银行出具的具有与独立保函相当担保作用的备用信用证（Standby Letter of Credit）在美洲的工程保函实践中也较为普遍。银行办理保函业务时，向申请人收取一定的手续费，保函有效期内，申请人通常需要每年向银行缴纳一定金额的费用。银行开立保函的同时，一般会要求申请人提供资产抵押或者占用银行授信额度，对申请人的融资能力有影响。

2. 保险公司开立或出具的国际工程独立保函

保险公司开立或出具的独立保函在美国和拉美地区应用较多，例如，美国的工程独立保函通常由美国财政部认可的保险公司出具，以确保作为担保人的保险公司有足够的金融实力从事保函业务。

保险公司保函通常不需要企业提供额外担保，对银行授信额度没有直接影响，对企业获得融资具有信用加强的作用。与银行的独立保函相比，保险公司的保函条款灵活性很强，同时，保险公司还可以为申请人提供细致专业的服务。由于多数境外业主要求承包商购买当地银行或保险公司出具的保函，因此，海外分支机构不多的中资保险公司暂时无法完全满足中国承包商的保函需求。目前，保险公司保函的市场由外资保险公司所把持。[1]

3. 公司或企业开立或出具的国际工程独立保函

公司或企业开立或出具的国际工程独立保函在国际工程保函实践中相对较少，但有时国际工程参与主体出于某种考虑，也会接受实力雄厚的公司或企业开立或出具的独立保函。国际工程担保实践中比较常见的承包商母公司保函或担保有时就是此类独立保函或在一定程度上具有独立保函的功能。

（二）根据独立保函的担保用途或目的进行分类

根据本分类标准，国际工程独立保函常见的有以下五种：

1. 国际工程投标保函（Bidding/Tendering Bond/Guarantee）

国际工程项目招标时，项目的业主或开发方一般要求投标人提交一定的担保，保证投标人按照投标要求进行投标或签订国际工程合同。在国内工程项目中，招标人有时会要求投标人提交投标保证金这种现金方式进行担保，但在国际工程项目投标中采用现金作为投标担保不现实也不合适，因此，在国际工程项目的招标和投标中，项目的业主或开发方一

---

[1] 《浅议保险保函与银行保函》，2017年10月12日，资料来源：http://www.sohu.com/a/197692207_498997

般在招标要求中提供投标保函的方式作为投标担保。投标保函的数额一般为招标方要求的固定数额，偶尔也会要求投标方提供其投标报价金额的某个百分比数额的投标保函。

2. 国际工程履约保函（Performance Bond/Guarantee）

国际工程履约保函一般是国际工程参与主体，根据工程项目的相关合同（例如承包合同）的要求向另一方（例如项目业主）提供的，保证该主体履行合同的担保。顾名思义，国际工程履约保函的主要功能和目的是担保工程参与主体按照合同约定履约，否则，保函受益人就可以兑现履约保函项下的款项。在国际工程承包界，承包商向业主提供的国际工程履约保函被称为"悬在承包商头上的达摩克利斯剑"。

3. 国际工程预付款保函（Advance Payment Bond/Guarantee）

国际工程预付款保函一般是指担保人根据申请人的要求向受益人开立的，保证一旦申请人未能返还预付款，担保人将在收到受益人提出的索赔后向其返还该预付款的书面保证。

国际工程中的预付款保函是由承包商（申请人）通过银行（担保人）向业主（受益人）提供的，保证承包商履行扣还预付款义务，防止承包商收到业主的预付款后挪作他用或宣告破产。承包商在合同约定的期限内还清预付款后，业主就应退还预付款保函。

4. 国际工程质保保函（Warranty/Retention Bond/Guarantee）

国际工程项目一般会设置缺陷责任期（Defect Liability Period）或缺陷通知期（Defect Notification Period）。以总承包合同为例，项目业主为了确保承包商能够及时处理缺陷责任期或缺陷通知期内的缺陷，一般会要求承包商提供担保。在国际工程项目中，该担保的方式之一即是承包商向业主提供一份质保保函。承包商提供质保保函往往是业主释放项目执行过程中所暂扣的保留金（Retention Money）的前提条件。质保保函的有效期一般自业主接收工程项目之日始至缺陷责任期或缺陷通知期满承包商完成缺陷修复之日止。

5. 国际工程付款保函（Payment Bond/Guarantee）

国际工程项目中的付款保函一般是指项目业主向承包商提供的用于保证业主及时向承包商支付工程款的保函。目前国际工程实践中，业主向承包商业主提供这类保函的情况比较少。虽然我国的一些文件❶存在业主提供工程款付款担保的规定或要求，但现实工程实践中，执行力度较弱。

第二节 国际工程独立保函的开立、认定、条款和反担保

国际工程独立保函在项目开发、合同履行中具有很强的保障或融资作用。为了更好地了解国际工程独立保函在国际工程中的实践，本节以银行独立保函为主，重点介绍国际工程保函的开立、认定并对保函核心条款和反担保进行解析。

---

❶ 2003年5月正式实行的七部委《工程建设项目施工招标投标办法》；2004年8月印发的《关于在房地产开发项目中推行工程建设合同担保的若干规定（试行）》（建市［2004］137号）；2006年12月印发的《关于在建设工程项目中进一步推行工程担保制度的意见》（建市［2006］326号）。

一、国际工程独立保函的开立

(一) 保函申请人向银行提交开立保函的申请

国际工程的保函开立一般始于国际工程参与主体向拟开具银行提出保函开具申请,在申请中向银行介绍工程情况,并按后者的要求提供相关文件,以供银行审核及衡量风险。如果拟开具保函的受益人对保函格式、条款或约定提出了要求,保函申请人应尽早将之提供给银行审核。银行初步审核后,如果认为可以向申请人出具保函,则启动保函出具的相应程序。

(二) 银行对独立保函申请的审查和反担保安排

银行收到申请人的申请后,需要审查申请人的资格、履约能力、项目合规情况、可行性、申请书内容是否完整准确等。如果银行要求反担保措施,申请人需要交存一定比例的保证金或提供实物资产做抵押,或提供担保银行认可的金融机构或其他主体(如申请人的母公司)做反担保人,以承担保函被受益人没收后的最终付款责任。经银行审核并认可后,银行随开立保函。

中国某工程公司与日本某工程公司组成联合体,共同承担位于中国南京的一套石化装置总承包工程。由于业主要求开具保函的银行至少拥有标准普尔的 A 评级(Bank rated "A" by Standard & Poors)。该项目投资方是德国公司,联合承包商向德国巴伐利亚银行申请开立保函,具体程序是:

(1) 中国工程公司向中国银行申请,对日本富士银行开具自己承担比例数额的反担保函;

(2) 日本工程公司向富士银行申请开立由该公司承担比例数额的保函;

(3) 富士银行得到日本工程公司的申请后,合并中国银行的反担保函,为联合承包商向德国巴伐利亚银行开具反担保函;

(4) 德国巴伐利亚银行根据富士银行的反担保函,为联合承包商开立业主规定的保函。❶

二、国际工程独立保函的认定

保函是独立保函还是从属性保函,对受益人权益的实现和担保人的担保责任具有极大的影响。但是,由于各国法律和实践对独立保函存在不同的规定,因此至今尚未就独立保函形成统一认识。

有中国学者认为独立保函的判断标准有二:第一,如果担保人在保函中约定其作为第一位债务人或主债务人等类似措辞,则可以认为这种保函是一种非从属性的、独立的保函;第二,如果保函中约定有"(on-demand)"、"不得推迟付款"、"不得在付款时以任何理由提出异议"等措辞,则可以毫无异议地推定该保函为非从属性的独立保函,并以此排

---

❶ 刘鹏程:《国际工程承包项目中的银行保函实务》,2016 年 5 月 9 日,资料来源:http://www.360doc.com/content/16/0509/18/33075242_557621830.shtml

除根据基础合同所产生的抗辩。❶ 另有学者认为，判断一份保函是独立保函还是从属性保函时，既要考虑实质要件，也要关注形式要件。其中，实质要件是：(1) 独立保函应约定当基础合同中的债务人不履行合同债务时，担保人将向受益人清偿合同债务或承担付款责任；(2) 独立保函独立于基础合同，不受后者的影响。形式要件是：(1) 独立保函的名称中应有"独立"或类似表述；(2) 独立保函中有"凭要求即付"、"见单即付"、"见索即付"（on-demand）、"担保人担当第一位债务人"、"无条件、不可撤销"（unconditional, irrevocable）等措辞。❷

根据我国最高人民法院《关于审理独立保函纠纷案件若干问题的规定》中的定义，独立保函是指银行或非银行金融机构作为开立人，以书面形式向受益人出具的，同意在受益人请求付款并提交符合保函要求的单据时，向其支付特定款项或在保函最高金额内付款的承诺。❸ 如果保函具有下列情形之一，中国法院应支持当事人主张保函性质为独立保函：(1) 保函载明见索即付；(2) 保函载明适用国际商会《见索即付保函统一规则》等独立保函交易示范规则；(3) 根据保函文本内容，开立人（担保人）的付款义务独立于基础交易关系及保函申请法律关系，其仅承担相符交单的付款责任。❹

英国学者认为受益人提供债务人违约证明为索赔条件的保函既可以是独立保函也可以是从属性保函。从属性保函中，索赔是基于担保人对合同的解释和对债务人履行合同义务的解释；独立保函中，索赔是基于担保人对索赔请求的接收、独立第三方报告、法院或仲裁机构做出的有利于受益人的判决或裁决。❺

根据 URDG758 的定义，无论其如何命名或描述，见索即付保函或保函是指根据提交的相符索赔进行付款的任何签署的承诺（demand guarantee or guarantee means any signed undertaking, however named or described, providing for payment on presentation of a complying demand）。❻

由此可见，认定一份保函是否为独立保函，主要应从其实质内容方面进行判断，即该保函的独立性如何。如果保函产生于基础合同之后且与后者不再具有从属关系，那么该保函具有独立性，除了存在受益人恶意欺诈等例外时可以行使抗辩权外，担保人在受益人提出符合担保合同约定要求的索款要求时，应承担第一位的、无条件和不可撤销的付款责任。至于保函的名称中是否带有"独立"（independent）、"见索即付"（on demand）等表述的，只可作为参考，但并不是判断保函是否属于独立保函的关键性标准。

三、国际工程独立保函的核心条款

国际工程中的独立保函通常包括保函生效、有效期限、失效日期或条件、延期、兑付

---

❶ 沈达明，冯大同. 国际经济贸易中使用的银行担保. 北京：法律出版社，1987：30-32.
❷ 白彦. 独立担保制度探析. 北京大学学报（哲学社会科学版），2003（2）：97.
❸ 最高人民法院《关于审理独立保函纠纷案件若干问题的规定》第一条，法释【2016】24 号。
❹ 最高人民法院《关于审理独立保函纠纷案件若干问题的规定》第三条，法释【2016】24 号。
❺ Anthony Pierce. Demand Guarantees Guarantee in International Trade. London：Sweet & Maxwell，1992：18-20.
❻ ICC，The Uniform Rules for Demand Guarantees，758，Article 2.

程序和要求、相关方权利义务、担保金额及变动、保函转让、保函适用的规则和法律以及争议解决等条款。

(一) 国际工程独立保函生效

根据国际工程独立保函的实践，国际工程独立保函生效可以分为开立即生效、开立后具体日期生效和开立后满足一定条件才生效。

(1) 开立即生效

联合国的《独立保函和备用信用证公约》和国际商会的URDG758采用开立即生效的安排但另有约定的除外。根据《独立保函和备用信用证公约》的规定，见索即付保函开立后，一旦与开立行脱离就马上生效。❶ URDG758第4条规定："(1) 保函一旦脱离担保人的控制即为开立；(2) 保函一旦开立即为不可撤销，即使包含中未声明其不可撤销；(3) 受益人有权自保函开立之日或包含约定的开立之后的其他日期或事件之日起提交索赔。"❷

(2) 约定具体日期生效

国际工程保函实践中，有时需要明确独立保函在特定日期生效。对此，保函中会约定保函的生效日期，即：保函开立后并不马上生效，而是等到保函约定的日期到来之日才生效。例如：在国际工程独立保函中明确约定"本保函在基础合同约定的开工日期之日生效"。

(3) 满足特定条件生效

国际工程独立保函中将特定条件作为保函的生效条件也很常见，如国际工程承包实践中的预付款保函。预付款独立保函是国际工程项目中最常见的独立保函，该保函的生效一般设置特定条件。预付款独立保函生效的条件一般是：保函委托人已经收到基础合同项下的预付款。

案例：某独立保函的生效条件

"This guarantee shall come into force at the date that the advance payment, amounting to EUR xxx has been credited to applicant's bank account upon our receipt of notification sent by applicant."❸

从上面的例子中可以发现，该履约保函的生效条件为：保函申请人已经收到预付款，且银行已经收到保函申请人就已经收到预付款而发出的通知。

(二) 国际工程独立保函的失效

对于保函申请人而言，保函失效意味着无须再面临恶意兑付的风险，因此，保函申请人应重点关注保函的失效日期和条件。国际工程独立保函的失效主要分为：约定日期失效、特定事件发生（或未发生）时的失效、未约定失效日期或失效事件发生时的失效这四种情况。

---

❶ United Nations Convention on Independent Guarantees and Stand-by Letters of Credit, Article 7 (1): Issuance of an undertaking occurs when and where the undertaking leaves the sphere of control of the guarantor/issuer.

❷ ICC, The Uniform Rules for Demand Guarantees, 758, Article 4.

❸ 参考译文：×××欧元的预付款存入申请人银行账户且我们收到申请人通知之日本担保生效。

国际商会的 URDG758 提到了前两种情况，即独立保函于约定的日期失效或者失效事件发生（或未发生）时失效。独立保函的失效日是指保函中约定的最迟交单日期。失效事件是指保函条款中约定导致保函失效的事件，这里又可以分为该事件发生后保函立即失效（例如担保人已支付了独立保函项下的全部担保金额）和发生后一段时间内失效。❶

国际工程保函实务中，为了明确独立保函的失效节点，一般采用失效日期和失效事件的双重安排，即：第一，如果受益人全额兑付了保函，则保函自全额兑付之日失效；第二，约定日期到来时，保函失效，例如：缺陷责任期结束 70 天后为保函失效的日期。

预付款保函的失效日期通常是承包商返还全部预付款之时；对于履约保函的失效，比较好的安排是在保函中约定一个具体的失效日期或失效事件，例如：约定到业主签发接收证书后履约保函即告失效，但这可能造成业主故意不签发接收证书的风险，因此要根据具体情况而定；对于质保保函，一般情况下质保保函失效日期为缺陷责任期或缺陷通知期结束，保函申请人已经完成了对缺陷责任期或缺陷通知期内所发生缺陷的修复。

而对于独立保函中没有约定失效日期或条件的情况，则需要依据独立保函的适用规则或法律进行确定其失效日期。如根据 URDG758 的规定，如果独立保函既没有规定失效日期，也没有规定失效事件，则独立保函自开立之日起 3 年后终止。❷ 联合国《独立保函和备用信用证公约》就独立保函失效的规定与 URDG758 类似，❸ 但对于独立保函既没有规定失效日期，也没有规定失效事件的情况，该公约规定独立保函开立满 6 年时失效。❹

（三）国际工程独立保函当事人权利和义务

独立保函当事人为三方，即独立保函申请人（Applicant 或 Principal）、独立保函担保人（Guarantor、Bondsman 或 Obligor）或出具人以及独立保函受益人（Creditor、Obligee 或 Beneficiary）。相应地，三方主要有基础合同中的独立保函申请人或者委托人的权利义务、基础合同中的独立保函受益人的权利义务和独立保函出具人的权利义务。

1. 独立保函担保人权利和义务

独立保函中担保人最核心的义务是根据受益人提交的兑付请求和单据，独立地、无条件地向后者支付担保的金额。相应的，担保人在独立保函中享有对受益人的请求权，以及特定情况下对受益人的抗辩权。担保人对受益人的抗辩权一般是基于形式方面的，例如，如果受益人向担保人提交的单据和请求付款的申请书等书面材料在形式上不符合独立保函的约定，则受益人可能因此遭到担保人的拒付。

独立保函的担保人不是基础合同的一方当事人，通常不会基于基础合同产生抗辩权，只要受益人的兑付请求和书面材料符合独立保函的约定，担保人就必须付款。但是，特殊情况下，担保人可以拒绝受益人的恶意兑付保函请求，如可以证明受益人恶意欺诈、违反诚实信用原则或受益人滥用独立保函赋予的请求权。

2. 独立保函受益人权利和义务

受益人在独立保函中的主要权利包括保函兑付和转让的权利，其中，保函兑付的权利

---

❶ ICC，The Uniform Rules for Demand Guarantees，758，Article 2.
❷ ICC，The Uniform Rules for Demand Guarantees，758，Article 25（c）.
❸ United Nations Convention on Independent Guarantees and Stand-by Letters of Credit，Article 12（a）and（b）.
❹ United Nations Convention on Independent Guarantees and Stand-by Letters of Credit，Article 12（c）.

是受益人最基本的权利,即受益人请求担保人付款。独立保函中通常约定了有效期,这是受益人行使相关权利的期限,一旦保函期满,受益人一般就不再享有上述权利。受益人的主要义务是根据独立保函的约定提交单据,不恶意兑付保函,不欺诈或不做其他违反诚实信用原则的行为。

3. 独立保函申请人权利和义务

申请人在独立保函中的权利主要包括向担保人发出指示的权利、撤回保函的权利、申请保函止付的权利。申请人的义务主要是向担保人提供反担保,即根据其与担保人就出具保函所形成的合同关系,按照担保人的要求向担保人提供担保并支付与保函开具相关的手续费、诉讼费等费用的义务。

(四)独立保函的担保金额变动

国际工程项目是一个渐进的过程,在项目实施期间,独立保函的担保金额应当根据项目的实施进程进行调整以平衡保函相关方的风险,真正起到保函的担保作用。

国际工程保函实践中常见的保函金额变化大体分为以下三种:第一种是独立保函的担保金额随工程项目的实施而降低担保金额,如预付款保函一般随着保函受益人在工程进度款中扣回预付款而逐渐降低;第二种是独立保函的担保金额随工程进展而增加,如履约保函因工程项目变更大幅度增加了合同金额,此时一般需要增加履约保函的额度;第三种是当担保人已向受益人支付独立保函项下的部分金额后,独立保函的担保金额也应相应减少。一旦担保人支付了独立保函项下的全部担保金额,则独立保函失效。❶

作为独立保函的一项重要国际性规则,URDG758 允许约定增减保函金额及所需单据,包括特定日期或发生特定事件时保函金额的增加或减少。这种情况下,要求增加或减少保函金额的一方应向担保人出具相关单据(证明发生了可增减保函金额的事件)。如果保函中未约定此类单据,则根据担保人自身记录或保函中指明的可确定该事件发生的其他证据。❷

(五)独立保函的转让

独立保函的转让是指可以根据现受益人(转让人,transferor)的请求而使担保人向新受益人(受让人,transferee)承担保函项下的义务。一般情况下,独立保函不允许转让,但在满足一定条件时,独立保函可以转让,例如:第一,独立保函开立时就应注明"可转让"(transferable);第二,转让应按照担保人明确同意的范围和方式完成保函的转让。上述两个条件缺一不可,否则,担保人可以拒绝向新受益人付款。国际工程项目中,业主有时为了融资的需要,会要求工程的承包商(即保函的申请人)提供可转让的独立保函,对此,承包商应当对该转让的要求格外谨慎。

(六)独立保函的金额和币种

独立保函的金额取决于相关法律的强制性要求、项目特点、国际惯例和基础合同双方

---

❶ ICC,The Uniform Rules for Demand Guarantees,758,Article 25(b)(ii).

❷ ICC,The Uniform Rules for Demand Guarantees,758,Article 13.

的协商结果。国际工程项目中,常见的各种保函的大体金额如下:履约保函金额通常是合同总价的5%～10%,预付款保函金额一般与预付款金额相当,留置金保函的金额一般是合同总价的5%作为担保金额。有些情况下,项目所在国的法律会对保函金额有特定要求,例如,根据尼日利亚法律的相关规定,政府物资采购合同的履约保函金额不得低于合同总价的5%,不得高于合同总价的10%。❶

独立保函的币种应尽量与基础合同保持一致,以中国为例,如果基础合同采用人民币支付,则保函的币种最好也是人民币,如果保函采用外币(如美元)计价,一旦保函生效,银行必须向受益人支付外币,而由于中国对外汇实施管制,因此承包商需要向外汇管理局备案申请并获得批准后,才能开具采用外币的银行保函。❷

(七)国际工程独立保函管辖的规则和法律(Governing Rules or Laws)

国际工程独立保函一般都会约定独立保函的适用规则或管辖法律,如常见的独立保函适用规则为URDG458号规则和URDG758号规则,而保函的管辖法律则是国际公约、国际惯例和国内立法。

1. 国际工程独立保函管辖法律之国际公约

目前,国际范围内独立保函的国际公约为联合国贸易法委员会于1996年推动制定的联合国《独立保函和备用信用证公约》(United Nations Convention on Independent Guarantees and Stand-by Letters of Credit)。该公约于2000年1月1日起生效,其适用范围是担保人单方面开立的通过备用信用证或见索即付保函形式表现的独立保函、反担保,但不适用于传统的从属性保函或保险合同。公约明确了独立保函和备用信用证的生效条件,借鉴了跟单信用证当中的付款审查要求,对受益人进行欺诈及滥用索款权时担保人拒绝付款的条件做出了统一规定。

联合国制定《独立保函和备用信用证公约》的目的是将独立保函和备用信用证的规则统一起来,强化两者的共同特征。公约是对大陆法系下独立保函和英美法系下备用信用证之间的区别进行协调的一次大胆尝试,但是,由于公约只是强化了独立保函和备用信用证的共同特征,而且具有很大的妥协性,对备用信用证的规定不全面不明确,因此参加的国家很少。不过,公约所反映的商事规则是独立保函和备用信用证的惯例性安排,所以,即使大多数国家没有加入,但公约的规则仍然具有指导性价值。正如欧洲学者的观点:"无论公约是否实施,其本身就是解释现在的独立保函和备用信用证的重要工具,因为公约规定了这两者的主要法律原则,实践证明,这些法律原则已经得到了大多数国家的承认和适用。"❸

2. 国际工程独立保函管辖法律之国际惯例

(1)《合同担保统一规则》

独立保函的国际惯例主要是国际商会(International Chamber of Commerce)发布的一

---

❶ Public Procurement (Goods and Works) Regulations 2007 of Nigeria: Security for the guarantee of performance by the Bidders shall be provided by the selected Bidders prior to contract signature. The amount of the security will not be less than 5% or more than 10% of the contract value.

❷ 刘鹏程:《国际工程承包项目中的银行保函实务》,2016年5月9日,资料来源:http://www.360doc.com/content/16/0509/18/33075242_557621830.shtml

❸ 徐杰,罗伯特•霍恩. 中国与德国——银行法律制度. 北京:中国政法大学出版社,1998:195.

系列规则。鉴于独立保函的兴起，国际商会于 1978 年以第 325 号出版物发布了《合同担保统一规则》(Uniform Rules for Contract Guarantee-URCG)。

国际商会制定 URCG 时，独立保函刚刚兴起，由于各国普遍关注国际商事交易的安全性，而独立保函中受益人滥用索赔权的危害被过度夸大，因此 URCG 没有明确界定及区分独立保函和从属性保函，只是在序言中规定："本规则适用于任何保证书、保函、赔偿保证书、担保书或其他类似的担保文件，不问其名称及说明如何，只要其声明是按国际商会第 325 号出版物开立。"

由于 URCG 未赋予独立保函应有的独立性，要求银行承担实质性审单义务，加之该规则的条款缺乏系统性，因此 URCG 推出后反响不佳，未得到国际社会的普遍认可。

(2)《见索即付保函统一规则》

在 URCG 文本未获得国际商事交易各方当事人广泛认同的背景下，国际商会与联合国贸易法委员会合作起草了《见索即付保函统一规则》(Uniform Rules for Demand Guarantee-URDG)，并于 1992 年 4 月以第 458 号出版物出版（URDG458）。随后，国际商会又推出了《见索即付保函统一规则》第 758 号出版物（URDG758）。

与 URCG 相比，URDG 确立了见索即付保函的三个基本原则：（1）保函独立于基础交易；（2）保函的单据化特征；（3）保函与其他单据的表面相符原则。

另外，URDG 在一定限度上平衡了各方当事人的利益。首先，URDG 保护了担保人的利益，规定担保人签发见索即付保函时，可以约定索偿条件。此外，担保人对单据、文件的审查只限于表面相符和形式审查，并规定有若干免责事由，这都体现了对担保人的保护。其次，URDG 不要求受益人以提交法院判决或仲裁裁决为索款要件。

最后，URDG 规定担保人止付担保金额后，应向申请人提交受益人的索款请求和单据，以便申请人解决其与受益人之间的纠纷，有利于防止受益人恶意索赔，保护了申请人的利益。同时，URDG 将独立保函的一些具体问题留给相关国家的法律自行解决，例如，欺诈、保函条款等问题。

3. 国内立法

(1) 中国

中国并无调整独立保函的专门立法，也未加入相关国际条约，这给法院审理独立保函类案件带来了很多困难，导致独立保函纠纷案件在确定管辖、适用法律和划分责任方面裁判标准不统一，止付程序不规范。为了明晰独立保函法律关系，完善和发展中国的商业及金融信用市场，2016 年 6 月 23 日，国务院办公厅颁布了《关于清理规范工程建设领域保证金的通知》，要求全国范围内转变保证金缴纳方式，全面清理各类不合理的保证金，对投标保证金、履约保证金、工程质量保证金、农民工工资保证金等推行银行保函制度，建筑业企业可以银行保函方式缴纳上述相关保证金。同年，最高人民法院发布了《关于审理独立保函纠纷案件若干问题的规定》。2017 年 2 月 21 日，国务院办公厅又颁布了《关于促进建筑业持续健康发展的意见》，明确要求在全国范围内引导承包企业以银行保函或担保公司保函的形式，向建设单位提供履约担保，并有效发挥履约担保的作用。

最高人民法院在《关于审理独立保函纠纷案件若干问题的规定》中明确指出独立保函的性质和运作机理与商业跟单信用证基本相同，是开立人出具的附单据条件的付款承诺。在受益人提交符合独立保函要求的单据时，开立人即需独立承担付款义务，受益人无须证明债务人在基础交易中的违约事实,开立人不享有传统保证所具有的主债务人抗辩权以及先诉抗辩权。

与此同时,最高人民法院的《关于审理独立保函纠纷案件若干问题的规定》明确URDG等交易规则的性质为合同示范条款,独立保函的当事人均可根据自身情况,通过在独立保函文本中记载或诉讼程序中一致同意的方式加以适用,自主决定其民事权利和义务。

(2) 欧洲大陆

德国法律只是对保函和基础合同的区别做了原则性规定,至于具体实践中如何适用这些原则性规定仍然留给法院进行判断和解释。德国法院承认独立保函的效力,认为其实质是担保人放弃了先诉抗辩权,在独立保函中,担保人相当于第一债务人,要对受益人承担独立的担保责任。

法国法律对独立保函的规定来自于《法国民法典》第2321条:"在独立保函中,担保人因第三方的承诺而有义务根据要求或协商一致的条件付款。受益人明显滥用或者明显欺诈的,或者受益人与指令人串通的,独立担保人不承担义务。"另外,法国的司法实践表明该国法院承认独立保函的效力。

在比利时和意大利,通过银行保函用语来区别保证和见索即付保函的,如果担保合同中明确表示银行是"独立的"受到约束,或者是"不可撤销的"或"无条件的"则具有见索即付担保的性质。意大利最高法院通过判决书的形式,直接承认保证人放弃主张主债务合同无效的抗辩,从而使其具有票据法上承兑人对债权人承担责任的同等效果。

根据瑞士《债法典》第439条的规定,保证必须采用书面形式,如果某一保证没有满足这一要求,在实践中则可能被解释为见索即付的担保。瑞士法院认为,独立保函是一种非从属性的、独立的合同,这类合同中担保人的义务是一项独立的义务,因此,担保人不能以基础合同中的种种抗辩事由对抗债权人。

(3) 英国

在英国,见索即付担保合同被称为补偿合同,也是通过保函的名称来鉴别见索即付保函的。英国法将传统上的补偿合同的原则直接适用于独立担保,即使主合同无效或主债务人免除责任,赔偿合同的保证人也不能免责。[1]

四、国际工程独立保函反担保(Counter Guarantee)

保函申请人与担保人的直接委托关系中,银行作为担保人为申请人(主债务人)的基础合同提供独立的银行信用担保。作为一种经营机构,银行接受申请人的申请为受益人提供担保时,为了保障自身权益不受侵犯,银行除要求申请人(主债务人)支付应有的费用外,还可能要求申请人提供反担保以防范风险的发生,即当银行向受益人支付担保金额后,可以向申请人追偿并得到应有的补偿。国际商事实践中,直接委托关系中,还可能存在一个通知行,其主要义务是核对相关当事人签名的真实性,一般不承担其他责任。

另一种情形中,申请人(基础合同中的主债务人)即担保合同中的委托人或者申请人和作为担保人的银行之间签订担保协议,即申请人与担保人之间是间接委托关系,而作为

---

[1] 姜圣复,林依伊. 论国际贸易中独立担保法律问题. 当代法学[J]. 2001 (12):77.

指示人的银行与作为担保人的银行之间订立的反担保函。例如，中国承包商承揽马来西亚境内的项目中，因承包合同要求中国承包商在马来西亚银行申请履约保函，此时，由于中国承包商与该马来西亚银行没有业务关系，因此，后者可能要求中国承包商通过中国的银行或其他机构作为反担保人，以确保马来西亚银行支付履约保函的款项后可以向反担保人顺利追偿该笔款项。

案例：

英国供货商与利比亚客户签订安装温室（erect greenhouse）的合同，履约地点在利比亚，英国承包商在利比亚 UMMA 银行开立合同价 10% 的履约保函，并由 Barclays 银行向 UMMA 银行开立反担保。英国供货商履行安装温室合同期间违约，利比亚客户向 UMMA 银行兑现履约保函。UMMA 向利比亚客户付款后，随即基于反担保要求 Barclays 银行付款。英国供货商向高级法院（High Court）申请了临时止付禁令，但 Barclays 银行申请撤销该临时禁令，Kerr 法官判决撤销该临时禁令，允许 Barclays 银行向 UMMA 银行付款。❶

根据 URDG758 第 5 条的规定，反担保就其性质而言，独立于其所相关的保函、基础关系、申请及其他任何反担保函，反担保人完全不受这些关系的影响或约束。反担保函中为了示明所对应的基础关系而予以引述，并不改变反担保函的独立性。反担保人在反担保函项下的付款义务，不受任何关系项下产生的请求或抗辩的影响，但反担保人与担保人或该反担保函向其开立的其他反担保人之间的关系除外。

第三节　国际工程保函的支付机制

独立保函的支付机制直接影响到申请人、担保人和受益人三方的利益，因此是独立保函中最核心的问题之一。实践中，保函通常有两种支付机制，即见索即付和提交单据。这其中，见索即付的支付机制对申请人风险最大，但对受益人最有利；提交单据的支付机制适当增加了受益人索款的门槛，貌似降低了申请人的风险，但担保人对受益人提交的单据只负有形式审查的义务。根据 URDG758 第 19 条的规定，保函所要求的单据内容应结合该单据本身、保函和 URDG758 进行审核，单据的内容无须与该单据的其他内容、其他要求的单据或包含中的内容一致，但不得相互矛盾。❷

一、国际工程保函中的交单

交单（presentation）是指交单人（presenter）根据保函向担保人提交单据的行为或依

---

❶ Edward Owen Engineering Ltd v. Barclays Bank International Ltd. and UMMA Bank [1978] 1 Lloyd's Rep. 166.

❷ 英文原文：Data in a document required by the guarantee shall be examined in context with that document, the guarantee and these rules. Data need not be identical to, but shall not conflict with, data in that document, any other required document or the guarantee.

此交付的单据。交单的目的不仅限于索赔，例如，为了让保函时效届满（triggering the expiry of the guarantee）或变更保函金额（variation of its amount）而做出的交单。交单人可以是受益人或代表受益人进行交单的人，或者申请人或代表申请人进行交单的人。

受益人兑付保函时，首先需要向担保人交单。根据URDG758第14条的规定，受益人的交单需要符合地点、时间、形式和语言等要求。

（一）交单地点和时间

受益人应当在保函开立地或保函约定的其他地点交单。实践中，保函中通常约定由受益人将单据亲自提交或邮寄至担保人所在地。此外，受益人的交单应在保函有效期内做出，如果保函失效后受益人提交单据，则担保人会拒绝。

（二）单据形式要求

URDG758允许电子或纸质两种形式交单。如果保函表明交单采用电子形式，则应注明具体的电子版文件格式、信息提交的系统和电子收件地址。如果保函中缺少相应约定，则只能采用可验证的电子格式或纸质形式提交单据。此种情况下，对于无法验证其格式的电子版单据，会被认定为没有提交。

如果保函约定通过特定方式以纸质形式提交单据，但未明确排除使用其他交付形式，那么受益人采用电子形式交单也是有效的。如果保函完全没有约定交单形式，那么URDG758默认的交单形式是纸质交单。

（三）单据语言要求

如果保函中未另行约定，受益人交单时，索赔文件、证明书等单据应采用与保函一样的语言。

二、国际工程保函的见索即付

国际工程中，因为业主一般比较强势，因此，见索即付的保函支付机制应用最为广泛，即受益人只需向担保人提交一份书面的索款请求书和保函规定的单据后，且无须证明自己所遭受的实际损失，即可获得保函规定的金额。鉴于此，英国法律把见索即付保函视为"等于现金在手"（the equivalent of cash in hand）及"自杀担保"（suicide guarantee）。

虽然如此，但见索即付保函也并非"无条件"保函，受益人仍然需要遵循保函的约定，例如在保函约定的期限内提出索赔请求，提供书面的索款请求书，遵循"保函金额递减条款"等要求。根据URDG758第6条的规定，独立保函中，担保人处理的是文件（单据）而非与该文件相关的货物、服务或履约行为，这是"见索即付"的特征之一，即担保人收到独立保函约定的合格文件（单据）时就负有向受益人付款的义务。这里的"合格"是指"表面"而言（on its face in order），即：(1) 受益人的文件表面上符合保函的要求；(2) 各文件间表面上相互一致。URDG758没有说明"符合"和"一致"的判断标准，各国法律和实践中适用的标准也并不统一。例如在I. E. Contractors Ltd. v. Lloyds Bank PLC.案中，英国上诉法院认为受益人的索款请求的文字不必精确地符合见索即付保函的条款，即

履行见索即付保函中，严格相符的必要性较低。❶

案例：Bocotra Construction Pte Ltd & Ors v. A-G

新加坡法院在 Bocotra 案中肯定了在新加坡适用的、源于英国法的履约保函原则：（一）独立性原则，即见索即付履约保函独立于基础合同及基础合同产生的纠纷；（二）"手中现金"原则，即见索即付保函应被视为手中的现金，因为在保函使用中，维护交易的稳定性是非常重要的。❷

三、提交第三方证明

有些独立保函约定受益人提交索款请求书外，还要提交第三方证明，即除受益人、申请人和担保人之外的第三方出具的证明，证明申请人存在违约的情况。

在提交第三方证明的支付机制中，受益人仍然没有义务证明申请人是否存在违约，而担保人也不审查基础合同或相关事实。受益人只需提交保函指定的第三方证明，担保人就可以付款。如果申请人实际上并未违约，担保人也只能在付款后再基于"不当得利"来要求受益人返还其所获得的付款及利息。

相反的，如果申请人确实违约了，但受益人无法提交或未能在规定的期限内提交保函所要求的第三方证明，则担保人可以拒绝向受益人付款。

四、担保人通知义务

根据 URDG758 的规定，受益人提交索款请求书和其他单据时，担保人应毫不迟延地通知保函申请人或者反担保人。后一种情况下，反担保人应立刻通知申请人，并将受益人的单据提交给申请人。

担保人通知的义务并非独立保函的标准格式或强制性规定，但这个义务对申请人非常重要。因为受益人兑付保函时，如果担保人负有通知的义务，则申请人就有时间准备保函止付的相应手续，例如向担保人所在地的法院申请保函止付，这是防止受益人恶意兑付保函的有效手段。如果担保人在保函中不承担通知的义务，则申请人就可能无法在第一时间申请保函止付。

第四节 国际工程独立保函的止付理由

独立保函的见索即付安排极大地满足了国际商事交易，尤其是国际工程项目的需要。

---

❶ I. E. Contractors Ltd. v. Lloyds Bank PLC. and Rafidain Bank, [1990] 2 Lloyd's Rep. 496. At 501: "The degree of compliance required by a performance bond may be strict, or not so strict. It is a question of construction of the bond. If that view of the law is unattractive to banks, the remedy lies in their hands."

❷ Bocotra Construction Pte Ltd & Ors v. A-G (No 2) [1995] 2 SLR 733.

但是，所谓一个硬币的两面，独立保函蕴含的风险主要体现为申请人和担保人丧失了基于基础合同产生的抗辩权，为受益人滥用保函独立性提供了可乘之机。由于独立保函是担保人受申请人委托开立的，因此，独立保函的风险主要由申请人承担。为了化解申请人的这类风险，独立保函实践产生了止付机制（Bond Injunction），即申请人以受益人存在特定事由为由，向有管辖权的法院申请禁令（Injunction Order），裁令中止或终止担保人付款义务的履行，使受益人不能得到独立保函项下的付款。目前，大多数国家法院对签发保函止付的禁令时，都会采取极其严格、谨慎的态度。

从世界范围来看，独立保函的止付理由主要是欺诈（Fraud）。法谚云："欺诈使一切归于无效"。对于独立保函，一旦能够证明保函受益人兑现保函的行为构成"欺诈"，独立保函其他相关方可以启动保函止付程序以防止保函对恶意兑现。由于世界各国对何为欺诈的认定标准存在不同，因此，在独立保函的止付实践中，以欺诈作为止付的基础，衍生出滥用保函独立性、显失公平等其他例外情况。

一、欺诈（Fraud）

在世界范围内保函止付最通常的理由是欺诈。即如果能证明保函受益人兑现保函的行为构成保函法律下的欺诈，则相关方可以通过法律程序对该保函兑现行为进行止付。对于欺诈，每个国家的法律有不同的定义。

英国法院在独立保函的司法实践中形成了"欺诈例外"的原则，并提出了适用该原则的两个要件：首先，受益人存在明显的欺诈，其次，银行对受益人的欺诈知情。在著名的Edward Owen案中，丹宁大法官（Lord Denning MR）表示："如果受益人提出请求，银行必须按照其保证无条件付款。唯一的例外是银行通知存在明显欺诈。"由此可见，为了维护银行的商业信誉，英国法院不轻易给予止付令。[1]

丹麦法院认为"欺诈"应该"如太阳般的明细（as clear as the sun），必须当场能证明（be provable on the spot），或者系明显的任意索赔（manifestly arbitrary）。"[2]

在美国，由于备用信用证是主要的独立担保形式，因此处理相关的欺诈问题时，一般会借鉴信用证的"欺诈例外"。根据《美国统一商法典》的相关规定，[3] 实质性欺诈是指受益人的欺诈极大损害了基础交易，以致受益人无权期待赔付，其表现形式主要包括"单据中的欺诈"和"交易中的欺诈"。美国法院认为"欺诈的构成除了在客观上必须具备上述特征外，受益人在主观上还必须是恶意的，即受益人明知申请人严格履行基础合同的情况下仍然兑付保函属于欺诈。"[4]

根据《法国民法典》第2321条的规定，受益人明显滥用或者明显欺诈的，或者受益

---

[1] Edward Owen Engineering Ltd v. Barclays Bank International Ltd and UMMA Bank [1978] 1 Lloyd's Rep. 166："Performance guarantee are effectively obligations to pay on demand within the terms of the guarantee, irrespective of the rights and wrongs of any dispute between beneficiary and principal under the terms of their separate contract, subject only to fraud."

[2] Philip B Wood. Comparative Law of Security and Guarantees [M]，1995，p. 341.

[3] 《美国统一商法典》第5章第109条。

[4] Philip B Wood. Comparative Law of Security and Guarantees [M]，1995，p. 340.

人与指令人串通的，独立担保人不承担义务。法国最高法院在判例中将"欺诈"界定为：能够且应该通过审查基础合同及其履行情况而得以确定的受益人权利的明显缺乏。

中国法下，根据最高人民法院《关于贯彻执行中华人民共和国〈民法通则〉若干问题的意见》第68条进行判定，即："一方当事人故意告知对方虚假情况，或者故意隐瞒真实情况，诱使对方当事人做出错误意思表示的，可以认定为欺诈行为。"最高院在独立保函的司法解释中提出的独立保函欺诈的认定标准有：（一）受益人与保函申请人或其他人串通，虚构基础交易；（二）受益人提交的第三方单据系伪造或内容虚假；（三）法院判决或仲裁裁决认定基础交易债务人没有付款或赔偿责任；（四）受益人确认基础交易债务已得到完全履行或者确认独立保函载明的付款到期事件并未发生；（五）受益人明知其没有付款请求权仍滥用该权利的其他情形。❶

联合国《独立保函和备用信用证公约》在吸收各国法院司法实践的基础上，也提到了独立保函的欺诈例外原则，赋予了担保人拒绝付款的权利。根据公约第19条的规定，担保人付款义务的例外情况包括以下明显且清楚的情形：（1）有任何虚假或伪造的单据；（2）索赔要求和单据无法形成对索款的正当理由；（3）从保函的类型及目的可以断定索赔无依据，❷ 此时善意行事的担保人有权拒绝向受益人付款。

二、滥用独立保函

如果欺诈不成立，又或者申请人未能证明受益人的索赔存在欺诈，则受理保函止付申请的法院一般会审查受益人的索赔行为是否存在滥用独立保函的情况。当受益人兑付保函的目的是引起担保人或申请人的损失、迫使申请人修改基础合同或者纯粹为了获得保函项下的款项，这些均可以被认定为滥用独立保函的索赔行为。例如，根据瑞士和荷兰的司法实践，在申请人严格履行基础合同的情况下，受益人仍然进行索赔的，那么构成滥用独立保函的行为。❸

三、显失公平

显失公平是新加坡法院在英国法的基础上创造性地引入的另一种保函止付理由。在 Bocotra Construction Pte Ltd & Ors v. A-G 案中，新加坡法院首次提出了"显失公平"也可以是止付的理由。在判决书中，新加坡法院提出："显失公平可构成停止支付履约保函项下金额的理由。"但是，新加坡法院在 Bocotra 案中并未提出"显失公平"的定义，也没有进行解释。

---

❶ 最高人民法院《关于审理独立保函纠纷案件若干问题的规定》第十二条。
❷ 联合国《独立保函和备用信用证公约》第19（2）条列举得"索赔无依据"情形：(1) 保函规定的使受益人遭受损失的以外事件或风险毫无疑问的没有发生；(2) 法院或仲裁庭已经宣布申请人的基础义务无效，除非保函中约定这类意外在保函所覆盖的风险范围内；(3) 基础义务已毫无疑问地被履行并使受益人满意；(4) 受益人的故意不当行为妨碍了基础义务的履行；(5) 在反担保发生索赔时，反担保的受益人作为该反担保相关保证的担保人，不诚实地付款。
❸ 贺万忠. 论见索即付保函项下的支付和止付机制. 山东法学，1999（6）：32.

在随后的 GHL Pte Ltd v. Unitrack Building Construction Pte Ltd 案❶中，新加坡法院明确提到："只要证明存在显失公平的表面证据（prima facie evidence），法院就可以介入保函的索赔程序到全部相关情况被调查清楚。"新加坡法院认为"显失公平"与"不公平"（unfairness）有关，明显不同于诓骗、欺诈或其他类似行为，也明显不同于"丧失诚信"，因此，在"显失公平"的情况下，法院本着良知（conscience）会制止某一当事人的行为或者拒绝帮助某一当事人，但当事人的一般违约行为本身并不构成"显失公平"。之后，新加坡最高法院在 Samwoh Asphalt Premix Pte Ltd v. Sum Cheong Piling Pte Ltd 案❷中重申了"显失公平"可以作为阻止支付履约保函的理由。

从新加坡的法院的司法实践看，该国法院在处理因"显失公平"导致的保函止付时，显得非常灵活，甚至可以将这一止付理由应用于保函的部分金额，避免受益人不合理的得到保函项下的全部金额。❸

四、国际工程保函其他止付理由

1. 基础合同限制兑付保函

保函的独立性决定了其不受基础合同的影响，但这并不意味着申请人无法依据基础合同实现保函止付的目的。根据英国的保函司法实践，如果双方当事人在基础合同中清楚且明确地约定哪些具体情形下限制受益人兑付保函，则即使不存在欺诈，法院也可以此为依据批准申请人的止付禁令。

案例：Simon Carves Ltd v Ensus UK Ltd❹

Simon Carves Ltd（SCL）与 Ensus UK Ltd（Ensus）于 2006 年 10 月 6 日签订了生物酒精制炼厂（process plant for bioethanol）建设合同。根据该合同专用条款的约定，SCL 应向 Ensus 提供履约保函，除非有正在进行的或预先被通知的争议，该履约保函在签署接受证书（Acceptance Certificate）❺后无效（null and void），履约保函无效后应返还原告。

SCL 根据合同约定向渣打银行申请开立了不可撤销见索即付的履约保函。2010 年 2 月 17 日，Ensus 向 SCL 签发了接收证书（Take-over certificate）。生物酒精制炼厂运营期间，Ensus 收到制炼厂周边居民的投诉，指称有恶臭排放物。Ensus 取样检查后认为该恶臭排放物超出了合同的要求，并要求 SCL 在合理的时间内进行修补。2010 年 8 月 19 日，Ensus 的项目经理根据合同第 36.3 款项原告签发了接受证书（Acceptance certificate）。

2011 年 2 月 23 日，Ensus 向渣打银行发出书面索函要求。SCL 认为根据合同的约定，Ensus 签发接受证书后，SCL 的履约保函就应无效。因此，原告于 2011 年 2 月 25 日向英国法院申请临时禁令，禁止被告索函。

---

❶ GHL Pte Ltd v. Unitrack Building Construction Pte Ltd［1999］4 SLR 604.
❷ Samwoh Asphalt Premix Pte Ltd v. Sum Cheong Piling Pte Ltd［2002］1 SLR 1.
❸ 王永新. 浅析国际工程项目见索即付保函的支付：新加坡为例. 法制与经济，2010，2（230）.
❹ Simon Carves Ltd v Ensus UK Ltd［2011］EWHC 657.
❺ 根据合同专用条款第 36.3 款，接受证书应注明接收证书（Taking-Over Certificate）签发后承包商应当根据第 37 条（缺陷责任）完成的缺陷修补和剩余工作。

AkenheadJ 法官认为："However, fraud is not the only ground upon which a call on the bond can be restrained by injunction. In principle, if the underlying contract, in relation to which the bond has been provided by way of security, clearly and expressly prevents the beneficiary party to the contract from making a demand under the bond, it can be restrained by the Court from making a demand under the bond."❶

2. 索赔缺乏正当理由

香港法院认为，如果有证据证明兑现保函所依据的基础合同项下的索赔是缺乏正当理由的，则构成欺诈，此时，法院可以支持申请人的止付请求。

案例：Prema Horticulture (Macau) Ltd v Venetian Orient Ltd❷

It also shows that adequate proof that the call was made in the knowledge that the underlying claim was unjustified would constitute evidence of fraud which should provide grounds for injunctive relief.

英国法院表示：虽然欺诈时保函止付的唯一例外情形，但法院不能完全无视基础合同，如果承包商为了合法地解除合同，或者不存在对价/约因（failure of its consideration），则法院可以止付保函。❸

3. 索赔并非善意

保函实务中受益人的索赔必须是善意的（bona fide, in good faith）。对此，多个案例显示善意索赔是受益人（被担保一方）兑付保函的前提条件，否则，法院可以签发止付令。

案例：

（1）Fletcher Construction (Australia) Pty Ltd vVarnsdorf Pty Ltd 案❹中，法院认为：…the Employer was entitled to enforce the security in question provided his claim to do so was made bona fide…❺。

（2）Potton Homes Ltd v Coleman Contractors Ltd 案❻中，法院表示：…an unqualified transfer of the sums in question is intended, provided only that there is a bona fide dispute or claim on the secured party's part…❼。

（3）Doosan Babcock Limited v Comercializadora de Equipos y Materiales Mabe Ltd 案❽中，法院表示：…the Doosan had a sufficiently strong case to grant an injunction on the grounds that there was a realistic prospect of establishing that Mabe had acted in bad faith,

---

❶ 参考译文：欺诈并非止付保函的唯一理由。如果保函所涉基础合同中清楚明确的约定受益人不能兑付保函的情形，则法院可以此为由止付保函。

❷ Prema Birkdale Horticulture (Macau) Ltd v Venetian Orient Ltd [2009] 5 HKC 485.

❸ Themehelp Ltd v West [1996] QB 84; Balfour Beatty Civil Engineering v Technical & General Guarantee Co Ltd (1999) 68 Con LR 180; Potton Homes Ltd. v Coleman Contractors (Overseas) Ltd (1984) 28 BLR 19. 参见 Damian McNair, "Performance Bonds and Bank Guarantees", p. 5.

❹ Fletcher Construction (Australia) Pty Ltd v Varnsdorf Pty Ltd [1998] 3 VR 812.

❺ 参考译文：业主兑现保函的前提条件是他的索赔是善意的。

❻ Potton Homes Ltd v Coleman Contractors Ltd (1985) 28 B.L.R 19.

❼ 参考译文：争议或被担保一方的索赔为善意是兑现保函的前提条件。

❽ Doosan Babcock Ltd v Comercializadora de Equipos y Materiales Mabe Limitada [2013] EWHC 3010 (TCC).

or at least had not acted in good faith…❶。

第五节 国际工程备用信用证

一、备用信用证的产生

备用信用证（Standby Letter of Credit）起源于 20 世纪 60 年代的美国，是独立保函的一种，意思是此类信用证经常处于备而待用的状态。根据 1864 年美国《国民银行法》（National Bank Act）的规定，银行的业务经营范围必须经过法律授权，否则属于违法，而担保服务不属于银行的法定业务内容，只有保险公司和担保公司可以经营担保业务，因此银行为其客户提供担保在当时的美国法下属于无效行为，这一规则被称为"银行不得提供担保规则"。❷

由于美国各银行之间的同业竞争十分激烈，而客户对担保业务的需求很大，所以美国的银行经过探索和尝试，最终开辟出一条既能为客户提供担保又能规避美国法律禁止性规定的方法，即通过签发备用信用证的方式，为客户在国际商事领域中的债务提供担保，如果债务人在贷款到期后自觉履行还款义务，则备用信用证自动失效。

备用信用证的出现使得美国的银行成功将传统信用证业务拓展至担保领域，赋予了传统信用证业务独特的担保功能，为美国企业签订和履行国际商事合同提供了强有力的保障。1977 年 5 月，美国监管部门首次承认了银行充当独立担保人的权利并赋予其独立担保行为以法律效力："只要在受益人提交了信用证规定的汇票及其他单据后，银行就必须承担付款义务，而不必要求银行去决定申请人与受益人之间存在争议的法律问题或事实问题。"❸ 同年，美国联邦储备银行管理委员会（The Board of Governors of the Federal Reserve System）明确肯定了备用信用证的法律效力并给出了定义："备用信用证是一种信用证或类似安排，构成开证行对受益人的下列担保义务：（1）偿还债务人的借款或预支给债务人的款项；（2）支付由债务人所承担的负债；（3）对债务人不履行契约而付款。"❹

实践证明，备用信用证适应商业发展的需求，在美国、法国、日本、中东及拉丁美洲等国家有着广泛的应用，成为当今国际商事领域重要的担保工具之一。

---

❶ 参考译文：因为受益人兑现保函的行为是恶意的或至少是非善意的，所以申请人有充分的理由申请止付。

❷ No-Guarantee Rule, Guarantee in the International Trade, (Second Reversed Edition) Kluwer Law International, p. 5.

❸ Roeland F. Betrams, Bank Guarantees in the International Trade, second revised edition, 1996, Kluwer Law International, p. 5.

❹ 左晓东. 信用证法律研究与实务. 北京：警官教育出版社，1993：140.

二、备用信用证概述

备用信用证又被称为担保信用证,是银行根据申请人的请求,向受益人保证在申请人未履行基础合同项下的义务时,受益人只要按照备用信用证的规定向银行开具汇票(也可以不开具汇票),并提交申请人未履行义务的证明文件时,即可取得银行的偿付。如果申请人履行了基础合同项下的义务,则备用信用证不必使用。

传统的商业信用证中,受益人提交相关单据证明其已履行基础合同项下的义务时,银行保证受益人获得付款(受益人履约时获得付款)。但在备用信用证中,受益人提交相关单据证明申请人未履行基础合同项下的义务时,银行保证受益人获得付款(申请人违约时受益人获得付款)。因此,传统商业信用证与备用信用证的付款条件不同,对受益人而言,备用信用证是申请人违约时的一种补偿方式,既具信用证的特点,也具有担保的性质。

备用信用证作为合同履行中一种担保付款机制,让受益人可以对冲风险。申请人向银行申请开立备用信用证时,应证明有能力返还银行根据备用信用证向受益人支付的款项。这种证明可以是现金、固定资产等附属担保,银行可能调查申请人的信用水平和备用信用证所涉风险,并在此基础上决定申请人应提供哪些附属担保。

根据申请人信用水平、风险、附属担保等因素,银行通常向申请人收取备用信用证担保金额的相应费用。

备用信用证办理流程:❶

第一步:A 公司拟邀请 B 公司为其修建一座公寓楼,为保证 B 公司能如期完成公寓楼建设,A 公司要求 B 公司办理备用信用证。

第二步:B 公司向银行申请备用信用证,银行基于 B 公司的良好信用和担保,向 B 公司开立以 A 公司为受益人的备用信用证,并将备用信用证发给 A 公司的银行。

第三步:A 公司审核备用信用证无误后,与 B 公司签订建设工程合同。

第四步:如果 B 公司违反建设工程合同,则 A 公司准备好备用信用证要求的单据后,通过 A 公司的银行向 B 公司的银行兑付信用证。

第五步:B 公司银行审核单据无误后,向 A 公司的银行支付备用信用证项下的款项。

三、备用信用证种类

备用信用证的种类很多,根据作用不同可主要分为以下几种:

1. 付款备用信用证(Financial Standby L/C)

付款备用信用证是应用最多的备用信用证。这种备用信用证担保付款义务,具有融资功能,即银行向受益人保证申请人会履行其承诺的付款义务(一般是基础合同价款的 100%)。例如,银行开立以保险公司为受益人的付款备用信用证,保证投保人会弥补保险公司的损失。

---

❶ Justin Pritchard,"Standby Letter of Credit: A Backup Plan for Payment",updated April 11, 2018,资料来源:https://www.thebalance.com/standby-letter-of-credit-315039,访问时间:2018 年 9 月 10 日。

案例：

A公司向劳埃德（Lloyd）保险公司投保50万美元的保险，并提交了一份银行开立的付款备用信用证，以避免向劳埃德保险公司支付押金。与此同时，劳埃德保险公司接受A公司办理的付款备用信用证，但要求A公司保证其银行账户内有50万美元或者提供价值高于50万美元的资产作为抵押。一旦劳埃德保险公司理赔后A公司无法补上相应款项，则劳埃德保险公司向银行兑付A公司的付款备用信用证。[1]

2. 履约备用信用证（Performance Standby L/C）

履约备用信用证类似于履约保函，是另一种最常用的备用信用证中。这种备用信用证中，银行向受益人保证申请人履行基础合同，以及保证申请人不履行基础合同时受益人会获得一定比例的赔偿（一般不超过基础合同价款的50%）。例如，银行开立以开发商为受益人的履约备用信用证，保证承包商履行施工合同。

3. 预付款备用信用证（Advance Payment Standby L/C）

预付款备用信用证担保申请人对受益人所付预付款所应承担的相应的义务和责任，一般是银行开立以建设工程项目业主为受益人的预付款保证备用信用证，保证业主向承包商支付预付款后，承包商会履行基础合同项下的义务。例如，承包商按照施工合同的约定按期足额向业主返还预付款的义务。

4. 反担保备用信用证（Counter Standby L/C）

反担保备用信用证也被称为对开信用证，担保反担保备用信用证受益人开立的其他备用信用证。

5. 投标备用信用证（Tender Standby L/C）

投标备用信用证担保申请人中标后履行合同义务和责任，如果申请人未履行合同，银行按照备用信用证的规定向受益人履行赔偿义务。

6. 直接付款备信用证（Direct Payment Standby L/C）

直接付款备用信用证担保申请人在债务到期时按时足额向受益人付款。例如，银行担保申请人发行债券或订立债务契约时的到期应支付本息义务。

四、备用信用证与独立保函

国际工程中，备用信用证与独立保函都是承包商向业主提交一种担保，两者有相似之处，但也有差异。

（一）备用信用证与独立保函的相似点

（1）二者的法律性质和基本功能相同。备用信用证与独立保函都是担保人根据申请人的申请向受益人开立的一种信用凭证，担保人以自身信用向受益人做出独立的、第一位的、无条件的付款承诺，二者都具有担保功能。

---

[1] Patrick Gleeson, "Financial Standby Vs. Performance Standby on a Letter of Credit", 资料来源：https://smallbusiness.chron.com/financial-standby-vs-performance-standby-letter-credit-75138.html，访问时间：2018年9月10日。

(2) 二者均独立于基础合同。备用信用证与独立保函都是根据申请人与受益人（即基础合同中的债务人和债权人）订立的基础合同开立的，开立后不再受基础合同的约束，不因基础合同中当事人的违约而受影响，担保人不能因基础合同中的违约事由行使抗辩权从而拒绝向受益人付款，二者完全独立于基础合同。

(3) 二者的主体基本相同。一般情况下，备用信用证与独立保函的主体通常都是申请人、受益人和担保人这三方，其中，申请人与受益人之间是基础合同关系，申请人与担保人（通常是开证行）之间是委托关系，担保人与受益人之间是以备用信用证或独立保函为依据的担保关系。

(4) 二者的付款依据基本相同。担保人对受益人的索款是基于独立保函或备用信用证中约定的条款和单据，而单据是受益人出具的证明申请人违约的声明或有关证明文件，是担保人付款的唯一或主要依据。通常情况下，只要达到了单据表面相符的标准，不管受益人与申请人之间的基础交易及单据的真伪情况如何，担保人都必须承担付款义务。

（二）备用信用证与独立保函的差异

(1) 二者产生方式不同。备用信用证的产生是由开证行通过受益人所认可的银行即通知行转告受益人，通知行需要从表面上审查备用信用证的真实性。如果经审查不能确定其真实性，则通知行有责任不迟延地将此情况告知开证行或受益人。独立保函的产生则因其采取直接保函或间接保函方式而不同。如果采取直接保函方式，担保人和受益人之间的关系就与备用性信用证中开证行和受益人之间的关系相同。如果采取间接保函方式，委托人（即申请人）所委托的担保人是指示方，由其按照指示开出反担保函，然后再由作为反担保受益人的担保人（即受益人所在地的担保人）作为担保人向受益人开出独立保函并向其承担担保义务。在间接保函的方式中，提供反担保的指示方并不直接对受益人承担付款担保义务。

(2) 二者对付款单据的具体要求不同。备用信用证对单据的要求比较严格，通常要求受益人向担保人提出付款请求时，需提交以开证行为付款人的即期汇票和证明申请人违约的其他书面文件。独立保函一般只要求受益人向担保人提交债务人（即申请人）违约的声明文件。

(3) 除非备用信用证的开立人与申请人在合同中做出明确约定，否则，开立人向受益人付款后，并不必然取得对申请人的代位求偿权及要求申请人补偿已支付的款项。独立保函中，担保人向受益人付款后，可以从申请人处获得补偿。❶

五、国际商会《国际备用信用证惯例》

备用信用证在许多方面都和商业跟单信用证密切相关，因此在1978年被国际商会纳入《跟单信用证统一惯例》作为调整对象，属于跟单信用证的一种，适用《跟单信用证统一惯例》作为法律依据。鉴于《跟单信用证统一惯例》的主要调整对象是跟单信用证，所

---

❶ Martin Hughes, "UK: Standby Letters of Credit and Demand Guarantees", originally published in Butterworths Journal, May 2005.

以备用信用证的很多自身特点无法得以体现。1998年4月6日，经过美国的多家机构，主要是国际银行法律与实务协会、国际金融服务协会和国际商会银行实务委员会的讨论和协商，另一个国际商事惯例《国际备用信用证惯例》（International Standby Practice-ISP98）公布，并于1999年1月1日起正式实施。

ISP98是专门针对备用信用证这一国际商事交易中的重要担保方式而制定的任意性规则，它由当事人自由选择适用，不仅适用于国际备用信用证，还可以适用于国内信用证，其适用范围非常广泛。无论在国内还是国际领域适用，备用信用证一般都包括履约信用证、融资信用证和直接付款信用证三种类型。根据ISP98，备用信用证具有独立性、排他性及不可撤销性。

ISP98较多地考虑了备用信用证所具有的支付功能的特点，淡化了备用信用证的担保功能，赋予了担保人银行更多的自主选择权和灵活性。例如，在受益人请求担保人银行付款时，其所提交的单据应该完全符合备用信用证条款的要求，只有在备用信用证上没有规定的情况下，才适用ISP98的规定，即符合第4.7条规定的单据相符标准：(1) 备用信用证规定的付款事由已发生而应当付款的陈述；(2) 出具单据的日期；(3) 受益人的签名。ISP98并未强调受益人必须提交违约声明并说明违约事由，而当事人也可以在备用信用证中明确排除这一要求。

根据ISP98第3.10条的规定，担保人（开证人）收到受益人的付款请求时，前者没有义务通知申请人（被担保人）收到了备用信用证项下的提示。当备用信用证终止时，担保人也没有义务及时通知申请人必须毫不迟延地通知被担保人。根据ISP98第3.9条的规定，当受益人要求将备用信用证有效期延长否则其将向担保人提出索款要求时，后者有权自主决定将该要求视为付款提示还是对有效期的修改，而无须申请人的同意。

第九章

国际工程分包法律与合约

　　国际工程项目一般规模大且涉及面广，有时还会受到当地成份等法律法规的要求，因此，任何一家承包商都不可能完全通过自己来完成国际工程项目的建造，合法的分包或再分包成为国际工程项目的必然现象。

　　国际工程承包商根据各自的实力和专业在工程市场上形成了总承包商、分包商和再分包商等不同层级的承包主体。不同层级的承包主体之间分工协作和密切配合是保证国际工程项目顺利进行的前提。

　　分包合同是各层级承包商之间确定合作关系最核心的文件。合法的分包合同是实施分包的前提。不同法域对待分包的法律态度各异，因此，国际工程项目中是否可以分包、哪些可以分包以及如何进行分包，需要遵守相关法域相应法律的规定，从而确保分包合同的有效性。

　　合理的分包合同条款安排对于维持各层级承包商之间的良好合作至关重要。各层级承包商应当根据实施国际工程项目的实际情况确定各自在具体项目上的合理合作模式、管理举措和风险分担安排，并在此基础上缔结能够反映上述合作模式、管理举措和风险分担安排的分包合同内容。

第一节　国际工程分包合同管理法律与合约

国际工程本身的复杂程度决定了任何一家工程公司不可能单凭自己的资源就完成一个国际工程项目。从整合和优化资源资配置角度，所有国际工程项目几乎都存在分包现象。如何实施分包和管理分包成为国际工程项目管理的重要内容，其所涉及的法律与合约事宜值得国际工程参与方高度重视。国际工程分包行为往往涉及总承包商和分包商之间的合同关系、总承包商和业主之间的合同关系以及业主与分包商之间的合同关系。能否处理好这三种合同关系在很大程度上决定着项目能否顺利实施。为此，国际工程的参与方应当在项目实施前期合理策划分包策略，确保分包安排合法且有利于项目的顺利实施。

一、分包和分包商的定义

分包（Subcontracting）和分包商（Subcontractor）在国际工程领域并没有明确统一的定义。由于认定分包和认定分包商相互关联，因此，关于如何认定分包和分包商往往混合在一起。国际工程界认定分包和分包商的方法主要存在以下两种方式：

（1）工程项目所在国法律规定。由于很多工程项目涉及公共安全尤其是生命和健康安全，工程项目所在国往往从确保工程质量的角度出发，规制工程项目的分包行为。这些国家往往会在法律、法规或政策性文件中对分包尤其是违法分包做出定义。中国对分包的规制比较多，如中华人民共和国国务院令第 279 号令颁布的《建设工程质量管理条例》第 78 条❶和中华人民共和国住房和城乡建设部 2014 年 8 月 4 日发布的《建筑工程施工转包违法分包等违法行为认定查处管理办法（试行）》第 9 条❷的规定。在国际工程领域，从法律法规角度对分包做出强制性规定的情况比较少。

（2）缔约各方在合同中明确约定分包的定义。该做法在国际工程领域比较多。这种由

---

❶ 《建设工程质量管理条例》第 78 条：本条例所称肢解发包，是指建设单位将应当由一个承包单位完成的建设工程分解成若干部分发包给不同的承包单位的行为。

本条例所称违法分包，是指下列行为：（一）总承包单位将建设工程分包给不具备相应资质条件的单位的；（二）建设工程总承包合同中未有约定，又未经建设单位认可，承包单位将其承包的部分建设工程交由其他单位完成的；（三）施工总承包单位将建设工程主体结构的施工分包给其他单位的；（四）分包单位将其承包的建设工程再分包的。

本条例所称转包，是指承包单位承包建设工程后，不履行合同约定的责任和义务，将其承包的全部建设工程转给他人或者将其承包的全部建设工程肢解以后以分包的名义分别转给其他单位承包的行为。

❷ 第九条　存在下列情形之一的，属于违法分包：（一）施工单位将工程分包给个人的；（二）施工单位将工程分包给不具备相应资质或安全生产许可的单位的；（三）施工合同中没有约定，又未经建设单位认可，施工单位将其承包的部分工程交由其他单位施工的；（四）施工总承包单位将房屋建筑工程的主体结构的施工分包给其他单位的，钢结构工程除外；（五）专业分包单位将其承包的专业工程中非劳务作业部分再分包的；（六）劳务分包单位将其承包的劳务再分包的；（七）劳务分包单位除计取劳务作业费用外，还计取主要建筑材料款、周转材料款和大中型施工机械设备费用的；（八）法律法规规定的其他违法分包行为。

缔约各方在合同中明确约定分包定义的做法主要体现了商事合同的"缔约自由"原则，如FIDIC1999版《施工合同条件》第1.1.28款关于"分包商"的定义❶。

针对以上两种对分包或分包商的认定方法，国际工程参与主体应当明确工程项目所在国对分包或分包商尤其是违法分包是否存在法律上的定义。如果存在，则需要结合法律上的定义，明确特定项目的分包或分包商定义。如果不存在，国际工程参与主体可以基于"缔约自由"原则，结合具体项目，自行定义分包或分包商。

二、国际工程分包管理

分包管理主要涉及三个层次，即业主的分包管理，总承包商的分包管理和分包商的自身管理。三个层次的管理以总承包合同和分包合同为纽带将三个主体结合在一起，伴随整个工程项目的全过程。由于以下阐述已覆盖分包商自身管理所涉的主要问题为，所以不再单独阐述。

（一）业主的分包管理

业主参与分包管理的主要考虑为确保工程质量和责任承担能力以及自身利益最大化。在国际工程领域，业主管理分包的主要做法如下：

（1）在招标阶段和总承包合同谈判阶段明确指定工程特定事项的分包商，并作为中标或签订总承包合同的前提条件。在以下情况下，业主往往指定分包商：业主认可某品牌的设备或某个特定领域的专业公司；业主的关联公司或与其具有利益的公司没有能力做总承包商，但可以参与工程的部分工作；业主缺乏管理特定分包的能力，希望通过总承包商对其实施管理等等。

（2）制定分包商名单，要求总承包商实施分包时只能在该名单中选聘。国际工程领域的一些业主经过多年的积累，已经掌握了众多与自己业务相关的专业公司或品牌公司。为了确保工程质量，同时也为了规避特定法律禁止指定分包的规定，业主有时制定分包商名单。

（3）在总承包合同中保留对分包商批准或同意的权利。这种做法在国际工程分包方面比较常见。在这种合同安排下，总承包商如果拟分包某项工作，需要将分包商的相关信息报送业主，业主根据合理的评估决定是否同意总承包商聘用该分包商。如果业主有合理理由认为该分包商无法满足拟分包工作，业主可以予以不予批准或同意但应当将合理理由告知总承包商。

（4）特定情形下业主享有分包合同受让权。为了继续或更好地实施工程，业主往往希望在以下两种情形发生时享有分包合同的受让权：根据分包合同，分包商的义务延伸到总承包合同约定的缺陷责任期限届满之后；总承包商违约导致业主解除总承包合同，业主拟保留原来的分包商继续工程。

无论是业主采取哪种方法管理分包，其需要注意项目适用法律关于指定分包商的规

---

❶ FIDIC1999年第1版《施工合同条件》第1.1.28款："分包商"是指本合同中指明为"分包商"的任何主体，或为实施本工程的部分工作而被任命为分包商的任何主体；以及上述主体的合法承继主体。

定。对于指定分包的法律规制,应当注意以下三个方面:

1. 法律是否禁止或限制工程中的指定分包安排。

业主指定分包的做法往往体现了业主在工程发包方面的强势,这在一定程度上与法律所倡导的缔约公平性存在不一致,因此,为了确保缔约公平性或其他方面的考虑(如防止特定人员的腐败),有些国家根据自身的国情会在法律法规或政策上明确禁止或限制业主的指定分包行为,如中华人民共和国国务院令第279号令颁布的《建设工程质量管理条例》第22条第2款的规定❶。

2. 因指定分包商原因导致工程出现质量问题时的责任承担。

在国际工程领域,在上述问题出现时,业主和总承包商之间,在责任承担方面取决于法律的规定和合同的约定。对于指定分包的责任,有些国家的法律会明确约定各自的责任承担,如中国最高人民法院2004年颁布的《最高人民法院关于审理建设工程施工合同纠纷案件适用法律问题的解释》第12条❷的解释。在大多数情况下,业主和总承包商就指定分包造成的责任如何承担取决于总承包合同的约定,因此,在很多存在指定分包的总承包合同中明确约定:虽然业主指定分包商,但总承包商需要就该指定分包造成的不利后果向业主承担责任。

3. 业主是否可以直接向指定分包支付相应工程款。

指定分包商往往与业主存在较好的合作关系且指定分包商一般在工程项目中所实施的工作较为重要,为了防止总承包商延迟支付或不予支付指定分包的工程款,业主往往在总承包合同中约定,对于指定分包的工程款项,由业主直接支付给指定分包商。该付款安排增加了总承包商管理指定分包商的难度。

(二)总承包商分包管理

总承包商管理分包是工程分包管理领域的常态,是分包管理的最常见和最主要方面。总承包商管理分包的行为贯穿项目全生命周期,涉及的主要法律问题如下:

1. 法律是否禁止特定工程的分包

在国际工程领域,很多国家的法律对实施特定工程需要满足特定资质或具备特定经验往往做出规定,但禁止特定工程分包的情况较少。中国法律明确规定,特定的工程不得分包,如《中华人民共和国建筑法》第29条❸的规定。如果法律禁止特定工程的分包,则任何就该工程指定分包的做法会面临无效的法律风险。因此,在实施分包时,首先应当了解项目适用法律是否允许分包。

---

❶《建设工程质量管理条例》第22条第2款:除有特殊要求的建筑材料、专用设备、工艺生产线等外,设计单位不得指定生产厂、供应商。

❷《最高人民法院关于审理建设工程施工合同纠纷案件适用法律问题的解释》第12条: 发包人具有下列情形之一,造成建设工程质量缺陷,应当承担过错责任:(一)提供的设计有缺陷;(二)提供或者指定购买的建筑材料、建筑构配件、设备不符合强制性标准;(三)直接指定分包人分包专业工程。承包人有过错的,也应当承担相应的过错责任。

❸《中华人民共和国建筑法》第29条:建筑工程总承包单位可以将承包工程中的部分工程发包给具有相应资质条件的分包单位;但是,除总承包合同中约定的分包外,必须经建设单位认可。施工总承包的,建筑工程主体结构的施工必须由总承包单位自行完成。

2. 项目所在国是否存在对分包主体的特别规定

在国际工程领域，项目所在国为了通过工程项目带动本国产业的发展或就业，有时设定当地成分要求。该要求在分包方面主要体现为通过法律规定将外国承包商的分包主体限定为项目所在国分包商，如印尼规定外国承包商作为总承包商的项目，必须分包给印尼当地人100%控股的企业。

3. 总承包合同对于指定分包及其相关责任的约定

4. 何为分包以及对业主批准分包的限制

正如上文所述，总承包合同中一般都会约定总承包商实施分包应当提前获得业主的批准或同意，否则视为违约。在这种情况下，为了防止业主过度或过分干预总承包商的分包行为，总承包商应当考虑以下两个方面：一方面，在总承包商合同中明确哪些行为属于分包，例如，分包是指对永久工程的分包，还是对永久工程或临时工程的分包；另一方面，将业主批准分包的权利限定为特定金额以上的分包行为。

5. 如何确定分包合同的条件

确定分包合同是一项非常复杂的合同起草、谈判工作。总承包商如果处理不当，将会使自己处于夹心境地。站在总承包商的角度，从合同权利、义务和责任传递顺序来讲，起草分包合同存在两种方式，具体如下：

1. 总承包商将分包合同条件向总承包合同传递

这种传递顺序主要适用于分包商比较强势的情况。总承包商为了承包特定工程，只能满足分包商的要求，为此，总承包商只能通过与业主的谈判，将分包合同中约定的条件传递到总承包合同中。如果无法传递，则总承包商将面临分包合同条件苛刻所带来的风险。

2. 总承包商将总承包合同条件向分包合同传递

该种传递方式在国际工程承包领域比较普遍，具体做法为总承包商在两个方面实现传递，一是将总承包合同中某特定具体工作传递到分包合同，如土建工作本身，二是将总承包合同中与分包工作相关的商务条件也传递到分包合同，如对土建工作的付款、索赔、工期等等商务条件。

无论适用上述哪种分包合同起草方式，对于总承包商来说，其所面临的风险主要来自上述两种传递无法完成，即：无法将分包合同条件传递给总承包合同或相反。

就分包合同条件的具体内容而言，总承包商应当核心关注如下事宜：

1. 总承包合同是否作为分包合同的一部分

总承包商起草分包合同存在两种主要路径，一种路径是分包合同中不直接引入总承包合同或总承包的相关条款，完全重新将总包合同中的条款根据项目具体情况调整后形成分包合同；另一种路径为删除总承包合同中总承包商认为应当保密或敏感的事项（如价格条款）后作为分包合同的一部分。如果处理得当，两种路径并不存在孰优孰劣。相比较而言，后一种路径中分包合同的起草相对简单，同时也在很大程度上使得分包商能够清楚知悉总承包合同条件和预见总承包商因分包商行为可能遭受的损失。FIDIC合同条件中的Conditions of Subcontract for Construction（First Edition 2011）采用了第二种路径。

2. 分包合同的付款安排

国际工程领域，根据具体项目的实际情况，总承包商和分包商可以在分包合同中约定各种具体的分包工程款支付方式,如由业主直接向分包商支付工程款,这种付款方式有时用于业主实施指定分包的情况;总承包商直接向分包商支付工程款,这种付款方式最常见。另外,国际工程领域最容易引起争议的分包合同付款支付安排是 Pay-when-Paid 和 Pay-if-Paid 付款安排。该付款安排的大体做法是在分包合同中约定:当总承包商从业主处就分包工程已取得相应款项或取得款项时,分包商才有权获得分包款项。关于 Pay-when-Paid 和 Pay-if-Paid 付款安排的阐述,详见下文。

3. 分包合同的履约保函安排

国际工程领域,无论是总承包商还是分包商往往都会面临向业主或总承包商提供履约保函的事宜。如何在分包合同中对履约保函做出合理安排是总承包商实施分包管理的重要内容。基于国际工程实践,总承包商对此应综合考虑以下两点:

(1) 履约保函的额度。对于确定分包合同中的履约保函额度,很多总承包商或分包商的一般性做法是:与总承包合同中的履约保函额度保持一致,例如,总承包合同中约定总承包商应当提供总承包合同金额 10% 的履约保函,分包合同中也相应约定分包商提供分包合同金额 10% 的履约保函。该"一刀切"的做法看似公平,实则并不能很好的体现履约保函的价值。履约保函的主要价值在于确保合同参与方履约以及不履约时受损失方可以通过履约保函获得一定的快速救济。基于此,如何设定履约保函额度需要与该分包工作在本项目中的重要性或地位相关联,即:如果该部分分包工作决定着整个项目的成败,虽然其分包合同金额低于总承包合同金额,但分包商提供的履约保函额度比例很可能需要高于总承包合同项下履约保函的额度比例,例如:如果总承包商合同约定履约保函额度比例为 10%,虽然分包合同金额低于总承包合同金额,但由于该分包工作实施情况将决定总承包合同的履行,此时,分包合同的履约保函额度比例可能需要提高到 15% 或更高以减少总承包商的风险敞口,反之亦然。

(2) 履约保函是否可以转让。总承包商往往希望分包商开具可转让履约保函,因为如果业主接受,总承包商可以直接将该分包商提供的保函转让给业主,这将会降低总承包商直接开具履约保函的额度,不仅少占用自身的信用额度,而且降低保函开具费用和减少保函开具和管理工作。对于分包商来说,开具可转让履约保函将面临额外的两大问题:一是保函被没收的概率提高,二是即使银行愿意出具可转让保函,其所收取的费用很可能会比不可转让的履约保函要高。

4. 分包合同中的索赔机制

相比较于总承包合同中的索赔机制,国际工程分包合同的索赔机制往往比较复杂,主要包括:总承包商索赔分包商的安排和分包商索赔总承包商的安排。

总承包商索赔分包商的安排。该类安排比较常规,总承包商索赔分包商的条件大体为分包商违反分包合同的约定,总承包商据此向分包商索赔。

分包商索赔总承包商的安排。相比较于总承包商索赔分包商的安排,该类安排比较复杂,涉及以下两个方面:

(1) 分包商因谁的行为向总承包商提起索赔

分包的自身特点决定了造成分包商提起索赔的主体一般包括两个主体,即总承包商和分包合同缔约主体外的第三方,后者包括业主和业主之外的第三方。比较完善的分包合同一般针对上述不同主体造成的索赔分别予以约定,例如:分包商因总承包商自身行为违反分包合同而提起的索赔，分包商因业主行为导致总承包商违反分包合同而提起的索赔以及分包商因业主之外的第三方行为导致总承包商违反分包合同而提起的索赔。

(2) 分包商获得索赔款项或/和工期的条件

与第一方面相关联，为了防止风险，总承包商在分包合同条件中往往基于分包索赔的主体不同而做出不同的安排：如果索赔仅仅因总承包商自身行为造成，总承包商直接支付索赔款项和延长工期；如果索赔因业主行为造成，总承包商支付索赔款项和延长工期的条件是总承包商在分包商的协助下已经从业主处获得索赔款项和工期延长；如果索赔因业主之外的第三方行为造成，总承包商支付索赔款项和延长工期的条件是总承包商在分包商的协助下已经从业主之外的第三方获得索赔款项和工期延长。如果在分包合同中做出后两种安排，其所涉相关法律问题与上文提及的 Pay-when-Paid 和 Pay-if-Paid 相同或相似，在此不再赘述。关于分包商索赔总承包商的安排，可以参考学习 FIDIC 合同条件中的 Conditions of Subcontract for Construction (First Edition 2011) 第 20.1-20.3 款。

5. 分包合同的争议解决机制

与分包合同索赔机制相似，分包合同中的争议解决机制也相对比较复杂，其主要原因是分包合同条件中往往将争议发生的原因分为涉及业主行为导致的争议和非涉及业主行为导致的争议。对于前者，分包合同中一般给予总承包商一定的时间用来处理总承包商和业主之间的争议。同样，关于分包合同的争议解决机制，可以参考学习 FIDIC 合同条件中的 Conditions of Subcontract for Construction (First Edition 2011) 第 20.4-20.7 款。

6. 总承包商、分包商、业主或业主人员之间的沟通机制

如何在分包合同中设定各个主体之间的沟通机制是分包合同管理的重要内容。根据工程实践，一般分为以下四种：

(1) 分包合同中限制分包商与业主或业主人员就分包工程的商务或技术事宜直接沟通。大体做法为：在总承包商没有参与或授权的情况下，分包商不得直接与业主或业主人员直接沟通。即使分包商直接从业主或业主人员处收到相关指示，也应当转交总承包商，在得到总承包商的反馈后，才能按照总承包商的要求是否实施该指示。

(2) 分包合同明确约定禁止分包商直接与业主或业主人员就分包工程的商务或技术事宜直接沟通。总承包商做出这种安排主要因为：总承包商对分包商存在顾虑，抑或总承包商具有足够的人员和技术能力及时处理分包工程所涉及的技术或商务问题。

(3) 分包合同中将分包工程的商务或技术事宜分开。对于商务事宜禁止分包商与业主或业主人员直接沟通；而对于技术问题，则允许直接沟通。这种安排的难度在于，在工程领域，技术问题往往和商务问题密切相关，在实践中很难将商务问题和技术问题厘清。

(4) 总承包商允许分包商直接就分包工程相关事宜直接沟通。总承包商做出这类安排是出于对分包商的充分信任或存在其他管控行为，如集团公司为总承包商，分包商为其子公司。

7. 分包合同中应为总承包商留下时限余地

总承包合同中一般都会约定总承包商对于特定事项必须在特定期限内实施。如果错过这些时限，有的可能导致总承包商丧失特定权利，有的可能减损其特定权利，为此，总承包商在起草分包合同时需要识别这些时限要求，并给自己留下一定的时限余地。例如，总承包合同中明确约定,总承包商意识到或应当意识到索赔事件之日起特定期限内向业主提出索赔,否则丧失索赔权利。对此,为了确保在上述特定时限内完成索赔,总承包商起草分包合同时就应当将分包商向总承包商提出索赔的时限设定为短于总承包合同中的时限,这样才能确保总承包商有时间基于分包商的索赔资料准备自己的索赔资料。如 FIDIC 合同条件中的 Conditions of Subcontract for Construction(First Edition 2011)第 20.2 款将分包商向总承包商提出索赔的时限设定为其意识到或应当意识到索赔事件之日起 21 天内❶,因为该分包合同条件对应的 FIDIC Conditions of Contract for Construction 第 20.1 款约定总承包商提出索赔的时限为 28 天❷。

第二节　国际工程分包合同中的付款安排法律与合约

如何在分包合同中约定分包工程款的支付是总承包商和分包商在分包合同缔约阶段的重点考虑内容。如何安排分包款项的支付不仅决定着总承包商和分包商之间的现金流而且影响着双方之间的风险承担。

在总承包商和分包商之间,总承包商往往具有较强的谈判地位,因此,就分包工程款的支付,总承包商为了降低自己的付款风险,往往在分包合同中设置 Pay-when-Paid 和 Pay-if-Paid 付款机制。

下面从两个方面阐释 Pay-when-Paid 和 Pay-if-Paid 付款机制。

一、Pay-when-Paid 和 Pay-if-Paid 付款机制含义

在分包合同条件下,Pay-when-Paid 和 Pay-if-Paid 中"Pay"是指总承包商向分包商支付,而"Paid"是指总承包商已经被业主支付款项,因此,Pay-when-Paid 的大意是:当总承包商就分包工程收到业主支付的相应款项时才向分包商支付相应款项;Pay-if-Paid 的大意是:如果业主已经就分包工程向总承包商支付了相应款项,总承包商才向分包商支付相应分包工程款。另外,上述安排在有些地方也被称为 Contingent-Payment Provision。下

---

❶ FIDIC Conditions of Subcontract for Construction (First Edition 2011) Subclause 20.2 (a): the period of notice applicable to Subcontractor's claim shall be not later than 21 days after the Subcontractor became aware (or should have become aware) of the event or circumstance giving rise to the claim. If the Subcontractor fails to give notice of a claim within such period of 21 days, the Subcontract Time for Completion shall not be extended, the Subcontractor shall not be entitled to additional payment, and the Contractor shall be discharged from all liability in connection with the claim.

❷ FIDIC Conditions of Contract for Construction Subclause 20.1 (First Paragraph): If the Contractor considers himself to be entitled to any extension of the Time for Completion and/or any additional payment, under any Clause of these Conditions or otherwise in connection with the Contract, the Contractor shall give notice to the Engineer, describing the event or circumstance giving rise to the claim. The notice shall be given as soon as practicable, and not later than 28 days after the Contractor became aware, or should have become aware of the event or circumstances.

面为三个具体条款实例：

例一：Receipt of payment by the Contractor from the Owner for the Subcontract Work is a condition precedent to payment by the Contractor to the Subcontractor. The Subcontractor hereby acknowledges that it relies on the credit of the Owner, not the Contractor, for payment of Subcontract Work❶. -The ConsensusDocs Standard Agreement 655

例二：Progress payments to the Subcontractor for satisfactory performance of the Subcontract Work shall be made no later than seven (7) Days after receipt by the Contractor of payment from the Owner for the Subcontract Work. If payment from the Owner for such Subcontract Work is not received by the Contractor, through no fault of the Subcontractor, the Contractor will make payment to the Subcontractor within a reasonable time for the Subcontract Work satisfactorily performed.❷ -The Consensus Docs Standard Agreement 750

例三：Contractor shall have no obligation, legal, equitable or otherwise, to pay Subcontractor for Work performed by Subcontractor unless and until Contractor is paid by the Owner for the Work performed by Subcontractor. Furthermore, in the event Contractor is never paid by Owner for Subcontractor's Work, then Subcontractor shall forever be barred from making, and hereby waives, in perpetuity, any claim against Contractor therefor❸. -Wm. R. Clarke Corp. v. Safeco Insurance Company (15 Cal. 4th 882).

二、Pay-when-Paid 和 Pay-if-Paid 付款机制效力

在工程分包领域，分包合同中包含 Pay-when-Paid 和 Pay-if-Paid 付款机制的情况非常多，但其在法律上的有效性存在极大的不确定。目前，在工程法律领域，对该机制存在两种截然不同的观点，一种观点认为，根据缔约自由原则（Freedom of Contract），总承包商和分包商可以自由约定分包合同条款，包括分包付款机制，因此，Pay-when-Paid 和 Pay-if-Paid 付款机制具有法律约束力；而另一种观点则认为，总承包商将业主延迟支付、不予支付或无力支付工程款的风险转嫁给分包商，违反公平原则（Fairness）或构成不合理（Unconscionability），因此，Pay-when-Paid 和 Pay-if-Paid 付款机制不应具有法律约束力。以下列举几个法域对 Pay-when-Paid 和 Pay-if-Paid 付款机制的观点或实践做法。

---

❶ 参考译文：就分包工程总承包商从业主处收到款项是总承包商支付给分包商相应款项的前提条件。分包商于此认可分包工程款项的支付取决于业主的信用，而非总承包商。

❷ 参考译文：分包商按要求履行分包工程后应获得相应款项的支付应当不晚于总承包商就此分包工程从业主处收到款项后的7天。如果总承包商未能就此分包工程从给业主处收到款项，尽管非分包商的错误，总承包商将在一个合理的期间内向分包商支付其已经履行的符合要求的分包工程的款项。

❸ 参考译文：总承包商没有法律、公平或者其他的义务向分包商支付分其已经履行的分包工程，除非和直到总承包商就此分包工程从业主处收到了款项。此外，在总承包商未能就此分包工程从业主处获得款项的情况下，分包商永不能向总承包商提出任何索赔且放弃索赔。

(一) 中国大陆

在中国大陆，总承包商通常在分包合同中设置 Pay-when-Paid 和 Pay-if-Paid 付款机制，以期将业主延迟、不予支付或无力支付工程款的风险转嫁给分包商。该机制在中国法下的有效性尚未定论，在工程实践和司法实践中存在很大的不确定性。

目前，中国大陆出台的建设工程分包示范文本中基本倾向于不认可或不提倡采用 Pay-when-Paid 和 Pay-if-Paid 付款机制，如：中国大陆的《建设工程施工专业分包合同（示范文本）（GF—2003—0213）》第 19.5 款明确约定："分包合同价款与总包合同相应部分价款无任何连带关系。"；中华人民共和国住房和城乡建设部 2014 年 6 月发布的《建设工程施工专业分包合同（示范文本）》（征求意见稿）没有包含 Pay-when-Paid 和 Pay-if-Paid 付款机制，回避了该问题❶。

对于该机制，司法实践中倾向于认可其有效性，但附加一定的条件，如：北京市高级人民法院 2012 年 8 月 6 日发布的《关于审理建设工程施工合同纠纷案件若干疑难问题的解答（京高法发［2012］245 号）》第 22 项❷。根据该解答，分包合同中设置的 Pay-when-Paid 和 Pay-if-Paid 付款机制应当有效，但对总承包商提出了例外和限制性条件，即总承包商不得拖延其与发包人或业主之间的结算或怠于行使其到期债权以及总承包商就工程款结算和支付情况承担举证责任。此外，河南省三门峡市中级人民法院在陕西建工安装集团有限公司与赵宇鹏建设工程施工合同纠纷一案（（2014）三民终字第 199 号）二审民事判决书中认定："陕西建工集团设备安装有限公司与赵宇鹏在分包合同中"执行业主验收计价程序及规定、陕西建工安装集团有限公司在业主批准的计价款到达账户 5 日内及时支付给赵宇鹏"的约定，是在目前建筑市场处于绝对买方市场，业主为大，业主拖欠工程价款现象日趋普遍的建筑市场环境下，总包商为转移业主支付不能的风险，而在分包合同中设置"以业主支付为前提"的条款，通常称为"背靠背"条款（Pay-When-Paid），该条款有其一定的合理性和合法性，故该约定有效。但总包商应当举证证明不存在因自身原因造成业主付款条件未成就的情形，并举证证明自身已积极向业主主张权利，业主仍尚未就分包工程付款。若因总包人拖延结算或怠于行使其到期债权致使分包人不能及时取得工程款，分包人要求总包人支付欠付工程款的，应予支持。"以此类似，在江西省南昌经济技术开发区人民法院在江西冠能科技发展有限公司与南昌市第一建筑工程公司、南昌市昌北开放开

---

❶ 《建设工程施工专业分包合同（示范文本）》（征求意见稿）第 14.3.3 进度款审核和支付：

（1）除专用合同条款另有约定外，承包人应在收到分包人进度付款申请单后 21 天内完成审核并签发进度款支付证书。承包人逾期未完成审批且未提出异议的，视为已签发进度款支付证书。

承包人对分包人的进度付款申请单有异议的，有权要求分包人修正和提供补充资料，分包人应提交修正后的进度付款申请单。承包人应在收到分包人修正后的进度付款申请单及相关资料后 21 天内完成审核，向分包人签发无异议部分的临时进度款支付证书。存在争议的部分，按照第 25 条【争议解决】的约定处理。

（2）除专用合同条款另有约定外，承包人应在进度款支付证书或临时进度款支付证书签发后 7 天内完成支付，承包人逾期支付进度款的，应按照中国人民银行发布的同期同类贷款基准利率支付违约金。

❷ 分包合同中约定待总包人与发包人进行结算且发包人支付工程款后，总包人再向分包人支付工程款的，该约定有效。因总包人拖延结算或怠于行使其到期债权致使分包人不能及时取得工程款，分包人要求总包人支付欠付工程款的，应予支持。总包人对于其与发包人之间的结算情况以及发包人支付工程款的事实负有举证责任。

发区开发建设总公司建设工程分包合同纠纷案（（2016）赣0192民初492号）一审民事判决书中认定："原告与被告南昌一建公司关于支付工程款前提的约定，即被告南昌一建公司收到被告昌北建设公司实际工程款是向原告支付工程款的前提，该约定是总包商为转移业主支付不能的风险，而在分包合同中设置"以业主支付为前提"的条款，通常称为"背靠背"条款（Pay-When-Paid），该条款有其一定的合理性和合法性，故该约定有效。但总包商应当举证证明不存在因自身原因造成业主付款条件未成就的情形，并举证证明自身已积极向业主主张权利，业主仍尚未就分包工程付款。若因总包人拖延结算或怠于行使其到期债权致使分包人不能及时取得工程款，分包人要求总包人支付欠付工程款的，应予支持。"

（二）美国

美国各州法院对Pay-when-Paid和Pay-if-Paid付款机制的态度不一，大体可以分为以下三类：

第一类：区分该机制中的业主付款措辞构成"前提条件（Conditions Precedent）"。该类以美国阿拉巴马州（Alabama）和佐治亚州（Georgia）为代表。美国阿拉巴马州（Alabama）对Pay-when-Paid和Pay-if-Paid付款机制的司法态度体现在两个案子中：一个是阿拉巴马州最高法院审理的Federal Insurance Co. v. I. Kruger案。在该案中，法院判决认为，该案中分包合同约定的付款机制，即"payment shall be made within thirty (30) days after the last of the following tooccur…final payment by Owner to Purchaser on account of the products, including retainage…"属于付款的"时间安排（timing mechanism）"，不属于"前提条件（Conditions Precedent）"，总承包商不得以业主未付款为由拒绝支付分包商款项；另一个案子是阿拉巴马州最高法院审理的Lemoine Co. of Alabama, LLC v. HLH Constructors, Inc.案。在该案中，法院判决认为，该案中分包合同约定的付款机制，即"the obligation to make any payment [to subcontractor] …is subject to the express and absolute condition precedent of payment by [owner] …It is expressly agreed that [contractor] …shall have no obligation to pay…until [contractor] has received payment"明确约定总承包商的付款以收到业主付款为前提条件，且判决认为"分包商明确接受了业主不予付款的风险"，总承包商在未收到业主付款的情况下，可以不予支付分包款项。与美国阿拉巴马州相似，美国佐治亚州对于构成前提条件的Pay-when-Paid或Pay-if-Paid付款机制也予以认可，如在Peacock Construction Co. v. A. M. West, St., Paul Fire & Marine Insurance Co. v. Georgia Interstate Electric Co., D. I. Corbett Electric v. Venture Construction Co., 和Associated Mechanical Corp. v. Martin K. Eby Construction Co. 中，法院判定分包合同中的措辞"Final payment shall be made within 30 days after the completion of the work included in this sub-contract…and full payment therefor by the Owner…"清楚明了，构成总承包商向分包商付款的前提条件，在满足前提条件之前，总承包商无须支付分包商款项。

第二类：认为Pay-when-Paid和Pay-if-Paid付款机制构成不合理（Unconscionability），尽力避免将其认定为"前提条件（Conditions Precedent）"。该做法以美国佛罗里达州（Florida）为代表，例如：佛罗里达州最高法院在Peacock Construction Co. v. Modern Air

Conditioning, Inc. 案中，认定涉案分包合同中的措辞"within 30 days after the completion of the work included in this sub-contract, written acceptance by the Architect and full payment therefor by the owner was an absolute promise to pay and not a condition precedent."构成总承包商的绝对付款承诺（an absolute promise to pay）而不是前提条件（not a condition precedent）。同样，在 DEC Elec., Inc. v. Raphael Construction Corp., 案和 WMS Construction, Inc. v. Palm Springs Mile Associates, Ltd. 案中，佛罗里达州最高法院认定涉案分包合同中的措辞"No funds will be owed to the subcontractor unless the General Contractor is paid by the owner…The subcontractor fully understands that in event of non payment…the subcontractor has legal recourse against the owner through the Mechanics Lien Laws…"属于模棱两可的前提条件条款（unambiguous condition precedent to payment；在 OBS Co., Inc. v. Pace Construction Co. 案中，尽管分包合同中的付款机制措辞❶构成前提条件，但佛罗里达州最高法院还是通过索引总承包合同的相关约定判定该措辞不构成前提条件。总体来说，像美国其他很多州的法院一样，美国佛罗里达州的法院倾向于将分包合同中将业主支付款项作为总承包商支付的前提条件认定为不合理（Unconscionability），因此，不予支持。

第三类：通过立法明确否定 Pay-when-Paid 和 Pay-if-Paid 付款机制的有效性。该做法以北卡罗来纳州（North Carolina）和南卡罗来纳州（South Carolina）为代表。北卡罗来纳州 N. C. Gen. Stat. sec. 22C-2 明确规定：

*Performance by a subcontractor in accordance with the provisions of its contract shall entitle it to payment from the party with whom it contracts. Payment by the owner to a contractor is not a condition precedent for payment to a subcontractor and payment by a contractor to a subcontractor is not a condition precedent for payment to any other subcontractor, and an agreement to the contrary is unenforceable*❷。

南卡罗来纳州 S. C Code Ann. Sec. 29-6-230 明确规定：

*Notwithstanding any other provision of law, performance by a construction subcontractor in accordance with the provisions of its contract entitles the subcontractor to payment from the party with whom it contracts. The payment by the owner to the contractor or the payment by the contractor to another subcontractor or supplier is not, in either case, a condition precedent for payment to the construction subcontractor. Any agreement to the contrary is unenforceable*❸。

第四类：以违反公共政策（Public Policy）为由否定 Pay-if-Paid 付款机制的有效性。

---

❶ Final payment shall not become due unless and until the following conditions precedent have been satisfied…(c) receipt of Final Payment for Subcontractor's work by Contractor from Owner

❷ 参考译文：分包商有权就其根据合同条款履行的义务从合同的对方当事人处获得工程款项。业主对总承包商的支付不作为总承包商向分包商支付的前提条件，同时，总承包商对某一分包商的支付不作为向其他分包商支付的前提条件。违反此规定的合同约定不具强制执行力。

❸ 参考译文：尽管法律有其他的规定，但工程分包商有权就其根据合同约定履行的义务从合同的对方当事人处获得工程款。业主对总承包商的支付或者总承包商对其他分包商或供应商的支付，无论任何情况，都不作为向工程分包商付款的前提条件。任何违反此规定的合同约定不具强制执行力。

该做法以美国加利福尼亚州（California）为代表。在 Wm. R. Clarke Corp. v. Safeco Insurance Company (15 Cal. 4th 882) 案中，Safeco Insurance Company 认为以下措辞构成 Pay-if-Paid 付款机制，在业主不予支付工程款项的情况下，分包商无权要求支付款项：

Contractor shall have no obligation, legal, equitable or otherwise, to pay Subcontractor for Work performed by Subcontractor unless and until Contractor is paid by the Owner for the Work performed by Subcontractor. Furthermore, in the event Contractor is never paid by Owner for Subcontractor's Work, then Subcontractor shall forever be barred from making, and hereby waives, in perpetuity, any claim against Contractor therefor."。

加利福尼亚州初级法院和上诉法院不同意 Safeco Insurance Company 的主张，做出了有利于分包商的盘踞，最后，该案被上诉到加利福尼亚州最高法院。该院维持了初级法院和上诉法院的判决，但其维持理由基于公共政策（Public Policy）：

We conclude that pay if paid provisions like the one at issue here are contrary to the public policy of this state and therefore unenforceable because they effect an impermissible indirect waiver or forfeiture of the subcontractors' constitutionally protected mechanic's lien rights in the event of non-payment by the owner. ❶

（三）英国

英国法不区分 Pay-when-Paid 付款机制和 Pay-if-Paid 付款机制，其基本原则是：除非第三方存在破产（insolvent❷），合同中将缔约一方向另一方的付款义务设置为收到第三方付款前提条件的约定无效，具体见英国 1996 年通过的《住房许可、建设和重建法令》（Housing Grants, Construction and Regeneration Act）第 113 条：

【113. Prohibition of conditional payment provisions】（1）A provision making payment under a construction contract conditional on the payer receiving payment from a third person is ineffective, unless that third person, or any other person payment by whom is under the contract (directly or indirectly) a condition of payment by that third person, is insolvent❸.

上述法令并没有禁止一方将其他条件设置为给另一方付款的前提条件，例如分包合同中设置 Pay-when-Certified 条款，即：总承包商在收到工程师的付款证书后才向分包商付款。英国在 2011 年对上述法令做了修改，基本禁止了此类 Pay-when-Certified 的付款前提

---

❶ 参考译文：我们认为 pay-if-paid 条款在此是属于违反公共政策的问题，因此无效。因为他们间接导致了，不被允许的，在业主未支付情况下，分包商被宪法所保护的技工留置权的放弃或丧失。

❷ For the purposes of this section a company becomes insolvent—
(a) on the making of an administration order against it under Part Ⅱ of the Insolvency Act 1986,
(b) on the appointment of an administrative receiver or a receiver or manager of its property under Chapter Ⅰ of Part Ⅲ of that Act, or the appointment of a receiver under Chapter Ⅱ of that Part,
(c) on the passing of a resolution for voluntary winding-up without a declaration of solvency under section 89 of that Act, or (d) on the making of a winding-up order under Part Ⅳ or Ⅴ of that Act..

❸ 参考译文：[113. 有条件支付条款的禁用]（1）在工程合同中约定的支付条件是付款人从第三人处收到款项的条款是无效的，除非第三人或者是合同中规定的第三人的付款方（直接或间接）宣告破产。

机制。❶

(四) 国际咨询工程师联合会 (FIDIC)

FIDIC2011年第1版施工合同分包合同条件第14.6款约定了总承包商在特定条件下可以暂扣或延后支付分包商款项的机制，具体如下：

Provided that, subject to obligation to pay pursuant to the last paragraph of Sub-Clause 14.8 [Final Subcontract Payment], the Contractor shall be entitled to withhold or defer payment of any sums in a Subcontractor's monthly statement to the extent that he notifies the Subcontractor within 70 days of his receipt of that monthly statement with the reasons that：

"……．

(b) the amounts included in the Subcontractor's monthly statement are not certified by the Engineer and only to the extent that the sum is not certified, provided that the Contractor has complied with Sub-Clause 14.5 [Contractor's Application for Interim Payment Certificate] in respect of the Subcontractor's monthly statement and provided that such failure to certify is not due to any act or default of the Contractor under the Main Contract;

*(c) the amounts included in the Subcontractor's monthly statement have been certified by the Engineer but the Employer has failed to make payment in full to the Contractor in respect of these amounts and only to the extent of such non-payment;*❷"

从该条款内容可以看出，该分包合同条件仅仅设置了总承包商在特定条件下暂扣或延后支付分包工程款的机制，且总承包商暂扣或延后支付分包工程款的前提是工程师不予计量的行为非总承包商造成或业主不予支付的款项仅仅是分包商工程对应的款项。

---

❶ 但缔约方在工程合同中明确约定由第三方实施工程，且一方向另一方支付款项的前提条件为第三方实施工程的情形例外。

❷ 参考译文：根据付款义务依照第14.8款【分包合同最终支付】的最后一段的规定，总承包商在收到月报的70天内告知分包商以下原因，则有权利暂扣或者延后支付分包商月报中任何款项：

(b) 包含在分包商月报中的未被工程师证实的款额，且这些款额的总额也未被证实，总承包商，就分包商月报，可根据14.5条【总承包商期中支付证书的申请】的规定，且未通过证实的原因并不是总承包商在主合同下的任何行为或者过失导致的。

(c) 包含在分包商月报中的款额已通过工程师证实，但业主就其款额并未全部支付。

第十章

国际工程承包合同示范文本简析

合同示范文本一般是基于行业的特点或惯例性做法并结合所涉及法律而制定，因此，合同示范文本基本或很大程度上会反映相应行业的游戏规则。随着国际工程的不断发展，国际工程承包领域也逐渐形成了在全球范围内较为流行的一些国际工程承包合同示范文本。

国际工程承包合同示范文本产生于国际工程项目的具体实践，一旦产生，则有力地推动了国际工程行业的发展。国际工程承包示范文本为国际工程行业的从业人员缔结、履行具体国际工程项目的承包合同提供了基础或参考，有利于具体国际工程项目的实施；国际工程承包示范文本为国际工程行业从业人员提供了对话交流的工具，有利于完善国际工程承包的游戏规则，从而推动国际工程行业的有序发展。

由于国际工程所涉具体领域众多，各具体领域均有其各自特点，国际工程承包合同的示范文本呈现出多样性：不同国家或地区根据自身情况制定了符合本国或本地区实际的合同示范文本，不同工程领域的协会或组织制作了反映本领域特点的合同示范文本等。因此，针对具体国际工程项目，缔约方在选择国际工程示范文本时，应当首先选择适合本项目特点或情形的示范文本，并在此基础上起草满足各方关注点的具体合同。

第一节 国际工程承包合同示范文本概述

随着经济发展的全球化，国际工程领域的全球化合作越来越频繁、项目规模也越来越大。国际工程界需要就国际工程的发包与承包方面制定符合国际工程特点的合同文本，从而适应国际工程领域的全球化发展，促进国际工程参与主体之间在契约方面的沟通，于是，一些国际工程组织开始制作此类文本，从而出现了一些较为常用的国际工程承包合同示范文本，如 FIDIC 合同条件、NEC 合同条件、AIA 合同条件、ICC 合同条件、ENAA、IChemE 合同条件等等。这些合同文本或被适用于特定法域，或被适用于特定类型的项目，或被适用于特定的机构等等。本节主要就国际工程承包合同示范文本的作用和使用国际工程合同示范文本时的主要注意事项做简要归纳和总结。

一、国际工程承包合同示范文本的作用

如上文所述，国际工程承包合同示范文本的出现是国际工程领域全球化发展的结果，对国际工程的进一步发展起到了积极、有效的重大推动作用。笔者结合自身在国际工程领域的经验，认为国际工程承包合同示范文本至少具有以下重要意义：

（1）国际工程承包合同示范文本是对国际工程在法律与合约方面共性的归纳。

特定领域的示范类合同文本都是在对该特定领域的特点、规则的归纳和总结基础上形成，国际工程承包合同示范文本亦不例外。本章所例举简析的国际工程承包示范文本来看，这些示范文本都是在分析、归纳和总结了本行业的共性基础上，结合国际工程的特点而形成。

（2）国际工程承包合同示范文本为国际工程参与主体和各类人员提供了沟通和交流的契约类"共同语言"。

顺畅、高效的沟通交流一般是建立在沟通参与方之间存在"共同语言"。在复杂的国际工程领域，国际工程参与主体要想顺利推进工程项目的合作，自然需要具备一套各方均可以沟通交流的"共同语言"。笔者认为，国际工程参与方之间的共同语言主要包括三类：一是技术方面的共同语言，这主要体现为技术标准和规范方面；二是管理方面的共同语言，这主要体现为项目管理风格和方式；三是合同契约方面的共同语言，这体现在国际工程承包合同契约规则方面。

（3）国际工程承包合同示范文本推动了国际工程的进一步国际化和全球化。

国际工程合同示范文本因全球化而产生，但其一旦产生，则将国际工程领域的合作向更广和更深的方向发展。例如：全球范围内较为通行的一些示范文本逐渐被一些重要的国际组织所采纳，这无疑有利于国际工程的进一步国际和全球化。

（4）国际工程承包合同示范文本为国际组织、各国或地区制定自己的合同示范文本提供了重要的参考依据。

对于此类参考，存在很多实例，如世界银行、亚洲开发银行、阿拉伯开发银行、非洲

开发银行等国际组织将 FIDIC 合同文本作为其提供融资的工程项目的合同文本；我国在编制工程类示范文本时，也大量借鉴了 FIDIC 合同文本的内容，法语区的很多国家则借鉴了法国制定的工程类合同文本等等。

（5）国际工程承包合同示范文本对于各法域的工程类立法可以起到重要的促进作用。

国际工程领域的示范文本一般都是在总结和归纳了工程领域的良好惯例性做法或实践做法的基础上形成，反映了工程领域的特点，对工程行业的发展具有很强的前瞻性引导或指导作用，因此，各法域，尤其具有较高开放程度的法域在制定工程类法律或法规时一般均会考虑或借鉴在国际上接受程度比较高的国际工程示范类文本。

二、使用国际工程合同示范文本时的主要注意事项

尽管在国际工程领域，目前已经存在数个可以作为示范的国际工程合同文本，但由于工程项目类型众多、受地域或法域影响很大等现实因素，国际工程领域并不存在完全通行的示范文本，因此，国际工程参与主体在使用国际工程合同示范文本时需要根据具体项目的实际情况作出相应的调整，笔者认为其需要注意的宏观主要事项如下：

（1）国际工程合同示范文本的相关条款或安排需要遵守项目所在国就具体项目的适用法律。

工程项目的地域性、公众安全或公共利益等特征决定了工程项目往往受制于项目所在国或地区的法律。因此，国际工程参与方在使用国际工程合同示范文本时应当知悉项目所在国或地区适用于该项目的法律，尤其是强制性法律，并在遵守这些法律的基础上调整国际工程合同示范为本的相应内容，以确保合同本身或合同特定条款的有效性。

（2）国际工程合同示范文本的相关条款或安排需要符合国际工程参与主体就本项目契约所适用的管辖法律。

为了确保各方对合同管辖法律信息的对称、契约的公平和法律上所期待的确定性，国际工程参与主体有时选择非项目所在国的法律作为契约所适用的管辖法律，这就要求国际工程参与主体在使用国际工程合同示范文本时应当考虑该契约的管辖法律，并根据管辖法律的相关规定调整国际工程合同示范为本的相应内容，以确保合同本身或合同特定条款的有效性。

（3）国际工程参与主体需要根据项目的所属行业、发承包模式选择适合的国际工程合同示范文本。

常言道"行有行规"，国际工程项目存在众多类型，分属不用的行业领域，因此，国际工程参与主体在选择合同文本时首先应当选择适合本项目的示范类文本，如 ENAA 合同文本比较适合于电站类工程项目、IChemE 合同文本适合于化工类工程项目、IMCA 合同范本适合于海上工程等等。此外，国际工程参与主体在选择合同示范文本时需要选择与其所预想的发承包模式相契合，如采用设计（Engineering）、采购（Procurement）和施工（Construction）交钥匙（Turnkey）发包模式的，业主与承包商可以考虑 FIDIC 银皮书，如采用设计＋建造（Design＋Build）发包模式的，业主和承包商可以考虑 FIDIC 黄皮书等。

（4）国际工程参与主体需要基于管理理念不同选择合适的国际工程合同示范文本。

工程合同文本中所体现的管理方式是对工程管理理念的反映，因此，国际工程参与主体需要根据对该项目拟采取的管理理念考虑使用哪类合同示范文本，例如：FIDIC 的合同文本重点关注各方责任和风险安排，而 NEC 合同文本和 The Association of Consultant Architects 和 Association of Consultancy and Engineering 发布的示范文本 PPC Alliance Contracts 则重点关注各方在工程项目中的伙伴合作关系。

（5）因起草者所代表的利益相关方或群体或理念不同，国际工程合同示范文本存在保护特定一方利益的倾向性。

国际工程合同示范文本起草的组织者一般是特定的国际组织，这种组织一般是由特定行业具有共同利益的主体或专业人士组成，虽然该组织为了扩大自己所制定示范文本的适用，会尽量合同文本所涉主体之间的权利、义务和责任保持平衡，但也难免在编写该文本时或多或少倾向于保护自己的利益，如 FIDIC 白皮书❶则在很大程度上保护咨询工程师的利益。因此，国际工程参与主体在使用特定示范文本时，应当识别出倾向于保护另一方的相关条款，并根据项目实际情况进行相应的调整。

综上，国际工程合同示范文本应工程国际化和全球化要求而产生，对国际工程的进一步向国际化和全球化发展起到了积极、有效的重大推动作用。在使用国际工程合同示范文本时，国际工程参与主体应当综合考虑项目的实际情况选择适合具体项目的文本并根据包括本节所述注意事项在内的各种事项做相应的调整和补充。

第二节　常见国际工程承包合同文本

国际工程领域存在的合同文本很多，从制定主体和适用范围来看，可以分为两类：一类是由各国政府或各国行业组织根据本国法律和实际情况制订的合同文本，该类文本的适用范围一般用于特定国家或地区的工程项目；一类是由国际组织制定或推广的合同文本，该类文本旨在适用于世界范围内的工程项目，不限于特定国家或地区，如 FIDIC 合同文本、NEC 合同文本和 IChemE 合同文本等等。本节收集和归纳了常见的国际工程承包合同文本。

一、FIDIC 合同文本简析

相比较于其他合同文本，FIDIC 合同文本是目前国际工程领域较为流行的示范文本，尤其在中国的国际工程承包界最受欢迎。

（一）FIDIC 合同文本产生背景

FIDIC 是国际咨询工程师联合会（Fédération Internationale Des Ingénieurs-Conseils）法

---

❶ FIDIC Client/Consultant Model Service Agreement.

文名称的首字母缩写，英文名称是 International Federation of Consulting Engineers. FIDIC 于 1913 年成立，总部设在日内瓦。

FIDIC 于 1957 年制定并发布了其第一个合同文本，即土木工程合同条件（Conditions of Contract for Works of Civil Engineering Construction-Red Book【1st Edition 1957】），该合同文本基于英国土木工程师协会（Institution of Civil Engineers）的合同文本。

（二）FIDIC 合同文本体系

截至目前，FIDIC 已经出版了多个示范性合同文本，具体如下：

1. 施工类合同文本

FIDIC 的施工合同文本因其封面主色调是红色，业界称其为"FIDIC 红皮书"，其版本如下：

（1）1957 年第 1 版土木工程合同条件（Conditions of Contract for Works of Civil Engineering Construction-Red Book【1st Edition 1957】）；

（2）1969 年第 2 版土木工程合同条件（Conditions of Contract for Works of Civil Engineering Construction-Red Book【1st Edition 1969】）；

（3）1977 年第 3 版土木工程合同条件（Conditions of Contract for Works of Civil Engineering Construction-Red Book【3rd Edition 1977】）；

（4）1987 年第 4 版土木工程合同条件（Conditions of Contract for Works of Civil Engineering Construction-Red Book【4th Edition 1987】），第 4 版土木工程合同条件后来出现了两个版本，即 1988 年第四版修改版（4th Edition 1988 with editorial amendments）和 1992 年第四版修改版（Red Book 4th Edition 1992 with editorial amendments）；

（5）1994 年第 1 版土木工程分包合同条件（Conditions of Subcontract for Works of Civil Engineering Construction【1st Edition 1994】）。该分包合同条件对应的总包合同为 1987 年第 4 版土木工程合同条件 1992 年第四版修改版。

（6）1999 年第 1 版施工合同条件（Conditions of Contract for Construction【1th Edition 1999】）

（7）FIDIC 多边银行版施工合同条件（Conditions of Contract for Construction for Building and Engineering Works Designed by the Employer（MDB Harmonized Edition）- for bank financed projects。多边银行版适用于包括世界银行、亚洲开发银行、非洲开发银行等多边银行提供贷款或融资的项目的施工工作，目前，FIDIC 多边银行版施工合同条件存在三个版本，分别是：2005 版、2006 版和 2010 版。

（8）2011 版施工分包合同条件（Conditions of Subcontract for Construction【1st Edition 2011】）。该分包合同条件是对应的总包合同为 1999 年第 1 版施工合同条件。

（9）2017 版施工合同条件（（Conditions of Contract for Construction【2017 Edition】）

2. 机电工程安装类合同文本

FIDIC 的机电安装类合同文本因其封面主色调是黄色，业界称其为"FIDIC 黄皮书"，其版本如下：

（1）1963 年第 1 版机电工程合同条件（Conditions of Contract for Electrical and Mechanical Works Including Erection on Site-Yellow Book【1st Edition 1963】）；

(2) 1980 年第 2 版机电工程合同条件（Conditions of Contract for Electrical and Mechanical Works Including Erection on Site-Yellow Book【2nd Edition 1980】）

(3) 1987 年第 3 版机电工程合同条件（Conditions of Contract for Electrical and Mechanical Works Including Erection on Site-Yellow Book【3rd Edition 1987】）；

(4) 1999 年第 1 版生产设备和设计-施工合同条件（Conditions of Contract for Plant and Design-Build【1st Edition 1999】）；

(5) 2017 版生产设备和设计-施工合同条件（Conditions of Contract for Plant & Design Build【2017 Edition】）。

3. 设计、采购和施工交钥匙合同文本

迄今为止，FIDIC 分两个阶段，发布了四版设计、采购和施工合同文本，具体如下：

第一段发布了两个版本，业界称之为"FIDIC 桔皮书"，即：1994 年测试版设计、建造和交钥匙合同条件（Conditions of Contract for Design-Build and Turnkey【Test Edition 1994】）；1995 版设计、建造和交钥匙合同条件（Conditions of Contract for Design-Build and Turnkey【1995 Edition】）。

第二阶段发布了两个版本，业界称之为"FIDIC 银皮书"，即：1999 年第 1 版设计、采购和施工/交钥匙合同条件（Conditions of Contract for EPC/Turnkey Projects【1999 Edition】）；2017 版设计、采购和施工/交钥匙合同条件（Conditions of Contract for EPC/Turnkey Projects【2017 Edition】）。

4. 工程咨询类合同文本

FIDIC 的工程咨询类合同在业界被称为"FIDIC 白皮书"，即：

1990 版第一版业主和咨询工程师协议范本（Model form of agreement between Employer/Client and Consultant【1990 Edition】）；

1991 版第二版业主和咨询工程师协议范本（Model form of agreement between Employer/Client and Consultant【1991 Edition，2nd Edition】）；

1998 版第三版业主和咨询工程师协议范本（Model form of agreement between Employer/Client and Consultant【1998 Edition，3rd Edition】）；

2006 版第四版业主和咨询工程师协议范本（Model form of agreement between Employer/Client and Consultant【2006 Edition，4th Edition】）；

2017 版第五版业主/咨询工程师服务协议范本（Model form of agreement between Employer/Client and Consultant【2017Edition，5th Editions】）

5. 设计、建造和运营（Design、Build and Operate）合同文本

FIDIC 在 2007 年推出了设计、建造和运营（DBO）合同文本，因该文本封面主颜色为金色，俗称"FIDIC 金皮书"，目前存在两根版本，即：设计、建造和运营项目合同条件（2007 版）（Conditions of Contract for Design，Build and Operate Projects【2007 Edition】）和设计、建造和运营项目合同条件（2008 版）（Conditions of Contract for Design，Build and Operate Projects【2008 Edition】）

6. FIDIC 其他合同条件

除了上述合同条件之外，FIDIC 还编制和发布了以下合同条件：

(1) 疏浚吹填工程合同条件（Contract for Dredging and Reclamation Works）。

(2) 运营、维护和培训合同条件（Conditions of Contract for Operations, Maintenance and Training）。

(3) 联合体或合资协议（Joint Venture (Consortium) Agreement）。

(4) 1999 年简明版合同条件（Conditions of Short Form Contract【1999】）。

二、NEC 合同文本简析

（一）ICE 以及 ICE 合同产生的背景

ICE 是英国土木工程师协会的缩写（Institution of Civil Engineer，ICE），于 1818 年创建，是英国土木工程师的资质评定组织和专业的机构。ICE 合同文本最早于 1945 年发行，应用最广泛的是 1991 年发布的第六版。ICE 合同文本包括合同条件索引，招/投标书格式及附件，协议书格式和保证书格式，共计 71 条 109 款，此外 ICE 合同条件的最后也附有投标书格式、协议书格式、履约保证等文件。ICE 合同文本主要用于英国、英联邦以及一些历史上和英国关系比较密切的国家，适用于道路、桥梁、水利工程和一些大型的土木工程构筑物的项目❶。

但是根据 ICE 的官方说法，ICE 的合同条件将不再出版，由 NEC 合同代替，ICE 也推荐客户们使用 NEC 合同文本。鉴于 ICE 合同曾被广泛的适用，且 FIDIC 合同文本最初也在 ICE 合同文本基础上编制，另外，NEC 合同文本也是由 ICE 编制的，因此在此对 ICE 合同文本做出简单的介绍。

（二）NEC 合同的产生

NEC（New Engineering Contract）合同最初由 ICE 于 1993 年颁布第一版，截至目前，分别在 1995 年、2003 年和 2017 年进行了更新，并颁布了新的版本。第一版的 NEC 合同名为"New Engineer Contract"；1995 年，NEC 第二版名称为 NEC 工程和施工合同（"NEC Engineering and Construction Contract"），并增加了一些文本到 NEC 的合同体系中，其中包括专业服务和调解员合同。经过十年的实践之后，目前应用较为广泛的 NEC3 于 2005 年颁布。2017 年，NEC4 合同颁布，第四版 NEC 合同文本，在 NEC3 的基础上增加了两个合同文本，分别是设计-建造-运营合同（Design Build Operate Contract）和联盟契约（Alliance Contract）。

（三）NEC 合同体系

NEC 的合同体系包括：

1. NEC 工程合同

(1) NEC 新工程合同（New Engineering Contract）【1993】

(2) NEC2 施工类合同文本【1995】

NEC2 工程和施工合同（Engineering and Construction Contract，"ECC"）；

NEC2 工程和施工短合同（Engineering and Construction Short Contract，"ECSC"）；

---

❶ http://www.docin.com/p-138904340.html

NEC2 工程和施工分包合同（Engineering and Construction Subcontract，"ECS"）；NEC2 工程和施工分包短合同（"Engineering and Construction Short Subcontract"，ECSS）。

（3）NEC3 施工类合同文本【2005】

NEC3 工程和施工合同（ECC）；此合同文本项下包含 6 种计价方式的范文：

- NEC3 ECC 选项 A：报价合同含工程活动表（Priced contract with activity schedule）
- NEC3 ECC 选项 B：报价合同含工程量清单（Priced contract with bill of quantities）
- NEC3 ECC 选项 C：目标合同含工程活动表（Target contract with activity schedule）
- NEC3 ECC 选项 D：目标合同含工程量清单（Target contract with bill of quantities）
- NEC3 ECC 选项 E：成本补偿合同（Cost reimbursable contract）
- NEC3 ECC 选项 F：管理合同（Management contract）

NEC3 工程和施工短合同（ECSC）；

NEC3 工程和施工分包合同（ECS）；

NEC3 工程和施工分包短合同（ECSS）。

（4）NEC4 施工类合同文本【2017】

NEC4 工程和施工合同（ECC）；同 NEC3 ECC 合同一样，NEC4 ECC 也包括上述 6 种计价方式的合同，此处不再赘述。

NEC4 工程和施工短合同（ECSC）；

NEC4 工程和施工分包合同（ECS）；

NEC4 工程和施工分包短合同（ECSS）。

2. NEC 服务合同

（1）NEC2 服务合同【1995】

NEC2 专业服务合同（Professional Services Contract，"PSC"）；

NEC2 专业服务短合同（Professional Service Short Contract "PSSC"）。

（2）NEC3 服务合同【2005】

NEC3 服务合同（Term Service Contract，"TSC"）；

NEC3 服务短合同（Term Service Short Contract "TSSC"）；

NEC3 专业服务合同（PSC）；

NEC3 专业服务短合同（PSSC）。

（3）NEC4 服务合同【2017】

NEC4 服务合同（TSC）；

NEC4 服务短合同（TSSC）；

NEC4 专业服务合同（PSC）；

NEC4 专业服务短合同（PSSC）。

3. NEC 供应合同

（1）NEC3 供应合同【2005】

NEC3 供应合同（Supply Contract，"SC"）；

NEC3 供应合同短合同（Supply Short Contract，"SSC"）。

（2）NEC4 供应合同【2017】

NEC4 供应合同（SC）；

NEC4 供应合同短合同（SSC）。

4. 其他 NEC 格式范本

（1）NEC2 其他合同范本【1995】

NEC2 裁决人合同（Adjudicator's Contract）

（2）NEC3 其他合同范本【2005】

NEC3 框架合同（Framework Contract）；

NEC3 争议解决服务合同（Dispute Resolution Service Contract "DRSC"）；

（3）NEC4 其他合同范本【2017】

NEC4 框架合同（Framework Contract）；

NEC4 争议解决服务合同（DRSC）；

NEC4 设计-建造-运营合同（Design Build Operate Contract）（新增）；

NEC4 联合契约（Alliance Contract）（新增）。

三、JCT 合同文本简析

（一）JCT 合同的产生及背景

JCT（Joint Contracts Tribunal，翻译为："英国合同审定联合会"）1931 年在英国由 RIBA（Royal Institute of British Architects，翻译为："英国皇家建筑师协会"）成立，并于 1998 年成为一家在英国注册的有限公司。JCT 由 7 个成员组成，包括：BPF（British Property Federation，"英国资产联合会"），CLGL（"Contractors Legal Grp Limited"），LGA（Local Government Association，"地方政府协会"），RIBA，RICS（Royal Institution of Chartered Surveyors，"英国皇家注册测量师学会"），NSCC（"National Specialist Contractors Council Limited"，国家专业承包商理事会）和 SBCC（Scottish Building Contract Committee Limited "苏格兰建筑合同委员"）。

JCT 的主要版本有 1939 版、1963 版、1980 版、1998 版、2005 版、2011 版和 2016 版。

（二）JCT 合同体系

JCT 的合同范本涵盖了对不同规模的项目的示范文本，包括微型工程、中型工程到大型工程项目。JCT 合同体系主要包括：

1. 合同范本

（1）标准建筑合同（Standard Building Contract）【2016】

- 带工程量清单的标准建筑合同（Standard Building Contract with Quantities）
- 不带工程量清单的标准建筑合同（Standard Building Contract without Quantities）
- 带近似的工程量清单的标准建筑合同（Standard Building Contract with approximate Quantities）
- 标准建筑分包合同协议书（Standard Building Sub-Contract Agreement）
- 标准建筑分包合同条件（Standard Building Sub-Contract Conditions）
- 分包商设计的标准建筑分包合同协议书（Standard Building Sub-Contract with sub-

contractor's design Agreement)
- 分包商设计的标准建筑分包合同条件（Standard Building Sub-Contract with sub-contractor's design Conditions）

（2）中型建筑合同（Intermediate Building Contract）【2016】
- 中型建筑合同（Intermediate Building Contract）
- 承包商设计的中型建筑合同（Intermediate Building Contract with contractor's design）
- 中型建筑分包合同协议书（Intermediate Sub-Contract Agreement）
- 分包商设计的中型建筑分包合同协议书（Intermediate Sub-Contract with sub-contractor's design Agreement）
- 中型建筑指定分包商/业主协议（Intermediate Named Sub-Contractor/Employer Agreement）
- 中型建筑分包合同条件（Intermediate Sub-Contract Conditions）

（3）小型工程建筑合同（Minor Works Building Contract）
- 小型工程建筑合同（Minor Works Building Contract）
- 承包商设计的小型工程建筑合同（Minor Works Building Contract with contractor's design）
- 承包商设计的小型工程建筑分包合同（Minor Works Sub-Contract with contractor's design）

（4）大型项目施工合同（Major Project Construction Contract）；
- 大型项目施工合同（Major Project Construction Contract）；
- 大型项目分包合同（Major Project Sub-Contract）

（5）设计和建造合同（Design and Build Contract）；
（6）管理建筑合同（Management Building Contract）；
（7）施工管理合同（Construction Management Contract）；
（8）修复和维护合同（Repair and Maintenance Contract）等。

2. 协议范本【2016 版】
（1）裁决协议（Adjudication Agreement）
（2）指定裁决员的裁决协议（Adjudication Agreement Named Adjudicator）
（3）咨询协议（consultancy Agreement）
（4）框架协议（Framework Agreement）等。

四、AIA 合同文本简析

（一）AIA 合同文本的产生

AIA 是指美国建筑师协会（The American Institute of Architects，"AIA"），成立于 1857 年，最早于 1888 年出版其合同文件，经过百年来不断的修订、完善，迄今为止已有 80 多个独立文件，同时根据其所属的系列可以分为不同的模块。AIA 于 2017 年对其一些合同文件作出了修订，例如 A101、A201 合同文本。

（二）AIA 合同体系

AIA 合同文件可以分为 A、B、C、D、E、G 6 个系列，分别为 A 系列：业主与承包商之间的合同（Owner/Contractor Agreements）；B 系列：业主与建筑师之间的合同（Owner/Architect Agreements）；C 系列：其他合同（Other Agreements）；D 系列：各类文件（Miscellaneous Documents）；E 系列：附件（Exhibits）；G 系列：合同管理和项目管理文件（Contract Administration and Project Management Forms）。

AIA 合同文本现在包括了 80 多个文件，且每个系列都包含了大量的合同文本，此处罗列出每个系列中较为常见的合同范本：

1. A 系列：业主和承包商之间的合同范本

（1）A101

- A101-2017 业主和承包商之间的基于固定总价的合同范本（2017 版）；A101-2007 业主和承包商之间的基于固定总价的合同范本（2007 版）（Standard Form of Agreement Between Owner and Contractor where the basis of payment is a Stipulated Sum）
- A101-2007SP 业主和承包商之间用于可持续项目（Sustainable Project "SP"）的基于固定总价的合同范本（Standard Form of Agreement Between Owner and Contractor, for use on a Sustainable Project where the basis of payment is a Stipulated Sum）

（2）A102

- A102-2017 业主和承包商之间基于成本加费用的保证最高价格的合同范本（2017 版）；A102-2007 业主和承包商之间基于成本加费用的保证最高价格的合同范本（2007 版）（Standard Form of Agreement Between Owner and Contractor where the basis of payment is the Cost of the Work Plus a Fee with a Guaranteed Maximum Price）

（3）A103

- A103-2017 业主和承包商之间基于成本加费用的非保证最高价格的合同范本（2017 版）；A103-2007 业主和承包商之间基于成本加费用的非保证最高价格的合同范本（2007 版）（Standard Form of Agreement Between Owner and Contractor where the basis of payment is the Cost of the Work Plus a Fee without a Guaranteed Maximum Price）

（4）A201

- A201-2017 施工合同的通用条件（2017 版）；A201-2007 施工合同的通用条件（2017 版）（General Conditions of the Contract for Construction）
- A201-2007 SP 用于可持续性项目的施工合同通用条件（General Conditions of the Contract for Construction, for use on a Sustainable Project）

（5）A310-2010 投标保函（Bid Bond）

（6）A312-2010 履约保函和付款保函（Performance Bond and Payment Bond）

(7) A401
- A401-2017 承包商和分包商的合同范本（2017 版）；A401-2007 承包商和分包商的合同范本（2007 版）（Standard Form of Agreement Between Contractor and Subcontractor）
- A401-2007 SP 承包商和分包商之间用于可持续性项目的合同文本（Standard Form of Agreement Between Contractor and Subcontractor, for use on a Sustainable Project）

(8) A441-2014，承包商和分包商之间的设计-建造项目的合同范本（Standard Form of Agreement Between Contractor and Subcontractor for a Design-Build Project）等。

2. B 系列：业主与建筑师之间的合同范本

(1) B101
- B101-2017 业主和建筑师之间的合同范本（2017 版）；B101-2007 业主和建筑师之间的合同范本（2007 版）（Standard Form of Agreement Between Owner and Architect）
- B101-2007 SP，业主和建筑师之间用于可持续项目的合同范本（Standard Form of Agreement Between Owner and Architect, for use on a Sustainable Project）。

(2) B103
- B103-2017 业主和建筑师之间用于复杂项目的合同范本（2017）（Standard Form of Agreement Between Owner and Architect for a Complex Project）；
- B103-2007 业主和建筑师之间用于大型或者复杂项目的合同范本（2007 版）（Standard Form of Agreement Between Owner and Architect for a Large or Complex Project）；
- B103-2007 SP，业主和建筑师之间用于大型或者复杂的可持续性项目的合同范本（2007 版）（Standard Form of Agreement Between Owner and Architect for a Large or Complex Sustainable Project）。

(3) B143-2014，设计-建造人与建筑师之间的合同范本（Standard Form of Agreement Between Design-Builder and Architect）。

(4) B201-2017 建筑师服务的合同范本：设计与施工合同管理（Standard Form of Architect's Services: Design and Construction Contract Administration）等。

3. C 系列：其他合同

(1) C101-1993，专业服务联营体协议（Joint Venture Agreement for Professional Services）。

(2) C132
- C132-2009，业主和项目经理（顾问）之间的合同范本（Standard Form of Agreement Between Owner and Construction Manager as Adviser）。
- C132-2009 SP，业主和项目经理（顾问）之间的用于可持续项目的合同范本（Standard Form of Agreement Between Owner and Construction Manager as Adviser, for use on a Sustainable Project）。

(3) C141-2014，业主和咨询工程师就设计-建造项目的标准合同（Standard Form of Agreement Between Owner and Consultant for a Design-Build Project）。

(4) C401

- C401-2017，建筑师和咨询工程师合同范本（2017 版）；C401-2007，建筑师和咨询工程师合同范本（2007 版）（Standard Form of Agreement Between Architect and Consultant）。
- C401-2007 SP，建筑师和咨询工程师之间用于可持续项目的合同范本（Standard Form of Agreement Between Architect and Consultant, for use on a Sustainable Project）等。

4. D 系列：各类文件

（1）D101-1995 计算建筑物面积和体积的方法（Methods of Calculating Areas and Volumes of Buildings）。

（2）D200-1995 项目清单（Project Checklist）。

（3）D503-2013 可持续项目指南（包括对 AIA 可持续项目文件的述评）（Guide for Sustainable Projects, including Commentary on the AIA Sustainable Projects Documents）。

5. E 系列：附件

（1）E202-2008 建筑信息模型协议（Building Information Modeling Protocol Exhibit）等；

（2）E203-2013，建筑信息模型和数字数据（Building Information Modeling and Digital Data Exhibit）；

（3）E204-2017 可持续项目附件（Sustainable Projects Exhibit）等；

6. G 系列：

（1）G701

- G701-2017 变更指令（Change Order）
- G701S-2017 变更指令，总包商与分包商之间的变更（Change Order, Contractor-Subcontractor Variation）。

（2）G704-2017 实质性完工证书（Certificate of Substantial Completion）

（3）G801-2017 额外服务通知（Notice of Additional Services）等。

五、VOB 合同文本简析

（一）VOB 合同的产生及体系

VOB，（Vergabe und Vertragsordnung für Bauleistungen），为"工程程序的采购和合约规则"，是德国工程领域的标准。VOB 以 DIN（Deutsches Institut fur Normung，"德国标准化学会"）的形式颁布。第一版的 VOB 合同可以追溯到 1926 年，随后 VOB 于 1953、1973、1979、1988、1990、1992、1998、2000、2002、2006、2009、2012、2016 的多次修改，目前 VOB2016 版本是现在使用的版本。

VOB 标准体系分为三个部分：VOB/A 是关于工程合同的签订；VOB/B 工程施工的合同条件；VOB/C 技术标准。VOB/C 包含了 65 种通用技术标准。根据 VOB/B 的第一款的规定，VOB/C 也是 VOB/B 合同的一部分，规范了合同的技术条件、标准、工程范围。若没有其他的协议，根据规定，VOB/C 若与 VOB/B 存在争议，则 VOB/C 将会适用。根据

VOB/A 的规定，公共企业在施工合同中必须使用 VOB/C 和 VOB/B。

六、Orgalime 合同文本简析

（一）Orglime 合同文本的产生

Orgalime 是在欧盟中代表欧洲机械、电力和金属物品产业的欧洲联合机构，正式成立于 1954 年，Orgalime 第一份法律出版物随后颁布。

（二）Orglime 合同文本体系

目前，现有的出版物中包括 27 个主题。这些出版物可以被分为四个种类：合同通用条件、格式文本、指导和其他出版物，应用较为广泛的包括以下：

1. 合同通用条件
- S2012 机械、电气和电子产品供应的通用条件（General Conditions for the Supply of Mechanical，Electrical and Electronic Products）
- SI2014 机械、电力和电器产品供应和建造的通用条件（General Conditions for the Supply and Installation of Mechanical，Electrical and Electronic Products）
- R17 机械、电气和电子设备维修的通用条件（General Conditions for Repair of Mechanical，Electrical and Electronic Equipment）
- M17 机械、电气和电子设备维护通用条件（General Conditions for Maintenance of Mechanical，Electrical and Electronic Equipment）。

2. 格式文本
- 联合体协议范本（Model Form of Consortium Agreement）；
- 保密协议范本（Model form for a Non-Disclosure Agreement）。

3. 指导
- S2012 的使用和解释。

七、ENAA 合同文本简析

（一）ENAA 合同文本的产生以及体系

日本工程促进协会（Engineering Advancement Association of Japan，以下简称"ENAA"）是成立于 1978 年的非营利组织。

ENAA 发布的合同格式范本包括三种，分别是：ENAA《工厂工程施工国际合同格式范本》（ENAA Model Form-International Contract for Process Plant Construction），1986 年颁布，并于 1992 年和 2010 年进行修订；ENAA《电厂施工国际合同格式范本》（ENAA Model Form-International Contract for Power Plant Construction），1996 年颁布，于 2012 年进行修订。ENAA《施工、采购和供应合同格式范本》（ENAA Model Form-International Contract for Engineering，Procurement and Supply for Plant Construction），2007 年颁布，于 2013 年

修订。

八、IChemE 合同文本简析

IChemE 合同范本的产生及体系：

化学工程师协会（Institution of Chemical Engineers，"IChemE"），于 1922 年在英国成立，是全球范围内上专业的协会。

IChemE 发布的合同范本可以追溯到 1968 年，也即其红皮书的第一版本发布。随后，IChemE 又发布了其他五个类型的范本，现在的 IChemE 合同范本包含了三个主合同、两个分包合同以及小型工程文本。除此之外，2007 年 IChemE 在英国和迪拜同时发布了其国际合同范本，包括三个主合同和一个分包合同，分别是：固定总价合同（红皮书）、费用补偿合同（绿皮书）、目标费用合同（紫红皮书）和分包合同（黄皮书）。2013 年，IChemE 对其部分合同范本进行了修订。2015 年，IChemE 发布了其第一版的专业服务合同范本。

截至目前，IChemE 整个合同体系包括：

分包合同范本（Subcontract, Yellow Book, fourth edition 2013）；

费用补偿合同范本（Reimbursable Contract, Green Book, fourth edition 2013）；

目标费用合同范本（Target Cost Contract, Burgundy Book, second edition 2013）；

土建工程分包合同范本（Subcontract for Civil Engineering Works, Brown Book, third edition 2013）；

固定总价合同范本（Lump Sum Contract, Red Book, fifth edition 2013）；

专业服务合同范本（first edition 2015）；

小型工程合同（Minor Works, Orange Book, second edition 2003）。

九、ICC 合同文本简析

国际商会（International Chamber of Commerce，"ICC"）是世界上最大的商业组织机构，ICC 商法和惯例委员会拟定了 ICC 示范合同文本和 ICC 标准条款，其中包括了很多商务合同范本。就工程领域来说，ICC 相关的合同范本包括：2017 国际咨询服务合同范本、2016 联合体协议范本、2011 分包合同范本、2007 交钥匙合同范本。其中，最受欢迎的范本应属 ICC 交钥匙合同。

十、其他范本

除了上述的合同范本，国际工程领域中还有很多其他的范本，例如澳大利亚标准合同范本、英国 Leading Oil and Gas Industry Competitiveness 组织的（简称"LOGIC"）合同范本、英国国际海事承包商协会（International Marine Contractors Association，简称"IMCA"）的合同范本等等。每份合同范本都有其自身的特点，例如在澳大利亚标准合同文本 AS4000 中，它放弃使用澳大利亚先前的标准合同文本中对工期延长的规定，也即列举在何种情况下赋予工期延长,现改为除了一定条件下,承包商都有权利获得工期延长,例如违约或者恶劣条件等等情况下。而结合海上工程的特点,LOGIC 合同范本则规定了相互免责"Knock for knock"条款。LOGIC 合同范本对属于不可抗力的情况还包括了包括核燃料核废物引起的核辐射以及飞机等航空器引起的压力波。

第十一章

国际工程货物采购法律与合约

国际工程一般需要对设备、设施或材料进行大额和大量的采购。国际工程项目能否顺利实施取决于货物能否按期、保质的完成采购,否则就会出现"巧妇难为无米之炊"的情形。

国际工程项目货物采购所涉法律众多,例如一般涉及采购方或供货方所在地法律、货物原产地法律以及项目所在地法律;国际工程项目货物采购所涉合同复杂,不仅需要满足采购方如承包商与业主之间的合同要求,还要满足采购方与供货方之间的合同要求。

一般来说,国际工程货物采购具有参与方多、工程技术性强、非标程度高、界面复杂的特点,这决定了国际工程货物采购所面临的合约和法律风险相对较高,因此,为了成功实施国际工程货物采购,需要国际工程项目管理人员通力合作,集法律、合约商务、设计、施工、国际贸易等项目管理知识和实践于一体。

第一节 国际工程货物采购法律与合约概述

国际工程货物❶采购在很大程度上决定项目能否顺利实施，同时在很大程度上决定着项目的成败或盈亏。与一般的国际货物买卖相比，国际工程货物采购所涉法律与合约更加复杂和多样，采购难度更高。本章旨在阐释国际工程项目货物采购的特点及所涉主要法律和契约事宜。

一、国际工程货物采购与一般国际货物贸易的主要区别

一般情况下，国际工程项目都会涉及大量的国际货物贸易，如工程所需原材料或设备的采购。从传统意义上角度，上述采购行为属于国际货物贸易的范畴，但传统意义上的国际货物买卖过程或交易比较简单。国际工程项目所需的货物采购与其存在诸多不同之处，笔者认为两者的主要区别如下：

（1）国际工程货物采购参与方往往比较多。在一般国际货物买卖交易中，参与方一般为买卖双方，但在国际工程货物采购中，参与方往往包括项目业主、业主聘请的工程师或监理、总承包方、设计院或设计公司、分包方以及货物供应方等等，而且上述各方都会直接或间接参与到工程货物的采购过程之中。

（2）国际工程货物的工程技术性强。与一般大宗国际货物买卖的货物相比，国际工程项目采购的货物需要满足项目功能、设计文件、技术参数和指标以及各种成分的严格要求。

（3）国际工程货物的非标准化程度和变更概率高。在一般的国际货物买卖中，买方所采购的货物往往是标准化的产品，可以通过成熟的生产线标准化、流水线生产。国际工程项目所需的货物需要满足工程项目的需要，而每个工程项目尤其是国际工程项目一般具备唯一性特征，这使得用于工程项目的货物具备较高的非标准化程度，同时，由于工程项目实施过程中经常出现变更，从而引起相应货物的技术标准和性能等技术事宜发生变更的概率提高。

（4）国际工程货物的交易过程周期长且变化概率高。在一般的国际货物买卖中，买卖双方往往以在交货后较短的时间内结清款项作为交易终结点，但在国际工程项目中，货物的交易过程往往涵盖整个工程项目的全周期，有些货物取得最后一笔款项的时间在项目缺陷责任期或质保期结束之后。此外，由于国际工程项目的进度受到各种因素的影响，进度计划发生变化的情形比较多，这也使得国际工程项目货物交易的进程面临变动概率较高的情况。

（5）国际工程货物的交易所涉界面复杂。一般的国际货物交易的界面主要表现为"交货"，所涉主体一般也是买卖双方，但在国际工程项目中，货物交易的界面诸多，如与买

---

❶ 本章所述"货物"包括用于工程项目永久性工程、临时性工程的物资或货物，也包括施工用相关设备，具体视上下文语境而定。

方（业主或承包方）、设计方、运营方等主体的界面，货物交付后的安装、调试和质保等等，而这些交付后的工作又与工程项目的参与方存在各种界面关系。

综上，国际工程项目的货物采购具有自身的特点，其整个交易过程集法律、合约商务、设计、施工、国际货物贸易等项目管理知识于一体，只有在充分掌握其特点和相关知识并结合项目实际情况下的前提下，国际工程项目的参与方才能更好地实施国际工程货物采购。

二、国际工程货物采购所涉主要法律领域

众所周知，与一般的货物买卖相比，国际工程项目货物采购复杂程度高，表现在具体法律方面，则体现为国际工程货物采购所涉法律领域众多，使得采购受到各种法律的规制，笔者大体总结如下：

（1）货物交易主体资格类法律。在国际货物交易中，无论是出口主体还是进口主体，有些国家都会对其资格做出法律上的规定。不具备国际货物交易的主体资格的当事方所签订的合同不仅面临无效、无法履行，有时还会面临行政处罚。有些国家对进出口主体资格做出等级区分，不同资格主体的经营范围、税负等存在不同。

（2）海关或关税类法律。国际工程项目的货物往往涉及进出口事宜，因此，无论是货物出口还是进口，均会涉及海关或关税类法律。在国际工程项目中，货物的清关流程和速度直接影响到项目的进度，关税的高低和征收方式则直接影响到项目的造价或合同价格。

（3）进出口国家或地区的税法。国际工程货物采购所涉税法主要关注点为：货物出口国对出口的货物的优惠税收待遇，如我国对出口货物的退税安排；货物进口国对货物的税收适用，如由于项目具有某种意义而使得该货物是否享有优惠的税收待遇。

（4）国际自由贸易协议或税收协定。这类协议或协定为国际工程项目货物采购主体实施全球采购提供了法律上的可行性。国际工程项目参与主应充分利用项目所在国与其他国家之间签订的此类协议或协定，将货物的原产地或采购来源国放置在享有最优惠税费、关税或通关便利的国家或地区，从而实现货物采购的最大经济性。

（5）款项支付类法律。款项支付类法律主要包括外汇管制类法律、信用证类相关法律以及买卖双方所在国金融机构的法律，这些法律直接影响着支付的币种、支付的进度以及汇率风险的承担等。

（6）运输类法律。国际工程货物一般需要跨境运输后才能交付，因此，货物的运输受货物起运地、货物交付地以及跨境运输类相关法律的影响。运输类法律对国际工程货物运输比较突出的影响在于运输过程中因承运人责任造成货物毁损灭失时的赔偿限额❶以及免

---

❶《中华人民共和国》第56条：承运人对货物的灭失或者损坏的赔偿限额，按照货物件数或者其他货运单位数计算，每件或者每个其他货运单位为666.67计算单位，或者按照货物毛重计算，每公斤为2计算单位，以二者中赔偿限额较高的为准。但是，托运人在货物装运前已经申报其性质和价值，并在提单中载明的，或者承运人与托运人已经另有约定高于本条规定的赔偿限额的除外。《海牙规则》第四条第五款规定："不论承运人或船舶，在任何情况下，对货物或与货物有关的灭失或损坏，每件或每单位超过100英镑或其等值的其他货币时，任意情况下都不负责；但托运人于装货前已就该项货物的性质和价值提出声明，并已在提单中注明的，不在此限。"

责安排❶。

（7）对货物强制认证类法律。这类法律针对影响公共安全、人身安全或环境保护的货物，如某些特种设备不仅需要取得出口国的相关强制性认证，还需要取得进口国的相关认证后才能用于项目。这类认证尤其是项目所在国的强制性认证有时耗时很长，如果处理不当，则会影响工程的进度。

（8）契约类法律。国际工程货物采购无疑需要签订各类契约，与这些契约有关的法律主要体现为国际工程货物采购参与方所在国或地区的合同类法律或买卖双方在采购合同中约定的合同管辖法律。

除了上述各类法律之外，当然还有争议解决类法律等等，在此不予赘述。由此可见，国际工程货物采购受到众多类型法律的规制，这使得国际工程货物采购从法律层面上相较于一般的货物买卖复杂程度高。

综合以上内容可知，国际工程货物采购行为具有其自身的特点，而且其所涉法律众多，因此，国际工程货物采购的参与主体在具体实施采购时应当结合上述特点并综合考虑相关法律，使得货物采购既能满足项目实际，又依法合规，从而确保国际工程项目的顺利实施。

第二节　国际工程货物采购重点契约与法律事宜

如本章第一节所述，国际工程货物采购具有自身特点，该特点反映在具体的国际工程货物采购之中则表现为一般国际货物贸易所涉契约与法律问题的不同。国际工程货物采购因其复杂性，其所涉契约或法律问题非常广泛。本节重点阐释国际工程货物采购在契约与法律事宜方面需要注意的重要事项。

一、国际工程货物的当地成分要求

在很多国家，实施工程项目的目的不仅限于该项目本身的建设，一般还包括带动本国特定产业的发展或提高或改善本国的就业状况，实现该国长远的发展目标。这反映到国际工程项目的货物采购方面，就体现为国际工程项目需要根据法律要求采购原产地来自特定国家的特定比例数量的货物。国际工程货物的当地成分要求（Local Content Requirement）一般来自以下两个方面：

第一方面：项目所在国的法律要求。如上所述，有些国家尤其是发展中国家，特别是经济发展类型比较单一的国家，为了促进本国经济的多元化发展或实现特定的政治发展目

---

❶《海牙规则》第四条第二款对承运人的免责作了十七项具体规定，分为两类：一类是过失免责；另一类是无过失免责。国际海上货物运输中争论最大的问题是《海牙规则》的过失免责条款，《海牙规则》第四条第二款第一项规定："由于船长、船员、引航员或承运人的雇用人在航行或管理船舶中的行为、疏忽或过失所引起的货物灭失或损坏，承运人可以免除赔偿责任。"

标,通过立法的形式,明确规定在其境内实施的国际工程项目所需的货物需要满足特定比例的要求,简要举例如下:

例一:印度尼西亚当地成分要求

根据印度尼西亚 2012 年的《工业部关于电力基础设施建设使用本地产品指南的条例》(Regulation of the Minister of Industry No. 54 of 2012 regarding Guidelines for the Use of Domestic Products in the Construction of Electric Power Infrastructure)对于电力基础设施当地成分比例的相关规定,该国境内实施的电力基础设施项目应根据装机容量来确定当地成分的比例,例如,对于单机组(Per Unit)装机容量在 50MW-150MW 的电站项目,该项目所需货物的印度尼西亚当地成分为不得少于 48.11%。

例二:沙特当地成分要求

根据沙特阿美石油公司(Saudi Aramco)的王国附加值计划(In-Kingdom Total Value Add),该公司在 2021 年前将能源加工相关物资和服务的本地采购比例增加至 70%,为此,阿美石油公司将本地物资和服务采购比例作为大型合同的评标标准,并且对前 100 名供应商的沙特本地采购进行审计,以推动沙特阿拉伯油气行业物资和服务采购的本地化。❶

例三:巴西当地成分要求

根据巴西石油产业"当地成分"(local content)规则,开采该国境内盐下油田的设备须有 70% 以上是本土制造。根据巴西国家石油局(National Agency for Petroleum, Natural Gas and Biofuels-ANP)的政策,油田钻探阶段采购的本地物资和服务应占到整个采购的 37%~85%,而油田开发阶段的这一比例应为 55%~80%。❷ 对于进入稳产期的油田,ANP 要求其中 40% 的设备应为巴西本地制造。❸

例四:南非当地成分要求

在南非,根据"黑人经济振兴"政策(Black Economic Empowerment)❹ 的要求,50% 以上的政府和国企采购应由黑人企业承担,同时,此类采购合同中 30% 的份额应由黑人中小企业实施。❺

例五:其他国家当地成分要求

对于可再生能源项目,包括乌拉圭、阿根廷、摩洛哥和俄罗斯在内的一些发展中国家政府提出了 20%~65% 不等的本地成分要求,例如,风力发电机组、钢材、水泥、电缆等设备和原材料的制造、组装、供应。❻

---

❶ 沙特阿美石油公司是沙特境内最大的企业,是沙特境内油田服务和设备的最大采购方,其推动的油气行业物资和服务采购本地化对沙特境内的当地成分要求有一定的影响力。

❷ U. S. Department of Commerce and International Trade Administration, "2016 ITA Upstream Oil and Gas Equipment Top Markets Report", p. 2.

❸ Ryan Stevenson, "ANP Approves Local Content Changes in Brazil", 2018-04-17. 资料来源:https://newsbase.com/topstories/anp-approves-local-content-changes-brazil,访问时间:2018 年 10 月 15 日。

❹ 根据南非《全面提高黑人经济实力法案》对"黑人"的定义为:非洲裔、印度裔、有色人人种。参见 Broad-Based Black Economic Empowerment Act, 2003, Article 1.

❺ 《南非黑人经济振兴政策(BEE)》,资料来源:http://www.docin.com/p-1229392461.html,访问时间:2018 年 10 月 15 日。

❻ Francesco Miceli, "Going Glocal: how to creat local content", 2017-07-27. 资料来源:http://www.windfarmbop.com/tag/local-content-requirements/,访问时间:2018 年 10 月 15 日。

第二方面：金融机构或资金提供机构或所在国的要求。国际工程项目的建造资金往往巨大，很多时候需要取得金融机构或其他经济机构的贷款才能启动。如果利用这些金融机构的贷款尤其是项目所在国境外的金融机构的贷款，该机构所在国或该机构本身往往要求该国际工程项目所需的货物需要满足其当地成分要求。简要举例如下：

例一：中国

中国进出口银行发布的《中国进出口银行对外优惠贷款暂行办法》第七条规定："（五）项目所需物资、技术或服务从中国采购或从中国引进的部分原则上不低于申贷额的50%。"❶

例二：美国

美国进出口银行（U. S. EXIM Bank）的政策规定直接贷款（direct loan）仅用于美国成分（U. S. content），即国际借款人应将借贷资金用于采购美国的产品和服务，采购的产品必须从美国本土发往国际借款人处，美国进出口银行根据具体情况有权规定非美国产品或服务的采购比例，但这一比例通常不得高于15%。❷

例三：日本

日本国际协作银行（Japan Bank for International Cooperation）要求其提供的中长期贷款应用于购买日本企业制造的船舶、机械设备等产品。❸

因此，国际工程货物采购时，应当充分知悉与项目相关的当地成分要求，在具体采购过程中遵守法律规定并将其体现在具体的国际工程货物采购合同之中。

二、业主对国际工程货物的特定要求

除了满足上述法律或资金提供机构的当地成分要求之外，作为国际工程项目的业主一般都会对国际工程项目所使用的货物提出一定的要求。根据笔者的经验，业主常见的要求如下：

1. 抵制特定原产地为特定国家或地区的货物的要求

例如，阿拉伯国家对以色列的抵制：（1）禁止以色列制造的产品和提供的服务；（2）禁止与以色列境内的商业主体进行贸易；（3）禁止与以色列的贸易伙伴有贸易关系的商业主体进行贸易。2005年，沙特阿拉伯加入世界贸易组织后，同意取消上述第（2）项和第（3）项抵制措施，仅保留第（1）项抵制措施，但时至今日沙特阿拉伯境内的招标不允许投标文件中存在以色列元素。❹

案例一：

2002年8月5日，沙特阿拉伯宣布将来自约旦、塞浦路斯、埃及、土耳其、美国、英

---

❶ 资料来源：http://pkulaw.cn/fulltext_form.aspx? Db＝chl&Gid＝22db79b8f42e5399bdfb，访问时间：2018年10月15日。

❷ 资料来源：https://www.exim.gov/what-we-do/direct-loan，访问时间：2018年10月15日。

❸ Junichi Goto, "A Note on the Japanese Trade Policy and Economic Development: Secrets behind an Economic Miracle", p. 9.

❹ "Made in Israel, Sold in Saudi Arabia", 2008-03-21. 资料来源：https://www.jpost.com/Middle-East/Made-in-Israel-sold-in-Saudi-Arabia，访问时间：2018年10月15日。

国、新加坡、中国台湾、波兰的 200 家外国企业列入黑名单，原因是这些外国企业在过去 10 个月内向沙特阿拉伯进口价值 1.5 亿美元的以色列产品。随后，沙特政府警告外国公司不要尝试从以色列或通过第三国将以色列产品进口到沙特阿拉伯。沙特政府也提醒本国商人与外国公司签约前应检查产品的原产地，避免存在以色列产品而被禁止进口。❶

案例二：

由于阿拉伯联盟对以色列的抵制，一些在以色列销售的国际知名产品曾长期遭到阿拉伯联盟的抵制，例如可口可乐、福特汽车、露华浓。20 世纪 80 年代，阿拉伯联盟对以色列的抵制有所松弛，这些产品才逐渐被允许进入阿拉伯联盟。❷

2. 用于项目永久工程的原材料和设备的技术性要求

这类要求一般在国际工程承包合同中通过技术类条款予以提出，如所使用的钢筋、混凝土和特定设备的规格、型号等等。对于此类要求，国际工程项目货物的采购和供应方应当特别注意合同中所约定的技术性要求是否合理，是否可以在市场上通过合理的价格足额采购。笔者曾经处理过我国某大型承包商在东南亚承包一个大型生产线项目所涉的设备争议。业主在该合同中明确约定了对项目所用设备的性能、参数等技术指标，但该承包商因投标阶段时间仓促，未能重点关注该要求。在合同签订后，临近技术交底会时突然发现，能够满足合同中技术要求的该设备供应商，在世界上仅有一家，而这家承包商向该供货商询价时，才意识到供货商就该设备的报价远远超出该承包商在总包合同中的相应价格。

3. 明确要求采购特定厂家的设备

这种业主要求在国际工程项目当中比较常见。从承包商角度出发，对于此类要求，承包商应当尽量考虑以下三点：

（1）在与业主签订承包合同前，充分了解业主要求的合理性。如果不合理，尽早提出。

（2）在与业主签订承包合同前，与该供货商确定主要的设备供应合同关键条款，如价格、付款、交货期、质保、现场服务等等，然后基于关键条款，与业主就承包合同中的相应约定进行协商。

（3）就业主指定的设备供应商是否可以签订三方协议，明确三方之间对该设备供应合同的权利、义务和责任，避免承包商处于业主和供货商之间而遭受损失。

三、货物在项目所在国的进口主体

在国际工程货物采购中，采购当事主体应当注意项目所在国对于进口货物的相关规定（尤其是关于进口主体的规定），以及采用不同进口货物主体的优惠安排。

为了吸引投资或促进当地经济的发展，很多发展中国家在其境内特批一些区域，如保税区或来料加工区等。在该区域的进口主体往往享有各种优惠待遇。国际工程项目的参与方应当充分利用该区域所赋予的优惠待遇，确定符合自己项目的货物采购和进口方案。

---

❶ "Saudi Arabia bans 200 foreign companies for importing Israeli products into the kingdom"，2002-08-05. 资料来源：http：//www.inminds.com/boycott-news-0302.html，访问时间：2018 年 10 月 15 日。

❷ "Arab League Boycott of Isreal". 资料来源：https：//en.wikipedia.org/wiki/Arab_League_boycott_of_Israel#Effects_of_the_boycott，访问时间：2018 年 10 月 15 日。

以业主和承包商签订的承包合同为例,大体需要注意的情况为:(1)业主或承包商是否具备项目所在国法律规定的进口资格;(2)以谁的名义进口可以享受到优惠的税收(如关税)待遇;(3)以谁的名义进口可以缩短进口清关的进度;第四,货物进口是否涉及临时进口安排,如施工设备的临时进口。

除了考虑上述法律规定之外,作为货物提供方(如承包商),如果拟将进口主体设置为业主,货物供应方应当考虑是否将施工用设备的进口主体设定为业主。如果设置为业主,需要考虑一旦项目执行过程中出现争议,承包商因缺乏业主的配合,将很难将设备再出口,而且很难处置该设备。

此外,在国际工程项目中,由于进口清关的进度与工程项目的进度息息相关,因此,在确定货物进口主体的同时,需要当事主体考虑在合同中明确约定进口清关的风险承担主体。

四、货物所有权转移时间

在国际工程货物采购中,当事方需要注意货物所有权的转移的时间节点。以国际工程承包合同为例,在业主与承包商之间,对于货物所有权转移时间一般分为四类:

(1)以货交承运人作为货物由承包商转移给业主的时间点。
(2)以货物交付到工程现场(Site)作为货物所有权转移的时间点。
(3)以货物构成永久工程(incorporate into permenant works)作为货物所有权转移的时间点。
(4)以对方付清货物款项作为货物所有权转移的时间点。

各国法律在货物所有权转移的问题分歧很大。在中国法下,按照合同或其他合法方式取得财产的,财产所有权从财产交付时转移,法律另有规定或者当事人另有约定的除外,例如不动产产权过户登记等。❶ 在英国法下,在特定物或者已经特定化的货物买卖中,货物所有权应当在双方当事人意图转移时转移至买方,即所有权何时转移给买方完全取决于双方当事人的意旨。❷ 在美国法下,货物所有权可按照当事人明确同意的方式和条件从卖方转移至买方。❸

货物所有权涉及货物的处置、保险利益、风险责任等重大法律与合约事宜,因此,需要货物采购当事人在合同中做出明确和清晰的约定。

五、货物毁损灭失的风险转移和保险安排

国际工程货物采购,在货物毁损灭失风险转移方面常见的情况如下:

(1)在项目业主和承包商之间,国际工程货物毁损灭失的风险转移时间一般采取"谁控制,谁负责"的原则,具体到工程项目实践,则常见的风险转移时间点为业主接收项目的时间。在该时间点之前,承包商往往控制或照管着货物,货物毁损灭失的风险由承包商

---

❶ 《中华人民共和国民法通则》第72条,最高人民法院《关于贯彻执行〈中华人民共和国民法通则〉若干问题的意见(试行)》第84条和第85条,《中华人民共和国合同法》第133条。
❷ 英国《货物买卖法》第17条。
❸ 美国《统一商法典》第2-401条。

承担,业主接收项目之后,则由业主控制或照管项目,一般由业主负责项目所涉货物的毁损灭失风险。

(2) 在承包商与供货商之间,国际工程货物毁损灭失的风险转移时间则需要根据双方的谈判来确定,常见的风险转移安排为:①货交承运人时,风险由供货商转移给承包商;②货物交付到项目现场时,风险由供货商转移给承包商;③物资或设备已经嵌入到永久工程时,风险由供货商转移给承包商。

基于上述货物毁损灭失风险转移的不同时间点,国际工程货物采购的参与主体应当相应地安排相关保险,笔者认为需要注意的主要事项如下:

(1) 保险由谁负责投保。笔者认为投保原则应当是谁承担风险,谁作为投保人,特殊情况除外。

(2) 保险受益人是谁。笔者认为保险受益人的确定应当按照谁承担风险,谁是受益人的原则。

对于国际工程项目所涉的保险,详见本书第十二章。

各国法律对国际货物买卖中的风险转移问题都有规定,大致可分为交付主义和所有权主义。

(1) 中国、美国、德国、奥地利等国家及《联合国国际货物销售合同公约》(United Nations Convention on Contracts for the International Sale of Goods)采用的是交付主义,根据《中华人民共和国合同法》第142条的规定,货物损毁、灭失的风险,在货物交付前由卖方承担,交付后由买方承担,但法律另有规定或者当事人另有约定的除外。

(2) 美国《统一商法典》规定,在未发生违约的情况下,如果合同没有要求卖方在某一特定目的地交货,货物风险在卖方把货物适当地交给承运人时转移至买方;如果要求卖方在某一特定目的地交货,货物风险在卖方将货物在目的地提供给买方时转移至买方。

(3)《联合国国际货物销售合同公约》第67条规定:"如果销售合同涉及货物的运输,但卖方没有义务在某一特定地点交付货物,自货物按照销售合同交付给第一承运人以转交给买方时起,风险就移转到买方承担。如果买方有义务在某一特定地点把货物交付给承运人以前,风险不移转到买方承担。卖方授权保留控制货物处置权的单据,并不影响风险的移转。"

(4) 英国和法国采用的是所有权主义,即货物风险随所有权的转移而转移,这也被称为"物主承担风险"。例如,英国《货物买卖法》第20条规定,除另有约定外,卖方应负责承担货物的风险直至所有权转移给买方位置;所有权已经转移给买方,则无论货物是否已经交付,其风险均由买方承担,但如果由于买方或卖方的过失,使得货物交付延迟,则由此引起的损失由责任方承担。《法国民法典》第1585条也做出了类似规定。

六、国际工程货物的货款支付

与一般的国际货物买卖交易相比,国际工程货物的支付安排一般具有如下特点:

(1) 货物支付的节点较多。在国际工程项目中,对于货物的付款进度往往分为数个:如合同签订后特定时间内支付预付款(Advance Payment)或首付款(Down Payment);货物装船后支付特定比例的款项;货到现场后支付特定比例的款项;用于永久工程的物资或设备构成永久工程后支付特定比例;项目交工或竣工后支付特定比例;质保期结束时支付尾款。

（2）货款支付的周期比较长。从上述常见的节点可以看出，国际工程项目的货款支付周期往往比较长，需要供货方或承包商做好较为充分的资金安排。

（3）货款采用 Pay-when-Paid 的方式较多。在承包商和供货商之间，承包商为了降低风险和资金压力，在供货合同中倾向于设置 Pay-when-Paid 的条款，即承包商在收到业主支付的对应货款后才向供货商付款，具体详见本书第九章。

七、国际工程货物质保期或缺陷责任期

在承包商与供货商之间，对于国际工程货物的质保期或缺陷责任期（统称"缺陷责任期"），一般需要注意以下三点：

（1）货物缺陷责任期的起算和时间。根据谈判各方在谈判中所处的地位，常见的货物缺陷责任期起算时间大体为：货交承运人；货物到达目的地；货物达到目的后经承包方验收之日或视为验收之日。

（2）货物缺陷责任期的截止时间。同样，根据谈判各方在谈判中所处的地位，常见的货物缺陷责任期截止时间大体为：自货物缺陷责任期起算之日起算后特定期限（如 12 个月或 18 个月）、货物缺陷责任期的截止期限与承包商在总承包合同中的工程项目缺陷责任期相等。

（3）货物缺陷责任期的延长安排。由于承包商在与业主的总承包合同中一般都会存在项目缺陷责任期延长的安排，因此，在有些货物采购合同中，承包商会将总承包合同中的这类要求体现到特定的货物采购合同之中。

八、国际工程货物采购合同的违约救济

一般来讲，缔约一方违反商事合同的违约救济措施一般包括：支付违约金、承担损害赔偿、解除合同和实际履行。与一般国际货物买卖交易相比，国际工程货物采购合同中的违约救济措施采取"实际履行"的情况相对较多。

实际履行也称为强制实际履行、依约履行、继续履行。作为一种违约后的救济措施，实际履行是指在一方违反合同时，另一方有权要求其依据合同的规定继续履行。实际履行作为一种违约救济，是一方不履行合同的后果，只有在一方不履行合同义务或者履行合同义务不符合约定的情况下，另一方才有权要求其继续履行。实际履行的基本内容是要求违约方继续依据合同规定作出履行，可以与违约金、损害赔偿并用。之所以在国际工程货物采购中相对较多地采用"实际履行"这一违约救济措施，笔者认为主要原因有两点：

（1）国际工程项目中的货物尤其是特定的设备或物资往往是非标设备或制造周期较长设备。如果仅仅要求供应商赔偿损失，该损失往往无法弥补承包商或业主因此遭受的实际损失。

（2）国际工程项目中所适用的设备或特定物资的缺陷修复由供应商来处理，一般最为经济。供应商对于自己提供的设备最为熟悉，设备出现问题，由供应商来修复，往往所需时间最短和最有效率。从节省社会资源和减少采购方损失角度来说，一旦设备出现由供应

商负责的缺陷时,应当由供应商首先进行修复,只有在其无法修复的情况下,才引进第三方进行修复处理。

九、国际工程货物采购合同的管辖法律

与一般的国际货物买卖合同一样,一份完善的国际工程货物采购合同都会明确约定所适用的管辖法律。对于国际工程货物采购合同所适用管辖法律的选择,笔者认为合同缔约方应当注意以下两点:

(1) 所选择的管辖法律是否需要与国际工程建造合同所适用的管辖法律保持一致。国际工程货物采购合同可以选择的管辖法律包括:买方所在国或地区法律、卖方所在国或地区法律、工程项目所在国或地区法律以及上述三者之外的法律。如果国际工程货物的采购方为项目业主,对于该合同所适用的管辖法律,业主一般采用与国际工程建造合同相同的管辖法律;如果国际工程货物的采购方是项目承包方,则可能会出现不同的选择。如果国际工程货物采购合同所适用的管辖法律与国际工程建造合同所适用的管辖法律不一致,则可能会出现与货物相关的争议因管辖法律不同而产生不同的法律后果的情形。

(2)《联合国国际货物销售合同公约》是否适用于国际工程货物采购合同。《联合国国际货物销售合同公约》是由联合国国际贸易法委员会主持制定的,1980年在维也纳举行的外交会议上获得通过,公约于1988年1月1日正式生效,截至2018年,公约成员国有89个。对于该公约的适用,国际工程货物采购合同的缔约方需要注意两种情况:①根据该公约的规定,除非货物销售的缔约方明确排除该公约的适用,否则,只要该国际工程货物采购合同符合公约第一部分第一条的适用范围,❶则该公约自动适用。因此,如果国际工程货物采购合同的缔约方决定不适用该公约,应当在国际工程货物采购合同中做出明确的排除适用约定;②国际工程货物采购合同中的货物销售是否属于《联合国国际货物销售合同公约》中的"货物销售"。该公约第一部分第二条和第三条的规定了不视为该公约项下"货物销售"的情形,为此,即使国际工程货物采购合同的缔约方拟适用该公约,也应当考虑具体合同中的"货物销售"是否为该公约第一部分第二条和第三条所排除。❷

---

❶ 《联合国国际货物销售合同公约》第一条:(1) 本公约适用于营业地在不同国家的当事人之间所订立的货物销售合同:(a) 如果这些国家是缔约国;(b) 如果国际私法规则导致适用某一缔约国的法律。
(2) 当事人营业地在不同国家的事实,如果从合同或从订立合同前任何时候或订立合同时,当事人之间的任何交易或当事人透露的情报均看不出,应不予考虑。
(3) 在确定本公约的适用时,当事人的国籍和当事人或合同的民事或商业性质,应不予考虑。

❷ 《联合国国际货物销售合同公约》第二条:本公约不适用于以下的销售:(a) 购买供私人、家人或家庭使用的货物的销售,除非卖方在订立合同前任何时候或订立合同时不知道而且没有理由知道这些货物是用于这种目的;(b) 经由拍卖的销售;(c) 根据法律执行令状或其它令状的销售;(d) 公债、股票、投资证券、流通票据或货币的销售;(e) 船舶、船只、气垫船或飞机的销售;(f) 电力的销售。
《联合国国际货物销售合同公约》第三条:(1) 供应尚待制造或生产的货物的合同应视为销售合同,除非订购货物的当事人保证这种制造或生产所需的大部分重要材料。(2) 本公约不适用于供应货物一方的绝大部分义务在于供应劳动力或其它服务的合同。

十、国际工程货物采购合同的争议解决安排

工程项目所采购的货物将用于工程或构成工程的一部分,因此,对于工程货物采购合同中的争议解决往往与工程建造合同存在密切联系,如货物存在的质量瑕疵不仅导致工程货物采购合同缔约方之间产生争议,也可能同时导致工程建造合同缔约方之间产生争议。

为此,在工程货物采购合同设置争议解决安排时,是否与工程建造合同的争议解决安排产生关联,对于工程货物采购合同的采购方和销售方来说,往往存在不同的立场:如果工程货物采购合同的纠纷与工程建造合同的纠纷相关联,采购方往往希望工程货物采购合同的纠纷与工程建造合同的纠纷同时解决或在工程建造合同的纠纷之后解决,而货物销售方往往不同意上述安排,因为上述安排将使得工程货物采购合同的纠纷复杂化且纠纷处理时间持续时间长。

第三节 国际工程货物运输

如何将国际工程项目所需的货物如期运输至项目现场,是国际工程货物采购的一项重要工作。国际工程货物运输中通常要面对超重、超大、价格昂贵的特殊货物,例如大型电力、石化等建设项目,其成套设备是永久性工程的核心组成部分。因此,国际工程物资运输具有较强的针对性,是大型超限货物及其配套设备的差异化物流活动。❶

由于国际工程项目的投资大,从论证、立项到建设实施需要经过较长的时间周期,建设过程是根据工程设计计划分阶段进行,这就决定了国际工程项目跟踪时间长,运输周期长,并且具有在同一工程项目的执行中,分批次、分阶段进行物资运输的特点。国际工程物资运输涉及海运、驳运、陆运、吊装、港口、船舶、车辆、路桥等运输环节,而且各个运输环节之间高度关联,这要求国际工程物资必须通过每个运输环节的严格控制来实现安全可靠的运输。

一、国际工程货物运输概述

(一)国际工程货物运输特点

国际工程货物运输与普通的货物运输相比,其需要运输的数量更为庞大,涉及的管理和技术要求更为复杂,运输过程中的不确定性因素也更多。有学者认为国际工程货物运输具有成果及目标性、时效性、风险性、专业性和独特性这几大特点:❷

(1)每个国际工程项目都有成果要求和时间目标,其中成果要求指的是当预期的物流

---

❶ 张晓更. 论国际工程中物资采购及物流的重要性. 物流工程与管理,2013,35(6):69.
❷ 张玉坤,范江. 工程建设项目物流管理问题研究. 价值工程,2012(31):25-26.

服务结束后，工程所需货物在相关合同的约定下安全顺利抵达项目现场；时间目标是指不管国际工程货物运输如何安排，它都有自己明确要求的开始与完成时间。

（2）国际工程货物运输具有时效性特征。国际工程货物运输与建设是共存亡的关系，国际工程项目的开始意味着货物运输的启动，货物必须按时抵达现场以保障工期，工程结束则货物运输也就结束。

（3）国际工程货物运输涉及大批量的原材料，以及大型甚至超大规格的设施与设备，在具体的运输及装卸过程中不仅存在很大的难度而且风险高。

（4）国际工程货物运输的具体工作非常复杂，而且所涉及的专业领域很广，如规划、环保、运输、代理、海关、商检、仓储等，这些是承包商无法单独完成的，需要外部的专业人员配合完成。

（5）由于每个国际工程项目的规模、地理位置、地质条件、所需货物种类、数量和规格等有着自身的独特性，因此每个项目的货物运输方案也是独一无二的。

（二）国际工程货物运输路线

1. 合理规划运输路线

国际工程项目的货物有正常货物和超限货物两种。正常货物是指根据常规的运输工具或按照正常的运输路线就能够完成对应运输的设备与物资。超限货物则包括项目中使用预制件或设备的长宽高及重量等大大超出了正常运输路线的规定，是常规运输工具与路线所无法运输的设备与物资。因此，承包商需要根据货物类型不同合理规划运输路线，这样才能保证运输成本的可控和整个工程项目的工期要求。❶

2. 避免沿途阻碍风险

国际工程货物运输通常跨区域甚至跨洲，其运输路现场，沿途可能经过不同国家。目前国际形势复杂多变，海盗事件频发，这对国际工程货物运输是很大的挑战。例如，我国某大型船运公司的货轮从国内港口前往波斯湾某港口途中，美国海军军舰以该货轮向海湾地区某被制裁国家运送化学武器为由，在波斯湾强行登临货轮，并扣押全部货物进行检查，后经事实证明该货轮没有装运国际法所禁止的违规货物，但已经给货物按时交付造成了影响，船运公司、货运代理、发货人等相关方都因此遭受了严重的经济损失。❷

3. 及时运抵项目现场

国际工程合同对工期的要求通常比较严格，设计、采购和施工任何一个细小环节出现延误都可能导致承包商就可能面临工期延误赔偿责任，例如按延误天数计算的误期违约金。与此同时，国际工程项目所需的大型关键设备一般是签订采购合同后才开始制造且交货周期较长，这导致承包商能否如期完工在很大程度上的依赖于设备能否及时抵达项目现场，如果货物运输"掉链子"，则承包商就很可能面临整个工程工期延误的风险。

与此同时，由于中国承包商的主要市场是发展中国家和落后国家，而这些国家的工程项目现场往往位于其境内的偏远地区。实践中，即使国际工程货物按时安全抵达项目所在国港口，承包商仍然需要解决从港口到项目现场的货物运输问题。在这个阶段，承包商的

---

❶ 刘阳. 国际EPC项目物流管理探讨. 化工管理, 2016 (19): 193.

❷ 许瑞雪. 关于沿海国海域管辖权的研究. 2000: 11.

运输风险主要有：一是运输路线上缺少可以满足运输要求的基础设施，如可满足设备通过的道路和桥梁等；二是运输路线上地方政府、非官方力量、民间团体、部落、利益集团等对运输的阻碍，如货物运输沿途经过的部落向承包商收取过路费等。种种这些风险都可能最终导致货物运输延误，进而对工程工期造成不利影响。鉴于此，承包商应充分考虑货物运抵项目现场的实际周期和潜在风险，并将之反映在进度计划、工期和报价中。

二、国际工程货物运输风险分配

如本节第一部分所述，国际工程货物运输的特点决定了货物按期抵达项目现场对整个工程项目的工期至关重要。国际工程承包商作为总负责人，对工程项目的工期负责，但很多时候货物运输的风险并非承包商所能单方面掌控，这中间业主、分包商和供应商也扮演着极其重要的角色。根据国际工程中"更能控制某项风险的一方承担该风险"的基本原则，对于货物运输的相关风险，承包商要与业主进行在合同中进行合理约定，一方面降低自身履约风险，另一方面也让业主和参与货物运输的分包商、供应商承担全部或部分风险，这有利于整个工程项目的顺利实施。

（一）分包商或供应商承担国际工程货物运输风险

国际工程项目所需货物很多是由分包商或供应商来提供的，他们根据分包合同或供应合同的约定采购这些货物，并将之交付给承包商。因此，承包商可以考虑通过以下几种方法分配货物运输风险：

（1）承包商应在分包合同或供应合同中严格约定货物运输责任，并且将自己在总包合同中的货物运输风险合理有效地分配给分包商或供应商。

（2）承包商应在总包合同中将分包商或供应商的货物运输风险作为索赔工期和费用的依据。

（3）对于业主指定的分包商或供应商，如果承包商无法在此类分包合同或供应合同中实现分配货物运输风险的目的，则承包商应在总包合同中要求业主承担这一风险。

肯尼亚 1999 版建设工程合同条件❶

指定分包商或供应商导致延误时的工期延长

第 36.1 款：

"Upon it becoming reasonably apparent that the progress of the Works is delayed, the Contractor shall forthwith give written notice of the cause of the delay to the Architect with supporting details showing the extent of delay caused or likely to be caused. Thereafter the Architect shall evaluate the information supplied by the Contractor and if in his opinion the completion of the Works is likely to be or has been delayed

第 36.1.14 项

By reason of delay caused by nominated subcontractors or nominated suppliers which delay the

---

❶ Agreement and Conditions of Contract for Building Works published by the Joint Building Council of Kenya, April 1999 Edition.

Contractor has taken all reasonable measures to avoid or reduce the effects of, or…

第 36.2 款

Then the Architect shall so soon as he is able to estimate the length of the delay beyond the date or time aforesaid, but in any case not later than thirty days after receiving an application for extension of time in the manner prescribed, make in writing a fair and reasonable extension of time for the completion of the Works."❶

指定分包商或供应商导致延误时的费用补偿

第 37.1 款：

"If upon written application being made to him by the Contractor the Architect is of the opinion that the Contractor has been involved in direct loss and or expense for which he would not be reimbursed by a payment made under any other provision in this contract by reason of the regular progress of the Works or of any part thereof having been materially affected by：

第 37.1.8 项

Delay arising from the nomination or renomination of a sub-contractor or supplier, or

第 37.2 款

And if the written application is accompanied by detailed particular of the claim and it is made within the period stated in sub-clause 37.4 herein upon it becoming apparent that the progress of the Works or of any part thereof has been affected as aforesaid, then the Quantity Surveyor shall as soon as practicable assess the amount of such loss and or expense. Any amount from time to time so assessed shall be added to the contract price, and if an interim certificate is issued after the date of assessment, any such amount shall be added to the amount which would otherwise be stated as due in such a certificate."❷

（二）业主协助国际工程货物运输

国际工程货物运输过程中，为实现货物按期抵达项目现场的目的，承包商不但要合理规划运输路线，充分预估沿途扣押等，还要与项目所在国海关等政府职能部门进行协调，以及时且妥善办理清关、检验检疫等事项。但是，承包商在项目所在国的资源有限，而业主在这方面比承包商更有优势。鉴于此，国际工程合同中往往会要求业主有义务向承包商

---

❶ 参考译文："36.1 承包商可合理发现工程进度延误时，应书面通知工程师，说明导致或可能导致延误的原因和具体情况。此后，工程师应评估承包商提供的信息，如果其认为工程完工将被或已经被延误…

36.1.16 因指定或再指定的分包商或供应商导致的延误，或…

36.2 则工程师应立刻评估延误的程度，但任何情况下应自收到时间延长申请之日起 30 天内书面确定一个公平合理的完工期限延长时间。"

❷ 参考译文："37.1 承包商认为影响工程或任何部分的正常进度导致的直接损失和（或）费用是因以下原因造成的，而不应由承包商承担，则承包商可向工程师提交书面申请

37.1.8 因指定或再指定分包商或供应商造成的延误，或…

37.2 如果书面申请附有索赔具体内容，而且是在第 37.4 款规定的工程或任何部分进度出现延误后的时限内提交的，则计量员应尽快评估损失和（或）费用。任何评估的金额应加入合同价款，如果中期付款证书是在评估日之后发出的，则任何评估的金额应被计入该证书。"

提供必要协助,这主要体现在业主协助承包商办理货物进口手续,协调承包商与项目所在国政府部门及运输沿途地方政府及公众的关系,确保货物在项目所在国境内运输的通畅等方面。例如:

世界银行MDB版合同条件第2.2条【许可、执照或批准】:

The Employer shall provide, at the request of the Contractor, such reasonable assistance as to allow the Contractor to obtain properly:

(a) copies of the Laws of the Country which are relevant to the Contract but are not readily available, and

(b) any permits, licences or approvals required by the Laws of the Country:

(i) which the Contractor is required to obtain under Sub-Clause 1.13 [Compliance with Laws],

(ii) for the delivery of Goods, including clearance through customs, and

(iii) **for the export of Contractor's Equipment when it is removed from the Site.** ❶

在明确业主有协助义务的基础上,承包商应考虑在合同就业主未履行或正确履行上述协助义务约定救济措施。例如,因业主未提供或未及时提供协助义务导致货物延误抵达项目现场并造成额外费用的,承包商可向业主进行索赔。

三、国际工程货物运输常见方式

国际工程所需货物种类多、数量大,其中不乏超大尺寸设备和非标货物。因此,基于成本和距离等因素的考量,国际工程所需绝大部分货物的运输主要采用海运或多式联运,而尺寸小、数量少、需求紧急的货物会选择航空运输。

(一) 国际海上货物运输

国际海上货物运输是由承运人将货物从一国港口运至另一国港口的运输。海上运输具有运输量大、成本低的优点,但又有速度慢、风险较大的缺点。根据货物规格和运输方式的不同,国际货物海上运输又分为班轮运输和租船运输两种主要形式。

1. 班轮运输

班轮运输是由航运公司以固定航线、固定船期、固定运费率、固定挂靠港口组织的将托运人的件杂货(general cargo)❷ 运往目的地的运输。班轮运输的书面内容多以提单的形式表现出来,因此,班轮运输又被称为提单运输。

班轮运输的固定性决定了这种海运方式比较适合件杂货的运输,即将托运人运输量比

---

❶ 参考译文:"业主应根据承包商的请求,向其提供以下合理的协助:(a) 取得与合同有关但不易得到的工程所在国的法律文本;(b) 协助承包商申办工程所在国法律要求的以下任何许可、执照或批准:(i) 根据第1.13款【遵守法律】的约定,承包商需要获得的;(ii) 货物运输,包括海关清关;(iii) 当承包商设备运离现场出口时需要的。"

❷ 件杂货简称件货或杂货,是可以以件计量的普通货物,例如刚才、钢材制品、纸制品、棉花、橡胶、服装、袋装水泥和化肥、机械设备、交通工具、木材、玻璃等。件杂货可以分为包装货和裸装货,包装货是指可以用包、袋、箱等包装起来运输的货物,而裸装货则是指没有包装货无法包装的货物。

较小的货物组织在一起运输。由于班轮运输中承运人与托运人的谈判地位不平等,因此国际上产生了一些对班轮运输强制调整的国际公约,其中最主要的是:1924 年《统一提单的若干法律规则的国际公约》(简称"海牙规则")、❶ 1968 年《统一提单的若干法律规则的国际公约的议定书》(简称"维斯比规则")、❷ 1978 年《联合国海上货物运输公约》(United Nations Convention on the Carriage of Goods by Sea,简称"汉堡规则")。❸

班轮运输的当事人是承运人和托运人,承运人是承担运输工作的航运公司,托运人是与订约承运人订立海运合同的当事人。除此之外,海运合同还涉及实际承运人和收货人。实际承运人是订约承运人将部分或全部货物委托运输的另一个航运公司,尽管实际承运人不是海运合同的当事人,但有权获得相应的运费,以及对其承运期间货物的损毁承担责任。班轮运输的提单会转移给并非海运合同当事人的收货人,但如果货物在运输中受损,收货人有索赔的权利,在 CIF 等贸易术语下,收货人有支付运费的义务。根据我国的相关法律,承运人同收货人、提单持有人之间的权利、义务关系,依据提单的规定确定。❹ 由此可见,随着提单的转让,海运合同的效力会及于实际承运人和收货人等有关第三方。

根据《汉堡规则》第 1 条第 7 款的规定,提单是指用以证明海运合同和由承运人接管或装载货物,以及承运人以交付货物的单证。提单是海运合同的证明,而非海运合同本身。例如,英国高等法院在 Ardennes 案的判决中指出:"因为提单不是海运合同本身,海运合同在提单签发前就已经存在了,而且提单只是由一方签发的,是在货物装上船时才将其提交托运人。被告应依合同而不是提单运输该批货物,因此,被告应赔偿原告所受到的损失。"❺

与此同时,提单又是承运人出具的接收货物的收据,其证明记载了许多收据性的文字,例如货物的标志、包装、数量、重量、货物的表面状况等。提单在托运人手中时只是初步证据,即如果承运人有确实的证据证明其收到的货物与提单上的记载不符,承运人可以向托运人提出异议。但是,在托运人将提单背书转让给第三人的情况下,对于提单的受

---

❶ 1921 年,国际法协会所属的海洋法委员会出台海牙规则(International Convention for the Unification of Certain Rules of Law relating to Bills of Lading - Hague Rules)草案,经多方协商修改后,于 1924 年 8 月 25 日在布鲁塞尔签订,并于 1931 年 6 月 2 日生效。海牙规则适用于缔约国签发的一切提单,除非提单在船舶出租情况下签发,否则海牙规则不适用于租船合同。海牙规则共有 16 条,主要内容包括:承运人最低限度的义务、承运人的责任期间、承运人的免责、赔偿责任限额、托运人的义务和责任、索赔通知与诉讼时效。

❷ 由于承运人的实力强大,海牙规则又带有偏袒承运人利益的倾向,随着第三世界国家要求修改海牙规则的呼声日益高涨,最终于 1968 年产生了维斯比规则(Protocol to Amend the International Convention for the Unification of Certain Rules of Law Relating to Bills of Lading-Visby Rules),并于 1977 年生效。维斯比规则是对海牙规则的补充和修改,主要内容包括:明确规定提单对于善意受让人是最终证据、承运人的责任限制、承运人的雇佣人或代理人的责任限制、诉讼时效。与海牙规则相比,维斯比规则扩大了适用范围:在缔约国签发的提单、从任一缔约国港口起运、海运合同双方当事人在提单中合意选择适用维斯比规则。

❸ 1976 年,联合国通过了汉堡规则(United Nations Convention on the Carriage of Goods by Sea)草案的修正案,并于 1992 年 11 月生效。汉堡规则主要包括:承运人的责任基础、承运人的免责、承运人延迟交货的责任、承运人的责任期间、承运人的责任限额、订约承运人与实际承运人的关系、保函的效力、货物的适用范围、索赔通知、诉讼时效。汉堡规则的适用范围是:任一缔约国签发的提单、提单上载明适用汉堡规则、装货港或卸货港位于任一缔约国。

❹ 《中华人民共和国海商法》第 78 条。

❺ Ardennes (1950) 84Ll. L Rep. 340.

让人而言，提单就成为了终结性的证据。这是因为，提单的受让人是根据提单上的记载事项受让提单的，受让人对货物的实际情况并不知情，如提单中的记载不实是由于托运人的误述引起的，承运人可以向托运人提出抗辩，但承运人不得以此对抗提单的受让人，这样就保证了提单的流通性。

最后，提单是承运人交付货物的凭证。不记名提单和指示提单具有流通性，承运人在目的港向提单持有人或合法受让人交货。提单持有人对在途货物有处分权。

2. 租船合同

租船合同包括航次租船合同、定期租船合同、光船租船合同。租船合同必须采用书面形式，例如电报、电传、传真的方式签订租船合同。实践中，租船合同需要经过询租、报价、还价、接受等步骤。

（1）航次租船合同

航次租船合同又称为航程租船合同，是指航次出租人向承租人提供船舶或者船舶的部分舱位，装运约定的货物，从一个港口运至另一个港口，由承租人支付约定的运费。航次租船合同中，出租人保留船舶的所有权和占有权，并由其雇佣船长和船员，船舶由出租人负责经营管理，由出租人承担船员工资、港口使用费、船用燃料、港口代理费等费用。承租人除依合同约定负担装卸等费用外，不直接参与船舶的经营。

为了简化合同的谈判过程，降低交易成本，国际上的航运组织制定了一些租船合同标准格式。目前，国际上最常用的航次租船合同格式是《统一杂货租船合同》（The Baltic and International Maritime Council Uniform General Charter），租约代号 GENCON（金康合同），主要内容有：船舶说明条款、预备航次条款、货物条款、装卸期间、运费条款、出租人责任条款。

（2）定期租船合同

定期租船合同是指船舶出租人向承租人提供约定的由出租人配置船员的船舶，由承租人在约定的期限内按约定用途使用，并支付租金。

定期租船合同与航次租船合同的不同之处在于：首先，定期租船合同中租船人承担航次成本，因此定期租船合同中会约定燃油消耗量和航速；其次，定期租船中，时间损失由租船人承担，因此会就停租做出约定；最后，定期租船合同中，船舶的经营权归租船人，船东为了保证船舶的安全，会在定期租船合同中加入有关航区、可装运货物范围等条款。目前，国际上通用的定期租船合同格式主要是《纽约土产交易所租期合同》（New York Produce Exchange Time Charter），租约代号 NYPE（纽约格式），以及中国租船公司制定的《中国定期租船合同标准格式》（China National Chartering Corporation Time Charter Party），租约代号 SINOTIME1980。❶ 定期租船合同的主要条款包括：船舶说明、交船、租期、合同解除、货物、航行区域、船东提供的事项、租船人提供的事项、租金支付及撤船、换船、停租、船东责任及豁免、使用与赔偿、转租、共同还算、佣金、仲裁等条款。

（3）光船租赁合同

光船租赁合同是指船舶所有人提供不配备船员的光船，由租船人雇佣船员，在约定期限内占有、使用船舶，并支付租金。光船租赁合同具有财产租赁合同的性质，因为船舶出

---

❶ 《中国定期租船合同标准格式》较多地维护租船人的利益。

租人保留船舶的所有权,不提供劳务服务,船舶的占有权、使用权、运营权转移给承租人。承租人雇佣船员,在合同约定的范围内进行船舶的经营,并承担经营中发生的风险和责任。光船租赁合同中,船东只有义务提供适航船舶和相关文件,不对运输业务中产生的责任负责。

光船租赁合同通常包括:出租人和承租人信息、船舶信息(船名、船级、吨位、容积等)、航区、用途、租船期间、交船和换船的时间及地点、船舶检验、船舶保养维护、租金及支付、船舶保险、合同解除等条款。

(二) 国际货物多式联运

国际货物多式联运是指联运经营人以一张联运单据,通过两种以上的运输方式将货物从一个国家运至另一个国家的运输。国际货物多式联运是在集装箱运输的基础上产生并发展起来的新型运输方式,将海上运输、铁路运输、公路运输、航空运输和内河运输等传统的运输方式结合在一起,确保运输速度快、运费低、货物不易受损。

海上运输、铁路运输、公路运输、航空运输等传统运输方式的运输责任制度各有不同,例如,陆上运输适用有关公路运输和铁路运输的法律,海上运输则适用海牙规则的规定。为了解决这个问题,国际商会 1973 年制定了《联运单证统一规则》(Uniform Rules for a Combined Transportation Document),该规则采用了区段责任制度和统一责任制度相结合的制度,即在确知货物损失或灭失的运输区段时,适用区段责任制,由参加联运的各区段实行分段负责。在未能确定货物损失或灭失发生的运输区段时,采用统一责任制,由联运经营人对联运期间任何地方发生的货损对托运人负赔偿责任。需要注意的是,《联运单证统一规则》没有强制约束力,当事人可以自由选择适用与否。

根据我国海商法的相关规定,多式联运是指多式联运经营人以两种以上的不同运输方式,其中一种是海上运输方式,负责将货物从接收地运到目的地交付收货人,并收取全程运费的合同。多式联运经营人的责任期间自接收货物时起至交付货物时止。多式联运经营人负责履行或组织履行联运合同,对全程负责,可以与各区段承运人约定相互之间的责任,但这类约定不得影响经营人的全程责任。货物灭失或损坏发生于某一区段的,联运经营人的赔偿责任和赔偿限额适用调整该区段运输方式的有关法律的规定;不能确定区段的,应适用海商法规定的承运人赔偿责任和责任限额。

(三) 国际航空货物运输

航空货物运输具有速度快、安全性高、破损率低、不受地面条件限制等特点,主要用于贵重物品、电子设备、精密仪器等货物的运输。

国际航空货物运输主要分为班机运输、包机运输和集中托运。班机运输是指飞机按固定时间、固定航线、固定始发站、固定目的站进行定期航行的货物运输。包机运输可细分为整包机和部分包机。集中托运是指航空货运代理公司将若干单独发运的货物组成一整批货物,用一份总运单将货物整批发运到目的地的航空运输。

国际航空货运合同是由航空运输公司或其代理人与托运人签订的关于由航空公司将托运人的货物由一国的航空站运至另一国的航空站而由托运人支付约定运费的运输合同。

国际航空货运合同的当事人为承运人和托运人。承运人是从事航空运输业务的航空公司，托运人为货主。航空运输是一项专业性较强的运输业务，因此一般货主会委托国际航空货运代理来办理有关航空货物运输的事宜。

航空运单（air waybill）是由承运人出具的证明承运人与托运人已订立了国际航空货物运输合同的运输单证。航空运单一式三份，一份交承运人，托运人签字；一份交收货人，托运人与承运人签字；一份交托运人留存，承运人签字。航空运单由托运人或其代理与承运人或其代理签署后方能生效。与海运提单不同，航空运单不是货物物权的凭证，其理由是航空运输速度快，没有必要通过转让单证来转移货物的所有权。航空提单的作用是：航空货运合同的证明、承运人接收货物的证明、收货人负担费用和代理费用的凭证、办理报关手续的基本单证、作为保险证书。

根据我国已批准的《统一国际航空运输某些规则的公约》（Convention for the Unification of Certain Rules to International Air Carriage，简称"蒙特利尔公约"），在连续空运的情况下，每一个承运人仅就其运输区段范围内作为运输合同的一方。除明文规定第一承运人对全称运输承担责任外，行使索赔权利的人只对发生事故或延误时履行该运输的承运人提起诉讼。托运人有权对第一承运人提起诉讼，收货人有权对最后承运人提起诉讼。托运人和收货人有权对发生毁灭、遗失、损坏或延误的运输区段的承运人提起诉讼，上述承运人承担连带责任。

第十二章

国际工程保险法律与合约

国际工程项目所涉金额大、所面临的风险源多且风险高。为了更好地管理国际工程项目面临的风险、降低相关各方的损失，最大程度上确保国际工程项目能够在面临风险时不至于半途而废或无力修补缺陷，工程保险应运而生。

工程保险紧密围绕工程行业的特点而设置，且不同专业的工程项目，因其风险源不同，工程保险也有相应的不同。相比较于国内工程项目，国际工程所面临的风险源更广、风险发生的概率更高，因此，国际工程保险在实务中更加复杂。

国际工程保险几乎伴随国际工程项目的全生命周期。在国际工程项目的不同阶段，存在相应阶段的工程保险，如设计阶段的设计责任险，施工阶段的建筑/安装工程一切险以及竣工后的十年责任险等，另外还有大量其他相关的保险，如货物运输险、人身险等。

国际工程保险所涉法域较多，如投保人所在法域、受益人所在法域、项目所在法域、再保险人所在法域等。此外，保险一般属于金融行业，每个国家都会对其进行较为严格的管控，因此，国际工程保险的投保和承保往往受到严格的法律规制。

工程保险事故一旦发生，投保人、受益人和承保人应当严格按照保险合同进行索赔和理赔，因此，保险当事人之间签订一份符合具体国际工程项目实际的保险合同不仅有利于降低保险事故发生的概率，也会促进保险索赔和理赔的顺利进行。

第一节　国际工程保险概述

国际工程项目工期长，有些大型工程可能持续数年时间。同时，国际工程项目一般都涉及多个方面，尤其是 EPC 总承包合同，承包商需要负责设计、采购、施工、试运行等工作，而这些项目活动开展过程中，承包商会随时遇到各种不可预测和无法控制的意外事件，而且这些事件有时可能会造成巨大的损失和严重后果。

以利比亚为例，2011 年该国爆发战争时，中国企业参与的利比亚境内大型项目共有 50 个，涉及劳务人员 3.3 万人，涉及合同金额约为 188 亿美元。战争爆发后，中方驻利比亚的企业基本都停止了施工，工程项目被迫暂停，设备、工程款等被迫搁置甚至放弃。根据我国商务部的统计数据显示，在 13 家中国央企参与的利比亚投资项目中，保险覆盖率仅为 5.68%，只能获得不足 4 亿美元的赔付，而众多民营企业在利比亚的投资损失因缺少保险而无法得到弥补。

一、国际工程保险

国际工程项目金额大、复杂程度高、周期长，面临多种多样的风险，而且，相比较于国内工程，风险发生概率较高。一般国际工程项目中可能遭遇的风险大致有：政治风险，如战争、政府干预、国家立法等；金融风险，如汇率波动等；建造和运营阶段的与工程紧密相关的风险，如财产损失、人员伤亡、设备及材料毁损灭失等。这些风险大多是承包商无法预见和不可控的，一旦发生，往往损失很大，后果严重。

一般来讲，对于国际工程的风险，承包商可以采取的措施有风险自留、风险控制、风险规避和风险转移等措施。这其中，风险转移主要体现为将风险转移给更能控制该风险的一方，或者以购买保险的方式将风险转移给保险人。1929 年，英国的保险公司首次对于泰晤士河上建设的拉姆贝斯大桥工程承保了一切险。第二次世界大战后，基于战后重建而形成的对工程保险的需求以及工程市场本身的规范化，工程类保险得以迅速发展。时至今日，对国际工程项目投保，将参与工程建设的组织和个人面临的风险转移给保险人，已成为国际工程项目中采用的最普遍、最有效的风险管理手段之一。

二、国际工程保险参与方

（一）投保人及其主要责任

投保人（Policy Holder）是指与保险人订立保险合同的直接当事人。投保人必须具有民事行为能力，并且对保险标的具有合法且确定的保险利益❶。在国际工程合同中，合同的主要参与方一般均具有保险利益，均可以作为投保人或被保险人。

1. 给付保险费用的义务

作为保险人承担保险责任的对价，投保人应依照保险合同的约定支付保险费用。通常情况下，保险费用包括纯保费和附加保费，前者是备作保险事故发生给付保险金之用，后者是各种营业费用、资本利息或预计的利润等，二者相加就是保险费用。投保人应按照保险合同约定的方式和金额将保险费用交付保险人。❷国际工程保险中，保险费用一般按照工程的不同类型收取不同的保险费率，例如：施工用机器、设备的保险费率一般采用年费率；对工程实体本身则采用工期费率。

2. 如实告知义务

订立保险合同时，保险人可以就保险标的的有关情况提出询问，投保人应当如实告知，例如，德国《保险合同法》第19条规定："在订立保险合同前，对于保险人以书面方式询问的对其决定订立保险合同有重要影响的事实，投保人应当向保险人如实告知。"投保人不履行或不正确履行如实告知义务的，保险人可以不承担赔偿或给付保险金的责任。

3. 通知义务

投保人的通知义务包括保险标的的危险增加时的通知义务和保险事故发生时的通知义务。

保险标的的危险增加是指保险责任范围内的灾害事故发生的可能性增加，可能导致保险费率的增加、保险合同的解除，而且这种危险程度增加的情形是合同当事人订立合同时无法预见的。保险合同有效期内，保险标的的危险增加时，投保人或被保险人应按照合同约定及时通知保险人，此时保险人有权要求增加保险费或解除合同。❸投保人或被保险人不履行危险增加时的通知义务的，可能导致保险人不再承担赔偿责任。❹

为使保险人调查损失、确定责任、保护保险标的、阻止损失的扩大、准备赔偿和支付保险金，投保人、被保险人或受益人知道保险事故发生后，应在法律或合同约定的时限内通知保险人。例如，《意大利民法典》第1913条规定，被保险人应当自保险事故发生或被保险人知道保险事故发生的3日内，向保险人或有缔约权限的保险代理人发出保险事故发生的通知。如果投保人、被保险人或受益人因故意或重大过失未及时通知，应承担法律和

---

❶ 《中华人民共和国保险法》第12条：人身保险的投保人在保险合同订立时，对被保险人应当具有保险利益。财产保险的被保险人在保险事故发生时，对保险标的应当具有保险利益。人身保险是以人的寿命和身体为保险标的的保险。财产保险是以财产及其有关利益为保险标的的保险。被保险人是指其财产或者人身受保险合同保障，享有保险金请求权的人。投保人可以为被保险人。保险利益是指投保人或者被保险人对保险标的具有的法律上承认的利益。

❷ Mac Gillivray, "Insurance Law", 9th Edition, London Sweet and Maxwell, 1997, p.155-156.

❸ 例如，日本《合同法》第29条规定："在损害保险契约缔结后发生危险增加的情形下，即使将保险费变更为增加后的危险相对应值金额而该损害保险契约得以存续，保险人在满足下列所有要件的情形下依然可以解除该损害保险契约：一、该损害保险契约规定，涉及该危险增加的告知事项的内容发生变更时投保人或被保险人应及时通知保险人；二、投保人或被保险人由于故意或重大过失未能履行前项之通知的。"

❹ 例如，《中华人民共和国保险法》第五十二条第2款规定："被保险人未履行欠款规定的通知义务的，因保险标的的危险程度显著增加而发生的保险事故，保险人不承担赔偿保险金的责任。"

合同规定的后果：保险人有权减少损害赔偿金、对无法确定的部分不承担赔偿或给付保险金的责任。

4. 提供证明和资料的义务

保险事故发生后，保险人为了确定保险事故是否发生以及发生的原因及赔偿范围或保全其代位权等所需的资料，应由投保人、被保险人或受益人提供或举证。保险的最终目的是受损时能得到赔偿，因此，索赔成功有赖于及时地把保险事故发生的时间、地点和原因以及有关的保险单证的号码、保险标的、保险时限等事项一并告知保险人，特别是应当向保险人提供其所能提供的与确认保险事故的性质、原因、损失程度等有关的证明和资料，而且这些证明和资料应当是真实、准确和完整的。保险人认为证明或资料不完整的，可以通知投保人、被保险人或受益人补充提供，以便保险人迅速确认保险事故，做好理赔服务。

(二) 保险人及其主要责任

保险人（Insurer）是指与投保人订立保险合同，并按照合同约定承担赔偿或者给付保险金责任的实体。因为保险行业具有风险性、负债性、广泛性和保障性等特征，❶ 因此，各个国家对保险人的资格均有限制。首先，保险人必须是依法设立的保险公司或其他保险经营组织，其他法人和个人不得从事保险业务；其次，保险人必须在法律规定的业务范围内从事保险业务。

1. 赔付义务

保险合同中，赔付是保险人的首要义务，即保险事故发生后，保险人应依照保险合同的约定对保险事故作出核定，并且对被保险人的损失予以赔偿，或者向受益人支付保险金。如果保险人违反赔付的义务，则构成违约，除支付保险金外，还要赔偿被保险人或受益人由此遭受的损失。另外，保险法中一般还存在"先予给付"的制度，即保险人难以确定赔偿或给付保险金数额的情况下，保险人自收到赔偿或给付保险金的请求和证明及资料之日起的法定期限内，有义务根据已有证明及资料可以确定的数额先予支付，待确定最终的赔偿或保险金数额后，再支付相应的差额。

2. 承担必要费用的义务

保险事故发生后，其造成的损失大小通常与事故的发展有密切关系，因此，各国保险法均规定保险人应当承担必要的费用，如减损费用、损失勘察费用、仲裁或诉讼费用等。

保险标的发生保险事故时，必须对保险事故的原因、性质及保险标的的损失程度、数量和价值进行调查及认定。此种情况下，一般由保险人与被保险人直接协商处理，或者在双方不能就上述内容达成一致意见时，可以聘请技术专家或鉴定机构进行专业调查和评估，而费用由保险人承担。如果涉及与保险有关的争议解决，如诉讼或仲裁，由于被保险人的诉讼或仲裁关系保险人的切身利益，除非保险合同另有约定，保险人通常需要承担被保险人的诉讼或仲裁费用以及其他必要费用。

---

❶ 梁宇贤. 保险法新论. 北京：中国人民大学出版社，2004：38.

(三) 保险合同的关系人

1. 被保险人

被保险人（Insured）并非保险合同的当事人，但受保险合同的影响，是保险合同的关系人。被保险人的财产或人身受保险合同保障，享有保险金的请求权、同意权、指定受益人等权利。

2. 受益人

受益人（Beneficiary）是指保险合同中由被保险人或投保人指定的享有保险金请求权的人。投保人或被保险人可以是受益人。投保人或被保险人变更受益人的行为属于单方法律行为，只要做出变更的意思表示，变更行为即完成，是否通知保险人不影响变更行为的效力。但是，为了保护保险人的信赖利益，防止保险人因不知道投保人、被保险人的变更行为而将保险金支付给原受益人，投保人或被保险人变更受益人后，应通知保险人，否则对保险人不产生效力。

(四) 保险合同的辅助人

保险中介机构主要包括保险代理人、保险经纪人、保险公估人。此外，其他一些专业领域的机构或个人也可以从事某些特定的保险中介服务，如保险精算师事务所、事故调查机构和律师等。

1. 保险代理人

保险代理人（Insurance Agent）是根据保险人的委托，向保险人收取佣金，并在保险人授权范围内代为办理保险业务的机构或个人。保险代理人的代理权来源于保险人的委托授权，其主要职责是代理保险人承接保险业务，代为保险人签发保险单或批单。

由于保险代理人的行为产生的法律后果归属于保险人，所以伴随利益而来的责任由保险人承受。保险代理人不享有因在保险人授权范围内办理保险业务而产生的权利和利益，也不应承担由此产生的责任。投保人可以向保险人主张保险代理行为的效力，并要求保险人受该行为的约束，承担该行为产生的义务和责任。

2. 保险经纪人

保险经纪人（Insurance Broker）是指为投保人提供投保、缴费、索赔等中介服务，并向承保保险人收取佣金的机构或个人。保险经纪人与保险代理人的区别在于前者代表投保人与保险人或其保险代理人协商保险合同，并为投保人提供风险管理、保险安排、协助索赔与追偿等全过程服务。

3. 保险公估人

保险公估人（Insurance Intermediary）是指接受保险人、投保人或被保险人的委托，专门从事保险标的或保险事故评估、勘验、鉴定、估损理算等业务，并按约定收取报酬的机构。保险公估人基于独立的立场，对委托事项做出客观、公正的评价，为保险合同当事人提供服务。保险公估人既可以受托于保险人，也可以受托于被保险人，但必须具有独立性和公正性，必须尊重客观事实，不能偏向于任何当事人。

根据保险公估执业过程中的顺序标准，保险公估人可分为承保公估人和理赔公估人。承保公估人是在投保人投保后，保险人承保前，从事保险标的价值评估和风险评估的保险公估人，其提供的查勘报告是保险人评估风险、审核承保能力的重要依据。理赔公估人是指保险事故发生后，受当事人委托进行保险标的检验、估损和理算的专业保险公估人，具体可细分为损失理算师、❶ 损失鉴定人❷和损失评估人。❸

第二节　国际工程保险险种

国际工程保险险种主要有建筑/安装工程一切险、第三方责任险、逾期利润损失险、施工机具保险、劳工补偿险、雇主责任险、运输险、设计责任险、出口信用保险、十年责任险等。

一、建筑/安装工程一切险

建筑/安装工程一切险是以建筑/安装工程中各种财产（包括工程本身以及用于工程的设备、材料）为保险标的的保险，其承保的责任范围主要是保险责任期内，由于自然灾害或意外事故造成的直接物质损失。

案例：老挝会兰庞雅水电站项目

老挝会兰庞雅水电站项目合同工期为 60 个月，于 2010 年 11 月开工，中国葛洲坝集团公司为该项目的 EPC 总承包商。该项目建筑工程一切险的保险人为中国人民财产保险股份有限公司。

2013 年 9 月，老挝南部地区遭遇暴雨袭击，造成老挝会兰庞雅水电站项目的引流系统道路被冲毁、大坝左坝肩塌方及厂房 22kV 输电线路倒塌。事故发生后，总承包商在 24 小时内向保险公司书面报案，报损金额 260 万元，保险人接到报案后 1 周内委托公估人到现场进行查勘。总承包商在事故发生后 20 天内向保险公司提供了理赔资料，随后，保险人在 2 个月内完成了赔款计算和审核，定损金额 213 万元，扣除免赔额 80 万元，保险人向总承包商实际支付 133 万元。❹

工程一切险涉及面较广，投保人在签订合同时要特别注意保险标的及责任范围、保险责任期限、免赔额、除外责任、受损工程计量定价办法等方面，尽量将工程的附属工程和临建工程纳入保险责任范围内，并结合项目实际或按照预计损失额确定合理的免赔额。

（一）建筑工程一切险

建筑工程一切险（Construction All Risk Insurance）承保的是各类建筑工程，包括各类以土木建筑为主体的工业、民用和公共事业用的工程，包括：

（1）由承包商实施的全部永久工程和临时工程及材料，包括准备工程，如便道的土

---

❶ 损失理算师是指在保险事故发生之后，计算损失赔偿金额，确定损失分担赔偿责任的理赔公估人。
❷ 损失鉴定人是指在保险事故发生之后，判断事故发生原因，确定事故责任归属的理赔公估人。
❸ 损失评估人在英美等国家是指受被保险人单方面的委托，为了被保险人的利益办理保险标的损失查勘和计算得人。
❹ 刘银友. 浅析国际项目建筑工程一切险的理赔. 经营与管理，2016，23（8）：134.

方、水准测量;临时工程,如引水、保护堤、混凝土生产系统;在建的永久性主体工程;存放于项目现场的施工所需的材料。

(2) 施工用机械、设施和设备,包括大型路上运输和施工机械、吊车及不能在公路上行驶的工地用车辆,无论是否属于承包商还是其租赁物资;活动房、存量库、配料棚、搅拌站、脚手架、水电供应设施及其他类似设施。

(3) 场地清理费,即发生灾害事故后,为清理项目现场所必须支付的费用。

(4) 项目现场范围内的已有建筑物。

(5) 保险单上列明的项目现场的其他财产。

建筑工程一切险的投保人可以是业主,也可以是承包商。国际工程实践中,多数合同约定由承包商负责投保建筑工程一切险。被保险人可以是业主、总承包商、分包商、监理工程师、与工程有密切关系的法人或个人(如贷款银行、投资人等),被保险人必须是工程实施期间承担风险责任或具有利害关系即可保利益的人。如果被保险人不止一家,则各被保险人的权利以不超过其对保险标的的可保利益为限。

建筑工程一切险的责任范围是承保工程在整个建设期间因自然灾害或意外事故造成的物质损失,以及被保险人依法应承担的第三方人身伤亡或财产损失的民事损害赔偿,包括但不限于:火灾、爆炸、雷击、飞机坠毁等救助造成的损失;自然灾害造成的损失;盗窃和抢劫,但被保险人或其代表授权或默许的除外;由于人员缺乏经验、疏忽、过失、恶意行为或无能力等对保险标的所造成的损失;原材料缺乏或工艺不妥所引起的事故的损失;保险合同中除外责任以外的其他意外事件。

建筑工程一切险的除外责任是指保险人不予赔偿的情况,通常包括:被保险人及其代理人的严重失职或蓄意破坏而造成的损失、费用或责任;战争、类似战争的行为、敌对行为、武装冲突、没收、征用、罢工、暴动引起的损失、费用或责任;核反应、辐射或放射性的污染引起的损失、费用或责任;自然磨损、氧化、锈蚀;设计错误造成的损失、费用或责任;因施工机具本身原因造成的损失;换置、保修或校正保险标的本身原材料缺陷或工艺不善所支付的费用;部分或全部停工引起的损失、费用或责任;文件、账簿、票据、现金、有价证券、图表资料的损失;各种后果的损失,如罚金、延误损害赔偿、解除合同,有公共运输拍照的车辆、船舶和飞机的损失,盘点货物时发现的损失,建筑工程第三方❶责任险规定的责任范围和除外责任。

建筑工程一切险一般自工程开工之日或开工前工程用料卸载至项目现场之日开始生效,两者以先发生者为准。保险终止之日一般为工程竣工验收之日或者保险单上列出的终止日,两者也以先发生者为准。

(二) 安装工程一切险

安装工程一切险 (Erection All Risks Insurance) 主要承保机械和设备在安装过程中因

---

❶ 建筑工程第三方是指除保险人和被保险人以外的人员,但不包括被保险人所雇佣的在现场从事施工的人员。如果一项工程中有两个或更多被保险人时,为避免被保险人之间相互追偿第三方责任,由被保险人申请,经保险人同意,可增加"交叉责任"险,即除所有被保险人的雇员及保险单中承保的物质标的外,保险人对保险单所载每一个被保险人均视为单独保险的被保险人,对他们之间的相互责任而引起的索赔,保险人均视为第三方责任赔偿,不再向负有赔偿责任的被保险人追偿。

自然灾害和意外事故所造成的物质损失、费用损失和第三方损害的赔偿责任,包括:安装项目:安装工程和主体内要求安装的机器、设备、装置、材料、基础工程(如地基、基座等)以及所需的临时设施(如水、电、照明和通信设备等);土木建筑工程项目,如果土木建筑工程项目在合同总价中占比较低,一般按照安装一切险投保;反之,则属于建筑工程一切险;场地清理费;业主、承包商在项目现场的其他财产。

安装工程一切险的除外责任一般有:由结构、材料或制造错误导致的损失;由非外部原因造成的安装设备内部机构或电动性能的干扰(此类干扰造成的安装事故在承保范围内);因被保险人或其代表故意破坏或欺诈行为而造成的损失;因功率或效益不足而导致的合同罚款或其他非实质性损失;由战争、类似其他事件或政府当局命令而造成的损失;因罢工或骚乱而造成的损失;由原子核裂变或核辐射造成的损失。

安装工程一切险一般在保险单列明的起始日期的前提下,自投保工程的开工之日或第一批被保险项目被卸载到项目现场时保险责任生效,两者以先发生者为准。安装工程一切险的终止日一般是安装完毕验收通过验收之日或保险单上列明的终止日,两者也以先发生者为准。

二、第三方责任险

第三方责任险(Third Party Liability Insurance)是指被保险人依法应对第三方承担损害赔偿责任时,由保险人根据保险合同的约定向第三方支付赔偿金的财产保险。

第三方责任险的承保范围一般包括:被保险人在工程实施期间对第三人造成人身伤害和财产损失而依法承担的赔偿责任,以及由此发生的抗辩费用或诉讼费用;工程移交后,质保阶段对第三人造成人身伤害和财产损失而依法承担的赔偿责任,以及由此发生的抗辩费用(诉讼费用);或者工程移交后,因被保险人提供的产品或服务有瑕疵而导致意外事故发生,进而造成第三人人身伤害和财产损失的赔偿责任和抗辩费用或诉讼费用。

三、预期利润损失险

预期利润损失险(Advance Loss Profits Insurance)通常作为建筑/安装工程一切险的附加险,主要承保工程项目施工期间,由于直接物质损失而引起的工期延误等进一步导致预期利益及其他间接经济损失。

案例:广东九江大桥坍塌事件

2007年6月,广东九江大桥因垮塌造成严重损失。该桥业主佛开高速公路有限公司投保了保额为2.8亿元的财产一切险和300万元的公众责任险,但没有为大桥投保利润损失险。由于大桥修复工作耗时很长,期间因营业中断而造成的损失高达上亿元。这意味着业主将独自承担大桥修复期间无法运营带来的经济损失。[1]

预期利润损失险的承保以拥有财产险保单为前提和基础,即只有投保了财产险,预期利润损失险才予承保。同时,预期利润损失险的赔偿以财产险发生损失和得到赔偿为前

---

[1] 杜逸冬. 对利润损失险发展思路的思考. 时代金融,2013,12(538):167.

提，即以财产险的责任范围为基础，其赔偿也受制于财产险。

四、施工机具设备险

施工机具设备险是以承包商和（或）分包商所有的为执行工程项目所使用的以及由承包商和（或）分包商应当负责的施工机具、设备为保险标的的保险。对于施工机具设备险，承包商可以选择单独的施工机具投保，也可以在建筑/安装工程一切险中进行扩展承保，但具体如何操作还需要考虑项目所在国和保险市场的实际情况，有些国家允许将施工机具设备险纳入建筑/安装工程一切险中，但在一些国家仍然要求单独投保施工机具设备险。❶

施工机具设备险承保的责任范围主要是保险责任期内，由于自然灾害、意外事故、工作人员不当操作等所造成的直接物质损失，包括：工程机械设备保险，如台风、龙卷风、暴雨、洪水、地面坍塌、突发性滑坡、碰撞、倾覆等；第三方责任保险，如施工机具设备导致的项目现场及邻近区域的第三方人身伤亡或财产损失；计取损坏保险，如设计、制造或安装错误、制造和原材料缺陷；离心力引起的断裂、合格操作人员失误、缺乏经验、疏忽等行为；漏电、超电压、短路等电气原因。

五、劳工补偿险/雇主责任险

劳动补偿险和雇主责任险是指针对承包商及其分包商或与执行工程有关的雇员和劳工，因受到伤害、疾病及死亡情形的保险。

实践中，中国承包商确定劳工补偿险/雇主责任险费用时需要考虑三面因素：（1）项目所在国的法定劳工补偿险，如社会保险；（2）项目所在国对雇主责任险的法定要求；（3）公司给非项目所在国员工缴纳的中国的社会保险是否能够被项目所在国承认。

（一）劳工补偿险

劳工补偿险通常是基本的社会保险，指劳动者因工负伤或因在有害劳动者身体健康的环境中工作而患职业病时所获得物质帮助的一种社会保险制度，具有强制性、社会性、互济性、保障性和福利性的特点。

（二）雇主责任险

雇主责任险是责任险的一种，属于广义上的商业财产保险的范畴，具有补偿性特点。雇主的责任主要有两方面：一是雇主对其雇佣的人员在受雇佣期间执行工作任务时因发生意外或因职业病造成人身伤残或死亡时负有的经济补偿责任，包括自身的故意行为、过失行为以及无过失行为所导致的雇员人身伤害赔偿责任；二是雇员在执行工作任务中对第三方造成的伤残或者死亡的替代责任。

雇主责任险依照有关法律或雇佣合同对雇员的人身损害承担赔偿责任，其赔偿必须以

---

❶ 谢立志. 浅谈国际工程施工设备的保险和理赔. 经营与管理，2011，18（3）：85.

雇主对雇员的人身伤害承担赔偿责任为前提，雇主投保并缴纳保费，损害赔偿金交给雇主，不直接交给雇员。

六、运输险

运输险主要承保以被保险货物为保险标的，在陆运、海运、内河运输、驳船、空运和邮包运输中保险标的发生损毁和灭失的风险。国际工程项目中，承包商需要从不同的国家采购工程用设备和材料，并将之以多种运输方式运至项目所在国的现场。为了避免运输途中的风险，承包商按照运输方式的不同向保险公司投保不同的险种。

运输险中，投保人投保的险种是保险人承担保险责任的依据。不同的险种，对保险标的的保证程度不同，保险公司所收取的保险费用也有所差别。目前，国际工程项目中海运一般选择投保一切险，根据保险标的的商业发票按货值的110%投保（货物重置费＋清关等费用），投保基数选择保险标的的抵达项目现场的价格，这样可以避免海运和陆运两次投保，同时也方便了投保人在保险标的出现险情后责任的划分。

运输险的保险单中主要记录被保险人的名称、保险标的的品名、标记、数量、包装、保险金额、运输工具名称、开航日期及起讫地点、投保险种、投保日期等信息。

（一）海上运输险

1. 海上运输基本险

海上运输基本险是指投保人可以单独选择的平安险、水渍险或一切险。

（1）平安险（Free from Particular Average，F. P. A.）

平安险下，保险人承保的责任范围主要是：被保险货物在运输途中由于恶劣气候、雷电、海啸、地震、洪水自然灾害造成整批货物的全部损失或推定全损；由于运输工具遭受搁浅、触礁、沉没、互撞、与流冰或其他物体碰撞以及失火、爆炸意外事故造成货物的全部或部分损失；在运输工具已经发生搁浅、触礁、沉没、焚毁意外事故的情况下，货物在此前后又在海上遭受恶劣气候、雷电、海啸等自然灾害所造成的部分损失；在装卸或转运时由于一件或数件整件货物落海造成的全部或部分损失；被保险人对遭受承保责任内危险的货物采取抢救、防止或减少货损的措施而支付的合理费用，但以不超过该批被救货物的保险金额为；运输工具遭遇海难后，在避难港由于卸货所引起的损失以及在中途港、避难港由于卸货、存仓以及运送货物所产生的特别费用；共同海损的牺牲分摊和救助费用；运输合同中有"船舶互撞责任"条款的，根据该条款的约定应由货物所有人一方偿还船方的损失。

（2）水渍险（With Particular Average，WPA）

水渍险的承保范围大于平安险，即除了平安险所包括的责任范围外，还覆盖保险标的由于恶劣气候、雷电、洪水等自然灾害所造成的全部或部分损失。

（3）一切险（All Risks）

一切险是海上运输基本险中承保范围最大的险种，其在水渍险承保范围的基础上又增加了由于一般外来风险所造成的全部或部分损失。需要注意的是，一切险并非承担一切损失，保险人对于承运人或收货人的过失和故意行为、保险标的的特性、运输延迟、自然损耗、战争、罢工等引起的损失不承担赔偿责任。

2. 海上运输附加险

除基本险外，国际工程项目中，承包商根据自身和项目实际情况可能需要加保各种附加险。附加险不能单独承保，只能在投保基本险的基础上加保，其承保的是除了自然灾害和以外事故以外的各种外来原因所造成的损失。附加险可进一步细分为一般附加险和特殊附加险：

第一，一般附加险。保险人承保的一般附加险包括盗窃、提货不着险、淡水雨淋险、短量险、混杂沾污险、渗漏险、碰损破损险、串味险、受潮受热险、钩损险、包装破裂险和锈损险。

第二，特殊附加险。特殊附加险承保由于上述一般附加险以外的外来原因引起的特殊风险造成的损失，主要有战争险、罢工险、进货不到险、进口关税险、舱面险和拒收险。

（二）陆上运输险

陆上运输险包括作为基本险分为陆运险和陆运一切险，以及作为附加险的路上运输货物战争险。

陆运险责任范围：被保险货物在运输途中遭受暴风、雷电、洪水、地震等自然灾害或由于运输工具遭受碰撞倾覆、出轨或在驳运过程中因驳运工具遭受搁浅、触礁、沉没、碰撞，或由于遭受隧道坍塌、崖崩或失火、爆炸等意外事故造成的全部损失或部分损失；对遭受承保责任内危险的货物采取抢救，防止或减少货损的措施而支付的合理费用，但以不超过该被救货物的保险金额为限。

陆运一切险责任范围一般为：除陆运险责任外，保险人还负责保险标的在运输途中由于外来原因所致的全部或部分损失。

（三）航空运输险

航空运输类保险分为航空运输险和航空运输一切险。其中，航空运输险负责赔偿被保险货物在运输途中遭受雷电、火灾、爆炸或由于飞机遭受恶劣气候或其他危难事故而被抛弃，或者由于飞机遭受碰撞、倾覆、坠落或失踪意外事故所造成的全部或部分损失；航空运输一切险负责赔偿除上述航空运输险的责任外被保险货物由于外来原因所致的全部或部分损失。航空运输险承保责任内的货物遭受危险时，被保险人应根据保险合同的约定履行抢救的义务，承担因采取防止或减少货损的措施而产生的费用，但这种义务通常以不超过该批被救货物的保险金额为限。

航空运输类保险的除外责任通常包括：被保险人的故意行为或过失所造成的损失；发货人责任造成的损失；保险责任开始前，被保险货物已存在的品质不良或数量短缺所造成的损失；被保险货物的自然损耗、本质缺陷、特性及市价跌落、运输延迟所引起的损失或费用；保险合同中约定的其他除外责任，例如航空运输货物战争险和货物运输罢工险条款中约定的除外责任。

航空运输类保险负"仓至仓"责任，自被保险货物运离保险单所载明的起运地仓库或储存处所开始运输时生效，包括正常运输过程中的运输工具在内，直至该项货物运达保险单所载明目的地收货人的最后仓库、储存地或被保险人用作分配、分派或非正常运输的其

他储存地为止。如果在保险合同约定的期限内被保险货物需要转运至非保险单载明的目的地，则该项货物开始转运时保险责任结束。❶

（四）50/50 条款

国际工程保险实务中存在 50/50 条款（50：50 Clause），即运输险和安装工程一切险责任分担条款。当机器设备抵达项目现场后，外包装良好，但开箱后发现货物损坏，且无明显证据确定损失发生的时间和损失产生的原因，这种情况下，该损失由工程一切险的保险人和货物承运人或其保险人各承担损失金额的 50%。

案例：

垃圾处理厂的业主与承包商对设备和原料进行投保，第一份保险承保设备和原材料在项目现场的损失，第二份保险承保设备和原材料在运输过程中的损失。两份保险均包含 50/50 条款。

垃圾处理厂的部分组件在罗马尼亚生产，然后通过海运和陆运的方式运抵项目现场。这批组件抵达项目现场 4-6 个月后，业主和承包商发现组件被挤压变形。业主认为挤压变形发生在运输途中，但承包商认为是组件运抵项目现场后被挤压变形的。根据两份保险中的 50/50 条款，如果无法确定损失发生在运输途中还是项目现场，则两份保险的保险人各自承担损失的 50%。❷

实践中，当运输险和安装工程一切险为同一保险人时，投保人和保险人通常会在保险合同中约定 50/50 条款。如果运输险和安装工程一切险中设置的免赔额不一致，则保险人可能分别需要从其承担的损失中各扣除 50% 的免赔额。❸

七、设计责任险

建设工程设计责任保险是工程设计单位根据保险合同的约定，向保险人支付保险费用，保险人对工程设计人员因过失造成事故、引起受害人（业主或第三方）人身伤害或财产损失承担赔偿责任的保险。❹

工程设计企业通常资产有限，但其承担的建设工程设计风险大，如法律风险（工程设计单位承担全部责任）、不合理的设计方案、取值不准、计算错误、设计不合标准、设计超出限值范围等。因此，设计责任险可以起到保护工程设计单位、业主、投资者和第三方合法权益的作用。

工程设计单位投保设计责任险时，保险人通过审查，为信誉好、设计质量可靠的设计单位提供保险，工程设计单位风险防范制度健全、人员水平高的，保险人收取较低的保险费用；反之，保险费用就较高。

工程设计单位投保设计责任险后，如果发生工程质量事故，保险人直接参与处理，由

---

❶ 李京平. 航空运输货物保险. 货运与保险，第 25 页。
❷ European Group Limited & Others v Chartis Insurance UK Ltd ［2012］ EWHC 1245（QB）.
❸ Imam Musjab，"Fifty-Fifty Clause"，资料来源：https：//ahliasuransi.com/fifty-fifty-clause/，访问时间：2018 年 9 月 12 日。
❹ 陈陈. 建设工程设计责任保险综述. 上海保险，2005（5）：38.

其聘请专家进行事故鉴定，聘请律师参加仲裁或诉讼，有利于客观查明工程质量事故的原因，公正地判断工程质量事故的责任。

(一) 设计责任险的种类

设计责任险的种类按期保险标的的不同，可分为综合年度险、单项工程险、多项工程险三种：❶

1. 综合年度险

综合年度险以工程设计单位一年内完成的全部工程项目可能发生的对受害人的赔偿责任作为保险标的的设计责任险，其年累计赔偿限额由该年设计项目所遇风险和出险概率来确定，保险期限为一年。

2. 单项工程险

单项工程险是指以工程设计单位完成的一项工程设计项目可能发生的对受害人的赔偿责任作为保险标的的设计责任险，其累计赔偿限额一般与该项目工程总造价相同，保险期限在保险合同中具体约定。

3. 多项工程险

多项工程险是指以工程设计单位完成的数项工程设计项目可能发生的对受害人的赔偿责任作为保险标的的设计保险。其累计赔偿限额一般为数个项目工程造价之和或一定比例，保险期限在保险合同中具体约定。

(二) 设计责任险的保险责任

设计责任险的保险责任一般包括以下四项内容：工程设计单位对造成建设工程损失、第三方财产损失或人身伤亡依法应承担赔偿责任；保险人事先同意的保险责任事故的鉴定费用；保险公司事先同意的为解决赔偿纠纷的仲裁费、诉讼费、律师费；保险责任事故发生后，工程设计单位为缩小和减轻应承担的赔偿责任所支付的必要、合理的费用。

八、政治风险保险

(一) 政治风险保险概述

政治风险具有风险来源因素众多、造成损失严重、企业应对难度大等风险。政治风险一旦发生，对企业造成的影响及损失都很大，国际工程项目以实体建筑的形式存在，无法转移，遭遇损失无法挽回，而且外国企业与东道国的政治地位不对等，很难获得有效赔偿。

政治风险不符合传统商业保险的风险模式，而且此类风险具有很大的聚集性，即单一事件可以造成多种不同的风险，但商业保险公司对此并无有效的风险应对能力，因而不愿为之提供保险。为此，一些国家为了保障本国企业和金融机构的海外利益，相继立法和成立的专门的政治风险保险机构，例如日本的《贸易和投资保险法》、英国的《海外出口担

---

❶ 陈陈. 建设工程设计责任保险综述. 上海保险，2005 (5)：38.

保和投资法》（Overseas Investment and Export Guarantees Act）和出口信用担保局（Export Credits Department）、美国的进出口银行（Export-Import Bank of United States）、韩国的《出口保险法》。国际工程实践中，中国承包商常用的政治风险承保机构是中国出口信用保险公司和世界银行多边投资担保机构（the Multilateral Investment Guarantee Agency-MIGA）。

（二）国际工程项目政治风险

国际工程项目面临的政治风险主要包括：

（1）货币汇兑风险。东道国禁止外国投资者将其资产兑换成货币或限制其转移的风险，如货币禁兑、外汇管制、兑换延迟等。

（2）政府征收风险。东道国政府剥夺外国投资者对投资的所有权、控制权的风险，如直接征用、间接征用、国有化、干扰处置等。

（3）政府违约风险。东道国政府难以或拒绝履行合同而投资者难以或无法求助于司法机关或仲裁机构，或者虽有裁决但东道国拒绝履行的风险，如解除合同、终止合同、不履行合同等。

（4）战争与内乱风险。东道国发生战争或内乱等而导致投资者的财产受到破坏、损失或消亡的风险，如战争、内乱、政局动荡、民族冲突、宗教冲突、恐怖袭击等。

（5）政府效率风险。由于东道国政府的工作效率低下等原因导致投资者利益遭受损失的风险，如贪污腐败、索贿、渎职、不作为等。

（6）政府政策干预风险。东道国政府出于各种原因出台不平等的法律法规或者其相关政策变化频繁的风险，如经济、保险、土地、劳务等政策的出台和变动。

（三）政治风险保险

截至目前，各国政治风险承保机构主要承保货币汇兑限制、征收、政府违约、战争、恐怖主义、内乱、主权债务等风险。

1. 货币汇兑限制险

货币汇兑限制险明确了限制汇兑的对象，即被担保投资的收益或者回收的资本所用的货币。例如，投资人无法自由将其投资所得、相关投资企业破产的清算收入以及其他收益兑换成可自由使用的货币，或者根据东道国的法律，无法将收益汇出东道国的情况均应被作为货币汇兑风险处理。导致货币汇兑风险的行为可以是东道国采取的主动行为，如明确以法律、法令或行政命令等手段禁止货币的兑换和转移，也可以是消极地限制货币兑换或汇出，如负责此类业务的政府机构长期拖延协助投资人兑换或汇出货币。

2. 征收和类似征收措施险

征收和类似征收措施险主要针对妨碍投资者享有其对投资的所有权或控制权、投资所得实质收益的行为。例如，对于股权投资，限制其对股权利益的控制权或自由处置权；对非股权直接投资，限制其对项目企业所主张收取约定支付的请求权的转让或者限制其参与该投资项目的管理。

3. 政府违约险

政府违约险承保东道国政府对投保人毁约或违约，使得投保人无法求助于司法或仲裁机构，或面临审理上的不合理拖延或虽有裁决却无法执行。

4. 战争、恐怖主义和内乱险

战争、恐怖主义和内乱险承保的范围是因资产有形损害或整体营业中断（完全失去开展可维持项目整体财务可行性的必要业务的能力）而遭受的损失，但不包括因军事行动或内乱导致的纯粹的商业机会的减少以及经营状况的恶化。

5. 主权债务责任险

主权债务责任险主要承保因东道国在到期后未根据无条件支付义务或对项目做出的担保进行支付而导致的损失，且不要求投资者取得仲裁裁决结果。担保范围是主权国家的债务支付责任为无条件支付且不适用于抗辩的情况。

九、十年责任险

国际工程项目不同于普通产品，其产品缺陷并非一朝一夕能暴露出来，有可能交付业主使用后数年才能发现，而相应的缺陷责任归责问题比较复杂，通过仲裁或诉讼解决需要很长的周期。在这种情况下，十年责任险（Decennial Liability Insurance）营运而生。

十年责任险最早来源于1804年《法国民法典》的《人法》和《物法》中关于损害他人人身及财产必须承担损害赔偿责任的规定。20世纪80年代，法国人再次创新出了"十年责任保险"（liability for ten years）的概念。由于十年责任险的保险标的是建筑物竣工后10年内承包商或者设计院要对项目的质量承担风险，因此也被称为"潜在缺陷保险"（inherent defects insurance）。目前，法语地区、日本、新加坡、西班牙、中东地区等国家仍在使用该险种。

十年责任险一般由承包商在竣工验收后投保，保险标的是建筑物的自身价值，保险期间为竣工交付后10年，即在保修期结束之后，无论是承包商原因、监理单位原因、设计单位原因或其他外来因素导致工程损毁（战争、地震、火灾等免责因素除外），也无论责任人是故意、过失或者无过错所引起的损害，业主无须举证就可能向保险公司索赔。十年责任险中，只要建筑物由于自身缺陷有所损坏，被保险人无须举证即可要求保险人赔偿，故保险费用很高。某些国际项目中业主会要求承包商投保十年责任险，承包商在报价时要充分考虑该保险所需的费用。

第三节 国际工程保险合同

一、保险合同概述

保险合同是投保人与保险人约定保险权利义务关系的协议。保险合同的当事人是投保人和保险人；保险合同的内容是保险双方的权利义务关系。投保人是指与保险人订立保险

合同，并按照保险合同负有支付保险费义务的人。保险人是指与投保人订立保险合同，并承担赔偿或者给付保险金责任的保险公司。❶

（一）射幸合同

保险合同订立时，投保人支付保险费用的义务虽已确定，但未来保险风险或事故是否发生尚不能确定。在保险期限内发生保险事故的，被保险人或受益人可以取得远高于保险费用的保险金，相对的，保险人需要付出远高于保险费用的利益；反之，如果不发生保险事故，保险人只收取保险费用，而不需要履行给付保险金的义务，投保人则失去已支付保险费用的利益。鉴于保险合同中保险人是否给付保险金取决于未来的不确定的偶然事故，具有侥幸性，所以一般认为保险合同是射幸合同（Aleatory Contract）。

（二）最大诚信合同

最大诚信（utmost good faith）原则是指最充分的诚实信用，绝对且完美的坦白或公开和诚实，无任何隐瞒或欺骗，不论其程度是何等轻微。❷ 由于保险合同的不对称性、射幸性等特点，最大诚信原则在保险合同中的重要性是毋庸置疑的。此外，保险具有安全保障、经济补偿等基本社会功能，而这些功能的实现有赖于保险合同当事人之间建立良好的诚信机制。最大诚信原则的内容非常广，具有代表性的是投保人或被保险人的如实告知义务、守信保证义务。

（三）如实告知义务

如实告知义务是指投保人在订立保险合同的过程中，应将有关保险标的的重要事实如实告知保险人，对保险人的询问所做陈述应当全面、真实、客观，不得隐瞒或故意不回答，也不得编造虚假情况欺骗保险人。该义务属于法定义务，并非基于保险合同产生，而是保险类法律规定的合同前义务。

对于如实告知义务的主体，各国法律的规定并不完全相同，主要区别在于当投保人与被保险人不一致时，被保险人是否也承担该项义务。有些国家规定告知义务人为投保人，如中国、德国、意大利、越南等；有些国家根据情况不同进行区分，例如日本法律中，损失保险的投保人为告知义务人，人寿保险中投保人和被保险人为告知义务人；有些国家规定投保人和被保险人均负有告知义务，如韩国、瑞士。❸

如实告知义务的内容主要是指足以影响保险人决定是否承保或者提高保险费率的任何重要事实。因为该义务要求严格，目前大多数国家采用询问告知，即投保人或被保险人的告知范围仅限于保险人询问的问题，对于未做询问的，则不必陈述。例如，根据《中华人民共和国保险法》第16条第1款的规定，保险人就保险标的或者被保险人的有关情况提出询问时，投保人应当如实告知。

---

❶ 李民，刘连生. 保险原理与实务. 北京：中国人民大学出版社，2013.

❷ Henry Camphell Black, Black's Law Dictionary, 10th Edition, West Group, 2014, p. 1520. 最大诚信原则起源于海上保险的初始时代，当时通讯工具落后，承保人往往远离保险标的，仅凭投保人提供的资料，决定是否承保及如何承保，所以特别要求投保人诚实可靠。

❸ 徐卫东. 商法基本问题研究. 北京：法律出版社，2002：437.

如果告知义务人违反如实告知义务，则需要承担相应的法律后果。目前各国保险立法的相关规定不尽一致，主要采用保险合同自始无效和保险人有权解除保险合同这两种做法：

（1）保险合同自始无效。即一旦发现告知义务人有不实告知，保险合同依法自始丧失效力。这种做法把告知义务视为订立保险合同的必要条件，如有违反，订立保险合同的基础不复存在，在法律上也就成为无效合同。

（2）保险人有权解除保险合同。与保险合同自始无效的区别之处在于，保险人解除保险合同的做法中，告知义务人违反告知义务时，保险合同仍然是有效合同，但保险人可以告知义务人故意或因重大过失未履行如实告知义务为由，根据法律的相关规定❶解除保险合同。

（四）信守保证义务

信守保证义务是指投保人或被保险人对某些特定事项，如为一定行为、不为一定行为或某特定事项的真实性向保险人所做的担保。例如，当事人签订火灾保险合同时，投保人承诺不在该房屋内堆放易燃品，机动车辆保险的被保险人必须保证保险车辆保持安全行驶技术状态，货物运输保险的被保险人必须保证货物包装符合法律规定的标准等。

保证分为明示保证和默示保证。明示保证是指保险合同中对保证事项予以记载，并由投保人或被保险人做明确承诺的保证方式。例如，仓库保险合同中的"不堆放危险品"的明示保证条款。默示保证是指投保人或被保险人对于某些特定事项虽未做明确保证，但可依照普遍认可的某些行为规范而推定其对此作出承诺的保证方式。例如，海上保险中的船舶具备预定适航能力的保证，不改变航道的保证，不从事非法运输的保证。

投保人或被保险人违反信守保证义务的后果一般是：保险人解除保险合同、修改承保条件或者增加保险费用。由于该义务对投保人和被保险人要求严格，各国的保险立法中从多个方面对被保险人的利益加以补救：

（1）保证的内容应当是重要的内容，否则，即使投保人或被保险人有所违反信守保证义务，也不一定必然导致保险合同失效。

（2）公平且宽松的解释保证内容，除非被破坏的保证内容增加了发生损失的风险或者对保险人承担的风险造成重大影响，保险人不得据以主张合同时失效。

二、保险合同形式

保险合同的形式是保险合同的约定的权利义务的载体，在实务中多表现为保险单、暂保单或保险凭证。

---

❶ 例如，德国《保险法》规定投保人违反如实告知义务的，保险人可以解除保险契约，但以投保人存在主观错误为前提，如果是一般过失，保险人不能立刻解除保险契约，而应当在通知投保人之日起一个月内终止合同。

(一) 保险单

保险单（Insurance Policy）是投保人与保险人订立保险合同后，由保险人向投保人签发的保险合同的正式书面证明。保险人签发保险单并非保险合同的成立要件，而仅仅是用书面形式记载双方当事人的权利义务关系，用以证明保险的有效存在。保险单是保险合同双方当事人履行保险合同的依据，明确、完整地记载了双方当事人所享有的权利和承担的义务，是认定当事人是否履约的书面依据，也是被保险人或受益人向保险人请求给予保险赔偿金或给付人身保险金的书面依据。

保险实务中，一般是投保人交纳保险费用后，保险人才签发保险单，但特殊情况下，保险人也会提前签发保险单，允许投保人在随后的一定时限内交纳保险费用，如保险人允许重要客户延后支付保险费用。

(二) 暂保单

暂保单（Cover Note）是保险人在正式保险单或保险凭证之前，向投保人出具的临时性保险凭证，其内容较为简单，仅表明投保人已经办理了保险手续，并等待保险人出具正式保险单。暂保单通常注明被保险人姓名、保险标的、保险责任范围、保险金额、保险责任的起讫时间等主要事项。

暂保单的效力与保险单相同，其有效期一般最长为 30 天。暂保单有效期内，保险标的遭受保险事故损失的，除非有特别约定，保险人应按正式保险单所记载的条件承担赔偿责任。保险人签发保险单后，暂保单自动失效。

暂保单被使用的情形通常包括：保险代理人接受投保人的投保业务后，保险人签发保险单前，可以向投保人出具暂保单作为临时性保险凭证；保险人的分支机构接受因其经营权限或程序所限而需要保险人批准的保险业务后，在保险人批准前，可以向投保人出具暂保单；投保人与保险人就保险合同的主要条款达成一致，但某些具体条款仍需进一步协商时，或者保险人还需要对保险标的和承保风险进一步查证时，保险人可以出具暂保单；办理出口贸易结汇时，保险人签发保险单前，为了证明出口货物已经办理保险而出具暂保单。

(三) 保险凭证

保险凭证（Insurance Certificate）是一种简化的保险单，其内容仅仅包括保险金额、保险费率、保险类别、投保人、被保险人、保险期限等。保险凭证与保险单的法律效力相同，如果两者所载的内容相抵触或者保险凭证另有约定，则以保险凭证为准。对于保险凭证未注明的内容，以正式的保险单为准。

保险凭证被使用的情形有：用于货物运输保险和再保险中的不定期总括保险合同，在保险合同期限内，就每一批具体货物的保险仍需订立独立的分合同或由保险人分别签发保险单证，由于总合同中已经约定了基本的保险条款，分合同就可以采用保险凭证的形式；用一份保险合同为团体内的许多成员提供保险，保险人签发一张总保单给团体（投保人），同时向每个参加保险的人签发一张单独的保险凭证；保险人不单独签发保险单，而是在商业发票空白处注明保险编号、承保险种、金额、船名和开船日期等，即以此作为保险凭证。

三、保险合同成立与生效

(一) 投保

投保是指投保人单方面以口头或书面形式向保险人提出保险要求的行为，但通常是由投保人填写保险人印制的投保单，这在法律上被视为投保人提出的要约，因此，投保具有要约的法律效力：投保人的投保到达保险人时生效；投保人的投保未到达保险人时，投保人可以撤回；投保人在投保有效期内受投保的约束，不得随时撤销或变更；保险人在投保有效期内受投保的约束，一旦保险人做出承诺的意思表示，保险合同即告成立，在投保人和保险人之间形成保险合同权利义务关系。投保人可以亲自完成投保行为，可以向保险代理人投保，也可以委托保险经纪人投保。

(二) 承保

承保是保险人向投保人表示同意接受其投保的意思表示。保险人在承保过程中的主要工作包括核保和做出承保决策两个环节：保险人会审核投保人、被保险人、受益人的主体资格是否符合规定，审核投保标的是否符合具体保险险种的承保范围，审核投保所涉及的风险和保险责任范围，并进行风险评估；之后，保险人根据投保标的的风险类别（标准风险、低风险、高风险等），保险人按相应保险费率予以承保。

(三) 保险合同成立

保险合同原则上应当在当事人通过投保和承保的方式达成一致时即告成立。但是在保险实务中，保险合同成立通常涉及两个问题，一个是保险合同成立与签发保单或其他保险单证的关系，另一个则是保险合同的成立与缴纳保险费用的问题。

保险合同成立和生效后，应依法依约及时签发保险单或其他保险单证，这类单据是保险合同成立的证明文件，将双方当事人的权利义务加以固定，是保险合同当事人的履约依据。因此，保险人签发保险单或其他保险单证是保险人承担的缔约义务在保险合同成立后的延续。❶

对于缴纳保险费用，保险实务中，投保人在投保时就会交付全部或首期保险费用，而保险人或保险代理人向投保人开具收据，但此时保险人或保险代理人尚未发出承保的通知。因此，保险费用的交付不能成为判断保险合同成立与否的标准。

保险实务中，存在保险人接受投保并预收保险费用，但在签发保险凭证前或核保期间发生保险事故的情形，此时就存在保险合同是否成立，以及保险人是否承担赔偿或给付保险金责任的问题。

1. 预付保险费用时保险合同的成立

对此问题，大多数学者认为，在投保人、被保险人的信赖利益与保险人的缔约自由之

---

❶ 范健，王建文，张莉莉. 保险法. 北京：法律出版社，2016：179.

间进行衡量时,法律应倾向于保护投保人、被保险人的利益,限制保险人的缔约自由,即投保符合承保条件,在保险事故发生前,保险人未做出拒绝承保的意思表示的,视为保险人默示的同意,此时推定保险合同成立。例如,韩国《商法典》第638条第2部分的第3项规定:"保险人从保险合同人处接受保险合同的要约及全部或者部分保险费后承诺该要约前,若发生保险合同所定的保险事故,除非有理由能够拒绝,保险人应当承担保险合同上的责任。"

2. 预付保险费用后保险人承担赔偿或给付保险金的责任

投保人预先支付且保险人接受保险费的情况下,如果投保标的符合承保条件,应认定保险合同成立,此时保险人应承担保险责任。例如,我国最高人民法院的保险法司法解释规定:"保险人接受了投保人提交的投保单并收取了保险费,尚未作出是否承保的意思表示,发生保险事故,被保险人或者受益人请求保险人按照保险合同承担赔偿或给付保险金责任,符合承保条件的,人民法院应予支持;不符合承保条件的,保险人不承担保险责任,但应当退还已经收取的保险费。"❶

(四) 保险合同生效

保险合同生效意味着已经成立的保险合同在投保人和保险人之间产生法律约束力,双方当事人、关系人都应按照保险合同的约定行使权利和履行义务。保险合同的生效有两种形式,一种是保险合同成立即生效,另一种是保险合同成立后不立即生效,而是等到保险合同生效的附条件成立或附期限到达后才生效。

保险合同生效并不等同于保险责任的开始,前者的开始时间是保险合同产生法律约束力的时间,后者的开始时间是保险人开始承担保险责任的时间。保险实务中,一般情况下,保险合同的生效时间与保险责任的开始时间是一致的。❷

四、保险合同变更

(一) 保险合同主体变更

保险合同主体变更涉及原保险合同当事人之间的权利义务关系,以及转让人与受让人之间的权利义务关系。尽管原保险合同一方当事人与受让人之间完成了保险合同主体的变更,但不能不考虑原保险合同另一方当事人的利益。因此,保险合同主体变更时,应通知原合同的另一方当事人并获得其同意,否则可能导致保险人不承担赔偿保险金的责任。

对于受益人的变更,则存在不同的处理方式。投保人、被保险人变更受益人的行为属于单方面法律行为,只要投保人或受益人做出变更的意思表示,变更受益人的行为即完成。但是,为了保护保险人的信赖利益,防止保险人因受益人变更而将保险金支付给原受

---

❶ 《最高人民法院关于适用〈中华人民共和国保险法〉若干问题的解释(二)》(法释【2013】14号)第四条第1段。

❷ 海上保险合同存在一种追溯保险,即保险合同当事人在保险合同中约定的从保险责任起始日向前追溯的一段时间,保险人对此期间发生且在保险期限内首次提出索赔的保险事故承担保险责任。

益人，投保人或被保险人应通知保险人，否则受益人的变更不对保险人发生效力。需要注意的是，受益人的变更仅限于保险事故发生前，而保险事故发生后，受益人的受益权转化为确定性的权利，故投保人、被保险人不能再变更受益人。❶

（二）保险合同内容变更

保险合同成立后的有效期间内，如果某些情况发生变化可能影响到当事人的切身利益，则当事人可以就保险合同的内容予以变更。保险合同内容变更主要包括保险标的数量的增减、保险标的品种、价值或存放地点的变化。

保险合同变更应当依照双方当事人约定或法律的规定。约定的变更主要是保险合同当事人协商一致的结果，例如保险金额的增加或减少、保险费用的增加或减少；依据法律的变更主要是保险费用的增减，例如，投保人或被保险人不按照约定履行其对保险标的的安全应尽责任的，或者保险标的的危险程度发生显著变化时被保险人通知保险人后，又或者保险标的的保险价值发生明显改变时，保险人可以或应当增加或减少保险费用。

五、保险合同适用法律

（一）国际工程保险合同法律适用风险

国际工程所涉保险合同适用法律的风险来自于各国相关法律的差异。

1. 保险类法律的差异

每个国家的保险类法律规定各有不同，这可能导致保险合同选择适用法律发生风险。由于各国经济发展水平和保险行业发达程度不同，保险类法律从基本制度框架和法律制度的差异无处不在，在调整保险合同当事人之间权利义务关系的过程中，各国对于超额保险的处理方法、自然灾害概念的理解、保险事故通知时间的限制、终止保险合同的条件、处理保险人和投保人争议的方式及原则等规定均有不同。

2. 合同类法律的差异

保险合同作为商事合同的一种，除了受保险类法律的调整外，还受合同类法律的调整。由于各国合同类法律之间存在的差异，必然导致国际工程所涉保险合同在法律适用的问题上存在风险。例如，在责任保险中，保险标的可能是被保险人的合同责任，此时，如果被保险人违反合同，其所承担的对第三方的赔偿责任就转嫁给了保险人。国际工程保险中如果发生这样的纠纷，就需要研究保险合同适用法律中的合同类法律，以明确保险合同当事人之间的权利义务关系。不同国家在合同类法律上的差异就可能影响到保险人、被保险人、投保人或受益人的利益。

3. 侵权类法律的差异

各国侵权类法律的差异同样可能导致国际工程所涉保险合同在适用法律的问题上面临风险，这是因为，相对于买卖、借贷等合同类法律关系而言，保险所涉及的法律关系更为复杂，而且许多保险合同所涉及的保险风险均为侵权行为引起的。例如，人身保险中的意

---

❶ 范健，王建文，张莉莉. 保险法. 北京：法律出版社，2016：204-205.

外伤害保险，责任保险中的损害赔偿责任保险等。因此，不同国家在侵权类法律上的差异就可能影响到保险人、被保险人、投保人或受益人的利益。

(二) 国际工程保险合同法律适用原则

1. 意思自治原则

意思自治是合同类法律的一项基本原则，即当事人可以明示或默示选择合同权利义务受制于哪一国的法律。但是，国际工程所涉保险合同中的保险人大多是资金雄厚、经验丰富的法人，而作为投保人或被保险人的承包商处于相对弱势的地位，如此带来的后果就是，保险合同选择的适用法律对保险人更有利。面对这样的情况，立法者或法官可能以公平正义或公共利益为由限制意思自治原则在保险合同适用法律的作用。❶

2. 最密切联系原则

如果保险合同中没有约定适用法律，而且无法确定当事人默示选择的准据法，此时法院将依照最密切联系原则来确定保险合同的适用法律。例如，根据欧盟的相关指令，成员国之间的跨境非人身保险合同可以适用有限制的最密切联系原则，但对于人身保险合同则依据"保护弱势一方当事人原则"而排除了最密切原则。❷

(三) 国际工程保险合同法律适用规则

1. 明示选择

大多数国家的法律和司法实践都赋予合同当事人选择适用法律的自由，即合同中明示所选择的适用法律不必然与所涉交易或当事人存在关联。例如，在英国，即使合同选择的适用法律是为了规避可能作为推定选择而适用的外国法律，法律选择条款也会受到尊重，❸甚至在与合同有关的因素完全集中于一国时，当事人选择由某国际条约、某国际惯例或某外国法律支配合同，也会得到英国法院的支持，但英国法律中的某些强制性规则需要直接适用。当事人可以决定其选择的法律适用与合同全部或部分，否则，其选择的法律应适用于合同整体。❹

2. 默示选择

默示选择是指当事人虽然没有在国际保险合同中用明确某国的法律作为适用法律。实务中，默示选择国际保险合同适用法律的标准通常包括：(1) 合同采用的标准格式通常受某特定法律体系支配，例如劳合社标准船货保单格式受英国法支配；(2) 合同中含有选择特定的管辖法院或选择特定的仲裁地的条款；(3) 合同中涉及某个特定法律体系的条款；

---

❶ 根据《美国冲突法重述》（第二次）的描述，即使当事人之间存在法律选择的条款，如果这样的条款所指定的州的法律给予被保险人利益的保护低于本应适用的法律（这样的类法律往往是投保时被保险人住所地所在州的法律）给予的保护，则法院不承认这样的法律选择条款；但是如果当事人选择了被保险人住所地的法律，或保险人提供的格式合同中法律选择条款提供了数个法律选择的可能，其中又包括了被保险人住所地的法律或该保险是团体人身保险或可以判断出当事人的议价实力相等则当事人的法律选择仍然是有效的。参见屈广清，张新颖：《国际保险合同的法律冲突与法律适用》，《山东警察学院学报》。

❷ 屈广清，张新颖. 国际保险合同的法律冲突与法律适用. 山东警察学院学报.

❸ 【英】J. H. C. 莫里斯主编. 戴西和莫里斯论冲突法：1213.

❹ 薛菲菲. 国际保险合同的法律适用规则初探. 外交学院，2000：37.

（4）关联合同或在双方当事人的前续合同的适用法律。

在 Amin Rasheed Shipping Corporation v. Kuwait Insurance Co 案中，[1] 英国法院根据合同语言和保险单格式判定保险合同的管辖法律为英国法。

六、保险合同争议解决

保险合同争议一般是指保险合同的双方当事人对保险合同的生效、解释、履行、变更、终止等行为而引起的合同当事人的所有争议。[2] 导致保险合同争议的因素有很多，例如保险合同双方当事人的专业性水平不一，对保险合同的条款容易产生不同理解；投保人、被保险人、受益人对保险合同的理解有差异；保险合同中的术语多且晦涩难懂，保险合同条款安排不合理、不完善、内容冗长、难以理解、附件太多，误导投保人；等等。

保险合同争议的解决分为两种途径：诉讼解决机制和非诉讼解决机制。诉讼机制的优势在于权威性、前置性以及解决纠纷的彻底性。但是诉讼机制具有程序繁琐、费用高昂、效率低下的缺陷，从经济成本和时间成本上比例与合同双方当事人权益的保护。调解、仲裁、行政裁定这样的非诉讼解决机制虽然相对"柔和"，但实务中的效果并不好。

第四节 国际工程保险核心关注点

一、保险人的选择

国际工程合同中往往对承包商选择的保险人提出要求，例如合格保险人（qualified insurer）或者项目所在国的合格保险人，或者业主满意的保险公司（insurance companies satisfactory to the Owner），或者获批准的保险公司（licensed insurance company）。需要注意的是，"合格保险人"或"业主满意的保险公司"的表述并不准确，缺乏具体的判断标准，可能因为各国法律规定的不同而在理解上产生偏差。

考虑到中国保险公司的保费较低，而且沟通和索赔过程中不存在语言障碍，中国承包商应尽量在国际工程合同中明确约定中国保险公司作为保险人，避免因保险人选择标准不清楚而产生争议和增加保险成本。

虽然中国保险公司是中国承包商的优先选择，但由于各国法律对本国境内保险活动的规定各有不同，因此，中国承包商选择的中国保险公司能否承保具体的海外工程项目仍然

---

[1] Amin Rasheed Shipping Corporation v. Kuwait Insurance Co.-Q. B. D. (Com. Ct.) (Bingham J.)-30 March 1982.

[2] 吴军. 保险合同纠纷非诉讼争议解决机制的构建. 保险研究，2014（3）：87.

存在不确定性。例如，根据沙特阿拉伯的《保险公司监管法》（Cooperative Insurance Companies Control Law）的相关规定，该国境内的保险必须由其境内注册成立的保险公司承保。❶

实践中，中国承包商可能需要通过再保险的方式由中国保险公司作为最终承担保险风险的一方（insurance fronting）。例如，符合项目所在国法律规定或业主要求的合格外国保险公司向中国承包商出具保单，但该保险公司承保和出单后立刻将全部或绝大部分保险风险和保费权益转让给一家中国保险公司，由后者作为再保险人，中国承包商索赔时，中国保险公司通过外国保险公司向中国承包商进行理赔。

二、被保险人

（一）保险合同中的被保险人

被保险人是其损失能触发保险人给付义务的人。❷ 被保险人可以是投保人。在保险合同中，如果被保险人是投保人，则其拥有保险合同当事人的地位。如果被保险人与投保人是分离的，则根据合同相对性原则，投保人是保险合同当事人，而被保险人只是被保障的第三人。但是，从保险立法和实践来看，被保险人享有保险合同利益的同时，还承担与这些利益相匹配的义务，这使得被保险人与一般的合同第三人有着本质区别。

英美保险法采用的二元模式的保险合同，保险人和被保险人是当事人。此时，被保险人既是保险合同的当事人，同时又是受保险保障之人，由其享有保险合同所产生的保险权利并承担相应的义务。被保险人是基于保险合同的第一受益人，其可以指定第三人为受益人。与英美保险法不同，大陆法系构建保险合同法律关系时采用三元模式，即保险合同当事人是保险人和投保人，与此同时还存在被保险人的概念。之所以采用三元模式，是因为大陆法系在立法时关注到投保人与被保险人有时合一，有时分离之事实，故通过立法的方式增加法律的实用性。❸

（二）保险合同中的联合被保险人

联合被保险人（Joint Insured）指两个或两个以上被保险人对保险标的享有不同种类的保险利益，但为了便利起见，这些被保险人通过一份保险合同对不同种类的保险利益予以保险，但实际上合同基础并不相同。联合保险广泛适用于船舶保险、货物运输、船舶的融资租赁以及造船等涉及多方当事人的领域。被保险人主要涉及船舶保险

---

❶ Article One of Saudi Arabia "Cooperative Insurance Companies Control Law": Insurance in the Kingdom of Saudi Arabia shall be provided by insurance companies registered in the Kingdom operating in accordance with the practice of cooperative insurance in line with the provisions of the Articles of Incorporation of the National Company for Cooperative Insurance issued by Royal Decree No（M/5）dated 17/4/1405 H，and not inconsistent with the provisions of Shari'ah.

❷ 【美】小罗伯特·H. 杰瑞，道格拉斯·R. 里士满. 美国保险法精解. 李之彦译. 北京：北京大学出版社，2009：145.

❸ 窦玉前. 被保险人法律地位研究. 黑龙江大学 2015 年博士学位论文，第 78 页.

中的船舶所有人、管理人、承租方，或者船舶建造合同中的总承包商、分包商和供应商之间。

联合被保险人对保险标的分别享有保险利益，但是具体的保险利益种类也就是保险合同的基础是不同的。例如，在船舶保险中，作为被保险人的船东就可能把船舶管理公司一并作为联合被保险人，但这两个被保险人所有享有的保险利益是不同的，而且发生保险事故时船东和船舶管理公司的损失衡量标准也是不同的。

案例：General Accident Fire & Life Assurance Corp Ltd v. Midland Bank Litd

三个被保险人分别是 A 公司、接受该公司浮动抵押的抵押权人 Midland 银行和该公司经营场所的出租人 Scuffin 有限公司，为 A 公司租赁的建筑、工程和仓库存货投保了火灾保险。随后，因发生火灾导致公司的财产受到一定程度的减少。A 公司向保险人索赔时夸大了损失的金额，保险公司得知消息后，主张该保险为共同保险（Co-insurance）进而要求向另外两个被保险人提出补偿保险人因此遭受的损失的请求。

该案的主审法官认为：如果两个财产共有人对共有财产进行投保，当保险标的可能发生灭失或者损坏时，两个被保险人都会因此遭受到财产损失，而该保险合同应属于共同保险。但是，如果只是将对保险标的享有的不同保险利益的多人放在一个保险合同内进行承保，当保险标的遭受保险事故而受损失，可能每个被保险人都遭受了不同程度的损失，但每个被保险人所遭受的损失需要依照不同的标准来确定。如同本案中，因为火灾造成保险标的灭失，Scuffin 公司遭受的是所有权的减损，而对于银行而言，即使浮动抵押已经确定，但银行所遭受的损失与 Scuffin 公司的损失并不相同，所以该保险合同属于联合保险而非共同保险。❶

需要注意的是，联合被保险人之间的行为是独立的，其行为结果也是相互独立的，保险人不得以某一个或几个被保险人故意或过失行为作为对抗其他被保险人要求赔付的依据。

（三）保险合同中的共同被保险人

共同保险（Co-insurance）是两个或两个以上的被保险人（Co-insured）对同一保险标的都享有相同的保险利益，并且依据对保险标的所享有的比例份额向保险人投保共同保险。所有的共同被保险人都享有保险合同中约定的统一的保险利益。

共同保险中的"相同保险利益"是指发生保险事故时，各个被保险人所遭受的风险损失的衡量标准是相同的，所有共同被保险人主张保险索赔的依据也是相同的。"相同保险利益"的概念类似于物权法中关于共同共有人对物所享有的权利，即两个或两个以上的民事主体基于某种共同关系，对同一项财产不分份额地、共同地享有权利和承担义务的共同关系。因此，共同保险常用于对共有物的投保。

共同保险中各个被保险人的行为效果具有一致性，即一个被保险人的行为后果必然及于另一被保险人，效果上不会相互分离。当出现可抗辩事由时，如果由于某个被保险人的故意或者其他可能导致保险人免除赔偿责任的事由，保险人可以援引抗辩事项来对抗所有的共同被保险人，进而免除保险人自己的保险赔偿责任。

---

❶ 潘秀华. 浅析英国海上保险法中联合保险基本问题. 法制博览，2013（10）：51-52.

三、代位求偿权

保险代为求偿权是指在保险合同中，保险人于赔偿被保险人损失后，所取得的被保险人享有的依法向负有民事赔偿责任的第三人请求赔偿的权利。投保人与保险人订立保险合同时，法律就赋予了保险人期待下的保险代为求偿权，在条件成就时保险人即可依法行使。但需要注意的是，代位求偿权是专属于保险人的一项权利，而非义务。既然是权利，可以依法行使，也可以自由放弃。所以，保险人可以通过合同条款或特别协议，在不违反法律、不损害公共利益、自愿的前提下，与被保险人约定放弃其将来的全部或部分保险代为求偿权（Waiver of Subrogation）。

如果保险人放弃代位求偿权，第三方在保险合同订立后引起保险事故发生造成被保险人损失，保险人即便向被保险人如数支付赔偿金，也无权代替被保险人之位向第三方求偿全部或部分赔偿金。如果保险人放弃代位求偿权违反法律规定、损害公共利益，或者保险人是在欺诈或胁迫等情形下做出放弃代位求偿权的虚假意思表示，则法律不认可保险人弃权的效力。

四、免赔额

免赔额（Deductible）是指保险标的发生承保的风险事故时，保险人按照保险事故损失的索赔金额的定量百分比（免赔率）或金额（免赔额）免除赔偿责任的制度。❶ 实务中，保险合同条款可能既约定免赔率，也约定免赔额，以两者中金额较高者为准，例如，每次事故绝对免赔额为 5 万元或损失金额的 10%，两者以高者为准。

免赔额示范条款：

（一）承保风险所致的部分损失赔偿，每次事故要扣除保险单规定的免赔额（不包括碰撞责任、救助、共损、施救的索赔）。

（二）恶劣气候造成两个连续港口之间单独航程的损失索赔应视为一次意外事故。

本条不适用于船舶的全损索赔以及船舶搁浅后专为检验船底引起的合理费用。❷

免赔额的功能表现在如下三个方面：(1) 减少保险理赔费用，避免保险人和被保险人之间频繁支付的小额赔款；(2) 制约保险费率，免赔额越高，被保险人自己承担的风险损失大，保险费率就会相应减少，例如航运市场的高免赔额加低保费的模式；(3) 促使被保险人和投保人提高风险防范意识，加强对保险标的的管理。

免赔额也被称为"绝对免赔额"，与之对应的是"相对免赔额"（franchise），后者是指损失在规定的免赔额以内时，保险人无理赔义务，一旦超过免赔额，保险人就全额理赔，不扣减免赔额部分。目前的保险合同中普遍使用"绝对免赔额"，即保险人理赔时扣除免赔额部分。

保险实务中，对于免赔额，投保人和被保险人应注意两个问题：(1) 设定合理的免赔

---

❶ 初北平. 船舶跑线中的免赔额条款. 中国船检，2016（9）：22.
❷ 中国人民财产保险股份有限公司船舶保险条款（2009 版）第三条【免赔额】。

额，因为承包商作为投保人而业主作为被保险人时，如果免赔额过低，业主可能会频繁向保险人提出理赔，进而增加承包商的保险成本，相反，如果免赔额过高，则承包商自己负担的赔付风险过大；（2）谁承担免赔额部分的损失，由于保险人只支付超出免赔额的部分，而投保人、被保险人需要自行承担免赔额部分，因此，相关当事人应尽量在保险合同或工程合同中就免赔额的承担问题做出明确约定。

五、再保险

再保险（Reinsurance）也称为"分保"，是指原保险合同的保险人，为了避免或者减轻其在原保险合同中承担的保险责任，将其承保风险的全部或部分再转移给其他保险人所订立的保险合同。❶

再保险始于十四世纪的意大利，经过数百年的发展，再保险已经成为保险行业不可缺少的组成部分。❷ 与保险合同比较，再保险合同具有特殊性、补偿性和独立性这三个特征：

（1）再保险合同的双方均是保险人，即原保险合同的保险人和再保险人。再保险人可以是专业从事再保险业务的保险机构，也可以是同时经营再保险和保险业务的保险机构。原保险合同的保险人以交纳再保险费为代价，分出其承保的全部或部分风险，以获得就其由原保险合同所引起的赔付成本及其他相关费用从再保险人处获得补偿。

（2）再保险合同的保险标的是原保险合同的保险人所承保的全部或部分风险，不具有直接对原保险合同的保险标的进行赔偿或给付的性质，而是以补偿原保险合同的保险人就其由原保险合同所引起的赔付成本及其他相关费用为目的。

（3）原保险合同是再保险合同存在的前提，后者的订立以前者为基础。但是，作为转移风险的方式，再保险合同与原保险合同是相互独立的两个合同，原保险合同的被保险人或受益人不得向再保险人提出赔偿或给付保险金的请求，再保险人不得向原保险合同的投保人收取保险费，而原保险合同的保险人不得以再保险人未履行再保险责任为由拒绝履行或延迟履行原保险合同的承保责任。

国际工程保险实务中，对于中国承包商而言，再保险业务中需要重点关注下述事项。

（一）中国境内的再保险人

自我国加入世界贸易组织以来，再保险领域也逐步对外开放，再保险业务越来越具有国际性，境外的再保险人逐渐进入中国市场。然而，我国境内的再保险业务供给能力并不能满足日益增长的再保险需求，除了法定分保业务外，商业性的再保险业务大部分由境外再保险人分保。

另外，根据我国《保险法》及《保险公司管理规定》的相关规定，保险公司办理再保

---

❶ 贾林青. 保险法. 北京：中国人民大学出版社，2014：104.

❷ 十四世纪时，随着海外莫阿姨和航运业的发展，保险人的风险责任越来越大，客观上产生了分保的需求。1370年，意大利的保险人首次签发了转嫁风险责任的保险单。到了十九世纪，德国、瑞士、英国、美国等国家相继成立了再保险公司。参见范健、王建文、张莉莉：《保险法》，法律出版社，2016年，第296页。

险业务时，应优先向中国境内的保险公司办理；❶ 境外保险公司分保条件明显优惠的，可以向境外保险公司办理。❷

由于我国的《保险法》没有规定再保险合同中原被保险人对再保险人的直接请求权，因此原投保人选择中国境内的保险人作为再保险人时，应考虑原保险人丧失赔付能力时原被保险人无法直接向再保险人索赔的风险。

（二）原被保险人的直接请求权

由于再保险合同的独立性特征，原保险合同的被保险人或受益人是不能直接向再保险人提出赔偿或给付保险金的请求，而且基于合同相对性原则，再保险人一般也不直接承担原保险合同中的责任。例如，根据我国《保险法》的相关规定，原保险的被保险人或者受益人不得向再保险接收人提出赔偿或给付保险金的请求。❸

再保险业务的实践显示，虽然再保险人与原保险合同的被保险人没有合同关系，但是，英国、美国、韩国等国家承认再保险人与原保险合同的被保险人之间有一定的权利义务关系。

在英国，《1999年英国合同法案》（UK Contract Act 1999）认可"直接索赔条款"（Cut-through clause），赋予了再保险人向原保险合同的被保险人直接赔付的法律效力。实务中，只要再保险合同附有"直接索赔条款"，英国法院即认可原保险合同的被保险人的直接请求权。❹

直接索赔条款：

It is understood and agreed that in the event of failure of the reassured to pay a recoverable claim under this policy for account of original assured then such original assured（subject to the provisions of the Loss Payee Clause in the original policy）shall be entitled to recover claims directly from reinsurers through their brokers only for the proportion subscribed by reinsurers subject to the reinsurance policy terms and conditions and subject to all premiums due as of the date of loss being fully paid and so same claim amount having been paid and/or agreement reached to pay by reinsuring underwriters to the reassured. ❺

美国的保险实务承认"直接索赔条款"，并称之为"直接给付批单"（Cut-Through Endorsement）。在具体案件中，原保险合同的被保险人享有提出给付之诉的权利，可直接要求再保险人承担以其对原保险合同的保险人的给付数额为限的赔偿义务。例如，纽约州法律认可"直接给付批单"，规定再保险人可以取代原保险合同的保险人的地位，对利益受损者进行全额赔偿。美国法院认为原保险合同的被保险人的直接请求权符合商业可期待之诚信利益。❻

---

❶ 《中华人民共和国保险法》第一百零三条。
❷ 《保险公司管理规定》第八十八条。
❸ 《中华人民共和国保险法》第二十九条第二款。
❹ 夏庆锋. 在保险合同中原被保险人直接请求权的权利主张与规范. 广东社会科学，2018（2）：248.
❺ 参考译文：索赔时，如果被再保险人未能支付本保险合同项下的原保险金额，则原被保险人（根据原保险合同中的索赔受领人条款）应有权根据再保险合同的条款，通过其经纪人向再保险人直接索赔全部保险金。
❻ Chase Manhattan Bank v. New Hampshire Insurance Co., 749 N. Y. S. 2d 632（Sup. Ct. 2002）

韩国以立法的方式明确规定了原被保险人的直接请求权，根据该国《商法典》第726条的规定，再保险合同中关于第三人的直接请求权适用责任保险的规定，而责任保险中的第三人享有法定直接请求权。❶

英国和美国等承认原保险合同的被保险人直接请求权的理由在于，如果缺少直接给付条款，一旦原保险合同的保险人丧失清偿能力，其将失去管理、处分财产的权利，再保险人的再保险赔款将作为清算资产的一部分，这会导致原来的赔款部分平均分配给一般的债权人，原保险合同的被保险人只能按期债权比例接受分配，无法获得完全的保险理赔。为了保护原保险合同的被保险人的权益，应使其直接向再保险人请求赔偿或给付保险金。

（三）再保险人的承保责任

再保险合同可分为比例再保险合同和非比例再保险合同。

1. 比例再保险合同

比例再保险合同是指以保险金额为基础确定原保险人自留额和再保险人分保额的再保险合同。这种再保险合同中，原保险人与再保险人按照事先约定的比例分配保险金额，相应的再保险费计算及赔款的分摊也按照约定的保险金额同一比例分担。

2. 非比例再保险合同

非比例再保险合同是指以赔款金额为基础确定原保险人自负责任和再保险人分保责任的再保险合同。这种再保险合同中，原保险人与再保险人协商确定一个由原保险人赔付保险金的额度，在此额度内的由原保险人自行赔付，超过该额度的，就应按照再保险合同的约定由再保险人承担其部分或全部赔付责任。

六、保险期间

保险期间（Insurance Period）也被称为"保险期限"，是指从保险人有义务承担保险赔偿责任开始至终止的一段时间。保险期间的开始即保险责任的开始，其与保险合同生效的时间未必一致，保险期间可能晚于保险合同的生效，也可能追溯至保险合同成立或生效之前。保险合同中一般都会对保险期间做出明确的约定。

对于保险期间的意义，有两种观点：一种观点认为保险期间是对保险事故发生时间的限制，即保险期间是保险人承保保险事故的期间，因此，保险事故必须发生在保险期间内，如在保险期间开始之前或保险期间终止以后发生保险事故，则保险人不负有保险给付的义务；另一种观点认为保险期间是对损失发生时间的限制，即保险人承保的并非风险，而是风险所造成的保险标的的损失，因此，如果保险期间内因风险造成的损失，即使该风险本身发生在保险合同生效前，保险人仍然负有赔偿的义务。

英国判例法对保险期间的立场：

英国判例法认为，保险事故和因其造成的损失都必须发生在保险期间内，保险人才有义务赔偿损失，但允许例外情形，如在保险期间内虽然危险已经存在，但损害只是在孕育阶段，保险期间过后才明显化，该损害被认为是发生于保险期间的危险所带来的必然后续

---

❶ 夏庆锋. 在保险合同中原被保险人直接请求权的权利主张与规范. 广东社会科学，2018（2）：248.

后果，保险人应负有赔偿责任，即"致命打击原则"（the doctrine of death blow）。

如果保险事故发生在保险期间尚未开始时，但造成的损失是在保险期间产生的，按照英国法的一般规则，保险人不负责赔偿，但保险合同双方当事人可以在合同中做出清晰且令人信服（compelling language）的约定，以推翻英国法的这个一般规则（contrary to common understanding）。例如，保险合同中额外约定"保险人需对保险期间内发现的任何损失负责，无论该保险损失是在何时实际发生的。"❶

另外，国际工程保险实务中就保险期间的问题，投保人需要避免保险期间开始计算但工程合同尚未生效的问题，以及保险期间已经结束但工程尚未竣工交付的问题。对此，投保人需要加强保险合同管理，以尽量低的保险成本来覆盖工程实施过程中的各种风险。

七、除外责任

保险除外责任（Insurance Exclusions）通常是指保险合同中载明的保险人不负赔偿责任的因非偶然的、非意外的、可预见的或特殊风险及其所引起的损失范围。保险人确定的除外责任一般包括法定除外责任和合同约定的除外责任。

法定除外责任是指在法律上，对于违反法律的行为所在成的损失，保险人将之作为除外责任，例如保险合同将违反某些法律而造成的人身伤害、财产损失作为除外责任。

保险合同约定的除外责任是当事人特别约定的保险人不负赔偿责任的事项，包括：

（1）保险人将一些发生概率和损毁程度难以预测、危害范围广、损失金额十分巨大的灾害事故列为除外责任，如战争、军事行为、保理行动、核辐射等一旦发生则会影响众多投保人和被保险人并造成大面积索赔的事故。

（2）对于一份保险合同已经包括的承保责任，保险人在另一份保险合同中将之列为除外责任，如投保人办理车辆险后，保险人在工程一切险中将车辆出现的损失列为除外责任。

（3）对于投保人或被保险人可以轻易控制的风险或避免发生的损失，保险人会将之列为除外责任，例如一般的雨、雪、冰冻和冰雹等。

（4）对于投保人或被保险人故意行为所造成的损失，保险人会列为除外责任，如车辆险中投保人故意行为给第三方造成的损失。

（5）对于不可避免的自然规律，保险人会将之列为除外责任，如财产险和车辆险中的设备或机械自然损耗。

（6）对于某些国家或区域，保险人会将之列为除外责任，如保险合同中明确约定承保的国家或区域，除此之外的其国家或区域均不在该保险合同的承包范围之内。反之，如果保险合同中没有此类约定，则视为保险人的承保责任适用于全世界的任何地方。

（7）对于某些风险，如果投保人拒绝增加保险费用，则保险人会将之列为除外责任，如财产险中的员工盗窃事故通常是除外责任，投保人愿意负担额外的保险费用时，保险人会将员工盗窃事故纳入承保范围。

---

❶ 初北平. 船舶保险中的保险期间. 中国船检，2016（11）：25.

某保险公司工程一切险的除外责任:

(1) 设计错误引起的损失和费用;

(2) 自然磨损、内在或潜在缺陷、物质本身变化、自燃、自热、氧化、锈蚀、渗漏、鼠咬、虫蛀、大气(气候或气温)变化、正常水位变化或其他渐变原因造成的保险财产自身的损失和费用;

(3) 因原材料缺陷或工艺不善引起的保险财产本身的损失,以及未换置、修理或矫正这些缺点错误所支付的费用;

(4) 非外力引起的机械或电气装置的本身损失,或施工用机具、设备、机械装置失灵造成的本身损失;

(5) 维修保养或正常检修的费用;

(6) 档案、文件、账簿、票据、现金、各种有价证券、图表资料及包装物料的损失;

(7) 盘点时发现的短缺;

(8) 领有公共运输行驶执照的,或已由其他保险予以保障的车辆、船舶和飞机的损失;

(9) 除非另有约定,在保险工程开始以前已经存在或形成的位于工地范围内或其周围的属于被保险人的财产的损失;

(10) 除非另有约定,在本保险合同保险期间终止以前,保险财产中已由工程所有人签发完工验收证书、验收合格、实际占有、使用或接收部分的损失。

除外责任是保险合同的核心条款,对保险关系各方的影响至关重要。保险合同约定的除外责任是当事人控制风险、分配权利、责任、义务、利益的工具。保险合同双方当事人确定除外责任条款时,既要防止违反保险原理、不合理地加大保险公司的责任,也要防止保险公司不承担任何风险、坐收保费。投保人购买保险时,应看清保险人的除外责任,避免投保就必然获得理赔的心理。

原则上,保险合同对除外责任有约定的,应当遵从其约定,没有约定的,应执行管辖法律的规定。保险合同有效期内,引起保险事故发生的原因既未落入保险合同约定的除外责任范围,也不属于管辖法律规定的保险人免除保险责任的情形的,保险人应承担保险责任。

第五节 国际工程保险索赔与理赔

一、保险索赔与理赔

保险合同中的索赔是指被保险人或受益人在发生保险事故造成保险标的损失,或者在保险合同的期限届满之时,要求保险人履行赔偿损失或给付保险金义务的行为。保险索赔时投保人、被保险人或受益人获得保险保障、实现保险权益的必要程序。

理赔(Settlement)保险人根据被保险人或受益人的索赔请求,核实损失,审定责任归属,履行赔偿或给付责任。理赔实现了保险的职能,使保险目的得以实现。

案例：柬埔寨某公路项目保险索赔❶

某中国承包商在柬埔寨承揽某公路项目，合同工期46.5个月，于2014年9月开工，2018年6月完工。该项目工程一切险的保险人为一家在柬埔寨当地注册的新加坡知名保险公司。2016年9月，柬埔寨雨季期间的强降雨将NR13公路2#、4#桥梁绕行道路冲断，已完成的浆砌石施工被冲毁，堆放在绕行道路上的施工材料（块石、沙子、水泥、钢筋等）被洪水冲走，给中国承包商造成巨大损失。

事故发生后，中国承包商积极组织抢险，并在第一时间通知了保险公司。保险公司立即派评估人员到现场进行了勘察，并根据实际损失向保险公司报送了《综合索赔报告》。经过保险公司的审核、双方讨论、定损、扣除免赔额后向中国承包商进行赔偿支付，最终的理赔金额与现场实际受损情况基本吻合。

（一）被保险人、受益人索赔

1. 提供索赔单据

保险事故发生后，投保人、被保险人或受益人依照保险合同请求保险人赔偿或者给付保险金时，应向保险人提供其所能提供的与确认保险事故的性质、原因、损失程度等有关的证明资料，包括但不限于保险合同、保险单或其他保险凭证、保险费用支付凭证、保险财产证明、被保险人身份证明、鉴定结论、评估结论和索赔请求书等。保险人认为证明资料不完整的，应通知投保人、被保险人或受益人补充提供。

2. 转移相关权益

第三方过错造成保险事故时，为避免被保险人或受益人因保险标的的损害获得双倍赔偿，被保险人或受益人获得理赔的条件是将其享有的对第三方的损失赔偿请求权转移给保险人。此外，保险标的出现推定全损时，被保险人就保险标的的全部向保险人求偿时，可委付的保险标的的权利自发生委付的原因出现之日起开始转移，此时保险人享有对保险标的的产权并承担相关义务。

3. 遵守索赔时效

为确保被保险人或受益人及时行使权利，各国的保险类法律均规定了被保险人或受益人行使保险索赔权的时效期限，否则将丧失索赔的权利。例如，我国《保险法》第26条规定人寿保险以外的其他保险的被保险人或受益人，向保险人请求赔偿或给付保险金的诉讼时效期间为2年，人寿保险的诉讼时效期限为5年。

（二）保险人理赔

保险人在保险合同中负有赔付的义务，及根据被保险人或受益人的索赔请求，保险人应依照法律规定和合同约定予以赔付，以及特定情形下的保险人先赔付安排。

1. 调查权

保险人理赔过程中的核心工作是审核损失并确定责任，即保险人的调查权。基于此项权利，保险人可以派遣人员进行现场查勘，调查损失情况和原因，要求投保人、被保险人

---

❶ 张保伟，暴坡，南铁雷. 如何实现国际工程保险理赔. 国际工程与劳务杂志，2018（4），资料来源：https://mp.weixin.qq.com/s/bnj_-eaw0TDuG9n6Jr1fsQ.

或受益人提供证明资料并进行审核,确定保险合同的效力、保险期限、损失是否为保险财产、是否属于保险范围内等。

2. 代位求偿权

与投保人、被保险人和受益人的转移有关权益的义务相对应,保险人享有代位求偿权。保险人支付赔款或保险金后,被保险人有义务将其向第三方的赔偿请求权转让给保险人,由保险人代位行使被保险人向第三方请求赔偿的权利。如果第三方向被保险人赔偿全部损失,则被保险人无须再取得损失补偿,此时保险人也不再支付赔款或保险金,故不产生代位求偿的问题。特定情况下,如果保险合同约定的赔偿金额低于保险价值,保险人支付的赔款或保险金不能补偿被保险人的全部损失,此时,尽管保险人已经取得代位求偿权,但被保险人仍然有权就保险人赔偿不足部分向第三方请求赔偿。

(三) 索赔条件、文件与程序

1. 索赔条件

国际工程保险的被保险人或受益人的向保险人提出索赔时必须符合一定的条件:

(1) 索赔必须依据合法有效的保险合同,否则被保险人或受益人的索赔权将无法得到确认。

(2) 保险事故确已发生并造成保险标的的损失。

(3) 被保险人或受益人得知保险事故发生后,应当及时通知保险人。故意或因重大过失未及时通知,致使保险事故的性质、原因、程度损失等难以确定的,保险人对无法确定的部分不承担赔偿或给付保险金的责任。

(4) 保险事故发生后,被保险人或受益人应在索赔时效内请求保险人赔偿或给付保险金,并且在能力范围内向保险人提供与确认保险事故的性质、原因、损失程度等有关的证明和资料。

2. 所需文件

国际工程保险索赔中通常需要如下文件:保险单正本、批单和保费缴纳凭证;出险通知书;索赔申请书;事故证明材料,如警察、消防、气象等相关部门的证明、专家鉴定报告、事故现场影像资料等;直接财产损失清单,各项施救、保护费用清单,相关支持材料及设计资料,工程承包合同,施工记录等;对于特殊案件,经保险合同双方当事人协商后,被保险人应提供其他必要资料。❶

3. 索赔程序

保险实务中的索赔程序一般包括:通知出险、提出索赔请求、合理施救、接受保险人的检验、向保险人开具权益转让书、领取保险赔款。不同的保险险种的索赔程序各有不同。以建筑工程一切险(Contractors' All Risks Insurance)为例,其索赔程序分为以下几个步骤:❷

(1) 通知及施救

施工过程中,一旦发生工程或施工设备的损失或损坏,承包商应尽早通知业主和监理

---

❶ 刘银友. 浅析国际项目建筑工程一切险的理赔. 经营与管理,2016,23 (8):134.

❷ 刘俊颖,李志永,刘梦娇. 海外工程保险索赔问题及对策. 国际经济合作,2006 (8):49.

工程师，并在24小时内通知保险人，在未征得保险人同意的前提下应注意保护事故现场，如为了防止灾害事故损失继续扩大，承包商可以先行组织抢险，但在进行抢险之前应进行拍照和记录，并且尽可能保留、修复现场，以便保险公司到现场查勘。

（2）现场查勘

保险人到达事故现场后，承包商应派现场管理人员协同其对事故现场进行现场查勘，提供事故发生前现场的施工情况，如已经施救，还应向保险公司工作人员提供抢险过程的情况记录（包括抢险措施、事故现场照片和抢险投入的人员、设备等）。

（3）提供理赔依据

当工程保险索赔发生后，承包商应尽快提交工程保险索赔资料，包括工程事故报告、事故发生当月的施工进度计划、事故发生前一段时间内（如一周内）的工程施工日报、受损工程的施工合同的工程量清单、工程损失清单等。以上材料也应提交给建立工程师确认，以便尽快向保险公司索赔。监理工程师负责提供事故原因的说明材料、工程受损部位的设计施工图纸、修复方案等相关资料。

（4）索赔谈判

根据工程实际情况以及工程损失情况，由业主、监理工程师、承包商组成谈判小组，必要时可以邀请设计方参加，收集相关的索赔资料和损失证明材料，就保险事故责任的认定、损失的核定进行谈判。

（5）确定赔偿金额

对于可以修复的部分，以保险标的的修复至其基本恢复受损前状态的费用扣除残值后的金额为准；对于全部损失或推定全损，以保险标的的损失前实际价值扣除残值后的金额为准；对于施救费，发生损失后，被保险人为了减少损失而采取必要措施所产生的合理费用。

（6）支付赔偿金

一旦索赔单证被确定，且保险合同双方就保险金额达成一致，即可签订赔偿协议，此时保险人按协议中明确的最终赔偿金额支付赔款。

二、国际工程保险索赔与理赔注意事项

国际工程保险种类繁多，理论上覆盖了参与方实施项目的风险，但国际工程保险实务中的索赔成功率并不高，根据相关统计，过去十年间工程类保险的平均赔付率仅为41%。[1] 为了提高索赔成功率，国际工程保险索赔实务中需要从以下几个方面进行重点关注。

（一）索赔流程

国际工程保险索赔过程中，存在很多情况并不能完全按照索赔程序进行。

（1）承包商为避免遭受更大的损失而故意不遵守索赔程序。

保险人一般不赔付保险事故导致的间接损失，但相对于保险人赔付的直接损失，承包

---

[1] 孙华勇. 对外援助成套项目保险索赔研究. 工程经济 2017（3）：20.

商的间接损失往往比较大。例如，设备损毁事故中，损毁设备的重置费用、租赁费用相对于保险赔付而言是不小的数额。如果严格按照索赔程序，至少需要一至两个月才能执行完赔付，除非非常严重的损毁（该设备无法继续使用），承包商不可能履行完索赔程序后再启用受损的设备。此时，承包商在保险事故发生后继续使用受损的设备，避免自身遭受更多的损失，但这种处理方法不一定符合索赔程序的要求。

（2）承包商由于信息沟通不畅而无法遵守索赔程序

如果保险事故发生在承包商无法控制或不知情的情况下，造成承包商无法履行保险索赔程序，则无法得到保险人的赔付。这种情况下，承包商只能自己承担该损失。

（3）承包商为了多得到赔付而故意不遵守索赔程序

国际工程保险索赔中，有些承包商可能为了多得到赔付而故意损坏设备或夸大损坏程度。另外，在车辆设备使用较多的公路项目中，存在无证（驾驶证）人员或无照（特种设备操作执照）人员，这些人员所驾驶或操作的车辆一旦发生事故，保险人不负责赔付。

中国某保险公司外援项目保险索赔流程例子：

凡发生扣除免赔额后超过20万元人民币的损失时，原则上将由保险人自己或委派专家进行核查处理，并按如下程序和时限办理索赔和理赔：

第1步：被保险人在发生险情后在合理的尽可能短的时间内报告驻当地使馆经商处，在经商处附署意见后，以电报或传真或电子文件等最快形式通知保险人并确认保险人收到信息，同时抄送国内索赔部门、商务部合作局和保险人，通知应简述风险种类、受损情况、初步估算的损失程度和估价以及采取的施救措施。通知送达保险人时间最迟不得超过发生险情后的96小时。

第2步：保险人在接到上述书面通知后的2日内决定是否派专家（或代理）赴现场核查处理，并书面通知被保险人且确认被保险人收到信息，抄送商务部合作局。

第3步：如保险人决定不派专家核查，被保险人得以自行处理，并在书面通知保险人后30个日历日内向保险人提供下列第5步规定的索赔资料作为索赔依据。

第4步：如保险人决定派专家核查处理，所派专家（或代理）须于接到被保险人书面出险通知后的10个工作日内抵达现场，并在抵达现场5个工作日内核查和处理完毕，需要延长抵达时间和核查时间的，保险人应及时通知被保险人。上述由此发生的费用由保险人自行支付，被保险人须在上述核查工作结束后20日内提供第5步规定的索赔资料作为索赔依据。如保险人在上述规定时限内未能派人抵现场核查和处理，被保险人得以自行处理，并在上述核查时限界满后20日内提供第5步规定的索赔资料作为索赔依据。

第5步：根据索赔需要，被保险人应提供如下索赔资料：出险报告（索赔书）一份/事故证明书（如警察、消防、气象部门等）一份（因准备以上证明书而发生的必要的费用由保险人承担）/索赔报告、损失清单（项目和价值）一份/损失技术鉴定报告一份（因准备上述材料而发生的必要的鉴定费由保险人承担）/重置或修复工程预算表（决算表）一份/施工修理原始发票（原件）若干份/保险标的受损情况现场照片若干张/有关的费用单据（原件）若干张/与工程损失相关的技术说明资料若干份/其他必要的有效单证材料。注：上述资料须经驻当地使馆经商处书面认证，由此发生的费用（除上述由保险人承担的部分）由被保险人自行支付。

第6步：保险人承诺在上述核查程序完毕和索赔资料齐全，双方就赔款金额达成一致后 14 个自然日历日内予以赔付。有意见分歧的，被保险人可以要求保险人对于已达成一致的部分先行赔付。

（二）减损义务及费用承担

保险标的因保险风险而遭受经济损失时，对被保险人而言，虽然可以从保险人处获得补偿或赔偿，但其对保险标的享有保险利益，保险标的的损失必然会给被保险人带来不利影响；而对保险人而言，要支付保险赔偿金就必然增加营业成本。因此，为了预防保险事故的发生或者保险事故发生时减少损失，被保险人不仅有义务及时通知保险人，还有责任采取措施防止或减少损失。这是被保险人的减损义务，而被保险人履行减损义务所支付的合理费用一般由保险人承担并偿还给被保险人。

为了减少保险人就减损费用不必要的成本开支，防止被保险人的道德危险，减损费用的承担需要符合相应的原则：

1. 减损费用的必要及合理原则

减损费用的支出发生在保险事故即将发生、发生时或发生之后。在尚未发生保险事故时，被保险人未遵守法律规定或保险合同的约定，在消防、安全、生产操作、劳动保护等方面支出的费用并不作为减损费用。例如，保险标的邻近的建筑物发生火灾，根据保险标的的可燃性能、现场的风力、风向和燃烧处的距离等客观情况来看，确有波及的可能，那么此时被保险人抢运保险标的及事后搬回原处的费用就属于必要的、合理的费用。有观点认为，为减损而实施的措施应是紧急避险措施，因此而支付的减损费用即为必要的、合理的。同时，被保险人是施救主体，对保险事故发生的现场、周围情况，以及保险财产的情况都更为了解，应承担举证责任。❶

2. 减损费用另行计算原则

根据这一原则，减损费用不从保险标的的损失赔偿额中扣除，这是因为：减损费用虽与保险标的密切相关，但不是保险标的本身的损失，而且减损的效果之一是可以减少保险人支付的损失赔偿金额。鉴于上述原因，基于减损费用必要及合理原则的背书，减损费用另行计算原则既有利于提高被保险人的施救积极性，又能维护保险人的利益。

3. 减损费用不超过保险金额原则

在减损费用另行减损的目的是减少经济损失，即便被保险人是善意的，但如果不限制减损费用的最高限额，对保险人来说，承担的责任过重，不利于保险人控制风险和保险行业的发展。因此，必要及合理的减损费用应以保险金额为限。

（三）赔偿限额

保险索赔限额（limitation）是指保险合同所能提供的最高赔偿金额，索赔金额超出赔偿限额的，超出部分由被保险人自负。

保险合同通常采用的赔偿限额方法分为两种：一是每次责任事故或因一个原因引起的一系列事故的赔偿限额。此时，保险人负责每次事故的赔偿并受赔偿限额的限制，直到保险期限结束，而无论在保险期间内发生了多少次事故。二是保险有效期内累计的赔偿限

---

❶ 孙静. 保险中减损费用承担初探. 当代法学，2002（5）：132-133.

额。此时，该赔偿限额是保险人在一个保险合同有效期内所承担的最高赔偿责任。如果保险有效期结束前，保险人经过一次或多次赔付后，累计支付了等同于赔偿限额的金额，则该保险合同终止，但被保险人可以要求恢复经过保险赔付后减少的累计赔偿限额部分

国际工程保险实务中，上述两种赔偿限额方法有时单独使用，有时则同时使用。例如，在责任保险实务中，保险人经常将两种赔偿限额方法结合使用，即选择一个相对大的累计赔偿限额的同时，再确定一个每次事故赔偿限额，这样就对赔偿施加了双重限制，以降低保险人的风险。

案例：科威特某项目火灾

某承包商承包科威特某项目，该项目主体工程为数栋高层建筑物。该项目投保了一切险中的附加险火灾险。火灾险条款约定：Limit of Indemnity：K. D. 500,000/any one location。项目实施过程中，该项目发生火灾，烧毁数栋建筑物和存储的货物。由于火灾烧毁财物的价值巨大，承包商和保险公司就赔偿限额产生争议。

案例：柬埔寨某公路项目保险索赔❶

某中国承包商在柬埔寨承揽某公路项目，合同工期46.5个月，于2014年9月开工，2018年6月完工。该项目工程一切险的保险人为一家在柬埔寨当地注册的新加坡知名保险公司。2016年9月，柬埔寨雨季期间的强降雨将NR13公路2#和4#两座桥梁绕行道路冲断，已完成的浆砌石施工被冲毁，堆放在绕行道路上的施工材料（块石、沙子、水泥、钢筋等）被洪水冲走，给中国承包商造成巨大损失。

虽然NR13公路2#和4#两座桥梁绕行道路被冲断，但只是NR13公路同一个合同包的同一件保险事故，只可扣减一个免赔额的额度，因此，中国承包商与保险公司在定损的过程中产生了争议。

(四) 投保人的预防措施

尽管被保险人可以在保险标的遭受损失时，获得保险人给付的赔偿从而得到经济补偿，但保险并不能完全避免和挽回保险事故造成的生产停顿。因此，维护保险标的的安全，防止保险事故的发生，对于被保险人和保险人双方的利益都具有重要意义。

投保人的预防措施通常有：被保险人应维护保险标的的安全，如遵守法定和合同约定的消防、安全、生产操作、劳动保护、人员数量等要求；投保人和被保险人给予保险人检查权和建议权，如保险人按照合同约定对保险标的的安全状况进行检查，及时向投保人、被保险人提出消除不安全因素和隐患的建议；投保人、被保险人不按合同约定履行对保险标的的安全义务时，保险人有权要求增加保险费或者解除保险合同；保险人有权对保险标的采取安全预防措施。

某境外项目中工程火灾险的预防措施要求：

(1) All shuttering materials including props. etc. which is not fitted for concreting must be stored at a sufficiently large distance from the property to be constructed；

(2) Fire fighting equipment with sufficiently, large distance from the property capacity

---

❶ 张保伟，暴坡，南铁雷. 如何实现国际工程保险理赔. 国际工程与劳务杂志, 2018 (4) 资料来源：https：//mp. weixin. qq. com/s/bnj_-eaw0TDuG9n6Jr1fsQ.

must be available at the site ready for immediate use;

（3）An adequate number of workmen must be fully trained in the use of such equipment;

（4）An adequate number of workmen must be available for immediate intervention at all time if welding. ❶

---

❶ 参考译文：1. 包括工具在内的不用于混凝土浇筑的模板原材料在存放时应与施工用财产保持足够的距离；2. 防火设备应与财产保持距离并可以在现场随时投入使用；3. 足够数量的工人被培训如何使用这些设备；4. 焊接时，应由足够数量的工人可以立刻介入。

第十三章

国际工程项目 PPP 开发模式法律与合约

PPP 开发模式已经成为众多国家政府实施基础设施建设的重要选项。PPP 开发模式几乎彻底颠覆了政府的传统基础设施采购模式，重新定义了政府作为采购方与供应方的关系，重新制定了基础设施建设开发、建造与运营维护的游戏规则。

国际工程项目 PPP 开发模式所涉主体众多，如金融机构、多层级投资人、承包人、运营维护方等，而且有些上述主体往往担任两个或两个以上角色，如承包人有时既是 EPC 承包商，同时又是投资人。

国际工程项目 PPP 开发模式所涉知识领域广泛，如国际投资、国际贸易、国际税收和国际金融等以及这些领域的法律与合约游戏规则。因此，参与国际工程项目 PPP 开发模式需要具备多方面和各领域的知识和技能。

国际工程项目 PPP 开发模式的高度复杂性和特点决定了该模式具有极高的风险且风险种类更多。如何识别、防范和处理国际工程 PPP 开发模式的风险是相关参与方需要高度关注的核心和重点。与国际工程承包相比，国际工程项目 PPP 开发模式的风险把控需求更高。为此，国际工程项目 PPP 开发模式的参与方应当从模式的具体类型选择、每阶段的风险类型及其特点出发，根据相应适用的法律，合理确定各方在整个项目中的风险分配原则和责任承担机制。

第一节　国际工程 PPP 含义及常见模式

众所周知，基础设施的先进与完善在很大程度上决定了一个国家的发展程度和阶段。基础设施落后势必阻碍一个国家的经济增长和国际竞争力❶。缺乏完善的基础设施建设也是导致国民生活质量降低、疾病或死亡的重要原因❷。为了改善本国的基础设施状况，世界各国政府每年都需要投入巨额的财政资金，用于新建、改扩建各类基础设施项目。大量的实践证明，政府实施基础设施项目存在一些不容忽视的短板，主要如下：

（1）基础设施建造、运营和维护的效率低下。政府行为秉承的法律原则是"法无授权不可为"❸，为此，政府实施基础设施建设需要严格在法律授权范围内进行，这无疑会降低项目实施的效率，同时，相对于营利性组织的员工来说，政府工作人员因受营利性的限制，其工作积极性相对较低，从而导致基础设施建造、运营和维护的效率低下。

（2）缺乏对基础设施项目全生命周期的合理规划。政府各级行政人员由于受政绩和换届的影响，一届政府在实施某基础设施项目时，其关注的重点往往是该届政府任期内是否投入运营、是否赢得民众的支持，从而能够连任或晋升。而大型基础设施项目一旦投入建设，其使用年限往往数十年。因此，对于大型基础设施项目，不仅需要关注其建造阶段或早期投入阶段的规划，而应当考虑其全生命周期内的规划，合理安排资源。

（3）政府缺乏足够财政资金以满足民众对基础设施的需求。在全球范围内，民众对基础设施的需求日益增加，尤其是发展中国家，更是如此，然而，政府往往无法提供足够的财政资金用来实施基础设施项目，导致无法满足民众的期望。

（4）政府机构投入大量精力实施基础设施项目不利于简政放权。基础设施项目从开发到运营往往受市场行为的影响较大，而政府的行政资源应当优先配置到无法通过市场行为正常调节的领域，从而提高行政效率。

为了弥补上述短板，促进本国经济发展和民生福祉，各国积极探索基础设施项目开发的新模式。在这个过程中，引进私人资本参与基础设施建设的项目融资方式逐渐被各国所接受并在世界范围内推广开来，这其中最受欢迎的方式即为 Public-Private Partnership（PPP）。本章将针对 PPP 的基础知识和全阶段所涉法律与合约等实务问题进行较为全面的阐释。

PPP 的全称为 Public-Private Partnership，直译为"公共机构与私人机构伙伴关系"，是公共机构转变公共职能，将特定领域的公共服务或资产由传统的政府机构直接提供转变

---

❶ "Infrastructure at the Cross-road: Lessons learned from 20 years of World Bank experience"，World Bank（2006）；Infrastructure and the World Bank: A Progress report，World Bank（2005）.

❷ Willoughby，Infrastructure and the Millennium Development Goals，2 October 2004.

❸ 李克强为何强调政府要遵循"法无授权不可为"？2014 年 02 月 25 日 14：28 来源：人民网-中国共产党新闻网.

为政府和私人机构共同提供的一种方式。现代意义上的 PPP 最早出现于 20 世纪六七十年代，之后逐步在全球范围内得到应用和青睐。

一、PPP 的定义

由于各国的国情、经济结构以及具体实践不同，目前在世界范围内并没有形成统一的 PPP 定义。尽管各国对 PPP 定义有所区别，但基本可以从以下三方面定义 PPP：一是公共机构与私人机构的合作；二是以向公众提供公共产品或者服务为目的；三是公共机构与私人机构之间建立利益共享、风险分担机制。以下是特定机构或国家对 PPP 做出的定义。

（一）世界银行对 PPP 的定义

世界银行对 PPP 的定义为：由私人机构同政府部门之间达成长期合同，提供公共资产和服务，由私人机构承担主要风险并管理责任，私人机构根据绩效情况得到酬劳❶。

（二）欧盟委员会对 PPP 的定义

PPP 是指公共机构和私人机构之间的一种合作关系，其目的是为了提供传统上由公共机构提供的公共项目或服务。

（三）马来西亚对 PPP 定义

马来西亚在其发布的 PPP 指导文件中将 PPP 的关键特征总结为以下几点❷：
（1）公共机构与私人机构之间的关系为伙伴关系；
（2）公共机构在特许经营期间采购约定的特定服务或产品；
（3）由私人机构决定为达到约定的特定服务或产品所需的投入并且私人机构被赋予在设计和开发中的自主创新权以减少总成本；
（4）服务费用的支付基于先决标准和履行情况；

---

❶ PPP-A long-term contract between a private party and a government entity, for providing a public asset or service, in which the private party bears significant risk and management responsibility, and remuneration is linked to performance.

❷ Malaysia PPP Guide-"Some of the key features/characteristics of PPP projects are as follows：i. Relationship between public and private sectors is based on partnership; ii. Public sector procures specified outputs or outcomes of a service for a concession period; iii. Private sector determines the required inputs to achieve the specified output and the private sector is given latitude to introduce innovation into their designs and development to reduce overall costs; iv. Payment for services is based on pre-determined standards and performance; v. Promotes maintenance culture' where the concessionaires will be responsible for the long term maintenance of the assets throughout the operational tenure agreed upon; vi. Integration of design, construction, finance, maintenance and operation-total package; vii. Transfer of assets at the end of the concession period becomes an option to the Government; viii. Optimal sharing of risks whereby risk is allocated to the party who is best able to manage it; and ix. Whole Life Cycle Costing ('WLCC') whereby PPP projects are usually awarded based on lowest total cost over the concession period compared to lowest construction costs under the traditional procurement method-a paradigm shift in the form of procurement objectives."

(5) 倡导特许经营权人在约定的运营期限内负责资产的长期维护；
(6) 设计、施工、融资、维护和运营集成一揽子安排；
(7) 特许经营期届满时由政府选择资产的转移；
(8) 最佳的风险分担即将风险分配给能最好控制该风险的一方；
(9) 与传统采购方法下的最低工程建造成本相比，全生命周期成本法通常以特许经营期间的最低总成本为基础计算得出。

（四）科威特对 PPP 定义

在科威特，PPP 被定义为：以提供公共服务为目的，政府或者公共机构与私人机构共同签署的一份长期合作协议，在通常情况下，PPP 多用于为民众提供公共服务的基础设施项目的建设。

（五）肯尼亚对 PPP 定义

根据肯尼亚 2013 年 PPP 法，PPP 是指缔约公共机构和私人机构之间的契约安排，私人机构根据该契约安排：
(1) 需要履行公共职能或者代表公共机构提供服务；
(2) 通过以下方式从履行公共职能中获得收益：
① 从公共资金中获得补偿；
② 从获得服务的使用者或者消费者中收费；
③ 上述补偿和费用的合并。
(3) 通常根据项目协议承担因履行公共职能而引起的风险。"❶

（六）俄罗斯对 PPP 的定义

根据俄罗斯 2015 年颁布的 PPP 法，PPP 是指公共机构与私人机构根据联邦法律在契约期限内、实施资源和风险分配的合作，旨在通过吸引私人机构投资经济领域，确保联邦政府和地方政府能够提供货物、工作或者服务并提高其品质。❷

---

❶ Republic of Kenya-The Public Private Partnerships Act，2013："public private partnership' means an arrangement between a contracting authority and a private party under which a private party—
(a) undertakes to perform a public function or provide a service on behalf of the contracting authority；
(b) receives a benefit for performing a public function by way of- （i）compensation from a public fund；（ii）charges or fees collected by the private party from users or consumers of a service provided to them；or （iii）a combination of such compensation and such charges or fees；and
(c) is generally liable for risks arising from the performance of the function in accordance with the terms of the project agreement；"

❷ Russia PPP Law- "public-private partnership, municipal-private partnership-a cooperation of a public partner, on the one hand, and a private partner, on the other hand, legally executed for a certain term and based on combination of resources and distribution of risks, based on an agreement on public-private partnership or municipal-private partnership concluded in compliance with this Federal Law in order to attract private investments in the economy, ensuring of availability of goods, work or services and increase of their quality by state and local authorities"

二、常见 PPP 模式

由于很多国家的 PPP 发展阶段不同，PPP 模式的分类也不尽相同，以新加坡和世界银行对 PPP 项目模式的分类为例。

（一）新加坡 PPP 模式

新加坡将 PPP 常见的模式归类为：

（1）传统项目的采购（traditional procurement of assets）

（2）设计—建设—运营（Design—Build—Operate）

（3）设计—建设—融资—运营和政府拥有（Design—Build—Finance—Operate & Government—Own）

（4）设计—建设—融资—运营和私人机构拥有，但在合同期满时转让给政府（Design—Build—Finance—Operate & Private—Own，but Transfer to Government at end of contract）

（5）设计—建设—融资—运营和私人机构拥有（Design—Build—Finance—Operate & Private—Own，No Transfer）

（6）私人机构供应，政府作为监管者（Private Provision，Government is regulator）。

（二）世界银行 PPP 模式

世界银行从项目的类型、功能以及付款机制三个方面对 PPP 模式进行了归类，具体如下：

模式名称	项目类型	功能	付款机制	描述
DBFOM	新建	设计、建造、融资、运营和维护	政府或者使用者支付	设计—建设—融资—运营—维护（Design—Build—Finance—Operate—Maintain）
DBFO	新建	设计、建造、融资、运营	政府或者使用者支付	设计—建设—融资—运营（Design—Build—Finance—Operate）
DCMF	新建	设计、建造、管理、融资	政府或者使用者支付	设计—施工—管理—融资（Design—Construct—Manage—Finance）
O&M	已有	运营和维护	政府支付	运营和维护（Operations and Maintenance）
BOT	新建	通常是设计、建设、融资、维护以及部分或者全部的运营；在一些定义下，BOT 和 BTO 可能不包括私人机构资金，而 BOOT 总是包括私人机构资产	政府或者使用者支付	建设—运营—转让（Build—Operate Transfer）；私人一直享有资产的所有权直到其在合同届满时转移
BOOT	新建		政府或者使用者支付	建设—拥有—运营（Build—Own—Operate—Transfer）
BTO	新建		政府或者使用者支付	建设—转让—运营（Build—Transfer—Operate）；一旦建设完成，所有权就被转移
ROT	已有	同上，但是用"Rehabilitate"代替"Build"	政府或者使用者支付	修复—运营—转让（Rehabilitate—Operate—Transfer）

续表

模式名称	项目类型	功能	付款机制	描述
Concession	新建或已有	设计、修复、扩展或者建设、融资、维护以及运营，通常是向使用者提供服务	通常是使用者支付。在一些国家，基于特许经营的财政能力，私人机构可能向公共机构支付费用或者从公共机构得到补贴	特许经营（Concession）在PPP背景下，特许经营多用来描述"使用者支付"的PPP。例如，在巴西，"特许经营法"只适用于使用者支付的合同
Lease or affermage	已有	运营和维护，向使用者提供服务	使用者支付私人机构通常将使用者支付的部分费用给政府用于资本支出	租赁（lease or affermage）；租赁合同的特点包括，中等长度的合同期（通常为8～15年之间）；租赁期间风险转移给运营方等
Franchise	新建或者已有	可能包含设计，建设以及融资或者可能限制运营和维护某项资产	可能由政府或者使用者支付	特许权（Franchise）有时用来描述类似于concession或者lease合同的一种安排
Private Finance Initiative	新建	设计、建设、融资、维护，可能会包含部分运营但是往往不直接给使用者提供服务	政府支付	私人机构融资

PPP作为项目开发的一种模式已经受到越来越多国家或地区的接受而且各个国家或地区根据自身的国情不断推出新的具体模式。为此，PPP项目参与主体应当结合PPP的共性和特性灵活选择PPP的具体实施模式。

第二节　国际工程PPP项目风险概述

相比较于境内的PPP项目，国际工程PPP项目因其涉外特点，使得参与主体面临更多的风险和不确定性。国际工程PPP项目风险可以根据不同标准进行分类，如将PPP项目风险分为：宏观层间、中间层面和微观层面；将国际工程PPP项目的风险分为纵向和横向两个角度。

一、国际工程PPP项目的纵向风险和横向风险

从纵向角度看，国际工程PPP项目的风险贯穿于项目的整个发展阶段，即从项目开发阶段直至项目移交阶段；从横向角度看，国际工程PPP项目的核心风险可以归纳为：政治风险、法律风险、市场风险、建设运营风险、金融风险、社会风险等等。由于本章其他章节已经从纵向角度阐释了国际工程PPP项目的具体风险，本节从横向角度简要阐释国际工程PPP项目的核心风险。

（一）政治风险

PPP项目的长周期、公益性特点使得其容易受到政治风险的影响。在国际工程PPP项

目中，政治风险尤为突出，因此，外国投资者对该类风险应当充分予以高度关注。政治风险主要包括项目所在国的社会动荡、政局不稳、政府违约、国有化或征收征用。

PPP 项目需要稳定的社会环境以确保稳定的消费者或服务购买方，这是 PPP 项目前期可行性论证时的重点内容。PPP 项目只有具有稳定的产品或服务购买方，才能具备可投资性和可融资性，而这些均与项目所在国的社会稳定密切相关。

PPP 项目的重要参与方之一为项目所在国的公共机构，因此项目所在国的政局稳定对于维持、延续和承继公共机构对 PPP 项目的态度和政策至关重要。政府或公共机构的稳定和对 PPP 项目的稳定支持是 PPP 项目能够成功实施的关键因素，也可以为 PPP 项目创造有利的宏观环境，例如马来西亚南北高速公路项目的成功与政府支持有很大的作用。相反，如果政局不稳，则会对 PPP 项目的实施带来极大的不确定性和风险，例如在孟加拉国的 Kafco Fertilizer 项目中，银行最终拒绝放款的原因就是在新政府控制和重新审核该项目后，认为合同"违规"和存在"不利条款"。

PPP 项目中的政府违约是指公共机构违反 PPP 合同的约定，未遵守协议的约定、不履行相关的责任和义务。政府违约风险会直接导致 PPP 项目受挫、导致私人机构的投资面临重大风险。因此，通过综合措施管控政府违约是 PPP 项目参与方的重点工作。

由于很多 PPP 项目涉及能源、交通等公益性领域，容易成为项目所在国政府为了公共利益进行征收征用或国有化的对象。征收征用或国有化的最大风险来自于补偿原则即是否给予私人机构或项目公司充分、有效和及时的补偿。

（二）法律风险

国际工程 PPP 项目的法律风险主要是指项目所在国法律不完善风险、法律变化风险和项目合规风险。

从某种意义上说，PPP 项目能够成功实施，与项目所在国的法治程度和法治环境息息相关，欧美等国家的 PPP 项目较多且总体进展较好，无不与这些国家的法治水平较高有关。因此，如果项目所在国的法律不完善尤其是针对 PPP 模式的法律不完善，则将会对 PPP 项目的稳定性和健康实施带来极大的不确定性。

PPP 项目特点使之更容易受到法律变化的影响，这些变化往往对项目的实施带来极大的影响，例如政府审批许可、税收政策的变化等。很多 PPP 项目周期很长，例如一些电站项目的特许经营周期为 20~30 年，项目可能会因项目所在国政府法律政策的变化导致执行难度以及成本的增加。例如，项目所在国进出口政策变化，增加关税或者限制项目设备、材料的进口等。因此，在前期调查的过程中，要关注项目所在国可能会进行的法律法规变化。

PPP 项目合规风险，主要是指项目是否符合法律的要求。项目前期的合规风险一般需要注意项目的招投标程序是否符合项目所在国的法律，例如某些国家的法律对特定领域的项目要求进行公开招标；项目执行过程中，需要注意就项目签订的协议或者合同不能违反项目所在国强制性法律的要求。

（三）市场风险

PPP 项目市场风险主要包括市场需求、价格变化等风险。海外 PPP 项目涉及的基础设施建设的市场需求具有不确定性，与不同领域的基础设施有关。例如在高速公路的 PPP 项目,在项目前期会对客流量进行估测,那么估测的数值可能会与项目建成之后实际的数值存在差别,而往往估测的数值比较乐观。这种情况下,项目的收益就会受到影响。又如,电站项目往往根据售电的收入来回收投资成本并获取投资收益,但是售电收入需要依据稳定的购电需求,市场需求会受多方面的影响,例如价格因素、消费者水平、政府消费政策等。

在海外 PPP 项目的全生命周期,价格的变化可能发生在两个层面:一是大型基础建设项目中,服务或者产品价格的上涨。如上述,服务价格的上涨与市场供求关系相关联,也会受到政府政策调整的影响。二是物价波动。物价波动会导致一些成本的增加。

(四) 建设运营风险

PPP 项目建设运营风险主要包括项目在建设和运营阶段遇到的各种风险。建设阶段的风险主要体现在:审批程序时长、技术水平、设备/劳资获取、进入现场、土地使用、工程合同变更、工期超期、建设成本超支、工程质量、施工安全、环境/文物破坏等。运营阶段的风险主要包括:运营费用、维修更新成本、运营效率、运营收入、收费风险、运营安全等。

(五) 金融风险

PPP 项目特点使之面临较大的金融风险,主要包括三个方面,即融资风险、汇率风险和外汇管制。

对于国际工程 PPP 项目而言,由于涉及金额重大、融资结构相对复杂,所以融资方面的风险很高,具体如下:

(1) 融资的可行性。在项目开发阶段,基于对项目未来收益的预估进行融资方案的设计,融资方案的可行与否也是项目融资的风险之一,同时还需要考虑项目未来的现金流。

(2) 项目的吸引力。融资机构会对项目是否值得投资进行评估,项目公司往往需要在规定的时间内确认资金来源,很多项目都是因未能在规定时限内进行融资而造成项目延误或者终止。

(3) 融资成本。融资方式和融资结构这些都会影响项目的融资成本。若项目公司的融资结构单一、融资能力不足,会造成后续资金投入不足,而面临更高的融资成本。

国际工程 PPP 项目所涉金额巨大,最容易受汇率波动的影响,因此,国际工程 PPP 项目应当高度关注汇率波动事宜。汇率波动可能会带来货币贬值的风险,导致项目所在国获取的现金收益无法按照预期汇率水平兑换成外汇,项目的投资回报率降低。影响汇率的因素有很多,比如国际收支及外汇储备的变动、利率的变化、通货膨胀水平、政治局势的变化等。

外国投资者需要将国际工程 PPP 项目中的部分收益移出项目所在国以进行其他投资。国际工程 PPP 项目投入的一般都是硬通货币,而运营收入一般用的是当地币。在收取的都是当地币的情况下,就面临能否兑换足额的外汇。PPP 项目所在国是否允许项目公司将收益汇出境外对于确保投资收益具有至关重要的意义。因此,PPP 项目参与方应当高度关注项目所在国对外汇管制的法律或政策。

(六) 环保风险

PPP 项目一般涉及公民大众且多为大型基础设施项目,因此,PPP 项目的环保要求一般比较高。一旦环保问题处理不当,容易引起项目所在国或所在地民众的阻挠,同时也容易为不同政党或利益集团所利用，导致项目的实施受到影响。近些年来，为保护环境，许多国家政府都制定了严格的环保法律。国际工程 PPP 项目要尤其遵守项目所在国的环保法律的要求。因为处理不当，可能会面临设计变更等问题导致成本的增加还有可能会面临高额罚款。因此，PPP 项目应当坚持遵守当地的环保法律法规或民众对环保的习惯性风俗。

（七）不可抗力风险

PPP 项目中的不可抗力一般是指缔约各方缔约时无法预见且不可控制的事件发生。一旦不可抗力发生，对 PPP 项目造成的影响往往非常大，可能会导致项目不能按期完工以及不可预见的损失甚至项目终止。因此，需要在 PPP 合同中明确约定不可抗力的处理机制和风险分担机制。

二、国际工程 PPP 项目风险分配原则

风险分配是指对可能会导致项目未来损失或收益的责任的界定和划分的过程。PPP 项目应当秉持利益共享、风险分担的机制，风险分配机制既关乎 PPP 项目的全生命周期成本和运营效益，又影响 PPP 项目的物有所值（Value for Money）的实现。合理的分配国际工程 PPP 项目风险至关重要，因为不合理的风险分配机制会导致 PPP 项目最终的费用高于其本身所需的费用，影响"物有所值"，并导致无法实现融资关闭。而全生命周期的 PPP 项目成本极易受到风险分配机制的影响。

具体来说，国际工程 PPP 项目中，如果将风险不合理的分配给公共机构，那么，当风险出现时，公共机构将会通过提高税收或者减少对服务费用的支出来承担其责任。相反地，若将风险不合理的分配给了私人机构，那么额外的费用就会由公共机构或者甚至是由最终的使用者直接支付。因此，合理的风险分配制度对于国际工程 PPP 项目非常必要。

尽管国际工程 PPP 项目涉及不同的领域，但是结合其特点，影响国际工程 PPP 项目分配的因素主要包括公共机构和私人机构对风险的态度、项目管理模式、融资模式、项目特点、标准程序和合同文件、对项目的控制力和影响力等。

国际工程 PPP 项目的风险分担原则大体包括以下内容：
（1）承担风险的一方应该对该风险具有控制力；
（2）承担风险的一方能够将该风险合理转移（例如，投保相应的保险）；
（3）承担风险的一方对于控制该风险有更大的经济利益和/或动机；
（4）由该方承担该风险最有效率；
（5）如果风险最终发生，承担风险的一方受到了损失，没理由将费用和损失转移给另一方。

除了上述原则，在海外 PPP 项目实践中，还被普遍接受的原则是"由对风险最有控制力的一方承担相应的风险"。因为对于风险具有最好控制能力的一方在风险发生时有最佳的机会控制或者减少风险带来的后果，该风险分配原则为世界银行所采用，具体详见世界银行 PPP 指南第二版关于 PPP 项目风险分配原则。❶

在上述原则下，大部分的风险都可以被控制，但也仅限于能够评估出哪一方更具有控

---

❶ A central principle of risk allocation is that each risk should be allocated to whoever can manage it best.

制能力的情况下。对于双方都不具有控制力的风险，例如不可抗力，风险分配时应当考虑"承担的风险程度与所得回报相匹配"。此外，在项目实施过程中，可能会出现双方都意料之外的变化从而构成的损害，这种情况下，为了项目更加积极有效的进行，不能让其中一方承担无限大的责任，此时可遵循"承担的风险要有上限"的风险分配原则。

例如：将建设风险分配给私人机构，因为在项目建设过程中，私人机构可以通过建设合同将风险转移给承包商，但私人机构仍要对公共机构负首要责任。将政治风险和法律风险分配给公共机构，因为公共机构作为公权力的代表，有能力影响一些法律政策的变化，因为，对于此类风险，公共机构比私人机构更具有控制力。对于不可抗力的风险，公共机构和私人机构可以共同承担。这种风险分配方式在实践中往往是以"风险分配矩阵表"的形式表现。

虽然上述分配原则作为公共机构和私人机构风险分配时的指导，但是对这些原则的应用和分析是需要建立在单独项目的基础上的。因为每个项目都有其各自不同的风险，对于风险的分配需要根据项目的具体情况进行改变。

本节阐释的风险分配原则对公共机构和私人机构之间关于海外 PPP 项目的风险分配具有一定的借鉴和指导作用。公共机构和私人机构可以在上述原则的指导下结合具体项目的特点进行风险分配，从而得出最优的风险分配机制，提高项目的管理水平而最终促使项目成功。

第三节　国际工程 PPP 项目开发阶段法律与合约

本节所述国际工程 PPP 项目开发阶段是指私人机构找寻 PPP 项目直到参与 PPP 项目采购之时。该阶段是国际工程 PPP 项目风险防控的第一步，也是私人机构对国际工程 PPP 项目风险进行防控实施顶层设计的阶段，在很大程度上关系到国际工程 PPP 项目风险防控的成败。

一、国际工程 PPP 项目开发阶段风险分析及其防范

国际工程 PPP 项目在开发阶段的风险主要包括：国别选择失误、行业选择失误、项目选择失误、投资架构设计不合理、技术风险和合作伙伴选择风险。

（一）国际工程 PPP 项目国别选择失误风险及其防范

PPP 项目投资额大、周期长、公益性以及与公共机构合作的特点决定了并不是每一个国家都可以实施 PPP 项目。如果选择了不适合开展 PPP 项目的国家或地区，该 PPP 项目成功的概率极低，私人机构的投资面临无法收回的风险。

为了防止该风险发生，在 PPP 项目开发阶段，私人机构应当首先选择适合 PPP 项目开发模式的国家或地区。从国家或地区的宏观角度出发，PPP 项目适合在满足以下条件的国家或地区实施：

（1）东道国社会和平稳定。PPP 项目需要长期稳定的消费群体和社会环境以确保长周期的投资能按照原定计划收回。一个动荡不安的社会无法保证稳定的消费群体和运营，势

必导致PPP项目无法顺利实施。

（2）东道国政局稳定。PPP项目的其中一方为公共机构或政府。如果政府或公共机构的主要人员频繁发生变化，一般会对PPP项目的实施带来困扰，因为新任政府往往或多或少会对上任政府推行的法律、政策、批准或合约尤其是涉及PPP项目的法律、政策、批准或合约进行变动，而该变动一般给PPP项目的实施带来很大的不确定性。

（3）东道国对PPP开发模式的接受程度高。PPP开发模式涉及公共机构与私人机构以及消费群体的利益。公共机构采用PPP项目开发模式的目的是提高向公众提供公共服务的效率，同时尽量减少政府的直接财政支出；私人机构参与PPP项目的目的是获取长期稳定的收益；而消费群体则是通过支付或不支付费用享受到高效率和高质量的公共服务。只有这三方均充分接受PPP开发模式的上述优点，才能为PPP项目在东道国长期、稳定和健康发展提供良好的社会氛围。

（4）东道国法治程度高。从某种意义上说，PPP项目是一种法治条件下的项目开发模式，因为公共机构需要依法和依约实施PPP项目。为此，PPP项目需要东道国的法律健全尤其是PPP法律比较健全、司法环境较好同时对外商投资的法律保护力度大。

（5）物价相对稳定，通货膨胀率低。虽然PPP项目的付费机制因不同项目而不同，但无论采用哪种付费机制，PPP项目的长周期性都需要考虑收费的调整和通货膨胀。虽然PPP合同中均会设置调价机制，但如果东道国的物价不稳定或通货膨胀率高，则会导致频繁调整PPP项目的收费费率，这可能会导致社会问题的发生，给PPP项目的实施带来不可预见的公众抵制风险，造成项目受损或夭折。

（6）外汇管制程度低。东道国的外汇管制是私人机构参与国际工程PPP项目面临的重大风险，因此，如果东道国对外汇实施严格外汇管制，除非私人机构存在其他路径转移收益，否则，该类国家不适合私人机构参与其境内的PPP项目。

（7）自然风险低。自然风险主要是指由于国际工程PPP项目所在国和项目现场自然环境因素的变化造成对项目建设阶段的工期延误风险，以及项目运营过程中的暂停或终止风险，这些风险主要包括环境风险、地质风险和气候风险。全球各国为了应对环境污染，均颁布了环保法律法规。国际工程PPP项目的建设规模大、占地面积大，所消耗的自然资源必然引起环境污染问题，私人机构或项目公司很可能受到项目所在国环保部门的罚款或其他法律制裁。为此，私人机构或项目公司在开发阶段就要重视环境污染的风险，兼顾项目的经济收益和社会效益；地质和气候风险具有不可预见的特点，很难进行风险控制。如果境外PPP项目对地质条件或气候条件要求高，私人机构或项目公司在开发阶段就要关注项目所在国和项目现场的地质与气候条件。

为了有效防范国别选择失误的风险，尤其是东道国法制程度低和缺乏PPP立法的风险，参与国际工程PPP项目的私人机构可以将中国商务部定期发布的《对外投资合作国别（地区）指南》、中国出口信用保险公司（以下简称中信保）的《国家风险分析报告》及中国政府其他官方机构发布的国别风险提示和投资要求等文件作为评估项目所在国是否符合上述七个条件的参考依据。

（二）国际工程PPP项目行业选择失误及其防范

私人机构对国际工程PPP项目行业选择失误主要表现为以下三个方面：

(1) 选择的 PPP 行业属于东道国的夕阳产业。任何一个国家或地区根据其发展程度不同，可以将行业分为朝阳产业、午时产业和夕阳产业。PPP 项目所述行业在东道国行业中处于哪类产业在很大程度上决定着该 PPP 项目能否在 PPP 合同期限内实现预定投资收益。如果私人机构投资的 PPP 项目属于东道国的夕阳产业，则很可能意味着 PPP 项目合作期限内无法取得预期收益而失败。为防止此类风险发生，私人机构在选择国际工程 PPP 项目时，需要对该国的产业结构、所处阶段、消费理念等进行调研和考察，尽量选择东道国朝阳产业范围内的 PPP 项目。

(2) 选择的国际工程 PPP 项目与私人机构自身的发展战略契合度不高。私人机构在选择国际工程 PPP 项目行业时应当结合私人机构的战略安排，选择与私人机构的发展战略契合度高的 PPP 行业，否则容易导致项目无法得到强有力的支持而失败。

(3) 选择的国际工程 PPP 项目与私人机构所在国的战略契合度不高。对于中国企业参与国际工程 PPP 项目来说，这一点非常重要，我国的经济结构和市场状况很大程度上需要我国的投资者在参与国际工程 PPP 项目时，与我国的对外投资政策保持一致，这样才能获得我国政府的支持。

(三) 国际工程特定 PPP 项目选择失误风险及其防范

从国际工程特定 PPP 项目的自身特点来说，国际工程特定 PPP 项目的选择需要经过严密、谨慎和全面的分析和论证，如 PPP 项目所需的绩效评价论证即是一项重要的论证。国际工程 PPP 项目适用的基础设施项目种类繁多，因此对 PPP 项目的绩效评价不能仅局限于项目本身，还要对项目所在国的相关行业领域进行系统性评价。绩效评价的目的是提高项目决策和实施的科学化水平，促进各类资源的合理有效配置，充分发挥投资效益。

私人机构对国际工程 PPP 项目进行绩效评价时，要从项目的经济性、效益性、效果性和社会公平性这四个方面进行分析：(1) 经济性是指采用 PPP 模式能否节约支出，以最低的价格或相对较低的价格获得同样的产品或服务；(2) 效益性是指 PPP 模式下能否以较低的资源投入得到最大的产出；(3) 效果性是指 PPP 模式下能否实现公共机构的经营目标，能否实现私人机构的经营目标；(4) 公平性是指 PPP 模式能否满足社会大众对产品或服务的需求，PPP 项目的运营过程中能否体现公平。如果国际工程 PPP 项目能够满足这四个标准，那么说明项目采用 PPP 模式可以获得收益的同时，也能获得项目所在国政府和公众的支持。

(四) 国际工程特定 PPP 项目投资架构设计不合理风险及其防范

与参与国际工程承包不同，国际工程 PPP 项目涉及面广：工程承包、投资、运营、与东道国公共机构之间的各种利益安排、私人机构退出国际工程 PPP 项目的机制。上述问题往往与投资架构密切相关，处理不当，则可能会导致风险发生。因此，在国际工程 PPP 项目开发阶段，私人机构应当提前设计合理的投资架构，主要应当考虑以下三点：

(1) 私人机构控股公司的设立。在国际工程 PPP 项目开发阶段，私人机构如何参与国际工程 PPP 项目，存在两种选择：私人机构自己作为国际工程 PPP 项目公司的股东；私人机构通过设立的控股公司作为 PPP 项目公司的股东。目前，第二种做法为常见选择。

（2）私人机构与其他合作方在哪个投资层级上进行合作。PPP项目的投资金额巨大、回收周期很长、风险大，因此，私人机构在投资国际工程PPP时，往往需要组成不同的利益共同体参与PPP项目。因此，国际工程PPP项目利益共同体在不同阶段或层级的合作应当合理安排，下图供参考。

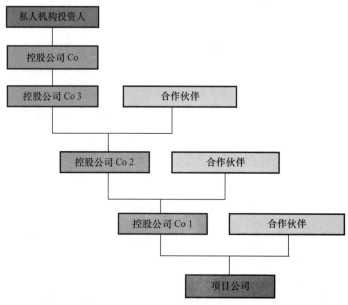

（3）私人机构适时退出国际工程PPP项目的机制。虽然PPP项目强调私人机构投资的长周期性，但从私人机构角度来说，需要预设退出机制以应对可能发生的风险或满足投资策略的需要。在项目所在国之外设置控股公司，由控股公司投资项目公司，一般可以满足私人机构较为顺利退出国际工程PPP项目的需求。

（五）国际工程特定PPP项目技术风险及其防范

技术风险是指由于在国际工程PPP项目的设计出现的缺陷或采用的技术适用性问题而造成项目无法完工或无法投入运营的风险。国际工程PPP项目技术的适用性主要表现在该技术能否在项目的建造或运营中得到应用，以及是否具备可操作性。技术风险会造成国际工程PPP项目的严重延误并产生高昂的经济损失。

因此，私人机构或项目公司在开发阶段应当论证拟采用的技术能否适用于项目的建造和运营，避免项目建造和运营阶段发生此类风险。

（六）国际工程特定行业PPP项目合作伙伴选择风险

正如第4点所提及，私人机构参与国际工程PPP项目往往需要联合其他方组成强有力的合作伙伴。因此，选择合适的合作伙伴则在很大程度上成为能否成功实施PPP项目的重要前提条件。在国际工程PPP项目开发阶段，私人机构需要根据PPP行业寻找合适的合作伙伴一起实施PPP项目的开发。

按照合作伙伴的所在地，国际工程PPP项目开发阶段的合作伙伴可以分为国内合作伙伴、项目所在国合作伙伴和国际合作伙伴。国内和国际合作伙伴通常为国际工程PPP项目开发带来资金、技术或核心资源等，其看重的是新市场、新盈利模式，而项目所在国合作伙伴可以提供本土竞争力和影响力，其看重的是境外的资金、技术。

按照合作伙伴对项目开发的参与程度，可以分为核心紧密层合作伙伴和外围松散层合作伙伴。核心紧密层合作伙伴提供核心竞争力，同时分担项目的主要开发风险，其看重的是项目开发成功后的利益分配。外围松散层合作伙伴可以提供信息和资源渠道。

按照合作伙伴的投资目的，可以分为产业投资合作伙伴、财务投资合作伙伴和战略投资合作伙伴。产业投资合作伙伴为项目开发提供产业经验、业绩、资质和技术支持，其看中的是项目开发成功后可以获得海外项目业绩、工程利润和运营收益。财务投资合作伙伴可为项目提供股权投资资金和其他融资渠道，其注重投资的快速增值和溢价退出。战略投资合作伙伴为项目提供核心技术或设备，以及产品需求，其诉求在于可以直接获得或间接保障其在关联产业的利益。

二、国际工程PPP项目开发阶段风险防范总体措施

从私人机构角度出发，我们认为，国际工程PPP项目开发阶段应当考虑如下风险防范的总体措施：

（1）对拟进入的国家从国别层面、行业层面、项目层面进行全面的尽职调查，形成全面的尽职调查报告。

（2）尽早设置合理的投资架构，尤其是控股公司的设立。

（3）尽早物色特定行业或特定项目的合作伙伴，群策群力参与开发阶段的各项工作。

三、案例

国际工程PPP项目的开发阶段是项目的启动和立项阶段，私人机构在该阶段遴选和论证PPP项目，寻找合作伙伴、组建联合体。下列案例从几个方面说明国际工程PPP项目开发阶段的经验教训。

案例一：中信泰富澳洲铁矿项目❶

2006年，中信泰富投资4.15亿美元，从澳大利亚Mineralogy公司买入西澳大利亚的两个磁铁矿资源25年的开采权。同年澳洲铁矿项目开工，原定投资42亿美元，计划于2009年建成投产。项目开工后，中信泰富的实际投入一路高涨，并因此几度陷于停顿，中信泰富为了支撑该项目，被迫出售了旗下多个上市公司的股权。2013年澳洲铁矿项目才装运首船矿石，而当时中信泰富的实际投资额已经接近百亿美元，而且还要追加投资才能确保项目完工。

中信泰富澳洲铁矿项目的失败主要是因为项目开发阶段盲目乐观，忽视了潜在风险：

（1）缺乏对澳大利亚法律的了解。澳大利亚的安全和环保标准非常高，而且执行起来非常严格，中信泰富对这方面的成本估计不足。以项目所需设备为例，根据澳大利亚的

---

❶ 本案例信息来自媒体公开报道。

法律,中信泰富运入项目现场的设备不但要符合欧盟的 CE 标准,还要遵守澳大利亚的标准。中信泰富的每一张建设图纸都要具有澳大利亚本地工程师的签字,否则不能使用。

(2) 缺乏对基础设施投资成本上涨的准备。澳洲铁矿项目规模巨大,铁矿石的开采、筛选、运输流程长,需要额外配套港口、道路、桥梁、管道等项目。另外,因为铁矿石筛选过程中需要大量的淡水,而项目现场及周边无法提供如此多的淡水,因此中信泰富不得不临时增加了一个海水淡化厂项目。种种这些配套设施不但延误了工期,还导致项目投资不断增长。

(3) 对项目的技术难度估计不足。澳洲铁矿项目的磁铁矿铁含量较低,只有经过选矿后才能用于钢铁生产。选矿工艺非常复杂,而与中信泰富合作的钢铁企业也没有足够的技术和经验。为此,中信泰富花费了大量的人力物力将矿石样本运回中国进行工业化试验和论证。最终,中信泰富被迫选择了全新的选矿技术。

(4) 选择的 EPC 承包商缺乏经验。中信泰富选择中冶集团作为澳洲铁矿项目的 EPC 总承包商,负责建设六条选矿生产线,合同总额 17.5 亿美元。项目实施期间,中冶集团数次调价,到 2011 年年底两条选矿生产线的建造费用已经增加至 34 亿美元。造成这种状况的原因是中冶集团没有在澳大利亚承揽工程项目的经验。

虽然澳洲铁矿项目并非国际工程 PPP 项目,但中信泰富在项目前期开发阶段所犯的错误对参与国际工程 PPP 项目的中国企业具有一定的参考价值。

案例二:印度瓦尔道拉至哈洛尔收费公路项目

印度瓦尔道拉市(Vadodara)至哈洛尔市(Halol)收费公路项目(简称"瓦哈收费公路项目")是印度国内第一个采用 PPP 模式开发的高速公路项目。印度古吉拉特邦(Gujarat)政府首先提出了瓦哈收费公路项目,该项目全长 32 公里。为了实施该项目,古吉拉特邦政府成立了项目公司,由该项目公司通过国际招标的形式选择项目建造方、运营方和维护方。瓦哈收费公路项目于 1999 年 3 月 1 日开工,2000 年 9 月 15 日完工。

瓦哈收费公路项目完工后,车流量一直未能达到可行性研究阶段预估的水平。造成这种局面的主要原因是项目公司在可行性研究报告中只提起 Halol 市工业发展会增加车流量,但并未考虑到该市工业发展放缓对车流量的影响。由于车流量一致无法达到预期的水平,瓦哈收费公路项目的项目公司的收益也不足以偿还贷款。2004 年,该项目公司因为资不抵债被迫重组。

国际工程 PPP 项目的投资大且周期长,这使得私人机构投资 PPP 项目需要面临很大的投资风险。为了防范国际工程 PPP 项目中的各种风险,需要私人机构在项目开发阶段对整个项目开发进行顶层设计,并对风险进行识别和评估,基于此采取合理的预设防范措施,降低项目风险损失和概率,最大程度上确保项目能够在后续阶段能够顺利实施。

第四节 国际工程 PPP 项目采购阶段法律与合约

国际工程 PPP 项目采购阶段是指公共机构根据东道国的法律要求对 PPP 项目或特许

经营权的购买，自公共机构发布PPP项目采购信息始至签发签订PPP合同时止。私人机构参与PPP项目的采购阶段需要付出巨大的人力、物力和财力。该阶段决定了私人机构能否获得特定的PPP项目以及以何种条件获得PPP项目。该阶段的风险主要涉及公共机构的采购程序是否依法合规、是否识别出招标文件中的风险并采取相应的措施、是否做到投标信息的严格保密、是否获得中国相关机构的批准或许可等等。

一、国际工程PPP项目的采购流程

从世界大多数国家对PPP项目采购的定性来看，PPP项目一般属于政府采购的范畴。因此，PPP项目投标阶段应当按照政府采购的流程进行。PPP采购方式有公开招标、邀请招标、竞争性谈判和单一来源采购等方式，其中采用招标方式进行采购的居多。

以PPP项目采用招标方式采购为例，本阶段的主要环节是：项目前期技术交流与资格预审、编制并发布项目采购文件、提交投标文件、项目合同谈判和签发中标函。

（一）项目前期技术交流和资格预审

国际工程PPP项目采购阶段是公共机构选择私人机构的过程，而所选择的私人机构关系到PPP项目建设和运营的成败。与传统的建设工程和设备采购项目不同，PPP项目初期，很多条件并不明确，需要有一种交流协调机制来逐步明确项目需求。因此，在采购阶段前期，公共机构与私人机构应进行前期技术交流，由潜在的私人机构提交项目建议书，帮助公共机构完善项目实施方案、技术路线、资金安排和回报要求等。

由于国际工程PPP项目的复杂性，公共机构一般会要求强制资格预审，即根据项目需求准备资格预审文件，验证项目能否获得私人机构的相应支持并实现充分竞争。资格预审文件的内容包括：PPP项目的公共机构、项目名称、采购需求、对私人机构的资格要求、是否允许联合体参与、拟确定参与竞争的私人机构数量，以及私人机构提交资格预审申请文件的时间与地点。公共机构编制PPP项目的资格预审文件后，发布预审公告，邀请私人机构及其合作的融资方参与资格预审。

如果参与国际工程PPP项目资格预审的私人机构数量未达到项目所在国招投标法规定的最低数量，公共机构需要重新组织资格预审，然后选择合法的其他采购方式。

（二）编制采购文件和提交投标文件

项目采购文件在国际工程PPP项目的采购流程中占据着非常重要的地位。项目采购文件一般包括：采购邀请、竞争者须知、竞争者资格、资信、业绩证明材料、采购方式、公共机构拥有的政府授权文件、项目审批文件、采购程序、相应文件的编制要求和截止日期、保证金数额、评审标准、项目合同草案等。如果国际工程PPP项目采用竞争性谈判的采购方式，那么项目采购文件中还应包含谈判过程中可能出现变更的技术标准和要求。

通过资格预审的私人机构和与其合作的融资方，应按照项目采购文件的要求准备并提交投标文件，以及缴纳保证金。

（三）项目合同谈判和发布中标函

通过项目评审的私人机构和与其合作的融资方就项目合同的细节与公共机构进行谈

判，率先达成一致的即为中选者。需要注意的是，项目合同谈判阶段一般不能更改合同中的核心条款，否则可能会被终止谈判并退出该项目。

二、国际工程 PPP 项目采购阶段风险分析与防范

以采购采用投标方式为例，国际工程 PPP 项目投标阶段的风险主要包括：公共机构的采购程序不符合东道国法律、私人机构不在同一风险水平上的投标风险、中国投资人未能获得中国相关机构的批准或许可、私人机构没有预先获得金融机构的支持、贿赂、投标方未能做到投标信息的严格保密等等。

（一）公共机构的采购程序不符合东道国法律风险及其防范

PPP 项目规模大、牵扯面广、涉及东道国政府机构较多，因此，PPP 项目的采购需要遵守的法律法规往往很多且比较复杂。如果项目所在国在 PPP 项目开发模式方面的法律比较完善且实践经验较多，则公共机构违反相关法律的概率较低，但对于在 PPP 项目开发模式方面缺乏完善的法律和较多实践经验的项目所在国，公共机构采购 PPP 项目因违反相关法律而导致采购无效的情况则会出现。

为了防止因公共机构未能遵守东道国关于政府采购的法律而导致 PPP 项目采购无效给私人机构带来巨大的开发或投标损失，私人机构应当密切关注东道国对 PPP 项目的政府采购法律以及公共机构是否遵守了该类法律。如果发现不遵守的情况，应当及时提醒公共机构并只有在公共机构纠正之后才继续参与政府采购。

（二）私人机构不在同一风险水平上的投标风险及其防范

对于投标来说，只有投标人在同一风险水平上进行投标才能真正实现投标的公平和公正，但由于不同投标人对 PPP 项目风险的认知水平或角度不同，往往出现部分投标人意识到特定风险，而部分投标人未意识到该特定风险，结果意识到特定风险的投标人在报价时考虑了该风险，报价自然会高，而未意识到该特定风险的投标人则在报价中不考虑该风险，报价自然会低。这就出现了不同投标人不在同一风险水平上投标，结果可能导致意识到风险而在报价中考虑该风险的投标人无法中标，而未意识到该风险的投标人低价中标，面临亏损风险。

为了防止这种情况发生，私人机构在投标 PPP 项目时，应当充分利用招标澄清程序，聘请专业人员识别风险，并将意识到的风险以澄清的方式提交给公共机构。由于公共机构答复澄清问题需要向所有投标人公开，这样使得其他投标人也意识到相关的风险，并对该风险考虑到报价之中，从而实现投标人在同一风险水平上公平竞争。

（三）中国投资人未能获得中国相关机构的批准或许可风险和防范

与中国企业参与国际工程承包不同，参与国际工程 PPP 项目涉及境外投资，需要遵守中国关于境外投资的法律法规和政策。因此，中国企业如果在 PPP 项目投标阶段没能获得中国相关主管机构批准而参与 PPP 项目的投标，不仅违反中国关于境外投资的法律法规，而且也可能导致中国公司无法进行投标。即便中标，也会面临无法履行 PPP 合同而违约的

风险。

中国企业参与境外投资项目，相关的监管机构为发改委及其地方机构❶、商务部及其地方机构❷、外汇管理局及其地方机构❸以及国资委及其地方机构。因此，中国企业在参与PPP项目之前，应当按照中国的法律法规获得相关的批准或许可。

(四) 私人机构没有预先获得金融机构的支持风险及其防范

PPP项目的大部分资金源于金融机构提供的贷款，因此，PPP项目能否实现融资交割或融资关闭，主要取决于金融机构是否愿意向PPP项目提供贷款。在PPP项目投标阶段，虽然不能完全确定金融机构是否提供贷款，但为了防止一旦中标后，金融机构拒绝对该项目提供贷款，从而导致私人机构违约，在PPP项目投标阶段，私人机构应当取得金融机构的书面支持文件，并确保金融机构在中标后能够积极提供所需贷款，确保实现融资关闭。

为了让金融机构尽早熟悉PPP项目，私人机构应当在PPP项目投标阶段促使金融机构全程参与并及时提出金融机构对该PPP项目的关注点和要求，并将该关注点和要求及时反馈给公共机构，使之尽量考虑金融机构的关注点和要求，这样可以在很大程度上促进金融机构尽早实现融资关闭。

(五) 未取得承保政治风险保险机构的支持

中国企业现在参与的很多国际工程PPP项目位于信用评级低、履约能力弱、财政状况差的发展中国家和地区，如非洲、东南亚、南美洲和中东。对于这些国家或地区的PPP项目，私人机构应当考虑投保政治风险保险。政治风险保险主要针对不利于投资者的政府行为或政治暴力，如没收、征用、国有化、剥夺开采权、收回许可、营业中断、汇兑限制、外汇限制、不履行主权担保、不履行仲裁裁决等情况。政治风险保险为进入发展中国家市场的投资者、金融机构、项目开发商和承包商提供保障。

目前，中国企业可选择的政治风险保险的承保机构主要有中信保，以及隶属于世界银行的多边投资担保机构（Multilateral Investment Guarantee Agency，简称"MIGA"）。

(六) 贿赂风险及其防范

对于前景良好的PPP项目，参与竞争方会比较多，为了取得竞争优势，有些私人机构通过各种方式贿赂公共机构相关人员，以期获得项目的中标。该做法对私人机构风险极大，不仅可能导致特定项目中标无效，造成私人机构投标阶段的人财物的浪费，也会导致进入黑名单，还可能会导致特定人员承担刑事责任，而且即使PPP合同签订，在执行过程中，一旦被查出贿赂，整个项目可能面临被废除的风险，因此，国际工程PPP项目投标过程中应当严控贿赂风险，主要措施是明确要求私人机构人员和中介机构不得贿赂公共机构人员。

(七) 投标方未能做到投标信息的严格保密风险及其防范

与任何其他招标类似，投标信息的保密与否决定着各投标人是否公平竞争。由于

---

❶ 国家发展和改革委员会2014年第9号《境外投资项目核准和备案管理办法》。
❷ 商务部令2014年第3号《境外投资管理办法》。
❸ 国家外汇管理局《关于进一步简化和改进直接投资外汇管理政策的通知》汇发〔2015〕13号。

PPP项目所涉利益主体比较多且所涉利益重大，投标人的投标信息保密要求也变得极高。一旦投标信息泄露，不仅会导致投标人大量人财物的浪费，而且将大大降低其中标的概率。

因此，在PPP项目投标阶段，私人机构的投标过程应当采用全程保密的状态，所有参与投标的人员均应当签订保密契约、所有标书文件应当采用一次性拆封的信封，既要防止自己员工泄密也要防止公共机构人员提前拆封后泄密。

三、案例

国际工程PPP项目的投标阶段是项目前期的关键环节，这一阶段存在很多风险，如果公共机构和私人机构没能给予足够的重视，也不采取充分的防范措施，那么会给PPP项目的建造和运营环节留下巨大的隐患，例如PPP项目合同被认定无效。下列案例从几个方面说明投标阶段对国际工程PPP项目顺利实施的重要性。

案例一：东南亚某国某线性工程项目

东南亚某国某地道路基础设施建设严重落后，为此该国政府代表团访问北京，与中国一家大型工程承包商（简称"中国承包商"）协商开发该线性工程项目。为了促成该项目，中国承包商与该国公共机构一起向中国某政策性银行申请优惠贷款。优惠贷款获批后，作为该笔贷款的条件之一，中国承包商被该国公共机构指定为该项目的EPC总承包商。该项目沿线居民不愿意拆迁，遂以该项目开工前并未依照该国的政府采购法律法规实施采购为由起诉至法院。该案件从州地区法院一直诉讼至该国最高法院，最终被判定为违反该国政府采购法，因此该项目的有关合同无效，项目被迫停工。

该项目的失败归因于中国承包商忽视了项目所在国的政府采购法。实践当中，中国企业参与国际工程PPP项目的目的之一是获得工程承包合同，因此中国企业在投标阶段就要仔细研究项目所在国的政府采购类和招标投标类法律和法规，以免因违反法律的强制性规定而导致工程承包合同无效，并最终影响PPP项目的顺利实施。

案例二：斯里兰卡科伦坡港口城项目

斯里兰卡科伦坡港口城位于科伦坡商务中心区的核心，被誉为未来城市，该项目由中国交通建设集团与斯里兰卡国家港务局共同开发，规划建筑规模超过530万平方米，包括填海造地276公顷土地，20~25年间全部建设完成。中国交通建设集团拥有1/3的项目土地并进行开发，项目直接投资14亿美元，带动二级开发投资130亿美元，可以创造超过八万个就业机会。2014年9月项目开工，但2015年3月26日被斯里兰卡总统叫停，理由是项目缺乏政府批准。

斯里兰卡政府叫停科伦坡港口城项目的时候后，对该项目展开调查和评估，最终斯里兰卡政府在综合考虑后决定暂停科伦坡港口城项目，因为政府调查发现该项目参与方在招投标阶段涉嫌规避斯里兰卡的环保、土地、地区规划和国家安全法律法规。

国际工程PPP项目的投标阶段，私人机构应当严格遵守相关法律法规与国际工程PPP项目的采购程序，充分识别PPP合同中的相关风险，尽早获得政府、金融机构或保险机构对项目的支持，并确保整个采购过程公平和处于保密状态。

第五节 国际工程 PPP 合同签订阶段法律与合约

PPP 合同在多数国家或地区以特许经营权协议（Concession Agreement）的形式出现，是整个 PPP 项目的核心或基础性契约。PPP 合同不仅自身内容非常复杂，而且与 PPP 项目相关的其他合同息息相关，在很大程度上决定了 PPP 项目其他相关合同（项目公司股东协议、贷款合同、EPC 合同、运营合同、项目用原材料供应合同、项目产品购买合同、保险合同等）的约定和安排。因此，从防范风险的角度，PPP 合同签订阶段需要注意的风险较为集中且需要予以高度关注。基于此，我们将国际工程 PPP 合同签订阶段风险主要分为两大类：一是与 PPP 合同相关的整个 PPP 项目合同群的风险分担，二是 PPP 合同内容自身需要注意的风险。

一、与 PPP 合同相关的整个 PPP 项目合同群的风险分担及其防范

从私人机构或项目公司角度出发，本类风险主要表现是：PPP 合同中约定的私人机构或项目公司应当承担的风险是否合理地分流给 PPP 项目的相关方。

私人机构或项目公司是否根据本章第三节论及的 PPP 项目风险分配原则将风险合理分流给适当的承担方，在很大程度上决定着该 PPP 项目是否能够获得融资、是否能够顺利实施。PPP 项目中对于 PPP 合同中私人机构或项目公司的不合理的风险分流主要表现为以下两个方面：

第一方面：PPP 项目的大量风险集中在项目公司。该风险安排很可能导致融资方因该项目不具备可融资性（Bankability）而拒绝提供贷款或融资；另外，该风险安排也很可能会导致公共机构根据 PPP 合同的约定不予批准项目公司拟签订的其他相关合同，如 EPC 合同、运营合同、项目原材料供应合同、项目产品购买合同、保险合同等，导致私人机构或项目公司违约。

第二方面：项目公司不合理的加大特定方的风险承担。以 PPP 项目的 EPC 合同为例。在当前的 PPP 项目中，作为项目业主的项目公司往往习惯于利用买方市场的优势将 EPC 合同价格压得极低，但将建造阶段的大量风险强加于 EPC 承包商，承包商为了获得项目可能会接受不合理的风险，但这种看似有利于业主的风险安排实则给项目的建造埋下了极大的风险，如 EPC 承包商为了减少损失或防止损失，可能会想尽办法降低工程质量或者在特定阶段逼迫业主提高合同价格或者中途退出项目，这都将给业主带来极大的损失。

对于上述两方面风险，无论是公共机构还是私人机构均应当按照 PPP 项目的风险分配原则，合理、平衡地分流风险，形成一个风险和收益平衡的 PPP 项目合同群。

二、PPP 合同内容自身需要注意的风险及其防范

PPP 合同内容极其丰富且非常复杂，一份 PPP 协议动辄数百上千页的篇幅，不仅涵盖

商务类条款，也包含技术类条款以及大量的合同附件，因此，如果在PPP合同条款方面处理不当，则缔约方会面临极大的风险。

从私人机构或项目公司角度出发，我们认为PPP合同应当注意以下重大风险：

（一）公共机构是否秉持风险合理分担的基本态度

根据PPP项目的风险分配原则，虽然私人机构或项目公司需要承担大部分风险，但这并不意味证公共机构不承担风险。因此，在PPP合同中，公共机构或私人机构尤其是公共机构应当秉持合理分担风险的态度，根据PPP项目风险分配原则合理承担相应的风险并将风险分配态度和原则贯穿到整个PPP项目之中。

（二）公共机构根据PPP合同需要支付的款项安排是否符合项目所在国或地区的法律要求

对于需要公共机构支付费用的PPP项目，私人机构或项目公司在签订PPP合同之时应当关注公共机构在合同中做出的各种出资或支付承诺是否符合适用法律要求、是否已通过特定的法律程序。如果公共机构没有遵守适用法律或特定法律程序，PPP合同的相应内容或整个PPP合同均可能导致无效，从而给私人机构或项目公司带来无法估量的潜在损失风险。

因此，在签订PPP合同之时，需要聘请法律专家或其他咨询机构谨慎调查公共机构的缔约行为是否合法。

（三）中国公司境外投资的法律法规管制风险

中国政府对中国企业的境外投资行为存在较为严格的限制，主管机构主要是商务部、发改委、外汇管理局。如果中国投资人是国有企业，还会涉及国资委。因此，中国企业在签订PPP合同协议时需要考虑：（1）项目无法获上述国家机关审批通过的风险；（2）中国公司向项目公司注资所需的时限，防止时限过短，以至于无法获得外汇管理局的批准而导致违约事件发生。

（四）公共机构是否承担PPP项目所需的征地或拆迁类工作

与境内开展的PPP项目或其他模式开展的基础设施项目不同，中国公司参与境外PPP项目时，如果在PPP合同中将项目所需的征地或拆迁类工作作为自己的工作范围或义务，中国公司在该项目中的风险将是几何级的增加。境外国家或地区的私人土地征收或拆迁的难度将远远大于中国境内的类似工作，无数的案例表明，在境外征收私人土地难度极大，如港珠澳大桥中的香港老太太钉子户案例❶。

因此，在境外PPP项目中，私人机构或者项目公司应当将项目所需的征地拆迁工作通过PPP合同的明确约定由公共机构负责并且由公共机构负责因征地或拆迁延迟所造成的损失。

---

❶ 香港老太逼停港珠澳大桥，致造价增加88亿港元。http://news.qq.com/a/20120426/000593.htm?pgv_ref=aio2012&ptlang=2052。

(五) PPP 合同中约定的付费机制是否合理

PPP 项目的付费类型包括政府付费❶、使用者付费和可行性缺口补助。私人机构或项目公司应当根据付费类型和务实的财务模型确定具体 PPP 项目的付费类型或机制。

以电站或收费高速公路 PPP 项目为例。在电站 PPP 项目中，往往采用组合式付费类型，即使用者付费和可行性缺口补助或政府付费相结合的付费机制，在 PPP 合同中约定电价的组成时，一般情况下，电价组成中存在政府提供的可行性缺口补助。而在收费高速公路 PPP 项目中，政府往往对最低车流量进行保底以确保私人机构获得相应的收益。

PPP 项目的付费机制非常复杂，需要在 PPP 合同中做出详细、明确的约定，从而防止争议的发生或缺乏可行性。

(六) PPP 合同中是否赋予项目公司对其提供的公共服务或产品价格调高的权利

PPP 合同的履行期限一般很长，缔约方不可能在 PPP 合同签约时准确预判 10 年或几十年内的物价变化或通货膨胀。如果 PPP 合同中缺乏合理且有效的调价机制，则对私人机构或项目来说是一项重大风险。为了防范该风险，私人机构或项目公司应当注意以下防范措施：

（1）在 PPP 合同中约定合理有效的调价机制。缔约方可以在合同中通过特定的公式确定合同履行过程中的调价方法，如调价期限、调价权重、调价指数等因素。

（2）PPP 合同中约定的调价机制符合项目所在国法律要求。不同于纯粹的商业类项目，PPP 项目的服务或产品价格与国计民生息息相关，其服务或产品价格的调整往往对使用者或消费者的日常生活带来影响，为此，很多国家对于 PPP 项目服务或产品价格的调整，尤其是价格的提高进行一定的管制，往往需要经特定的听证程序。因此，PPP 合同中设置调价机制时应当谨慎考虑当地法律法规对调整价格的相关规定并反映在 PPP 合同之中。

(七) 法律或税费变化的风险是否有公共机构承担

PPP 合同履行周期长的特点使得私人机构或项目公司面临合同履行期间发生法律或税收变化的风险，而这类风险一旦发生，对 PPP 合同的履行很可能会带来较大的影响。因此，在 PPP 合同中对该类风险的分担做出合理安排极其重要。

PPP 合同中往往将法律的变化分为三类：歧视性法律法规变更❷，特别性法律法规变更❸，一般性法律法规变更❹。与法律变化的分类相似，税费的变化分为三类：歧视性税的变更、特别性税的变更和一般性税的变更。对于前两类法律变更或前两类税的变更风

---

❶ 政府付款的依据分为三类：依可用性付费（Availability Payment）即政府依据项目公司所提供的项目设施或服务是否符合合同约定的标准和要求来付费；依使用量付费（Usage Payment）即政府依据项目公司所提供的项目设施或服务的实际使用量来付费；依绩效付费（Performance Payment）即政府依据项目公司所提供的项目设施或服务的质量来付费。

❷ 指专门适用于该项目而非同类项目，和/或专门适用于该项目的项目公司而非其他实体的法律变更。

❸ 指专门适用于该类 PPP 项目或类似 PPP 项目或专门适用于提供该等 PPP 项目的公司的法律变更。

❹ 指不属于歧视性法律变更和特别性法律变更的那些法律变更。

险,一般由政府承担,而一般性法律变更或税的变更则由私人机构或项目公司承担,特殊情况除外。

因此,在谈判 PPP 合同时,私人机构或项目公司应当坚持上述法律或税费风险的分担原则,否则,项目公司很可能无法获得金融机构的融资。

(八) PPP 项目是否需要公共机构的唯一和非竞争性承诺

PPP 项目尤其是对于采用使用者付费机制的 PPP 项目,确保项目的唯一性或非竞争性往往是判断此类项目是否具备投资收益或可融资性(Bankability)核心要点之一。

如果公共机构在 PPP 合同中承诺确保项目的唯一性和非竞争性,需要注意以下三点:

(1) 唯一性或非竞争性的范围。如果本项目为高速公路项目,公共机构的唯一性或非竞争性承诺应当不限于在特定时限内不修建第二条高速公路,还得包括不再修建不收费的能够导致车辆分流的其他任何道路或运输方式。

(2) 唯一性或非竞争性承诺的期限。实践中,虽然公共机构可以答应在 PPP 合同中对唯一性或非竞争性做出承诺,但期限一般不是整个 PPP 合同期间或特许经营期限,因此,需要公共机构或私人机构或项目公司根据财务模型或收益率等因素确定合理的唯一性或非竞争性期限。

(3) 公共机构违反该类承诺的赔偿机制。虽然公共机构在 PPP 合同中做出唯一性或非竞争性的承诺,但现实中,公共机构迫于公众或执政的压力,有时公共机构需要违反该承诺。此时,如果 PPP 合同中没有明确的补偿计算方法,私人机构或项目公司往往很难计算自己的损失,从而很难从公共机构处获得相应的足额补偿。因此,在 PPP 合同中存在唯一性或非竞争性条款时,私人机构或项目公司应当制定切实可行的损失赔偿计算机制。

(九) PPP 合同中对征收或征用风险的安排

在任何一个国家或地区,政府一般均具有为了公共利益的需要对企业财产进行征收或征用的法定权力。PPP 项目本身即具备公共利益性的特点且履行期限很长,因此,PPP 项目发生政府征收或征用的概率相对较高。

为了防范该类风险,私人机构或项目公司在 PPP 合同中应当力争做出如下安排:政府征收或征用的风险由公共机构承担,即如果政府对项目采取征收或征用措施且政府补偿无法弥补损失时,公共机构应当予以补偿,并且明确约定,政府支付的征收或征用补偿款归私人机构或项目公司所有。

(十) 不可抗力的处理机制

PPP 项目合同中的不可抗力条款是非常重要的免责条款,其作用是明确公共机构和私人机构均无法控制的风险范围与后果,内容包括不可抗力的定义、种类及法律后果。PPP 实务中,关于不可抗力并没有统一的定义,通常情况下,PPP 项目合同双方在确定不可抗力的定义和范围时,应参照项目所在国关于不可抗力的法律规定。

对于不可抗力事件,PPP 项目合同可以约定:(1) 免除遭受不可抗力一方在合同项下的相应义务,需要注意的是,对于采用公共机构付费机制的 PPP 项目,在不可抗力影响持续期间,应尽量约定公共机构仍然有义务履行全部或部分付款义务;(2) 项目公司有权根据不可抗力的影响,向公共机构申请延长建设期或运营期;(3)受不可抗力事件影响的一方无须为其终止履约或履约延误承担违约责任;(4)如果发生政治性不可抗力事件并导致项目提前终止,项目公司有权解除合同,而公共机构应负责回购项目,并补偿项目公司的利润损失。

(十一) PPP项目合同的争议解决

PPP模式下,就项目合作、委托经营、支付费用等事宜,公共机构、私人机构和付费方之间的法律关系复杂,容易发生纠纷。PPP项目合同作为整个项目的核心文件,其约定的争议解决程序是PPP模式得以有效运行的重要前提。

由于PPP项目一般涉及大型基础设施,如铁路、公路、发电站等专业且复杂的领域,所以一些发达国家专门立法成立PPP项目管理机构来处理纠纷,例如英国1989年的《自来水法》成立了"自来水服务监管办公室",2007年的《PFI合同规范化(第四版)》根据PPP争议的严重程度规定了协商解决、专家建议、仲裁或诉讼的解决方式。对于发展中国家和落后国家的PPP项目,私人机构应尤其注意项目所在国对于PPP合同争议解决的法律规定。

从私人机构或项目公司角度出发,为了确保争端解决程序的公平和公正,对于PPP合同中最后一个层级的争端解决方式最好为国际仲裁的方式,为此,PPP合同中应当高度注意两点:

(1)选择具有权威性的国际仲裁机构,如国际商会国际仲裁院。

(2)将仲裁地放置在公共机构影响力较小或没有影响的地方,同时考虑公共机构的财产所在地。

(十二) PPP合同中禁止私人机构转让所持项目公司股权的风险

PPP项目的特点是公共机构和私人机构建立长期的合作伙伴关系,因此公共机构希望私人机构能够长期致力于项目的开发和运营,为此,从公共机构角度出发,PPP合同中往往对私人机构退出项目公司或项目作出限制;从私人机构角度出发,该限制很可能会给私人机构带来风险,例如,私人机构认为转让项目公司的股权对自己更有利时,因为上述限制而无法予以转让。

对于上述风险,私人机构应当考虑如下防范措施:

(1)在项目前期开发阶段,私人机构通过设置不同层级的控股公司来作为PPP项目的投资人并作为项目公司的股东。如果PPP合同不允许项目公司股东变更,私人机构可以通过出让控股公司层面的股权间接实现项目公司股权的转让。

(2)PPP合同谈判时,尽量争取项目公司股东在特定期限之后可以转让股权的权利,如EPC承包商作为项目公司的其中一个股东时,EPC承包商可以在完工后转让自己的股权。

三、案例

根据本节第二和第三部分的阐述,PPP项目签约阶段存在诸多风险,这些风险若没能提前采取防范措施,可能会带来意想不到的不利后果;但是,如果缔约方在签约阶段重视

第十三章 国际工程项目 PPP 开发模式法律与合约

风险且采取相应措施,则 PPP 项目会顺利进展。以下的案例既有正面经验,又有反面经验。

案例一:台湾高铁公司 BOT 项目

我国台湾地区的高铁 BOT 项目是亚洲地区的大型 PPP 交通基础设施项目之一,其经营期限为三十五年(1998~2032年)。项目投入运营八年后,台湾高铁公司因巨额债务缠身而进入破产倒计时。

造成台湾高铁公司 BOT 项目失败的原因是 PPP 项目的一些合同条款存在缺陷,无法保证成功实施 PPP 和避免 PPP 项目产生重大失误:(1)该项目中,台湾高铁公司指称公共机构有多项导致投资增加的应办事项未按照合同约定予以补偿,而仅靠票务收入的财务自偿率严重不足;(2)特许经营协议约定的营业期限只有三十五年,❶ 使得项目营业收入的财务现金流无法支撑项目投资回报;(3)项目的股东(五大私人财团)不按照合同约定的金额和期限向项目公司注资,同时,公共机构没有强制要求这些股东按照合同约定退出项目,导致整个项目被外界批评,进而无法获得社会资金的支持;(4)台湾高铁公司在项目设计和建设阶段,为了照顾各方利益,强行将欧洲高铁的某些标准融入日本高铁标准,导致工期延误,费用上涨,调试阶段迟迟无法通过验收。

虽然台湾高铁公司采取了一系列措施挽救日益严重的运营亏损和资金断链的危机,但无法从根本上缓解资金压力。2014年,台湾高铁公司宣布在近期内可能破产,要求公共部门补贴三百亿台币,并将特许经营权从三十五年延长至七十年。2015年,台湾高铁公司正式进入实质性破产阶段。

案例二:法国西班牙铁路 PPP 项目

1995年,欧洲各国在进行了多轮谈判之后,最终达成协议,决定将 PPP 模式引入欧洲 TENT-T 铁路连接网的建设中,这也是欧洲铁路市场开放后,第一个 PPP 模式下的跨国铁路项目。

法国公共机构和西班牙公共机构根据国际铁路联盟标准,许可法国 Eiffage 集团和西班牙 ACS 集团❷从法国佩皮尼昂(Perpignan)至西班牙菲格拉斯(Figueres)建设一条全长五十公里的跨国铁路,包括五座大桥和一条八公里长的隧道。项目总投资十亿欧元,其中 32% 用于隧道建设。这条铁路将法国至西班牙的货运时间缩短十个小时,客运时间缩短了两个小时。双方约定特许经营期为五十年,到期后项目移交给法国和西班牙公共机构。2004年11月法国西班牙铁路 PPP 项目开工,2009年2月竣工,2011年1月27日顺利投入运营。

法国西班牙铁路 PPP 项目的公私双方在特许经营合同中明确界定了各方的责任分工:(1)公共机构负责项目设计,给予项目的补贴占建设成本的 57%;(2)私人投资方负责项目建设、融资以及特许经营期内铁路的运营事宜,为项目提供银行担保;(3)特许经营合同对私人机构方的维护及绩效进行了严格规定,如果不合格,将面临公共机构罚款,公共机构有权单方面终止合同;(4)特许经营合同约定项目必须在合同签订后的五年内完工,

---

❶ 英法海底隧道和英法高速铁路的特许经营权期限均为 99 年。

❷ 法国 Eiffage 集团是该国第三大建筑公司,是埃菲尔铁塔的开发商,又因开发及建造世界最高大桥 Viaduc de Millau 而闻名。西班牙 ACS 集团是该国最大的企业之一。

融资方案则要在合同签订后的十二个月内到位。

法国西班牙铁路PPP项目中合同对各方责任划分、风险分担的合理规定是项目成功的重要原因之一。

案例三：美国加利福尼亚州九十一号快速路项目

美国加利福尼亚州九十一号快速路位于加利福尼亚州南部，是连接橙县（Orange County）商业中心和河岸线居民区的交通要道。20世纪90年代初，由于当地经济快速发展、人口增加和城市扩张，橙县境内第九十一号公路异常拥堵，加州公共机构决定采取PPP模式建造第九十一号快速路。

九十一号快速路项目是在现有九十一号公路的双向车道的中间地带（修建时已经预留出来）增加双向共四条收费车道。加州交通部和橙县交通局与私营合作方加州私人交通公司（California Private Transportation Company-CPTC）于1990年12月签署了"加州九十一号快速路"项目特许经营合同。根据该合同，CPTC全权负责该项目的融资、设计、建造、运营和维护。项目投入使用后，CPTC拥有三十五年的运营权并独享该项目的全部收益。项目的总造价为一亿三千万美元，CPTC直接投资两千万美元，剩余由CPTC向银行贷款。项目于1995年12月顺利完工并投入使用。

CPTC与加州交通部和橙县交通局的特许经营合同中包含了一项非竞争条款（也称排他性条款），即加州和橙县公共机构承诺在2030年前不在九十一号快速路项目沿线两侧一英里半的范围内新建具有竞争性的道路，或者升级、拓宽具有竞争性的现有道路。CPTC认为这一条款对保护项目的合理收益至关重要，而且这也是高速公路特许经营项目中常见的一种安排。

九十一号快速路投入使用后的最初几年极大地缓解了当地的交通拥堵，有效提高了行车安全，同时CPTC也获得了客观的经济收益。然而，由于橙县在20世纪90年代末的快速发展，当地交通出行量节节攀升，迫于当地民众的压力，加州交通部于1999年1月宣布将在九十一号公路上新建车道并连接到附近的另一条公路，以缓解交通压力。然而CPTC在两个月后将加州交通部诉至州法院，理由是加州交通部拓展九十一号公路的计划违反了PPP合同中的排他性条款，要求加州交通部赔偿损失。

经过多方交涉，加州交通部与橙县交通局于2000年以将近两亿一千万美元的价格从CPTC处回购了"第九十一号快速路"项目，自2003年起，该项目称为加州公共机构的收费公路项目，由橙县交通局运营管理。

本案例中，PPP项目最终以公共机构高溢价回购的方式提前终结，虽然该项目并非成功案例，但CPTC凭借特许经营合同中的排他性条款，还是实现了盈利。

第六节 国际工程PPP项目融资阶段法律与合约

PPP项目开发模式作为一种新型融资模式，与传统的融资模式有着本质的不同。传统融资模式下，融资方主要以项目发起人的还款能力为考察重点，而PPP项目融资模式中，债务、股本和信用担保结合在一起，融资方提供贷款的主要依据不再是项目发起人的自身资产和本体信用,而是项目本身的预期收入水平和项目公司的资产状况。因此,PPP 项目融资模式风险程度更高,一旦 PPP 项目本身的现金流量和资产价值不足以偿还贷款时,参与各方均会处于异常被动的局面。

国际工程 PPP 项目通常采取股权与债权相结合的融资模式。项目所在国公共机构或私人机构提供自有资金,并通过商业贷款(包括银团贷款)、资本市场、国家性开发业银行、区域性开发银行等方式获得债务融资。国际工程 PPP 项目的这种融资模式决定了其具有高负债运营的特点,项目自有资金比例一般只占 20%~30%,银行的资金则约占比达到 70%~80%。根据最新的国际工程 PPP 项目实践,为了隔离政府风险,项目所在国的公共机构一般不直接承担 PPP 项目债权的偿还责任,但会以国家补贴、帮助申请 PPP 基金等方式为 PPP 项目融资提供支持。

一、国际工程 PPP 项目融资的特点

与一般商业类融资不同,PPP 项目的融资具有自身特点,实践中最常见的特点是基于项目的无追索权(non-recourse)或有限追索权(limited-recourse)以及风险合理分担。

(一) PPP 项目金融机构的有限追索权

PPP 项目融资作为一种新型融资方式,其与传统的融资方式有着本质上的差异。传统融资能否达成,融资方主要以融资公司作为考察对象,公司整体的现金流、资产负债和利润是贷款的主要依据。但是,在 PPP 项目融资中,还款来源被限定在 PPP 项目公司本身的收益,例如高速公路的过路费、电厂的售电收入、自来水厂的水费等。

在适用有限追索权的 PPP 项目融资模式中,融资方除了要求以项目经营收益作为还款来源和取得无权担保,还会要求项目公司提供第三方担保(如母公司完工担保)。融资方有权向第三方担保人追索,但担保人的责任仅限于担保金额。有限追索的特例是"无追索"融资,即融资百分之百依赖于项目公司的经济实力,实务中,无追索的项目融资很少见。

PPP 项目融资的有限追索主要体现在追索对象和追索金额的有限性。追索对象方面,一般通过 PPP 项目公司进行融资,若项目经营无法产生预期的现金流量,则融资方只能追索到项目公司;追索金额方面,借款责任仅限于 PPP 项目本身,即融资方只看项目的还款能力,一旦项目发生风险,融资方只追索项目本身的财产、收益和事先约定的担保金额。

PPP 项目融资模式中,因为是有限追索,所以 PPP 项目公司需要获得第三方的担保,以分散融资方的风险。担保方可以是项目公司的母公司或公共机构、项目所在国政府也可以提供担保。

(二) PPP 项目各参与方之间合理分担风险

从融资角度说,只有 PPP 项目各参与方均根据 PPP 项目的风险分担原则合理分担风险,金融机构才会愿意提供相关贷款。由于 PPP 项目融资的有限追索特点,因此,需要将与项目有关的各种风险要素在项目公司、融资方、产品/服务付费方、使用方、原材料供应方、项目承建方以及公共机构等利益相关方之间进行合理的风险分担。

为了规避和化解 PPP 项目融资中的各种不确定风险，PPP 项目必须有可靠的信用支持，并且应该将信用支持分配到与项目有关的各个风险点。这种信用支持可以由 PPP 项目承建方提供，也可以由原材料供应商或购买方/使用方提供，例如签订购买协议、生产协议、付款协议、流动资金维持协议等形式。

二、国际工程 PPP 项目融资的风险及防范

国际工程 PPP 项目的融资风险牵扯方面非常广，不仅来自项目本身，也来自不同参与主体以及不同金融机构的各种要求。以下重点强调国际工程 PPP 项目融资的主要风险及其防范措施：

（一）PPP 项目无法按照 PPP 合同的约定实现融资交割或融资关闭❶，从而导致整个 PPP 项目受挫或前功尽弃

PPP 项目无法实现融资交割的原因很多，但常见的主要原因为：项目公司承担了大量风险，且未能事先将风险进行分流；私人机构或项目公司未能提前与金融机构沟通，不了解金融机构对项目的核心关注点；私人机构或项目公司提供的财务模型不切实际；PPP 项目缺乏符合其自身特点的足额担保；PPP 项目建造期或运营期内的保险投保额度不足以覆盖金融机构关注的全部风险。

因此，为了防止此类风险发生，PPP 项目应当根据 PPP 项目的风险分担原则在 PPP 项目各参与方之间合理分配风险；公共机构或私人机构应当尽早让金融机构参与前期 PPP 项目的各种设计或筹划，并根据金融机构的合理要求调整和完善 PPP 项目的具体事宜；公共机构和私人机构应当根据实际情况提供符合实际的财务模型；PPP 项目的各参与方应当根据实际情况提供满足金融机构合理要求的各种担保并向适当的保险机构投保合理的保险。

（二）信用风险对 PPP 项目融资的影响及防范

不同 PPP 项目参与方的信用风险有所不同。公共机构面临的信用风险主要是私人机构和项目公司是否有足够的资金和实力顺利建设与运营项目。私人机构的信用风险是通过对其他参与方的信用、业绩和管理技术等因素进行评估，计算项目的预期收益，保证项目成功和顺利偿还贷款。

国际工程 PPP 项目中，如果项目存在信用风险，但尚未达到不可放贷的程度，融资方通常会根据项目风险预测的结果来调整融资方案和结构：（1）提高私人机构的股权投资额，降低贷款额，增强整个项目的偿债能力；（2）在 PPP 项目合同（特许经营权合同）中约定项目公司的专营性、最低采购价格、税收优惠等；（3）签署有限追索的信用担保协议，要求担保人（如公共机构）对现金流量提供担保；（4）与项目公司签署财务协议，要求 PPP 项目运营维持流动资金水平和限制成本费用，或要求第三方对这两项指标作出担保。

---

❶ 融资交割通常是指 PPP 项目公司已经向融资方提交了项目融资文件，并且该文件中要求的所有融资前提条件均已获得满足。

(三) 完工风险对 PPP 项目融资的影响及防范

国际工程 PPP 项目的完工风险是指项目不能按照约定期限完工、项目中途停工或工程完工没有达到约定指标要求的风险。这类风险主要表现为项目建设工期延期、建设成本超支、项目未达到技术标准等。项目完工风险是 PPP 项目融资的核心风险之一。如果项目无法按照预定计划投入运营，那么项目融资所依存的基础就会受到根本性冲击。

PPP 项目的完工风险包括两层含义：（1）项目完工风险，即能否在预定工期内完成建设施工；（2）商业完工（commercial completion）风险，这是指项目产品的产量、质量、原料、能耗和其他指标能否达到融资合同的要求。对于国际工程 PPP 项目，项目完工只是完工风险的一部分，更重要的是商业完工。从项目融资的角度讲，商业完工能最大限度地减少借款人的还款风险。

为了预防完工风险，融资方一般会要求投资人、项目公司或第三方对项目的完工日期提供担保，并要求项目公司保证不放弃项目、确保项目完工。此外，融资方还可能对项目的工程合同提出要求，约定项目公司与承包商签订 EPC 合同，这也是融资方分散风险、防止工期延误或停工的方法。

(四) 生产与供应风险对 PPP 项目融资的影响及防范

项目生产和供应风险是指 PPP 项目生产运营阶段，因技术、原料、运营管理等因素，对项目现金流量造成不利影响的风险。生产供应风险的构成比较复杂，其可能影响 PPP 项目的运营、成本管理、运营年限、偿还贷款。

国际工程 PPP 项目中，控制生产和供应风险的常用措施有：（1）融资方原则上只为经过市场检验的成熟技术项目提供贷款，对于采用新技术或新技术占比较多的项目，除非投资人提供强有力的担保，否则融资方不会参与，这也是 PPP 模式一般不适用于未成熟新技术项目的根本原因；（2）如果项目涉及的资源储量存在风险，融资方可能要求私人机构增加股权投资比例，为现金流量提供信用担保，降低贷款比例以增强还贷保障；（3）为了控制项目的能源与原材料供应风险，融资方会要求项目公司与能源和原材料供应商签署长期供应合同，最大限度降低能源和原材料价格波动对项目收益的影响；（4）为了控制生产运营风险，项目的融资安排中通常会带有特殊控制机制，例如由国际上知名的管理公司直接负责项目运营（第三方运营），或者在项目公司中安排有经验的管理人员并采用经营激励机制。

(五) 市场风险对 PPP 项目融资的影响及防范

市场风险是指项目完工后，其最终产品在市场可能遭遇的价格风险和销售风险。项目的价格风险包括项目在试生产阶段和生产运行阶段存在的原材料供应、成品销量的可靠性和价格波动造成的风险。对于发展中国家的 PPP 项目，投资者还可能面临政府管制价格的风险。市场风险关系到项目能否按照预定计划正常运营，以及现金流量能否支付产生的费用和偿还债务。

国际工程 PPP 项目中，防范市场风险的措施主要有：（1）长期的产品销售协议。通过这类协议，政府或使用者对融资方提供了间接的付款担保，例如"照付不议"（Take or

Pay Contract);❶（2）合理的价格体系。通过浮动定价方式，即以国际市场某种公认价格（如交易所的价格）作为基础价格，同时根据项目的具体情况予以调整的方式，或通过限定最低价格购买项目产品的方式，或采用固定价格购买产品，最大限度地降低市场行情对产品销售和贷款回收的影响。

（六）金融风险对 PPP 项目融资的影响及防范

金融风险是指金融活动中，由于各种经济变量尤其是金融变量发生不确定的变化，造成损失的风险，其主要表现为利率风险和汇率风险。跨境 PPP 项目中，利率和汇率的频繁波动将导致项目收益和融资成本的不确定性，使得投资者或项目公司无法按计划获得足额现金流量。

利用金融衍生工具可以在一定程度上控制利率和汇率风险，如掉期、期权、期货、远期等金融衍生工具。此外，跨境 PPP 项目的各个参与方之间应通过订立合同的方式，共同承担金融风险。

（七）政治风险对 PPP 项目融资的影响及防范

政治风险是指因项目所在国政治变动、征收征用、法律变更、汇兑限制或特许经营权变更等原因形成的风险。对于国际工程 PPP 项目，尤其是发展中国家的 PPP 项目，政治风险是阻碍项目成功的主要原因之一。

针对项目所在国的政治风险，投资人应充分研究项目所在国的政治制度和法律法规，通过中信保和多边投资担保机构（MIGA）等担保机构，对 PPP 项目所涉及的货币汇兑限制、❷ 征收、政府违约、战争❸和内乱❹等政治风险进行投保。

（八）环境保护风险对 PPP 项目融资的影响及防范

环境保护逐渐成为很多国家的重要政策导向。因此，环境保护对国际工程 PPP 项目融资的影响，是公共机构、私人机构及其他参与方必须考虑的因素。以海底隧道项目为例，施工垃圾环境污染会持续整个建设工程过程中，如废混凝土、废砖石、施工开挖弃渣、断残钢筋、废弃包装纸、塑料等，以及施工人员所产生的生活垃圾与污水。如果不妥善处理，这些垃圾和废弃物会污染损害海洋生态环境。

因此，国际工程 PPP 项目，尤其是开发利用自然资源类项目，在项目融资阶段就要充分考虑项目所在国的环保法律法规对整个项目进度和成本的影响。

---

❶ "提货即付款合同"和"或提货或付款合同"是指 PPP 项目中公共部门和私营部门（项目公司）达成协议，公共部门承担按期根据约定的价格向项目公司支付最低数量项目产品销售金额的义务。这类合同的本质是一种间接担保，是国际项目融资中特有的一种担保形式。通过这种方式，公共部门保证在合同规定的期限内，向项目公司提供一笔确定金额的资金，使项目公司能够按期足额偿还贷款。

❷ 货币贬值不属于货币汇兑风险。

❸ 这里的战争并不以项目所在国为一方或发生在项目所在国领土内为前提，如果战争发生在东道国的邻国，但影响到 PPP 项目的征程运营或者造成某种破坏，投资人仍然可以从 MIGA 获得赔偿。

❹ 这里的内乱应具有政治目的，单纯的为促进工人、学生或其他特定利益群体所采取的行动，以及具体针对投保人的恐怖主义行为、绑架或类似行为，不能视为内乱。

三、案例分析

案例一：马来西亚南北高速公路项目

马来西亚南北高速公路项目全长912km，最初的建设方是马来西亚公路管理局，但公路建成400km后，由于财政困难，马来西亚政府决定采取BOT融资模式完成该项目。后经两年谈判，由马来西亚联合工程公司提供资金安排，并最终成功投入使用。这一项目是获得国际金融界高度认可的BOT模式的成功范例。

根据马来西亚政府与马来西亚联合工程公司签署的特许经营合同，后者专门成立了一家项目子公司-南北高速公路项目有限公司。在这个项目的BOT融资结构中，政府的特许经营合同、项目投资者和经营者以及国际贷款银团是核心。

根据特许经营合同：(1)马来西亚政府提供的南北高速公路建设特许经营权期限为30年，由南北高速公路项目有限公司承建、经营和维护512公里的高速公路，并根据约定的收费方式向公众收取公路使用费；(2)南北高速公路项目有限公司负责安排项目建设所需的资金，马来西亚政府为项目提供一项总额为1.65亿马来西亚元（当时约合6000万美元）的从属性备用贷款，作为对该项目融资的信用支持，这笔贷款可以在11年内分期提取，年利率为8%，还款期限为15年，但必须在特许经营合同到期前全部还清；(3)马来西亚政府将以建好的400公里高速公路的经营权也纳入特许经营合同内，由南北高速公路项目有限公司进行必要的改进；(4)马来西亚政府向南北高速公路项目有限公司提供最低收入担保，保证在公路收费低于约定水平时，马来西亚政府支付不足的部分；(5)特许经营合同到期后，马来西亚政府无偿收回南北高速公路的所有权。

南北高速公路项目的融资顾问为项目组织了为期15年总金额为25.35亿马来西亚元（约合9.21亿美元）的有限追索项目贷款，占项目总建设费用的44.5%，期中16亿马来西亚元（约合5.81亿美元）来自马来西亚的银行及其他金融机构。剩余的9.35亿马来西亚元（约合3.4亿美元）来自由十几家外国银行组成的国际银团。剩余资金由马来西亚联合工程公司等投资者在7年的工程建设期内以股本资金的形式投入。虽然项目贷款是有限追索的，但由于政府提供项目最低收入担保，所以项目的市场风险降低，贷款银团承担的主要风险是项目的完工风险。考虑到高速公路项目可以分段建设，分段交付使用，因此完工风险对整个项目的影响较小。

马来西亚南北高速公路项目融资方案实现了一个多赢的局面。从马来西亚政府的角度，南北高速公路采用BOT模式后，不但保证该项目可以按照原定计划投入使用，还节省了大量的政府建设资金，而且特许经营合同到期后，可以无偿收回高速公路。对于马来西亚南北高速公路项目有限公司的股东，南北高速公路项目带来了可观的收入：(1)30年特许经营期间的高速公路运营收入可带来约2亿美元的净利润；(2)7年工程承包过程中可以获得约1.5亿美元的净利润。国际贷款银团则通过该项目获得了可观的利息收入。

案例二：印度大博电厂项目

印度大博电厂（Dabhol Power Company）由美国安然（Enron）公司投资近三十亿美元，是印度国内最大的BOT项目。2000年低，该电厂出现了电费纠纷，到了2001年，大博电厂与印度马哈拉斯特拉邦（Maharashtra）的电费纠纷不断升级，电厂最终停止发电。虽然印度政府为该项目提供了反担保，但当大博电厂要求印度政府兑现担保时，印度中央政府未能履行担保义务。

印度大博电厂 BOT 项目的产生背景是 20 世纪 90 年代在亚洲各国兴起的项目融资模式。基于印度国内电力市场的供需情况，印度政府批准了一系列利用外资的重大能源项目，而大博电厂就是其中之一。大博电厂的私人机构是美国安然公司，由国际知名承包商柏克德（Bechtel）承建，通用电子公司（GE）提供设备。大博电厂所在地是拥有印度最大城市孟买的马哈拉斯特拉邦，是印度经济最发达的地区，相当于中国的上海。

在大博电厂的项目融资结构中，安然公司设立了大博电厂项目公司，由该公司与马哈拉斯特拉邦电力局签订了特许售电协议，并安排了比较完善的融资、担保、工程承包等合同。根据项目的特许售电协议：(1) 大博电厂所发电力由马哈拉斯特拉邦电力局购买，并规定了最低购电量；(2) 马哈拉斯特拉邦为项目共担保，并由印度政府提供反担保；(3) 电价全部以美元结算，由马哈拉斯特拉邦和印度政府承担汇率风险；(4) 电价计算公式遵循成本加分红的原则，即在一定条件下，电价将按照发电成本进行调整，并确保私人机构的利润回报，将项目公司的市场风险降至最低。

大博电厂的特许售电协议对私人机构和项目公司非常有利，也反映了项目参与各方的良好意愿。但是，正当大博电厂进行建设时，亚洲金融危机爆发，印度卢比对美元短期内贬值超过 40%。亚洲经济危机冲击了印度经济，让大博电厂一期工程投入运营的时间推后至 1999 年，二期工程直至 2003 年才完工，建设成本上涨，最终大博电厂项目公司只能大幅提高电价。在卢比贬值和项目成本上涨的双重作用下，马哈拉斯特拉邦不得不以原来电价的两倍购买大博电厂发出的电力，而 2000 年全球能源价格上涨使得大博电厂的电价升高了四倍。到了 2000 年 11 月，马哈拉斯特拉邦濒临破产，因而开始拒付大博电厂的电费。虽然印度政府拨付了部分担保款项，但因为总的担保和反担保款项金额过高，最终印度政府也拒绝继续拨款。至此，大博电厂的信用风险全面爆发并导致该项目以失败告终。

大博电厂的信用风险之所以发生，与该项目融资期间不合理的风险分配有关。该项目融资阶段，为了吸引外资，印度政府（公共机构）为安然公司（私人机构）提供了极为优惠的待遇，几乎承担了项目中的所有风险。亚洲金融危机发生时，印度政府不堪重负并出现违约。

国际工程 PPP 项目融资中，融资是否成功决定了 PPP 项目能否实施，因此，在 PPP 项目融资阶段，项目参与各方应当坚持 PPP 项目风险分配的基本原则，将 PPP 项目的风险合理分配到项目的各个参与方；根据项目的需要，提供符合项目要求的担保措施。同时，项目各参与方尤其是公共机构或私人机构在整个融资阶段和项目实施阶段应时刻关注金融风险，尽早识别并将该风险消弭在萌芽状态。

第七节 国际工程 PPP 项目建造阶段法律与合约

PPP 项目中，PPP 项目公司（SPV）的功能是融资和管理项目，其本身一般不具备设计、采购、施工的条件和能力,因此需要将PPP项目全部或部分设计、采购、建设工作委托给承包商,并签订工程承包合同。工程承包合同的履行直接影响到PPP项目合同的履行,进而影响项目的贷款偿还和收益,因此,有效防范PPP项目建造阶段的风险是决定PPP项目是否成功实施的关键阶段。

一、国际工程PPP项目建造阶段的风险及其防范

PPP项目建造阶段是指PPP项目启动建造至项目竣工完成的这段时间。PPP项目建造阶段是继PPP项目融资阶段之后,风险最集中且风险最高的阶段,因此,该阶段是PPP项目参与方管控风险的重中之重。以下逐一分析该阶段的核心风险及其防范措施。

(一)主体的履约资格风险及其防范

工程建造合同签订前,项目公司和承包商应互相检查对方的资格,检查内容包括:双方的法人资格、建设资质、项目审批文件、履约能力等。对于项目公司来说,在工程合同签订阶段,应要求承包商提供项目所在国法律和承包商所在国规定的各类主体资格类证书。

对于承包商而言,应认真检查项目公司的融资情况、履约能力、项目公司的股权结构等情况。一旦项目公司的上述情况出现问题,承包商就要按照合同约定或合同管辖法的规定,及时采取措施,降低经济风险。

(二)工程的采购程序违法风险及其防范

PPP项目中,私人机构是项目公司的主要股东和投资方,但这并不意味着项目公司一定可以自由将建设工程合同直接发包给特定主体,尤其是公共机构在项目公司拥有一定股份的情况下。

如果项目公司与承包商拟通过直接洽商的方式发包工程或者由项目公司与其股东或投资方直接订立的工程合同,在签订工程合同前,项目公司和承包商首先应审查项目所在国的相关法律法规,确定PPP项目中是否应以强制通过招标投标的方式选择承包商。如果项目所在国的法律要求该国境内PPP项目的工程合同必须通过招标投标程序,那么项目公司必须遵守这一规定,否则可能会导致工程合同无效,进而影响整个PPP项目的融资和运营。以中国为例,对于我国境内的PPP项目,项目公司选择承包商和签订工程合同前是否应进行招标投标,《中华人民共和国招标投标法》等法律法规中并无明确规定,因此是否招标投标并不影响中国境内PPP项目下建设工程合同的效力。

在欧美、东南亚和非洲等PPP立法较为成熟的国家,因为各大利益团体、公众和媒体对PPP项目的监督力度强,所以项目公司在选择承包商的问题上很容易招致项目所在国司法部门的调查,如果项目公司在选择承包商的过程中违反项目所在国的强制性法律规定,那么整个PPP项目都会面临很大风险。

(三)PPP项目造价不可控风险及其防范

PPP项目的建造成本控制是各参与方的核心关注点之一,而建造阶段是控制成本的关

键阶段。PPP项目的主要资金来源为两个：一是项目公司股东投入的股本金，二是以项目公司名义从金融机构获得的贷款。PPP项目的有限追索性特点使得PPP项目的造价应当具备极高的确定性，如果造价超出前期预算，则其再融资难度极大，可能使得PPP项目无法建成。因此，PPP项目建造阶段应当采取合理措施，严防造价超支，可以考虑的主要防范措施如下：

（1）尽量采用EPC发包方式。在业主或项目公司与承包商之间，EPC发包方式具有主体责任单一、总价封顶和总价包干等优点，可以最大程度上减少责任界面和承包商的索赔。

（2）通过EPC合同严格限制承包商的费用索赔行为。工程项目中，承包商的索赔行为主要来自三个方面，一是业主的行为或违约行为，二是工程的变更，三是不可归咎于业主与承包商的中性事宜。为了防止因承包商索赔导致工程造价超支，业主应当在EPC合同中将后两个方面的相关风险尽量约定由承包商承担。

（3）通过EPC合同明确承包商的违约责任并设置适当的赔偿数额。承包商一旦违约，如工期延误，势必导致业主遭受损失，因此，为了防止业主承担损失而导致造价超支，业主应当在EPC合同中约定承包商的适当赔偿责任，将超支风险由承包商承担。

（四）PPP项目完工风险及其防范

PPP项目的完工是PPP项目各方高度关注的里程碑。同时，完工是PPP项目风险强度的关键分水岭：项目完工之前，被称为是PPP项目的最大风险阶段，而PPP项目一旦完工，PPP风险则大幅度降低。因此，如何管控PPP项目的完工风险至关重要。从项目公司或业主的角度出发，可以考虑的措施如下：

（1）尽量采用EPC发包方式并对承包商进行工期索赔的可能情形进行限制。EPC发包方式可以促使承包商加快工程进度，同时，EPC合同往往对承包商索赔工期做出严格限制，这样可以在很大程度上确保完工日期的确定性。

（2）设置高额的完工延迟赔偿金。PPP项目的公共机构、私人机构和金融机构、运行机构、供货商等等的重大利益均与项目的完工息息相关，一旦项目延迟完工，各方的利益均会受到不同程度的损失，而根据PPP项目的风险分配原则，工程承包商承担该风险最合适。因此，为了防止工程承包商延迟完工，需要在EPC合同中约定适当的延迟完工赔偿金。

（五）PPP项目完工之前工程承包合同解除风险及其防范

在PPP项目完工之前，如果PPP项目工程承包合同（一般为EPC合同）解除，则整个PPP项目面临无法按期和按预算完工的重大风险。工程承包合同的解除主要来自两方面：一是业主的违约，二是承包商的违约。从项目公司或业主的角度出发，为了防止合同解除所带来的重大风险，可以考虑的措施如下：

（1）与总承包商、总承包商的主要分供商签订直接协议（direct Agreement）。直接协议可以赋予业主或项目公司在特定情况下直接介入到总包商与分包商的合同关系中去，即便是总包商解除合同的情况下，业主或项目公司可以通过直接协议聘请总包商的原主要分供商，最大程度上降低对项目的不利影响。

（2）通过 EPC 合同限定工程承包商的合同解除权利。EPC 合同解除行为属于重大的合同行为尤其在 PPP 项目的 EPC 合同解除，因此，业主或项目公司应当通过违约程度、补救期限等方式严格限制工程承包商的解除行为。

（3）通过 EPC 合同设置承包商违约解除时的严格救济措施。为了确保业主或项目公司能够对承包商违约解除时的损失得到充分赔偿，需要在 EPC 合同中严格约定承包商违约解除时的违约赔偿机制：如工程款的延迟支付、抵扣、承包商各种文件、设备和设施的暂扣、履约保函的没收、分供商的接管、损失的补偿等等。

（六）工程承包商履约能力风险及其防范

如上文所述，PPP 项目的工程承包商在 EPC 合同下承担巨大的责任和较重的风险，为了确保一旦风险发生，工程承包商有能力承担该风险，业主或项目公司应当考虑主要措施：

（1）要求承包商提供较高额度的履约保函。

（2）要求承包商的母公司或第三方提供母公司担保。

（3）通过 EPC 合同，要求承包商投保足额保险，如不可抗力风险。

二、案例[1]

案例一：中国铁建沙特轻轨项目

2010 年 10 月 25 日中国铁建表示由于沙特轻轨项目的实际工程量比合同工程量增加，导致该公司可能亏损 41.53 亿元。沙特轻轨项目是 2009 年 2 月 10 日中国铁建与沙特阿拉伯城乡事业部签署的项目，根据双方合同，中国铁建负责该轻轨项目的设计、采购、施工、系统（包括车辆）安装调试，以及从 2010 年 11 月 13 日期的三年运营和维护。工期要求为，2010 年 11 月 13 日开通运营，达到 35% 的运能，2011 年 5 月完成所有调试，达到 100% 运能。

对于沙特轻轨项目的亏损，中国铁建的解释是："该项目采用 EPC＋O&M 的承保模式，项目签约时只是概念设计，主要由于业主提出新的功能需求以及工程量的增加，该项目的实施过程中，预算逐步增加。截至 2010 年下半年，实际工程量比签约时预计的工程量大幅增加，再加上业主对该项目的 2010 年运能需求较合同规定大幅提升、业主负责的地下管网和征地拆迁严重滞后、业主发出大量指令性变更等因素影响，导致项目工作量和成本投入答复增加，计划工期出现阶段性延误。"

根据中国铁建管理层的介绍，虽然中国铁建是沙特轻轨项目的 EPC 总承包方，但工程分包过程中，很多设计是由外国工程公司负责的，而沙特业主作为公共机构，直接要求这些外国工程公司将指定的设备放入设计中，而这些设备大多由西方公司提供，价格比中国设备高，中国铁建对整个项目的造价失去控制力。

综合上述情况和第三方评论，中国铁建在沙特轻轨项目上的亏损主要原因是（1）项目报价参照的是广州轻轨的投标成本，而中东地区的工程项目一般都是欧美国家的咨询公

---

[1] 案例信息均来自公开资料。

司根据项目所在国的强制性标准编制合同和技术规范；（2）中东地区的工程项目对技术、设备、材料、工艺等有非常细致的要求，而且指定厂家、品牌、分包的现象很普遍，而中国铁建投标时并未认真分析沙特的强制性标准和技术规范；（3）不熟悉项目所在国的工程市场发展现状，对沙特本地分包低下的工作效率缺乏准备；（4）对于业主方提出的工程变更，未能及时索赔费用和工期。

案例二：中铁建工集团阿尔及利亚体育场项目

2009年，中铁建工集团下属的中铁建工集团有限公司国际工程公司（简称"中铁国际"）承建位于阿尔及利亚的巴拉基（Baraki）体育场，该项目建成后将是阿尔及利亚及北非最大的综合体育场之一，将作为2017年非洲杯足球赛的主场馆，但这座体育场至今尚未完工。

巴拉基体育场由法国设计公司设计，最大特点是最长达200米的大跨度钢结构通过角部巨型铰支座坐落在混凝土塔柱上，因此，对钢结构设计质量要求极高。2009年3月，中铁国际与位于浙江的东南网架签订《合作意向书》，约定由东南网架完成巴拉基体育场钢结构的设计工作，并通过中铁国际、法国设计公司、监理单位、阿尔及利亚有关部门的审核通过和认可。东南网架签约后随即开始设计工作，但其提交的设计方案一直未能通过上述几方的审核，最终逾期三年还未完成，导致巴拉基体育场项目的施工季度和设计进度严重滞后。

东南网架未能如期交付设计方案的原因在于：既不具备按照阿尔及利亚建筑规范完成设计任务的能力，也无法按照业主的要求进行设计。在东南网架提交的施工图纸中，普通建筑结构用钢采用了中国标准Q345C，而非合同要求的法国标准S355钢材。因此，法国设计公司无法批复和钢结构有关的任何工程。为此，中铁国际与2012年12月另找设计公司重新进行钢结构的设计工作。

案例三：中建巴哈马度假村项目

位于巴哈马的巴哈玛（Baha Mar）度假村项目是中国建筑股份有限公司（简称"中建"）最大的海外项目。2015年6月29日，该项目的项目公司巴哈玛公司（Baha Mar Ltd.）向美国特拉华州地方法院申请破产保护，并以欺诈和蓄意破坏为由起诉中建。对此，中建认为巴哈玛度假村的项目公司申请破产是因为缺乏资金和设计管理不善，而且扣留了应支付给中建的1.4亿美元工程款。

巴哈玛度假村项目位于巴哈马首都拿骚（Nassau）市郊的凯布尔海滩（Cable Beach），项目造价35亿美元，包括高档酒店、豪华公寓、赌场、高尔夫球场。

中建作为巴哈玛度假村项目的总包方，在巴哈玛度假村项目的协商阶段对人员和工期的风险估计不足，导致工程实施过程中的雇工、工期和当地分包商的问题：（1）中建从中国招聘大量人员前往巴哈马，但这一做法在失业率高达15%的巴哈马引发了巨大争议，当地人认为中国工人挤占了宝贵的就业机会，为此中建受到项目所在国公众和媒体的谴责；（2）巴哈玛度假村从2011年2月开工，预定完工日期为2014年12月，但实际上2015年3月还未开业。根据项目公司的资料显示，虽然巴哈玛度假村已经完成了97%的施工工作，但无法开业对项目是毁灭性打击，因为项目公司为了迎接开业，已经招聘了超过2000名酒店和赌场工作人员。巴哈玛度假村工期延误也影响到了中建的现金流，导致负责项目主体工程的中建一局负债率逼近90%，且以短期流动负债为主，为此中建一局不断通过短期借款借新还旧；(3) 巴哈马本地分包商与中国分包商不同，不会垫资完成工程，因此中建无法从项目公司获得工程款时，本地分包商就停止工作，这也是整个项目推进迟缓的原因之一。

各个国家在政治、经济、文化、法律、金融等方面的差异，使得工程建设企业在海外的投资和承揽工程面临很多风险，如果对这些风险防控不到位，必然带来造成巨大的经济损失。国际工程 PPP 项目的建造阶段存在资金、工期等风险，这些风险会造成工程项目实施的失控现象，如工期延误、成本增加、工程变更等。如果不在 PPP 项目的建设工程合同中合理分配和防控这些风险，最终可能导致整个 PPP 项目受阻甚至失败。

第八节 国际工程 PPP 项目运营阶段法律与合约

国际工程 PPP 项目运营阶段的成功与否直接关系到各参与方的核心利益，对公共机构而言，运营阶段意味着 PPP 项目能否提供公众所需的服务或产品；对融资方而言，运营阶段决定了能否顺利收回贷款；对私人机构和项目公司而言，运营阶段是其收回投资和实现盈利的最重要环节。从以往的经验来看，很多国际工程 PPP 项目进入运营阶段后，由于运营风险防控不力而最终以项目失败告终。因此，对于进入运营阶段的国际工程 PPP 项目，私人机构或项目公司应当重视潜在的风险与争议，并采取必要的防控措施。

一、国际工程 PPP 项目运营阶段风险分析及其防范

国际工程 PPP 项目的运营风险并非简单的表现为产品或服务与实际需求不符，或者项目无法实现稳定的现金流来达到持续运营。事实上，运营风险在项目立项、采购、建造阶段就已经受到影响，并最终体现在项目运营阶段。私人机构或项目公司分析和防范境外 PPP 项目运营阶段风险时，应综合考虑项目所在国的政府行为、经济形势、立法动态、市场需求等多种因素。

国际工程 PPP 项目运营阶段存在竞争、市场需求与供给、运营成本波动、停工、收益、逾期违约、政府监督与介入和运营维护等多种风险，为此，本节逐一进行分析并提出防范措施。

（一）项目竞争风险

国际工程 PPP 项目尤其是采用使用者付费机制的国际工程 PPP 项目，是否存在同类型竞争性项目决定了此类项目在运营阶段能否收回投资和实现盈利。

关于国际工程 PPP 项目竞争风险的分析与防范措施，本章第五节已作出详细说明，此处不再赘述。

(二) 市场需求与供给风险

国际工程 PPP 项目的市场需求状况决定了项目的生存能力以及私人机构或项目公司能否收回投资并获取合理的利润。PPP 项目需求风险是指国际工程 PPP 项目在建设时可能需求量大，但随着项目的建成，或者运营到一定期限后，对项目提供的产品或服务的需求可能发生变化。PPP 项目供给风险则是指建成的国际工程 PPP 项目无法满足市场需求。

从现有资料和案例来看，导致国际工程 PPP 项目市场需求与供给发生风险的因素主要有：

(1) 预测模型的缺陷和计算数据不足。由于市场环境的不确定性，这种预测失误一直存在于国际工程 PPP 项目中。以国际工程 PPP 交通项目为例，根据标准普尔对 104 个国际收费公路、隧道和桥梁的客流预测值和实际值的对比，实际车流量仅达到预测值的 77%，约有一半项目的车流量预测错误率超过 20%，四分之一项目的车流量预测错误率达到 40% 以上。❶

(2) 社会经济发展的不确定性。由于国际工程 PPP 项目前期立项、融资、设计、建造阶段往往耗时数年，因此项目产出在时间上具有一定的滞后性，而项目前期很难预估和控制社会经济发展的波动所带来的市场需求变化。以国际工程水处理类 PPP 项目为例，项目竣工时可能周边人口和产业布局已经发生巨大变化，进而导致工业用水、经营服务用水和生活用水需求大幅下降，供水市场由项目前期的紧缺转为过剩。

(3) 政府政策发生变化。国际工程 PPP 项目多为特许经营类的基础设施项目，具有垄断属性，其市场需求很大程度上取决于政府对未来经济发展的判断。以国际工程 PPP 发电项目为例，项目所在国的电力市场需求取决于该国政府的电力政策和体制，而运营期间的政府换届很可能导致政策出现重大变化。

对于国际工程 PPP 项目所面临的市场需求与供给风险，实务中可根据具体情况采取相应风险分担机制。首先，项目所在国的公共机构可以向私人机构或项目公司提供固定回报担保或一定量的"最低购买量"和"最低购买价"担保，通过这种方式，市场需求风险从私人机构向公共机构转移。

(三) 运营成本波动风险

对于运营阶段对原材料、能源需求量大的国际工程 PPP 项目，其原材料和能源成本在整个项目运营成本中占比很高，而且容易受到价格波动、供给不足等客观因素的影响。如果无法保证以固定价格长期稳定获得这些原材料和能源，会导致项目的运营成本高，严重时还会迫使项目短期或长期停工。

对于采用政府付费机制或政府提供可行性缺口补助的国际工程 PPP 项目，为了防控运营成本波动的风险，公共机构和私人机构可以在 PPP 项目合同中采用：

(1) 指数调整机制。设置公共机构付费与特定指数的联动机制来反映通货膨胀对付费的影响，常见的指数包括消费者物价指数和劳动力市场指数等。

(2) 基准比价法。定期将项目公司提供服务的定价与同类服务的市场价格进行对比，

---

❶ Traffic Forecasting risk study update 2005：Through ramp-up and beyond [M]. London：Standard & Poor's，2005.

如果发现差异,则对政府付费进行调价。

(3) 市场测试法。在 PPP 项目合同约定的特定时期内,对项目中某项特定服务在市场范围内重新进行采购,通过竞争性采购程序,政府和项目公司将可能协商更换部分服务的运营商或调整政府付费。

(四) 原材料停供和项目暂停风险

为了预防原材料停供风险,私人机构或项目公司应与原材料和能源供应商签订长期供应合同,并约定相对稳定的价格。这类供应合同的条款中应包括:交货地点、供货期限、供货要求、价格、质量标准、检验标准、结算、双方权利义务、违约责任、不可抗力和争议解决。除上述条款外,国际工程 PPP 项目的原料和能源供应合同中应强调"照供不误"条款,即供应商应以稳定的价格和质量品质为项目提供长期、稳定的原材料和能源。

私人机构或项目公司应对项目中断提供服务和产品的另一种防范措施是为国际工程 PPP 项目办理营业中断险 (Business Interruption Insurance),也可以称为"利润损失险"或"间接损失险",是对被保险人指定地点的物质财产由于遭受自然灾害或意外事故造成企业生产停顿或营业中断而引起的间接经济损失。[1] 营业中断险的主要保障责任有利润损失、增加的营业费用、工资和审计师费用。营业中断险不保障经营不善、违反政府法令、市场价格下跌、质量低劣等原因造成的损失。营业中断险具有"跟随性"(Follow-up)的特点:(1) 只有投保财产险,才能获得营业中断保险的承保;(2) 只有被保险的财产发生损失并且是造成营业中断损失的原因,才能获得赔偿。营业中断险作为国际工程 PPP 项目的重要保证,可以确保私人机构或项目公司在发生不可预测的营业中断事故后免于遭受营业中断导致的现金流恶化。

(五) 收益风险

国际工程 PPP 项目的产品或服务是私人机构或项目公司的主要收益,其购买者可能是公共机构,也可能是项目所在国的消费者。因此,私人机构或项目公司的收费通常分为两种情况:第一种情况下,私人机构或项目公司直接向消费者提供产品或服务,例如收费高速公路;第二种情况下,私人机构或项目公司与公共机构签订合同,例如电厂项目。无论采取哪一种收费模式,如果国际工程 PPP 项目的产品或服务定价过高,那么容易招致项目所在国公共机构、消费者和公众的监督或谴责;如果定价过低,则私人机构或项目公司无法收回成本。

为了防范收益风险,私人机构或项目公司应考虑在 PPP 项目合同、产品购买合同或服务购买合同中约定"照付不议"机制,即私人机构或项目公司与公共机构约定一个最低采购数量与价格,只要前者按照最低采购量提供产品或服务,无论公共机构或消费者的需求如何,公共机构均应按照约定的数量和价格购买该产品或服务。

(六) 逾期违约金风险

国际工程 PPP 项目中,如果公共机构对工期的要求非常严格,那么 PPP 项目合同中

---

[1] 以间接损失为保险标的的营业中断险是在试图弥补火灾保险不足的过程中逐步建立起来的,例如,企业发生火灾后,其保险标的的直接损失可以得到补偿,但保险人不承担因火灾等保险事故造成的间接损失。

往往会规定逾期违约金条款,即如果私人机构或项目公司未能在合同约定的日期开始运营,则需要向公共机构支付违约金。私人机构或项目公司与公共机构协商PPP项目条款时,应对逾期可能造成的损失进行评估,并尽可能不约定逾期违约金。如果公共机构强制要求约定逾期违约金条款,那么私人机构或项目公司必须确定违约金的上限。逾期违约金也是项目融资方关注的重点内容。

(七)政府监督和介入的风险

国际工程PPP项目通常是涉及公众利益的大型基础设施项目,从履行公共管理职能的角度出发,项目所在国政府需要对项目执行的情况和质量进行必要的监控,甚至临时接管项目。

项目所在国政府的监督权有:(1)政府有权了解PPP项目的进展,如工程进度和项目计划的完成情况,备案登记项目的运营维护手册,要求项目公司提交经审计的财务报告和使用者信息资料等;(2)政府方在不影响项目正常实施或运营的前提下,有权进场检查和测试,例如项目现场的安全保卫规定是否符合项目所在国的法律法规;(3)政府对PPP项目总承包商、分包商和运营维护分包商的人选行使监督权,确保这些主体符合项目所在国法律法规中对资质的要求;(4)某些情况下,为了更好地行使监督权,政府可能通过直接参股项目公司的方式成为项目公司的股东或董事。

除了监督权,某些国际工程PPP的项目合同中会赋予项目所在国政府在特定情形下的介入权:(1)发生紧急状况,例如危及人身安全、健康、环境安全等;(2)项目公司违约且未能按期补救时,政府介入项目。

无论是政府的监督权,还是介入权,其法律后果取决于政府行使这些权利的原因。如果因为私人机构或项目公司违约,那么政府的监督和介入是对项目的补救,不需要赔偿私人机构或项目公司的损失。如果政府因为紧急状况行使监督或介入之权,且私人机构或项目公司并未违约,那么政府行使上述权利时应:(1)不妨碍PPP项目的正常实施;(2)如果采用政府付费机制,那么按照PPP项目合同的约定继续履行付费义务;(3)承担因此引发的所有额外费用。为了限制项目所在国政府随意行使监督权和介入权,私人机构或项目公司应在PPP项目合同中就此问题做出详细约定,明确政府监督或介入的法律后果。

(八)设施维护风险

国际工程PPP项目运营周期长,因此运营阶段的日常维护和更新改造是私人机构或项目公司必然要面对的问题。日常维护是保障PPP项目正常使用的基本活动,使项目设施不会因为使用过程造成的老化而出现运营障碍,例如公路或桥梁出现坑洞时的修复工程。更新改造是对PPP项目进行更新或技术改造,以提高产出或服务效率,例如电网改造。PPP项目的维护工作具有强制性、长期性、专业性和复杂性等特点,不仅需要资金,还要专业设备和人员。如果缺乏对设施维护风险的防范措施,则可能使得PPP项目面临停滞或降低效率的风险,为此,项目公司或业主应当考虑以下措施:

(1)运营方提早介入PPP项目的建造阶段。如果PPP项目对于建造和运营不采用发包给同一主体(Design-Build-Operate)安排,在PPP项目建造阶段,则需要运营方提早介入EPC阶段。通过运营方提早介入,使得运营方能够熟悉和了解整个建造过程,这样有利于项目完工后的运行。

（2）尽量在 EPC 合同中设置较长的项目质保期或缺陷责任期并预留质保金或质保保函，确保 EPC 承包商及时修复缺陷。

（3）在运营合同中设置对运营方的绩效考核机制时考虑对设施维护措施的标准，如约定运营方应当定期对项目操作人员进行培训、发现缺陷时应当及时告知业主或项目公司等。

（4）设置足额项目大修基金。项目维护或维修包括两种类型，一是日常维护保养，二是突发事件导致的维修。不管哪种维护或维修类型，及时获得维护或维修所需的资金是降低 PPP 项目因维护或维修停滞或生产的关键措施，为此，除了对于 PPP 项目投保意外事故的保险外，设定足额项目大修基金是一种务实且高效的措施。项目大修基金来自两个方面：一是项目质保期内的质保金；二是项目公司或业主将项目收益中的部分款项作为大修基金。

二、案例

根据本节第二部分的阐述，国际工程 PPP 项目的运营阶段存在诸多风险。运营阶段是 PPP 项目产生收益的关键环节，如果不能提前控制或防范这些风险，将严重威胁项目所在国政府、公共机构、融资方、私人机构和项目公司等参与方的利益。下列案例可以说明运营阶段防控风险的重要性。

案例一：英法海峡海底隧道项目

英法海峡隧道横穿多佛尔海峡，连接英国多佛尔和法国桑加特，全长约 50km（其中 37.2km 在海底，12.8km 在陆地下面），堪称 20 世纪最大的基础设施建设工程。1981 年 9 月 11 日，英法两国首脑宣布英法海峡隧道必须由私营部门出资建设经营。1986 年经过公开竞标，英法政府与英国的海峡隧道集团和法国法兰西曼彻公司组成的联合体签署特许权协议，授权建设经营海峡隧道 55 年（含建设期 7 年）。两国还承诺在 2020 年前不会修建具有竞争性的第二条海峡隧道。项目最初投资预算为 60.23 亿英镑，其中 10.23 亿为股权资金，由英国的海峡隧道集团和法国法兰西曼彻公司各出资 79% 和 21%。由海峡隧道集团和法兰西曼彻公司股东组成的 Trans Manche Link（TML）联合体是项目的总承包商，负责施工、安装、测试等。1986 年 8 月 13 日，上述两家公司联合成立合伙制公司——欧洲隧道公司作为项目运营主体，并与 TML 签订施工合同。隧道于 1987 年 12 月 15 日正式动工，1994 年 5 月 6 日正式投入运营。因为工期严重滞后，导致隧道开通时间一拖再拖，项目现金流进一步恶化。在项目公司要求下，两国政府最终于 1997 年同意将特许期限由 55 年延长至 99 年，但是项目公司在运营的前十几年背负了巨大的财务负担，苦苦经营，最终于 2006 年不得不申请破产保护。2007 年 7 月 2 日，债务重组后的欧洲隧道集团在伦敦和巴黎交易所上市，接替欧洲隧道公司负责隧道的经营。

英法两国海峡隧道项目失败的主要原因是：（1）虽英法两国是出于推进欧洲一体化的政治考量，但在建设和运营过程中对项目缺乏足够的监督管理和必要支持；（2）虽然英法两国承诺在 2020 年前不会修建具有竞争性的第二条海峡隧道，但由于项目建成后轮渡、航空等传统跨越海峡方式的价格竞争影响了欧洲隧道公司的收入，因而无法保证隧道经营者因"项目唯一性"而获得稳定的投资回报;(3)英法政府在建设期间要求增加安全管理和环保措施导致了施工成本的增加和工期的延迟。

案例二:墨西哥收费公路项目

为弥补政府交通投资的不足,墨西哥政府在1989~1994年间实行"收费公路工程",共计授予私营部门55条收费路的特许经营权,吸引私营资本超过100亿美元,将该国收费高速公路网由1989年的4500公里延长到1994年的9900公里。但由于项目特许经营方案设计不合理、建设成本增加、交通流量估算失实以及1994年12月爆发的墨西哥"龙舌兰危机"❶引发的比索大幅贬值,导致私人项目公司运营困难,纷纷倒闭。墨政府被迫成立专门的政府信托基金来接收23条收费路"烂摊子",代破产公司向银行和道路建设公司清付未偿债务总计76亿美元,占当时该国GDP的1%以上。与此同时,墨政府将仍由私人机构营运的32条收费路的特许经营期限延长至20年以上,以增强项目的投资回报能力。

墨西哥收费公路工程项目失败的主要原因是:(1)项目特许经营期限过短(最初中标项目的最长期限仅为15年)导致收费过高;(2)中标人对前期工程设计投入不够,导致项目建设开始后投资远超预算,造成项目完工滞后;(3)项目收费标准调整不够灵活以及对交通流量预测过于乐观加重了项目公司的财务困难,导致项目最终失败。

案例三:菲律宾电力供应项目

20世纪80年代,菲律宾面临严重的电力短缺,情况严重时全国每天平均停电8~10小时。当时居于行业垄断地位的菲律宾国家电力公司无力在短期内增加发电装机容量弥补供应缺口。在此背景下,菲律宾政府于1987年7月发布第215号政府令,向私人部门开放电力市场,允许私人投资者以BOT(建设-运营-移交)方式建设独立电厂,向国家电力公司售电。1991~1993年短短三年间,国家电力公司就完成25个BOT合同谈判,涉及新增发电装机300万千瓦以上。与此同时,其他的电网公司也向私人部门投资的电厂购电,用电大户则纷纷筹建自备电厂。1993年,菲政府宣布度过电力短缺危机,但之后国家电力公司仍在向私人部门购买发电装机以建立"保险容量"。当时菲律宾国内普遍认为电力危机后经济将快速增长,电力需求也将同步增长。基于以上市场预测,菲政府制订了电力部门继续大发展的规划。国家电力公司也按照这个规划继续与私人机构合作通过BOT模式扩大发电装机容量。截至1997年,国家电力系统共签署了37个BOT合同,涉及发电装机600万千瓦。

1997年亚洲金融危机爆发后,国家电力公司出于种种原因,仍与私人部门签订了总装机为284.1万千瓦的BOT协议。随着危机的深化,菲律宾电力系统供给过剩问题凸现。2002年,菲律宾电力需求峰值仅为749.7万千瓦,相当于电力系统从私人部门购买发电总装机的2/3。与此同时,国家电力公司PPP项目运作能力和经验不足以及BOT合同风险分担设计不合理带来的严重后果也开始显现。由于国家电力公司与私人投资者签订的都是长期合同,消费者一直支付着本地区仅次于日本的第二高电价(目前零售电价约合2元人民币/度)。电价的居高不下也削弱了菲律宾制造业的国际竞争力,严重影响到该国的经济发展。

菲律宾电力供应项目未能实现预期目标的原因在于:国家电力公司和独立电厂BOT合同中的购电协议中采取了"take-or-pay"条款,即电力公司按照电厂发电量而不是实际

---

❶ 龙舌兰酒是墨西哥出产的名酒,所以当1994年至1995年墨西哥爆发金融危机,传媒以"龙舌兰酒危机"来形容。

调度上网电量支付费用，承担全部市场需求变化风险，最终导致电力公司最终又将此部分额外电力的购买费用转嫁给消费者，造成电价高涨。

案例四：葡萄牙贝拉内部收费公路项目

1997年至今，葡萄牙政府为了满足欧元区的财政标准，达到降低财政赤字的目的，在该国收费公路体系中引入PPP模式。

贝拉内部收费公路是葡萄牙的道路交通PPP项目之一，它是由一些葡萄牙国内已经存在的道路基础设施和一条位于葡萄牙国内中心的新建收费公路所组成。贝拉内部收费公路横贯葡萄牙国土的南北，总长217km，项目特许经营期限为30年。

贝拉内部收费公路项目虽初始建设成本被预估为6.28亿欧元，然而项目完工时总成本已经飙升至22.8亿欧元。尽管成本严重超支，但贝拉内部收费公路项目仍然是葡萄牙境内PPP项目的成功范例，其中的原因可以总结为：(1) 建立了道路规章制度，只有遭遇不可抗力因素时，警察才有权封闭贝拉内部收费公路；(2) 重型车辆必须经葡萄牙国家车辆安全机构和公路管理局的批准才能驶入贝拉内部收费公路，这样可以有效地降低公路的损耗速度；(3) 私人机构每年与政府协商确定下一年的提价幅度，计算的依据是葡萄牙政府于当年1月1日宣布的通货膨胀率；(4) 实施影子收费机制，该机制在英国和葡萄牙等国家得到广泛应用，其原理是政府在特许经营权协议规定的期限内，每年以财政补贴或其他形式向私人机构支付一定的报酬，确保其能够在特许经营权协议有效期内收回投入的资金，而政府这种补贴的比例是依据公路所产生的社会效益和为公众提供服务的等级来确定的；(5) 合理的风险分配机制，私人机构承担项目的设计、建造、运营和维护风险，葡萄牙政府则通过影子收费机制，确保私人机构的最低收益，很好地调动了后者的积极性。

国际工程PPP项目的运营阶段不仅关系到公共产品或服务的供给效率和质量，而且关系到私人机构或项目公司的收益，以及投资的回收，因此对于项目所在国政府、公共机构、私人机构、项目公司、融资方、使用者而言都非常关键。由于运营阶段牵涉到上述参与方的切身利益，如何确保这一阶段的顺利实施，以及防范与控制本节所提及的风险，是私人机构和项目公司应当密切关注的问题。

第九节 国际工程PPP项目移交阶段法律与合约

国际工程PPP项目采用的具体模式存在移交阶段时（如BOT，BOOT等开发模式）涉及的问题比较复杂，周期相对较长，比较容易产生争议或风险。PPP项目移交一般是指在项目合作期或特许经营权期满后，私人机构或项目公司将全部项目设施及相关权益以合同约定的条件和程序移交给公共机构。因此，对于存在移交阶段的PPP项目，参与方应当重视该阶段可能出现的问题，防范风险或争议的发生。本节内容仅限于分析存在移交阶段的国际工程PPP项目。

在公共机构和私人机构之间，PPP项目的移交阶段一般分为移交准备、性能测试、资产交割、股权移交和质量保证五方面内容。移交准备主要包括移交的启动时间、移交机构的设立和权限；性能测试主要包括性能指标的设定、性能测试的流程和性能保证违约金；

资产交割主要包括项目资产的分类、资产的交割方式、交割时的资产状态和交割时间；质量保证主要包括移交后的质量保证期、质量保证措施及缺陷维修等。每一方面内容均存在不同的风险，为此，本节逐一进行分析并提出防范措施。

一、移交准备的风险和防范措施

移交准备阶段的主要风险和防范措施如下：

（一）移交启动时间设置不合理或不适时，不利于私人机构实施移交工作

移交启动时间设置不合理一般表现为移交启动时间过早或过晚以至于无法及时完成移交工作；移交时间不适时一般表现为公共机构处于换届选举阶段、将移交所需的各种测试安排在不利的季节或时间段，不利于通过性能测试。为此，PPP项目参与方尤其是私人机构在确定移交启动时间时应考虑以下防范措施：

（1）根据PPP项目的具体情况（如项目性质、PPP合同期限等因素）设置合理的移交启动时间点，例如，对于二十年特许经营期限的火力发电站项目，其移交启动的时间可能需要在特许经营期届满之前一年以上即启动移交程序，而对于特许经营期较短或项目技术不复杂的项目，移交启动的时间可能会比较短，如特许经营期届满前六个月。

（2）将移交启动时间设置在PPP项目的公共机构正常工作时间段，避免在应当移交时无法找到充分授权人员，导致移交延误。

（3）对于移交时需要性能测试的PPP项目，将移交时间放置在最有利于使得性能测试通过的时间段，如原材料比较充足、气候适宜的季节。

（二）设立的移交机构不满足移交需求

PPP项目中一般会设置移交机构具体负责移交阶段的事宜。如果设立的移交机构不合理不仅不利于移交的顺利完成，而且可能会损害私人机构的权益，对于移交机构，常见的风险为：移交机构的组成人员缺乏私人机构选派的人员、移交机构中公共机构选派的人员缺乏所需的知识或授权，移交机构的议事或决策过程不公平。为此，在设置PPP项目的移交机构时应注意以下防范措施：

（1）移交机构应当由公共机构和私人机构选派的代表并根据项目具体情况设置移交机构负责人。

（2）公共机构选派的代表应当得到充分授权，代表公共机构行使移交阶段的各项工作并对公共机构具有约束力。从公共机构角度来说，公共机构应当根据项目所在国的法律法规选派财政预算、资产管理、项目实施主体、审计或监督部门的人员或代表参与到移交机构。

（3）在成立移交机构时预留独立专家的位置，对于公共机构或私人机构无法达成一致的事项，由独立专家做出公平的决定或意见。

二、移交阶段性能测试风险及其防范措施

PPP项目移交时的性能测试性方面的风险主要来自以下三个方面：

（一）性能测试约定的性能指标不合理

为了确保项目移交后能够在设计的剩余合理期限内继续运营项目，PPP 项目合同会约定项目移交时应当达到的性能指标。如果该性能指标设置过高，则私人机构会因无法达标而面临违约风险。

PPP 项目的交接期一般在项目运营多年之后，很多设备或设施因为长时间运行不可能像项目竣工验收时那样，能够达到较高的性能保证值，因此，从私人机构角度来说，在设置性能指标时应当考虑多年使用导致的性能下降实际情况，并在满足项目所在国的法律强制性要求的前提下设置尽量低的性能指标。

（二）编制的移交阶段性能测试流程不利于性能指标的测试

性能测试流程的安排也会在很大程度上影响到性能指标是否达标。不符合项目特点和技术特性的性能测试流程不仅无法准确测试性能指标，而且对项目自身也会造成损害。对此，在编制移交阶段的性能测试流程时，应当考虑项目已经运行多年的实际情况、项目的技术特点等因素并据此合理编制性能测试流程以确保测试尽快完成。

（三）设置的移交阶段性能违约金过高

PPP 项目在移交阶段往往设置性能违约金以弥补项目无法达到合同中约定的性能指标时的损失。从私人机构或项目公司角度出发，如果性能违约金设置得过高，这很可能会对私人机构或项目公司不利。因此，私人机构或项目公司和公共机构应当根据可能的实际损失确定移交时的性能违约金，防止过高或过低。设置性能违约金时可以考虑：根据性能指标的不达标程度设置梯级违约金、性能违约金上限和排他性救济安排。

三、移交阶段的资产交割风险及其防范

移交阶段的资产交割风险主要集中在以下三个方面：

（一）移交阶段交割的资产范围不清

PPP 项目的移交一般笼统地被认为是私人机构或项目公司免费将项目移交给公共机构，但由于 PPP 项目一般具有规模大、涉及面广和资产组成多样化的特点，将资产移交简单约定为免费移交的观点不符合实际且会对私人机构或项目公司带来极大的不利。为防止该类风险，需要在 PPP 合同中明确约定移交资产的范围。

PPP 项目在移交期的资产可以分为项目运行所需的资产和项目公司经营所得形成的资产。PPP 项目移交阶段向公共机构免费移交的应当是项目运行所需的资产，而不应当是项目公司经营所得形成的资产。项目运行所需的资产可以分为无形资产（如各类技术、知识产权、合同权益等）和有形资产（项目正常运行所需物理性资产）。

（二）资产交割方式不符合法律要求，导致出现交割瑕疵

资产交割因资产类型不同，需要采用相应的资产交割方式。项目所在国的法律往往对

资产移交或转让做出相应的规定，因此，PPP 项目移交阶段需要根据资产的类型采用符合法律要求的资产交割方式。

正如上文第 1 点所述，PPP 项目运行所需的资产可以有形或无形资产，如无形资产中的知识产权移交往往需要在项目所在国或相关国家主管当局完成转让手续后才能完成转让、无形资产中的担保权利有时也需要完成登记备案后才能完成移交；另外，如有形资产中的车辆、船舶或大型机械设备往往也需要在相关国家的主管当局完成登记后才能完成交割；再有，项目公司的股权由私人机构转让给公共机构一般均需要在项目公司所在国的主管机构完成登记、批准或备案等手续。

（三）交割资产的状态约定不清，导致公共机构和私人机构或项目公司产生争议

PPP 项目从开始运行到资产交割的时间往往很长，多数长达 10~30 年，而在 PPP 合同签订之时，公共机构和私人机构往往不重视几十年以后的情况，因此，即使在合同中约定了资产移交事宜，但为了尽早完成签约，缔约方往往不重视移交时的资产状态，合同中约定的较粗糙，留下了发生争议的潜在风险。以项目运行所需的资产为例。

为防止该类风险发生，需要在 PPP 合同签订阶段明确：（1）移交时的资产哪些需要更新、哪些需要大修、哪些需要更换易耗品；（2）移交时的资产是否存在权利瑕疵，如果存在，如何处理；（3）移交时哪些需要通过性能测试要求，等等。

四、移交阶段项目公司股权移交及其风险防范

PPP 项目阶段的移交，除了第 3 部分提及的资产移交之外，有时还需要对项目公司的股权进行移交。项目公司股权转让的风险主要表现为：项目公司股权移交是否属于免费移交的范围，如果非免费移交，如何对项目公司的股权进行估值。为防范上述风险，需要考虑如下措施：

（1）在 PPP 中明确约定，如果项目公司也随着项目移交给公共机构，公共机构是否可以免费取得项目公司的股权。

（2）如果项目公司的股权转让非免费转让给公共机构，需要在合同中明确约定项目公司的估值方法，公司股权的估值方法大体有四类：相对估值法（乘数法）❶，折现现金流法❷，成本法❸和清算价值法❹。

（3）如果项目公司股权非免费转让，公共机构支付股权对价的时限以及未及时支付时，私人机构的救济措施。

---

❶ 将公司的主要财务指标乘以根据行业或参照企业计算的估值乘数，从而获得估值参考标准，包括市盈率（P/E）、市净率（P/B）、市现率（EV/EBITDA）和市售率（P/S）等多种方法。地产估值中采用的资本化率方法也属于这种方法。

❷ 预测公司未来的现金流，将之折现至当前，加总后获得估值参考标准，包括折现红利模型和自由现金流模型。

❸ 以当前重新构建目标企业所需要的成本作为估值参考标准。

❹ 假设将公司拆分成可出售的几个业务或资产包，并分别估算这些业务或资产包的变现价值，加总后作为公司估值的参考标准。

五、移交阶段交付后私人机构或项目公司的质量保证风险及其防范

PPP 项目中，公共机构为了确保项目移交后能够继续剩余的设计使用寿命内正常运行该项目，往往在合同中约定项目移交后的质量保证期或缺陷责任期。对于私人机构或项目公司来说，为了尽量降低缺陷责任的风险，需要在 PPP 合同中对质量保证做出明确且详细的约定，大体包括以下三个方面：

（1）设置合理期限的质量保证期。质量保证期一般自性能测试完成或公共机构接收项目之日起开始起算并延续特定期限。对于私人机构或项目公司，该期限的长短则意味着风险的大小，期限越长、风险越大；反之则越小。缔约方应当根据项目的特点以及移交时的具体实际情况确定合理期限的质量保证期。

（2）私人机构或项目公司对质量保证提供的担保措施。担保措施存在多种方式，常见的做法有两种：第一种是将公共机构暂时扣留特定款项作为质量保证金；第二种是私人机构或项目公司提供第三方信用担保，如银行保函。

（3）设置合理的缺陷维修机制。从私人机构或项目公司角度出发，需要注意三点：①缺陷发生后，公共机构的及时通知义务；②私人机构或项目公司调查缺陷原因的权利；③私人机构或项目公司优先修理的权利。

国际工程 PPP 项目移交阶段的风险因其可能发生的时间在较远的未来，缔约方往往缺乏对该阶段风险的重视，导致该阶段可能存在潜在风险较多。作为负责任的缔约方，应当重视国际工程 PPP 项目移交阶段的各类风险并在缔约时采取可预见的防范措施以确保实现国际工程 PPP 项目本身应具有的"物有所值（Value for Money）"内在要求和特征。

第十四章

国际工程争端解决法律与合约

工程领域是最容易发生争端的领域之一。与很多领域的争端不同，工程争议一旦发生，其影响一般不限于争端各方，往往会造成社会资源的极大浪费、甚至减损大众福祉。国际工程争端一旦发生，其影响则往往超越国界，影响力会更广和更深。

为了防范并及时处理工程争端，最大程度上降低其不利影响，工程行业已经形成了一套不同于其他领域争议解决的游戏规则。总体上看，工程领域的争端解决游戏规则基本围绕尽早发现争议、尽早处理争议和专业处理争议三个方面的原则。

基于以上原则，国际工程的重要合同中往往会设置争议预警机制、争议双方协商机制、第三方快速决断机制以及仲裁解决争端的安排。国际工程合同中设置合理的争端解决机制既有利于防范工程争端，也有助于解决工程争端。

与一般领域的争端解决相比，国际工程的争端解决往往非常复杂且涉及的利益巨大。国际工程争端解决一般会涉及多个法域的法律，大量或巨量的文件资料，复杂的技术，专业性极高的工期和造价认定，因此，国际工程合同的缔约方应当将防范国际工程争端升级为国际仲裁或诉讼作为争端管控重点。

第一节 国际工程争端解决概述

一、国际工程争端解决特点

国际工程跨境、金额大、所涉面广以及社会性强等行业特点决定了国际工程争端解决应当具有自身的特性以满足和适应国际工程的特点。经过长时间的发展，国际工程争端解决已经形成了较为鲜明的特性，即：防范、规避和快速解决争端为目的、以专家解决争端为手段和确保判决或裁决得到承认与执行为重要原则。

二、国际工程争端解决机制

基于上述国际工程争端的鲜明特性，国际工程争端形成了一套较为成熟的争端解决机制，该机制的大体特征是设置多层级（Multi-Tier）争端解决方式，常见的争端解决方式如下：

（1）工程师或业主决定＋调解＋仲裁或诉讼；
（2）工程师或业主决定＋独立专家＋仲裁或诉讼；
（3）工程师或业主决定＋争议评审机构＋仲裁；
（4）工程师或业主决定＋争议评审机构＋友好协商＋仲裁。

上述多层级争端解决方式在国际工程争端实务中对防范、规避或解决争端起到了积极的作用，该方式已经被世界上很多国际工程的示范类合同文本所采纳，如 FIDIC 2017 版红皮书❶、黄皮书❷和银皮书❸中约定的"决定-争端预防/评判委员会-友好解决-仲裁"（Determination-DAAB-Amicable Settlement-Arbitration）四层级争端解决机制。

第一层：决定（Determination）
1. 工程师决定：FIDIC 2017 版红皮书与黄皮书第 3.7.2 款

The Engineer shall make a fair determination of the matter or Claim, in accordance with the Contract, taking due regard of all relevant circumstances.

Within the time limit for determination under Sub-Clause 3.7.3 [Time limits], the Engineer shall give a Notice to both Parties of his/her determination. This Notice shall state that it is a "Notice of the Engineer's Determination", and shall describe the determination in detail with reasons and detailed supporting particulars. ❹

---

❶ Conditions of Contract for Construction (Second Edition 2017).
❷ Conditions of Contract for Plant & Design-Build (Second Edition 2017).
❸ Conditions of Contract for EPC/Turnkey Projects (Second Edition 2017).
❹ 参考译文：工程师应依据合同及所有相关情况，对事件或索赔做出公平的决定。
在第 3.7.3 款约定的做出决定的时限内，工程师应向双方发出其做出的决定。该通知应注明"工程师决定的通知"，并且应描述做出决定的具体原因和支持依据。

2. 业主决定：FIDIC 2017 版银皮书第 3.5.2 款

The Employer's Representative shall make a fair determination of the matter or Claim, in accordance with the Contract, taking due regard of all relevant circumstances.

Within the time limit for determination under Sub-Clause 3.7.3 [Time limits], the Employer's Representative shall give a Notice to both Parties of his/her determination. This Notice shall state that it is a "Notice of the Employer's Representative's Determination", and shall describe the determination in detail with reasons and detailed supporting particulars. ❶

第二层：争端预防/评判委员会（DAAB）

常设 DAAB：FIDIC 2017 版红皮书、黄皮书及银皮书第 21.4 款第一段 ❷

If a Dispute arises between the Parties then either Party may refer the Dispute to the DAAB for its decision (whether or not any informal discussions have been held under Sub-Clause 21.3 [Avoidance of Disputes]) and the following provisions shall apply. ❸

第三层：友好解决（Amicable Settlement）

FIDIC 2017 版红皮书、黄皮书和银皮书第 21.5 款

Where a NOD has been given under Sub-Clause 21.4 [Obtaining DAAB's Decision], both Parties shall attempt to settle the dispute amicably before the commencement of arbitration. However, unless both Parties agree otherwise, arbitration may be commenced on or after the twenty-eighth (28th) day after the day on which this NOD was given, even if no attempt at amicable settlement has been made. ❹

第四层：仲裁（Arbitration）

FIDIC 2017 版红皮书、黄皮书第 21.6 款第一段

Unless settled amicably, and subject to Sub-Clause 3.7.5 [Dissatisfaction with Engineer's determination], Sub-Clause 21.4.4 [Dissatisfaction with DAAB's decision], Sub-Clause 21.7 [Failure to Comply with DAAB's Decision] and Sub-Clause 21.8 [No DAAB in Place], any Dispute in respect of which the DAAB's decision (if any) has not become final and binding shall be finally settled by international arbitration. ❺

---

❶ 参考译文：业主代表应依据合同及所有相关情况，对事件或索赔做出公平的决定。

在第 3.7.3 款约定的做出决定的时限内，业主代表应向双方发出其做出的决定。该通知应注明"业主代表决定的通知"，并且应描述做出决定的具体原因和支持依据。

❷ 参考译文：FIDIC 1999 版红皮书采用常设 DAB（双方在招投标文件中指定 DAB 成员），黄皮书和银皮书则采用临时 DAB（双方发生争端后一定期限内指定 DAB 成员）。在 2017 版 FIDIC 合同条件中，红皮书、黄皮书和银皮书均采用常设 DAAB，其中红皮书和黄皮书约定承包商收到中标通知书后一定期限内指定 DAAB 成员，而银皮书要求双方签订合同协议书后一定期限内指定 DAAB 成员。

❸ 参考译文：如果双方之间产生争议，则任何一方可以将该争议提交至 DAAB 以做出决定（无论是否根据第 21.3 条【避免争议】进行了任何非正式的讨论），并且应适用以下条款。

❹ 参考译文：如果已按照第 21.4 款【取得 DAAB 的决定】发出了异议通知（NOD），则双方应在仲裁前尽量以友好方式解决争端。但是，除非双方另有协议，仲裁可以在发出异议通知（NOD）后第 28 天或其后进行，即使双方未曾做过友好协商解决的努力。

❺ 参考译文：除非已友好解决，以及依据第 3.7.5 款【对工程师决定的异议】、第 21.4.4 款【对 DAAB 决定的异议】、第 21.7 条【未遵守 DAAB 的决定】和第 21.8 条【没有 DAAB】，经 DAAB 做出的决定（如有）未能成为最终的和有约束力的任何争端应最终通过国际仲裁解决。

FIDIC 2017 版银皮书第 21.6 款第一段

Unless settled amicably, and subject to Sub-Clause 3.7.5 [Dissatisfaction with Employer's Representative's determination], Sub-Clause 21.4.4 [Dissatisfaction with DAAB's decision], Sub-Clause 21.7 [Failure to Comply with DAAB's Decision] and Sub-Clause 21.8 [No DAAB in Place], any Dispute in respect of which the DAAB's decision (if any) has not become final and binding shall be finally settled by international arbitration. ❶

同时，上述多层级争端解决方式往往设置涉争方提起仲裁的前置程序，如 FIDIC 2017 版上述合同条件中的 DAAB 机制，该机制作为 FIDIC 2017 版上述合同条件中约定的启动仲裁的前置程序，即业主或承包商之间的争议，在没有经过 DAAB 的情况下，业主或承包商一般不得直接提起仲裁。

三、国际工程多层级争端解决机制的优缺点

国际工程多层级争端解决机制总体对于解决国际工程争端具有众多优点，大体如下：

（1）通过层层过滤争议，使得争议在早期通过非诉讼或仲裁的方式解决，节省了涉争方的人力、物力和财力。

（2）通过早期非诉或非仲裁的方式解决争议在很大程度上赋予争端解决方式的灵活性，可以照顾涉争方彼此的利益，有利于化解争议。

（3）通过国际工程专业或权威人士的介入，在很大程度上确保争议结论符合行业规矩，减少涉争各方不予遵守争端结论的可能性。

（4）该机制的最后一个层级一般为仲裁，有利于仲裁裁决在全球范围的承认与执行。

国际工程多层级争端解决机制在存在上述优点的同时，也存在一定的缺点，常见的情况如下：

（1）自知理亏的一方可以通过多层级程序延长争议解决的期限；

（2）相比较于单一层级争端机制，可能会使得涉争方支出较多的费用；

（3）在合同解除情况下，有些层级是否也随之解除在有些法域存在较大的不确定性。

第二节 国际工程争端解决方式

从本章第一节可以看出，国际工程多层级争端解决机制的特色是：除了仲裁或诉讼之外，还有多种争端解决方式，如工程师或业主决定、调解、和解、争端评审、独立专家或友好协商等。本节将结合国际工程行业实践阐释常见的国际工程争端解决方式。

---

❶ 参考译文：除非已友好解决，以及依据第 3.7.5 款【对业主代表决定的异议】、第 21.4.4 款【对 DAAB 决定的异议】、第 21.7 条【未遵守 DAAB 的决定】和第 21.8 条【没有 DAAB】，经 DAAB 做出的决定（如有）未能成为最终的和有约束力的任何争端应最终通过国际仲裁解决。

第十四章 国际工程争端解决法律与合约

一、工程师决定

由于业主并不具备专业的工程知识或工程管理技能，为了确保工程建造符合业主的目的，业主需要聘请专业人士或机构协助业主实施工程项目，如帮助业主完成招标、项目管理、合同履行等工作，而此处的专业人士或机构一般为专业的工程师或工程咨询机构。

虽然工程师受聘于业主管理工程项目，但工程师作为专业人士或机构知悉工程自身的规律和建造知识，这使得工程师在处理业主和承包商之间产生的争议时具备了很大程度上的中立性和公平性。因此，工程师逐渐被引入业主和承包商之间争端解决方式的参与方。工程师通过决定的方式处理业主和承包商之间的争议早期出现在英国的"监理工程师决定"（Engineer's Determination），即当业主与承包商发生争端时，监理工程师作为独立的第三方来解决争端。1957 年，FIDIC 在第四版《土木工程施工合同条件》❶ 的争议解决条款中首次引入了工程师决定的合同内容，之后的 FIDIC 合同条件中基本沿用了工程师决定的内容，如

FIDIC1987 版合同条件第 67.1 款

If a dispute of any kind whatsoever arises between the Employer and the Contractor in connection with, or arising out of, the Contract or the execution of the Works, whether during the execution of the Works or after their completion and whether before or after repudiation or other termination of the Contract, including any dispute as to any opinion, instruction, determination, certificate or valuation of the Engineer, the matter in dispute shall, in the first place, be referred in writing to the Engineer with a copy to the other party. Such reference shall state that it is made pursuant to this Clause. No later than the eighty-fourth (84) days after the day on which he received such reference the Engineer shall give notice of this decision to the Employer and the Contractor. Such decision shall state that it is made pursuant to this Clause.

Unless the Contract has already been repudiated or terminated, the Contractor shall, in every case, continue to proceed with the Works with all due diligence and the Contractor and the Employer shall give effect forthwith to every such decision of the Engineer unless and until the same shall be revised, as hereinafter provided, in an amicable settlement or an arbitral award.

If either the Employer or the Contractor be dissatisfied with any decision of the Engineer, or if the Engineer fails to give notice of his decision on or before the eighty-fourth day after the day on which he received the reference, then either the Employer or the Contractor may, on or before the seventieth day after the day on which he received notice of such decision, or on or before the seventieth day after the day on which the said period of 84 days expired, as the

---

❶ FIDIC Conditions of Contract for Plant of Civil Engineering Construction, Fourth Edition 1987, Reprinted 1988 with editorial amendments, Reprinted 1992 with further amendments.

case may be, give notice to the other party, with a copy for information to the Engineer, of his intention to commence arbitration, as hereinafter provided, as to the matter in commence arbitration, as hereinafter provided, as to such dispute and, subject to Sub-Clause 67.4, no arbitration in respect thereof may be commenced unless such notice is given.

If the Engineer has given notice of his decision as to a matter in dispute to the Employer and the Contractor and no notice of intention to commence arbitration as to such dispute has been given by either the Employer or the Contractor on or before the seventieth day after the day on which the parties received notice as to such decision from the Engineer, the said decision shall become final and binding upon the Employer and the Contractor. ❶

FIDIC 2017 版红皮书和黄皮书第 3.7.2 款：

The Engineer shall make a fair determination of the matter or Claim, in accordance with the Contract, taking due regard of all relevant circumstances.

Within the time limit for determination under Sub-Clause 3.7.3 [Time limits], the Engineer shall give a Notice to both Parties of his/her determination. This Notice shall state that it is a "Notice of the Engineer's Determination", and shall describe the determination in detail with reasons and detailed supporting particulars. ❷

从以上例子可以看出，工程师决定可以分为三个阶段：首先，工程师尽量协助业主和承包商就双方的分歧或争端达成一致（reach agreement）；如果业主和承包商达不成一致，则由工程师在考虑所有相关实际情况后作出公平的决定（fair determination）；第三阶段：工程师决定一经作出，业主和承包商应当予以遵守，除非根据后续的争端解决方式将其替代。

工程师决定具有两大优点，主要表现为：第一，工程建造需要遵守特定的自然或人为规律，工程师作为工程领域的专家一般熟悉上述规律，这使得业主和承包商之间产生争议时，工程师能够从工程专业角度保持中立性；第二，工程师深度全过程参与工程项目，熟悉争议的背景、合同各方的立场及实际情况，容易促成争议的快速解决。

---

❶ 参考译文：如果在业主和承包商之间由于或起因为合同或工程施工而产生任何争端，包括对工程师的任何意见、指示、决定、证实或估价方面的任何争端，无论是在工程竣工中或竣工后，也无论是在否认合同有效或合同在其他情况下终止之前还是之后，此类争端应首先以书面形式提交工程师，并将一份副本提交给另一方，并应说明向工程师提交此类文件是根据本条款所采取的行动。工程师应在收到上述文件后的 84 天内将其决定通知业主和承包商。该决定亦应说明是根据本条款作出的。

除非合同已经被否认或被终止，在任何情况下，承包商都应认真负责地继续实施工程，而且承包商和业主应立即执行工程师做出的每一项此类决定，除非并直到该决定按下述规定变为友好解决或仲裁裁决。

如果业主或承包商中任何一方不满意工程师的决定，或者如果工程师未能在他收到文件后第 84 天或在此期限前发出其决定，则业主或承包商可以在收到决定后的第 70 天、在此期限前或者在上述 84 天期限届满 70 天时或在此期限前，按照下述规定将相关争议提交仲裁的意向通知对方，并将通知的副本提交给工程师供其参考。根据第 67.4 款的规定，如果没有发出提交仲裁的通知，则不能启动仲裁。

如果工程师已经将其决定通知了业主和承包商，而业主和承包商收到工程师的决定后第 70 天或该期限届满前未发出将争端提交仲裁的通知，则上述工程师的决定将被视为最终决定，对业主和承包商有约束力。

❷ 参考译文：工程师应依据合同及所有相关情况，对事件或索赔做出公平的决定。

在第 3.7.3 款约定的做出决定的时限内，工程师应向双方发出其做出的决定。该通知应注明"工程师决定的通知"，并且应描述做出决定的具体原因和支持依据。

但是，工程师决定往往也会存在无法保持中立性的缺点，主要原因有两个：第一，工程师为业主所聘用，其收入来源在很大程度上取决于业主。为了从业主处得到报酬，工程师存在倾向于业主的可能性；第二，业主和承包商之间产生争议有时很可能是工程师代表业主实施特定行为所造成的，此时工程师如果作出不利于业主的决定，往往是揭自己的短处，这也使得工程师在做出决定是很可能丧失中立性。

根据笔者的经验，在国际工程领域，工程师决定在处理技术类争议方面或处理业主和承包商小额争议方面，往往能够取得较好的结果，而处理商务类或较大金额的争议，工程师决定存在对承包商不利的可能性较高。

二、业主决定

业主决定（Employer's Determination）一般设置于没有工程师或监理参与的大型、复杂项目的合同之中，作为快速解决工程争议的一个环节。工程合同中将业主决定作为解决争议的一个环节一般具有如下特点：

（1）工程合同为 EPC 或交钥匙总承包合同。业主希望通过这类合同使得项目在合同约定的价款和工期内尽早完成。

（2）业主和承包商之间充满信任。基于双方之间的信任，尤其是业主对承包商的信任，业主认为无需对承包商在项目实施过程中的日常行为进行严密管控，因此，这类项目中不设置工程师或监理。

（3）业主能够秉持公平的争议处理理念。

FIDIC 合同条件银皮书第 3.5 款即是可供参考的例子：

FIDIC 2017 版银皮书第 3.5.2 款

The Employer's Representative shall make a fair determination of the matter or Claim, in accordance with the Contract, taking due regard of all relevant circumstances.

Within the time limit for determination under Sub-Clause 3.7.3 [Time limits], the Employer's Representative shall give a Notice to both Parties of his/her determination. This Notice shall state that it is a "Notice of the Employer's Representative's Determination", and shall describe the determination in detail with reasons and detailed supporting particulars. ❶

从上述例子可以看出，业主决定与上文提及的工程师决定的机制类似。与工程师决定机制相比，业主决定机制存在优点和不足。

业主决定具有两大优点：（1）业主和承包商直接沟通，沟通效率比较高，有利于与工程管理相关的争议；（2）业主做出决定时一般不再倾向关注具体的技术细节，而是重点考量如何有利于项目的继续推进。业主决定机制的不足是：（1）业主往往缺乏具体的工程技术知识和管理知识，因此，在处理与承包商的争议事项时，缺乏专业的判断，可能导致业主决定缺乏公平性；（2）业主既是缔约方，又是争议决策方，类似于游戏规则中既是运动

---

❶ 参考译文：业主代表应依据合同及所有相关情况，对事件或索赔做出公平的决定。

在第 3.7.3 款约定的做出决定的时限内，业主代表应向双方发出其做出的决定。该通知应注明"业主代表决定的通知"，并且应描述做出决定的具体原因和支持依据。

员又是裁判员,这也使得业主在做决定时存在缺乏公平性的可能。

鉴于业主决定机制存在的上述不足,FIDIC 在 2017 版银皮书的第 3.7.5 款中对业主决定的效力做了限定性安排,即:业主做出的决定,只要承包商在收到该决定后 28 天发出异议通知(Notice of Dissatisfaction-NOD),则业主做出的该决定不具有约束力。通过这种安排,在很大程度上防止业主做出不公平的决定,从而不利承包商,也不利于项目的实施。

三、替代性争端解决机制

现代意义上的替代性争议解决机制(Alternative Dispute Resolution-ADR)起源于美国。20 世纪 60 年代,美国国内爆发民权运动,并随即出现了"诉讼爆炸"现象。1976 年,美国最高法院召开会议,深入探讨民事诉讼中高成本低效益的问题,主张发展替代性争端解决机制。自此,替代性争端解决机制在美国正式发展起来,随后在世界上多个国家得到推广,包括英国、德国、日本、加拿大、澳大利亚等国相继采用了替代性争端解决机制,并逐步发展成为民商事争议解决体系中不可或缺的一部分。

替代性争端解决机制是指以诉讼之外的方法解决争议而使用的程序,例如和解、调解、微型审判等方法,这些程序一般都省时省钱,因此在商事和劳资争议、离婚诉讼、交通事故赔偿和医疗事故侵权,以及其他当事人为避免到法院进行诉讼的争议解决中得到广泛运用。❶ 笔者将仲裁排除在替代性争端解决之外,并将专门针对国际工程仲裁进行阐释。

在国际工程争端解决中,常见的替代性争端解决机制主要有以下几种:

1. 友好解决(Amicable Settlement)

FIDIC 2017 版红皮书、黄皮书和银皮书第 21.5 条

Where a NOD has been given under Sub-Clause 21.4 [Obtaining DAAB's Decision], both Parties shall attempt to settle the dispute amicably before the commencement of arbitration. However, unless both Parties agree otherwise, arbitration may be commenced on or after the twenty-eighth (28th) day after the day on which this NOD was given, even if no attempt at amicable settlement has been made. ❷

2. 调解(Mediation)

All claims, disputes, and controversies arising out of or in relation to the performance,

---

❶ Black Law Dictionary, 6th edition, 1990, pp. 20. 考虑到仲裁的司法化和对抗性的趋势愈发明显,仲裁对程序的要求很严格,而且仲裁裁决具有可强制执行的效力。因此,有观点认为替代性争端解决机制不包括仲裁,但各国的立法和学术界对此问题仍有争议,目前尚无定论。例如美国 1998 年《特代行争议解决法》(Alternative Disputes Resolution Act 1998)第 3 条规定:"替代性争端解决机制系指由法官主持的审判之外的任何程序,期间一个中立的第三人通过诸如早期评估、调解、微型审理、仲裁等程序帮助当事人解决争议。"参见 Christian Buhring-Uhle, Arbitration and Mediation in International Business, 11 (Kluwer Law Press, 1996).

❷ 参考译文:如果已按照第 21.4 款【取得 DAAB 的决定】发出了异议通知(NOD),则双方应在仲裁前尽量以友好方式解决争端。但是,除非双方另有协议,仲裁可以在发出异议通知(NOD)后第二十八(第 28)天或其后进行,即使双方未曾做过友好协商解决的努力。

interpretation, application, or enforcement of this agreement, including but not limited to breach thereof, shall be referred to mediation before, and as a condition precedent to, the initiation of any adjudicative action or proceeding, including arbitration. ❶

3. 争端委员会 (Dispute Board)

ICC Standard Dispute Adjudication Board Clause：

The Parties hereby agree to establish a Dispute Adjudication Board ("DAB") in accordance with the Dispute Board Rules of the International Chamber of Commerce (the "Rules"), which are incorporated herein by reference. The DAB shall have [one/there/X] member(s) appointed in this Contract or appointed pursuant to the Rules.

All disputes arising out of or in connection with the present Contract shall be submitted in the first instance-to the DAB in accordance with the Rules. For any given dispute, the DAB shall issue a Decision in accordance with the Rules.

If any Party fails to comply with a Decision, when required to do so pursuant to the Rules, the other Party may refer the failure itself—without having to refer it to the DAB first—to arbitration under the Rules of Arbitration of the International Chamber of Commerce by one or more arbitrators appointed in accordance with the said Rules of Arbitration. A Party that has failed to comply with a Decision, when required to do so pursuant to the Rules, shall not raise any issue as to the merits of the Decision as a defence to its failure to comply without delay with the Decision.

If any Party sends a written notice to the other Party and the DAB expressing its dissatisfaction with a Decision—as provided in the Rules—or if the DAB does not issue the Decision within the time limit provided in the Rules, or if the DAB is disbanded pursuant to the Rules prior to issuing the Decision, the dispute shall be finally settled under the Rules of Arbitration of the International Chamber of Commerce by one or more arbitrators appointed in accordance with the said Rules of Arbitration. ❷

4. 梯级谈判 (Step Negotiation)

In the event of a Dispute, the Parties will attempt to resolve the Dispute amicably and

---

❶ 资料来源：http://www.mediates.com/drssmpl.html。参考译文：因本协议的履行、解释、适用或效力所产生或与之相关的一切索赔、争议和异议，包括但不限于违约，在启动评判或诉讼仲裁前应首先诉诸于调解。

❷ 资料来源：https://iccwbo.org/dispute-resolution-services/dispute-boards/standard-clauses/。参考译文：
双方同意根据本合同援引的国际商会的争端委员会规则（"规则"）成立争端评判委员会（DAB）。DAB 应由根据本合同约定或根据规则指定的【一/三/X】位成员组成。

产生自合同或与合同有关的一切争议应根据规则首先提交给DAB。DAB应根据规则就任何提交的争议做出决定。

如果任何一方不根据规则的要求遵守决定，另一方可以跳过DAB，根据国际商会的仲裁规则提交至一位或多位仲裁员根据该规则组成的仲裁庭。如果根据规则一方应遵守决定，则该一方不得以决定作为不遵守决定的理由。

如果一方根据规则将其对决定的不满以书面形式通知另一方和DAB，或者DAB未能在规则要求的时限内做出决定，或者DAB做出决定前根据规则被解散，那么争议应根据国际商会的仲裁规则提交至一位或多位仲裁员根据该规则组成的仲裁庭。

promptly by appointing a senior executive of each Party to attempt to mutually agree upon a resolution. Either Party may give the other Party written notice of any Dispute. Within ten days after delivery of said notice, the executives will meet at a mutually acceptable time and place and thereafter as often as they reasonably deem necessary to exchange information and attempt to resolve the Dispute within thirty days. If the two senior executives cannot reach a resolution, the Dispute may be set for arbitration as pursuant to Section 11. 3. ❶

5. 早期中立评估（Early Neutral Evaluation）

The parties have agreed that all matters in dispute between them shall be referred to Early Neutral Evaluation by [name of Evaluator] in accordance with the Agreement for Early Neutral Evaluation and Rules for Early Neutral Evaluation of the Building Disputes Tribunal (BDT) which procedures and rules are deemed to be incorporated by reference herein. If the parties are unable to agree upon the identity of an Evaluator within five (5) working days from the date of this agreement, then the Evaluator shall be appointed by BDT upon the application of any party. ❷

6. 专家决定（Expert Determination）

If the dispute is not resolved under clause 18. 1 and this Agreement requires that the dispute will be subject to expert determination, either relevant party may, by written notice to the other relevant party, refer any other dispute to expert determination under clause 18. 5. ❸

替代性争端解决机制对国际工程争议的解决具有众多优点，在国际工程界受到广泛的认可和欢迎，主要如下：

首先，争议解决在相对友好的气氛中实施，有利于争端双方达成一致。替代性争端解决机制中，参与争端解决的第三方与争端双方的地位平等，其提出的争端解决方案根据合同的约定或缔约方的约定确定是否具有约束力，这在一定程度上缓解了诉讼或仲裁造成的紧张气氛，有利于争端双方达成一致。

其次，争端解决的专业性更强。替代性争端解决一般由双方选择在国际工程领域的专家，且争端解决的专家人选并不限于法律专业人士，往往还有国际工程领域的管理专家、技术专家（如工程师、项目经理等）参与争端解决。这些专家运用专业知识和经验，容易做出令争端双方接受的解决方案。

---

❶ 资料来源：https://www.lawinsider.com/clause/step-negotiation. 参考译文：发生争议时，双方将尝试友好解决争端，由各自迅速指定的高层主管共同协商解决方案。一方可以将任何争议书面通知另一方。上述通知送达后10天内，高层主管将在协商一致的时间和地点会面，交换信息，尝试在30天内解决争议。如果双方高级主管无法达成解决方案，可以根据第11.3款的约定提交仲裁。

❷ 资料来源：https://www.buildingdisputestribunal.co.nz/EarlyNeutralEvaluation/EARLY＋NEUTRAL＋EVALUATION＋RECOMMENDED＋CLAUSES.html. 参考译文：双方同意由【评估员名称】根据早期中立评估协议和合同援引的工程争议委员会（BDT）早期中立评估规则解决争议。如果本协议日期后5个工作日内双方无法就评估员人选达成一致，由BDT根据任何一方的申请指定评估员。

❸ 资料来源：https://www.lawinsider.com/clause/expert-determination. 参考译文：如果无法根据第18.1款解决争议，而且本协议要求争议提交专家决定，相关一方可以书面通知另一方，根据第18.5款将任何争议提交专家决定。

最后，争端解决的进程比较短。国际工程争端的标的金额往往很大，争议所涉领域专业性强，如果争端久拖不决，不仅会导致争端当事方的成本负担不断增加，而且很可能会导致社会资源的极大浪费。替代性争端解决机制中，争端双方在不违反法律强制性规定的前提下，可以自主决定争端解决规则，避免繁琐的程序，缩短争端解决的进程。

第三节　国际工程争端调解

随着国际工程争议所涉争议数额越来越大和争议所涉复杂程度和难度越来越高，国际工程的参与主体为了节省时间及成本，越来越多的使用调解方式解决争议。根据有效争端解决中心（Centre for Effective Dispute Resolution-CEDR）[1]的定义，调解（conciliation, mediation）是"一个由中立方积极协助各方就争议和分歧达成协商一致的保密且灵活的程序，各方对和解决定及解决条款拥有最终的控制力。"[2]

根据调解人的性质，调解可分为民间调解和法院调解。民间调解是指民间组织、团体或个人主持下进行的调解，主要包括调解机构调解[3]、仲裁机构调解[4]、律师调解，具有介入争端早、调解人与当事人之间具有特定地域联系的特点。以中国为例，《仲裁法》第51条和第52条规定："仲裁庭做出裁决前，可以先行调解，当事人自愿调解的，仲裁庭应当调解；调解达成协议的，仲裁庭应当制作调解书或根据协议的结果制作裁决书；调解书由仲裁员签名、加盖仲裁委员会印章，送达双方当事人；调解书经双方当事人签收后，即发生法律效力。"

法院调解包括法院附设的调解和法院诉讼中的调解。法院附设的调解是指调解机关设立在法院的一种调解制度，其作用在于即使争端已经到达法院，仍有可能将其解决在诉讼程序之外，亦将调解与诉讼严格区别开来；法院诉讼中的调解是指中国法下由法院进行的调解工作，而国外法院的诉讼和解是指诉讼中的当事人双方在诉讼期间，在法官的参与下经协商和让步而达成的以终结诉讼为目的的合意。有观点认为，虽然在立法上调解与和解属于不同的概念，但是如果从形式与功能上看，国外诉讼中的和解与中国的法院调解并无不同，其本质上都是通过当事人合意解决争议，且都发生在诉讼期间。[5]

---

[1] CEDR是位于英国伦敦的调解与争端解决机构，成立于1990年，属于非营利组织。CEDR的目的是在商业纠纷中发展和应用可选择争端解决和调解方法。

[2] Mediation is a flexible process conducted confidentially in which a neutral person actively assists parties in working towards a negotiated agreement of a dispute or difference, with the parties in ultimate control of the decision to settle and of the terms of resolution.

[3] 例如，英国的"争议解决中心"（Center for Dispute Revolution）的调解，中国国际商会设立的调解中心的调解。

[4] 例如，瑞典斯德哥尔摩仲裁中心下设的调解庭。

[5] 熊跃敏：《诉讼上和解的比较研究》，《比较法研究》，2003年第2期，第75页。

一、国际工程争端调解的特征

国际工程争端解决机制中的调解程序具有自愿、中立、灵活和保密这四大特征：

（1）调解的自愿特征体现在很多方面，包括调解的启动、调解规则、调解员的选择、调解程序的进行与终止、调解结果的履行，这些都取决于当事人的意愿。调解人虽然在调解程序中可以进行劝解，促使当事人达成谅解，并且还可以提出具体的争议解决方案，但调解人所做的一切仅仅是建议，最终的决定由当事人自行做出，调解人不能将其意志强加于当事人。调解的自愿性消除了国际工程争议的当事人选择调解的顾虑，例如，在进入调解程序后，当事人在达成和解前的任一阶段可共同或单方面宣布退出调解程序，此时调解即刻终止。

（2）调解的中立特征是指国际工程各方当事人通过中立的调解人的帮助更可能在一些问题上达成和解。

（3）调解的灵活特征是指调解在解决争端时具有程序上的优势，在当事人各方主张、举证等方面具有很大的灵活性。当事人可以在调解中自由地阐述观点和意见，并根据自身的利益和条件进行充分的协商和交易，达成双方均能接受的协议。另外，调解人为了促成当事人之间的妥协与和解，可以在不违反国家强制性法律法规的前提下，适用惯例、标准、准则和原则，以便于当事人之间达成和解。

（4）调解的保密特征是指整个调解程序保密以及国际工程合同当事人与调解员讨论的内容保密。以联合国贸易法委员会的《国际商事调解示范法》（UNCITRAL Model Law on International Commercial Conciliation）为例，该示范法规定除非当事人另有约定，与调解程序有关的一切信息均应保密，但按照法律要求或者为了履行或执行和解协议而披露信息的除外"；❶ 调解程序的当事人、调解人及任何第三人不得在仲裁、司法或类似程序中将参与调解程序的邀请、原意参与调解程序的事实、调解中的纠纷解决办法、意见、建议、陈述、承认和相关文件作为证据。❷

调解是合同当事人双方自愿的程序，但当事人双方可以通过合同条款将调解约定为争端解决的强制性程序。在一些国家，调解是法院受理诉讼前的强制性程序（如印度尼西亚、菲律宾）。

印度尼西亚：

Indonesian Supreme Court Decree Number 1（2008）Article 7：

The Obligation of Presiding Judge and Attorney.

（1）on the day of the court hearing that is attended by both parties，the judge must oblige the parties to resort to mediation.

（2）the absent of the defendant does not hamper the mediation process.

（3）Judge through the attorneys or directly to the parties encourages that the parties directly participate or actively involved in the mediation process.

---

❶ 联合国《国际商事调解示范法》第 9 条。
❷ 联合国《国际商事调解示范法》第 10 条第 1 款。

(4) the attorneys are obliged to encourage the parties they represent to directly participate or actively involved in the mediation process.

(5) judge is obliged to adjourn the trial to give the opportunity for the parties to resort to mediation.

(6) the judge is obliged to explain the mediation procedures stipulated in this Indonesian Supreme Court Decree to the parties in dispute. ❶

菲律宾：

Pursuant to AM No. 01-10-5-SC-PHILJA, ❷ it is mandatory for the following cases to be referred to Court-Annexed-Mediation (CAM) during the pretrial stage of court proceedings:

(1) all civil cases and the civil liability of criminal cases covered by the Rule on Summary Procedure, including the civil liability for violation of BP 22, except those that by law may not be compromised;

(2) special proceedings for the settlement of estates;

(3) all civil and criminal cases filed with a certificate to file action issued by the Barangay chairman or the Settlement Council under the Revised Katarungang Pambarangay Law (under the Local Government Code);

(4) the civil aspect of quasi-offences under title 14 of the Revised Penal Code;

(5) the civil aspect of less grave felonies punishable by correctional penalties not exceeding six years' imprisonment, where the offended party is a private person;

(6) the civil aspect of fraud, theft and libel;

(7) all civil cases and probate proceedings, testate and intestate, brought on appeal from the exclusive and original jurisdiction granted to the first level courts under section 33 (1) of the Judiciary Reorganization Act of 1980 (BP 129);

(8) all cases of forcible entry and unlawful detainer brought on appeal from the exclusive and original jurisdiction granted to the first level courts under section 33 (2) of BP 129;

(9) all civil cases involving title to or possession of real property or an interest therein brought on appeal from the exclusive and original jurisdiction granted to the first level courts under section 33 (3) of BP 129; and

(10) all habeas corpus cases decided by the first level courts in the absence of the regional trial court judge, which are brought up on appeal from the special jurisdiction granted

---

❶ Prof. DR. O. C. Kaligis, Mediation Practices: Experience in Indonesia, ALA General Assembly Meeting, February 2012 Bali, p. 3-4. 参考译文：印度尼西亚高等法院第一号令（2008）第7条：审判长和代理人的义务：（1）双方参加的法院庭审日，法官应要求双方进行调解。（2）被告缺席不妨碍调解程序。（3）法官通过代理人或直接鼓励双方参与或积极加入调解程序。（4）代理人有义务鼓励委托人直接参与或积极加入调解程序。（5）法官有义务休庭以给双方进行调解的机会。（6）法官有义务向双方解释本法令规定的调解程序。

❷ 资料来源：https://www.scribd.com/document/210171830/A-m-No-01-10-5-Sc-philja-October-16-2001

to the first level courts under section 35 of BP 129. ❶

二、国际工程争端调解的优势

国际工程争端如果通过仲裁或诉讼解决，往往耗时很长，而调解注重当事人的和解而非判断是非，因此，调解能提供一种灵活的谈判协商形式，它侧重的是商业情势、利益分配、目标及机会而不纠缠于法律的权利、证据等法律性问题。

国际工程争端调解一般能够营造良好的对话氛围和途径，调动当事人之间达成合意的积极性。国际工程项目本身往往金额大、周期长、影响面广，因此，在国际工程争端中，通过调解解决争议，比较契合上述特点。

相比较于诉讼或仲裁中当事人双方缺乏对争议的控制权，法官和仲裁员的判决或裁决未必符合当事人的商业需求和长远利益，国际工程争端调解中各方可以考虑的因素较为全面，如当事人可以考虑双方继续合作的意愿、能否在新的业务往来中就已有的损失进行相互补偿，从而根据实际情况安排补偿和达成一致。

调解在程序上并无强制性规则，调解人和当事人可针对特定的争议适用不同的调解规则。因此，调解属于个案处理，可以根据不同情况实行不同的调解程序，这有助于调解的成功。例如，调解程序可以因当事人直接申请调解而启动，当事人也可以在仲裁程序开始之后再申请调解；调解程序中的调解人可以采用其认为合适的方式进行调解；调解可以采用书面形式，也可以采用口头形式。

即使调解不成功，但当事人通过调解可以就一些事实问题达成一致或部分一致，这样使得随后的其他争端解决机制更有效率。

三、国际工程合同中的调解协议

调解协议是指当事人之间达成的，将已经发生的或将来可能发生的争议交付调解的合意。国际商事争端的调解实践中，调解协议一般都采取书面形式。在有关的立法和调解规则中对调解协议往往有书面形式的要求，例如印度的《仲裁与调解法》❷ 和中国国际商会

---

❶ Ricardo Ma P G Ongkiko, Jon Edmarc R Castillo, Mediation in 18 Jurisdictions Worldwide, 2014, p. 65-66. 资料来源：http://www.syciplaw.com/Documents/ME2014%20Philippines.pdf. 参考译文：根据 AM No. 01-10-5-SC-PHILJA，法院诉讼前，下列案件被强制采用法院调解（CAM）：(1) 适用简易程序规则的民事案件和刑事案件中的民事责任部分，包括违反 BP 22 的民事责任，但依法无法和解的民事责任除外；(2) 涉及财产的特殊诉讼；(3) 依据区（Barangay）主席或和解委员会基于修改后的 Katarungang Pambarangay 法（基于地方政府规范）出具的起诉证书发起的所有民事案件和刑事案件；(4) 根据修改后的刑罚规范第 14 标题的准犯罪的民事部分；(5) 违法一方是个人，且劳教时间不超过 6 年的非严重罪行的民事部分；(6) 欺诈、盗窃和诽谤的民事部分；(7) 根据 1980 司法重组法案（BP129）第 33（1）条由第一级法院独家受理的所有民事案件、遗嘱鉴定程序、有遗嘱死亡者和无遗嘱死亡者案件的上诉；(8) 根据 BP129 第 33（2）条由第一级法院独家受理的暴力侵入和非法监禁的案件的上诉；(9) 根据 BP129 第 33（3）条由第一级法院独家受理的有关财产权、占有或利益的民事案件的上诉；(10) 根据 BP129 第 35 条因缺少地区巡回法院法官而基于特殊司法管辖交给第一季法院受理的人身保护权案件的上诉。

❷ 印度《仲裁与调解法》第 62 条：试图调解的当事人应当向对方当事人发出书面的调解邀请，并写明争议标的，调解程序只有在对方当事人书面接收调解邀请的情况下启动。如果对方当事人拒绝调解邀请，则不能进行调解程序。

的《调解规则》❶ 就明确规定调解协议应采用书面形式。

调解协议是调解程序运行的依据，调解程序从启动到结束，均由当事人推动。首先，调解程序的启动始于当事人达成调解协议，因此，调解程序的启动是当事人协商一致的结果；其次，当事人通过调解协议选择调解人、调解时间与地点、调解的程序规则、适用法律等。

调解协议可以分为合同中的调解条款和独立的调解协议。合同中的调解条款主要用于解决未来的争议，即调解条款签订于争议形成前。调解条款是依附于合同而存在的，是合同的组成部分，只适用于合同成立后至履行完毕时因合同而产生的争议，不适用于对于合同成立前的缔约过失责任争端以及合同履行完毕后的后合同责任争端。通过合同中的调解条款，当事人之间可以自主选择争端解决机制，避免发生合同违约行为时双方就争端解决的方法产生冲突。国际工程合同复杂，而且履约周期长，双方当事人处于连续的关系中，因此应尽量在合同中订立调解条款。

中国国际商会调解中心示范调解条款：

"本合同之各方当事人均愿将因本合同引起的或与本合同有关的任何争议，提交中国国际贸易促进委员会/中国国际商会调解中心，按照申请调解时该中心现行有效的调解规则进行调解。经调解后如达成和解协议或调解员根据该和解协议的内容作出调解书，各方都要认真履行该和解协议或调解书中所载之各项内容。"

调解协议书一般签订于争议形成后，因此多用于解决已经发生的争议。根据相关研究显示，调解条款和调解协议书在最终达成和解的比例上相差不多。❷ 调解协议一般会约定哪些情况属于争端、如何指定调解员、调解规则、调解程序、保密事宜、调解员费用安排、调解员责任及保证、相关术语的定义等内容。以澳大利亚为例，建筑工程领域的调解案件中的调解员可根据调解协议的授权，进行"小型审判"，并给当事人提出建议。❸

四、国际工程争端和解协议

本节中的和解协议是指双方当事人在调解程序结束时，就争端处理所达成的解决方案。和解协议虽然不像法院判决或仲裁裁决那样具有通过公权力机构强制执行的效力，这点与司法文书或仲裁裁决不同。但是，由于和解协议是双方当事人在中立第三人的调解下达成的结果，因而和解协议更容易得到当事人的自动履行，这对于解决国际工程争端是至关重要。

虽然和解协议不具备法律上的强制执行效力，但考虑到这类协议是当事人双方协商一致的产物，属于合同法律行为。而根据合同法的一般原则，当事人双方达成的合法有效的合同应得到遵守和执行，司法机构应充分尊重当事人达成的和解协议。因此，和解协议意味着双方当事人之间自愿就部分或全部争议达成的一个解决方案，应具有相应的约束力，

---

❶ 中国国际商会《调解规则》第11条第二段：调解协议系指当事人在合同中订明的调解条款，或者以其他方式达成的同意以调解方式解决争议的协议。

❷ Laurence Boulle and Miryana Nesic, Mediation: Principles, Process, Practice 468 (Butterworths, 2001).

❸ Laurence Boulle and Miryana Nesic, Mediation: Principles, Process, Practice 487 (Butterworths, 2001).

除非违反法律的强制性规定（包括显示公平、胁迫、欺诈等情况）。目前，包括中国、中国香港、印度、日本、韩国、匈牙利、克罗地亚、奥地利、新加坡、澳大利亚、加拿大、瑞士等在内的国家和地区均认可和解协议的效力。❶ 举例如下：

例一、《中国国际经济贸易仲裁委员会仲裁规则（2015）》第47条第十款：

"当事人在仲裁委员会之外通过协商或调解达成和解协议的，可以凭当事人达成的由仲裁委员会仲裁的仲裁协议和他们的和解协议，请求仲裁委员会组成仲裁庭，按照和解协议的内容作出仲裁裁决。除非当事人另有约定，仲裁委员会主任指定一名独任仲裁员组成仲裁庭，按照仲裁庭认为适当的程序进行审理并做出裁决。具体程序和期限不受本规则其他条款限制。"

例二、瑞典斯德哥尔摩商会调解规则：

"提交调解的争议得到解决后，当事人可以选择调解员作为仲裁员，从而让该调解员有权将调解结果认定为具有执行力的仲裁裁决。"❷

例三、联合国国际贸易法委员会（UN Commission on International Trade Law-UNCITRAL）《国际商事调解示范法》第14条：

"当事人订立争议和解协议的，该和解协议具有约束力和可执行性。"

印度《仲裁与调解法》第73条和第74条：

"双方当事人签署的和解协议即为终局性协议，对各方当事人及声称从属于当事人者具有约束力，而且应具有与仲裁裁决相同的地位和效力，一方当事人不履行和解协议，另一方当事人可以向法院申请强制执行。"

五、调解在国际工程争端解决中的具体应用

调解在国际工程争端解决中有着非常广泛的应用，很多工程合同示范文本中都将调解作为重要的争端解决方法，并鼓励合同双方使用。

以FIDIC1999年版合同条件为例，第21.5款"友好解决"约定：

Where a NOD has been given under Sub-Clause 21.4 [Obtaining DAAB's Decision], both Parties shall attempt to settle the dispute amicably before the commencement of arbitration. However, unless both Parties agree otherwise, arbitration may be commenced on or after the twenty-eighth (28th) day after the day on which this NOD was given, even if no attempt at amicable settlement has been made. ❸

虽然FIDIC合同条件下调解并非强制性程序，但第21.5款预留了28天的缓冲期，以鼓励当事人调解或以其他方式友好解决争端。

在美国建筑师协会（American Institute of Architects-AIA）合同文本中，调解被作为仲裁或诉讼开始的先决条件，而且和解协议被赋予强制效力。根据美国建筑师协会的文件

---

❶ 唐厚志. 中国的调解. 中国对外贸易，2001（3）：32.
❷ 李健男. 论瑞典的新仲裁机制—兼论现代国际商事仲裁的价值取向. 法学评论，2002（4）：125.
❸ 如果已按照第21.4款【取得DAAB的决定】发出了异议通知（NOD），则双方应在仲裁前尽量以友好方式解决争端。但是，除非双方另有协议，仲裁可以在发出异议通知（NOD）后第28天或其后进行，即使双方未曾做过友好协商解决的努力。

A201《施工合同通用条件》第 15.3.2 款和第 15.3.3 款：

AIA Document A201-2007 General Conditions of the Contract for Construction：

15.3.2 The parties shall endeavor to resolve their Claims by direct negotiation and then, if unsuccessful, by mediation which, unless the parties mutually agree otherwise, shall be administered by the American Arbitration Association in accordance with its Construction Industry Mediation Procedures in effect on the date of the Agreement. A request for mediation shall be made in writing, delivered to the other party to the Contract, and filed with the person or entity administering the mediation. The request may be made concurrently with the filing of binding dispute resolution proceedings but, in such event, mediation shall proceed in advance of binding dispute resolution proceedings, which shall be stayed pending mediation for a period of 60 days from the date of filing, unless stayed for a longer period by agreement of the parties or court order. If an arbitration is stayed pursuant to this Section 15.3.2, the parties may nonetheless proceed to the selection of the arbitrator (s) and agree upon a schedule for later proceedings. ❶

15.3.3 The parties shall share the mediator's fee and any filing fees equally. The mediation shall be held in the place where the Project is located, unless another location is mutually agreed upon. Agreements reached in mediation shall be enforceable as settlement agreements in any court having jurisdiction thereof. ❷

为了推动国际工程争端解决，很多机构也都制定了专门的调解规则，例如国际商会的《ICC 调解规则》、《特许仲裁员协会调解规则》、英国土木工程师协议的《ICE 调解程序规则》，以及美国仲裁协议的《建筑业程序规则》。

第四节　国际工程争端委员会

据悉，争端委员会作为起源于 20 世纪 60 年代末美国兴起的争端评审委员会（Dispute Review Board-DRB），在美国的建设工程争端解决中起到了很好的效果。❸ 根据国际

---

❶ 参考译文：双方应尽量通过直接谈判的方式解决索赔，如果谈判不成功，则应采取调解，除非双方另有约定，该调解由美国仲裁协会负责，适用合同订立之日有效存续的建筑行业调解程序。调解请求书应采用书面形式，由一方送达至另一方，并且在调解程序管理人或管理机构处登记。调解请求书可与强制性争议解决程序同时进行，但此种情况下应先调解再采用强制性争议解决程序，调解请求书登记后应保证 60 天的调解期限，除非合同双方约定或法院规定更长的调解期限。尽管依据本第 15.3.2 款暂停仲裁，双方仍然可以为稍后的仲裁选择仲裁员和约定仲裁程序时间表。

❷ 参考译文：双方应平均承担调解员的费用和任何登记费用。调解应在项目所在地进行，除非双方约定其他地点。调解期间达成的协议与在法院达成的和解协议具有相同的效力。

❸ 1975 年的美国科罗拉多州艾森豪威尔隧道工程首次引入争端评审委员会的机制。该隧洞工程的土建、电气和装修三个合同均采用了争端评审委员会解决争端。在随后 4 年多的工期中，争端评审委员会对该项目的多个争议进行了听证和评审，并提出了令合同各方尊重和愿意执行的评审意见，使得该隧道项目未发生仲裁或诉讼。

商会的解释,争端委员会是当事人双方为了解决合同履行期间产生的分歧而以书面形式约定的一种替代性争端解决机制。❶ 世界银行和国际商会(ICC)先后创设了争端评判委员会(Dispute Adjudication Board-DAB)和综合争议委员会(Combined Dispute Board-CDB)机制。

工程项目中的争端委员会作为一种争端解决机制,是基于建设工程合同特点和双方利益最大化的需求而产生:首先,国际工程争端当事人双方更关注项目工期与收益,而非绝对的公正公平;其次,争端委员会比诉讼和仲裁的工作效率高;最后,争端委员会由熟悉工程的专家组成。根据相关统计,有效的争端委员会可以在90天内成功解决99%的工程争端,而费用不超过争端所涉金额的2%。❷ 目前,争端委员会已经成为许多国际大型工程争端解决的标准配置。

一、国际工程争端委员会的类型

根据国际商会的划分,争端委员会包括争端评审委员会(Dispute Review Board-DRB)、争端评判委员会(Dispute Adjudication Board-DAB)和联合争端委员会(Combined Dispute Board-CDB)三种形式。❸

1. 争端评审委员会(DRB)

争端评审委员会起源于美国,20世纪60年代,为了快速有效地解决合同争议,保证工程顺利实施,美国土木工程师学会(American Society of Civil Engineers-ASCE)于1975年引入了争端评审委员会作为对标准施工合同的补充,以取代监理工程师的决定。在美国,争端评审委员会的工作效率非常高,根据统计,从1975年到1998年间,共有596件工程争端通过争端评审委员会解决,涉及争议金额291亿美元,其中仅有17件争端被提交仲裁或诉讼。鉴于争端评审委员会在美国的成功,世界银行、亚洲开发银行、❹ 欧洲复兴开发银行❺等多边金融机构纷纷要求在其提供融资的建筑工程项目中采用争端评审委员会。❻ 世界银行表示该机制避免争端走向仲裁。❼

例一、ICC Standard Dispute Review Board Clause:

The Parties hereby agree to establish a Dispute Review Board ("DRB") in accordance with the Dispute Board Rules of the International Chamber of Commerce (the "Rules"), which are incorporated herein by reference. The DRB shall have [one/three/X] member[s]

---

❶ ICC Dispute Boards: Resolving contractual disputes for mid-or long-term projects: "A Dispute Board is normally set up at the outset f a contract to informally assist parties in resolving disagreements that arise in the course of a contract." 资料来源:http://www.sicana.org/db。

❷ Lukas Klee, International Construction Contract Law, Wiley Blackwell, 2015, p. 460.

❸ 资料来源:https://iccwbo.org/dispute-resolution-services/dispute-boards/standard-clauses/

❹ 亚洲开发银行使用FIDIC MDB Harmonized Construction Contract,请参考该合同条件第20.2款。

❺ 欧洲复兴开发银行使用FIDIC MDB Harmonized Construction Contract,请参考该合同条件第20.2款。

❻ Basil O. Odigie, Evolution of Dispute Resolution Mechanism in International Construction Contracts, 资料来源:http://www.nigerianlawguru.com/articles/arbitration/EVOLUTION%20OF%20DISPUTE%20RESOLUTION%20MECHANISM.pdf.

❼ 张海军. 建设工程施工合同DAB争端解决机制研究. 北京大学法学院,2009年3月,第7页。

appointed in this Contract or appointed pursuant to the Rules.

All disputes arising out of or in connection with the present Contract shall be submitted—in the first instance—to the DRB in accordance with the Rules. For any given dispute, the DRB shall issue a Recommendation in accordance with the Rules.

If any Party fails to comply with a Recommendation, when required to do so pursuant to the Rules, the other Party may refer the failure itself—without having to refer it to the DRB first—to arbitration under the Rules of Arbitration of the International Chamber of Commerce by one or more arbitrators appointed in accordance with the said Rules of Arbitration. A Party that has failed to comply with a Recommendation, when required to do so pursuant to the Rules, shall not raise any issue as to the merits of the Recommendation as a defence to its failure to comply without delay with the Recommendation.

If any Party sends a written notice to the other Party and the DRB expressing its dissatisfaction with a Recommendation—as provided in the Rules—or if the DRB does not issue the Recommendation within the time limit provided in the Rules, or if the DRB is disbanded pursuant to the Rules prior to issuing the Recommendation, the dispute shall be finally settled under the Rules of Arbitration of the International Chamber of Commerce by one or more arbitrators appointed in accordance with the said Rules of Arbitration. ❶

例二、World Bank Standard Bidding Documents for Procurement of Works, General Conditions of Contract:

24.1 If the Contractor believes that a decision taken by the Project Manager was either outside the authority given to the Project Manager by the Contract or that the decision was wrongly taken, the decision shall be referred to the Adjudicator within 14 days of the notification of the Project Manager's decision. ❷

2. 争端评判委员会（DAB）

争端评判委员会起源于英国的评判（Adjudication）制度，当时的目的是解决承包商的现金流问题。根据成立的时间节点，争端评判委员会可分为常设（Standing）和临时（Ad-Hoc）两种，常设争端评判委员会成立于合同生效后较短的时间内，例如 FIDIC 1999 版红

---

❶ 资料来源：https://iccwbo.org/dispute-resolution-services/dispute-boards/standard-clauses/。参考译文：双方同意根据本合同援引的国际商会的争端委员会规则（"规则"）成立争端评审委员会（DRB）。DRB 应由根据本合同约定或根据规则指定的【一/三/X】位成员组成。

产生自合同或与合同有关的一切争议应根据规则首先提交给 DRB。DRB 应根据规则就任何提交的争议提出建议。

如果任何一方不根据规则的要求遵守建议，另一方可以跳过 DRB，根据国际商会的仲裁规则提交至一位或多位仲裁员根据该规则组成的仲裁庭。如果根据规则一方应遵守建议，则该一方不得以建议作为不遵守建议的理由。

如果一方根据规则将其对建议的不满以书面形式通知另一方和 DRB，或者 DRB 未能在规则要求的时限内提出建议，或者 DRB 提出建议前根据规则被解散，那么争议应根据国际商会的仲裁规则提交至一位或多位仲裁员根据该规则组成的仲裁庭。

❷ 参考译文：如果承包商认为项目管理人采用决定时超出了合同约定的权限或者错误地采用了决定，则被告知项目管理人的决定后14条内应将该决定提交至评判员。

皮书，临时争端评判委员会则成立于争端发生之后，例如 FIDIC 1999 版黄皮书与银皮书。

FIDIC1999 版红皮书第 20.2 款【争端裁决委员会的任命】第一段：

Disputes shall be adjudicated by a DAB in accordance with SubI-Clause 20.4 [Obtaining Dispute Adjudication Board's Decision]. The Parties shall jointly appoint a DAB by the date stated in the Appendix to Tender. ❶

FIDIC1999 版黄皮书和银皮书第 20.2 款【争端裁决委员会的任命】第一段：

Disputes shall be adjudicated by a DAB in accordance with Sub-Clause 20.1 [Obtaining Dispute Adjudication Board's Decision]. The Parties shall jointly appoint a DAB by the date 28 days after a Party gives notice to the other Party of its intention to refer a dispute to a DAB in accordance with Sub-Clause 20.4. ❷

随着国际工程实践的发展，工程师的中立性受到挑战，为此，FIDIC 在其 1999 版合同条件中引入了争端评判委员会条款，即如果业主与承包商之间发生了有关或起因于合同或工程实施的争端（无论任何种类），包括对工程师的任何证明、决定、指示、意见或估价的任何争端，任一方可以将该争端以书面形式，提交争端评判委员会由其评判，并抄送另一方和工程师：

FIDIC1999 版红皮书第 20.4 款【取得争端评判委员会的决定】第一段：

If a dispute (of any kind whatsoever) arises between the Parties in connection with, or arising out of, the Contract or the execution of the Works, including any dispute as to any certificate, determination, instruction, opinion or valuation of the Engineer, either Party may refer the dispute in writing to the DAB for its decision, with copies to the other Party and the Engineer. Such reference shall state that it is given under this Sub-Clause. ❸

对比争端评审委员会，争端评判委员会的组建时间较长，需要更多时间去熟悉争议，而且成本更高（三位成员组成的 DAB 的费用可达到每年 15 万英镑）。但是，争端评判委员会可以做出决定，而争端评审委员会只提供解决争端的推荐性意见（Recommendation）。

3. 联合争端委员会（CDB）

联合争端委员会是国际商会提出的争端解决机制，根据国际商会的解释，联合争端委员会一般仅提出解决争端的建议，但如果当事人一方要求且另一方不反对，或者根据国际商会的规则应做出决定，则可以做出决定。国际商会认为联合争端委员会是一种介于争端评审委员会和争端评判委员会之间的争端解决机制，具有很强的发展潜力：

ICC Standard Combined Dispute Board Clause：

The Parties hereby agree to establish a Combined Dispute Board ("CDB") in accordance with the Dispute Board Rules of the International Chamber of Commerce (the "Rules"),

---

❶ 参考译文：争端应根据第 20.4 款【取得争端评判委员会的决定】的约定，由 DAB 评判。双方应在投标书附录中规定的日期前，共同指定一个 DAB。

❷ 参考译文：争端应根据第 20.4 款【取得争端评判委员会的决定】的约定，由 DAB 评判。双方应在一方通知另一方，提出按 20.4 款将争端提交 DAB 的意向后 28 天内，共同任命一个 DAB。

❸ 如果双方发生了关于或因合格或工程实施的争端（无论何种争端），包括对工程师的任何证书、决定、指示、意见或估价的任何争端，任何一方可以书面形式将该争端提交至 DAB，并将副本送达给另一方，委托 DAB 做出决定。此项委托应注明是依据本款约定做出的。

which are incorporated herein by reference. The CDB shall have [one/three/X] member [s] appointed in this Contract or appointed pursuant to the Rules.

All disputes arising out of or in connection with the present Contract shall be submitted, in the first instance, to the CDB in accordance with the Rules. For any given dispute, the CDB shall issue a Recommendation unless the Parties agree that it shall render a Decision or it decides to do so upon the request of a Party and in accordance with the Rules.

If any Party fails to comply with a Recommendation or a Decision, when required to do so pursuant to the Rules, the other Party may refer the failure itself—without having to refer it to the CDB first—to arbitration under the Rules of Arbitration of the International Chamber of Commerce by one or more arbitrators appointed in accordance with the said Rules of Arbitration. A Party that has failed to comply with a Recommendation or a Decision, when required to do so pursuant to the Rules, shall not raise any issue as to the merits of the Recommendation or the Decision as a defence to its failure to comply without delay with the Recommendation or the Decision.

If any Party sends a written notice to the other Party and the CDB expressing its dissatisfaction with a Recommendation or a Decision, as provided in the Rules, or if the CDB does not issue the Recommendation or the Decision within the time limit provided in the Rules, or if the CDB is disbanded pursuant to the Rules prior to issuing the Recommendation or the Decision, the dispute shall be finally settled under the Rules of Arbitration of the International Chamber of Commerce by one or more arbitrators appointed in accordance with the said Rules of Arbitration. ❶

二、国际工程争端委员会的设立

争端委员会的设立可以依据国际工程合同中的争端委员会条款、当事人双方就设立争端委员会而达成的协议或当事人选择的争端解决规则，如国际商会的争端委员会规则（ICC Dispute Boards Rules）。

对于争端委员会的成员人数，各国法律并无强制性规定，完全由国际工程合同当事人协商确定。实践中，根据国际工程项目的规模，争端委员会一般由1个人或3个人组成。

---

❶ 资料来源：https://iccwbo.org/dispute-resolution-services/dispute-boards/standard-clauses/。参考译文：
双方同意根据本合同援引的国际商会的争端委员会规则（"规则"）成立联合争端委员会（CDB）。CDB应由根据本合同约定或根据规则指定的【一/三/X】位成员组成。
产生自合同或与合同有关的一切争议应根据规则首先提交给CDB。CDB应根据规则就任何提交的争议提出建议（除非双方同意做出决定）或者根据一方的要求作出约定。
如果任何一方不根据规则的要求遵守建议或决定，另一方可以跳过CDB，根据国际商会的仲裁规则提交至一位或多位仲裁员根据该规则组成的仲裁庭。如果根据规则一方应遵守建议或决定，则该一方不得以建议或决定作为不遵守建议或决定的理由。
如果一方根据规则将其对建议或决定的不满以书面形式通知另一方和CDB，或者CDB未能在规则要求的时限内提出建议或做出决定，或者DRB提出建议或决定前根据规则被解散，那么争议应根据国际商会的仲裁规则提交至一位或多位仲裁员根据该规则组成的仲裁庭。

根据FIDIC1999版合同条件第20.2款和国际商会的《争端委员会规则》（ICC Dispute Boards Rules）第7条第2款，如果当事人未确定争端委员会成员人数，那么默认是3个人争端委员会。某些特大型国际工程项目中，由于合同金额高，建设周期长，争端委员会成员人数可以突破3个人，例如香港新机场项目中，争端委员会成员为7个人。

为保证争端委员会的中立性，以及其作出公平公正的建议（recommendation）或决定（decision），争端当事人双方应共同确定成员人选。如果是1人争端委员会，那么争端当事人双方协商确定唯一的争端委员会成员或者交由某个中立性机构选择争端委员会的成员，如国际商会。❶ 如果争端当事人双方选择3人争端委员会，那么双方各指派一名成员，然后由这两位成员协商确定第三位成员，第三位成员担任争端委员会主席的职位。

为了充分发挥争端委员会快速解决国际工程争端的作用，在签订国际工程合同时，当事人双方可以共同确定一份争端委员会成员候选人名单，一旦发生争端，双方从候选人名单中挑选即可，避免因成员人选问题出现新争端，尤其是缔约方在国际工程合同中约定的争端委员会在争议发生后才设立的情况下。

在争端委员会成员人选的问题上，国际工程争端当事人双方应根据具体争端的性质，选择和确定合适的人选。如果争端事项属于技术问题，那么争端委员会成员应以技术类专家（如工程师）为主，法律专家为辅；如果争端事项中法律问题复杂，那么应考虑以法律专家为主，以技术类专家为辅。通过这种安排，争端委员会作出的建议或决定不但容易获得当事人双方的认可，也不会因违反法律而面临无法执行的窘况，例如，英法海底隧道项目中，争端委员会成员由1位法学教授和4位工程师组成，这种安排使得该项目在争端解决方面取得很大的成功。❷

三、国际工程争端委员会的工作流程

国际工程项目中，当事人双方可自主约定争端委员会的工作流程。通常情况下，这个工作流程是：

第一，当事人协商组建争端委员会，约定成员人数、人选、每年赴项目现场访问的次数、时间要求、做出建议或决定的期限要求、工作范围、酬劳、办公场所等事项。

第二，因合同产生争端时，当事人以书面形式将该争端提交给争端委员会。争端委员会收到争端所涉材料后，在当事人约定的期限内审查材料、举行听证、赴现场调查，并提出建议或决定。

第三，如果当事人一方对争端委员会做出的建议或决定不满意，那么其应在约定的期限内向另一方提出异议，然后启动其他争议解决机制，如仲裁或诉讼；如果当事人双方或一方在约定期限内没有对争端委员会决定提出不满，则这种情况下争端委员会的推荐或决定根据合同中的约定是否产生。

---

❶ ICC Dispute Boards Rules Article 7（3）；

❷ 英法海底隧道项目实施过程中，共有20多项争议被提交至DRB。DRB就这20多项争议提出解决建议后，当事人双方只对其中的4项争议的解决建议提出异议，最终只有1项争议被提交仲裁，而该项争议在仲裁的前置仲裁程序（Preliminary Stage）中就已解决。

四、国际工程争端委员会结论

国际工程争端委员会就当事人双方提交的争端作出的结论分为两种，建议或推荐（Recommendation）或决定（Decision）。一般情况下，前者供争端方予以参考，而后者则具有约束力：

（1）争端评审委员会只提出不具有约束力的争端解决建议。❶ 根据美国的《替代性争端解决法案》，争端评审委员会的决定具有强制性和可执行性。

（2）争端评判委员会做出争端解决的决定，而且这个决定对当事人均具有约束力，除非争端被提交仲裁，否则当事人双方应遵守和履行该决定。如果当事人双方或一方既没有在约定的期限内对争端评判委员会的决定提出不满，也不履行该决定，那么构成合同（争端评判委员会协议）违约。

（3）联合争端委员会既可以提出争端解决的建议，也可以做出有约束力的决定。通常，联合争端委员会只提出建议，但如果争端当事人一方要求做出决定且另一方不表示反对，那么联合可争端委员会以做出决定；如果争端当事人一方要求作出决定，但另一方反对，那么联合争端委员会自行选择提出建议还是做出决定。联合争端委员会决定的法律后果与争端评判委员会的决定类似。

国际工程争端解决实务中，由于争端委员会的成员是争端所涉领域的专家，除非存在特殊情况，即使争端一方不满意争端委员会做出的决定或建议，但这类决定或建议往往对后续仲裁或诉讼中的仲裁员或法官在裁判该争议时具有一定的影响力。❷

此外，如果国际工程合同约定争端委员会做出决定具备最终的约束力（final and binding），例如，FIDIC 1999 版合同条件第 20.4 款最后一段：

If the DAB has given its decision as to a matter in dispute to both Parties, and no notice of dissatisfaction has been given by either Party within 28 days after it received the DAB's decision, then the decision shall become final and binding upon both Parties. ❸

则在仲裁或诉讼等实践中，存在如下可能：

（1）如果合同中约定仲裁作为最终争议解决，则仲裁庭可能基于该最终的具有约束力的争端委员会的决定（final and binding decision）快速做出仲裁裁决，除非仲裁庭认为该决定存在无效之处。

（2）如果合同中约定诉讼作为争议解决，则法庭可能采取两种方式：一是基于该最终的具有约束力的争端委员会的决定（final and binding decision）快速做出法院判决，除非法庭认为该决定存在无效之处；二是当事人可以申请法院通过简易程序直接申请法院执行该决定。

---

❶ 资料来源：http://www.sicana.org/page/155191/。
❷ Lukas Klee, International Construction Contract Law, Wiley Blackwell, 2015, p. 480.
❸ 参考译文：如果 DAB 已经就争端事项向双方提交了它的决定，而任意一方自收到 DAB 决定后 28 天内均未发出表示不满的通知，则该决定应作为最终的、对双方有约束力的决定。

第五节 国际工程其他替代性争端解决方式

正如本章第二节所述，国际工程除了上文提及的替代性争端解决方式之外，还有几种常用的争端解决方式。这些方式对于解决国际工程争端也起到了很好的作用。

一、友好协商或和解

友好协商或和解（amicable discussion or settlement）（简称"友好协商"）一般是指争端当事人双方通过当面谈判或磋商的方式，协商一个双方均可接受的解决方案。友好协商的优点是灵活、简便、经济，缺点是需要建立在争端双方自愿的基础上，否则解决方案不易被当事人接受和履行。

国际工程争端解决的实践中，合同双方一般会在争议解决条款中约定友好协商，但一般不属于强制性程序。友好协商的期限结束后，争议双方可以采取其他争端解决机制。但是，正因为争端双方在国际工程合同中约定了友好协商的期限，这就为争端双方提供了"冷静期"（Cooling Off Period），这对于解决争端具有促进作用。

以 FIDIC 合同条件，友好协商被设置在争端委员会之后，即如果任何一方已经就争端评判委员会发出不满意的通知，则双方在提交仲裁前，应努力地以友好的方式解决争端；但无论双方是否进行了友好协商，均可以在发出异议通知后第 56 天时将争端提交仲裁。❶

二、梯级谈判

梯级谈判（Step Negotiation）机制是指如果国际工程项目现场的各参与方人员无法在第一时间解决争端，那么该项争端应立刻提交至国际工程合同中约定的管理人（executives）；如果国际工程合同中约定的管理人仍然无法解决争端时，应将争端提交至更高层的管理人（senior executives）。

梯级谈判机制的目的是争端发生后短时间内予以解决，通过这种方式，国际工程合同双方的管理层可以就简单的争端快速达成一致，避免破坏双方关系并造成更大的损失。

如果梯级谈判无法解决争端，那么国际工程合同双方还可以通过高层委员会（Executive Tribunals）解决争端，即双方的总裁、副总裁或首席执行官一级的人员出面解决争端。实践中，高层委员会的成员会共同提名一位促进人（facilitator），确保争端解决的效果。

---

❶ 根据 FIDIC 1999 版合同条件的约定，友好协商期限为一方发出异议通知后的 56 天；根据 FIDIC 2017 版合同条件的约定，这一期限为 28 天。

三、早期中立评估

早期中立评估（Early Neutral Evaluation）机制是指国际工程争端双方启动争端解决前，可以由双方认可的专家（通常由律师或仲裁员担任）评估争端解决的结果。国际工程合同中可以约定早期中立评估机制，但实践中这个机制一般是临时的，即产生具体争端时双方才邀请专家进行评估。

早期中立评估机制具有灵活简便的特点，争端双方首先向指定的专家提交书面文件，专家也可以自主开展调查工作，在此基础上，专家提出没有约束力或具有临时约束力的意见（opinion）。争端双方选择早期中立评估时，可以要求专家就争议事项的资料、信息和意见保密。通常情况下，争端双方分担早期中立评估所产生的费用。

四、争端顾问

争端顾问（Dispute Adviser）机制通常是指国际工程争端双方共同指定的一位具有调解经验的建设工程专家。实践中，国际工程合同中可以约定争端顾问，约定其参加项目会议（如每个月的项目会议），以及接收比较重要的项目报告和双方信函。在这个过程中，争端顾问能够随时发现问题，避免发展成为争端。

如果争端顾问未能阻止争端的产生，那么他通常会给国际工程争端双方发出一份保密的报告，向争端双方推荐最佳解决方法，并且参与随后的争端解决程序。

五、专家决定

专家决定（Expert Determination）机制是指相关领域的专家根据国际工程合同的约定或争端双方的临时指派，就非法律或合同领域的技术强或专业程度高的争议是否符合合同约定的使用目的做出专业且公正的决定。

专家决定机制具有灵活和快速的特点，专家可以采用口头询问的形式了解争端，也可以要求争端双方召开会议并提交书面材料。争端双方可以通过合同的形式约定专家决定是否具备约束力。国际工程争端解决的实践中，除非专家决定存在欺诈或明显偏袒争端一方，否则仲裁庭和法院均会采信专家决定作为证据。

六、法定裁决

20世纪90年代，由于英国遭遇经济衰退，导致该国建筑工程行业普遍存在拖欠工程款的现象，但传统的诉讼和仲裁无法快速有效的处理大量的工程款争端。为了解决这个问题，英国政府在1996年的《年房屋补助金、建设和重建法案》（Housing Grants, Construction and Regeneration Act 1996）中推出法定裁决（Statutory Adjudication），为建筑工程合同双方提供一个"先付款再争辩"（pay first, argue later）的机制，该机制的要点如下：

（1）无论当事人在建设工程合同中是否约定法定裁决程序，任何一方当事人有权不经对方同意就采用该程序；

（2）在建设工程合同履行的过程中，当事人可以在任何时候向对方当事人书面通知启动法定裁决，在通知后 7 日内指定一位裁决员（adjudicator），裁决员收到争端裁决申请后 28 日内做出裁决，特许情况下可延长 14 日；

（3）基于建设工程合同的任何争议均可采用法定裁决程序；

（4）裁决员有权要求各方当事人提供资料、现场调查、询问专家、组织会审、督促各方达成解决协议、做出裁决；

（5）法定裁决采用书面形式，具有约束力，当事人应予以执行，如果当事人不满意法定裁决，可以提请仲裁或诉讼，但法定裁决的执行不受仲裁和诉讼的影响，直至仲裁或诉讼推翻法定裁决。❶

法定裁决出现后，迅速获得英国建筑工程行业的认可，成为最常用的工程争端解决机制。随着法定裁决取得成功，英国的建筑工程类诉讼和仲裁案件数量呈现下降的趋势。鉴于法定裁决在英国的建设工程争端中发挥了良好的作用，澳大利亚、❷ 新加坡❸和中国香港❹也相继借鉴了英国的经验。❺

第六节　国际工程争端仲裁

仲裁是解决争端的一种合同制度，即当事人同意把他们之间已经发生的或将来可能发生的争端提交给作为私人裁判官的仲裁员或作为私人裁判庭的仲裁庭解决。❻

作为一种司法外解决争议的方式，仲裁具有当事人自愿、独立专业第三方评判、裁决强制性、一裁终局、保密和国家间承认与执行的难度小的特点。当事人自愿是指仲裁的管辖权是非强制性的，当事人对是否仲裁、由谁仲裁、怎么仲裁等问题拥有发言权；独立专业第三方评判是指仲裁员是独立于当事人和法院之外的第三方且仲裁员均为争端所涉领域

---

❶ Section 108 of Part Ⅱ of the Housing Grants，Construction and Regeneration Act 1996

❷ 澳大利亚政府于 1999 年颁布了《1999 付款保障法》（Security of Payment Act 1999），该法案首次引入了法定裁决机制。

❸ 2004 年 11 月 16 日，法定裁决正式被写入新加坡的《付款保障法》（Security of Payment Act），该法案于 2005 年 4 月 1 日生效。新加坡《付款保障法》要求争议双方将争议提交至法院、仲裁庭或其他争议解决机制前，有权申请法定裁决。新加坡《付款保障法》指定新加坡调解中心为法定裁决的行政管理机构。

❹ 香港直接将法定裁决应用于机场项目的建设工程合同（Airport core projects contracts）中。根据该建设工程合同，当事人双方就工期或工程款产生争端时，如果调解失败，则双方应共同指定一位裁决员（adjudicator）；如果双方均拒绝指定裁决员，那么有关工期或工程款的争端可以直接提交至仲裁庭。根据统计，在香港的机场项目中，当事人双方共产生 124 项争议，其中 10 项争议采用了裁决员机制。目前，法定裁决已经成为香港政府建设工程合同中的通用条款，而香港国际仲裁中心（HKIAC）负责法定裁决的受理和管理工作。

❺ Teresa Cheng, Adjudication in Asia and Australia, Society of Construction Arbitrators Annual Conference, May 13 to 15，2005.
(https://www.constructionarbitrators.org/sites/default/files/local/browser/documents/adjudicationinAsia&Australasia.pdf)。

❻【英】施米托夫. 国际贸易法文选. 赵秀文译. 北京：中国大百科全书出版社；674.

的专业人士;仲裁裁决的强制性和一裁终局则意味着除非仲裁裁决违反相关国家的强制法、可以被撤销或者不予执行,法院应承认和执行仲裁裁决,当事人不得向任何其他仲裁庭或法院上诉已裁决的仲裁裁决、寻求重申或者改判;仲裁的整个过程具有保密性,使得争端各方的争议解决在保密的程序下进行;由于1958年《承认与执行外国仲裁裁决的公约》的成员国众多,使得国际仲裁裁决的在国家之间的承认与执行相比较于法院的判决较为容易。

正是由于仲裁具有上述特点,国际工程中将仲裁作为争端解决方式视为一种良好的惯例性做法,得到国际工程界的认可和欢迎。

一、国际工程合同仲裁协议

仲裁协议(Arbitration Agreement)是当事人同意将相互间的特定争议交付仲裁解决的共同意思表示(以下统称为"仲裁协议")。仲裁协议可以是主合同(如国际工程合同)中的仲裁条款(arbitration clause),也可以是当事人之间单独的仲裁协议。国际工程实务中,仲裁协议一般设置在国际工程合同之中。仲裁协议的主要特点是独立性和可分割性,即主合同的无效、失效或终止时,仲裁协议并不随之无效、失效或终止。

(一)仲裁协议的形式

考虑到仲裁协议的重要性,确保当事人提交仲裁的意愿是真实无误的,使仲裁裁决能够建立在一个明确的仲裁协议基础之上,绝大多数国家都规定仲裁协议应采用书面形式,如中国《仲裁法》第16条明确将"书面形式"列为仲裁协议的生效要件。与仲裁有关的1958年《承认与执行外国仲裁裁决公约》和1985年《示范法》也要求仲裁协议必须采用"书面形式"。

根据1958年《承认与执行外国仲裁裁决公约》第2条第2款,"书面形式"是指当事人所签订的仲裁协议或者往来函电中(in an exchange of letters or telegrams)书面载明的仲裁协议。到了1985年,《示范法》进一步放宽了"书面形式"的适用范围。根据《示范法》第7条第2款,仲裁协议满足下列情形之一时即可视为满足书面形式的要求:(1)仲裁协议载于当事人签字的文件中;(2)仲裁协议载于当事人往来的书信、电传、电报或提供记录的其他电讯手段中;(3)在申诉书和答辩书中一方当事人声称有仲裁协议,而他方未做否认表示的;(4)当事人在合同中提出援引载有仲裁条款的一项文件,该合同是书面的并且这种援引足以使该仲裁条款成为该合同的一部分。

随着通信技术的变革及国际商业实践的迅猛发展,各国的仲裁立法扩展了"书面形式"的范围。根据英国《1996年仲裁法》第5条,书面形式可以是指将资料记载下来的任何方式。1996年的《香港仲裁条例修订案》和德国1998年修订的《民事诉讼法》也相继借鉴了英国《1996年仲裁法》对书面形式的要求。英国和德国等国家放宽仲裁协议形式要求说明:仲裁协议的书面形式已经从书面仲裁协议扩展至可证明仲裁协议存在的书面或任何可记载信息的证据。

(二)仲裁协议的内容

一个完整的仲裁协议至少应包括当事人明确的仲裁意愿、仲裁事项、仲裁地点、指定的仲裁机构（机构仲裁时）、仲裁程序、裁决的效力以及仲裁费用的划分等内容。但作为仲裁协议生效的实质要件，从各国法律规定来看，一般只要求当事人具有相应的行为能力，有仲裁意愿即可，并无过多的其他限制。法院在解释仲裁协议时，对内容放宽限制，尽量尊重当事人的仲裁意愿，这已成为国际仲裁的一大趋势。

(三) 仲裁协议的独立性

仲裁协议独立性是指：仲裁协议是与主合同的其他条款相互分离而独立存在的一项条款；主合同无效、撤销或终止，仲裁协议作为当事人之间约定的主合同争端解决机制，仍然独立存在，并不因主合同的变更、无效或终止而当然无效或失效。仲裁协议独立性理论是 20 世纪 60 年代以后流行起来的仲裁条款的有效性以及仲裁管辖权的学说，这一理论已经得到英国、法国、美国、日本、俄罗斯、瑞士、德国、澳大利亚、国际商会等国家和组织的广泛接受和采纳，成为现代仲裁的重要理论和实践。❶

《中华人民共和国合同法》第 57 条：合同无效、被撤销或者终止的，不影响合同中独立存在的有关解决争议方法的条款的效力。

英国上议院在 1942 年的 Heyman v. Darwins 案❷就提出了仲裁条款具有独立性的观点，英国 1996 年《仲裁法》第 7 条规定："除非当事人另有约定，不能因为一个协议的无效、不存在或已经失效，而将该协议一部分的仲裁条款视为无效、不存在或已经失效。该仲裁协议应被视为可分割的协议。"。英国上议院在 1981 年的布雷默案件中再次重申了仲裁协议的独立性："在工商业合同和其他种类的合同中，作为一项契约的条款，仲裁条款严格上说应是从属于主合同的一个独立合同。"

伦敦国际仲裁院在 1998 年《仲裁规则》第 23 条第 1 款规定："仲裁庭有权对其管辖权包括对仲裁协议的存在或效力的任何异议做出裁定，为此目的，构成另外一项协议一部分的仲裁条款应视为独立于该另外一项协议的仲裁协议。仲裁庭做出的关于该另一项协议不存在、无效或失效的决定，不应在法律上导致仲裁条款的不存在、无效或失效。"

1961 年《欧洲国际商事仲裁公约》第 5 条第 3 款规定："管辖权有问题的仲裁员，有权继续进行仲裁，并对自己的管辖权做出决定，并能决定仲裁协议或包括此协议在内的合同是否存在或有无效力，但应受仲裁地法所规定的以后的司法监督。"

法国最高上诉法院在 1963 年的 Gosset 案中指出："仲裁条款独立于主合同，如果主合同无效，只有在其无效理由影响仲裁协议时，仲裁协议才可能称为无效。"

美国仲裁协会在 1997 年的《国际仲裁规则》第 15 条第 2 款规定："仲裁庭有权决定含有仲裁条款的合同的存在或效力。该仲裁条款应当作为一项独立于合同其他条款的协

---

❶ Howard M. Holtzman & Joseph E. Neuhaus, A Guide to the UNEITRAL Model Law on International Commercial Arbitration: Legislative History and Commentary, Kluwer Law and Taxation Publishers 1989, p. 478-479.

❷ HEYMAN AND ANTOHER v. DARWINS, LTD. (1942) 72 Ll. L. Rep. 65. 资料来源：http://uniset.ca/other/css/1942AC356.html. 该案中，Darwins Ltd. 是英国一家钢铁制造商，它与营业地为美国纽约的 Heyman 订立了指定 Heyman 为其独立销售代理人的合同，并规定此合同从 1938 年起执行。该合同中规定："由于本合同引起的任何争议应通过仲裁解决。"后因 Darwins Ltd. 拒绝履行合同，Heyman 诉诸法院。Darwins Ltd. 要求法院终止对此案的审理，按合同中的仲裁条款交由仲裁解决。英国上议院指出："仲裁条款可以独立于主合同而存在，没有履行合同的问题应由仲裁员而不是法院决定。"

议。仲裁庭做出的关于合同无效或失效的决定本身不构成仲裁条款无效的理由。"

美国最高法院在 1967 年的 Prima Paint Co., v. Flood & Conklin Manufacturing Co. 案中解释 1926 年《联邦仲裁法》时指出："作为联邦法的原则，仲裁条款是与包含它的合同'相对分离'的。如果当事人并未断言仲裁协议本身是由于欺诈而订立的，那么，一项广泛的仲裁条款将可以作为对以欺诈作手段所签订的合同争议进行仲裁的依据。"

瑞士 1987 年的《瑞士联邦国际私法》第 178 条第 3 款规定："不得以主合同无效或仲裁协议系针对尚未发生的争议为理由而对仲裁协议的有效性提出异议。"

俄罗斯 1993 年的《联邦国际商事仲裁法》第 16 条第 1 款规定："仲裁庭可以对它自己的管辖权，包括对仲裁协议的存在或效力的任何异议做出决定。为此目的，构成合同一部分的法律条款应视为独立于合同其他条款的一项协议。仲裁庭关于合同无效的决定不导致仲裁条款在法律上的无效。"

德国在 1998 年《民事诉讼法典》第 1040 条第 1 款规定："仲裁庭可以对其管辖权和与此相关的仲裁协议的存在及其效力做出裁定。为此，构成合同一部分的仲裁条款应当被视为一项独立于合同其他条款的协议。"

国际商会国际仲裁院在 1998 年《仲裁规则》第 6 条第 4 款规定："除非当事人各方另有约定，只要仲裁庭认为仲裁协议有效，其对该协议项下的管辖权不得由于任何一方当事人主张合同无效或失效或提出合同不存在而终止。即便合同本身并不存在或无效和失效，仲裁庭继续行驶管辖权，以便对当事各方的有关权利和他们的索赔请求和抗辩做出裁定。"

（四）仲裁协议的效力与管辖权异议

对于当事人对仲裁协议的效力以及仲裁管辖权有异议的情况，传统观点认为应由法院决定，仲裁庭对此无权决定。但是，20 世纪 80 年代，仲裁庭管辖权自决说（jurisdiction concerning the jurisdiction）逐渐获得多数国家的认可。仲裁庭管辖权自决说认为，仲裁庭本身有权对仲裁协议的效力和仲裁庭是否拥有管辖权做出决定。目前，法国、英国、德国、美国、比利时、荷兰、瑞士、1985 年《示范法》、1961 年《欧洲国际商事仲裁公约》、1965 年《解决国家与他国国民间投资争端的公约》（ICSID 公约）、《国际商会仲裁院仲裁规则》等均接受了仲裁庭管辖权自决说。

1985 年《示范法》第 16 条第 1 款规定："仲裁庭可以对其自身的管辖权包括对仲裁协议存在或效力的任何异议，做出决定。"

1998 年德国《民事诉讼法》第 1040 条规定："仲裁庭可以对其自身的管辖权以及仲裁协议的存在于效力问题做出决定。"

仲裁庭管辖权自决说对于仲裁实践的作用主要表现在：一、扩大仲裁庭的权限，使得仲裁庭有机会首先对管辖权问题发表意见，并以此为基础继续仲裁程序直至做出决定；二、减少法院介入仲裁程序的可能性或推迟法院介入的时间；三、加快仲裁程序，防止恶意延误和破坏仲裁程序。

仲裁庭管辖权自决说的实际意义在于，在国际交易中，当事人订立仲裁协议的初始目的是避免将案件交给国内法院处理，尤其是对方当事人所属国的法院，因为这种情况下对方当事人将享受到本国法院带来的优势，当事人则面临陌生的语言、文化、司法实践、程序等困难。如果让法院处理仲裁管辖权异议,那么仲裁可能面临无限期暂停的风险,因为另一方当事人很可能通过不断提出管辖权异议来阻碍仲裁程序。

虽然仲裁庭管辖权自决说被大多数国家所接受,但法院保留对仲裁庭管辖权的监督权。例如比利时1985年修订后的《比利时司法典》规定:"仲裁庭做出的管辖权决定如果是肯定性的,即认为他拥有管辖权,则当事人不得向司法当局提出异议,除非仲裁庭同时对仲裁的主要问题也做出了裁决;假如仲裁庭的管辖权决定是否定性的,则司法当局可以根据一方当事人的请求,审查仲裁庭的决定是否有理由。"

对于法院在什么阶段行使对仲裁庭管辖权决定的监督权,主要存在两种办法。一种办法以1985年《示范法》为代表,法院可以在仲裁程序进行中、裁决撤销阶段或者承认及执行仲裁裁决程序中对仲裁庭有关管辖权的决定进行审查。以1985年《示范法》为蓝本进行国内仲裁立法的国家、英国和美国采用这种做法。另一种办法以法国和比利时为代表,法院只在仲裁裁决做出后,才对仲裁庭做出的管辖权决定进行审查。

二、仲裁机构、仲裁庭与仲裁员

(一) 仲裁机构

根据是否存在常设机构,仲裁可分为机构仲裁(Institutional Arbitration)和临时仲裁(Ad Hoc Arbitration)。

常设仲裁又被称为机构仲裁(institutional arbitration),是指具有固定组织形式、固定仲裁地点、固定仲裁规则和仲裁员名单的仲裁机构。目前,世界上各种常设仲裁机构多达130多个,知名的国际仲裁机构有中国香港国际仲裁中心(Hong Kong International Arbitration Centre-HKIAC)、新加坡国际仲裁中心(Singapore International Arbitration Centre-SIAC)、美国仲裁协议国际争议解决中心(AAA International Center for Dispute Resolution)、伦敦国际仲裁院(London Court of International Arbitration-LCIA)、迪拜国际仲裁中心(Dubai International Arbitration Centre)、国际商会仲裁院(ICC International Court of Arbitration)等。我国境内的常设仲裁机构主要有中国国际经济贸易仲裁委员会、北京仲裁委员会、深圳国际仲裁院、上海国际仲裁中心等。

临时仲裁是指为特殊目的而设立的仲裁庭,处理完争议案件后即自行解散。临时仲裁中,当事人自行决定仲裁员的指定方式、仲裁庭管辖范围、仲裁地点、仲裁规则和程序等事项。早期的仲裁多为临时仲裁,但由于临时仲裁庭形式变动性大,不能满足日益增多的仲裁需求,因此各个国家从20世纪开始纷纷设立常设仲裁机构。目前,大多数国家和国际公约都承认临时仲裁,例如根据1958年《纽约公约》第1条第2款的规定,"仲裁裁决"不仅指专案选派之仲裁院所做裁决(临时仲裁),亦指当事人提请仲裁之常设机关所做裁决(常设仲裁)。

根据中国《仲裁法》第16条,一个有效的仲裁协议必须包含请求仲裁的意思表示、仲裁事项和选定的仲裁委员会。由此可见,对于中国大陆境内的仲裁中国的《仲裁法》只承认机构仲裁。根据1995年10月20日中国最高人民法院在关于福建省生产资料总公司与金鸽航运有限公司国际海运纠纷案中的提单仲裁条款效力问题的复函,涉外案件当事人事先在合同中约定或争议发生后约定由国外的临时仲裁机构或非常设仲裁机构仲裁的，原则上应当承认该仲裁条款的效力，法院不再受理当事人的起诉。该案显示中国最高人民法院对临时仲裁的态度是：如果当事人在仲裁协议中约定了仲裁地点，则确定仲裁协议效力的法律应为仲裁地法；只要仲裁地国不禁止临时仲裁，该仲裁协议即为有效。实践中，虽然当事人双方不能在中国境内组建临时仲裁庭，但可以约定境外临时仲裁庭在中国境内开庭。

国际工程争端当事人选择仲裁机构时，为了确保仲裁的顺利进行，以及仲裁裁决的承认和执行，最重要的考虑因素应是仲裁机构所在国的仲裁立法情况，以及该国与项目所在国或业主所在国之间是否已经批准了双边仲裁裁决承认和执行条约，或者该国、项目所在国或业主所在国是否同时为特定承认与执行外国仲裁裁决公约或协定的成员国。为了保证仲裁的公平公正，国际工程合同中常选择缔约方所在国或所在地之外的仲裁机构。❶

（二）仲裁庭

相对于常设仲裁机构而言，仲裁庭是临时机构，一旦裁决完成，仲裁庭即宣告解散。仲裁庭可以由一名或数名仲裁员组成，具体人数一般由当事人约定，各国法律一般不做过多的干预，但有些国家的法律要求仲裁员的成员必须是奇数，例如中国《仲裁法》第30条。国际工程争端仲裁实践中，根据项目规模的大小，仲裁庭通常由一名或三名仲裁员组成仲裁庭。

确定仲裁庭人数后，当事人、仲裁机构（根据仲裁规则）、商会（当事人委托）或法院（根据法律规定）需要指定仲裁员，以及指定的仲裁员要选择首席仲裁员。例如，在美国、法国、瑞典、比利时等国家允许法院指定仲裁员，而根据中国《仲裁法》，当事人或仲裁机构可以指定仲裁员。

（三）仲裁员

仲裁的质量取决于仲裁员（arbitration is as good as arbitrators）。没有健全完善的仲裁员制度就不会有满意的仲裁制度，而没有专业且中立的仲裁员，就不会有令各方信服的仲裁裁决。因此，仲裁员是整个仲裁制度的核心。

对于仲裁员的资格条件，各国立法并不统一，但大致可分为四种：第一种是法律不限制仲裁员的资格，如英国、美国和德国等国家及1985年《示范法》；第二种是要求仲裁员具备完全行为能力即可，如法国、瑞典、比利时、荷兰、罗马尼亚、波兰、葡萄牙、希腊、阿根廷、埃及和中国澳门；第三种是对仲裁员的资格提出一定的要求，如秘鲁和西班牙的法律规定仲裁员必须是律师，西班牙法律禁止法官担任仲裁员，伊斯兰国家要求仲裁员必须熟悉伊斯兰教的规范；第四种是对仲裁员资格提出严格要求，如中国《仲裁法》第5至8条规定了仲裁员必须同时满足条件。实践中，不限制或仅要求仲裁员具备完全行为能力的国家和地区占绝大多数，而这些国家和地区的仲裁业往往比较发达。

为了方便当事人指定仲裁员，一些常设仲裁机构采用仲裁员名册制度，即仲裁机构把

---

❶ 需要注意的是，新加坡仲裁行业中印度籍仲裁员人数多，影响力大，如果业主是印度公民或实体，那么中国承包商应尽量避免选择新加坡国际仲裁中心。

候选仲裁员的姓名、专长等信息编制成册,供当事人、仲裁机构或者指定仲裁员的机构选择确定仲裁员。❶ 目前,除了美国、荷兰和中国等少数国家的一些仲裁机构外,绝大多数仲裁机构均不提供仲裁员名册。

国际工程争端的仲裁中,当事各方从仲裁机构提供的仲裁员名册中选择仲裁员或指定名册外的仲裁员时,应注意以下两点:(1)选择优秀的仲裁员,确保该仲裁员在仲裁庭拥有话语权。(2)指定的仲裁员对仲裁语言的使用能力、阅读能力和书写能力可以满足仲裁程序和做出裁决的需要。

(四)仲裁员的回避与更替

仲裁员的回避有仲裁员自行回避和当事人异议回避两种形式。仲裁员自行回避是指仲裁员发现或认为自身有应予回避的事由而主动请求不再担任审理案件的仲裁员。当事人异议回避是指当事人对被选定的仲裁员的公正性、独立性、资格表示怀疑,经当事人异议,该仲裁员被迫退出仲裁庭的行为。

仲裁员回避后或者因客观原因(如死亡或健康问题)不能继续履行职责时,一般需要补充新仲裁员。这种情况下,当事人、仲裁机构或指定仲裁员的机构重新指定仲裁员。

(五)短员仲裁庭

短员仲裁庭(truncated arbitral tribunal)是指在某些特定情况下,如果仲裁员回避或不能履行职责时,一些仲裁机构允许不补充新的仲裁员,而由仲裁庭的其他仲裁员继续仲裁程序,直至做出仲裁裁决。

短员仲裁庭的出现,是为了提高仲裁效率,避免仲裁员拖延仲裁程序。国际商事仲裁的实践中,不仅当事人可以拖延或打断仲裁程序,当事人指定的仲裁员也可以通过不参加仲裁庭合议、在签署裁决前辞职等手段拖延甚至破坏仲裁程序。为此,1993年《常设仲裁院仲裁规则》第13条、2010年《国际商会仲裁院仲裁规则》、2014年《伦敦国际仲裁院仲裁规则》等纷纷引入短员仲裁庭机制。

1993年《常设仲裁院仲裁规则》第13条第3款:

"If an arbitrator on a three-or five-person tribunal fails to participate in the arbitration, the other arbitrators shall, unless the parties agree otherwise, have the power in their sole discretion to continue the arbitration and to make any decision, ruling or award, notwithstanding the failure of one arbitrator to participate......"❷

2010年《国际商会仲裁院仲裁规则》第12条第5款:

"Subsequent to the closing of the proceedings, instead of replacing an arbitrator who

---

❶ 例如,中国国际经济贸易仲裁委员会《仲裁规则》第二十六条规定:"(一)仲裁委员会指定统一适用于仲裁委员会及其分会/仲裁中心的仲裁员名册;当事人从仲裁委员会制定的仲裁员名册中选定仲裁员。(二)当事人约定在仲裁委员会仲裁员名册之外选定仲裁员的,当事人选定的或根据当事人约定指定的人士经仲裁委员会主任确认后可以担任仲裁员。"

❷ 如果三人或五人仲裁庭的一位仲裁员无法参与仲裁,除非双方另行协商一致,无论该缺席的仲裁员是否参加,其他仲裁员应有权力根据其排他性的自由裁量权继续仲裁并做出决定、裁定或裁决。

has died or been removed by the Court pursuant to Articles 12 (1) and 12 (2), the Court may decide, when it considers it appropriate, that the remaining arbitrators shall continue the arbitration....."❶

2014年《伦敦国际仲裁院仲裁规则》第12条第1款：

In exceptional circumstances, where an arbitrator without good cause refuses or persistently fails to participate in the deliberations of an Arbitral Tribunal, the remaining arbitrators jointly may decide (after their written notice of such refusal or failure to the LCIA Court, the parties and the absent arbitrator) to continue the arbitration (including the making of any award) notwithstanding the absence of that other arbitrator, subject to the written approval of the LCIA Court. ❷

需要注意的是，虽然短员仲裁机制被一些仲裁机构接受，但实践中短员仲裁庭的裁决可能面临不被法院承认且无法执行的风险。例如在德国最高法院2007年5月21日所做的一项司法审查判决中，美国的供应方当事人与白俄罗斯买方的拖拉机零部件交易合同的仲裁条款中约定白俄罗斯明斯克工商会国际仲裁院。双方当事人因付款争议向该仲裁院申请三名仲裁员仲裁，最后的仲裁裁决由首席仲裁员和美国当事人任命的仲裁员签署，白俄罗斯买方指定的仲裁员签名被仲裁庭主席称其在度假的文字所取代；白俄罗斯买方的分支机构所在地的德国最高法院判决拒绝执行该仲裁裁决，理由是第三名仲裁员没有参加仲裁裁决的决策程序，出现这种情况时应按当事人之间约定的仲裁机构的仲裁规则更换仲裁员，但本案仲裁庭的其他仲裁员并未履行这项职责。❸

三、仲裁程序

仲裁程序（arbitration procedure）是当事人、仲裁代理人、仲裁庭和仲裁机构以及其他仲裁参与主体进行仲裁过程中应遵循的各项程序规则的总和。为了确保仲裁的优点，仲裁程序应依照仲裁地的强行法规范和仲裁协议约定的仲裁规则或仲裁机构的规则进行。举例如下：

1987年7月30日，英国麦道公司（McDonnell Douglas Corporation）与印度订立卫星发射服务协议。该协议的管辖法是印度法，仲裁条款约定："由于本协议产生的和与本协议有关的一切争议，如不能通过友好的方式解决，应提交三人仲裁庭解决。如何一方当事人在做出此项决定时，应当就仲裁事项向对方发出通知。当事人应当在此后30天内各自指定一位仲裁员，并通过协议的方式指定首席仲裁员。仲裁地为英国伦敦。"

后双方当事人因履行合同发生争端，并根据上述仲裁条款提交仲裁。当事人同时也向

---

❶ 程序结束时，除非仲裁员死亡或者法庭认为必要时根据第12（1）条和第12（2）条的规定替换仲裁员，剩余的仲裁员应继续仲裁。

❷ 例外情况下，如果一位仲裁员无好的理由拒绝或坚持不参加仲裁庭的审议，则经伦敦国际仲裁院书面批准后，在缺席的仲裁员不参与的情况下，剩余的仲裁员可以联合决定（剩余的仲裁员就拒绝或无法参加审议的情况书面通知伦敦国际仲裁院、双方和缺席的仲裁员后）继续仲裁（包括做出任何裁决）。

❸ Van den Berg A. J., Yearbook Commercial Arbitration, Volume 34, Alphen aan den Rijn: Kluwer Law International, 2009, pp. 504-509.

英国商事法院提出仲裁程序适用英国法还是印度法的问题。英国商事法院后座庭萨维利大法官（Justice Saville）认为双方当事人约定的仲裁地点为英国伦敦，因此仲裁庭做出的裁决应受到英国法院的监督，而英国程序法应支配在伦敦进行的仲裁程序。❶

仲裁程序很大程度上取决于当事人的约定，例如当事人通过在仲裁协议中约定一个具体的仲裁规则来确定仲裁程序。表面上看，仲裁程序与争端的实体问题相互独立，而程序似乎只是辅助和服务于解决实体问题的规则。但实际上，仲裁程序对当事人取得期望的裁判结果有着至关重要的作用，因此不能忽视程序问题。在这一点上，仲裁与诉讼都是通过确保程序公平来实现或最大限度接近实质公平，这意味着当事人虽然在争端的实体问题上拥有充分的理由，但仍然可能因仲裁程序中的错误而未能达到期望的结果，仲裁程序很大程度上取决于当事人的约定，例如当事人通过在仲裁协议中约定一个具体的仲裁规则来确定仲裁程序。表面上看，仲裁程序与争端的实体问题相互独立，而程序似乎只是辅助和服务于解决实体问题的规则。但实际上，仲裁程序对当事人取得期望的裁判结果有着至关重要的作用，因此不能忽视程序问题。在这一点上，仲裁与诉讼都是通过确保程序公平来实现或最大限度接近实质公平，这意味着当事人虽然在争端的实体问题上拥有充分的理由，但仍然可能因仲裁程序中的错误而未能达到期望的结果。仲裁裁决被撤销，法院拒绝承认或执行仲裁裁决的举例如下：

在一起仲裁案中，申请人（Grand Pacific）要求仲裁庭裁定被申请人履行合同项下的付款义务，该合同约定的仲裁地为香港。仲裁庭支持了申请人的主张，裁决被申请人履行付款义务。

被申请人随即向香港法院申请撤销该仲裁裁决，理由是仲裁程序违反双方仲裁协议的约定，以及《联合国国际贸易法委员会仲裁示范法》第34条的相关规定，❷ 导致被申请人在仲裁进行期间无法陈述案情。香港一审法院和上诉法院的法官认为：通常情况下，法院应支持仲裁裁决并承认和执行，但如果仲裁程序违反法律规定的严重程度足以影响到仲裁结果，即如果仲裁程序不违反法律规定情况下做出的仲裁裁决与涉案仲裁裁决有差异，则法院应当撤销涉案仲裁裁决。❸

仲裁程序主要分为四个阶段，即：仲裁程序启动阶段（申请和受理）；受理后至庭审前阶段（组织仲裁庭）；开庭审理阶段；裁决阶段。

（一）仲裁程序启动阶段

1. 仲裁申请书

仲裁程序的启动阶段是指仲裁协议的当事人根据协议的约定启动仲裁程序，如当事人

---

❶ Union of India v. McDonnell Douglas Corporation ［1993］2 Lloyd's Rep. 48，Queen's Bench Division (Commercial Court).

❷ 联合国国际贸易法委员会《国际商事仲裁示范法》第34条第（2）款第（a）项（ii）规定："……有下列情形之一的，仲裁裁决才可以被第6条规定的法院撤销：……（ii）未向提出申请的当事人发出指定仲裁员的适当通知或仲裁程序的适当通知，或因他故致使其不能陈述案情；……"

❸ Pacific China Holdings Ltd v Grand Pacific Holdings Ltd，CACV 136/2011，Date of judgement：9 May 2012. 参见："Hong Kong Court of Appeal Overturns an Order of the Court of First Instance to Set Aside ICC Arbitration Award."，White & Case LLP，05 Jun 2012.

向对方当事人送达书面的仲裁通知，❶ 或者当事人向仲裁协议约定的仲裁机构提交书面的仲裁请求（申请）。❷ 某些情况下，书面的仲裁请求（申请）要同时送达至仲裁机构和对方当事人。❸

当事人一方以约定的仲裁语言或仲裁规则规定的其他仲裁语言（如果当事人双方未约定仲裁语言），向仲裁机构提交仲裁申请书和相关文件，这是整个仲裁程序的开端。对于书面的仲裁通知或仲裁请求的内容，各个仲裁机构的仲裁规则中均有要求，通常包括：将争端交付仲裁的明确要求；当事各方的信息及仲裁代理人；仲裁协议副本；争端的性质和情况；要求的法律救济；指定仲裁员的情况；证据材料等。

例一、中国国际经济贸易仲裁委员会《仲裁规则》第12条：

一、申请人和被申请人的名称和联系方式（住所地址、邮政编码、电话、传真、电子邮箱等）；二、申请仲裁所依据的仲裁协议；三、案情和争端的要点；四、申请人的仲裁请求，以及所依据的事实、理由、证据材料、其他证明文件；五、预缴仲裁费。

例二、伦敦国际仲裁院《仲裁规则》第1条：

一、申请人和被申请双方的姓名（名称）、地址、传真、电话、电子邮件信息；二、仲裁协议和主合同的复本，以及涉及争议的其他合同文件的复本；三、争议情况说明书和仲裁请求；四、涉及仲裁语言、仲裁庭成员人数、仲裁员资格要求等事项的要求或建议；五、申请人指定的仲裁员的姓名、地址、电话、传真、电子邮件地址等信息（如果仲裁协议中有此约定）；六、申请仲裁的缴费证明；七、证明已经或正在向其他当事人提交仲裁申请文件的复本。

例三、香港国际仲裁中心《仲裁规则》第4条：

一、将争议提交仲裁的要求；二、当事各方及其代理人的名称、姓名，（所能知道的）地址、电话、传真、电子邮件地址；三、所援引的仲裁协议复本；四、引发争议或与争议有关的一份或多份合同或其他法律文件；五、争议概述和所涉金额（如有）；六、寻求的救济；七、对仲裁员人数的建议（如当事人未事先约定）；八、申请人提名的仲裁员；九、确认仲裁通知及其附件的复本已经或正在向其他当事人送达；十、缴纳仲裁受理费。

2. 临时仲裁的启动

临时仲裁的仲裁程序的启动与机构仲裁不同。因为缺少仲裁机构的介入，临时仲裁程序的开始仅发生在当事人之间。因此，临时仲裁中没有类似于机构仲裁的受理程序，从被申请人收到申请人的仲裁通知之日起，临时仲裁程序即宣告启动。但是，考虑到临时仲裁缺乏常设机构的持续推动，临时仲裁程序启动后能否进行下去，关键在于仲裁庭的组成。临时仲裁庭组成后（当事人与仲裁员之前签订书面协议），当事人与仲裁员之间形成契约关系，才能保证仲裁程序的正常进行。

3. 仲裁费缴纳

仲裁机构一般为非营利性质的民间组织，为了维持机构的运作和提供管理服务，

---

❶ UNCITRAL《仲裁规则》第3条。
❷ ICC《仲裁规则》第4条，中国贸仲《仲裁规则》第十二条。
❸ 世界知识产权组织（WIPO）《仲裁规则》第6条。

仲裁机构都要收取一定的费用。仲裁机构通常向当事人收取的费用包括：管理费用，是仲裁机构为当事人提供仲裁程序管理服务的费用；仲裁员报酬，是为仲裁员收取的服务酬劳；仲裁员办理仲裁而发生的实际开销；仲裁庭指定的专家的费用。许多仲裁机构要求申请人在提交仲裁请求时，要按照收费表交纳相关费用，至少要先交纳管理费。申请人交纳管理费之后，仲裁机构才正式受理仲裁请求，否则可以视为申请人撤销仲裁请求。

仲裁机构受理仲裁请求并收取相关费用后，依照当事人约定的仲裁规则确定该仲裁请求符合要求并正式立案，开始后续仲裁程序，这意味着当事人与仲裁机构之间形成了一种契约关系，仲裁机构有义务依照当事人的约定以及应适用的法律完成仲裁工作。

4. 被申请人的答辩与反请求

被申请人对已经启动的仲裁程序应积极的应诉。首先，被申请人应研究仲裁机构是否拥有管辖权，这是因为被申请人提出管辖权异议通常有时间限制。❶ 在确认仲裁庭拥有管辖权后，被申请人需要进行实体答辩并考虑反请求。答辩是指被申请人针对申请人的仲裁请求、主张、理由以及所要求的法律救济所提出的反驳意见，包括事实和法律两方面。答辩没有固定的格式要求，但内容至少要包括：对仲裁请求的意见、被申请人指定的仲裁员、反请求。根据国际商会的《仲裁规则》，被申请人的答辩应包括：被申请人的详细情况、导致申请人仲裁请求的争端的情况说明、对申请人要求的法律救济的评论、对仲裁庭人数和成员的意见、对仲裁地点和准据法的意见等❷。被申请人提出答辩通常有时间限制，国际商事仲裁中，比较常见的答辩期限是被申请人收到申请人的仲裁请求后30天。

如果被申请人在答辩中提出要求仲裁庭驳回申请人仲裁请求以外的实体请求，则被视为反请求。被申请人提出反请求后，可能需要向仲裁机构交纳相应的费用，否则仲裁机构可能不考虑该反请求，而不同的仲裁机构的收费制度各有不同。❸ 在被申请人提出反请求的情况下，仲裁庭会给予申请人对反请求进行答辩的机会。

（二）组建仲裁庭

仲裁机构受理案件后，第一项重要工作是确定仲裁员并组成仲裁庭。仲裁员的选择非常重要（arbitrators are as good as arbitrators are），当事人应当尽量选择国际范围内受仲裁员行业认可的专业且中立的国际工程领域的仲裁员，该类仲裁员在开庭审理中拥有话语权。另外，仲裁员对仲裁语言的阅读理解能力和写作能力也是当事人应当重点考虑的因素。

当事人和仲裁机构指定仲裁并成功组建仲裁庭后，仲裁机构将案卷转交给仲裁庭处理。对于临时仲裁中，组成仲裁庭的意义更加重要，因为争端双方当事人有时对仲裁庭的组成难以达成协议，以至于组建仲裁庭困难。因此，当事人拟定仲裁协议时，应对临时仲

---

❶ 联合国国际贸易法委员会《国际商事仲裁示范法》第16条第2款规定：关于仲裁庭无管辖权的请求，最迟应于提交答辩书的同时提出。

❷ 国际商会《仲裁规则》第5条。

❸ 例如，北京仲裁委员会《仲裁规则》第11条和第7条，以及国际商会《仲裁规则》第30条第4款。

裁中的组成仲裁庭加以注意。

仲裁庭组成后到开庭审理前，通常会举行预备会议，与当事人协商确定开庭审理的时间、仲裁语言、仲裁地点、❶ 提交证据、庭审安排等事项。

（三）开庭审理

仲裁庭开庭审理是指各方当事人与仲裁庭共同集中于某个会议场所，由各方当事人当面向仲裁庭陈述案情、发表法律意见、出示证据和进行质证的活动。与诉讼中的公开不同，仲裁庭的开庭审理是在非公开的状态下进行的，这种保密性是仲裁的优势之一。

由于仲裁的保密性，只有与案件直接相关联的人员才能参加开庭审理：仲裁员、仲裁庭秘书、当事人及其法定或授权代表、代理人（一般为律师）、证人、专家等，这些参与者均要对案件情况履行保密义务。前述人员之外，在没有仲裁庭和当事人一致同意的情况下，任何其他人不能参与开庭审理。

国际仲裁，尤其是国际工程争端的仲裁中，因为争端复杂且专业性强，所以各方当事人需要具有相关的法律知识和仲裁实践经验。因此，在仲裁实践中，很多国家的法律允许外国律师担任仲裁代理人，这是因为仲裁制度并不体现国家主权。但目前在有些国家，如中国和印度外国律师在担任仲裁代理人的问题上仍然受到一些限制。❷

仲裁的开庭审理中，各方当事人的代理人数量没有限制，因此在国际工程争端的仲裁实践中，当事人应尽量选择并组成一个了解项目所在国法律、仲裁地法律、工程类法律、仲裁类法律和合同管辖法律的律师团队，而且要确保律师团队内部交流顺畅。

仲裁庭开庭审理时，各方当事人通过其代理人将本方对争端事实的认识、应适用的法律及其后果的理解、反驳对方对案件主张的意见，当面向仲裁庭进行口头陈述。反驳是仅针对对方陈述的观点发表看法，以此补充和加强本方立场。

仲裁裁决是依据证明了的事实和应适用法律作出的，因此证据是仲裁庭审理争端的关键。国际仲裁中并没有出示证据和质证的固定模式，由仲裁庭要求或各方当事人的约定而确定，这就使得国际仲裁所适用的证据规则比诉讼的证据规则更加简单并灵活。

仲裁开庭审理中的证据多是书面证据和证人证言，此外还有视听证据、物证和鉴定报告等。对于当事人认为重要的证据，可以通知其他当事人并要求进行披露，但被通知的当事人可能拒绝披露或者表示无法提交某些证据，这种情况下，由仲裁庭决定被通知的当事人是否必须提交和披露相关证据。

仲裁中的证人分为专家证人和事实证人。专家证人是指由当事人或仲裁庭委任的技

---

❶ 仲裁地点与仲裁庭开庭审理的地点、合议的地点以及签署裁决的地点均不相同。仲裁地点是一个法律概念，它决定了仲裁协议的准据法、仲裁程序法律和仲裁裁决做出地点的重要依据。仲裁庭开庭审理的地点、举行会议的地点、合议的地点和实际签署裁决的地点可以不同于仲裁地点，而是更多地考虑各方的方便和费用的节省。

❷ 根据国务院《外国律师事务所驻华机构管理条例》第15条和司法部《关于执行〈外国律师事务所驻华机构管理条例〉的规定》第32条，外国律师在仲裁活动中不能对中国法律的适用发表代理意见。

专家、行业专家和法律专家等，❶ 其证言往往通过书面方式事先提供给仲裁庭和各方当事人。国际工程仲裁中，证人证言的作用很大，有时候会进行交叉盘问。专家证人的证言对仲裁庭的影响力取决于该专家证人的行业地位，越是行业内知名的专家，对仲裁员的影响力越大。最终，仲裁庭判断和认定所有证据和证言的可接受性、关联性和证明效力。一般而言，仲裁庭委任的专家提出的报告较当事人各自委任的专家提出的专家报告更易于被仲裁庭所接受。

仲裁庭开庭审理的最后一个环节（非必经环节）通常是各方当事人的最后陈述。最后陈述可以仅仅是口头形式，各方当事人在这个环节简要地总结其对庭审结果的开发，指出需要仲裁庭裁判的问题，并在此强调对自己有利的事实和法律点。

（四）做出裁决

仲裁裁决是仲裁庭就当事人提交仲裁决绝的争端事项作出的裁定，对各方当事人均有法律上的拘束力。根据裁决内容和裁决时间的不同，仲裁裁决可分为：❷

（1）先决裁决（preliminary award）。仲裁程序开始后，如果一方当事人对仲裁庭的管辖权提出异议，这种情况下，仲裁庭首先要解决管辖权的问题，否则整个仲裁程序无法继续进行。为了确定仲裁庭对争端拥有管辖权，仲裁庭可以做出先决裁决。当事人可以在法律规定的期限内向有管辖权的法院就先决裁决提出申诉，而法院对此作出的决定是终局的，不容上诉。仲裁庭在等待法院决定的同时，可以继续进行仲裁程序。

（2）中间裁决和部分裁决（interim award/partial award）。仲裁程序进行的过程中，仲裁庭可以就当事人的某些请求做出中间裁决或部分裁决。这类裁决所涉及的通常是需要立即处置不易保存的物品，以及当事人之间不存在争端的部分所做的裁决。中间裁决和部分裁决构成最终裁决（final award）的一部分。

（3）最终裁决。仲裁程序以仲裁庭做出最终裁决而告终。最终裁决是仲裁庭就当事人提交的所有事项作出的裁决，但可以不提及当事人已经履行完毕的中间裁决和部分裁决。

（4）追加裁决（additional award）。仲裁程序结束后，如果最终裁决漏裁了当事人请求中的某些事项，在适用的法律或仲裁规则规定的期限内，如果仲裁庭认为情况属实，则可以就漏裁事项作出追加裁决。

（5）和解裁决（consent award）。仲裁程序中，如果各方当事人就争端自行达成和解协议，仲裁庭可以根据该和解协议作出和解裁决。如果一方当事人事后拒绝履行该和解裁

---

❶ 根据国际律师协会（IBA）的 2010 年《国际仲裁取证规则》（IBA Rules on the Taking of Evidence in International Arbitration）第 5 条，当事人可以委任自己所信赖的专家就特定问题作证，这类专家报告应包括：（1）当事人委任专家的姓名、住址、与任何当事人之间过去和现在的联系（如有）、北京、所受训练和经历；（2）专家意见和结论所依据的事实陈述；（3）专家意见和结论所采用的方法、证据和资料的说明；（4）专家报告的真实性；（5）专家的签字、日期和地点。根据国际律师协会《国际仲裁取证规则》第 6 条，仲裁庭委任的专家在接收委任前，应当向仲裁庭和全体当事人提交一份独立性声明；当事人可对仲裁庭委任专家的独立性提出异议，而仲裁庭应立即决定是否接受该异议；仲裁庭委任的专家可以要求当事人提供相关文件、货物、样品等，并最终出具专家报告，当事人也可以对该专家报告提出书面意见。

❷ 需要强调的是，无论仲裁裁决在仲裁程序的哪个阶段做出的，均对各方当事人具有法律上的约束力，其法律效力是相同的。除法律规定的补救办法外，均可得到法院的执行。

决,另一方当事人可以向法院申请强制执行。

无论是机构仲裁还是临时仲裁,都是由仲裁庭做出裁决。如果是机构仲裁,那么仲裁机构可能保留对仲裁裁决的批准权(如国际商会国际仲裁院)或裁决书草案的审阅权(中国国际经济贸易仲裁委员会)。仲裁裁决采用书面形式,并附具裁决所依据的理由,其内容通常包括:基本案情、仲裁庭意见和仲裁裁决,以及仲裁费用的承担。❶

仲裁裁决一经做出,即对当事人具有法律上的约束力,这一方面是当事人之间的仲裁协议约定的,另一方面也来源于仲裁地点所在国家的法律对仲裁裁决约束力的认可。因此,在国际商事仲裁的立法和实践中,如果一方当事人不能自动履行裁决,另一方当事人可以请求相关国家的法院强制执行该裁决。如果仲裁裁决存在着法律规定的可以撤销的理由(例如违反强制性法律规范或公共政策),当事人可在仲裁地点所在国家的法律规定的期限内,❷ 向对此有管辖权的法院申请撤销该仲裁裁决,或者法院主动撤销仲裁裁决。但是,对于外国的仲裁裁决,一般情况下,法院只能承认与执行或拒绝承认与执行,而无撤销权。

从国际法上的基本原则和近年来一些国家颁布实施的仲裁法看,各国认为在其境内做出的国际商事仲裁裁决应当具有当地国家的国籍,而当地国家的法院对其境内做出的仲裁裁决享有撤销权。❸

(五) 临时性保全措施

国际工程争端的仲裁程序往往耗时很长(一年或数年时间),为了避免当事人在仲裁程序进行期间转移或销毁证据或财产,导致作出的仲裁裁决无法或难以得到执行,联合国贸法会在《国际商事仲裁示范法》(1985年)❹ 和《仲裁规则》(1976年)❺ 提出了"临时性保全措施"(interim measures of protection),国际商会仲裁院的《仲裁规则》英文文本中称为"conservatory and interim measures",英国则称为"玛瑞瓦禁令"(Mareva Injunction),❻ 中国《民事诉讼法》和《仲裁法》中一般称为财产保全或证据保全措施。

临时性保全措施的特点是:一、在仲裁庭做出裁决前采取的措施;二、由当事人一方提出的临时性、暂时性和紧急性措施;三、法院实施该措施。❼ 临时性保全措施的形式可以是:取证或保护证据、维持现状和防止转移财产。取证或保护证据的措施是指"仲裁庭或一方当事人经仲裁庭批准,可以请求有管辖权的国家的法院协助取证,法院可在其管辖权限内,根据当地的取证规则,协助当事人取证",❽ 这类措施的目的是防止重要证据被销毁而阻碍争端

---

❶ 对于仲裁费用的承担,通常根据申请人在案件中的胜诉情况分担仲裁费。如果申请人完全胜诉,那么仲裁费就应当由被申请人承担。如果上方当事人对争端事项均有一定的过错,则应当按照过错责任的比例分摊仲裁费。

❷ 例如联合国国际贸易法委员会《国际商事仲裁示范法》第34条规定:当事人申请撤销仲裁裁决应当在收到仲裁裁决书之日起3个月内提出,并且应当提供证据证明这些理由。

❸ 赵秀文. 国际商事仲裁法(第二版)北京:中国人民大学出版社,2007:252.

❹ 联合国1985年《国际商事仲裁示范法》第9条和第17条。

❺ 联合国1976年《仲裁规则》第26条。

❻ 玛瑞瓦禁令出自于英国法院的两个案件,核心内容是禁止一方当事人转移法院管辖范围内的财产,有时也包括从外国转移财产,或者对这些财产进行处分,致使法院判决不能执行。

❼ 例如,《中华人民共和国仲裁法》第二十八条。

❽ 联合国1985年《国际商事仲裁示范法》第27条。

解决。维持现状措施是指在争端得到解决前，双方当事人继续履行合同中约定的权利和义务。防止财产转移措施则是指对仲裁案件所涉及的财产实施查封或扣押、发布转移财产的禁止令、将相关财产交由第三方保管。需要注意的是无论是向法院还是仲裁机构申请临时性保全措施，最终的实施机构只能是法院，仲裁机构或仲裁庭无强制执行这些措施的权力。

仲裁庭能否采取临时性保全措施取决于仲裁协议的管辖法。如果管辖法不允许仲裁庭这样做，那么仲裁庭做出的临时性保全措施无法得到强制实施，当事人必须向有管辖权的法院申请，例如根据中国《民事诉讼法》第101条和《仲裁法》第68条，无论仲裁前财产保全还是仲裁过程中的财产保全，财产保全均由财产所在地或者被申请人住所地的人民法院管辖，国内仲裁涉及的财产保全由基层法院管辖，涉外仲裁的财产保全的管辖则归属于中级人民法院，与中国有相似规定的还有意大利、爱尔兰、芬兰等少数国家；而在英国、瑞士、德国等大多数国家，法律允许仲裁庭采取证据或财产保全措施。实践中，只有极少数的仲裁协议专门约定管辖法，如果当事人未就仲裁协议的管辖法做出约定，可以根据最密切联系原则，即仲裁地法律为仲裁协议的管辖法。❶

国际工程项目涉及来自不同国家的当事人，而仲裁地所在国家往往是与争端双方无关的第三国或地区，当事人在仲裁地所在国家并无可供执行的财产，因而仲裁庭的临时性保全措施需要到境外执行。因为仲裁庭没有强制执行的权力，所以当事人通常应当得到执行地所在国家的法院的协助。如果执行地所在国家的法律不允许执行仲裁庭的临时性保全措施，那么当事人可以考虑向执行地所在国的法院重新申请临时性保全措施，但该保全措施能否得到财产所在地国家或地区的执行，一般取决于保全措施作出国与财产所在地国之间是否存在司法互助的协定。

仲裁庭做出临时性保全措施决定的形式可以是初步命令（preliminary order）或裁决（award）。临时性保全措施的初步命令是仲裁庭根据当事人的请求，命令当事人不得使另一方当事人所请求的临时性保全措施的目的落空的命令。初步命令是暂时，而且仲裁庭随后可以根据双方当事人的申请，修改、中止或终止初步命令。临时性保全措施的裁决是指仲裁庭做出关于争议标的采取临时性保全措施的裁决，防止当事人在最终的仲裁裁决做出前转移仲裁协议项下的标的，进而导致最终的仲裁裁决无法得到执行。

对于申请临时性保全措施的当事人而言，应保证向仲裁庭或法院披露必要的信息，证明临时性保全措施的必要性。如果仲裁庭或法院认定本不应采取临时性保全措施，那么申请人应承担赔偿责任。

四、仲裁裁决的撤销、承认与执行

（一）仲裁裁决的撤销

仲裁裁决需要得到法院的认可，否则仲裁裁决就没有法律意义。因此，各国法院均对其境内做出的仲裁裁决实施监督，而主要的表现形式之一是法院对仲裁裁决依法行使撤销权。

除非当事人之间另有约定，仲裁程序所依据的法律一般为仲裁地法律，因此，仲裁地

---

❶ 赵秀文. 国际商事仲裁法（第二版）. 北京：中国人民大学出版社，2014：139.

法院应对仲裁裁决拥有撤销权，这是绝大多数国家的做法。有的国家则认为，如果在其境内做出的仲裁裁决与该国当事人无关，则法院无权撤销仲裁裁决。❶ 还有一些国家的法律允许当事人通过协议的方式排除法院撤销业已做出的仲裁裁决。❷

绝大多数国家的仲裁法都规定了法院撤销仲裁裁决的权力，有的通过成文法，有的则通过判例，就撤销仲裁裁决的理由和条件做出规定或限制，且法院通常不审查仲裁裁决所涉及的实体问题。目前各国法律规定法院可撤销仲裁裁决的理由主要有：

（1）仲裁裁决所依据的仲裁协议无效。仲裁协议的效力取决于该协议的管辖法，如果有权撤销裁决的法院认定裁决所依据的仲裁协议无效，即可撤销仲裁裁决。法院行使撤销权时，通常会考虑订立仲裁协议的当事人根据管辖法是否为无行为能力者、❸ 仲裁协议的形式是否符合要求（如未采用书面形式）、仲裁协议的内容违法（如某些专属于法院管辖的争端）。

（2）裁决的做出违反正当程序（due process）。正当程序的核心内容是给予仲裁协议的各方当事人充分表达各自意见的机会。所谓违反正当程序进行仲裁审理，主要是指未将指定仲裁员或仲裁程序的事项适当地通知申请的当事一方，或者任何一方当事人没有机会陈述案情。正当程序的例外是各方当事人无正当理由未能在仲裁程序规则规定的期限内指定仲裁员、参加开庭审理、通过口头或书面形式向仲裁庭陈述其意见。

（3）仲裁庭组成不当。例如，当事人在仲裁协议中约定由商人担任仲裁员，而律师不得担任仲裁员，如果实际的仲裁员中有律师，那么这样的仲裁庭或仲裁员就属不当。

（4）仲裁庭越权。仲裁庭对仲裁案件的管辖权来源于仲裁协议，对约定之外的事项，仲裁庭并无管辖权。

（5）仲裁裁决违反公共政策（public policy）。公共政策并无明确的定义，是直接服务于政府的一项基本原则，属于弹性条款。但是在仲裁实践中，一般只有在违反了国家的基本道德标准或公平时，才能撤销或拒绝承认与执行已经做出的仲裁裁决，法院一般不会轻易地以仲裁裁决违反公共政策为由行使撤销的权力。

除了上述几项撤销仲裁裁决的常见理由外，各国还规定了其他理由，例如埃及仲裁法中的"仲裁裁决适用法律不当"；❹ 美国联邦仲裁法中的"通过贿赂、欺诈等不正当手段取得仲裁裁决"、"仲裁员有偏见或腐败等情况"；❺ 英国法上的仲裁程序严重不规范。❻ 这

---

❶ 根据比利时1985年《司法法典》第1717条第4款，仅当仲裁裁决所决定的争议的一方当事人是具有比利时国籍或居住在比利时的自然人或者是在比利时成立或有分支机构或有营业处所的法人时，比利时法院才能受理撤销申请。

❷ 例如瑞士1987年《国际私法》第192条规定："1. 如果任何一方当事人在瑞士没有住所、惯常居所或营业所，则他们之间可以在仲裁协议或后继的协议中做出明示声明，放弃就第190条第2款规定的全部或部分理由提起撤销仲裁裁决的诉讼的权利；2. 如果当事人放弃了在瑞士提起诉讼的权利，且该裁决需在瑞士执行，则类推适用1958年6月10日《承认与执行外国仲裁裁决公约》。"

❸ 当国家作为仲裁协议的一方当事人时，不得以该国国内法规定国家没有订立仲裁协议的能力而提出抗辩。

❹ 埃及1994年《仲裁法》第53条第1款的规定。

❺ 美国《联邦仲裁法》第10条。

❻ 根据英国《仲裁法》第68条第2款，所谓严重不规范，是指法院认定的已经或者将会给申请人带来实质上的不公正的下列事项之一：（1）仲裁庭未能履行法律规定的职责；（2）仲裁庭越权；（3）仲裁庭违反仲裁程序；（4）仲裁庭漏裁；（5）仲裁庭或仲裁员越权做出裁决；（6）裁决具有不确定性；（7）欺诈方式取得裁决，或者裁决违反公共政策；（8）裁决违反形式要求；或者（9）仲裁庭、仲裁机构、相关人员的其他任何不规范行为。

些均可构成法院依据当地法律撤销仲裁裁决的理由。

在绝大多数国家,一旦仲裁裁决被撤销后,就不再具有仲裁地所在国法律上认可的效力,也就不能得到当地法院的承认和执行,而执行地法院可以拒绝承认和执行被撤销的仲裁裁决。需要注意的是,在法国,只要不违反法国的公共政策(如洗钱、贿赂、贩毒、贩卖人口等),法国法院会承认和执行外国法院撤销了的仲裁裁决。❶

仲裁裁决撤销案——西尔马顿案❷ 在西尔马顿案中,西尔马顿是英国的一家公司,OTV则为法国的公司。双方当事人的争议产生于法国公司承包阿尔及利亚承包工程提供咨询的合同。英国公司利用其在阿尔及利亚的关系,帮助法国公司竞标,而法国公司在阿投标成功后,拒绝按合同规定向英国公司支付应当支付的佣金。1988年4月19日,国际商会国际仲裁院的独任仲裁员在瑞士作出的裁决中认定,阿尔及利亚的法律禁止在本案情况下向中介人支付佣金,因为该佣金旨在贿赂,因此合同根据阿尔及利亚的法律为无效合同,故驳回了英国公司的仲裁请求。此裁决作出后,法国公司请求法国法院执行此裁决,1990年2月27日,巴黎地方法院裁定承认与执行该裁决。

与此同时,英国公司则向瑞士法院提出了撤销该裁决的诉讼。1989年11月17日,瑞士日内瓦州法院以该裁决武断(arbitrariness)为由,撤销了此项裁决。瑞士联邦法院于1990年4月17日确认了此项撤销。该裁决被撤销后,英国公司又重新申请仲裁,由另一位独任仲裁员审理了此案,1992年4月10日,该独任仲裁员没有适用阿尔及利亚的法律,而是适用了瑞士法作出了与其前任相悖的裁决。该裁决认为,支付佣金的约定不违反瑞士法,双方当事人订立的合同有效,既然英国公司履行了其在合同项下的义务,法国公司就应当按合同约定支付佣金。

对于巴黎地方法院作出的关于执行被瑞士法院撤销的裁决,英国公司理所当然地向巴黎上诉法院提起了上诉。该上诉法院同样面临着是否执行已经被裁决地法院撤销了的仲裁裁决。1991年12月19日,法国上诉法院还是作出了承认与执行该裁决的裁定。理由是法国民事诉讼法第1502条并不包括裁决地撤销该裁决的理由。

第二个裁决作出后,英国西尔马顿公司又向法国的Nanterre地方法院申请执行该项裁决。1993年2月25日,该地方法院做出了执行该裁决的裁定。与此同时,西尔马顿公司还从该法院得到了确认瑞士联邦法院1990年4月17日作出的撤销第一个裁决的裁定。1995年6月29日,凡尔赛上诉法院确认了地方法院作出的上述两项关于执行第二个裁决和确认瑞士联邦法院撤销第一个裁决的裁定。上诉法院认为,由于采用的法国不同的程序规则,对第一个裁决的承认与执行并不构成承认与执行第二个相悖的仲裁裁决的障碍。

于是,在法国的法律秩序中便出现了这样的情况:在相同的当事人之间,就相同的争议,同时存在着两个完全不同的仲裁裁决和确认这两项裁决的法院裁定。

1997年6月10日,法国最高法院撤销了凡尔赛上诉法院的两项裁定,理由是根据民事诉讼法典第1351条关于既判力(res judicata)的规定,该案第一个裁决在法国得到承认与执行,因此法院不再承认与执行第二个裁决。法国最高法院1994年3月23日在确认

---

❶ Hilmarton Ltd. U. K. v. Omnium De Traitement Et De Valoriation-OTV, France.

❷ 赵秀文:《论国际商事仲裁裁决的国籍及其撤销的理论与实践》,《法制与社会发展》2002年第1期(总第43期),63-64。

巴黎上诉法院关于确认承认第一个裁决时指出，本案所涉及的"国际裁决并不构成瑞士法律秩序的组成部分，尽管已经被瑞士法院撤销，该裁决依然存在，其在法国的承认与执行并不违反国际公共秩序。"

（二）仲裁裁决的承认与执行

随着越来越多的国家成为《联合国承认与执行外国仲裁裁决公约》（The New York Convention on the Recognition and Enforcement of Foreign Arbitral Awards，以下简称《纽约公约》）的成员国，各国法院在承认和执行外国仲裁裁决的国内法规定中，也在不断地协调统一。❶ 通常，执行地所在国的法院承认与执行外国仲裁裁决的依据有：执行地所在国的法律、执行地所在国缔结或参加的双边或多边国际公约。

执行地所在国的法律主要表现为民事诉讼法或仲裁法中，一般而言，执行地所在国的法院不再对外国仲裁裁决所涉及的争端实体问题进行司法复审，而只是依据本国法律或相关国际公约对外国仲裁裁决所涉及的程序问题进行司法复审。如果外国仲裁裁决不存在法律规定的不予执行的理由，法院就可以承认与执行外国仲裁裁决。

执行地所在国缔结或参加的国际公约是其承认与执行外国仲裁裁决的重要依据。如果执行地所在国的法律与国际公约相互冲突，那么应优先适用国际公约，除非该国对国际公约中的规定做出保留。

承认与执行外国仲裁裁决涉及执行地所在国的主权，同时也是该国的民事诉讼法的问题，因此只能适用执行地所在国的法律。但是，因为《纽约公约》的存在，使得申请承认与执行外国仲裁裁决的条件得到了统一，即申请人只要向执行地所在国的法院提交仲裁协议和仲裁裁决书的经公证的正本或经认证的副本，以及执行地所在国官方语言的翻译文本（如果仲裁协议或裁决书使用其他语言）。

《纽约公约》第5条规定了执行地所在国法院可拒绝承认与执行外国仲裁裁决的理由，包括一方当事人属于无行为能力者、被申请人未得到适当的通知或未能陈述案情、仲裁庭越权、仲裁庭的组成或仲裁程序与当事人之间的约定不符、裁决对当事人尚无约束力或者已经被撤销、裁决的事项不属于执行地所在国法律认可的仲裁事项、裁决违反执行地所在国的公共政策。

五、国际工程仲裁的注意事项

（一）项目所涉国家对仲裁适用的限制

虽然仲裁已经成为国际工程争端解决中常见的方式，但对于仲裁的适用，有些国家对仲裁适用的存在限制性法律规定：如合同中的仲裁协议或仲裁条款是否需要取得特定批准❷。

---

❶ 《纽约公约》第1条第1款规定："缔约国应当按照公约规定的条件，承认与执行在申请执行地所在国以外的国家和地区做出的裁决。对于承认与执行地所在国认为不属于其本国裁决的，本公约同样予以适用。"

❷ 卡塔尔法律规定，公共工程与采购合同的仲裁协议或条款应当取得财政部的批准；伊朗法律规定，如果与外国人签订涉及公共或政府财产的仲裁条款需经内阁会议与国会批准；泰国法律规定，政府部门与私营企业签订仲裁协议或条款应当经过内阁批准。

(二) 国际工程选择仲裁地和仲裁机构

国际工程项目各参与方协商确定仲裁地和仲裁机构时，应重点考虑仲裁裁决的承认与执行、仲裁环境、专业性、便利性对国际工程仲裁的影响。

1. 仲裁环境

仲裁地和仲裁机构的仲裁环境主要是指中立性、公正性、仲裁法的成熟性等因素。国际工程项目中，中国承包商前往位于项目所在国实施工程，而业主往往也来自项目所在国，如果项目所在国和该国的仲裁机构作为仲裁地和仲裁机构，则国际工程争端很可能无法得到公平公正的解决。因此，国际工程争端的仲裁地和仲裁机构应尽可能选择中立且仲裁法成熟（如承认临时仲裁，允许外国律师代理仲裁案件等）的第三国或地区，以及该国或地区的仲裁机构。

仲裁地所在国的法律应当对仲裁比较友善，而且政府和司法机构不干涉仲裁。美国的仲裁受美国诉讼程序的影响很大，不适合作为仲裁地。国际工程仲裁实践中，最常被选为仲裁地（仲裁机构）有：英国伦敦（伦敦国际仲裁院）、法国巴黎（国际商会国际仲裁员）、新加坡（新加坡国际仲裁中心）、香港（香港国际仲裁中心）和中国北京。

2. 仲裁参与方

国际工程仲裁所需的专业知识决定了对工程类法律、仲裁员和律师存在很高的要求。国际工程争端涉及的问题往往非常复杂，而且专业性强，如果仲裁员和当事人的代理律师缺少必要的专业知识，则既不利于国际工程争端的有效解决，也不利于当事人（尤其是中国承包商）维护自身的正当权益。

鉴于上述原因，首先，国际工程仲裁地所在国家的工程类立法应当比较成熟和健全；其次，当事人和仲裁机构应选择熟悉工程和合同准据法的仲裁员；最后，国际工程仲裁地所在国有经验丰富的国际工程律师资源可供当事人选择，而且律师也应熟悉合同准据法。

3. 仲裁裁决的承认与执行

仲裁裁决能否顺利获得项目所在国、业主所在国或其他相关国家法院的承认和执行，是中国承包商在选择仲裁地和仲裁机构时就要考虑的另一个重要问题。目前，涉及仲裁裁决承认与执行的国际性及地区性公约主要有1958年《纽约公约》、1976年《美洲国家国际商事仲裁公约》（也称为《巴拿马公约》）、1987年《阿拉伯商事仲裁公约》。

中国承包商选择的仲裁地所在国家应当和未来需要承认与执行仲裁裁决的国家同为某个国际性或地区性公约的成员，并且仲裁地所在国家和承认与执行仲裁裁决的国家之间在文化、宗教和法律等方面的差异，而选择仲裁机构在国际上应具有相当的权威性❶。

4. 地理位置

国际工程仲裁往往耗时数年时间，因此中国承包商前往仲裁地与仲裁机构的交通是否便利、仲裁机构设施是否完善（如开庭场所和设备）、翻译人员是否齐备，以及中国承包

---

❶ 临时仲裁的权威性不如机构仲裁，因此承认与执行临时仲裁裁决的难度相对较大。

商的人员能否方便地获得仲裁地所在国的签证,种种这些也是确定仲裁地和仲裁机构时应当予以考虑的因素。

第七节 国际工程争议诉讼

由于仲裁具有第六节提及的各种优点,因此,相比较于仲裁,在国际工程合同,特别在工程投资类或总承包合同类层面的合同之中,缔约方(尤其是承包商)选择诉讼作为争议解决方式的情形相对较少。但实务当中,因各种原因,缔约方之间选择法院作为争端解决方式的情况并不罕见。由于诉讼受各国或各地区国情影响很大,在世界范围内缺乏像仲裁那样的较为统一的游戏规则,因此,本节不展开阐释诉讼的细节,只是重点提及国际工程中采用诉讼作为争议方式应当注意的三个核心法律事项。

一、国际工程案件争议民事诉讼和行政诉讼的竞合

民事诉讼是法院审理和解决平等民事主体之间(公民之间、法人之间、其他组织之间)以及他们相互之间因财产关系和人身关系提起的诉讼;行政诉讼,是公民、法人或者其他组织认为行使国家行政权的机关和组织及其工作人员所实施的行政行为,侵犯了其合法权利,依法向法院起诉,法院在当事人及其他诉讼参与人的参加下,依法对被诉行政行为进行审查并做出裁判,从而解决行政争议的诉讼。

与一般的商事交易相比,工程项目所涉领域往往与社会公共利益存在千丝万缕的联系,在工程合同缔约一方为具有行政权力的主体时,工程争议案件的性质可能会出现民事诉讼和行政诉讼竞合的法律问题。例如,国际工程项目中常见的特许经营权类争议。对于特许经营权产生的争议案件属于民事诉讼还是行政诉讼,在全球范围内都没有明确定论。即使在一般的国际工程承包合同中,只要缔约方为具有公权力性质的一方,就可能存在该缔约方实施的特定行为即可以解读为履约行为,也可以解读为实施行政权力的行为。此外,由于世界各国的民商事类法律和行政类法律对案件性质的定性存在各种差异,因此,在国际工程诉讼中,作为案件当事人,应当根据争议发生的原因,结合合同的管辖法律或法院所在地法律确定案件的性质,并根据案件的实际情况主张适合自己的诉讼行为。

二、国际工程诉讼中的管辖法院

在国际工程争议解决中,对于管辖法院的选择需要特别注意以下三点:
(1)根据适用法律,国际工程合同的缔约方是否有权选择管辖法院。

在国际交往较少的时代,许多国家认为,司法管辖权是国家主权的一部分,不能允许当事人以协议的形式选择排除本国法院管辖权的做法。但是,随着国际经济交往日益频繁,现在大多数国家对商事合同尤其是涉外合同的案件都允许当事人以协议确定管辖的法

院，承认选择法院条款的效力。❶

（2）根据适用法律，国际工程合同缔约方选择管辖法院的限制。

大多数国家在承认协议管辖的同时，对当事人以协议选择法院的权力也有一定的限制，如：协议选择的法院只限于第一审法院，至于上诉法院则不能由当事人以协议选择，而必须按照管辖国的司法审级制度逐级提起上诉；协议管辖只限于非专属管辖的案件，凡属于专属管辖的案件❷，不能由双方当事人以协议或合同条款改变专属法院的管辖权；当事人合同或协议中所选择的法院一般应与合同有某种联系，如被告住所地、原告住所地、合同成立地、合同履行地法院等。

（3）国际工程合同缔约方选择的法院是否会以"不方便法院"（Doctrine of Forum Non Conveniens）或不具管辖权为由拒绝行使案件管辖权。

在国际工程合同中，缔约双方出于各种考虑（如法院裁判的公正性）有时会选择非缔约方所在国或地区的法院作为管辖法院。缔约方在做出此类选择时应当注意不方便法院原则，防止合同目的落空。不方便法院原则又称为非方便法院原则、不便管辖原则，主要是指：在国际民事诉讼活动中，由于原告可自由选择一国法院而提起诉讼，他就可能选择对自己有利而对被告不利的法院。该法院虽然对案件具有管辖权，但如审理此案将给当事人及司法带来种种不便之处，从而无法保障司法公正，不能使争议得到迅速有效的解决。此时，如果存在对诉讼同样具有管辖权的可替代法院，则原法院可以自身属不方便法院为由，依职权或根据被告的请求作出自由裁量而拒绝行使管辖权。不方便法院原则主要用来应对挑选法院（Forum shopping）❸的行为。

在国际工程诉讼中，由于工程项目本身具有较强的属地性，案件所涉的大量证据文件均在项目所在国或地区，使得项目所在国或地区的法院作为管辖法院在案件处理上具有地域方面的优势，因此，即使国际工程合同缔约方选择非项目所在国或地区的法院作为管辖法院，该法院以不方便法院或不具有管辖权为由不予管辖的可能性较大。如果想确保选择的法院不行使不方便法院原则或以不具管辖权为由拒绝管辖，缔约方应当在缔约阶段或合同履行阶段尽量与选择的法院所在国或地区产生较多的联系（connection）。

---

❶ 美国法。1972年以前，美国法院不承认选择法院条款的效力。1972年的布列文案中，美国法院改变了以往的立场，承认选择法院条款的有效性：对于国际合同的选择法院条款，只要是没有被施加不正当影响，又不是很不合理的，法院就应当予以承认。1972年以前，英国法院根据"法院管辖权不容剥夺"的原则对选择法院条款持否定态度；英国法。1970年后，英国法院改变了这一立场，承认选择法院条款的效力。英国法院在决定是否承认排他性的选择法院条款时，主要考虑以下因素：在英国法院起诉与在外国法院起诉相比较，在收集证据、费用开支等方面，哪国法院更为省便；合同是否受到外国法管辖；原告在外国法院起诉是否会受到不公正的待遇；其他国家的法律。法国、德国、奥地利、瑞士、比利时、荷兰及北欧各国的法律，对选择法院条款一般都予以承认，这些国家的法律认为，在合同中排除本国法院管辖权的协议是有效的；我国《涉外民事关系法律适用法司法解释》第一条："民事关系具有下列情形之一的，人民法院可以认定为涉外民事关系：当事人一方或双方是外国公民、外国法人或者其他组织、无国籍人；当事人一方或双方的经常居所地在中华人民共和国领域外；标的物在中华人民共和国领域外；产生、变更或者消灭民事关系的法律事实发生在中华人民共和国领域外；可以认定为涉外民事关系的其他情形。"

❷ 根据《民事诉讼法》第二百六十六条："因在中华人民共和国履行中外合资经营企业合同、中外合作经营企业合同、中外合作勘探开发自然资源合同发生纠纷提起的诉讼，由中华人民共和国人民法院管辖。"

❸ Forum Shopping是英美法上的一个术语，系指利用国际民事管辖权的积极冲突，从众多有管辖权的法院中选择一个最能满足自己诉讼请求的法院去起诉的行为。

三、法院的判决能否在判决法院所在地境外得到承认与执行

国际工程合同缔约方在选择法院作为争议解决机构之时一般都本着所选择的法院作出的判决能够得到承认与执行的初衷。如果案件的败诉一方的财产在所选择法院所在国或地区，则法院可以较为顺利的执行该判决，但是如果败诉一方的财产不在做出判决的法院所在国或地区而是在其境外，则胜诉一方面临如何在境外执行该胜诉判决的法律问题。为此，在选择争议解决的管辖法院时，国际工程合同缔约方应当注意以下三点：

（1）管辖法院所在国与国际工程合同缔约方所在国或地区是否存在相互承认与执行对方法院所作出的民商事判决的条约或协定。

根据国际法，各国主权一律平等，一国法院只能在其境内行使司法管辖权，而不能将此项权力延伸到其他国家，因此，承认与执行外国法院判决的国际条约或协定是一国承认和执行别国法院判决的法律依据。基于这一点，国与国之间有必要用条约的形式将愿意承认缔约对方法院判决的意愿，以及相关的原则和程序确定下来，以此作为有关缔约国之间相互承认对方法院判决的依据。相互承认与执行对方法院所作出的民商事判决国际条约可分为双边的、区域的和具有普遍性的多边条约。

在民商事领域，已签订的关于外国法院判决的承认与执行的多边公约有：1971 年签订的《民商事案件外国判决的承认和执行公约》❶ 和《民商事案件外国判决的承认和执行的附加议定书》、1971 年国际海事协会于里约热内卢签订的《关于碰撞事件中民事管辖、法律选择、判决的承认与执行的统一规则的国际公约》、1956 年《国际公路货物运输合同公约》、1969 年《国际油污损害民事责任公约》、1970 年《国际铁路货物运输合同公约》中都有相应的条款以及 2005 年《选择法院协议公约》。❷ 目前，相互承认与执行对方法院所作出的民商事判决的国际条约主要以双边条约为主，以我国为例，我国截止到 2016 年，我国已经与 37 个国家签订了双边民商事司法协助条约。

（2）败诉方财产所在地法院承认与执行外国法院民商事判决的方式。

在全球范围内，由于各国法律制度的不同，在承认和执行外国法院的判决的方式上存在不同，主要有：

① 重新审理制。在这种方式下，被请求国法院不直接承认和执行外国法院判决，而是要求判决的当事人将外国法院判决作为证据或诉因，向被请求国法院重新起诉。被请求国法院经重新审理之后，如果认为该外国法院判决与内国法律规定不相抵触，就做出一个内容与该外国法院判决相同或相似的简要判决（Summary Judgment），然后根据内国的一般程序交付执行。

② 登记承认制。这一制度主要适用于英国本土的英格兰、苏格兰和北爱尔兰三个法域之间，英联邦国家内部（印度、巴基斯坦等国）及与英国订有双边协议的国家，如法

---

❶ 批准该公约的国家非常有限，仅有少量国家作出批准，如塞浦路斯（1979.8.20）、荷兰（1979.8.20）、葡萄牙（1983.8.20）和科威特（2002.12.1）等。

❷ 2017 年 9 月 12 日，中国驻荷兰大使吴恩代表中国政府签署了《选择法院协议公约》。该公约于 2005 年 6 月 30 日由海牙国际私法会议第二十次外交大会通过，2015 年 10 月 1 日生效。

国、比利时、挪威、奥地利。

③ 法院宣告制。这种方式要求被请求国法院根据请求国法院或判决当事人的请求，对原判决进行形式审查或实质审查，如果认为该外国法院判决符合承认和执行条件的，则由内国法院做出裁定，宣告承认该外国法院的判决。

④ 自动承认制。对于符合本国法律规定的关于承认外国法院判决的条件的，不需要任何手续，法律上即被视为当然承认，除非该项外国法院判决违反内国法上关于承认条件的规定，经当事人申请才通过确认之诉不承认其效力。对于给付判决欲申请强制执行时，还需要依民事诉讼法中有关强制执行的规定，请求法院做出执行判决并予强制执行。

(3) 败诉方财产所在地法院承认与执行外国法院民商事判决的条件。

尽管各国采取不同的程序和制度承认外国法院的判决，其承认时所遵循的条件也不尽相同，但这些或作为可以承认的条件或作为拒绝承认的条件，都被各国相关成文法、判例法以及相关国际条约所固定下来。这些条件总结起来有如下几个方面：

① 原判决国法院必须具有适格的管辖权。

法院对涉外民商事案件具有管辖权，是其审理并做出判决的先决条件。因此，世界各国都十分重视涉外民商事案件的管辖权。因此，需要确定应该适用哪一个国家的法律作为准据法来确定原判决做出国法院的管辖权问题。

② 外国法院的判决是确定的判决。

"确定的判决"一般是指由一国法院或有审判权的其他机关按照其内国法所规定的程序，对诉讼案件中的程序问题和实体问题所作的具有约束力、已经发生法律效力的判决或裁定。

③ 外国法院进行的诉讼程序公正。

各国立法及国际条约都规定，外国法院在诉讼过程中必须给予败诉一方当事人充分出庭应诉和辩护的机会。否则，便可以认为外国诉讼程序不具备应有的公正性，从而拒绝承认与执行。这种诉讼程序上的不公正包括：根据做出判决的国家的法律，在缺席判决的情况下，败诉一方当事人未经合法传唤，因而未能出庭参加诉讼、进行答辩；或在败诉一方没有诉讼行为能力时，没有得到合法代理；以及在其他违背法律正当程序要求的情况下做出了裁决。

④ 不存在"诉讼竞合"的情形。

诉讼竞合是指当事人就同一争议在两个以上国家的法院提起诉讼的情形。诉讼竞合不利于维护法律关系的稳定性及一国法律的严肃性，因此，各国法律均将"不存在诉讼竞合"❶作为承认和执行外国法院判决的条件之一。

⑤ 请求承认和执行的外国判决必须是经合法取得。

大多数国家的立法和司法实践都强调，采用非法手段获得的外国判决不能在内国得到承认与执行。1971年在海牙缔结的《关于承认与执行外国民事和商事判决的公约》第5条第2款规定，如果外国法院判决是在诉讼程序中利用欺诈手段取得的，则可拒绝承认或执行。

---

❶ 诉讼竞合主要包括以下四种情况：被请求国法院对于相同当事人之间就同一诉讼标的的案件（1）已经做出了发生法律效力的裁决；（2）或正在进行审理；（3）或被请求国法院受理该案件在先；（4）被请求国法院已经承认了第三国法院对该案所作的发生法律效力的判决。

⑥ 外国法院判决的承认及执行不与被请求国公共秩序相抵触。

该条件强调,如果承认和执行外国法院判决,将与被请求国的国家主权、安全和公共秩序相抵触,被请求国法院就有权拒绝承认与执行。作为一国涉外法律制度中重要的"安全阀",这一条件被国际社会普遍公认,各国立法及有关国际条约都对此做了明确规定。

⑦ 有关国家之间存在互惠关系。

该条件强调在有关国家之间没有缔结涉及承认与执行法院判决的国际条约的情况下,内国法院可以基于互惠原则承认与执行有关外国法院的判决;同时,如果原判决法院所属国拒绝给予互惠待遇,内国法院也可以拒绝承认执行有关外国法院的判决。从国际社会的实践来看,除了采取重新审理制的国家和只允许基于有关国际条约承认外国判决的国家以外,其他国家一般只规定内国法院可以基于互惠原则承认和执行外国法院的判决。❶

综合以上三点可知,相比较于国际工程仲裁作为争议解决方式,国际工程争议诉讼所涉法律问题更复杂,争议解决的难度更大,因此,作为国际工程项目的参与主体在选择法院诉讼作为争议解决方式之时,应当基于项目的实际情况全面、审慎考量法院诉讼可能涉及的法律问题并作好相应的预案准备。

第八节 如何防范与应对国际工程争端

国际工程项目一般具有跨境、金额大、工期长和复杂程度高的特点,这一特点在一定程度上导致缔约方之间发生争端的概率较高。而争端一旦发生,涉及的争议往往不仅是争议金额,还会涉及复杂的工期问题,这使得国际工程的争端解决需要投入大量的人力、物力和财力。因此,防范争端发生是缔约方在签约和履约过程中的首要选择。只要长期从事国际工程项目,发生争端在所难免。争端发生后,如何应对争端则在很大程度上决定了争端当事方将承担何种法律后果。

一、如何防范国际工程争端

"治病不如防病",我国先哲们的这句古谚同样适用于国际工程争端领域。一般情况下,国际工程参与方的初衷不会为了争端的发生而进行合作。然而,如果在缔约阶段或履约阶段缺乏足够的争端防范能力,或者未能采取充分的争端防范措施,则往往为争端的发生埋下隐患。有经验的国际工程参与方应当考虑采取以下措施或工作思路时刻防范争端的发生,尽量做到"防患于未然":

(一)实施全面的项目前期尽职调查

国际工程项目争端的发生很多源于缔约方在签约前对项目缺乏全面的认识,对项目存在的风险和困难估计不足,但出于市场开发或业绩方面的考虑,而匆匆签约。有经验的国

---

❶ 李双元,谢石松. 国际民事诉讼法概论. 湖北:武汉大学出版社,2001:465-468.

际工程参与方应当在缔约前对拟参与的项目实施全面的尽职调查，编制详尽的尽职调查报告，做到"知己知彼"。一般来讲，此类尽职调查报告应包括以下主要内容：

（1）项目所在国法律和政策环境。对于该部分调查，应当关注三个层面：第一层面：项目所在国参与的国际公约或国际协定，尤其是项目所在国与我国签订的国际条约或协定，如项目所在国是否是世界贸易组织成员方，与项目相关的入世承诺是什么；是否与我国签订双边投资保护协定；是否与我国签订避免双重征税协定；项目所在国与中国承包商拟引进资源的第三国存在哪些条约或协定。第二层面：与项目相关的项目所在国法律如建设类法律、质量健康安全类法律、劳务法律以及税收法律等。第三层面：项目所在国各政治派别对我国的政治倾向以及项目所在国对拟参与项目的所持的政治或政策倾向。

（2）项目相关方情况。此类调查主要应当关注以下几个方面：项目相关方的背景；项目相关方的资金状况；项目相关方的信誉和履约情况；项目相关方以往的争端解决历史；项目相关方的企业文化和管理风格等等。

（3）项目自身情况。此类调查主要侧重于项目本身的具体情况：如项目的设计、施工难度；项目所用设备、材料以及劳务的可得性；项目沿线环境；项目未来的盈利能力；拟参与项目管理团队的经验；项目工期的合理性等事项。

（二）签订权利义务对等的合同

合同是国际工程项目相关方之间最重要的法律文件，基本决定了缔约各方之间的相互权利和义务，是缔约方实施项目的依据。然而，在很多时候，我国的国际工程参与方因种种原因无法签订一份权利义务对等的合同，这为将来争议的发生埋下隐患。根据笔者的经验，我国国际工程承包商无法签订权利义务对等合同的主要原因如下：

（1）企业注重经营额，轻视合同和法律风险。为获得项目，不计后果地接受业主提出的合同条件，甚至抱着侥幸的心理接受自己不可能履行的合同条件。

（2）负责合同谈判的团队缺乏专业的合同和法律知识，无法识别出合同中存在的不对等权利和义务条款。

权利义务不对等的合同往往是对承包商不利。但承包商必须切记：如果签订的合同严重不对等，一旦发生争议，承包商将面临亏损，严重时有可能会深陷破产的境地；同时，作为业主也需谨记：即使承包商接受权利义务不对等的合同，但承包商也会在合同履行过程中尽力寻找纠正这种不对等的途径，不利于项目按照业主的预期进行。权利义务不对等的合同在特定情况下还可能导致合同因违反法律上的公平原则而无效。

（三）准确约定合同各方的权利和义务

如何将缔约方通过谈判达成一致的真实意思表示通过准确的合同语言反映到签订的书面合同中，需要高超的合同起草技能，尤其在国际工程合同方面。对于国际工程承包商来说，在无法获得较为对等的合同条件时，在合同中准确约定缔约方的权利义务所具有的意义更大，因为一旦缔约方的权利义务准确和明确，承包商可以根据相应的风险考虑自己的报价和工期。国际工程的特点决定了国际工程合同往往条款很多、篇幅很长、专业性很高，这无疑增加了合同起草的难度。许多争端往往源于合同中哪些约定不清、措辞不准、索引混乱的条款。造成上述问题的原因主要包括：

(1) 缔约方对合同内容缺乏足够的重视程度，草率对合同定稿。我国的国际工程承包商倾向于把在国内签约或实施工程的方式或方法照搬到国际工程项目的合同签订过程中去，为尽快获得项目而不惜草率接受还没有经过深思熟虑的合同条款。

(2) 合同起草团队对合同所采用的语言不精通，无法通过合同语言精准地表达双方的权利和义务。国际工程合同采用的合同语言大多数都不是中文，而是英文或业主所在国的语言。由于合同起草团队多数都是来自尚未熟练掌握合同起草语言的管理人员，很多时候无法将缔约方要表达的真实意思通过准确地的合同语言反映到合同中。

(3) 合同起草团队缺乏专业的合同和法律知识，无法做到将合同条款进行精准表达。目前，我国国际工程参与方在技术和施工能力方面处于世界领先水平，但由于我国企业走出去的时间较短，现行国际工程商务游戏规则多为西方发达国家企业所掌握，导致我国国际工程参与方在掌握和运用国际工程商务游戏规则方面则相对滞后。由于我国很多国际工程参与方的内部合同起草团队缺乏相关的专业国际工程合同和法律知识，即使他们意识到相关事宜，却无法通过合同语言进行精确表达。

(四) 约定合理的争端解决机制

国际工程合同的争端解决条款在国际工程界被称为"半夜条款"（midnight clause），因为谈判双方通常把精力充沛的时间用来谈判合同价格、付款方式、工期等被认为构成合同主要问题的条款，等这些条款谈判完毕后一般就到了夜半时分，此时谈判方已经筋疲力尽，同时谈判方在谈判阶段碍于面子往往不愿意提及"争议"事宜。因此，很多时候缺乏对争端解决机制条款的重视，从而草草达成一致。笔者处理的争议案件中有些就是因为争端解决条款约定不完善或不合法而导致争端解决无法顺利进行，其多数源于前期合同谈判阶段对争端解决条款缺乏深思熟虑所致。

根据笔者的经验，约定争端阶段机制时应当考虑如下几个因素：

(1) 缔约方的主体性质。在很多国家或地区，缔约方的主体性质影响采用何种争端解决方式。如沙特阿拉伯法律通常规定与政府机构签订的合同争议必须提交沙特法院特别是申诉委员会（the Board of Grievances）进行处理。

(2) 项目规模、工期或项目金额。项目规模比较大、工期比较长或金额大的合同，应当考虑采用多级争端解决机制，如 FIDIC 合同条件所采用的多层级争端解决机制。通过多层级争端解决机制，能够及时解决和层层过滤争端，往往可以防止争端进一步扩大化和复杂化。

(3) 争端解决方式。国际工程的争端解决方式多数采用国际仲裁的方式进行，但有时采用仲裁不一定完全符合项目的需要。如合同金额较小的合同，采用国际仲裁的方式解决争议往往并不利于争端的及时解决。

(4) 争端解决地。国际工程合同中约定的争议解决地在很大程度上决定了争议解决程序能否顺利进行、法院的判决或裁决或者仲裁裁决能否顺利得到承认和执行，从而关系到能否实现诉讼或仲裁的初衷。

(五) 项目实施过程中及时解决发生的分歧或争端

国际工程项目在实施过程中各参与方之间产生分歧或争端可谓司空见惯，世界上还不存在项目实施过程没有发生过分歧或争端的国际工程项目。对分歧或争端相关方来说，分歧或争端的发生并不可怕，关键在于如何解决发生的分歧或争端。经验表明，为了更好地解决发生的分歧或争端，应当注意以下三点：

（1）分析分歧或争端产生的根源。争端发生后，争端方应仔细寻找争端发生的根源和各方在诱发该争端中所起的作用，找出解决该争端的方法或避免同类争端再次发生的方法。

（2）考虑分歧或争端的潜在影响。争端方应当对发生的分歧或争端进行仔细分析，考虑该分歧或争端所具有的影响属于短期还是长远，制定相应的争端解决方式或方法，并做好相应的准备。

（3）及时解决能够迅速解决的分歧或争端，防止升级。经验表明，如果各方在分歧或争端产生之初就给予足够的重视，很多时候可以比较快地将分歧或争端予以消除，否则，则会随着时间的推移或争议工期或金额的不断累积，造成争端的升级和复杂化。

（六）建立完善的项目全过程文件档案管理系统

常言道"好脑子不如烂笔头"。及时、完整地记录和保存项目开发、签约和实施过程中各方产生的各种文件和资料对于防止争端的发生能够起到积极的作用，因为有些争端是由于相关方没能及时固化导致争端发生的证据，从而使得争端各方均无法提出强有力的证据支持各自的主张。相反，如果证据保存完好，争端方在确切的证据面前容易达成和解。由于国际工程项目一般周期较长、往来函件或资料庞杂且管理人员流动性较强，如果不及时对相关文件进行记录和保存，容易被遗忘或无从找寻。为此，从防范争端角度上说，建立完善的项目全过程文件档案管理系统至关重要。

二、如何应对国际工程争端

国际工程项目本身的特点以及由此涉及的经济利益决定了缔约方必然为了维护自身的利益存在一定程度的对立性，这种利益维护的自我倾向性是导致争端发生的根源。正因如此，国际工程项目中产生这样或那样的争端并不为奇。

中国人自古以来厌诉的民族心理在很大程度上导致我国国际工程承包商在应对发生的国际工程争端时往往处于被动地位。在国际工程的诉讼或仲裁案例中，中国国际工程参与方多数是以被告或被申请人的身份参与争端解决程序。有些即使被迫参与争端解决程序，也常抱着消极应对的态度。实践证明，我国国际工程参与方的上述做法不仅不利于争端的解决，不利于维护自身的利益，更有甚者在国际工程承包领域给外方一种"中国人怕诉"的印象，导致外方动辄以"提交仲裁或诉讼"威胁中方。

笔者参与的大量国际工程争端解决的实践表明，只要我国国际工程参与方积极应对争端，与消极应对相比，绝大多数情况下都能赢得比较好的经济效益和社会效益。如何更好地应对国际工程争端，笔者认为以下做法具有很好的借鉴和指导意义：

（一）公司高层高度重视争端，果断作出争端应对战略

国际工程合同一般都会约定：在争端提交争端方之外（调解、诉讼或仲裁）进行解决之前，需要争端方进行友好协商。即使没有这方面的约定，争端方往往也会进行一轮友好

协商。友好协商对平息争端，维护各方的合作关系可以起到很大的建设性作用。因此，一旦争端发生，公司高层应充分利用友好协商的机会，积极做好进行友好协商的准备。这里的准备通常包括：

（1）积极参加与争端另一方高层的友好谈判。很多争端有时是因为项目管理人员没有相关的授权或缺乏解决争端的战略考虑而产生或持续。争端方的高层管理人员往往更能从大局或长远战略看待争端，从而做出适当的相互妥协，不仅将争端平息，而且保持了合作关系，很多时候还可以起到"不打不相识"的收获。

（2）及时批准或拨付处理争端的款项。争端发生后，参与争端解决的团队需要相应的资金支持，包括支付内部管理人员的各种费用、外聘人员的费用、法院或仲裁机构收取的费用等等。上述费用有时金额比较大而且需要支付的期限较短。为了更好地推进争端解决，需要公司高层在资金上予以及时和大力支持。

（3）建立争端应对团队的激励机制。我国国际工程参与方存在如下不成熟的做法：项目中标后，大量管理人员想尽办法参与项目；争端发生后，大量管理人员急着脱离项目。当然，上述做法的根源在于我国国际工程公司的绩效考核制度。这种做法不利于争端的解决。为了更好地解决争端，公司应当考虑建立物质和精神上的激励机制，激发参与争端应对团队的积极性。

（二）迅速组建专门的争端应对团队

导致合同解除或项目停止的争端发生后，公司往往解散项目管理部，并将项目管理人员派往其他项目或另行安排。为了避免相关管理人员无法参与争端解决，公司应当迅速抽调熟悉争端的管理人员和聘请外部专家组建争端应对团队。争端应对团队一般由如下人员组成：

（1）公司内部争端应对团队的组成。公司需要根据争端的性质抽调相应的项目管理人员。例如，如果项目的争端围绕工期产生，那么该团队中需要包括进度和施工管理相关人员，因为他们更熟悉这方面事宜。另外，公司内部争端应对团队成员中应当包含一名公司较高级别的领导，以便比较快捷的做出决策。

（2）聘请的外部争端应对专家。国际工程争端发生后一般需要如下外部争端应对专家，如：律师、工料测量师、进度工程师、其他技术专家和翻译人员。

（3）选择调解员或仲裁员。争端发生后，如果争端方有意或根据合同约定应当通过第三方调解解决争端，争端方应积极参与调解员的物色，确保选择的调解员满足争端解决的需要；如果争端被提交仲裁，仲裁员的指定对解决争端至关重要。为了指定适合解决争端的仲裁员，争端方应与律师或其他专家积极配合，根据争端的性质和实际情况选择和指定合适的仲裁员。

（三）全面、深入分析争端，制定应对策略

争端发生后，制定合理的争端应对策略是成熟面对争端的做法。争端应对策略需要在深入分析争端诱发因素、争端表现以及争端方对待争端的立场或主张基础上，依据法律和合同准据法予以制定，常用的程序如下：

（1）公司熟悉争端的项目管理人员与外聘的合同或法律专家首先基于争端实际情况编

制争端应对策略报告，从战略和策略层面上把控争端解决的大趋势。

（2）公司通过争端应对策略报告后，基于该报告制定具体的争端应对方案，主要包括采用哪些程序解决争端，如和解，调解，诉讼或仲裁等。在一些争端中各方有时还会设专人在诉讼或仲裁程序之外与对方保持"外交"层面的沟通联系，这在特定情况下不失为一种促进争端尽快解决的方法。

（3）争端应对团队基于争端应对方案分工合作，落实争端应对方案。

（四）积极参与争端解决阶段的所有程序

争端解决程序启动之后，争端应对团队应保持高昂的战斗精神，根据各自的分工，积极投入到争端解决的所有程序之中。一般来说，需要实施的工作大体如下：收集或制作所有相关的书面或口头证据或证词；参与外聘专家关于案件的研讨；参与和解、调解、仲裁或诉讼的讨论或开庭；达成和解或调解后相关协议的执行；法院判决或裁决或仲裁裁决的承认与执行等等。上述工作非常繁杂，耗时耗力且常有时限限制，需要争端应对团队具有饱满的热情和攻坚的决心。

"风雨过后是彩虹"。实践证明，积极参与争端解决的参与方一般都能取得比较大的收获，例如：通过争端解决维护了各自的权益，通过争端解决认识到以往管理上的优点和不足之处，锻炼了公司内部争端应对团队的能力，为将来开展国际工程业务积累了宝贵的争端防范和应对经验等等。

随着我国"走出去"国家战略和"一带一路"倡议的不断深化，我国国际工程参与方在国际工程舞台上发挥的作用将越来越大。为了更好地实现企业的经济效益和全球战略，我国国际工程参与方应通过内部培养或外包的方式逐步提升自己的争端防范和应对能力。尽管我国国际工程参与方在掌握国际工程争端游戏规则等软实力方面还有很长的路要走，但笔者相信：勤奋、智慧的中国人一定能通过消化、吸收和改造国际工程争端游戏规则，使我国的企业持续保持强劲发展动力，在国际工程舞台上越来越精彩。

参 考 文 献

1. 曹国富. 中国招标投标法原理与适用. 北京：机械工业出版社，2002：269-270.
2. 常陆军. 论工程采购模式与标准合同条件的发展变化. 建设监理. 2004，3：45.
3. 初北平. 船舶保险中的保险期间. 中国船检. 2016，11：25.
4. 初北平. 船舶跑线中的免赔额条款. 中国船检. 2016，9：22.
5. 陈陈. 建设工程设计责任保险综述. 上海保险. 2005，5.
6. 陈金池. 论WTO诸边协定中之政府采购协定. 中国政法大学，2005.
7. 崔军. 工期延误分析技术：计划影响分析法. 国际工程与劳务. 2009，12：26-27.
8. 丁小军. 海牙取证公约述评. 证据学论坛. 2002，2：534.
9. 窦玉前. 被保险人法律地位研究. 黑龙江大学，2015.
10. 杜逸冬. 对利润损失险发展思路的思考. 时代金融. 2013，12（538）：167.
11. 范健，王建文，张莉莉. 保险法. 北京：法律出版社，2016：334.
12. 贾林青. 保险法. 北京：中国人民大学出版社，2014：104.
13. 姜圣复，林依伊. 论国际贸易中独立担保法律问题. 当代法学. 2001，12：77.
14. 李继. 中国区际民商事司法协助法律问题研究. 中国政法大学，2006.
15. 李健男. 论瑞典的新仲裁机制——兼论现代国际商事仲裁的价值取向. 法学评论. 2002，4：125.
16. 李京平. 航空运输货物保险. 山东对外经贸. 1998：25.
17. 李以所. 竞争性谈判的适用：基于德国经验的分析. 领导科学. 2013，32：16.
18. 梁宇贤. 保险法新论. 北京：中国人民大学出版社，2004：38.
19. 刘建一. 工程变更管理. 北京交通大学，2007.
20. 刘阳. 国际EPC项目物流管理探讨. 化工管理. 2016，19：193.
21. 刘俊颖，李志永，刘梦娇. 海外工程保险索赔问题及对策. 国际经济合作. 2006，8：49.
22. 刘鹏程. 国际工程承包项目中的银行保函实务. 2016年5月9日，资料来源：http://www.360doc.com/content/16/0509/18/33075242_557621830.shtml
23. 刘银友. 浅析国际项目建筑工程一切险的理赔. 经营与管理. 2016，23：134.
24. 孙华勇. 对外援助成套项目保险索赔研究. 工程经济. 2017，3：20.
25. 潘秀华. 浅析英国海上保险法中联合保险基本问题. 法制博览. 2013，10：51-52.
26. 屈广清，张新颖. 国际保险合同的法律冲突与法律适用. 山东警察学院学报. 2006，4.
27. 商务部. 对外投资合作国别（地区）指南-马来西亚. 2017，54.
28. 商务部. 对外投资合作国别（地区）指南（印度尼西亚）（2017年版）：37-38.
29. 商务部. 对外投资合作国别（地区）指南（巴西）（2017年版）：76.
30. 孙静. 保险中减损费用承担初探. 当代法学. 2002，5：132-133.
31. 唐厚志. 中国的调解. 中国对外贸易. 2001，3：32.
32. 田威. FIDIC合同条件应用实务（第二版）. 北京：中国建筑工业出版社，2008：235-236.
33. 田旭，姚艳霞. 欧洲国际组织对政府采购的规制及其启示. 生产力研究. 2005，11：183.
34. 王永新. 浅析国际工程项目见索即付保函的支付：新加坡为例. 法制与经济. 2010，2.
35. 吴军. 保险合同纠纷非诉讼争议解决机制的构建. 保险研究. 2014，3：87.
36. 吴书案. 工程变更的分类控制. 建筑经济. 2007，7：82.

37. 夏庆锋. 在保险合同中原被保险人直接请求权的权利主张与规范. 广东社会科学. 2018，2：248.
38. 谢立志. 浅谈国际工程施工设备的保险和理赔. 经营与管理. 2011，3：85.
39. 熊跃敏. 诉讼上和解的比较研究. 比较法研究. 2003，2：75.
40. 徐杰，罗伯特霍恩. 中国与德国——银行法律制度. 北京：中国政法大学出版社，1998：195.
41. 徐卫东. 商法基本问题研究. 北京：法律出版社，2002：437.
42. 许瑞雪. 关于沿海国海域管辖权的研究. 大连海事学院，2000.
43. 薛菲菲. 国际保险合同的法律适用规则初探. 外交学院，2000.
44. 杨盛. 浅论连带责任. 法制与社会. 2011，2.
45. 余明哲，刁波，张智慧. 德国建筑标准体系研究. 2006，5.
46. 张保伟，暴坡，南铁雷. 如何实现国际工程保险理赔. 国际工程与劳务. 2018，3：74-75.
47. 张海军. 建设工程施工合同DAB争端解决机制研究. 北京大学法学院，2009.
48. 张晓更. 论国际工程中物资采购及物流的重要性. 物流工程与管理. 2013，6：69.
49. 张玉坤，范江. 工程建设项目物流管理问题研究. 价值工程. 2012，31：25-26.
50. 赵东峰. 法律条款的应用. 国际工程与劳务. 2009，6：40-42.
51. 赵东锋. FIDIC合同在大陆法系使用应注意的主要问题. 国际工程与劳务. 2010，9：50-51.
52. 赵东峰. 规避EPC合同的设计风险. 国际工程与劳务. 2011，12：14-16.
53. 赵东锋. 国际工程合同中的主要法律及其应用. 国际工程与劳务. 2010，3：50-51.
54. 赵东峰. 境外PPP项目难点破解. 国际工程与劳务. 2011，9：9-11.
55. 赵东峰. 如何避免和应对业主没收银行保函. 国际工程与劳务. 2010，12：25-26.
56. 赵东峰. 如何防范和应对国际工程争端风险. 国际工程与劳务. 2012，12：11-14.
57. 赵东峰. 我国国际工程承包商如何购买法律服务. 国际工程与劳务. 2009，12：40-41.
58. 赵东峰. 业主自主解除合同条款的应用. 国际工程与劳务. 2011，6：34-35.
59. 庄本信（John Bishop）. 承包商应注意的合同陷阱. 国际工程与劳务. 赵东锋译. 2010，3：48-49.
60. 左晓东. 信用证法律研究与实务. 北京：警官教育出版社，1993：140.
61. 罗杰吉布森（RogerGibson）. 工期索赔. 崔军译. 北京：机械工业出版社，2011：229.
62. 施米托夫. 国际贸易法文选. 赵秀文译，北京：中国大百科全书出版社，1993：674.
63. （日）园乾冶. 保险总论. 李进之译. 北京：中国金融出版社，1983：87.
64. （英）J. H. C. 莫里斯. 戴西和莫里斯论冲突法. 北京：中国大百科全书出版社，1993：1213.
65. （美）小罗伯特·H. 杰瑞，道格拉斯·R. 里士满. 美国保险法精解. 李之彦译. 北京：北京大学出版社，2009：145.
66. 南非黑人经济振兴政策（BEE）. 资料来源：http://www.docin.com/p-1229392461.html，访问时间：2018年10月15日.
67. 浅议保险保函与银行保函. 资料来源：http://www.sohu.com/a/197692207_498997. 访问时间：2017年10月12日.
68. 香港老太逼停港珠澳大桥，致造价增加88亿港元. 资料来源：http://news.qq.com/a/20120426/000593.htm?pgv_ref=aio2012&ptlang=2052
69. Hudson's Building and Engineering Contracts, 13th Edition.
70. Keating on Construction Contracts, Ninth Edition, Sweet & Maxwell.
71. Stoljar SJ, The Law of Agency (London：Sweet & Maxwell Publisher, 1961).
72. Lukas Klee, International Construction Contract Law, Wiley Blackwell.
73. Henry Camphell Black, Black's Law Disctionary, 10th Edition, West Group, 2014.
74. Philip B Wood. Comparative Law of Security and Guarantees [M], 1995.

参考文献

75. English law is the common law legal system governing England and Wales, 资料来源：https://en.wikipedia.org/wiki/English_law
76. The International Bank for Reconstruction and Development, Guidelines: Procurement under IBRD Loans and IDA Credits, May 2004, p. 11.
77. World Bank, Standard Bidding Documents for Procurement of Works: Smaller Contracts, May 2004, p. 15-16.
78. Scope Williams-Elegbe, "A Comparativfe Analysis of the Nigerian Public Procurement Act Against International Best Practice". 资料来源：http://www.ippa.org/IPPC5/Proceedings/Part3/PAPER3-9.pdf. 访问时间：2018年9月18日.
79. The World Bank, "Guidelines: Procurement under IBRD Loans and IDA Credits", Appendix 2, para. 7.
80. Asian Development Bank Procurement Guidelines.
81. MarinaFox, 2011 COMMERCIAL AGENCY UNDER UAE COMMERCIAL AGENCY LAW"
82. Pinsent Masons LLP, "2010 Amendments To The Commercial Agency Law"
83. Lyndon Smith, "Fitness for Purpose: MT Hojgaard A/S vs Eon Climate and Renewables UK Robin Rigg East Limited and another", 17 July 2015. 资料来源：https://www.fenwickelliott.com/research-insight/newsletters/legal-briefing/2015/07. 访问时间：2018年6月25日.
84. Richard J. Long, P. E. Analysis of Concurrent Delay on Construction Claims.
85. Semple C. and Hartman F. T., "Construction Claims and Disputes: Cause and Costs/Time Overrun", Journal or Construction Engineering and Management, ASCE.
86. Pierce Anthony, Demand Guarantees in International Trade, London, Sweet & Maxwell, 1992, p. 62.
87. Roeland F. Betrams, Bank Guarantees in the International Trade, second revised edition, 1996, Kluwer Law International, p. 5.
88. Justin Pritchard, "Standby Letter of Credit: A Backup Plan for Payment", updated April 11, 2018, 资料来源：https://www.thebalance.com/standby-letter-of-credit-315039, 访问时间：2018年9月10日.
89. Martin Hughes, "UK: Standby Letters of Credit and Demand Guarantees", originally published in Butterworths Journal, May 2005.
90. Ryan Stevenson, "ANP Approves Local Content Changes in Brazil", 2018-04-17. 资料来源：https://newsbase.com/topstories/anp-approves-local-content-changes-brazil, 访问时间：2018年10月15日.
91. Francesco Miceli, "Going Glocal: how to creat local content", 2017-07-27. 资料来源：http://www.windfarmbop.com/tag/local-content-requirements/, 访问时间：2018年10月15日.
92. Junichi Goto, "A Note on the Japanese Trade Policy and Economic Development: Secrets behind an Economic Miracle", p. 9.
93. "Made in Israel, Sold in Saudi Arabia", 2008-03-21. 资料来源：https://www.jpost.com/Middle-East/Made-in-Israel-sold-in-Saudi-Arabia, 访问时间：2018年10月15日.
94. "Saudi Arabia bans 200 foreign companies for importing Israeli products into the kingdom", 2002-08-05. 资料来源：http://www.inminds.com/boycott-news-0302.html, 访问时间：2018年10月15.
95. "Arab League Boycott of Isreal". 资料来源：https://en.wikipedia.org/wiki/Arab_League_boycott_of_Israel#Effects_of_the_boycott, 访问时间：2018年10月15日.

96. Mac Gillivray, "Insurance Law", 9th Edition, London Sweet and Maxwell, 1997, p. 155-156.

97. Imam Musjab, "Fifty-Fifty Clause", 资料来源：https：//ahliasuransi.com/fifty-fifty-clause/，访问时间：2018年9月12日.

98. Willoughby, Infrastructure and the Millennium Development Goals, 2 October 2004.

99. PUBLIC PRIVATE PARTNERSHIPS PROGRAM OF PAKISTAN. 资料来源：https://www.unescap.org/.

100. Evaluating the environment for public private partnerships in Asia-Pacific, the 2014 Infrascope, A report by The Economist Intelligence Unit.

101. "Malaysia successfully implements 830 PPP projects to date" 资料来源：http://www.theborneopost.com/2016/10/14/malaysia-successfully-implements-830-ppp-projects-to-date/

102. Indonesia's New Public Private Partnership Rules. Baker & Mckenzie. 资料来源：https://www.bakermckenzie.com/-/media/files/insight/publications/2015/05/indonesias-new-public-private/al_indonesia_newppprulesjun15.pdf?la=en

103. 公私伙伴关系（PPPs）在中东与非洲的兴起. 大成律师事务所.

104. Mhamed Biygautane, Graeme Hodge, Paula Gerber. The Prospect ofnfrastructure Public-Private Partnerships inKuwait, Saudi Arabia, and Qatar：Transforming Challenges into Opportunities"

105. Evaluating the environment for public-private partnerships in Africa, The 2015 Infrascope. An index and study by The Economist Intelligence Unit.

106. Public-Private Partnerships in the Mediterranean-Overview and recommendations. By IPEMED.

107. Evaluating the environment for public-private partnerships in Africa, The 2015 Infrascope. An index and study by The Economist Intelligence Unit

108. Philippines PPP：Prospects and challenges. By Ashurst.

109. Rameez Raja Shaik, Niketa Narain. Comparative Analysis of Infrastructure PPP in BRICS Nations. 2011 International Conference on Advancements in Information Technology With workshop of ICBMG 2011

110. Traffic Forecasting risk study update 2005：Through ramp-up and beyond [M]. London：Standard & Poor's, 2005.

111. Christian Buhring-Uhle, Arbitration and Mediation in International Business, 11 (Kluwer Law Press, 1996).

112. Prof. DR. O. C. Kaligis, Mediation Practices：Experience in Indonesia, ALA General Assembly Meeting, February 2012 Bali, p. 3-4.

113. Laurence Boulle and Miryana Nesic, Mediation：Principles, Process, Practice 487 (Butterworths, 2001).

114. Teresa Cheng, Adjudication in Asia and Australia, Society of Construction Arbitrators Annual Conference, May 13 to 15, 2005.

115. Juan A. Franco, JD and Khalid Siddiqi, PhDPay-When-Paid/Pay-If-Paid Contract Clause Comparisons Among South Eastern United States, 51st ASC Annual International Conference Proceedings.

116. Top Ten Construction Clauses：Pay-if Paid and Pay-when-Paid, by Saul Ewing Arnstein & Lehr LLP. 资料来源：https://www.saul.com/publications/alerts/top-ten-construction-clauses-pay-if-paid-and-pay-when-paid-clauses

117. Howard M. Holtzman & Joseph E. Neuhaus, A Guide to the UNEITRAL Model Law on International Commercial Arbitration：Legislative History and Commentary, Kluwer Law and Taxation Publishers

1989，p. 478-479.
118. Union of India v. McDonnell Douglas Corporation［1993］2 Lloyd's Rep. 48，Queen's Bench Division（Commercial Court）.
119. Van den Berg A. J.，Yearbook Commercial Arbitration，Volume 22，Alphen aan den Rijn：Kluwer Law International，1997，pp. 807-811.
120. Graham Vinter. Project Finance. A Legal Guide (3rd Edition)，Sweet & Maxwell.
121. Euis Baker，Ben. Mellors, scott Chalmers. Aniho ny lavers，FIDIC contracts：Law and Practice. informa，2009.
122. Teffrey. Delmon. Private sector Investinent on Infrastrllcture. Project Finance，PPP Project and Risks and Edition. Wolters Kluwer.
123. 资料来源：http：//www. newyorkconvention. org/countries。
124. 资料来源：https://en. wikipedia. org/wiki/Government_procurement，访问时间：2018年8月10日。
125. 资料来源：https：//wenku. baidu. com/view/6f50924c81c758f5f71f6729. html
126. 资料来源：https：//www. wto. org/english/tratop_e/gproc_e/gp_gpa_e. htm
127. 资料来源：https://constructionliens. uslegal. com/state-laws/oklahoma-construction-lien-law/，访问时间2018年10月7日。
128. 资料来源：https：//www. whitecase. com/publications/alert/judicial-acceptance-scl-delay-and-disruption-protocol-2nd-edition
129. 资料来源：http：/pkulaw. cn/fulltext_form. aspx？Db＝chl＆Gid＝22db79b8f42e5399bdfb，访问时间：2018年10月15日。
130. 资料来源：https：//www. exim. gov/what-we-do/direct-loan，访问时间：2018年10月15日。
131. 资料来源：http：//ppp. worldbank. org/public-private-partnership/legislation-regulation/laws/ppp-and-concession-laws。

赵东锋简介

山东梁山人，律师，仲裁员，国际工程法协会（ICLA）管委会委员，北京大学国际工程法研修项目执行主任（2016.5—2019.3），中国国际工程咨询协会专家委员会委员，中国对外承包工程商会行业培训专家，中国国际经济合作学会专家讲师，中国法学会会员，数所国内外大学和多家工程类培训机构的特聘专家讲师，具有在境外超大型项目上的计量、合约和法务等项目管理经验。至本书出版之时，已为境内外数十家企业的分布于近百个国家的数百个基础设施项目提供投融资和承包提供争议和非争议法律咨询。作者邮箱 dongfengzhao19@126.com 或 dongfengzhao@justfaithlaw.com，

本书内容交流微信：

后　　记

　　我最早接触国际工程还是在大学阶段。当时美国一家著名的平行定向穿越设备制造公司致力于开拓我国的穿越工程市场，其驻中国代表处需要配备一位英语比较好的兼职员工到工程项目现场，协助其工程师与中国企业进行沟通。该代表处首席代表王德祥先生找到我当时在读的大学，让学校推荐一位合适的学生担任该兼职工作。可能是考虑到我的踏实和耐劳，天津外国语大学英语学院的李伟老师直接推荐了我，至此，我开始接触国际工程。从北京大学法学院毕业后，我选择到当时尚名不见经传但主要从事国际工程的国华国际工程承包公司（现为"中信建设有限责任公司"）工作并被派到境外项目，从事合同、法务和计量的管理工作。从该公司离开后，我加入了一家工程领域著名的国际律师事务所，并非常幸运地长期受教于国际著名工程律师 John Bishop 先生。John Bishop 先生从律所退休后，我加入到现在的工作单位。

　　十多年来，我目睹了我国工程公司在国际工程领域攻城略地的发展势头和所取得的骄人业绩，这值得我们每一个"国工人"倍感骄傲和自豪，但同时目睹了我国工程公司所遭受的惨痛失败，这深深地刺痛着我的心。我深知我国"国工人"的聪慧、勤奋和能干，同时，我也亲身经历了因欠缺国际工程法律与合约方面的意识和知识，在与外方尤其是欧美公司打交道时所显现出来的被动和无奈，并被深深地刺激。

　　我国的"国工人"如此勤奋、如此吃苦耐劳，在远离家庭的异国他乡5+2，白加黑的工作，但有时换来的是项目亏损，甚至连基本的工资都可能是奢望。我国企业境外项目失败的原因很多，但我国的"国工人"只会埋头干活，不重视、不知道或不善于利用国际工程法律与合约游戏规则来保护自己的正当权益的现状是重要原因。鉴于此，十多年来，我一直呼吁我国工程企业重视国际工程法律与合约，并与各种机构，如大学、协会和培训机构等合作，培养和提高我国"国工人"的法律与合约意识。同时，我结合法律与合约实践，从十几年前就开始收集、整理和研究国际工程合约与法律的游戏规则，为今天这本书的出版做准备。

　　这本书能够出版，我需要感谢人的很多，除了我的家人之外，我需要特别致谢：

　　北京大学法学院的邵景春教授。邵景春教授是我的硕士导师，他不仅传授了我国际商法方面的知识，也教授了我良好的处世态度。在我从事国际工程法律方面的工作中，邵景春教授更是给予我极大的鼓励和支持，这进一步坚定了我在国际工程法律领域深耕的决心和信心。

　　John Bishop 先生。John Bishop 先生是我入行国际工程法律的领路人，是我的职业导师。他在国际工程法律领域的智慧和深厚的法律功底使我受益匪浅；他的人格、风范、专业和职业精神都对我产生了深深的影响。

　　赵鑫臻博士和李仪律师。赵鑫臻博士和李仪律师是我的同事，他俩在本书的起草、资料收集、整理和编写方面给予我极大的帮助。如果没有他俩的帮助，这本书的出版时间很可能还会推迟。

　　毕凤鸣女士。毕凤鸣女士是本书的责任编辑，没有她的勤奋、细致和专业，本书不可

后记

能如此顺利地成稿和出版。

此外,在此特别感谢华夏环世(北京)国际工程技术研究院有限公司对本书出版的资助。

写书不是一件容易的事,写国际工程法律与合约方面的书更难。国际工程所涉法律门类众多,不仅涉及国际经济法和国际商法,还涉及所有相关国家或地区的国内法律,这些法律通过不同的方式,从不同的方面或角度适用于国际工程项目,使得国际工程项目面临纷繁复杂的法律环境,这也使得本书的撰写极其不易。

最后,本人不自谦地声明:本书很可能存在我现在还没有意识到的各种不足和错误。为此,我真诚地欢迎"国工"同仁们不吝赐教,提出您宝贵的意见,以便我能够完善本书,使本书能够为我国企业在国际工程领域走的更远、更深和更好起到保驾护航作用。

赵东锋
2019 年 1 月 7 日于北京